古今（四）

復刻本說明

＊本期刊依《古今文史半月刊》合訂本全套復刻，為使閱讀方便，原刊每六期為一冊，復刻本則每十二期為一冊；復刻本的尺寸亦由原書的 16×23 公分，擴大至 19×26 公分。

＊本期刊因尺寸放大，但每期封面無法符合放大尺寸，故每期封面皆對齊開口，使裝訂邊的留白較多。

＊本期刊第一集書前加入導讀。

＊本期刊為復刻本，內文頁面或有少數污損、模糊、畫線，為原書原始狀況，不另註；唯範圍較大者，則另加「原書原樣」圖示【原書原樣】，以作說明。

文史雜誌的尤物——朱樸與《古今》及其他

蔡登山

在上海淪陷時期，他一手創刊《古今》雜誌，網羅諸多文士撰稿，使《古今》成為東南地區最暢銷也最具有份量的文史刊物，他就是朱樸（字樸之，號樸園，亦號省齋）。他在《古今》創刊號寫有〈四十自述〉一文，根據該篇自述及後來寫的〈樸園隨譚〉、〈記蔚藍書店〉，我們知道他生於一九〇二年，是江蘇無錫縣景雲鄉全旺鎮人。全旺鎮在無錫的東北，距元處士倪雲林的墓址芙蓉山約有五里之遙，居民大都以耕農為生，讀書的不過寥寥一二家而已。而朱樸卻出身於書香門第，他的父親述珊公為名畫家，他本來希望朱樸能傳其衣鉢，但看到他臨習《芥子園畫譜》臨得一塌糊塗，認為不堪造就，遂放棄了初衷。朱樸七歲入小學，成績不壞。十歲以後由鄉間到城裡，進著名的東林書院（高等小學），因得當時國文教授龔伯威先生的特別賞識，對於國文一門，進步最快。高小畢業後，他赴吳江中學讀書，不到一年轉入輔仁中學就讀。一年後，考入吳淞中國公學商科。一九二二年夏季從中國公學畢業，本想籌借一千元赴美留學，結果到處碰壁，不克如願。後來承楊端六先生的厚意，介紹他進商務印書館《東方雜誌》社任編輯，那時他年僅二十一歲。

當時的《東方雜誌》社共有四位編輯：錢經宇、胡愈之、黃幼雄、張梓生。錢經宇是總編輯；胡愈之專事譯文兼寫關於國際的時事述評（他用的筆名是「化魯」）；黃幼雄襄助胡愈之做同一性質的工作；張梓生專寫關於國內的時事述評。朱樸進去之後，錢經宇要他每期主編「評論之評論」欄，兼寫關於經濟財政金融一類的時事述評。社址是在寶山路商務印書館的二樓一間大房間，與《教育雜誌》社、《小說月報》社、《婦女雜誌》社、《民鐸雜誌》社同一房間。朱樸說：「那時候的《教育雜誌》社有李石岑（兼《民鐸雜誌》）和周予同；《小說月報》社有鄭振鐸；《婦女雜誌》社有章錫琛和周建人；此外還有各雜誌的校對等共有一二十人之多，濟濟蹌蹌，十分熱鬧。……當時在我們那一間大編輯室裡，以我的年紀為最輕，頗有翩翩少年的丰采。鄭振鐸那時也還不失天真，好像一個大孩子，時時和我談笑。他和他的夫人高女士在一品香結婚的那天，請嚴既澄與我二人為男儐相，我記得那天大家在一起所攝的一張照片，好像現在還保存在我無錫鄉間的老家裡呢。」

在《東方雜誌》做了一年多的編輯，經由衛聽濤（渤）的介紹，朱樸到北京英商麥加利銀行華帳房任職。當時華經理（即買辦）是金拱北（城），是有名的畫家，所以賓主之間，亦頗相得。

一九二六年夏，他辭去北京麥加利銀行職務，應友人潘公展、張廷灝之招，任上海特別市政府農工商局合作事業指導員之職。後因友人余井塘之介紹得識陳果夫，朱樸說：「陳先生對於合作事業頗為熱心，因見我對於合作理論有相當研究，遂於十七年（一九二八）夏以中央民眾訓練委員會的名義，派我赴歐洲調查合作運動，於是渴望多年的出國之志，方始得償。當我出國的時候，我開始對於政治感到無限的興趣和希望。那時國民黨有所謂左派與右派之分，左派領袖是汪精衛先生，右派領袖是蔣介石先生。我對於汪先生一向有莫大的信仰，我認為孫先生逝世後祇有汪先生才是唯一的繼承者。那時汪先生正隱居在法國，我在赴歐的旅途中，旦夕打算怎樣能夠追隨汪先生為黨國而奮鬥。」於是到了巴黎幾個月後，朱樸先認識林柏生，之後又經過幾個月，才由林柏生介紹晉謁汪精衛，那是在曾仲鳴的寓所。

在巴黎期間，朱樸除數度拜謁合作導師季特教授（Prof. Charles Gide）暨參觀各合作組織外，並一度赴倫敦參觀國際合作聯盟會及各大合作組織，復一度赴日內瓦參觀國際勞工局的合作部，得識該部主任福古博士（Dr. Facquet）及幫辦哥侖朋氏（M. Colombain），相與過從，獲益不少。一九二九年春，陳公博由國內來巴黎，經汪精衛介紹，朱樸初識陳公博。後來並陪他到倫敦去遊歷，兩星期後陳公博離英他去，朱樸則入倫敦大學政治經濟學院聽講。

一九二九年夏秋之間，朱樸奉汪精衛之命返回香港，到港的時候正值張發奎率師號稱三萬，由湖南南下，會同桂軍李宗仁部總共約六萬人，從廣西分路向廣州進攻，「張、桂軍」當時亟須奪取廣州來擴充勢力，準備同蔣介石分家，割據華南。不料後來因軍械不濟的緣故，事敗垂成。

香港掌故大家高伯雨說：「我和省齋相識最久，遠在一九二九年在倫敦就時相見面，但沒有什麼交情。一九三〇年我從英國回上海一轉，在十四姊家中又和他相值，原來那時候他正避難在租界裡，住在我姊姊處。那天他還約了史沬特萊女士來吃茶，我和她談了兩個多鐘頭。」對此朱樸在〈人生幾何〉一文補充說道：「至於伯雨所說的關於史沬特萊女士一節倒是的確的，而且非常之秘密，因為她那時正寓居於上海法租界霞飛路西的一層公寓內，我們不但是『打倒獨裁』的同志，並且是好抽香煙好喝咖啡的同志。所以，我常常是她寓所裡的座上客，我一到她那裡她總是親手煮咖啡給我喝的。那時候她和孫中山夫人宋慶齡女士來往非常親密，她曾屢次說要為我介紹，可是因為不久我就離開上海到香港來了，卒未如願。」

這次倒蔣的軍事行動雖未成功，但汪精衛並不灰心，他頗注意於宣傳工作，遂命林柏生、陳克文、朱樸三人創辦《南華日報》於香港，林柏生為社長，陳克文與朱樸為副社長。朱樸說：「當時我與柏生、克文互相規定每人每星期各寫社論兩篇並值夜兩天，工作相當辛勞。所幸編輯部內人才濟濟，得力不少，如馮節、趙慕儒、許力求等，現在俱已嶄露頭角，有聲於時。那時候汪先生也在香港，有時候也有文字在《南華日報》上發表，所以這一個時期《南華日報》的社論，博得讀者熱烈的歡迎。還有副刊也頗為精彩，尤其是署名『曼昭』的〈南社詩話〉一文，陸續登載，最獲一般讀者的佳評與讚賞。」

一九三○年夏，汪精衛應閻錫山及馮玉祥的邀請到北平召開擴大會議，朱樸亦追隨同往，任海外部秘書。同時並與曾仲鳴合辦《蔚藍畫報》於北平，頗獲當時平津文藝界的好評。同年冬，汪精衛赴山西，朱樸奉命重返香港。道經上海時，因中國公學同學好友孫寒冰的夫人之介紹，認識了沈瑞英女士。一九三一年春，汪精衛赴廣州主持非常會議，朱樸被任為文化事業委員會委員。寧粵雙方代表在上海開和平會議，朱樸事先奉汪精衛命赴上海辦理宣傳事宜。一九三二年一月三十日與沈瑞英於上海結婚。兩年間留滬時間居多，雖掛著行政院參議、農村復興委員會專門委員、外交部條約委員會委員等名義，但實際上並沒做什麼事。

一九三四年六月，朱樸奉汪精衛之命，以行政院農村復興委員會特派考察歐洲農業合作事宜的名義出國。朱樸說：「汪先生因該會經費不充，所以再給我一個駐丹麥使館秘書的職務。我赴歐後先到倫敦，適張向華（發奎）將軍亦在那裡，闊別多年，暢敘至歡。數日後我隨他到荷蘭去遊覽。後來，張將軍離歐赴美，我即經由德國赴丹麥。我在丹麥三、四個月，普遍參觀了丹麥全國的各種合作事業，所得印象之深，無以復加。」一九三六年，張發奎在浙江江山新就閩、贛、浙、皖四省邊區清剿總指揮之職，來函相招。於是朱樸以一介書生，乃勉入戎幕。

一九三七年春，他奉汪精衛命為中央政治委員會土地專門委員再兼襄上海《中華日報》筆政。同年「八・一三」事變發生，朱樸奉林柏生命重返香港主持《南華日報》筆政。不久，林柏生亦由滬來港。一九三八年春節樊仲雲也由滬到港，隨即在皇后大道「華人行」七樓租房兩間，開辦「蔚藍書店」。「蔚藍書店」其實並不是一所書店，它乃是「國際編譯社」的外幕。而「國際編譯社」直屬於「藝文研究會」，該會的最高主持人是周佛海，其次是陶希聖。「國際編譯社」事實上乃是「藝文研究會」的香港分會，負責者為林柏生，後來梅思平亦奉命到港參加，於是外界遂稱林柏生、梅思平、樊仲雲、朱樸為「蔚藍書店」的四大金剛。其中林柏生主持一切總務，梅思平主編國際叢書，樊仲雲主編國際週報，朱樸則主編國際通訊。助編者有張百高、胡蘭成、薛典曾、龍大均、連士升、杜衡、林一新、劉石克等人。「國際編譯社」每星期出版國際週報一期，國際通訊兩期，選材謹嚴，為研究國際問題一時之權威。國際叢書由商務印書館承印，預計一年出六十種，編輯委員除梅思平為主編外，尚有周鯁生、李聖五、林柏生、高宗武、程滄波、樊仲雲、朱樸等。當時所謂「四大金剛」，他們除了本店的職務外，尚兼有其他職務。如林柏生為國民政府立法院委員、《南華日報》社長；梅思平為中央政治委員會法制專門委員；樊仲雲為《星島日報》總主筆；朱樸為中央政治委員會經濟專門委員。

一九三八年十二月二十九日汪精衛發表「豔電」，於是和平運動立即展開。朱樸被派秘密赴滬，從事宣傳工作，經一兩個月的籌備，和平運動上海方面的第一種刊物《時代文選》於次年三月二十日出版。同年八月二十八日，汪偽中國國民黨在上海舉行第六次全國代表大會，朱樸被選為中央監察委員，復擔任中央宣傳部副部長。同年八月至九月間，接辦上海《國際晚報》（後因工部局借故撤銷登記證而被迫停刊。）十月一日創辦《時代晚報》，由梅思平任董事長，到一九四〇年九月一日才遷到南京出版。一九四〇年三月三十日汪精衛在南京成立偽「中華民國國民政府」，其組織機構仍用國民政府的組織形式，汪精衛任行政院院長兼代主席。此時朱樸被任為交通部政務次長。先是中央黨部也將他調任為組織部副部長。五月二十六日中國合作學會在南京成立，朱樸被推為理事長。

一九四一年一月十一日，朱樸的夫人在上海病逝；同年十月十六日長子榮昌亦歿於青島。一年之中喪妻喪子，給他以沉重的打擊，萬念俱灰之下，他先後辭去中央組織部副部長和交通部政務次長的職務，僅擔任全國經濟委員會委員一類的閒職。一九四二年三月二十五日，朱樸在上海創辦了《古今》雜誌，他在〈《古今》一年〉文中說：「回憶去年此時，正值我的愛兒殤亡之後，我因中心哀痛，不能自已，遂決定試辦這一個小小刊物，想勉強作為精神的排遣。」他又在〈滿城風雨話古今〉文中說：「有一天，忽然闊別多年的陶亢德兄來訪，談及目前國內出版界之冷寂，慫恿我出來放一聲大砲。自惟平生一無所長，只有對出版事業略有些微經驗，且正值精神一無所託之際，遂不加考慮，立即答應。」他在〈發刊辭〉中說：「我們這個刊物的宗旨，顧名思義，極為明顯。自古至今，不論是英雄豪傑也好，名士佳人也好，甚至販夫走卒也好，只要其生平事蹟有異乎尋常不很平凡之處，我們都極願盡量搜羅獻諸於今日及日後的讀者之前。我們的目的在於彰事實、明是非、求真理。所以，不獨人物一門而已，他如天文地理，禽獸草木，金石書畫，詩詞歌賦諸類，凡是有其特殊的價值可以記述的，本刊也將兼收並蓄，樂為刊登。總之，本刊是包羅萬象、無所不容的。」

《古今》從第一期到第八期是月刊，到第九期改為半月刊，十六開本，每期四十頁左右。朱樸在〈《古今》兩年〉文中說：「當《古今》最初創刊的時候，那種因陋就簡的情形決非一般人所能想像的。既無編輯部，更無營業部，根本就沒有所謂『社址』。那時事實上的編輯者和撰稿者只有三個人，一是不佞本人，其餘兩位即陶亢德周黎庵兩君而已。創刊號中一共只有十四篇文章，我個人寫了四篇，亢德兩篇，黎庵兩篇，竟占了總數之大半；其他如校對、排樣、發行，甚至跑印刷所郵政局等類的瑣屑工作，也都由我們三人親任其勞，實行『同艱』『共苦』的精神。……那種情形一直賡續到十個月之後才在亞爾培路二號找到了社址（這是承金雄白先生的厚意而讓與的），於是所謂的『古今社』者才名副其實的正式辦起公來。」《古今》從第三期開始由曾經編輯過《宇宙風乙刊》的周黎庵任主編（其實是從籌備開始，只是沒公開掛名而已。），朱樸說：「我與黎庵沒有一天不到社中工作，不論風雨寒暑，從未間斷。就我個人的經驗來說，生平對於任何事務向來比較冷淡並不感覺十分興趣的，可是對於《古今》，則剛剛相反，一年多來如果偶而因事離滬不克到社小坐的話，則精神恍惚，若有所失。」

周黎庵在〈《古今》兩年〉文中說：「我編《古今》有一個方針，便是善不與人同，戰後作家星散，在上海的只有這幾個人。雖然他們的文章寫得好，但因為每一家雜誌都可以有他們的作品，便算不得名貴了，於是《古今》便開發北方……每期總刊載幾篇北方名家的作品，北方開發成功之後，我覺得還不足以維持《古今》獨有的風格，近期更有碩果僅存的珍貴史料和大江南北無與抗手的書畫刊載，可以說是《古今》特殊的貢獻。」

經過朱樸、周黎庵的努力邀約，在一九四三年七月《古今》夏季特大號（第二十七、二十八合刊）的封面上開列了一個「本刊執筆人」的名單：

汪精衛、周佛海、陳公博、梁鴻志、周作人、江康瓠、趙叔雍、樊仲雲、吳翼公、瞿兌之、謝剛主、謝興堯、徐凌霄、徐一士、沈啟无、紀果庵、周越然、龍沐勛、文載道、柳雨生、袁殊、金梁、金雄白、諸青來、陳乃乾、陳寥士、鄭秉珊、予且、蘇青、楊鴻烈、沈爾喬、何海鳴、胡詠唐、楊靜盦、朱劍心、邱艾簡、陳旭輪、錢希平、陳耿民、何戡、白銜、病叟、南冠、陳亨德、李宣倜、周樂山、張素民、左筆、楊蔭深、魯昔達、童家祥、許季木、默庵、靜塵、許斐、書生、小魯、方密、何淑、周幼海、余牧、吳詠、陶亢德、周黎庵、朱樸。

在這份六十五人的名單中，除南冠、吳詠、默庵、何戡、魯昔達是同屬黃裳一人外，可謂名家雲集。其中以汪精衛、周佛海、陳公博、梁鴻志、江亢虎、趙叔雍、樊仲雲等為首，顯示出《古今》與汪偽政權的千絲萬縷的關係。學者李相銀在《上海淪陷時期文學期刊研究》書中，就指出：「無論是汪精衛的『故人故事』，還是周佛海的『奮鬥歷程』，無不是在訴說自己的輝煌過去。……作為民族國家的罪人，他們與日本侵略者媾和並將此視為『豐功偉業』大肆吹噓，不過是為自己荒謬的言行尋找『合法』的外衣而已。其實他們又何嘗不知此舉早為世人所不齒，必將等來歷史的審判。他們焦慮不安的內心充滿了對於『末日』的恐懼，除了借助於文字聊以排遣之外，還能有何良策呢？就此而言，《古今》無疑成了他們『遣愁寄情』的最佳言說空間，《古今》的文學追求也因此被『政治化』。」而舊派文人和學者如吳翼公、瞿兌之、周越然、龍榆生、謝剛主、謝興堯、徐凌霄、徐一士、陳旭輪、陳乃乾等人佔了相當的比重，體現出雜誌的「古」的色彩。這其中有許多是專研掌故之學的，如明末四公子之一冒辟疆之後人——冒鶴亭他的〈孽海花閒話〉在《古今》第四十一期起連載九期；而晚清大學士瞿鴻機之子瞿兌之出身宰輔門第，故舊世交遍天下，是民國筆記小說的重要代表人物；徐一士出身晚清名門世家，與兄徐凌霄均治清代掌故，所著《凌霄一士隨筆》與瞿兌之的《人物風俗制度叢談》、黃秋岳的《花隨人聖庵摭憶》並稱為「三大掌故名著」。謝剛主原名謝國楨，是明史專家；謝興堯則主要從事太平天國史研究，他對《水滸傳》作者的考證，從胡適考證的遺漏之處入手，認為《水滸傳》最根本的問題是作者問題，發幽探微，溯古追今，既有史實，又有史識。而周越然在二十世紀上半葉，是無人不知的大藏書家，其書室名為「言言齋」，於一九三二年毀於「一・二八」之役，但他並不因此而稍挫，他移居西摩路（今陝西北路），繼續廣事搜購，不數年又復坐擁書城。他偏嗜禁書，寫有〈西洋的性書與淫書〉等文。陳乃乾則早年從事古舊書業經營，所經眼的版本書籍特別多，撰著了不少有關版本目錄學方面的專著，並在《古今》上發表了許多目錄學、版本學方面的學術文章。

紀果庵在《古今》第三十期（一九四三年九月一日出版）的〈海上纪行〉一文，談到他們在朱樸的「樸園」雅集的情況：「次日上午我先到黎庵兄處會齊，往樸園，老樹濃蔭，蟬聲搖曳，殊為人海中不易覓到的靜區。樸園主人前在京時曾見過一面，但未接談，這番重見到他清癯的面容，與具有隱士嘯傲之感的風格，不覺未言已使我心折。我常想晉宋之交，有栗里詩人，與遠公點綴了美麗的廬山，五斗米雖不能使他折腰，而我輩卻呻吟於六斗之下（公務員配給米以六斗為限），古今世變，還是相去有間的，然如樸園之集，固亦大不易得，並非我輩『群賢畢至』，良以濁世可以談談的機會與心情太不容吾人日日如此耳。亢德已至，因有他約，先去。隨後來的有矍鑠的周越然先生，推了光頂風趣益可撩人的予且先生，手度翩翩的文載道柳雨生二兄，和我最喜歡讀其文字的蘇青小姐，樊仲雲先生則最後至，於是談話馬上熱鬧起來，予且先生在抄寫樸園主人的八字預備一展君平手段，越翁則談到方九霞劫案，載道大說其墨索公辭職的新聞，聲宏而氣昂，蘇青小姐只有在一邊微笑，用小型扇子不住的扇著。我這個北方大漢，插在裏邊，殊有不調和之感，只好聽著似懂不懂的上海話，一面欣賞吳湖帆送給樸園主人的對聯，（聯曰：顧視清高氣深穩，文章彪炳光陸離。）和書架上的書籍，大部是清代筆記掌故和清印的書帖之屬，主人脾胃，可睹一斑，其與吾輩相近，亦頗顯然也。時主人持出《扇面萃珍》一冊，與黎庵討論《古今》封面材料，此集乃廉南湖小萬柳堂所藏，均明清珍品。主人因談到吳芝瑛女士的字，據云乃是捉刀，余亦久有所聞，而不如主人所知之證據確鑿。飯已擺好，我竟僭越的被推首席，可惜自己不能飲酒，白白辜負主人及黎庵的相勸之意。老饕既飽，本該『遠颺』，（昔人喻流寇云，『饑則來歸，飽則遠颺。』）奈外面紛傳，馬路將要戒嚴，『下雨天留客』，適有饋主人以西瓜者，不免益使老饕堅其不去之心。西瓜吃畢，蘇青女士的文章來了，她掏出小巧精緻的紀念冊，定要樊公題字，樊公未有以應，叫我先寫幾句，我只得馬馬虎虎，塗鴉一番，大意好像是發揮定公詩：『避席畏聞——著書都為——』數語的意思，未免平凡得很。主人堅執請樊公執筆，樊公索詞於我，我忽然說：『您寫繅成白雪桑重綠，割盡黃雲稻正青罷。』樊公未作可否，我已竟感到荊公此語，太露鋒芒，豈唯對樊公不適，即給人題字，亦復欠佳，乃急轉語鋒曰：隨便寫個

『文章千古事，得失寸心知』好了，不是蘇青小姐的文章大可『千古』嗎？樊公乃提筆一揮而就。三點了，不好意思再坐下去，於是告辭了雅潔的樸園……」

對於《古今》的創辦，上海電影製片廠離休老幹部、上海作家協會會員沈鵬年在《行雲流水記往》一書中另有一說，他云：「朱樸畢竟出身於書畫世家，深知『國寶』級的兩宋古書畫的價值。而當時號稱『前漢』（汪精衛屬『後漢』）的大漢奸梁鴻志家藏兩宋古書畫，他覬覦之心，無時或已。便以《古今》約稿為名，頻頻登門訪梁。」梁鴻志出身閩侯望族，曾祖父梁章鉅，號茝林，官至江蘇巡撫，是嘉道間名震朝野的收藏家，外祖林壽圖，號歐齋，工書畫及詩詞。梁鴻志早年結識北洋皖系大紅人、安福系王揖唐，王賞識梁鴻志的詩才，拉其入安福國會任財務副主任，梁鴻志因此搜刮了不少安福俱樂部的公款，後來王揖唐又舉薦梁鴻志任段祺瑞秘書。段歸隱上海，梁就用安福系的巨額贓款也在上海置花園洋房一所，並以祖傳宋代古玩三十三件（一說是兩宋蘇東坡、黃山谷、米南宮、董源、巨然、李唐等書畫名家真跡三十三種），名其居曰「三十三宋齋」。沈鵬年認為這些國寶級的珍藏，不能不令朱樸為之咋舌。因此朱樸在《古今》創刊時，就約得梁鴻志的文章〈爰居閣脞談〉並將其排在首篇，足見其是別有用心的。

後來朱樸更因此得識了梁鴻志的長女，沈鵬年說：「一九四二年四月的一天，朱樸要周黎庵陪伴同去鑑賞。至梁宅適主人外出，由其女梁文若招待。這就是朱樸致文若第一封『情書』中所說『兩年多以前曾經多少友好的熱心介紹，始終未能謀面，而這一次竟於無意之間一見傾心』的這一次。朱樸致文若信中寫道：『我因精神無所寄託遂創辦《古今》以強自排遣，卻不料無形中竟因此獲得了你的重視和青睞。』『在茫茫塵海之中能夠獲得你，可說不虛此生了。』從一九四二年四月至一九四四年三月，整整兩年的苦心追求，文若小姐下嫁朱樸，朱樸成為梁鴻志的『乘龍快婿』。『三十三宋齋』的『肥水』也能分得『一杯羹』。他創辦《古今》的目的初步得逞。」

一九四四年三月三日下午三時，朱樸與梁文若結婚，證婚人原定周佛海，後來因周佛海有事不克前來，改為梅思平主持。據參與盛會的文載道說，新郎著藍袍玄褂，新娘則僅御紅色旗袍，不冠紗也不穿高跟鞋，有許多人頗讚美這種儀式之儉樸而莊嚴。因為梁鴻志與朱樸交友廣闊，因此賀客盈門，有冒鶴亭、趙時棡（叔孺）、譚澤闓、吳湖帆、龔心釗（懷西）、林灝深（朗谿）、夏敬觀、劉翰怡、廖恩燾、顏惠慶、張一鵬、鄭洪年、朱履龢、聞蘭亭、諸青來、李拔可、嚴家熾等名人。另文化界來的有：趙正平、樊仲雲、周化人；新聞界有：金雄白、陳彬龢、袁殊、鄭鴻彥、許力求；銀行界有：馮耿光、周作民、李思浩、葉扶霄、錢大櫆、盧澗泉、張慰如、吳蘊齋；軍警界有：唐蟒、蕭叔宣、張國元、唐生明、臧卓、熊劍東、蘇成德、林之江等；女賓到的有周佛海夫人楊淑慧，陳公博夫人李勵莊，前「標準美人」現唐生明夫人徐來，以及繆斌、任援道、梅思平、丁默邨的夫人等。還有兩位是朱履龢、李祖虞夫人，都是崑曲的名手。更難得的是京劇大師梅蘭芳也來了。文載道說：「聽說這次爰居閣主（案：梁鴻志）贈與樸園（案：朱樸）的覿禮，也不是世俗的金錢飾物，而是最合樸園愛好的金石古玩。計有宋哥孳水盂全座，漢玉一枚，乾隆仿宋玉兔朝元硯一方，精品雞血章成對。」

朱樸在〈樸園日記——甲申銷夏鱗爪錄〉文中說：「（一九四四年）八月十五日，下午到《古今》社，鶴老送贈《梁節庵遺詩》一冊，盛意可感。《古今》第五十三期出版，封面刊登孫邦瑞君所貽鄭蘇戡之『含毫不意驚風雨，論世真能鑒古代』一聯，頗為大方。……八月二十三日，上午赴中行，與震老閒談時事，感慨良多。下午與文若赴爰居閣，邀外舅（案：梁鴻志）同往孫邦瑞處觀畫。今日所觀者有沈石田畫二卷，董香光畫軸及冊頁各一件，王煙客冊頁九幀，惲南田畫一卷，皆精品。石谷二卷俱係中華時代之力作，頗為外舅所讚美。……邦瑞富收藏，今日因時間匆促，不克飽鑒為憾，異日當約湖帆再往訪之。」孫邦瑞是民國著名書畫收藏家，他與吳湖帆交誼甚篤，且結通家之好，所收藏名跡多經吳湖帆鑑定並題跋。沈鵬年說：「據說孫邦瑞家藏的精品經梁、朱『鑒賞』以後，梁、朱用『金條』為誘餌，反覆談判，威嚇利誘，被掠奪而去……類此者何止孫氏一家？這就是朱樸之用《古今》為幌子，先瞄上梁家『三十三宋齋』，然後再網羅海上著名收藏家的珍品，這就是他辦《古今》最終的真正目的。……朱樸通過《古今》人財兩得，名利雙收。把《古今》停刊以後，集中精力，找到退路，最後去『香港買賣書畫』。」

一九四四年十月《古今》在出版第五十七期後停刊，朱樸離開滬寧的政治圈，他以平民身份幽居北平，以賞玩字畫為樂事。他在〈憶知堂老人〉文中說：「一九四四年《古今》休刊後我舉家遷居北京，到後即往拜訪。」又在〈多難祇成雙鬢改〉文中說：「甲申之冬，余北遊燕都，知堂老人邀讌苦茶庵，陪座者僅張東蓀、王古魯。席間，余出紙索書，主人酒餘揮毫，為集陸放翁句『多難祇成雙鬢改，浮名不作一錢看』十四字相貽，感慨遙深，實獲我心。聯旁並附小跋曰：『樸園先生屬書小聯，余未曾學書，平日寫字東倒西歪，俗語所謂如蟹爬者是也。此只可塗抹村塾敗壁，豈能寫在朱絲欄上耶？惟重雅意，集吾鄉放翁句勉寫此十四字，殊不成樣子，樸園先生幸無見笑也。民國甲申除夕周作人』虛懷若谷，讀之愧然。」

朱樸在一九四七年到了香港，有論者說他在抗戰勝利前就到香港是不確的。除了他自己在〈人生幾何〉文中說：「我由北京來港是一九四七年，並非一九四八年。」外，香港《大人》、《大成》雜誌創辦人沈葦窗也說：「一九四七年，省齋將來香港，湖帆曾有意同行，於是時常晤面，磋商行止。湖帆有煙霞癖，因此舉棋不定，省齋先於四七年冬來港，我到港後和他時時飲茶，談次總要提起湖帆，認為南張北溥，先後到了海外，若湖帆到港，便成三國鼎峙之局，海外畫壇那就更加熱鬧了！」。

名作家董橋在《故事》一書中說：「朱省齋名樸，字樸之，無錫人，我一九七〇年年尾在香港報上讀到他去世的消息。他早歲浮沉政海，中年後來香港買賣書畫，與張大千、吳湖帆友善，《星島日報》社長林靄民請過他編《人物週刊》。省齋與張大千五十年代在香港過從甚密，也許還不斷有過書畫上的買賣。」張大千「《歸牧圖》題識提到的蘇東坡《石恪維摩贊》，大千竟然又是靠朱省齋奔走買進來的。此《贊》曾經由省齋的外舅梁鴻志收藏，四十年代末期忽然在香港為省齋發現，立即轉告大千，大千願意傾囊以迎，懇求省齋力為介說；幾經磋商，卒為所得。」一九五〇年朱樸和譚敬「同寓香港思豪酒店。一天，譚敬忽遭覆車之禍，身涉訴訟，急於用錢，打算出讓全部藏品。那時張大千正在印度大吉嶺避暑，省齋馳書通報，大千立刻回電說：『山谷伏波神祠詩卷，弟寤寐求之者已二十餘年，務懇代為竭力設法，以償所願！』省齋接電話後幾經周折，終於成事。」

沈葦窗在〈朱省齋傷心超覽樓〉文中說：「我草創《大人》雜誌，省齋每期為我寫稿，更提供許多書畫資料。那時，省齋在王寬誠的寫字樓供職，薪水甚少，但有一間寫字間卻很大，他每天下午到那裡去轉一轉，看看西報，主要的工作是為王寬誠鑑定書畫。因此，他於一九五七、一九六〇都回過上海，又到北京，而在最後一次他回香港經過深圳之時，卻遇見一件驚心動魄的事情，從此，他就不敢再北上了。原來省齋到北京，遇見瞿兌之，瞿家有一件齊白石的山水畫長卷，是他家的一段故事，名為《超覽樓禊集圖》……兌之晚年，境遇不佳，省齋卻對此卷念念不忘，因之和兌之磋商，以人民幣四百元讓到手上，……省齋得此畫後，十分得意，已在畫右下角，鈐上陳巨來為他刻的『朱省齋書畫記』印章，並在北京覓人攝影。不料在返港之際，在深圳遇見虎而冠者，從行李中搜出此物，認為盜竊國寶，罪無可逭，幾欲繩之於法。幸得長袖善舞最近在港逝世之某君為之緩頰，方保無事。省齋告我，當時心膽俱裂，確實有此情景，畫件當然沒收，後來再沒有下落了！省齋當年曾說，此件到港可值萬金以上，如今看來，十百倍都不止，而省齋從此得怔忡之疾，一九七〇年十二月九日歿於九龍寓邸，享年六十有九。」

朱省齋十幾年來先後出版《省齋讀畫記》、《書畫隨筆》、《海外所見名畫錄》、《畫人畫事》、《藝苑談往》五本專談書畫的書籍。他在一九五四年出版的《省齋讀畫記》〈弁言〉中說：「作者並不能畫，惟嗜此則甚於一切。十餘年前在滬常與吳湖帆先生相往還，初得其趣；近年在港，隨張大千先生遊，朝夕過從，獲益更多。竊謂本書之作，雖未敢媲美《江村銷夏錄》、《庚子銷夏記》等名著，但對於同好之士，或能勉供參考之一助也。」他在《藝苑談往》〈引言〉中又說：「雖然文不足取，但是所謂敝帚自珍，覺得也還有其出版之價值。尤其書中如〈石濤繁川春遠圖始末記〉、〈董北苑瀟湘圖始末記〉、〈關於顧閎中韓熙載夜宴圖的故事〉、〈黃山谷伏波神祠詩畫卷始末記〉諸篇，其中所述，雖不敢自詡謂鄙人『獨得之秘』，但因都曾經身預其事，知之較切，自非如一般途聽道說，摭人唾餘者之可比。」

與朱樸有數十年友誼的金雄白說：「在香港二十餘年中，他已成為中國古代文物的鑑賞專家。以他的天賦聰明，兼得他丈人長樂梁眾異氏之指點，又因先後與吳湖帆、張大千交遊，耳濡目染之餘，又寖饋於此，乃卓然有成。近來他的著作中，也十九屬於談論古今的書畫人物，遠至美國，每遇珍品，輒先央其作最後的鑑定，以為取捨之標準。」而對於書畫之鑑定，朱樸寫有一長文〈論書畫賞鑑之不易〉，他認為賞鑑者，乃是一種極專門又極深奧的學問，普通一般的書畫家不一定也是賞鑑家，而所謂收藏家者，更不一定就是賞鑑家。余恩鑅在其《藏拙軒珍賞目》序文說：「近來市肆家變幻百出，遇名畫與題跋分裂為二，每有畫真跋假，以畫掩字；畫假跋真，以字掩畫。又有前朝無名氏畫，妄填姓名；或因收藏家以印章題跋為證據，依樣雕刻，照本描摹。直幅則列滿邊額，橫卷則排綴首尾，類皆前朝印璽名人款識，施之贋本。而俗眼不察，至以燕石為瓊瑤，下駟為駿骨，冀得厚資而質之。」因此朱樸最後總結說：「賞鑑是一件難事，而書畫的賞鑑則尤是難事之難事，應該是萬古不磨之論。董其昌有言曰：『宋元名畫，一幅百金；鑑定稍訛，輒收贋本。翰墨之事，談何容易！』真是一點也不錯。」

古今文史半月刊第三十七期至第四十二期

目次

第三十七期 民國三十二年十二月十六日

第三十八期 民國三十三年一月一日

第三十九期 民國三十三年一月十六日

第四十期　民國三十三年二月一日

第四十一期　民國三十三年二月十六日

第四十二期　民國三十三年三月一日

古今文史半月刊第四十三期至第四十八期

目次

第四十三、四十四期　民國三十三年四月一日

第四十五期　民國三十三年四月十六日

第四十六期　民國三十三年五月一日

第四十七期　民國三十三年六月十六日

第四十八期　民國三十三年六月一日

古今

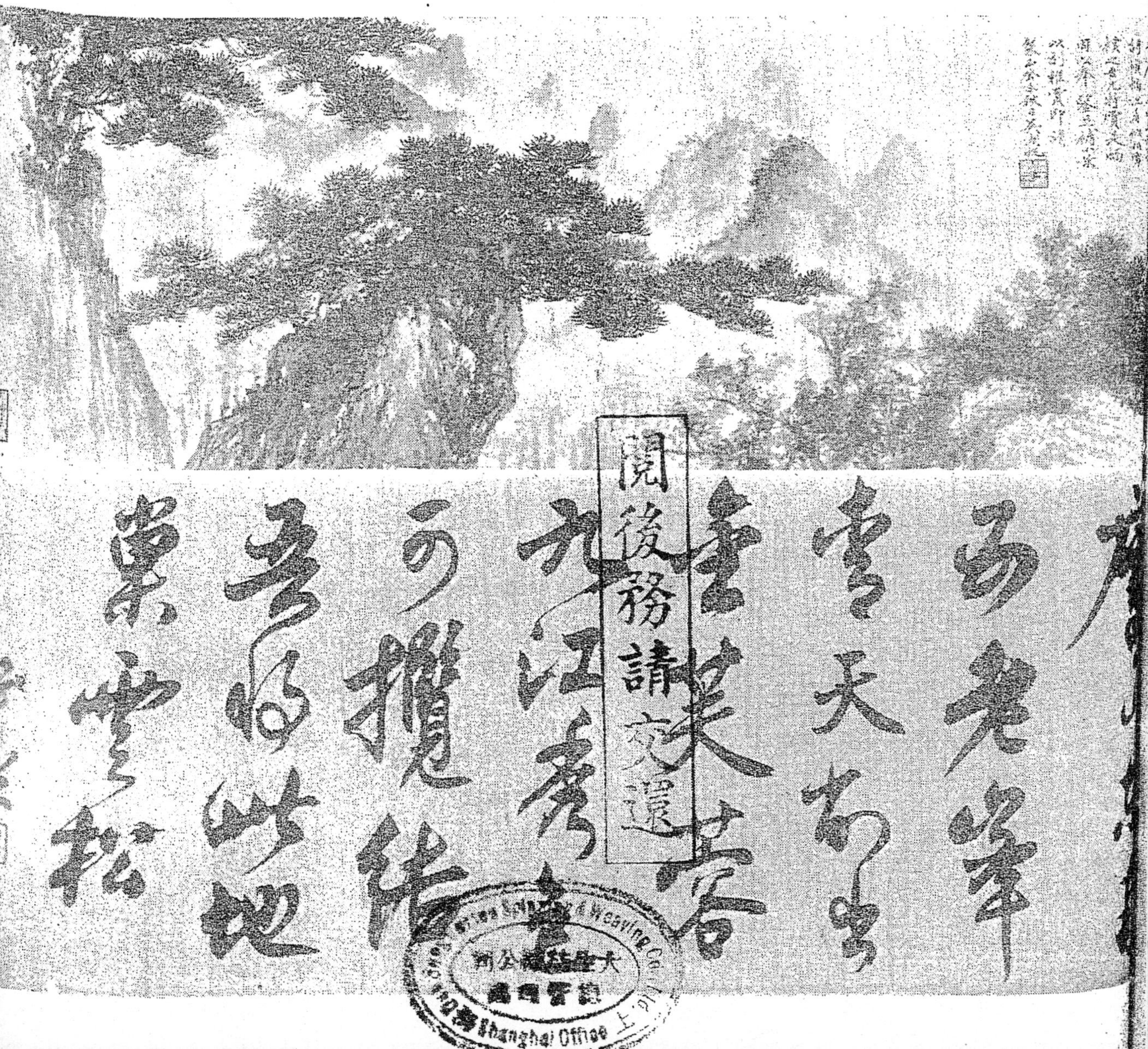

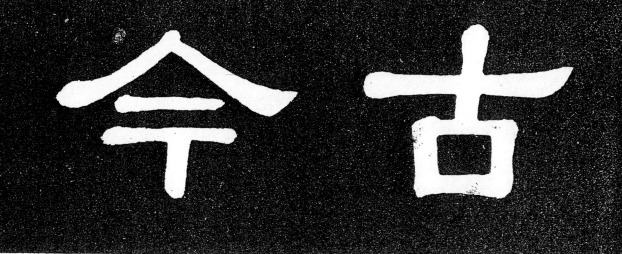

古今半月刊第三十七期目次

新年號佳作預告

中華民國三十二年十二月十六日出版

社長 朱樸
主編 周黎庵
發行者 古今出版社 上海咸陽(亞爾培)路二號
發行所 古今出版社 上海咸陽(亞爾培)路二號 電話:七三七八八號
印刷者 中國科學印刷公司
經售處 全國各大書坊報販

零售每冊中儲券拾元

國民政府宣傳部 登記證滬誌字第七六號
第一警察局 登記證C字一〇一二號

預定	款項先繳 照價八折
定	半年 一百元 全年 二百元

我與共產黨（下）

（五）

陳公博

我是在民國十四年二月離開紐約赴倫敦的，此行不過藉回國之便順道游覽，由倫敦赴荷蘭，轉柏林，遊巴黎，最後止於羅馬。自然因爲自己是一個四分之一的博士，少不免在各國參觀各大學，牛津大學、柏林大學、巴黎大學都去訪問一次，但實在說那都是走馬看花，毫無所得。抵羅馬時，讀報知道　孫先生在北京逝世了，我看了這段消息，還不敢置信，因爲　孫先生久病我是知道的，在美國時就有好幾次謠傳他逝世。可是翌日報紙又說俄國打算送他一具銅棺，這恐怕是眞的吧，到中國公使館去打聽，才知道這消息不假。　孫先生眞的逝世了，心情一時紛亂，好像中國已入於絕望的境地。心想廣東局面會變成怎樣呢，中國的大局又會變成怎樣呢，這麼一想眞是歸心似箭，立即乘車至納波里，附一艘德國貨船回國。我當時實在無心與聞政治，但不知怎樣，中國的政治前途倒亂我的心情。

到了香港，才知道東江已下，廖先生正和加倫將軍於我抵香港之前一日由港赴汕頭，　汪先生則以病留滯在上海，我在香港逗留了幾日，和秋霖會了面，問問他當日所謂報變的情形。數年不見，秋霖已是結婚了，秋霖的性質也變了。在羣報時代，秋霖好像不羈之馬，食宿無時，惟適之安，我還記得，我們常常在看完大版之後，跑長堤，步月亮，現在秋霖則在報館工作還未完畢即匆匆忙忙回家。這種脾氣的突然改變，不止我驚詫，連一般朋友也驚詫，後來他和廖先生一齊殉難，人們還引他脾氣突變爲一種早死的預兆，自然我是不會相信這種迷信無稽之談，不過他的脾氣改變當時確使我非常驚異。

我回到了廣州，廖先生也由東江回來了，　汪先生也自滬歸粵了，那時正在計劃着東江回師，撲滅楊劉，我名義上算是擔任廣東大學的教授（那時還未改稱中山大學），替大元帥府起草了兩篇文告，知道廣州戰事要發生，把老母送至香港，而著名的省港海員罷工正在那時醞釀。

我回廣州之時，遇見了植棠，才知道共產黨已將我的共產黨籍開除，他因爲有幫助我的嫌疑也被開除，近來又復了黨。我對植棠笑起來，這次的糾紛，我也不再算帳了，到底是我開除了共產黨，還是共產黨開除了我，竟是一種官司打不淸的公案。共產黨對於我的行動報告也是分歧而奇怪的，據許多人在莫斯科所看的資料，我被開除的原因是爲着幫助陳炯明，而在北京俄國大使館所搜出的文件，則說我有無政府的傾向，至於何以脫離共產黨，原因不明（這種文件是後來我辦革命評論時，美國駐滬領事葛斯頓 Huston 拿給我看的）。我脫離共產黨的原因，直接知道淸楚的祇有仲甫、平山、植棠，間接知道的祇有張太雷，就是在廣東共產黨面前，我始終沒有宣佈仲甫和我那一段談話。

共產黨知道我回粵，也曾召集一個會議，討論對付我的方法，當時最反對我的是當日最同情我的劉爾崧，他簡直反對我回廣州，但後來有人提議，我的爲人要活動起來，反對也會活動，贊成也會活動，我的活動決不會因有共產黨反對而受限制，最好是設法使我忙於工作，這樣或者使我太過於活動而反限制其活動，這個提議者爲何人，共產黨人不肯說，然而這個方法倒是一個聰明的方法，終於決議通過了。劉爾崧爲什麼反對我回廣州，據後來得到共產朋友的報告，說劉爾崧已在工運有了地位，廣州工運當日由我一手做成，恐怕我回後，他對工人沒有把握，而且他正與各女工會的女領袖多數有了關係，抬出一個政治結婚的好招牌，更怕我抓着他那個弱點。

廣州的楊劉撲滅了，國民政府在七月一日成立了，廣東省政府也改組了，這些都與本文無關，不去贅說。和我有關的是我的工作，一個是軍事委員會的政治部主任，一個是省政府的農工廳，這兩個工作都是極繁重的工作，而又爲共產黨最注意的工作。在軍事委員會的政治部就有兩個俄國顧問，一個是斯乃德，一個是馬密也夫，最後基散加代了加倫做軍事顧問時，更加上一個黑鐵尼。我底下三個處長都是共產黨人，這是在內的。而在外的，第一軍的政治部主任是周恩來，第二軍的政治部主任是李富春，第三軍的政治部主任是朱克靖，第六軍的政治部主任是林祖涵，海軍局的政治部主任是李之龍，全都是共產黨，這些主任都是軍事委員會決定之後交下來任用的，我對第四軍和第五軍的政治部主任我不願意再任共產黨了。我對第五軍任命了李朗如，至第四軍呢，正在物色人選，一天斯乃德對我說，我既不願再任共產黨人，那麼羅漢比較爲宜，羅漢是黃埔的優秀學生，　汪先生是可以同意的。我呈明汪先生後便委他去第四軍，那裏後來一打聽，羅漢也是共產黨，直至後來北伐軍出發，才改委了麥朝樞。

農工廳的工作也是異常繁重而困難，省政府還未改組，農工廳還未成立，已有沙基的慘案，已有香港的總罷工。香港的工人許多到了廣州，成立了罷工委員會，自然在罷工委員會內有着共產黨的主持，蘇兆徵差不多變了勞工政府的領袖。那時廣東的工運儼然分爲兩派，一派是共黨，一派是非共黨，共黨的工運是很幼稚的，然而非工黨的工運更是幼稚，兩派爭奪工會，爭奪工人，可以說無一工會不罷工，更可以說無一日不罷工。這兩派的主持人都是不可以情動，不可以理喻，露宿請願，集團遊行，更是司空見慣的事。共產黨對於工人所開的空頭支票太多了，起初要以罷工來吸收工人，終至不能兌現而不能指揮工人，我是一個農工廳長，職務是調停勞工糾紛的，照這樣有計劃的罷工和無意識的紛擾，眞是無從去措手。

廖先生當日不知爲什麼要我做農工廳，我想大約知道我參加過共產黨，對於共產黨那一套把戲總有點知道，可以有些辦法的罷。我也是憑着這一套，不斷和他們衝突、交涉，但是無論如何，也只能相安一時。廖先生在未被刺之前，有一天也忍不住對我說：『平山的爲人，你得注意。』我笑了一下，心想平山倒容易對付，所難對付的是他後面鞭撻的人們，但我始終不言，因爲我不想他煩惱，就是說恐怕他也拿不出辦法，一切的困難，我個人擔上身上便算了。實在說，當日的香港總罷工祗想罷工一天，爲五卅事件的一種示威表示，但以香港英國政府小題大做，而廣州又碰上沙基慘案，便勢成騎虎。香港總罷工在北伐以後糊裏糊塗結束，不能不謂爲共黨的一種失敗。

我在廣州工作之時，眞是處在一個夾攻地位，共產黨是對我穩紮穩打，步步爲營，所謂顧問，簡直等於監視。而國民黨人則許多都以爲我是共產黨，處處現出了歧視的目光。但我這個人的脾氣，一不好分辯，二不好解釋，祗有埋頭工作，完成我崗位的任務。

汪先生和廖先生是知道我的歷史的，我回廣州時對　汪先生說明我的經過，因爲　汪先生要我任政治部主任，我的主張和經過不能不向他說明。廖先生面前我也說過的因爲廖先生徵求我同意做農工廳長，我應該表明過去我和共產黨離合的事實。除兩位先生之外，誰也不知道我和共產黨的糾紛經過，就是我對兩位先生也沒有提過我和仲甫決裂的原因，在我辦革命評論當時，南京還咬定我是準共黨不用說，就是民國二十年底寧粵合作，古應芬先生在　汪先生離粵北上之時，在他病榻上還苦苦勸　汪先生要離開我，因我是一個共產黨。

我回粵之時，眞眞沒有想到從事政治。人最要緊是有自知之明，我不是說對政治沒有興趣，祗知我的性格不宜於政治。我有豐富的感情，有銳敏的理智，然而銳敏的理智有時敵不過豐富的感情。政治有時眞要冷要辣的，我的手腕或者可以冷和辣，然而我的性格不能冷和辣。自已失敗事小，國家貽誤事大。我爲什麼後來從事政治，完全是禁不起廖先生的一激。在我沒有回國之前，廖先生已對人說我富於能力，但太聰明。所謂太聰明，就是對於個人的利害太淸楚，他這句話是有絃歌之意，使之鬪之的。

我回國第一次見他時，我們兩個人的對話，似乎也値得說說，因爲他有了那一席話，才使我到今日成爲政治的鬥士。

『好了，你回來了，就搭起擂台罷。』廖先生很高興的。

我默然了一陣，我不知廖先生意何所指。

『你回來打算做什麼？』廖先生見我默然，現出一些奇異神態。

『我打算到廣大當教授，』那時我在美已受廣大之聘，並且六百元美金旅費就是廖先生叫廣大滙給我，作爲預支修金的。

『我們不希望你當教授，』廖先生斬釘截鐵的說。

『這樣廖先生希望我做什麼？』我反問着，並說明我性格實不適於政治。

『恐怕你還有理由？』廖先生聽了之後說，『性格也可訓練的，有了決心，性格也可以改變。』

『實在說，過去國民黨沒有什麼人，而且我也看不順眼，我原來也是看不慣才不願幹。』我祇好直言奉上。

『惟其沒有人，才叫你加入，有了人，我何必叫你加入，』廖先生非常懇切的。

我又默然，因爲實在想把這幾年研究所得來教授學生，若做了別事，實在於我初心違背。

『你對於現在政治是滿意了？』，廖先生有些不高興。

『自然不滿意。』

『不滿意是要幹的，』廖先生迫着問。

『我不相信眞幹的有幾個人，』我也不客氣。

『你總相信我罷。』廖先生大約知道已到題了。

『我是相信的，』我並不是恭維他，因爲我已從各方得來的消息，他眞苦幹。

『旣相信我，那麼我們一同幹，成功也一起成功失敗也一起失敗罷。』廖先生再不遲疑的拿出最後的斷語。

經過我們短短談話，在最後一分鐘我便下了決心從事政治。我知道廖先生批評我太聰明，同時我就下決心專做笨事。旣不諉過，更不邀功，直到今日，我還是如此。而且我可以在此附帶自白，我本來也想過一種優美的生活，食好的，住好的，研究些學問，閒寫些文章。但下了這個決心從事政治，立刻人生觀都改變了，因爲要過優美的生活，儘可做商人，做銀行家，做自由職業者，本着我的聰明才力，我相信一定可以做得到。但是要做官了，官是國家的職守，國家要他謀大衆福利，而不是要他謀個人福利的，更不是藉着官來肥己自私的。而且我眞討厭軍閥和官僚，尤其討厭留學生搖身一變爲軍閥官僚。我也是一個留學生，今後應當替國家爭氣，替留學生爭氣，這個一念之決，遂變爲今日之我。窮是人人都怕的，我也怕窮，但誰叫你做官呢？我旣然做官，又做了革命時代的官，不獨窮而無怨，就是死也是無怨。這或者是一種識力罷，我平常履險如夷，並不眞是胆略過人，實在基於一種認識，古語說胆由識生，這是我一生經歷認爲不搖之論。

我寫至此地，可以說說鮑羅廷了。人們都說鮑羅廷在廣東的權威很大，這是不錯的，因爲他有蘇俄在後台，而且把握了中國的共產黨。可是人們祇知其一，不知其二，鮑羅廷的操縱政治，還在於他的技術。中央政治委員會開會，他多數是列席的，對於小事，他都沒有意見，但每逢大案，他必預先和出席的人們個別交換意見，等到大家都無異詞，或大多數沒有異議時，他才以顧問的資格提出。因此彷彿鮑羅廷所提的議案沒有不通過，這樣傳聞一播，鮑羅廷眞似可以左右政局了。他還有空閑的時間，不像我們負責的終日忙於工作，所以有許多時間可以考慮，可以思索，每逢個別談話，他有許多材料，還有許多理論，怕麻煩的人終於折服了。除了共產黨不算，許多投機家便奔走於鮑羅廷之門，聲勢更加浩大，儼然鮑公館是一個小政府。我目中的鮑羅廷的確是一個能幹的外交人才，至於工作和理論我倒以爲中人而已，他雖然是一個外交家，並且擅長辭令，但事實終是事實，我畢竟和他衝突了好幾次。

一次在廖先生被刺之後，我繼任中央黨部的農民部長，截獲了中共對於農運共黨的兩個通令，所有重要報告只要報告於共產黨，而不必報告國民黨。我拿了這個通令和鮑羅廷交涉，我很沉痛的說：『如果這兩個通令是僞造的，我便沒有話說，如果是眞的，那麼共產黨對於國民黨應否如此？即就我本人立論，如果不拿這個通令公開，我即失了國民黨的立場，如果公開，馬上足使兩黨分裂，而危及革命的進展。』鮑羅廷承認這是中共的幼稚行動，並承認以後當爲嚴格的糾正。

又有一次是在民國十五年四月末的時候，鮑羅廷由俄國回粤找我作個別談話，我因病辭却。但是接連幾天，信哪，人哪，電話哪，不斷的追來，我心想又有重要問題來了。我病稍愈之後，終於一夜在鮑公館見面。

『現在國民黨已到搖動的時期，我個人以爲非找出一個實際領袖不可，陳先生以爲怎樣？』鮑羅廷很沉着而嚴重的樣子問我。

『黨的實際領袖不是有了嗎？軍事的領袖當然是蔣介石同志，政治領袖大概恐怕不出汪精衛同志和胡漢民同志，』我這樣說，心中一方面想『鮑羅廷是不是找我開玩笑。

『陳先生你誤會我的意思了，我不是說軍事和政治的領袖，是說黨的領袖，黨自從孫博士（鮑是這樣稱呼　孫先生的）逝世了，須得一個來繼承。所以我的主張應得再擧一個總理，如果礙於總章，我們叫他是執行委員會的主席。』鮑羅廷這樣解釋。

我說：『這不是違反了黨的總章嗎？』

鮑說：『總章是法律問題，目前需要領袖是革命問題，我們爲了革命的實際，不能不犧牲點法律。』

『總章不也是應革命的實際而立的嗎？』我這樣答，這時我已引起注意，想鮑羅廷的花樣眞多了。

『不錯，總章是應那時的革命實際，目前要一個主席是應現在的實際，爲要革命陣線的不破裂，陳先生總得犧牲了法律觀念罷！』鮑進一步的追問。

『誰來當個這主席呢？汪精衛同志旣蕭然而去，胡漢民同志又怫然而行，北方老同志不肯來，目前祇有蔣介石同志可以擔任。然而兩月以來，羣情還是惶惑不定，我想介石同志必會謙退而不肯就，那麼這個問題如何解決？』我十分疑慮的問。

『我想推舉張靜江先生，』鮑不猶疑的答我。

『張靜江先生身體不大好，恐怕不會幹罷！』我更憂慮的問。

『這是另外一個問題，但主席非張靜江先生不可。你知道孫博士一生是不會哭的，孫博士在北京臥病之時，張先生抬上北京去見孫博士，孫博士一見他便流淚了，』鮑這樣說。

『這是什麼解釋？』我更迫一步的問。

『你不要看輕這一哭，這在革命史上是佔極重要的一頁的，陳先生請你注意實際，不要注意黨的虛文，大家都贊成了，請你不必固執。』鮑終於搓着手很焦急的說。

這次談話，自然沒有結論，也毋庸有結論，我那時還不是中央政治委員會的出席委員，僅是列席的委員，鮑怕我反對，祇是作爲一種通知，暗示我不要發生異議。實在我當時對於主席的是否設立，絕沒有成見，祇是在三月二十之後，　汪先生去國，而發生這樣嚴重問題，我恐怕黨更要糾紛。至於張靜江先生的被提出，是否出自鮑的本心，我無從知之，但是我可以斷定就是別人授意的罷，鮑是贊成的，因爲國民黨的分裂，即是共產黨之大利，這一層可以說絕無疑義。後來張靜江先生畢竟被舉爲中常會主席，黨畢竟分裂而有寧漢分立之變，而且就以張靜江作主席爲分裂的藉口。當日開中央政治會時，我簡直開口不得，譚延闓先生蔣介石先生都贊成了，我還有何話可說。

（六）

我這個人最奇怪，雖然共產黨對我那樣的注意，我倒持着人之欲善誰不如我之心，始終以爲他們要完成國民革命之後才有異動的，我對共黨倒沒有首倡分裂之意。國民革命軍終在十五年七月出師北伐了，我就任北伐軍的政務局長，把政治部主任讓給鄧演達。在戰爭的進行中，國共幸而沒出過亂子，不過共產黨已隨戰爭的進展，抓羣衆，抓工人，抓農民，當時無論國共也已前知兩黨終有一日破裂，但誰也隱忍不願在北伐未完成之前反臉，長江是到達了，漢口是下了，而武昌也破了，共產黨大大的活動起來，在武漢當時，人家批評武漢政府是共產政府，這一點我是不承認的，但是當時共產黨確是目無政府，武漢方面的總工會勢力非常之大，擁有類於軍隊的糾察隊，有槍械，更可以拿人，可以辦人，而且他們爲要吸收羣衆，最大的武器是煽動罷工，初下武漢之時，一個月中各工會的罷工竟達三十餘次，武漢當時眞是人民惶懼，鷄犬不寧，甚至外交部長陳友仁先生也對我說，爲什麼不拿辦他們？但我怎樣可以拿他們呢？我只管財政，鄧演達才管政務，鄧演達正醉心於無產革命，而當時湖北的省政府還未正式成立，我主持財政委員會，鄧演達主持政務委員會，兩不相涉，各不相妨，我祇能調停，不能直接行動，我祇找着總工會的劉少奇，說你們的計劃我是知道的，不罷工，工人不會來總工會請求援助。你們也不能吸收工人。但這樣罷工是會搖動國民政府，並且妨害國民革命的。你們若再胡鬧，我祇有不客氣。雖然經過我那樣詞嚴色厲，罷工之風稍戢，但共產黨要擴張勢力，依然抓羣衆，抓軍隊，兩湖的鄉區，共產黨更開始沒收土地，共產黨的勢力，眞足以傾倒政府。

我在七月中旬又和鮑羅廷激烈的辯論過一次，第一個焦點是國民革命的領導權，第二個焦點是共黨所主張的階級鬥爭。我對於第一個問題的主張是：無論那一個革命，若要成功，首要確定革命的領導權，而革命領導權的誰屬，則不能不看人民的需要。中國目前如果需要共產革命，則革命領導權當然屬於共產黨，國民黨無可與爭。中國如果需要國民革命，則革命領導權當然屬於國民黨，共黨不能攘奪。否則革命惟有失敗，終至覆亡。照我的觀察，中國共產黨縱使不至攘奪中國國民黨的領導權，也有企圖共同領導的趨勢。自國民黨改組以至今日，國共兩黨惹起無數糾紛，分析原因，固由於爭羣衆，爭農工，不過一言蔽之，爲爭國民革命的領導權。所謂互派代表，都是空言，結果惟有失敗。我的第一主張，國民革命的領導權應該專屬於國民黨。

我對於第二個主張是：階級爭鬥是一種事實，如果有階級爭鬥事實，我們反對也會爭鬥。如果沒有階級爭鬥的事實，我們就是拚命提倡也鬥不起來。照馬克斯的觀察，階級爭鬥自有他的歷程，其最要條件就是中等階級消滅，使社會上祇餘一個有產階級和一個無產階級，形成兩大壁壘，然後始謂之科學社會主義的階級爭鬥。中國是一個半殖民地的國家，產業工人的無產階級僅二百七十萬，我們目前絕不能單單注意二百七十萬人的利益而犧牲三萬萬九千餘萬人的利益。此二百七十萬的無產階級，數量旣非龐大，其質量到底幾何能够做社會革命的部隊，很成一個疑問。至於中國有產階級，我只能謚之爲有錢的個人，決不能叫他們爲有產階級，因爲他們沒有經濟的政治組織，尤其沒有操縱社會生產和消費的權能，實際支配中國的還是外國的有產階級。所以就中國來說，有產階級也沒有組織和訓練，無產階級也沒有組織和訓練，而最足影響中國社會的還是宣告中立的中等階級。中國現狀如此，如果提倡階級爭鬥，其結果形成多數階級的混鬥。此種階級混鬥的終極，第一使民族主義破壞，演成國民革命的危機。第二使小資產階級脫離革命陣線，減少社會的資本和生產力。第三使社會多數階級互相仇視，民權主義無法實施。第四生產低落，無產階級愈減功能，一方面不能建設國家資本，一方面更足妨害民生主義的萌孽。

此外我更根本嚴酷的批評馬克斯，申說馬克斯理論不確的各點。鮑羅廷對於第一個問題，口頭上承認國民革命的領導權當然屬於中國國民黨，然而並無具體方法。對於第二個問題，始終贊同階級鬥爭，而否認階級混鬥足以釀成國民革命的危機。末後他更補充一句話，凡放棄階級鬥爭的就不是共產黨，他是共產黨所以不能放棄階級鬥爭。這次我們談話雖然不至於面紅耳熱，兩方都避免運用傷害情感的言詞，不過我們兩個人已至短兵相接，我相信國民黨沒有幾個人像我那樣在理論和事實和他激烈辯論過的。

武漢方面終於在十六年夏天繼南京方面清黨，現在迴憶起來眞是不勝感慨。實在在那年三月，如果蔣介石先生肯聽我的勸告，早由南昌移駐武漢，必不至有三中全會的劍拔弩張，寧漢也不至於分立。如果在　汪先生回國之後，介石先生不急急先成立南京政府，國共問題早有解決方法，也不至於有寧漢的對立。不過這些史實，我目前也不願談，祇好留待他日有編史之責的平心靜氣去下斷語，我寫完這一段話，不禁還感嘆一聲：『雖曰人事，豈非天命哉！』

現在我且說淸黨的當時罷，武漢淸黨時候對於共產黨還非常客氣，在七月十三日共產黨發表退出國民政府的宣言，十五日國民黨通過制裁共產黨的決議。十三夜譚平山還找我作最後的談話。這一段談話可以當國共分裂的最終談話，也可以當我和平山個人一段決別的談話。

我說：『現在國共已到不能不分的時期，我們是十年的老友，並且是三年來在國民革命共同工作的同志。今日共產黨已發出退出國民政府的宣言，則他日我們能否相見，很成一個疑問。今日我們談話，你應該離開共產黨的地位，我也離開國民黨的地位，以純粹革命黨的資格來談話。因我很相信我們爲革命並且爲羣衆的需要而革命，斷非專站在黨的立場而革命。其次今日談話的焦點，我專討論國民革命的領導權和農民暴動沒收土地的方法，其他枝節，我們當擱而不談。』

平山說：『這是我同意的，對於第一問題，革命領導權當然屬於中國國民黨，但今日有一先決問題，是中國國民黨到底尙能否革命。中國國民黨能不能代表農工及小資產階級的利益，而建設一個狄克推多的政府？』

我說：『如果談到這個問題，以我隸於國民黨的立場，當然否認你的疑問。而且能不能革命是人的問題，而不是黨的問題，若就個人立論，我不能肯定國民黨人個個能革命，但同時你也不能肯定共產黨人個個能夠革命吧！但現在我姑且承認國民黨不能代表農工和小資產階級以建設强有力的政府，那麼我們應該如何呢？』

平山說：『那麼我們應該改組國民黨，或另組第三黨。』

我說：『改組國民黨或另組第三黨，我以爲也有相當討論的價值，但到底中國共產黨還應否存在。』

平山說：『中國共產黨還應該存在。』

我說：『我們離開黨的立場討論，就工作方面觀察，我看不出國民黨和共產黨有什麼分別。國民黨要國民革命，共產黨也要國民革命。國民黨的成分是農工和小資產階級，共產黨的成分也是農工和小資產階級。現在旣認國民黨不能代表農工和小資產階級的利益，才要改組或另組第三黨，那麼這個改組的國民黨或第三黨當然可以實際代表農工和小資產階級了。我不懂得爲什麼共產黨還有存在的必要和理由？』

平山說：『因爲怕第三黨不能眞正代表農工和小資產階級，不得不拿共產黨來推進這個第三黨。』

我說：『你這種理論，完全證明共產黨不肯放棄國民革命的領導權。我們旣以國民黨不足代表農工和小資產階級，所以要改組或甚至另組第三黨。現在我們又不能信任第三黨，必須再以共產黨的組織來推進，不難又以第三黨不足代表農工和小資產階級而組織第四黨，或更組第五黨第六黨。這種奇異的推進絕沒有窮期，而國民革命的壽命已爲此一組再組所消滅。』

至此我已承認對共產黨討論國民革命的領導權，已無可再談，我們於是再進而談共黨以農民暴動沒收土地方法。

我說：『今日國共所爭焦點，除了爭奪領導權之外，要算土地問題。國民黨的主張是以政治的方法來解決，共產黨的方法是以農民暴動來沒收。今日土地問題已不成問題，只在解決此問題的方法。資本主義的英國已適用軒利佐治一部分的方法，希冀土地有相當解決，至於蘇俄也由耕者有其田的策略，企圖移轉土地的所有權於國家。但就我個人的經驗，中國目前土地問題，不在耕作的土地，而在於耕作的資本。河套甘新，豐腴土地，寂無人耕，察哈爾每畝土地的價值不過七角，張家口附近則竟兩角，黃河以北，我以爲絕不成問題。至於黃河以南，我們也知人浮於地，但我居住江西三月——江西當然可以代表長江的農業區，據我調查，滿千畝者全省不過十家，滿五百畝者平均每縣不滿三家，滿一百至五百畝者平均每縣不滿五家。此所謂一家的人口平均皆有十人至二十人。如果說到純粹的沒收，則此種人家自己分配，每人也不過十畝。如果說到有土地的皆有大罪，則暴動起來沒收土地，也不過移轉私人土地的所有權，對於國有土地，還是很遠很遠。我以爲在長江以南解決土地問題，只有待革命完成，第一將過剩的人口移送於北方，其次則速行建設國營企業，消納無土地的農民。否則甲攘乙奪，暴動將無窮期，而革命政權將亦隨暴動而失落。』

平山說：『有歷史到現在，沒有以政治方法解決土地問題的前例，只有以農民暴動起來沒收。』

我說：『如果能一次暴動來解決土地，我也相當的贊同，因爲革命也是暴動，不過革命是有計劃的有條理的，暴動是無計劃的無條理的。然而照我的經驗，和我在長江流域的觀察，決不能以一次暴動解決土地問題，並且中國的農民問題，還有耕作的智識問題，地方自治問題，決非簡單的分配土地可以解決。』

平山說：『如果一次暴動不能解決，則當爲第二次的暴動。』

我說：『如果第二第三次暴動都不能解決，那麼再用何種方法？』

平山說：『由第二次以至於無數次的暴動，必以農民自己能够解決爲止。』

我說：『你的理論是你自己的理論呢？還是莫斯科的理論呢？』

平山說：『這是莫斯科的理論。』

我說：『如果單是你的理論，我也不再辯論。如果是莫斯科的理論，那我不能不加以糾正。我們要知道我們爲甚麼要革命，就因爲要解除民衆的痛苦。但革命期間，當有革命的損失，例如生產的停頓和生活的變化，就是革命的損失。革命會不會失敗，完全靠着革命後的措施。如果革命後能維持秩序，塡補損失，革命即可成功。如果革命以後，不能維持秩序，不能塡補損失，反動即可突起。我個人不承認反動是一個壞名詞，因爲革命沒有方法和沒有力量才有反動，如果革命有方法有力量，反動必無從而起。像你所說一次暴動不能解決，可以第二次暴動。第二次暴動不能解決，可以第三次以至於無數次的暴動。那麼恐怕第三次暴動還沒有起來，四方八面已起反動。我的所謂反動，並不指反動派這樣簡單，就是革命黨的本身見沒有辦法可以維持革命的力量，也會反趨於反動的傾向。根本一句話，關於土地問題，國共兩黨的方法完全不能相同。共產黨爲甚麼主張農民暴動沒收土地，就是不信任國民黨的方法，換一句話就是破壞國民革命的方式。』

以上和鮑羅廷和譚平山的談話，我曾載在我所著的『國民革命的危機和我們的錯誤』，及『最切要的只是軍事和財政統一』中，經過這次談話，我和平山便分手，直至民國二十七年春天國民政府退至漢口才復相見。根據平山的談話，暴動本是莫斯科的政策，就不是莫斯科直接命令罷，最少也是中共主張而爲莫斯科所贊成，然而平山畢竟因着南昌暴動被開除了，他的開除黨籍自然不完全因爲暴動而是爲着還套着國民黨行動委員會的招牌。李立三也因爲主張暴動被視爲立三路線錯誤而開除了，他的開除黨籍自然也不是完全爲了土地問題，中間還有帶着共黨的內鬨。莫斯科已承認了暴動是一種政策，又以暴動而開除了譚平山和李立三，大約莫斯科經一次轉變，必定要平白犧牲了幾個人，如果平情論斷，可以替平山和立三叫寃枉的。但最可惜的就是我們談話的當時鄧演達不在座，他已於前兩日和鐵羅尼假道西北赴莫斯科，倘然他在座知道平山所主張那種的第三黨時，不知道他還會不會那樣愚笨要組織第三黨。

在武漢淸黨的前夕，空氣非常緊張，凡是徘徊或者猶疑的分子都像在轉變時代的巨輪中，磨碾了去。一個大轉變時代眞是不可思議，許多人的態度轉變，其突兀的程度有些不可方物。鮑羅廷是辭職由西北轉新疆回俄去了，第三國際的代表路易也走了，鄧演達偕着政治部顧問鐵羅尼往莫斯科了，所留下的加倫將軍還住在武漢，至寧漢合作時才由漢至滬歸俄。孫夫人宋慶齡平日言論大不滿於共黨的行爲，我在南昌之時，她來信希望我早日回漢口，因爲共黨太跋扈，不能不制裁，但一聽正式分共，表示不同意。外交部長陳友仁先生說到工人運動便頭痛，到了中政會決議分共，反又贊同孫夫人的主張，辭外交部長翛然而行。我們在那個時候，對於不贊同分共的都分別優禮送行，武漢的分共在匕鬯無驚之中不數日而諸事大定。

（七）

政治是殘酷的，黨的鬥爭尤其是殘酷的，我們對於這次分共很是客氣，現在回想起來，眞是書生的氣息，溫情主義者的行爲，可是共產黨倒對我們不客氣了。共產黨首先對我們開火，著名的南昌事變就在分共之後不久發生。

我們未曾分共，共產黨已有嚴密佈置了。他們知道最易藏匿的地方不是他們平素運動的工人，更不是廣大羣衆的農民，而是手裏拿着武器的軍隊。共產黨在廣東就注意第四軍，尤其注意在北伐中號稱鐵軍的張發奎先生，在廣東時就派了一個姓廖的共產黨人做了他的政治部主任。張先生是不會加入共產黨的，但是容易接受人家的高帽，好以極左的軍人自居，恭維是極容易的事，這一班共黨先生們投其所好，日夕向他包圍，使張先生深認共黨是他的好朋友，武漢分共，張先生奉行中央命令沒有異詞，但很想以共黨的安全保護人爲已任，因此譚平山、高語罕等都潛入他的軍中，何況四軍裏頭更有葉挺和葉劍英之流是百分之百的共產黨，歸四軍指揮的更有著名共黨的賀龍。我們都替張先生躭心，張先生倒自拍胸脯，說他有把握，共產黨絕不敢對他叛變。

在武漢分共之後，武漢政府組織了東征軍，擬東指南京，先求長江統一。張先生擔任了右翼軍事，師至九江，他却自請回粵，不再往東行。他的態度變化，固然因爲李濟琛先生派了陳可鈺到九江，勸他不要打南京，回粵休養，同時也受了自稱左派朋友的聳恿，等他回到廣東，對他再演黃雀在後的陰謀。我們到了那時，眞是無法可想，算算他就是中途退出，軍事也不至於沒有辦法，故也且自由他。殊不知賀龍一至南昌，便暴動起來，率電離開張先生去廣東的陸海豐了。張先生一聽前軍有變，在九江坐了專車親往鎮壓，剛至半途，却爲他的部下架起機關槍阻不許行。他自己下車大喊我是張總指揮，而士兵都說，我們不知道誰是總指揮，祇知黨的命令，張先生知道到了那時並非他自己能够鎮壓的，急急回車，他眞心灰意冷了，回到九江，把剩下的軍隊交給軍長黃琪翔率領回粵，自己個人趁了輪船至上海先回香港休息去了。

在南京特別委員會成立時，我因反對這個非法組織也回廣州了，中間還有四軍的驅李運動。因於本文無關，留俟他時再述，至十一月十七晨而有廣州共產黨的暴動。張先生固然太信共產黨，而黃琪翔先生尤其相信共產黨，不止他相信共產黨，凡與共產黨接近的都是好人。南昌事變似乎不足搖動他們的友誼，依然信任葉劍英，信任張雲逸，終於在十一月十七早葉劍英首先率領四軍的教導團在沙河暴動。焚燒廣州，這一段事實我在『軍中瑣記』中已有記載，現在略而不述。

共產黨不是友誼可以感動的，也不是鄉誼可以影響的，爲着友誼和鄉誼，朱培德先生就吃了朱德的虧，朱培德是雲南人，朱德是四川人，雲貴川三省人在外邊都是引爲同鄉的。本來軍隊中驅逐共產黨在武漢方面開始於朱培德的軍隊，自長沙馬夜事變，國共兩黨還想設法彌縫，明知終久必分，但希望在北伐完成之後，再和平分手。可是在陸月底南昌朱培德的第三軍已發現『請共產黨離開第三軍』的標語，政治部主任朱克靖很狼狽的帶領其手下工作人員逃回漢口。這一件事是要設法處置的，朱培德來電　汪先生指定要中央派我至江西一行，大約他要我去的原因，第一我任江西政務委員會主任時，彼正任江西總指揮，彼此有相知之雅，而且在廣東時候，彼此就合得來。第二我既是中央委員，而又在武漢。中央爲着這事終要派人調查處置的，與其派別人恐怕傳聞錯誤，不如我去處理還可以比較公平。我到江西之後，第三軍凡是公開的共產黨員都離開了，然而黨部、農會和工會還充滿共黨分子。我告訴朱先生最好還是聽中央命令，萬不可輕於舉措，致又釀成長沙馬夜事變的怪劇，朱先生還老成持重，聽我的勸告。不過使我感覺奇怪的，朱德還是任他的教導團長，我問他爲什麼朱德可以留在第三軍，他說朱德有同鄉之誼，思想也比較純正，朱德是不會反他的。他自己既然有把握，我又事事聽之中央，還有什麼意見。不料南昌事變，就由朱德率領教導團，引導葉挺和賀龍暴動起來。迨至所謂行動委員會率領暴動隊伍由江西退至海陸豐時，朱德大概知到軍事必敗罷，把自己一團軍隊撤至廣東的北江，改名王明來依范石生師長。范石生是在民十一年跟揚希閔的滇軍由廣西東下驅逐陳烱明的，在我們解決楊劉時，范石生率師正企圖回滇，脫離揚希閔，駐兵廣西，所以不在解決之列，至到我們北伐，他也回了廣東駐防北江。范先生是雲南人，恐怕也如朱培德的見解罷，把朱德收容了，並且替朱德掩護了，但後來朱德知道江西共黨入了瑞金，不獨把自己的隊伍帶着走，並且把范先生的隊伍也拖了不少走，弄到范先生潰不成軍。後來范先生不知怎樣來到上海做起中醫，在黃膺白先生病危之時，我看去他時，在宏恩醫院碰見，矯矯的軍官一變而爲恂恂的儒醫，人說不爲良相當爲良醫，而范先生則變爲不爲良將而爲良醫了。

最奇怪的，共產黨的先生們對於有力量的人是怕的，對於客氣的人倒是攻擊最烈的，當時我們總以爲政治的鬥爭不在於個人，而在於政綱，所以在武漢分共之時，非常客氣，雖然分共，同時還下令保護不違法的共產黨人，而共產黨首在南昌暴動，繼在廣東暴動，目的就在以政治方式鬥爭的我，和待其過厚的張發奎。在廣州暴動時，雖然尋不着我，却以廣東蘇維埃主席蘇兆徵的名義大張佈告，說已拿獲陳公博槍斃，那時我正在河南士敏士廠調兵遣將，過河的偵察兵送上那張布告，我失笑起來，這種『亦且快意』的事，惟有幼稚的共黨才做得出。

尤其奇怪的，在理論上共產黨倒不怕當日的南京，而最恨他們所謂國民黨左派——我自始至終沒有自稱過左派——因爲他們以爲右派是沒有理論是不怕的，惟有左派才有理論，所以深惡痛絕。在我失敗蟄居上海辦革命評論時，共黨非常注意。共黨假名左翼的文藝刊物羣起對革命評論攻擊；那還不够，更派許多共產分子潛入大陸大學讀書，有一次還想縱火燒燬大陸大學。就是大陸大學的學生雙十節在上海天后宮開一個游藝會，共產黨還出動了許多人擾亂會場。他們的計劃我預先接有報告的，但使我有些難於處置。那時我和南京已立於反對地位，決不願事急去求他們，我更不願報告租界的巡捕房，我不但不願求到外國人，而且租界當局已經對大陸大學含有敵意。但學生的游藝會早已宣布，勢難中止，好！自己辦罷，把一班學生分別配置在各據點，等他們傳單一散便動手拿人。人是拿到兩個，別的共黨同志們都鳥獸散了。那天晚上倒很布置得宜，台上的演劇還鑼鼓喧天，台下的觀衆還談笑自若，而將一場全武行於手揮五絃目送飛鴻之中，平定下去了。今日上海的電影明星袁美雲就是當日在台上和他姊姊袁漢雲演投軍別窰的一個人，他那時還是九歲的童伶，現在已由平劇轉到電影，且作了明星了。倏忽又是十餘年，我想我眞是老了罷！

自寧粵合作之後，我剛由海外歸來，參加南京政府，以後國共已由黨的鬥爭入於軍事鬥爭，我個人和共黨直接上無甚可述。我到南京之後知道陳仲甫夫人高君曼女士貧病交困，我到過他的家中。她太悽慘了，住在城外一間草屋，臥病在床，傢具破碎不全，絮被也支離散爛。我眞爲之凄然，祗有盡我所能的接濟她，君曼夫人因病久失醫，終於逝世，我又囑仲甫的朋友潘先生爲之營葬，草草盡一點朋友之責。

仲甫忽然被捕禁在南京獄中，仲甫先生雖然被莫斯科認爲托洛斯基派而開除，但托洛斯基到底還是共產黨，所以依然被捕了。在未判罪之前，我入獄看過他一次，判罪以後，也看過他一次，仲甫先生在京的舊朋友很多，大家已忘記他是一個共產黨，還待他是對於新文化曾有功勛的一個人，雖然名爲監禁，倒很自由和舒服。我見他時，眞是頭髮禿白，形容憔悴，仲甫先生本來就有些禿頂的，現在年力漸衰，更禿白可怕，我自然不願再提往事，祗是關心他的生活如何。仲甫又表示感謝我招呼君曼夫人，我祗有唯唯，心內有說不出的悽愴。中日事變，仲甫以政治犯的原故釋放了，一天我在佛海家裏和他吃飯，我們祇談中日問題，更不復談國共。我在廿七年十月底在大場失守的第二日奉命往意大利晤墨索里尼，廿八年二月歸抵漢口，自後更沒有機會相見，我在成都時還聽見他住在重慶附近鄉間。後來到了國府還都，佛海告訴我，仲甫也贊成和平，祇是無法脫離內地，不久便聽見仲甫逝世了。我們兩個人雖然有過一重公案，究竟沒有恩怨可言，聽見他逝世，不禁有人往風微之感，假使仲甫能來，或者我們還可以共同做一番事業也未可定呢！

譚平山呢，在漢口時我也見到了。以前我在南京實業部時，知道他住在歐洲比利時，他的困苦，大家是知道的，我曾接濟過他一次，對於他的兒女在滬求學，我也曾爲小小幫忙。人到中年，哀樂備嘗，恩怨都了。平山爲人什麼都好，祇是有些吊兒郎當。當日在上海他不替我辨誣，我想也不是存心搗我亂，恐怕是怕麻煩，他對黨事還是不大願負責，對於朋友閑事更是懶得管了，我早已不想做共產黨，這一段經過還是忘記算了。我們在漢口談過幾次，我的經過他大約全知道的，至於他的近狀我也不再問。兩人談談國事，一次我們還在一家飯館吃回魚，飲酒搳拳，歡笑如昔。我祇間接聽見他替蔣先生草過一個方案，因爲那個方案後來還交張羣先生修改，我也被邀參加的。平山年紀雖然祇比我大幾歲，但看來眞老了，頭髮本來已髮有二毛，我們相見時更斑白而稀少。酒量也減了，豪情也盡了，班荆道故，不禁感慨系之。

張國燾先生也在重慶相見了，我們知道他已脫離共產黨，還替蔣先生做反共的工作。國燾先生和我分別十七年，看他長得胖胖的，談起話來矜平躁釋，絕不像在上海開代表大會時那樣鋒芒，倒像言必規行必矩一個紳士。氣質眞可以隨時代變化的，我於國燾先生尤可見之。

朱德和葉劍英也在我未赴歐前在佛海家見過了，佛海一天約我見見朱德和葉劍英，說他們已到南京，和他們談談也很有意思。一夜顧祝同先生帶了他們來，朱德似乎矮了許多，顏色也蒼老，葉劍英還是舊時的神氣，沉默寡言。我想起葉先生在廣州暴動時要致我於死地，而今日倒客客氣氣的談話，不由得心內好笑起來，但他們今日變了一個生客，我又怎能笑出口呢，祇好談些不着邊際的話。朱德說我不會老，大約是滋養料充足之故，我祇好微笑，人之易老與否大半原因在遺傳，但我又何必根據唯物史觀和他作遺傳學的辯論。葉劍英很沉默，一半是他的脾氣，一半大約也有些不好意思，我想他和我見面時，也會想到廣州當日兩方拚命厮殺的情形罷。

在漢口的參政會內，我見了不少共產黨人，參政會內有十個共產黨的代表，老朋友的董必武、林祖涵、鄧穎超，全都在會場見過，但是除點頭之外，沒有交過言。那時在參政會內，我雖然不是參政員，但被指定爲國民黨參政員的指導者，張君邁先生笑我是英國國會的Whipman，指導者的職務，他們是知道的，恐怕因此更不會和我有好感。

我參加和脫離共產黨的經過就是如此了。在西安事變之後，在廬山談話會之前，我在南京忽然接到錢大鈞先生由牯嶺來一個長途電話，說蔣先生要我到廬山，廬山本來被人認爲終南捷徑的，我自廿一年到南京，終我在實業部之任沒有到過，這次既然有要事，祇好一行。在廬山蔣先生和我談完一般事之後，說共產黨的人你有見過嗎？我說沒有見過。他問我還有熟人沒有，我說就有也祇是如林祖涵董必武舊人，若新進如陳紹禹等，我祇聞其名，未見其面，蔣先生默然，我也告退了。蔣先生是不是要我和共產黨聯絡，我不知道，但是我的爲人不能用權謀術數，更不願見口是心非的朋友們。而且當時我已看透國共合作是一種把戲，共產黨抬出民族招牌也是一種把戲，我既不願而且不慣玩這套把戲，不要說主角我不來，就是跑龍套我也不幹，祇好在台下一個角落看看算了。現在重慶方面的國共鬥爭果然由溫火而至白熱了，我們且看看下文罷，然而爲着屢次的捭闔縱橫，中國的命脈也因此削弱盡了。

讀崇德老人紀念冊（下）

徐一士

至老人所云湖北督銷局差。爲湖廣總督李勤恪（瀚章）所委。譜中亦述其事。辛巳（光緒七年）云。『其時李勤恪公瀚章爲鄂督。中丞公囑余於過武昌時以世誼謁李太夫人於節署。李太夫人在寧時故與歐陽太夫人相過從。相距十年。中更多故。一見即殷殷欵接。次日札委督銷局差。月薪五十兩。由制軍之如夫人親送至舟次。余以舟中狹陋。力辭其報謁。特移舟於漢陽以避之。不意其仍渡江而至也。制軍又派炮船一艘護送至寧。……』則所謂『曾李一家』。題中應有之義也。

仲芳中丞佐理製造局事。李勤恪（興銳）時爲製造局總辦。意不謂然。嘗具稟左文襄以沮之。『崇譜』甲申（光緒十年）云。『初李君興銳爲製造局總辦。曾稟文襄。欲不令中丞公駐滬。預送乾薪。文襄拒之。並催中丞公速到差。不令在寧少留。李後爲人稟訐。羅列多欵。文襄密飭中丞公査覆。中丞公復委員密査。覆按所控。多有實據。中丞公將據以稟覆文襄。稿已成。旋又毀之。別具稿。多爲李彌縫洗刷。繼而李以丁憂去。居滬病足。中丞仍時往視之。未嘗以前事介懷也。』按文襄書牘。關於聶任局差。有壬午覆李書云。『聶仲芳非弟素識。其差赴上海局。由王若農及司道僉稱其人肯說直話。弟見其在此尙稱馴謹。故遂委之。又近來於造船購炮諸事。極意講求。機器一局。正可藉以磨勵人才。仲芳尙有志西學。故令其入局學習。並非以此位置閒人。代謀薪水也。來書所陳曾侯舊論。弟固無所聞。劼剛聰明仁孝。與松生密而與仲芳疏。必自有說。惟弟於此亦有不能釋然於懷者。曾文正嘗自笑坦運不佳。於諸婿中少所許可。即栗誠亦不甚得其歡心。其所許可者祗劼剛一人。而又頗憂其聰明太露。此必有所見而云然。然吾輩待其後昆。不敢以此稍形軒輊。上年弟在京寓。目睹栗誠苦窘情狀。不覺慨然。爲謀藥餌之資。殯斂衣棺及還喪鄉里之費。亦未嘗有所歧視也。劼剛在倫敦致書言謝。却極拳拳。是於骨肉間不敢妄生愛憎厚薄之念。亦槪可想。玆於仲芳何獨不然。日記云云。是劼剛一時失檢。未可據爲定評。傳曰。思其人猶愛其樹。君子用情惟其厚焉。以此言之。閣下之處仲芳。亦自有道。局員非官僚之比。局務非政事之比。仲芳能則進之。不能則稟撤之。其幸而無過也容之。不幸而有過則攻之訐之。俾有感奮激厲之心。以生其歡欣鼓舞激厲震懼之念。庶仲芳有所成就。不至棄爲廢材。而閣下有以處仲芳。亦有以對曾文正矣。弟與文正論交最早。彼此推誠許與。天下所共知。晚歲凶終隙末。亦天下所共見。然文正逝後。待文正之子若弟及其親友。無異文正之生存也。閣下以爲然耶否耶。至於薪水每月五十兩。具稟會後銜。均非要義。弟自有以處之。不必以此爲說也。』語極懇到。蓋眷念故交與栽成後進。均深具熱情焉。述與文正交期終始。亦有光明磊落之概。當文正之逝。文襄家書與子孝威有云。『滌侯無疾而終。眞是大福。（贈太傅。謚文正。飾終之典。極爲優渥。所謂禮亦宜之也。）惟兩江替人。殊非易易。時局未穩。而當世賢能殊不多覯。頗爲憂之。』（壬申三月。）又云。『曾侯之喪。吾甚悲之。不但時局可慮。且交遊情誼亦難恝然也。已致賻四百金。輓聯云。知人之明。謀國之忠。自愧不如元輔。同心若金。攻錯若石。相期無負平生。蓋亦道實語。見何小宋代懇恩卹一疏。於侯心事頗道得著。闡發不遺餘力。知劼剛亦能言父實際。可謂無忝矣。君臣朋友之間。居心宜直。用情宜厚。從前彼此爭論。每拜疏後即錄稿咨送。可謂鉏去陵谷絕無城府。至茲感傷不暇之時。乃復負氣耶。知人之明謀國之忠兩語。亦久見章奏。非始毀今譽。兒當知我心也。喪過湘干時。爾宜赴弔。以敬父執。牲醴肴饌。自不可少。更能作誄哀之。申吾不盡之意。尤是道理。明楊武陵與黃石齋先生不協。石齋先生劾其奪情。本持正論。後謫戍黔中。行過杜渚。懼其家報復。微服而行。武陵之子長蒼（山松）聞之。亟往起居。怡然致敬。呈詩云。乃者吾翁眞拜賜。異時夫子直非沽。爽猶有意疑公旦。奚却由來舉解狐。（後兩韻不復記憶。沅湘耆舊集中可取視之。）此可謂知敬其父以及父之執者。吾與侯所爭者國事兵略。非爭權競勢比。同時纖儒妄生揣擬之詞。何直一哂耶。』又書牘中答袁筱塢（保恒）有云。『曾侯戛然而止。幾生修到。弟輓之云。謀國之忠。知人之明。自愧不如元輔。同心若金。攻錯若石。相期無負平生。蓋亦道實也。頃接來書。知飾終之典備極優渥。朝廷恩禮勞臣。有加無已。滌侯有知。亦當感激圖報來生。惟兩江局勢宏闊。嗣事頗難其人。爲可念耳。』（壬申）又答劉峴莊（坤一）有云。『戡亂之才。殊難屈指。而曾侯之逝。於時局尤覺非宜。橫覽九州。同侶存者無幾。宇宙之大。豈可無十數偉材錯落其間。念之心痗。』（同上）披瀝肝膽之言。衷懷尤備見矣。後來文襄對文正雖仍不免有不滿之口吻。則氣矜之隆。未泯爭名之念。不願見謂爲文正系下之人物。又當別論耳。至『大福』『幾生修到』云云。乃自懷晚節之意。時負西征重任。事尙未了。前途蹉跌堪虞也。

曾惠敏（紀澤）奉命出使時。於仲芳中丞有貶詞。（不願令其隨使。語見『曾侯日記』。辛巳已有申報館排印本。）即李以爲言。而左文襄謂『劼剛一時失檢。未可據爲定評』者也。『崇譜』壬午云。『初惠敏之出使也。中丞公本有意隨行。以陳氏姊壻在奏調之列。未便聯翩而往。不果。但本年春間來電調往。則以堂上年高。不聽遠離。余又方有身。不克同行。復不果。郭筠老曾爲往復代酌此事。其手函尙在。』是惠敏所見已與昔異矣。迨惠敏不朝後。『崇譜』己丑（光緒十五年）云。『是年忠襄公奏保中丞公以道員留蘇補用。並交軍機處存記。得保後赴京引見。惠敏公在京邸。手畫朝日江山於紈扇。並題詩贈行。其詩如次。朝暾出海月斜初。五色烟雲飾太虛。憑我丹青摹造化。祝君緋紫啓權輿。陽關四句唱三疊。天保六章圖九如。詩畫送君情趣永。攜歸兼當大雷書。』尤寓引重之意。（詩亦見惠敏詩集。題爲題所畫聶仲芳觀察妹丈扇。末二句作『詩畫證余情趣永。攜歸兼代大雷書』。有三字不同。蓋後經改定者。）

文正同治十一年壬申二月卒於兩江總督任。『崇德老人年譜』所述情事云。『是年正月二十三日。文正公對客。偶患足筋上縮。移時而復。入內室時。語仲姊曰。吾適以爲大限將至。不自意又能復常也。至二十六日。出門拜客。忽欲語而不能。似將動風抽掣者。稍服藥旋即愈矣。衆以請假暫休爲勸。公曰。請假後寧尙有銷假時耶。又詢歐陽太夫人以竹亭公逝世病狀。蓋竹亭公亦以二月初四日逝世也。語竟。公曰。吾他日當俄然而逝。不至如此也。至二月初四日。飯後在內室小坐。余姊妹剖橙以進。公少嘗之。旋至署西花園中散步。花園甚大。而滿園已走遍。尙欲登樓。以工程未畢而止。散步久之。忽足屢前蹴。惠敏在旁。請曰。納履未安耶。公曰。吾覺足痲也。惠敏亟與從行之戈什哈扶掖。漸不能行。即已抽搐。因呼椅至。掖至椅中。舁以入花廳。家人環集。不復能語。端坐三刻遂薨。二姊於病亟時禱天割臂。亦無救矣。時二月初四日戌刻也。』所述有爲諸記載所未詳者。文正之逝。類所謂無疾而終者。故文襄云然。俞蔭甫（樾）春在堂尺牘是年與兄壬甫有云。『還杭後聞人言曾文正師事。乃知眞靈位業中人。來去分明。固自不同。其身後事皆自料理楚楚。然後歸眞。二月朔梅方伯入見。勸暫請假。公笑曰。吾不請假矣。恐無銷假日也。至誠前知。豈不信夫。』亦可參閱。蓋預忖將不久留於世。身後諸事。早經料理。無待臨終之際也。文正秉賦素強。胡文忠（林翼）嘗稱其精力過一世人。乃以兵間積瘁。功成而後。憂勞未已。加之辦理天津教案。苦心不爲輿論所諒。自謂『外慚淸議。內疚神明』。隱痛尤深。天年以損。年甫六十有二。遂爲歷史上人物。不克大展抱負。於政治上建立宏規。實中國之大不幸。

『崇譜』關於文正忠襄置產之事。亦有所述。己未（咸豐九年）云。『忠襄公於是年構新居。頗壯麗。前有轅門。後仿公署之制。爲門數重。鄉人頗有浮議。文正聞而馳書令毀之。余猶憶戲場之屋脊爲江西所燒之藍花回文格也。』甲子（同治三年）云。『文正在軍未嘗自營居室。惟咸豐中於家起書屋。號曰思雲館。湘俗構新屋。必誦上梁文。工匠無知。乃以湘鄉土音爲之頌曰。「兩江總督太細。要到南京做皇帝。」湘諺謂小爲細也。其時鄉愚無知。可見一斑。忠襄公每克一名城。奏一凱戰。必請假還家一次。頗以求田問舍自晦。文正則向不肯置田宅。澄侯公於咸豐五年代買衡陽之田。又同治六年修富厚堂屋費七千緡。皆爲文正所責。文正忠襄所自處不同。而無矜伐功名之意則一也。』又云。『文正官京師時。俸入無多。每年節嗇以奉重堂甘旨。爲數甚微。治軍之日。亦僅年寄十金二十金至家。及功成位顯。而竹亭公已薨。故尤不肯付家中以巨資。至直督任時。始積俸銀二萬金。比及薨逝。惠敏秉承遺志。謝却賻贈。僅收門生故吏所醵集之刻全集費。略有餘裕。合以俸餘。粗得略置田宅。』文正忠襄性行不盡同處。於此亦可略見。忠襄構新居。營建擬衙署規模。蓋不免豪傑闊疏之病。若工匠俚頌。雖可笑。却頗有趣。在當時國人心目中。文正固中國第一人也。俗傳有勸文正帝制自爲者。爲文正所拒。實則文正以忠義激厲將士。以綱常名敎倡率羣倫。使果作異圖。何言以對同志及部下乎。稍知文正爲人及其時情勢者。必不能以此說進也。（

有彭剛直玉麟以此相勸之說。最謬。）

惠敏之秉承遺志謝却賻贈。其見於左文襄家書者。如壬申六月與子孝威孝寬等有云。『曾文正之喪。巳歸湘中。致賻不受。劼剛以遺命爲言。禮也。』又見於李文忠朋僚函稿者。如壬申二月致曾劼剛（紀澤）栗誠（紀鴻）有云。『謹備聯幛。並賻儀二千兩。極知淸風亮節。平生一介必嚴。豈敢漫以相溷。惟受知如鴻章之深且久。竊祿最厚。若不稍助大事。亦太靦顏。乞勿以恒情視之。即賜誉存爲幸。』三月致曾劼剛有云。『吾弟守不家於喪之訓。堅却賵賻。第思師門素無蓄積。即蒙賞銀兩。計歸葬卜地一切。禮文周備。需費尤多。若尋常知交。自槪屛絕。如鴻章兄弟等。誼同骨肉。仍不敢遽遺多金。亦慮有累淸德。此戔戔者豈尙弗蒙鑒納耶。』於文忠且然他更可知矣。

『崇譜』又述及忠襄軼事。亦甚有致。庚寅（光緒十六年）云：『猶憶先年忠襄公大閱來滬。查視製造局。局中供張筵席。遵諭以筵設於我宅。並云。余忌口。祇吃肉湯煮白菜。別無所須。諸兒於是初謁叔外祖。老人顧而樂之云。吾在湘應試時。考生均衣竹布長衫呢馬褂。汝等正與此輩考相公相同。檢樸可風。可與吾同餐也。更衣之頃。中丞公傳索宮保之小帽。忠襄公笑曰。無須。言次即從袖中取舊瓜皮帽一枚。冠之於首。今猶憶其帽汙敝不堪。即此可見忠襄公平日服御之所講究也。』寫來情態宛然。

關於珍玩者。『崇譜』丙寅（同治五年）云。『文正在署中。無敢以苞苴進者。故太夫人無珍玩之飾。余所憶者。爲黃提督翼升之夫人堅欲奉太夫人爲義母。獻翡翠釧一雙。明珠一粒。某年太夫人生辰。又獻紡綢帳一舖。此帳吾母留作余嫁奩之用。余至今用之未壞也。又邵位西丈之夫人因避寇率子女至上海。文正公聞之。派輪船威靈密迎邵夫人並二子及巳嫁一女至安慶。每月贈銀二十兩。俾得賃居。後因邵夫人及長子相繼逝世。其次子及婿送靈回浙。其女獨處。文正命拜歐陽太夫人爲義母。暫居署中。其女以其逃難時衣中所藏珍珠一粒爲贄。此珠旋以贈忠襄夫人。忠襄夫人嘗有纍金珠花一副。爲部將某回鄉後所獻。號爲珍貴。此外所藏器玩。無非玉瓶如意之屬。亦未見珍奇異常之物。』此可糾俗傳湘軍下金陵後洪宮珍異悉入曾氏之誣。李伯元（寶嘉）南亭筆記云。『曾忠襄爲文正介弟。攻金陵既破。搜遺敵。入天王府。見殿上懸圓燈四。大於五石瓠。黑柱內撑如兒臂。而以紅紗飾其外。某提督在旁詫曰。此元時寶物也。蓋以風磨銅鼓鑄而成。後遂爲忠襄所得。……聞忠襄於此中獲資數千萬。蓋無論何處。皆窖藏所在也。除報效若干外。其餘悉輦於家。』又云。『忠襄既破南京。於天王府獲東珠一掛。大如指頂。圓若彈丸。數之得百餘顆。誠稀世之寶也。忠襄配以背雲之類。改作朝珠。每出熠熠有光。奪人之目。忠襄病篤。忽發喘哮之症。醫者謂宜用珠粉。倉卒間乃脫其一碎而進之。聞者咸稱可惜。又獲一翡翠西瓜。大於栲栳。裂一縫。黑斑如子。紅質如瓤。朗潤鮮明。殆無其匹。識者曰。此圓明園物也。』若斯之類。良可噴飯。

甲申（光緒十年）之役。上海方面亦因而震動。『崇譜』是年云。『是年七月。法人侵入馬江。擊沈中國兵艦數艘。惟揚武艦曾還擊數炮。雖揚武終被擊沈。法提督孤拔亦被我軍炮擊陣亡。法人諱莫如深。中國反毫無所知。其時北洋連日來數電。云法人欲來佔製造局。全局震動。紛紛遷徙。潘鏡如家遷蘇。蔡二源家遷租界。其餘遷租界遷寧波者不勝紀載。並有中途遭搶劫者。適有賣珠翠之嫗曾存翠簪一枝於我處。聞信急來取去。云明日即來攻局矣。余雖聞知。亦惟付之天命。並不知著急。一日中丞公忽云。余已定得一船。宜略爲擇要檢點細軟行李。預備緊急時即率小孩等婢媼上船避往松江。余云。君將如何。中丞公云。余有守廠之責不能走也。余曰。余向不以自己性命爲重。死亦同死。不必搬動。中丞公云。君雖不畏死。其如諸兒何。余聞其言亦自有理。不覺涕泣。略事收拾。並未登舟。後亦未聞警報。八月。張太夫人因聞上海風聲緊急。且知余方有身。遣一僕來滬接吾等回湘。其時法人已將議和。故亦未行。』是役並未波及上海。而上海方面已驚擾如此。蓋海疆寡備之故。李文忠於桂滇陸路大勝之後。以『見好便收』爲言。亟成和局。置淸議之責備於不顧。實深以沿海爲慮也。於此亦可由一隅而見其概焉。

『崇譜』止於辛未（民國二十年）。時年八十也。（八十以後事。其女壻瞿宣穎撮要附述於譜後。）是歲談所見八十年來婦女妝束之變遷。（附有圖說）並及飲食風尙之類。可珍之社會史料也。

民國二十一年老人有『廉儉救國說』。自述旨趣。由其子其杰撰文（附載於『崇德老人八十自訂年譜』）陳述古今中外成敗得失之故。證之以事效。語重心長。亦甚可讀。中有云。『余生值咸豐初年。粵亂初起。先文正公……初以鄉紳任團練。後則總制各省軍務。統兵至十餘萬。以廉率屬。以儉治家。誓不以軍中一錢寄家用。竟能造爲風氣。與一時將吏以道義廉潔相勉循。故克和衷共濟。戡定大難。一二在上位者。克己制欲。而其成效有如此者。先公在軍時。先母居鄉。手中竟無零錢可用。拮据情形。爲他人所不諒。以爲督撫大帥之家。不應窘乏若此。其時鄉間有言。修善堂殺一豬之油止能供三日之食。黃金堂殺一雞之油亦須作三日之用。修善堂者。先叔澄侯公所居。因辦理鄉團。公事客多。飯常數桌。黃金堂則先母所居之宅也。此即可知當時先母節儉之情形矣。厥後居兩江督署。先公常欲維持鄉居生活狀況。平日衣服不准用綵綢。一日客至。予著羽紗襖。鑲有闌干。客去而文正公入。以目注視。問母云。滿女衣何華好。母亟答云。適見客耳。羽紗洋貨。質薄而粗。價比呢廉。比湖縐更廉矣。所鑲闌干。南京所織。每尺三十文耳。平日亦著此襖。外罩布褂。見客則去罩衣。先公所定章程。子女婚嫁皆以用二百金爲限。衣止兩箱。金器兩件。一扁簪。一挖耳。一切皆在此二百金中。予等紡紗績麻。縫紝烹調。日有定課。幾無暇刻。先公親自驗功。昔時婦女鞋襪。無論貧富。率皆自製。予等兼須爲吾父及諸兄製履。以爲功課。紡紗之工。予至四十餘歲。隨先外子居臬署時。猶常爲之。後則改用機器縫衣。三十年來此機器常置座旁。今八十一歲矣。猶以女紅爲樂。皆少時所受訓練之益也。余所以瑣瑣述此者。蓋社會奢儉之風。皆由少數人所提倡。貴人妻女實爲奢侈作俑之尤。且每爲男子操行事業之累。故先公對於予等督責如是之嚴也。余既早受此等訓育。終身以爲習慣。選購衣料。常取過時貨。因其廉也。憶甲午年在滬道署中。先嫂曾惠敏公夫人來署。見余所買花邊式樣陳舊。因言。此物無人用矣。今所行洋花邊。花色鮮美。勝此十倍。予曰。予已見之。且代人買過。然價視此數倍。余所買者。雖已過時。余自愛之。且喜其價為中國所得。金錢不外流也。嫂笑云。靠你一人所省。能有幾何。余曰。雖然。若人人能如是著想。或皇太后能見及此。而不愛洋貨珍玩。則所省多矣。蓋時值慈禧太后六旬萬壽。各省督撫紛紛在滬採辦各國奇巧之物。以為貢品。……』錄資與冊中所紀合觀。

余曩讀『崇德老人八十自訂譜』。即感覺甚深之興味。以為其人可傳。所述諸事。更足資治史之考鏡。其價值不僅在家乘一方面。玆於老人逝世後。復獲讀『崇德老人紀念冊』。年譜而外。並有其他數種。有裨文獻。益非淺尠。讀後漫為談述。輔以他項資料。用作引申。或可為讀斯冊者之一助歟。

老人諸子。以雲臺（其杰）為最有名。（曾任上海商會會長。）初為基督教徒。繼則皈依佛教。持戒甚嚴。不獨茹素。並常絕食。中年辦『家言旬刊』。多糾正物質文明之失而提倡中國固有文化之言論。又嘗著『人生指津』。風行一時。近年因衰疾。以科學方法研究中藥。其事可附述。爰據所知。綴誌其略。

孽海花人物世家

周黎庵

東亞病夫著『孽海花』一書，風靡讀者，胥為一代尤物賽金花事蹟。然另有一派讀者，興趣則全異於此，其着眼不在于墮溷一花，而於晚清人物政局之描繪，再三致意。近期古今瞿善化（兌之）紀河間（果庵）兩先生探討尤力，蓋即此派之代表。河間與余尤有同感。余于古今編後記，嘗謂今日之視同光，猶同光人物之視乾嘉朝士，而流風遺韻，邈不可復得，為之擲筆三嘆！

『續孽海花』一書，刊載北平『中和月刊』幾兩年，近已由古今社職員陸君釀金刊印行世，善化河間兩君之文均附焉。余嘗允陸君為之序，而人事栗六，卒卒未果，實則余蘊畜而欲談者奇夥，初不下于兩君也。『續孽海花』一書，海虞張太史隱南（鴻）晚年居滬之作，太史為常熟翁相國姪壻，嘗居相國幕府，所聞者多；又獲交於東亞病夫，歷知成書始末，故續病夫之作，允為適當。書既成，余適主『宇宙風乙刊』筆政，太史鄉人陳君旭輪馳函見詢，謂有佳文見貺，即是稿也，太史晚境奇窘，願得千字十金之酬，請一次付足。余時亦處窘鄉，立辦數千金，竟無以應，乃交臂失之。去而之北，善化瞿君方創『中和月刊』，以千金易得，排月刊之。既而陳君遁跡空門，雖音書常通，亦未有一言及之。去冬南北之郵漸通，友人容君鼎昌以中和全部見惠，是稿赫然在目，則太史作古人久矣。憮古今追昔，感慨不能自已。今春善化來滬，適古今社陸君有印行之議，遂慫恿購得版權，以付剞劂。今書旣成，愧無以一言弁其首，遂臚述其成書之始末于此云。

余少長淸河，多接老輩，頗悉其交游，遂於有淸一代文物典章有特嗜。稍長，寢饋舊籍，十餘年來，所嗜未嘗有所變，尤喜硏究彼時人物家世，人謂與當代學者潘君光旦有同癖。及出外游學，每遇世家子弟，一通姓名籍貫，即臚述其家世，其詳多爲其自所不及，因此每爲人所訝奇，余亦沾沾自喜而樂此不疲焉。

『孽海花』所及人物，其若子若孫，多今日所及見者，余所獲知者，僅吳愙齋張簀齋兩家。吳縣後人多知名之士，湖帆畫師尤以山水抗手四王，及余所知，已負盛名二十年。今歲因樸園主人，始得望見顏色，畫師甲午生，年方壯盛，計成名之早，與梅村歌王郎相同（注：吳梅村有『觀王石谷山水圖歌』，歎呼爲郎，梅村與奉常廉州同輩行，石谷成名，梅村已皤然矣。）而愙齋尙書鐘鼎卷軸之遺，尤非石谷孤露所能及，宜其祭酒畫壇，爲南北一人。

余尤愛畫師書法，謂與南海葉先生譽虎稱海上雙絕，樸園主人亦云然，遂誅求無厭，凡『古今出版社』之出版物須題眉作書者，一一求之無不立應，『蠹魚篇』之題簽，本期『古今』之封面，下期更有全幅爲『古今』特繪『靜向窗前閱古今』圖，寫劉後村詩意。畫師寵門高竣，富商巨官，輒數萬金欲索片紙不可得，獨於『古今』有所求，則立揮毫不少吝，此寵遇又豈他人所可冀耶。畫師爲愙齋尙書孫，其家世見於梅景書屋所刊印出版物中，世人知之夥，不多贅。

與畫師同輩行而與『古今』有深切之淵源者，爲頌皐先生，冀公其筆名也。先生爲外交名家，戰前主編『外交評論』，負盛名。亂戰之際，適奉使歐洲，倉卒歸航，又値太平洋戰事，及止滬上，乃排期爲古今述歐遊紀事，惜未及殺靑而棄去；一行作吏，遂廢楮墨，滋可惜也。先生風神竣立，綽有外交家風度，與湖帆畫師名士丰裁迥異，而健筆善談，則又承祖澤之所同。同光人物，雖已邈若山河，於此中猶可略窺典型已。

復有一事堪記者，則頌皐先生之公子克强君，曾從余受業，是爲『孽海花』人物世家最後一輩行，君子之澤，方興而未艾也。

愙齋尙書在東亞病夫筆下，爲何大眞字珏齋，與張簀齋寶竹坡黃漱蘭陳弢庵同爲淸流人物，甲申之後，淸流網盡，獨愙齋幫辦北洋，一帆風順，開圻楚南；徒慕曾左之功業，不知强敵非洪楊內寇之比，其貿然出師，傷師也固宜。然猶得令終，以金石鐘鼎之學爲一代傳人，天厚於愙齋蓋多矣。

與克强同時問學于余者，爲張君子閒，恂恂若好女子，詢其家世，則隸籍豐潤，簀齋中丞之孫也。簀齋獲譴賜環後，就婚于合肥李氏，爲『孽海花』絕好描繪資料，『孽海花』第十四回載有合肥女公子基隆七律兩首：

基隆南望淚潸潸，聞道元戎匹馬還！
一戰豈容輕大計，四邊從此失天關！
焚車我自寬房琯，乘障誰教使狄山。

宵旰甘泉猶望捷，羣公何以慰龍顏。（其一）
痛哭陳詞動聖明，長孺長揖傲公卿，
論材宰相籠中物，殺賊書生紙上兵，
宣室不妨留賈席，越台何事終請纓？
豸冠寂寞犀渠盡，功罪千秋付史評。（其二）

此詩不知是東亞病夫故作狡獪，抑是本有此事，遂使賓齋得有求婚之機會。賓齋之就合肥甥館，其政治生命亦告終，緣當時之能爲賓齋謀開復者，舍合肥無他人。一爲翁婿，理當避嫌，故合肥無能爲役，僅於河工效力賞還編修而已。孽海花敍合肥允婚後，伯夫人大不爲然，『戟手指着威毅伯駡道：你這老胡塗蟲，自已如花似玉的女兒，高不成，低不就，千揀萬揀，這會兒倒要給一個四十來歲的囚犯，你胡塗，我可明白，休想！』然據黃秋岳（濬）『花隨人聖盦摭憶』所述則不然，頁二四九云：『樊述李伯行（合肥子）欲手刃張賓齋云云，恐過甚其詞，然張之就婚，出自文忠夫人意，其家不以爲然，此說有因；孟樸「孽海花」所紀，亦傳聞有自。』秋岳所言，不知何所據，又不否定孟樸之說，則賓齋就婚李氏，似始終非得意之事也。

余詢子閒家世，則非合肥李氏之所出，於若祖之事，頗爲茫然，僅以家刊本『澗于文集』見贈，『澗于日記』則未有也。

近頃有以女作家名海上者，有張愛玲女士，吾友萬象主者平君襟亞揄揚甚力，嘗見平君之文于報章，謂女士南海人，方返自香港，其先人爲『孽海花』說部中人物云云。晚清政局粵人而張姓者，舍張樵野侍郎蔭桓無他人，即『孽海花』中莊小燕（煥英）。侍郎爲清季外交界中特出之人物，出身佐貳，敭歷八座，雖嚴譴新疆，卒致禍戮，然其人才學，實出儕輩，蓋紹通中西文化，侍郎之力居多。張女士返自天南，又夙攻西學，遂信侍郎繼起有人，不知南轅北轍，相去竟不可以道里計也。

既而某小姐介張女士來謁，既古今以數文，均清麗可誦，詢其家世，初頗茫然，僅謂先祖父母在『孽海花』中頗有一段Romance云。余大疑，南海侍郎於『孽海花』中初無戀愛事蹟可稽，有之，其唯豐潤。乃詢其籍貫，則河北也；詢其父之外家，則合肥也。遂告女士以豐潤之後，亦即恍然，蓋與子閒爲同輩孫而異祖母之所出也。

女士求學於香港大學，戰後方來滬，其母則與父仳離，近方浪跡南洋，不通音訊，女士與姑居於滬，僅恃鬻文自存云。

女士又言，其姑蓋即豐潤僅存之女，頗悉豐潤合肥兩家故事，恩與能知天寶故事者一談，亟盼余過其所居。而余塵事鞅掌，竟未一踐夙諾，頗爲恨事。何日得有清暇，與河間善化諸君同詣，一談同光清流馬尾僨劍故事，豈不人生之一大快乎！

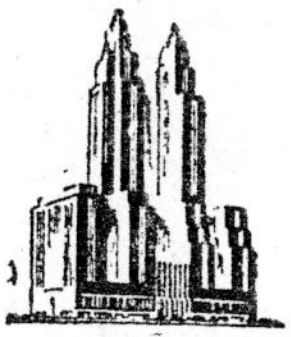

舊京古玩行的神話

蕘公

平常每聽人說：北京是「藏龍臥虎」的所在，意思是指隱藏在此的各種人材而言。實在也是這樣，無論那一項專門人材，以及冷僻的東西，在北京都可以找出來。若是在北京猶找不到，那不消說在別的地方更不容易求了。不過這句話的解釋，是說北京地方太大，歷史又久，社會最複雜，因爲有這些背景，所以不能藐視它。總而言之，就是「看不透」。據我看，它最偉大最神秘的原因，還是在於歷史悠久，因爲歷史久，傳說的故事也就多。誠如大鼓書所唱的「開嘮」，把北京城誇得玄之又玄，實在是神秘古城最好的描寫。至於代表它神秘性的，又莫如古物和財寶的發現。

因爲時常有古物財寶的發現，於是增加一般社會的僥倖心和好奇心，遂渲染成各色各樣的神話。又因爲不斷的有事實證明，乃引起傳說神話的興趣。綜合起來，也頗足表示古城之一角，未必盡是些神話笑談，在我個人以爲是很有意思的。

北京協和醫院，是任何人都知道的一個機關，其地址原是一座王府。若干年前，美國人以幾萬元買下這所又大又破的府第，來建築大廈。在翻修的時候，忽然發現好幾處銀窖，都是很大的白花花的大元寶。計算起來，不只這座王府是白得，就是以後的建築費也全有了。當時傳遍了北京城，無人不豔羨高鼻子的洋運好，眞有鬼福。爲甚麼一挑一挑的大元寶都叫他得呢？早知道這樣，我把它買來再慢慢的發掘好不好？尤其是賣房的舊業主，更後悔得了不得，爲什麼住在這房的時候，只注意地上，不想想地下。有時候看見屋角發光，也忘記去刨刨，眞是財迷住了眼！而婆婆媽媽又說：這是洋鬼子識寶。您沒聽說，某處某塔的金頂，不就是洋鬼子用法術盜走了嗎？現在那個是假的。

最近還有一檔子事，各報都已登載，就是名伶馬連良買房的新聞。馬連良在西城闢才胡同買得一所大房，也是相當破舊。正在修理期間，發現一根楠木房柁，楠木的貴重不用說，柁上還放置一個笸籮，笸籮裏面，滿裝着赤金首飾。因爲是老年間的東西，分兩都相當的重。按現在的金價，這筆意外之財也可觀了。於是這幾位發現寶貝的泥工，每人由馬老板賞給酒錢數元，皆大歡喜。這都是事實，也都是比較大的財喜。所可惜的，是這種事情，皆可遇而不可求。但比較小的，只要眼睛亮，則確可求，尋求的地點，大半在各城的鬼市（又稱曉市或夜市）及各廟會的舊貨攤。

又有一年春節，正是「逛廠甸」期間，（舊京每年夏曆正月初五至二十，各古玩商在廠甸賣書籍字畫與古玩翠玉等。）有位愛買舊貨的先生，在宣外平民市場，以幾角錢買得一張舊紙，上面寫的是前出師表。這位先生相當內行，仔細一看，原來是宋朝岳武穆書的，不禁狂喜。這當然是軟片中最珍貴的東西。當時詳細情形，也見報載。後來大概以鉅萬的代價售於字畫商人。據說天津租界裏有位大闊老，十年前便收藏有岳飛寫的後出師表。乃以重價求徵前表，懸之國門，十載未得。凡古玩行皆知其事，因特送往天津，以十萬八萬賣出。在某大老深慶前後兩表，聚於一人，可稱珠聯璧合。而某先生與字畫商亦各「平地一聲雷，轉眼就成富家翁」，也是皆大歡喜。

最近某古玩商來談，據云：「有同行往恭王府買貨，跑去一看，原來是書房裏四壁所掛的字畫。以數千元成交。後來買貨商人，要求把窗格心紙和書桌下的字紙簍饒上，王府管事人以爲不算什麼。只見商人掏出小刀，輕輕的將窗心起走。您猜怎樣？原來牆上所掛的字畫，都是後來換的，眞假好壞都有，論價值並不值什麼。只有八個窗心格紙，才是珍品，都是清初名人的手筆。就算中間郎世寧畫的柳樹馬，就值多了！並且還在字紙簍裏，找出一付同治大婚時的龍鳳箋，拿到東京就賣了五萬塊。至於牆上那些，先擱着再說罷。您就說他們(字畫商)眼睛的亮，和腦筋的細，有多好使！」說的人是眉飛色舞，聽的人也心往神馳，眞是有趣得緊。說到恭王府我又想起一樁事，恭王後人溥心畬是中國有名的書畫家，據說他的字紙簍裏的東西，確能賣錢，大半都是他的下人，拿出來賣與打鼓的或很小的字畫舖。我曾經在荒攤上買得幾張人物畫，都是他「未完成的傑作」，可見所傳是不假的。

前兩年又聞某旗門大宅，宅中上下男女僕役，共數十人。因天氣太熱，大家要求請給以芭蕉葉(南方名曰蒲扇)。主人一算，芭蕉雖賤，一買幾十把，也得好幾塊錢。便命管事的開庫，將所存的舊摺扇團扇抬一箱出來，分給大家。於是每人三把兩把，頃刻而盡。這個消息傳到古玩商耳中，便即刻前往收買，平均每柄以兩元收去。據說裏面眞有好的，無論扇骨和扇面上的書畫，多半是很難得的文物。一柄精的完整的就值好幾百。我曾到琉璃廠去巡禮，後來在海王村一家古玩舖看見三把，都是摺扇。有一柄最好，棕骨鑲玉，一面是清中葉名人的山水畫，一面是什樣錦格，由七八位書家寫的。眞草隸篆都有。只記有一方塊是劉石菴書，細審墨色圖章和其餘幾位名人的書法都不假。問其價錢，云一百多元一柄。還以八十元，彼正猶豫，見我只挑一把，似乎恍然大悟，明白其他兩把太軟，不易出手。遂轉口須一起賣，不能拆開。因此作罷。不知現在此三扇究落於何人之手。也難怪古玩商人，一聽見旗門出貨便興奮得了不得，深怕鑽不進去，他們眞有寶貝嗎。

以上這些都是關於字畫方面，多少還有點眞實性，也在情理之中。其次還有關於別的古玩的事情，說得更玄忽了。只好姑妄言之，姑妄聽之，作爲茶餘酒後的談助罷了。

話說幾十年前，在南城某一個會館裏，所住的幾位，都有古玩癖與搜騰舊貨的癮。這些人白天相聚閑談，一到黃昏便各自到小市夜市去蹓躂恍悠，以求披沙檢金。回館以後，又各將所買得的便宜貨拿出來供大家鑒賞。或將所見所聞提出請大家討論，意思是分工合作，不使好東西落到外人手裏。中間有一位是專喜愛收珠玉寶石等紅貨的。有天回來高興得了不得，慢慢的由衣袋裏取出四顆藍寶石，大夥兒圍攏一看，果然又大又圓，眞足稱爲「貓眼」，眞是希世之珍，無價之寶。大家不禁齊聲喝采，向他道喜。並趕緊問他是怎樣買來的？他說：他閒遊到前門夜市，見一老太太手腕上跨着個小籐籃，上面蓋着一條舊手卷，向他兜售。問她是什麼東西？她說是對小銅獅子，拿出來一看，周身漆黑，作工極精。最妙的兩個小眼睛是活動的，可以隨便取下安上。再仔細一看，原來是藍寶石。問她價錢，她說兩對共賣十二元。又問她單賣銅獅子上的眼睛行不行？她說眼睛摘了以後恐不好賣，最好連獅子一齊賣，不然請多給幾元錢。說來說去，以四元購得四個眼睛。在現下至少可以賣百多元一顆，可稱是幸運之至。說完以後，便有人問他在什麼地方，什麼時候？老太太現在走了沒有？他說：看其情形，無眼獅子，恐賣不掉，一時決不會走。問話的人便私自出去，不一忽兒的工夫，又將兩個瞎獅買來。大家看約五寸多長，毛骨如畫，取秤一稱，正一斤半。原來這位買獅子的，是個有心人，他想：既然以藍寶石作眼睛，豈有是銅質的道理。跑去詳細審查，雖然獅子全身，都被煙薰火燎，成了黑色。但從獅腹和彎曲處，還辦別得出是赤金顏色。所以便不還價急速的買回來，等用力磨擦以後，果不是黃生生的一對金獅子。他把這理由一說，大家又是一陣讚歎。只有光買眼睛的這位先生，自已大駡自已，瞎了眼！連金子都不認識！售主老太太那樣哀懇，竟沒有一點惻隱之心，非不要定了。豈不是量小命薄，無福消受。後來還是聽朋友的勸告，兩人合作，賣與美國人，其數字當然是五個圈以上，而眼睛先生只得了五分之一。

聽一位朋友說：他有個街坊正出門的時候，看見打小鼓的籃子裏，雜亂的扔着好些衣服。他無意中取出來一看，有一件夏布大掛很好，雖然是舊式的又肥又大，但質料精細，遠非時下的麻布可比。於是便以很廉的代價買得。預備將來再改。擱了很久，等到改的時候，才發現這件衣服上的紐結都是金的。雖不算是大的橫財，總是意外的收穫，運氣不錯。

像這些巧事也可說是俏事，儘管說的人很多，但同公益彩票的頭獎一樣，從來沒有看見誰得過。就以我個人說，小市，廟會，都沒有少去，眞可算是青蛇打店——長主顧，爲什麼一回都碰不見？就是遇見也是用大價買成。多少年來，只是買到一顆前清造辦處的銀質圖章，重一兩餘，以六角錢購得。因爲有黑銹，我是看見紐作得好買的，拿回家來，磨擦以後，才知道是銀質的。有人說：這是你的運氣不好，凡是關於金銀財寶的歸宿，都得財神老爺點頭才行，要是你命裏沒有外財，你就天天去也是白搭。再說：你就遇見，你也不認識，不是你不認識他，是他不認識你。余曰：善哉言乎。洵至理名言也。又有人說：凡是從古物上發財，一方面固然需要運氣、眼睛，而其方法，則是披沙檢金。現在的金子都被人檢完了，所餘的全是沙土，你還想去檢，那有這種事情。這話非常的對，因爲這兩年來，關於古玩行的神話，已經不常聽到，這便是金子已被檢完了的表示。所以我的意見，還是俗話說的：「會買的不如會賣的」。並且不只是沒有拾得寶貝，而且總是：「又買打了眼」。眞是上不盡的當，淘不完的乖，中間不少很有趣的故事，而値得一談的。

在事變前我們朋友當中，有一位老北京，他對於社會情形非常熟習，尤其於各種行業的內幕，他都說得出點所以然的道理。大家因爲佩服他，便與他上了一個尊號，稱他爲「教師爺」。這個名詞，當然是取京劇「打魚殺家」（又名討魚稅）的典故。也誠如劇中人所云：「沒有三拳兩脚，也不敢在丁府上當教師爺。」其表現的成績，也是一樣，不是「十八般武藝，和軟硬的眞功夫件件精通」……而是「紅白痢疾，跑肚子拉稀」。不過我們與他上尊號的時候，沒有一點輕視或侮辱的意思，實在只因爲五體投地的佩服他，願意請他作我們的指導者。不知道是怎麼回事，他沒有用排子車把銀子拉回來，反而掛着掤帶，領着大家說：「孩子們，回去養傷去罷！」

教師爺也眞露過臉。他常對我們說：「要買便宜貨，最好是在年底，因爲有東西的主兒，在年關需錢，只得選好一點的貨物，拿出去貶值求售。這還是識貨的，還有不認得自己東西的，像大姑娘老太太之流，臉皮又薄，只要你給錢，她就賣，不用說，東西是又賤又好。就是買賣地兒，也是如此。……」大家都謹記他的訓詞。有一次適逢年前，因巳放寒假，大家無事，正圍爐閒談。一位朋友挾着一個包袱進來，說是剛從曉市買得一件新羊皮袍，請大家替他估價。說畢，也不怕冷，臉上還浮出得意的笑容。原來是件舊綢面老羊皮裏的衣服。面子雖然顯得油破，皮毛之白似乎還沒有上過身。他說是用十五塊錢買的。大家都附和物主誇讚不置。後來教師爺仔細一看，又用手摩了摩，揉了揉，才徐徐說：您上當了。朋友亟問其所以，他說：這衣服毛固然是毛，只是皮不是皮革而是皮紙，正合了古人的話，「皮之不存，毛將焉附。」大家不知所云，有發疑問的。他又說：這，北京叫做手工活，也就是片兒湯，專門矇騙外行人而想拾便宜的。他是用高麗紙揉軟裱成皮革，再將零碎的羊毛用膠水粘上。縫成衣服，同新的一樣。您要不信，可以把小巾底下拆開一點試試。說罷，用開水滴了兩點在皮革上，果然一會兒便化成兩個小孔。這位朋友自認上當。嗒然若失。

最妙的是第二天，上當的朋友又來了。一進門便說：北京這地方眞大，以我這樣有知識的人還買打眼，那麼應該上當的當然不止我一個。所以我晚天晌又把那件假皮袍拿到曉市去賣，居然賣了十二塊錢，合計損失三元，也不算什麼。教師爺便問：眞的嗎？您賣的錢用完了沒有？朋友便從手巾裏取出那十二塊現洋，但一打開手巾便吃一驚。教師爺拿起銀元一看，亦驚愕道：您更上當了。他說：「北京這些作假估衣的都有行道，您買了以後，若十天八天不找回去，他便認爲你不知道，或經認識出來生氣把牠毀了。您若再拿去賣，他當然知道您巳經明白上當，他便迎合您的心理，故出大價。又知道您心虛，急於出手，所以便用假洋來欺騙您。您一時高興收起就走，也不暇細辨錢的眞僞。最好您別拿到原處去，換一個市場，遇見老趕也或許賣出本來。就是說明了賣假的，憑衣面、手工、也可以賣三塊五塊，因爲他們有專收假貨的。可惜現在一個錢都不值。好在有限的事，以後多仔細謹愼一點就得了。」所謂十二元裏，不是鋼板，就是鉛錫，字體都不大眞著。因爲鬼市都在午夜後四五點鐘，人各手提「氣死風燈」一盞，每到秋冬天氣，眞是陰風慘慘，鬼火燐燐。但是他們都巳習慣，非常淸楚，外行不特沒有那樣好眼力，簡直可以說一點也看不見。就冲這點神秘性，於是上當的和檢便宜的均於此發生。

因爲這件事的證明，大家對他更十二分的欽服，才共同贈他「教師爺」的榮銜。他自己也覺得當之無愧，居之不疑。自此以後，朋友之中無論何人想買東西，都請教師爺保鏢，惟他的馬首是瞻，一言而決。

又是一年冬天，有位在燕大教書的譚先生，因爲他的皮棉衣服都在南方，想買一件質料較次的大衣，略禦出城進城的風寒。於是便特聘敎師爺前往天橋去買，結果以作新的三分之一的代價，買得一件，長短肥瘦也正合式。購好以後，大家又一同去吃館子，以酬庸教師爺的辛勞。不過後來譚先生每穿一次大衣，便抱怨一回。他說：這件衣裳，不知道怎麼這樣沉，穿起來就同穿上鐵甲一樣重，稍爲走幾步路，兩個肩膀都會酸疼。但是兩面都確是呢子，眞是莫明其妙。我看見譚先生抱怨了多少回，也問過我多少次，我更是說不出所以然。抱怨儘管抱怨，但始終沒有把他拆開，看看究竟裏面是什麼東西？所以這件衣服，雖然不算上當，總不能說是便宜，因爲牠與適用二字，隔得太遠了。

其次便是區區在下的故事了。因爲看見譚先生買大衣以後，未免眼紅，便與教師爺商量，想買一件紫羔羊皮袍。教師爺興高采烈的滿口答應，並自告奮勇的主張，說買就買，保您滿意。這時候大家還在讚歎譚大衣的物美價廉呢。於是還是同上次一樣，一行數人，浩浩蕩蕩，殺到天橋。出入了好幾家，看了十餘件，然後以二十四元買成，仍然是吃飯喝酒，末了提着包袱滿意而歸。因爲我的身量稍矮，不能拿起來就穿，必須改造。乃交與成衣鋪去作，不久的工夫，成衣鋪又將衣服抱回，一看已將面子拆下，還有一堆棉花。成衣匠說：您爲什麼買這種東西？我說這不是紫羔嗎？他說：您瞧瞧，這皮子是染的，還不用說，並且都是兩指寬的小皮子湊成的。因爲恐怕您摩出來，所以墊一層棉花。我仔細看就是皮子上也是染得黑一塊紫一塊，連皮子的針脚都一條一鼓的，眞是千綑百結。當時後悔的心情，就別提有多難受。但旣已拆開，也就勉強作上。後來朋友們知道了，把我這件衣服，叫做「百衲本紫羔」。那時商務書館正在影印四部叢刊，我也常說：咱們成天批評百衲本的好壞，今乃穿在身上，正是上帝給我們的懲罰。自事變後，六七年間，新的衣服縫製不起，舊的也漸漸的穿化了，於是又把這件「百衲本紫羔」找出來，聊以遮蔽風寒。只是一看見這衣服，便想起教師爺，這正是他的德政，有如棠蔭遺愛。不過現在不只不瞞怨他，並且還感謝他。因爲這些都是少年時代的痕跡，不管吃虧也罷，佔便宜也罷，總而言之，同是開心好玩。現在不用說沒有這事，就是有也「心」如金石，精誠難「開」了。教師爺呢，於四五年前，便因衣食的壓迫，離開了他熟悉的故都，向四面八方奔走去了。

這兩條雖然不是古玩，但是舊物，都是掛貨鋪所一齊收售的。因爲性質相同，故附述於此。

按古物的聚散，與地方社會的治亂，是有密切關係的。北京這地方，自從遼金元以來，燕王掃北，建都至數百年之久。中間經過李自成之亂，順治幼主駕坐北京城。清朝一代，有英法聯軍入京，火燒圓明園。光緒時庚子拳匪之役，八國軍隊分駐京城。幾百年來，只這幾次亂子鬧得最大，所有縉紳富室逃避一次，便將金銀財寶隱藏一次。及事平以後，有死亡在外的，有記不起來的，於是便留給後人發掘。發現一件，又傳說一回，因此古玩中的神話也就多起來。近年以來銷沉得很，大概已發現得差不離了。

* * *

清代名醫葉天士

葉勁秋

浪蹟叢談載，葉天士遺事有云：「一日徒步自外歸，驟雨道壞，有村夫素識天士負以渡水，天士語之曰：汝明年是日當病死，及早治尚可活，村夫不之信，屆期瘍生於頭，舁之天士求治。與金遣之曰：不能過明日酉刻矣。已而果然。（按黃星巖雙佩齋文集，亦有此記，惟易村夫爲輿夫。）又嘗肩輿行鄉村間，適有採桑少婦，天士令輿夫往摟抱之。桑婦大怒罵，其夫亦扭輿夫毆打，天士從旁解之曰：此婦痘疹，已在皮膜間，因火盛閉不能出此。我設法激其一怒，今夜可遽發，否則殆矣。已而果然。」又曰：「鄰婦難產數日夜，他醫業立方矣，其夫持問天士，爲加梧桐葉一片，產立下。」（黃星巖雙佩齋文集其記此亦同）吳縣陸儕一先生於香巖徑序文曰：「予少時聞父老閒談，多盛稱葉天士先生醫術如神，或曰：有難產數日不下，値立秋，先生用桐葉煎服而立生。或曰：有少婦臨流浣衣，毫無病狀，先生令輿夫出不意，堅抱之，婦驚哭，掙不能脫，頃之，佈痘滿身。」但青城子聊齋續編則曰：「嘗偕外甥閒遊，甥年十五，經某家後園過，有女年約十六七，在園內摘花，問甥曰佳否？答曰佳，曰，汝可潛至後，齊腰抱之，我與汝聘爲婦何如？甥不敢。曰我所命，何妨，促之去。甥果踰牆，潛至後抱之，女大驚而踹，家人至，擬執而鳴官，天士隔牆止之曰，無須，此我外甥也。是家固與天士相善者，曰，因何袖視令外甥戲人閨女乎？曰，此我命伊救令姑娘者。曰，何謂救？曰，三日後如不出痘，我自借舍外甥來負荊請罪，如出痘，則非我斷不能治。是家素信天士醫道通神，姑妄聽之。三日後果出痘，羣醫咸謂不治之症。延天士至，天士曰，我固謂非我不可也，當用藥二劑卽起水上漿，又二劑結痂而愈，（勁秋按，如此神速，無是理也。）遂爲外甥求親，是家感活命恩，許之。後問何以知其將出痘？又何以爲救？曰，吾觀其耳後及太陽，痘紋甚現，故知將出痘，惟滿面肝腎之色，其毒必深，恐出痘時，毒不能達，故猝然驚之，驚則不待痘發，其毒早已起而離其原所矣。他人之所以不能施治者，因其不知病源耳，我則知其毒發於驚，從此消息，故可治也。」（對山醫話則謂爲王惠昭事，見隔溪一女子耘於田。）又曰：「一日天士送客出廳，遇求催生方者，適廳前梧桐墜一葉下，天士拾而授之曰：煎湯服。如言果生。後凡擬催生方者，僉用梧桐葉引，天士見而怪之，人以某日先生用梧桐葉神效對。天士曰是日正値立秋之時，又適見梧桐葉落，不過取其秋氣之先，物遇之而脫落耳。梧桐葉豈催生之物乎？」此皆附會之詞。一則曰採桑婦，再則曰浣衣人，今竟謂其甥也矣。夫堯舜之善，不若是之甚也，而天下之善皆歸之，言過其實，辭多溢美，豈足信耶。附會之談，亦有所本，攷之松江府志云：「秦昌遇字景明，嘗行村落，見婦人淅米，使從者挑怒之，婦人忿詬，昌遇語其家人曰：若婦痘且發，當不治，吾激其盛氣，使毒發肝部耳，吾且止，爲汝活之，及暮如其言，乞藥而愈。青浦林氏子年方壯，昌遇視之，曰：明年必病瘵，三歲死。明年疾作，踰兩春竟死。」村夫卽林氏子之演變也。華亭董閬石於三岡識略有云：「秦（指昌遇）爲人瀟洒不俗，自知死期，醫道之神，目中僅見。」董於十一歲時，患腹痛，百藥罔效，垂四十餘日粒米不能進，經秦一劑立愈。其方止用人參一錢，石菖蒲二錢，煨姜三片，諸醫力爭，痛無補法，乃藥甫脫口而痛止。此記當較傳聞爲可信。明陳留謝肇淛五雜俎人部載有：吳門孕婦不下，葛可久以氣未足，初秋取桐葉飲之立下。又如皋縣志載：「曹簝齋精岐黃之術，一日行途中，聞有婦臨褥者，作楚特甚，拾地敗葉，命煎湯服之卽下。人叩其故，曹曰：醫者意也，我取其敗葉落耳。」會逢其適，偶爾之事，曷足爲訓。天士立秋日加桐葉之說本此。秦葛曹，皆先於葉，相處又非窵遠，錦上易添花，此附會之所由來也。

質直談耳卷一（嘉定錢肇鰲鈍夫撰）有云：「古吳葉天士桂精於醫，能決死生，慕之者不遠千里至，嘗以夏日往一鎮中，人聞葉在，因謀托疾，以試其術。時某飯罷躍匿而出，趨至葉所，問其疾，佯曰腹痛，葉按之曰，腸已斷不可治也，其人匿笑而還，譁諸市，言未已，委頓於地，反側作可憐狀，遂死。方悟飽飲而躍，腸垂斷，當就診時，特未絕耳。及譁而動，氣乃裂。」

香巖徑陸序又謂：「有星家推算先生干支生命，一生有天醫星入宮。或曰張天師蒞蘇，肩輿過萬年橋，方拾級而登，遽命輿夫停步，逾刻乃行，問其故？曰：天醫星適由橋下過，故避之，偵視乃葉先生舟也，其名之嘖嘖於人口如此。」據浪蹟叢談葉天士遺事則謂：「相傳江西張眞人過吳中遘疾幾殆，服天士方得蘇，甚德之，而籌所以厚報，天士密語之曰：公果厚我，不必以財物相加，惟於某日某時，過萬年橋，稍一停輿，謂讓橋下天醫星過去，眞人許之。而是日是時，天士小舟，適從橋下過去，城內外遂喧天士爲天醫星矣。」天士智出人上，民衆愚昧堪憐，小施其技，何難入吾彀中，名雖天師眞人，實則凡夫俗子等耳。

浪蹟叢談又載：「有木瀆富兒家病痘閉，念非天士莫能救，然距城遠，恐不肯來，聞其好鬥蟋蟀，乃購蟋蟀數十盆，賄天士所厚者，誘以來，出以求治。天士初不視，所厚者曰：君能治兒，則蟋蟀皆君有也。乃大喜，促具新潔大桌十餘，裸兒臥於上，以手展轉之，桌熱卽易，如是殆徧，至夜痘怒發，得不死。」（按黃星巖雙佩齋文集同有此記）法殊可取，今人每以芭蕉葉藉地，令病人睡臥於上者，卽此意也。惟所記於情不治，亦必傳聞之失實歟？

又謂：「有外孫甫一齡，痘閉求治，天士難之，女懟甚，以頭撞曰：父素謂痘無死症，今外孫獨不能活乎？請先兒死！卽持剪刀欲自刺。天士不得已，俯思良久，裸兒，鍵至空屋中，自外出與博徒戲，女欲視兒，則不可開，遣使數輩促父歸，博方酣，不聽，女泣欲死，至夜深歸啓視，則兒痘徧體，粒粒如珠。蓋空屋多蚊，借其嗜膚以發也。」（此記並見雙佩齋文集）治法殊巧，但於情理兩虧，恐非事實。女旣懟甚，天士又未明告其所以處治之理，反鍵空屋中，使蚊蚋嗜膚，竟能歷若是之久，其母安所忍心乎？梁章鉅又謂：天士以醫致富，然性好嬉戲，嬾出門，人病瀕危，亟請，不時往，由是獲謗。然往輒奏奇效，故謗不能掩其名。但觀沈歸愚葉香巖傳云：先生家居敦倫紀，內外修備，交朋忠信，人以事就商，爲剖析成敗利鈍，如決疾然，洞中窾會，以患難相告者，傾囊拯之，無所顧藉。則又誣矣。沈爲乾隆己未進士，年將七旬，與葉同里居；梁係道光時人，閩籍，孰爲可信，不待煩言矣。清史稿有云：當時名滿天下，傳聞附會，往往涉於荒誕，信然，顧先生藉藉之名，自有其優異獨特之處。蘇州府志載有驗案數則如下：

「一富室新娶婦，病如騃，醫藥罔效，桂往診之，命於空室掘地作池，貯不潔其中，覆板舁病者臥其上，靜伺之，俄而呻吟，逮旦，移還內室，神識清爽。或問其故，曰：此香閉也，臭可辟香耳。」按質直談耳所記較詳。文曰：「金閶一富家，新娶媳患症如呆，醫藥罔效，請治於葉，診脈不能辨。徐訪其下，多言性好香，乃構思設法，命於後空室中，闢一方池，貯糞其中，覆二板，置簟令臥其上，扃而伺之，半日聞呼痛聲，迨旦，曰臭氣不可耐，求遷，於是使其家遍索箱篋香，悉去之，移還床，調治而愈。曰此香閉也，書無明文，惟菌可解，以意度之耳。」本節在青城子聊齋編第八卷則演爲二案，記曰：「富商某生一子，年二十餘矣，忽得一病，不語不食，惟瞑目臥，延醫投以參芪等補藥罔效，商人大恐。延天士診視，甫入病人房，至床側卽趨出，曰，不必切脈，已知之矣。將病人移於外書房臥，用小便一大桶，置病人頭側，再用空桶一，着人以瓢，取小便傾入空桶內，取完復又傾轉約一二回，病人呻吟索飲食，豁然而起。當叩其故，天士曰，吾始進房，卽聞異香撲鼻，及至床側，香愈馥烈，知病者因香竄過甚，正氣耗散而然，故用陳小便之氣以收之耳。」其二，「有新婚者，成禮之日，次日夫婦俱不起，叩門呼之不應，排闥入，則男女俱若死，奄奄一息，急延天士診視，及入房門曰，病已知矣，可取木屑數十石，即鋸木末也。另擇一密室，將木屑厚鋪於地，移病者伏木屑上，仍將閉緊，須臾，男女俱活。問其故？曰，余入室聞漆氣薰人，蓋室內盡屬新置漆木器也，男女俱中漆毒，故氣悶若死，漆毒惟木氣能拔毒，出則氣暢而活矣。」據江陰縣志所載又大異矣。其言曰：「蘇州富家子，病大熱，羣醫不效，是巨淵鑿地爲坎，令病者臥其上，泥水沃之，須臾愈。或問故，曰：多寵妾，中麝香毒也。」是亦早於葉，不知此案二而一，亦一而二也。

「一女子性嗜筍，臥病經年如癱瘓狀，投以白鳳仙根病若失。」

「天官坊章松巖司馬，老年致仕，患呃逆不能言語，延視，令用人參四兩，附子四兩，同煎一大盌，將小匙頻進，一夜藥盡，呃止而安。其時章之子器商侍側，桂熟視之曰：日內必瘧作，勢重且久，疏方令服，明日果瘧，醫治百日始愈。」

「其治痘尤神，遠立而臭之，死生立判。其次孫坤出痘，桂揭帷即嘻曰：此死氣也，不治而出，卒不治。（質直談耳所記，惟文字稍有異同。對山醫話更有難以信從之語。）長孫堂幼時身甫熱，桂診之驚曰：此悶驚也，急疏方與服，危而後安。及桂易簀時，執堂手曰：汝脈色可得大年，惟終身不可服涼藥。後堂年踰七十，嬰小疾，偶服羚羊連翹等藥，即汗出神昏，忽憶前言，改服溫劑而愈。」

「有人患痼疾，桂診之曰，此時尚可治，十二年後復作，不可爲矣。其人果歷十二年而殤。」

「有富人眠食如常，忽失音，百藥無效，延桂診之曰：此有疾，結在肺管，阻其音，非藥力所能化也。邀鍼科尤松年至，令於肺俞穴一鍼，少選，病者猛嗽一聲，吐一痰核而愈。」

又「嘉興人臥病兩月，偏服柴胡葛根等解散之劑，不效。就診於桂，比於原方中加厚朴一錢，老姜三錢，一服而洞下宿垢盈器，寒熱大作，再服大汗，至家已霍然，其神效若此。」以上見蘇州府志。

青城子聊齋續編卷六有云：「許姓子出痘，患閉症，吳下醫者，俱云不治，時葉天士不屑以痘科名，再三懇求始至。痘童已七歲，身軀甚偉，奄奄一息，葉命取公雞蓄三年者二，略去腹下毛，以刀剖之，一裹於背，一貼於胸，以青布縛緊置於地，云半日可活也。葉去父母守之，入夜童忽醒，呼痛，父母喜甚，趨促葉治，葉曰：既活矣，夫人而能治也，我何必往。」

又卷八有云：「有藩憲到任，升堂之後，目忽失明，當着人請天士。問曾蒞任何處？曰京官。曾蒞外任否？曰從未。天士曰，汝速回面稟，如此請我，我決不來，須全副儀仗來迎。來人如言回稟。是時藩憲已含怒矣，左右再三婉言，天士平日治病如神，非伊到不可。藩憲曰，且姑依伊言，如不效，定即治罪，於是排列儀仗去迎，及至天士家，天士曰，如此請我，我亦不去，可速回稟，須官太太親自來迎而後可，復又叮囑來人，必要一一如言回稟，倘見罪則有我在。來人不得已，如言面稟，藩憲不覺大怒咆哮，左右莫不股慄，怒氣正盛，目忽復明，而天士已到轅門請罪，曰非敢如此無狀，是即可以治病也。蓋心藏神，在志爲喜，喜樂無極者神蕩散而不藏。目者心之使也，心者神之舍也，今因過喜神散，目故失明，經云暴喜傷陽，暴怒傷陰，陽傷則陰愈盛，惟怒則逆上，故必得大怒方可抑陰而伸陽。然非如此肆慢，決不得怒，此乃不得已而用之，舍此亦別無良策。藩憲聞言益優待焉。」

又「一士日夜沉睡不醒，即偶醒亦兩目倦開。天士診之，令市一小鼓於床頭擊之，病者聞鼓聲，徐張目視，漸醒，不復倦臥。人問故？天士曰，是人脾困，脾困故倦，小鼓聲最能醒脾也。」

又「有某公子年方二十，家素富，父爲某省制軍，是秋登賢書，賀者盈門，公子忽兩目紅腫，痛不可忍，日夜咆哮。延葉天士診之，天士曰，目疾不足慮，當即自愈，可慮者七日內足心必生癰毒，一發則不可治矣。天士平日決生死如燭照，不差黍累，及聞是言，不覺悲懼交集，再三懇其拯救。天士曰，此時不暇服藥，且先以方散毒，如七日不發，方可再議藥也。當求其方曰，息心靜坐，以自己左手擦右足心三百六十遍，又以右手擦左足三百六十遍，每日如此七次，俟七日後，再來施治。如方至七日，延天士至曰，目疾果如先生言已愈矣，未審蘿毒能不發否？天士笑曰，前言發毒者妄也，公子富貴雙全，事事如意，所懼者死耳，惟以死動之，則他念俱寂，一心注足矣，手擦足心，則火下行，目疾自愈，不然，心益躁，目益痛，雖日服靈丹，庸有效乎？公子笑而厚酬之。」按儀眞縣志云：「李瞻號小塘，嘗治一人目腫火炎其人性卞，愈躁而疾愈熾，非藥可下，瞻謂曰：子目易愈，此客火將流毒於股，不十日必暴發。其人習瞻名，遂日以股爲憂，至三日，一藥而愈，股亦無恙。」李亦明時人，則知葉案亦有所本，非創作也。

「天士兒婦生產後，交骨不合，（勁秋按，解剖學上並無交骨，大約即陰門之誤。）投藥罔效。天士適踐一物，有聲，拾視之，蠣殼也，即煎湯與服，頓愈。蓋蛤之屬形皆兩片相合，性本喜合不喜開，其輾合之竅，亦與人骨竅相類，故以類相求耳。」

「某店一小子年十四五，坐店內操貿易業時，當夏月櫃下有門上飾銅環，小子無事，出陽物入環內玩弄，不意陽物暴脹，不得脫，小子號啼，觀者塡門，咸無法可施。天士乘肩輿過，邀視，天士附耳語輿夫，着取冷水一大盆，潛至背後，出其不意，從頭傾下，果驚縮而脫。」以上見聊齋續編。

先生治病之神，即此數端，已可概見其大體。綜其要，不外學豐識廣，長於經歷，而靈府機敏，處置活潑，尤爲常人所難及。循此演繹，輾轉傳述，已足資後人種種不經之論，附會之談而有餘。然而先生究非神明，正如扁鵲所謂：使不死者起耳，生死肉白，實難言之矣。嘉善俞東扶先生曾記其二例，亦無法挽其生也。

「陸姓書生，形瘦，飲食如常，別無他病，而氣自臍下上衝，始僅抵胸，後漸至喉，又漸達巔頂，又漸從腦後由督脈及夾脊兩傍而下，又漸至腿踝足心，仍入少腹，再復上衝，其衝甚慢，約一年而上下周到，穀食遞減，肌肉愈削，兩年半而其人方死。凡溫涼補瀉，靡藥不嘗，鍼灸祝由，無法不試。震固不能愈之，而就醫於吳門葉薛兩先生，亦無寸效。此種病恨不遇張戴人喻西昌周愼齋諸公，聽其議論，以開茅塞也」。見古今醫案按卷三。

「震初習醫時，里有金姓裁縫，年二十餘歲，雨途道滑，臀仆坐地，亦無痛苦。次日腹中欲去大便，而輒失氣從陽具出，自覺大便不往後去，轉向前走，陽具中痛苦不堪，其糞逼細如稻柴心而出。震師金上陶先生，用補中益氣湯一服即愈。四五日病復再發，用此湯不效矣。小便行時，並不帶糞，糞亦不夾雜小便，尿孔漸爲乾糞撐大，痛苦莫可名言，大腸竟廢而不用。是時吳郡名醫王葉薛諸公皆在，徧求之皆不能療。吾師斷其次年三月死。當屆期人已羸瘠不堪，然猶能飲食，二便之迭從陽具出者，反習以爲常，痛苦亦減，似可未死，忽一日小便頓閉，大便仍來，閉三日，而小便從鼻孔湧出，其色黑立死。」見古今醫案按卷六。

此外徐批臨症指南亦有一例，惟指南是否徐靈胎所批，當另文攷正。其案錄之如下：

「葉天士治金某患嘔吐者數年，用洩肝安胃藥年餘，幾殆。徐診之，謂是蓄飲，爲製一方，病立已。」

看飲樓賓談載有醫貧一則云：「吳門葉天士（桂）精醫理，求治者踵相接。一日，乘肩輿出，有鄉人迎道左，乞視疾，葉停輿診之曰：六脈均調，奚病耶？鄉人曰：公名醫，奇病險症，無不洞悉，小人所患者，貧病也，不識公能療之乎？葉笑曰：是疾也，亦頗易治，子於晚間來取方，一服即愈矣。至暮，鄉人敲其門，乞醫貧良藥，葉令拾城中橄欖核種之，俟苗出來告，當獲厚利。鄉人如其數，未幾，苗芃芃然，走告葉，葉曰：即日有求苗者，高其値，勿賤售也！葉自是藥引皆用欖橄苗，病者爭往購，數日苗漸稀，求者益衆，値益昂，鄉人獲錢無算，苗盡而藥引亦除矣。既而鄉人具禮來謝，葉曰：病愈乎？鄉人曰：賴公力，已全痊矣。葉笑而遣之，至今吳人傳爲美談。」（清光緒烏程陸長春著）此或然歟？非葉不能有此妙想，然今日海派醫生，固優爲之矣，其亦以此爲宗法乎？若然，始作俑者，此老固不得辭其咎矣。

陸定圃謂：「震澤吳曉鉦劍森言，乾隆某年，吳大疫，郡設醫局以濟貧者，諸名醫日一造也。有更夫某者，身面浮腫，徧體作黃白色，詣局求治。薛生白先至診其脈，麾之去，曰水腫已劇，不治，病者出，而葉天士至，從肩輿中遙視之曰：爾非更夫耶？此爇驅蚊帶受毒所致，二劑可已，遂處方與之。薛爲之失色。因有掃葉莊踏雪齋之舉。二人以盛名相軋，蓋由於此。其說得之吳中老醫顧某，顧得之於其師，其師蓋目擊云。」（見冷廬醫話）余童時，亦有所聞，並謂費食南瓜可解，並不出方，今何不道及其所用之藥。至謂葉從肩輿中遙視，則何能預知薛已謝其不治，殊難置信。中國畫史人名大辭典有云：「薛雪，虞卿子，字生白，號一瓢，又號掃葉山人磨劍山人槐雲道人所居有掃葉山莊，爲其父作畫處。其父虞卿卽文衡山之甥也。」謂薛雪虞卿子實誤，乃虞卿之曾孫也，時去衡山公蓋二百餘年矣，虞卿確爲衡山公之甥。文人相輕，自古已然，兩雄並峙，或難免於衷心耿耿。至於掃葉莊與踏雪齋，或偶然巧遇，或出於嬉戲，若謂彼此嫉忌，必也彰之以洩憤，恐葉薛兩君，皆不願示人以器度之不恢也。清史稿云：「薛生平與桂不相能，自名所居曰掃雪莊，然每見桂處方而喜，未嘗不擊節也。」雖馮桂芬亦有名所居曰掃葉莊以寓意之語，但沈德潛嘗有掃葉莊記一文，彼所掃者，蓋落葉封徑之葉也。其文曰：

「掃葉莊在郡城南園，薛徵君一瓢著書所也。地在俞家橋沿流，面城，樹木蓊鬱，落葉封徑，行人迷跡，宛如空林，呼童縛帚掃除，靜中得忙，久矣成課業矣。昔有元時俞與石澗隱居，注易於此，故橋以俞名。俞易理取諸程，象數取諸邵，爲朱子本義後一書。予嘗讚其南園易圖云：『姬孔在心，眼前皆易，碧綠青黃，滿園太極。』以其隨在感觸，超乎迹象也。今一瓢注易，又能補俞易所未及，屢定屢更，芟汰疵纇，與掃除落葉相似，則掃葉顏其莊者，意或在斯乎。抑聞韋左司寄友詩云：『欲持一瓢酒，遠慰風雨夕，落葉滿空山，何處尋行跡。』取夫人工，不與一歸，自然掃者從人，不掃者從天也，掃與不掃之間，試更參之。」

觀此則知莊固一瓢所自顏，畫史辭典謂其父作畫處不知何所依據？黃退庵謂：「二君（指葉薛）皆聰明好學，論人工則薛不如葉，天分則葉不如薛。」（見遣睡雜言卷三）豈其然歟？

薛氏殊風趣，嘗遇異僧，身掛一瓢，鐫七字曰：「吃盡天下無敵手。」薛奇之，邀之家，出席共飲，以瓢注酒，容一斤，僧盡三十六瓢，薛僅一瓢，遂以自號。（見墨林今話卷一）工八法，解繪事，墨蘭尤精妙。善拳勇，能馳騁於騎射刀鞘之間。與沈歸愚同師事嘉善葉燮先生門學詩文，當時詩名藉甚，託醫以養親。（見歸愚文鈔薛一瓢詩序二棄草堂識集序又清史稿）乾嘉詩壇點將錄位一瓢於神醫之列。（清大興舒位著）清史稿云：「先生（指薛）博學多通於醫，時有獨見，斷人生死不爽，療治多異跡。」唐大烈云：「先生精於醫，與葉天士齊名。」（見吳醫彙講）是亦可見薛氏之學養矣。葉氏之眉壽堂，黃丕烈以葉氏後人因刊本事方釋義嘗數度往來（見蕘圃藏書題識），郭維濬選有眉壽堂方案，眉壽堂信有之矣。踏雪齋參攷材料未足，容後續攷。

編輯後記　編者

△本期古今，爲出版來第二年度最後一期，且亦爲最別開生面之一期，適紙有餘白，遂打破『不在多言』之成例而略贅數言。

△本期正式文章只有五篇，質量雖豐富異常，然花色却感單調。編者猶如廚子，一席菜必須五花八門，才可使吃客滿意；但僅僅太牢少牢，亦足以祀天地而祭鬼神。陳公博先生之『我與共產黨』下篇，足可當太牢而無愧色，古今只此一篇，已足紙貴洛陽，何況尙有徐一士先生等名作相輔？

△古今篇幅苦太少，因而每病來稿太長，不得已本期由編者臨時獻醜，湊成篇幅，自問與瞿兌之紀果庵兩先生所作相去太遠，且匆匆成此更無可取。

△吳湖帆先生風流世家，爲當代第一畫師，與靦然自吹大言不凡者不可同日而語。其畫出入婁東，力追宋元，本期承作封面，名貴所不待言。

△下期爲古今第三年開始，新年號目錄已見預告，周佛海先生又允以力作見惠，讀者幸拭目待之。

本期每冊實價拾元

古今

散文半月刊

第三十八期

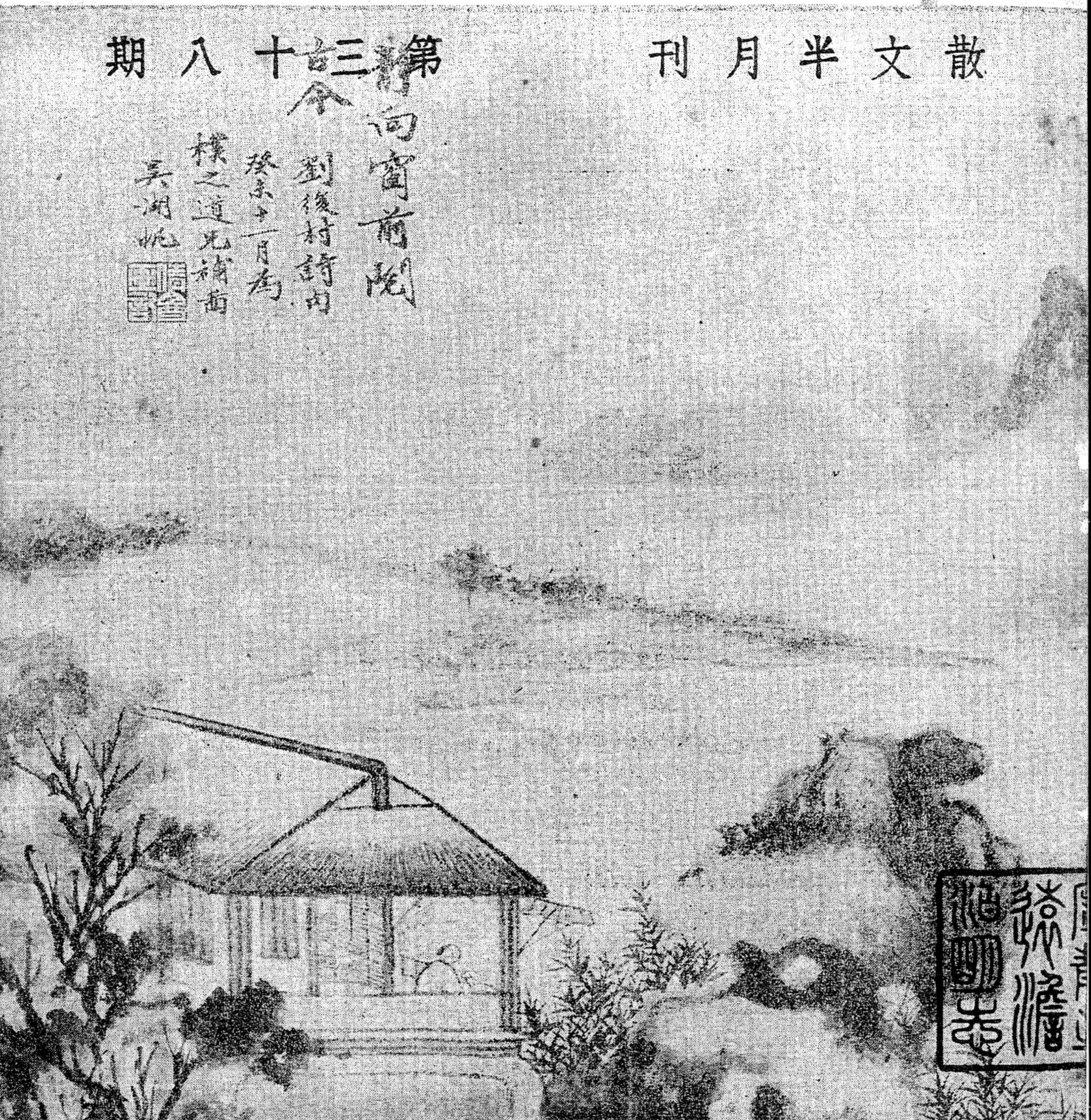

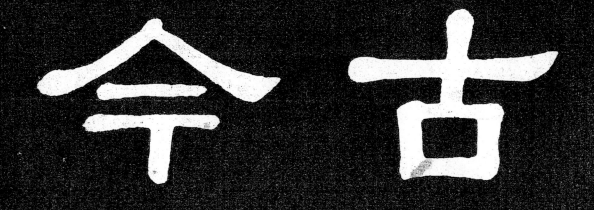

古今半月刊第三十八期目次

中華民國三十三年一月一日出版

社長　朱樸
主編　周黎庵
發行者　古今出版社
上海威陽（亞爾培）路二號
發行所　古今出版社
上海威陽（亞爾培）路二號
電話：七三七八八號
印刷者　中國科學印刷公司
經售處　全國各大書坊報販

零售每冊中儲券拾伍元

國民政府宣傳部登記證滬誌字第七六號
第一警察局登記證C字一〇一二號

預	定
款項先繳照價八折	半年一百五十元　全年三百元

極樂寺

周佛海

今年十一月中旬，在東京大阪公務完畢之後，抽暇到京都休息了幾天，因此有機會重臨十八年前的舊居極樂寺。

在京都留學的時候，最初住在田町的牧田家，幼海就在此地出世的。前年春天淑慧遊日，以及我於前年夏天經京都時，都曾去訪問過。這些經過在『扶桑笈影溯當年』一文中，都曾敍述過。但是以後由牧田家遷居的極樂寺，我和淑慧前年都沒有重去訪問。這次在京都，是住在鄉下的：離京都市內汽車約五十分鐘的大原村。我的朋友若松氏，在此地有個極幽靜的別莊，我便下榻其間。我們在登山臨水，探險尋幽之餘，我忽然想起十八年前所居的極樂寺內的一小屋，不知現在是如何情形。於是約着友人岡田大佐及伊藤氏，陪着去探訪。

極樂寺大門

極樂寺是在吉田山的後面，京都帝大，却在山前。我以前每日上學和回寓，都要經過山上的。山上廟宇極多，不僅叢林茂樹，備極幽邃，而且富有歷史的事蹟，遺留着封建時代的色彩。我每日安步當車的上嶺下山，賞玩着沿途的風景，懷想着歷代的變遷，覺得非常有趣。此情此景，回國以後也常常追念。這次重訪故居，好像去看一位久別的朋友一樣，在沒有會面之前，有着極複雜而不能以言語形容的感慨的情緒。

我叫車子開到京都帝大的門前停下，便下車步行。岡田和伊藤，不知道極樂寺在甚麽地方，只得跟着我走。我們慢慢拾級上山，看見山上的廟宇，樹林，以及其他一切，都和十八年前一般無二。京大的左近，都和以前大不相同了。比如我們以前住的吉田町，附近都是田地。我和淑慧常於晚飯後散步田間，現在却一片都是房屋了。唯有吉田山，雖然經過了十八年的風吹雨打，却仍是當年的風采，似乎在那裏點頭含笑，歡迎故人；又似乎在那裏搖首嘆息昔日的少年，今已兩鬢欲霜了。沿途遇着許多頭戴方帽，手攜書包的京大學生，不禁回憶十八年前的學生時代，對他們發生豔羨之感，而希望重過當年的生活。每一個人的心理，都是憧憬未來，留戀過去，而不知道把握現在。有許多生活或環境，在當時並不覺得怎樣滿意，但是一到了牠們變成記憶中的陳迹，這些東西，都變成有意義有價值的東西，而想重尋舊夢了。我也曾戴過方帽，攜過書包，每日經過這個山上的。但是當時對於這樣的生活，決沒有現在對於這樣生活，感覺着有興趣，有意義。我們還是把握現在罷！不要等到現實的現在，變成了記懷中的往事，再去留戀。這樣東想西想不覺到了極樂寺。

著者及日友伊藤芳男岡田酉次兩君重遊極樂寺留影

我們以前住的房屋，在極樂寺大門的右首，矮小得不能形容。屋內只有兩個房間，前面的有六疊蓆子，我們的寢室，會客室，餐廳，以及其他的一切，都在這裏。後面那間，是個長方形，可憐面積只有兩疊蓆子。這便是我的書房了。左邊有一條長方形的隙地，便做小規模的廚房。屋外的院中，有一口四家共用的井。淑慧淘米，洗菜，洗衣，都在這個井邊，而我每晨早起，也就自己打起井水，用冷水洗面，雖在隆冬，也是這樣。井邊一棵老松，蒼翠得非常可愛，為我們門前的唯一點綴。這便是那個房子的大概。

這樣矮小而不堅固的房子，經過了十八年的歲月，我以爲一定傾圮或翻造了。那知道到那裏一看，却和以前一模一樣的絲毫未變。我懷着莫名其妙的情緒，周圍細看了一遍，可惜屋內有人，不便驚動，沒有進去看看十八年前起居坐臥的地方。時間經過了十八年，不能說是不長了，但是今天重臨，過去的情景，還是像昨日一樣。不過十八年中，遭遇了多少艱難憂患，經歷了多少離合悲歡，恐怕古井，已不復認識當年在他口邊洗臉的少年，蒼松也不復認識當年在他身傍盤桓的學生了。

庭院之小井（著者留學時每晨自汲井水洗臉）

岡田、伊藤，看見這樣的小屋，吃了一驚。他們知道我當年是窮學生，但是萬想不到窮得這個樣子，而住這樣的陋屋。我告訴他們中國戲劇上有叫做武家坡的一齣戲。我現在重回十八年的故居，好像離鄉別井十八載回到寒窰的薛平貴一樣。其實這個小屋，比現在相傳是薛平貴的寒窰的西安郊外一土洞，還要窄小。記得二十四年春天，力子任陝西省政府主席的時候，約我和淑慧往遊華山，因此到了西安。有天楊虎城招宴，說起戲劇中的武家坡，便在西安城外數十里。淑慧好奇，一定要去看，我們便乘車從黃沙撲面的陽關古道，去到武家坡。所謂寒窰，是三大間土洞，洞內還有樓。薛平貴和王寶釧有着這樣的好住處，和十八年前我們的住處比起來，眞算是闊了。怪不得王寶釧能夠在這裏苦守了十八年。這些雖然是笑話，足見我們當時故居的破陋了。

既然回到我的寒窰，就自然而然想起當年共苦的我的王寶釧。淑慧當年在井邊洗菜，在院中曬衣，坐在門前做針線的情形，都一一如在目前。我現在走進寺門，好像我當年由學校回家一樣。淑慧常說當時雖然物質生活覺得窮窘，但是精神上比較現在似乎要愉快。因爲當時和外界接觸很少，過着單純的生活，自然不覺得人世的煩雜和苦悶。我有時也這樣想。

我是一個毫無憑藉的窮學生，畢業後怎樣纔能謀生，怎樣纔能做事，是當時不能解決的問題。想來想去，只有用功讀書，多求一點學問，纔能做謀生和作事的憑藉。因此我體驗出一個道理。這個道理，雖然不是我發明，而爲前人早已說過的，但是我個人體驗出來的，却是在這個陋屋之內。我覺得一個人要做一番事業，一定要有個條件。這個條件，用句外國話來說，就是 Make yourself necessary！一個人在一家，在一鄉，在社會，再大一點說，在國家，一定要令人覺得少了你不行，或非你不可，然後你的地位，纔能慢慢的重要起來。如果別人覺得有你不爲多，沒有你也不爲少，換句話說，就是你是個可有可無的人，那你就會沒有出路，至少也不會有發展的機會了。所以一個人要做到人來求我，我不求人，然後纔不怕沒有出路，不怕不能發展。在我當時的客觀的環境，畢業後是非求人不可的，但是我的主觀的意志，是要人來求我。現在回想起來，覺得異常狂妄。但是運命這樣東西，終叫我的意志實現了。我最初回國，赴粵作事，是季陶電約的，我並沒有託他。以後一切工作的調動和地位的升遷，沒有一件是我自己請託或運動而來的。我不敢說，我有甚麼了不起的本領，但是實在的經歷，却是這樣。今天重復到了這個故居，想起當年的思想，和那個時候以後的經歷，覺得很湊巧的十八年來的經歷，完全照着當年的思想前進。

著者十八年前所住書房之小窗依然如舊

在寺內盤桓了許久，過去的一切，一一重復記憶，回溯過去，感慨未來，不知道再過十八年，我是甚麼樣子，這個小屋是甚麼情形，世界的一切，又是怎樣的變化。於是和同行的兩位，拍了幾張照片做紀念。滄海桑田，異日的變遷，等到異日再來追溯罷。

（民國三十二年十二月十八日於上海）

兪理初的著書

舊書回想記補遺之一

知堂

我與兪理初頗有緣。他的著作我得到了不少，雖然刋行的就只有三種，其各種刋本我却都已收得了，計有癸巳類稿四部，癸巳存稿三部，四養齋詩集一部。寒齋舊有類稿存稿各一部，皆係通行本，類稿刻於道光十三年，存稿則是光緒十年重刋者也。後來在北京得類稿巾箱本，乃光緒中會稽章氏式訓堂所刻，及安徽叢書第三期書出，又於其中得影印類稿，乃經兪君晚年手訂，多所增益，書於書眉者。類稿各本大抵已盡於此，但我又有一部，仍是道光求日益齋刻本，經過李越縵收藏批注，亦有可取，故復另列。原書係後印，紙墨俱劣，目錄後空白有題字六行云：

「咸豐十年庚申八月，元和顧河之孝廉持贈，越縵學人。此書見聞極博，自經史以及談諸小說，無不賅綜，甘石岐黃之書尤所留意，惟好自炫鬻，繁徵博引，筆舌迂宂，轉晦本義。又如節婦貞婦說，妬非女人惡德論，佛經論，紅敎黃敎論等，持論偏頗，引用不根，皆其所短，而淹洽貫串，終不可沒也。是月二十一日，蓴客記於都城宣南困學僑齋。」案越縵堂日記咸豐十年庚申八月十一日條下云：

「河之來告明日行，以凌廷堪次仲校禮堂集，兪正燮理初癸巳類稿爲別。」顧河之名瑞淸，爲澗蘋之孫，日記中稱其年四十餘，粥粥篤謹學問人也，聽其談古籍源流甚悉，固有得於家學者。查二十一日條下則並無記錄，只言英法聯軍和戰事，蓋其時正軍逼都城，在焚圓明園前二日也。書上批注凡十七處，大抵皆示不滿，唯據上文所題，雖學風不同，而亦仍不能不表示佩服耳。咸豐十一年六月二十日條下云：

「新安經學最盛，能兼通史學者唯凌次仲氏及兪君。其書引證太繁，筆舌宂漫，而浩博殊不易得。」同治元年十月二十三日條下云：

「理初博綜九流，而文繁無擇，故不能卓然成一家言，蓋經學之士多拙於文章，康成沖遠尙有此恨，况其下乎。」由此可見在此三年中越縵常閱類稿，佩服之意與年漸進，末了則於筆舌迂宂一事，亦有恕詞矣。

癸巳存稿最初有道光二十八年靈石楊氏刋本，但據同治八年胡澍跋云，存稿十五卷，靈石楊氏刻入連筠簃叢書，而流傳甚少。又光緒十年重刋本姚淸祺序云，購諸書肆杳不可得，緣其書刋自山右，兵燹後板之存否未可知也。可見此本頗不易得，胡甘伯題記已距今八十年矣，寒齋乃能偶然得到一部，雖或未能如連筠簃刻本桂氏說文義證之難有，總之亦殊可喜矣。此外又有一部，原來亦仍是光緒重刋本，但經過平景孫收藏批注，每卷有朱文安越堂藏本方印，目錄下有印二，白文曰曾經滄海，朱文曰上下今古。全書有墨筆圈點，卷中改正增注者凡七處，總目之後題字二行云：

「甲申九月二十一日斠，時濕注臂臑，捉筆下定，塗鴉殊可憎也。」蓋即是刻書之年也。卷末又有題字三行云：

「理初先生敍述文字，無一字拾古人牙後慧，謀篇製局，亦絕不似八家，細按之無不自左史出，澤古深者宜善是也，世徒以考訂推先生，失先生矣。七夕。」白文印曰楝山。後又題曰，七月廿八再斠一周，蒲明子。此二項不紀年，或是甲申之次年歟。此處平氏所言與李氏正相反，鄙人雖未能完全贊同自左史出之說，但亦覺得俞君之文樸質可喜，殆因不似八家之故，與鄙見有相合者也。

四養齋詩稿三卷，咸豐二年夏校刊，程鴻詔跋，共三十六葉，計詩百五十五首。余所得一本係竹紙印，卷首有方印朱文曰，汪氏雲蓀校讀圖書，末尾白文印曰，平陽汪氏藏書。余有題識書於卷頭別紙，文曰。

「俞理初詩自稱甚不佳，亦正不必以詩重，唯詩以人重，後世自當珍惜也。四養齋詩稿刻板去今才九十年，而今已甚少見，蓋中經太平天國之亂，久已燬滅，吾鄉蔡孑民先生爲俞君作年譜，求此稿終不可得，乃從皖人借讀之。寒齋於不意中能得此一册，大可欣幸，正宜珍重護持之也。中華民國三十一年八月三日雨中，知堂記。」案據程跋謂俞君自記有云詩甚不佳，巳付惜字簍，忽見詩中世上儘多善悟人句，因復存之。今查原詩在卷三中，題曰箇中，今全錄於下，以見一斑。

豪竹哀絲動畫塵，等閒笑傲亦前因。箇中無限難圓夢，世上儘多善悟人。車馬勞身拋素業，鶯花過眼惜青春。圍爐我亦酣歌者，落拓游蹤雖重陳。以下共有三十首，多似無題之作，其中唯有七言四句者一首，題曰古意而已。（民國癸未十一月二十日）

談文虎

亞因

文虎卽俗稱燈謎，古之廋辭也。魏武「黃絹幼婦」之絕妙好辭，殆爲文虎之藍本。後雅人輩射覆鬥心，踵事增華，遂益盛行。舉行時多在元宵，火樹銀花，燈燭絢璨（故曰春燈謎）。射虎者須小有才而具敏思，始能得心應手。余少年時輒樂此不疲，顧從能製而艱於射（射俗曰打）。謎之面底須自然渾成，機抒獨出而復絲絲入扣，謎面尤須扣以成語。如「關山難越誰爲失路之人」射人名程不識。「國士無雙」射四子何謂信。如射俗語須以雅馴之謎革，曾見有將軍魏武之子孫而射「操你的祖宗者」，嘆爲匠心別具。又如指頭兒告了消乏（本六才語）而射「精打光」者，未免涉於猥褻，然亦頗見風趣。余嘗思以翡翠入謎而卒不得佳面，旋有友人見告，謂有面以誤認周倉作霸王者，誠傑構也。至翠字謎面則頗多，如（一）八千子弟，（二）周倉關平，（三）烏江自刎，（四）走麥城等，然皆失之直率。或有以漢帝功臣皆未冠射名伶麒麟童，笑說黃花是故人射言菊朋者亦佳。惟詩鐘、詩謎、燈謎皆各有內容，如混爲一談，則誤，且亦爲漢字之一種特點。

人往風微錄(九)

趙叔雍

嚴幾道

嚴幾道。字又陵。初名宗光。福建閩侯人也。年十四。就馬江船政學堂習海軍。時朝廷銳意新政。洪楊之後。奮發圖治。沈文肅公葆楨。創導船政於馬江。一時俊秀子弟。應者雲集，監督爲法人日意格。所習均應用科學。凡五年卒業。派登建威練習艦。遍赴南北洋。其後船政局自製五兵船成。遂改派登揚武。游弋日本。旌節數至。圍觀者至數萬人。迨臺灣番社之變。文肅公奉詔視師。因隨船詗察。勘量海口。月餘竣事。瞭若指掌。既而與劉步蟾薩鎮冰等同期赴英。入格林威治抱士莫德大學院。以求深造。所習爲高等算學、化學、海軍戰術、海軍公法、及砲壘建築諸科。時日本亦遣生留學西洋。伊藤博文大隈重信均與其選。湖南郭嵩燾。適持節英倫。與語。大悅之。輒爲游揚。卒業歸國。任船政教員。而李鴻章在北洋。亦正經營軍務。於天津設水師學堂。遂辟爲總教習。授學之餘。讀書自遣。尤愛英人斯賓塞所著之社會學。章編三絕。以爲實兼東方思想。集大學中庸之大成。因爲遂譯。題以羣學肄言。幾道平日愛讀子部。至是始發輒治西籍羣哲之言。因之通於治世之道。常日好論議。而或不爲世所見重。遂多鬱怫。嘗爲詩復鄭孝胥。有云『輿官充水手。自審非其脚。不祥固金性。時時冶中躍。……或云科目人。轉瞬皆臺閣。不者亦淸流。師友動寥廓。忽爾大動心。男兒宜此若。……』蓋平生以未預科第爲恥。此後雖奮發治八比。終於報罷。以積勞爲道員。分發直隸。聞嵩燾歿。感嘆殊甚。爲致語挽之曰。平生蒙國士之知。而今鶴翅氃氋。激賞深慚羊叔子。惟公負獨醒之累。在昔蛾眉謠諑。離憂豈僅屈靈均。一時傳誦。甲午中日搆釁。李鴻章知師未可用。頗事慎重。翁同龢等則主戰甚力。幾道知戰危。輒曰湘淮平亂。蓋以賊法平賊。無論不足以當西洋節制之師。即東洋得其緒餘。已足欺我中國。今日之事。正坐平日學問之非。與士大夫心術之壞。由今之道。無變今之俗。雖管葛復生。亦且無能爲力。翁張名士。痛參合肥。即易帥亦未必能了此事。後果不出所料。賠欵割地。爲之腐心切齒。並亟欲以著述。警惕世俗。作世變論刊布於天津直報。使人民多習西洋治化。勿加汰棄。即亦非汰棄可以制勝。且爲之詞曰。西人首明平等。中國親親而西人尚賢。中國以孝治天下。而西人以公治天下。中國尊主。而西人隆民。中國貴一道而同風。西人貴黨居而州處。中國多忌諱。西人衆譏評。其於財政也。中國重節流。而西人重開源。中國追淳樸。而西人求歡娛。其接物也。中國美謙屈。而西人務發舒。中國尙節文。而西人樂簡易。其於爲學也。中國誇多識。而西人尊新知。其於禍災也。中國委天數。而西人恃人力。其說雖未必即能別中西之淄澠。然在攘夷之說甚囂塵上之際。盡情宣洩。以警末俗。敢於陳詞。亦有足多者。幾道尤愛讀達爾文斯賓塞物競天擇之論。譯之爲羣學。亦即今所謂社會學也。以荀子有人之貴於禽獸者。以其能羣。故以羣學名。且詔人以欲治羣學。當先自名數力質之學始。俾民力民智民德三者俱强。以優民生。以振國威。教化政法。胥出於是。又爲文以廢八股。反韓昌黎原道。蓋其大旨。莫不在尊民以隆俗。尊今以叛古。開民智以反專制。一時學者。風起從之。其畢生譯事則在四十四歲時之譯赫胥黎天演論。行文一出以莊老諸子之筆。意匠經營。並自課譯作信達雅三例。永爲譯界之圭臬。其所自譯者。不曰譯而曰達指。蓋幾道每於原文。探取精義自爲經緯。而不爲尋章摘句之學。惟後生淺學。不易窺測。轉或病之。即其末流之弊。亦輒有與原義相疏落者。西學宿儒辜湯生。即頗加詆諆。以爲所譯不能盡作者之長也。又其譯書。好入以吾儒訓故。桐城吳汝綸。即馳書謂自撰一書。可縱意馳騁。若以譯赫氏之書爲名。則篇中所引古人古事。皆宜以元書所稱西方者爲當。似不必改用中國人語。以中事中人。固非赫氏所及知。法宜如晉宋名流所譯佛書。與中儒著述。顯分體裁。似爲入式。此在大着。雖爲小節。又已見之例言。然究不若純用原書之爲尤美。旋與錢唐夏曾佑創辦國聞報。復譯英人亞丹斯密士之計學。先後成五冊。原書名國富性質及原因之研究。謂爲計學。繼又改名爲原富。譯本刊布。洛陽紙貴。不脛而走者遍南北。士氣爲之一變。風尙於以轉移。而嫉之者或謂其能坐而言。乃不能起而行。汝綸爲力辯之。次年特詔徵人才。以王錫藩薦。召對稱旨。命上所擬萬言書。力陳法敝不變之害。不幸爲治之事。弊常伏於久安之中。謀國之難。患常起於所防之外。治標則事勢太逼。恐無救於危亡。治本則積痎未祛。亦無益於貧弱。是以未變法前當宜急行者三。一聯各國之歡。一結百姓之心。一破把持之局。其書終格於大臣。不得上。又譯約翰麥勒之自繇論。且爲敍例以彰之。庚子兵禍起。避地至上海。開名學會以講學。海上爲之風靡。七月聯軍陷京師。上海以有東南護保之約。匕鬯不驚。各省人民。以德宗西狩。遂組國會。推南海容閎及幾道爲正副會長。閏八月。與陸樹德及德醫貝爾滂陳季同洪中等北行。援救避難官民五千五百餘人。脫出重圍。歸來又譯穆勒約翰所著名學。亦即近人所稱之邏輯學也。自敍謂名義始於希臘。實爲一切法之法。一切學之學。明其爲體之尊。爲用之廣。而後變希臘舊文羅各斯爲邏輯以名之。學者可以知其精深廣大。吾國最初譯本爲明季李之藻之名理探。近日稅務司譯有辯學啓蒙。曰探曰辯。皆不足盡其學之長。必求近似。姑以名學譯之。蓋中文惟名字所涵。其奧衍精博。與邏各司差似。而學問思辯。皆所以求誠正名之事。不得捨其全而用其偏也。長沙張文達公爲管學大臣。聘爲編譯局總辦。吳汝綸時任京師大學堂總教習。時相過從。復譯孟德斯鳩法意。所譯羣學肄言完稿。商諸林紓。林方以譯說部書馳譽海國。

因相往復討論者也。又譯英人甄克思之社會通詮。其書原名政治史略。繼又應熊元堮請。撰英文漢詁。爲英文文法之專修。旣辭局事。歸滬。張燕謀以開平局訟案。約赴倫敦。並於倫敦晤　孫先生。所說主以教育漸進於革新。未能盡合先生之旨。則曰河淸難俟。若爲思想家。余爲實行家也。歸國又在上海講政治學。而刋布其講章。時淸廷有志新政。時遣學生游學外國。歸應廷試。嘗佐唐紹儀爲同考官。得陳錦濤顏惠慶等三十一人。賜進士擧人出身。旣又應學部尙書榮慶聘。爲審定名辭館總纂。先後三年。宣統間。派充憲政編查館諮議官。載洵以宗室爲海軍大臣赴歐考察。欲與偕行。則以病辭。詔賜文科進士出身。籌備立憲。設資政院。乃與吳士鑑勞乃宣陳寶琛江瀚等。同以碩學通儒。徵爲資政院議員。海軍部成立。特授海軍協都統。晉一等參謀官。辛亥革命。袁世凱爲總統。徵辟不就。任爲北京大學校長。又任海軍部編譯處總纂。歲暮以事齮齕。辭校長職。民國三年。任約法會議議員。參政院參政。歐戰事起。復著歐戰緣起。上之世凱。君憲論起。楊度約入籌安會。旣而悔之。又患禍作。虛與委蛇。自謂欵聲爲累。無勇怯懦。殊愧古賢。梁啓超時持異議。作異哉所謂國體問題者。布之報章。聲勢甚盛。世凱令內史夏壽康挾巨金求幾道爲文以折之。笑謝不能。乃改命孫毓筠爲之。時籌安發起者楊度劉師培李燮和胡瑛孫毓筠與幾道凡六人。所謂籌安六君子。爲世所詬病者也。世凱旣下令撤銷帝制。各省多請退位。幾道亦勸其謝事歸隱。而尤在此後長治久安之計。以爲政治角逐爲一事。國家命脈。當圖所以維衛之者。世凱旣死。令辦禍首。幾道宵行赴天津。勘讀莊老。出入名理。旣而南歸侯官。以疾終里第。幾道畢生。沉潛學術。好談政言兵。而實不諳政術。一時震其殊名。輒欲羅致。亦終無所用。平生天賦智慧。大言炎炎。不拘禮數。亦好作詩。未成家數。頗多俊語。鄭孝胥林紓諸名輩。每相酬唱。多作雅謔。洪憲之後。世人詬之者衆。鄭答詩至有十年不著京華字。慚愧新詩到海藏語。所譯歐洲名著。開一時之風會。爲後進之楷模。溝通中西學術。實有足多者。所撰李文忠挽聯。使生平盡用其謀。其成功或不止此。設晚節無以自見。則士論又當何如。一時推爲名句。實亦有以自况也。

本刊加價啓事

比來一切有關製本物價無不激漲報紙印刷裝訂製版等均較月前漲起一二倍本刊爲免虧累過鉅計不得已自本期起改售每册拾伍元然猶不敷成本甚鉅事非得已伏希督諒爲荷此希

公鑒

古今出版社啓

作者在日內瓦鐵寶夫人寓所攝影

海外遊屐夢憶錄（樸園隨譚之八）

朱樸

終年著書一字無，中歲學道仍狂夫；
勸君高枕且自愛，勸君濁醪且自酤；
何人不說宦遊樂，如君棄官復不惡；
何處不說有炎涼，如君杜門復不妨；
縱然疏拙非時調，便是悠悠亦所長。

——李于鱗詩

旅行是人生一大樂事，而乘長風破萬里浪，則尤爲人生之一大壯事。

我於民國十七年夏作第一次歐洲之遊，翌年返國；復於廿三年夏作第二次歐洲之遊，半年返國。綜計兩次遊屐所及，有印度，埃及，法蘭西，比利時，英格蘭，瑞士，荷蘭，意大利，德意志，丹麥，瑞典等國；——第二次歸途中復經美利堅，加拿大及日本，時間匆匆，大多過眼雲烟而已。

我素性疏懶，從來沒有做過日記，所以往日勝遊，到今天差不多都已成夢境。就是勉强追思，至多亦不過一個很模糊的影子罷了。

年來蟄居滬濱，日以讀書自遣；所看的書，以遊記之類爲最感興趣，殆所謂雖不能至心嚮往之者是也。

立冬之晚，我做了一個夢：好像在一個曾經到過的大花園裏騎在一隻大象的肩背上攝影。醒來一想，這原來是九年前在錫蘭島上坎第湖邊暢遊的一幅絕景啊！

坎第

坎第是哥侖波的唯一名勝，我第一次出國路過哥侖波時並未往遊，到第二次路過才特地去作半日之遊的。當日情景，十已九忘，昨讀梁任公「歐行途中」一文所記，描寫眞切，恍如面對。摘錄如下，聊資回味：

「好幾年沒有航海，這次遠遊，在舟中日日和那無限的空際相對，幾片白雲，自由舒卷，我不出他的來由和去處。晚上滿天的星，在極靜的境界裏頭，兀自不歇的閃動。天風海濤，奏那微妙的音樂，侑我淸睡。日子很易過，不知不覺到了哥侖波了。哥侖波在楞伽島，這島土人叫他錫蘭。我佛世尊，曾經三度來這島度人，第三次就在島中最高峯頂上，說了一部楞伽大經。相傳有許多衆生，天咧，人咧，神咧，鬼咧，龍咧，夜叉咧，阿乾闥咧，阿修羅咧，都跟着各位菩薩阿羅漢在那裏圍繞敬聽。大菩薩問了一百零八句偈，世尊都把一個非字答了，然後闡發識流性海的眞理。後來這部經入中國，便成了禪宗寶典。我們上岸遊，一眼望見對面一個峯，好像四方城子，土人都是四更天拿着火把爬上去禮拜，那就是世尊說經處了。山裏有一所名勝，叫做坎第，我們雇輛汽車往遊。一路上椰子檳榔，漫山徧谷，那葉子就像無數的綠鳳，迎風振翼。還有許多大樹，都是蟠着龍蛇偃蹇的怪籐，上面有些瑣碎的高花，紅如猩血。經過好幾處的千尋大壑，樹都滿了，望下去就像汪洋無際的綠海，沿路常碰着些大象，像位年高德劭的老先生規行矩步的從樹林裏大搖大擺出來。我們渴了，看見路旁小瀑布，就去舀水吃，却有幾位黝澤可鑑的美人，捧着椰子，當場剖開，翠袖殷勤，勸我們飲椰乳。走了差不多四點鐘，到坎第了。原來這裏拔海已經三千尺，在萬山環繞之中，瀦出一個大湖。湖邊有個從前錫蘭土酋的故宮，宮外便是臥佛寺。黃公度有名的錫蘭島臥佛詩，詠的就是這處。從前我們在日本遊過箱根日光的湖，後來在瑞士遊過勒蒙四林城的湖。日本的太素，瑞士的太麗；說到湖景之美，我還是推坎第。他還有別的緣故，助長起我們美感。第一件，他是熱帶裏頭的淸涼世界，我們在山下，揮汗如雨，一到湖畔，忽然變了春秋佳日。第二件，那古貌古心的荒殿叢祠，喚起我們意識上一種神

作者在坎第湖畔攝影

秘作用，像是到了靈境了。我們就在湖畔宿了一宵，那天正是舊曆臘月十四，差一兩分未圓的月浸在湖心，天上水底兩面鏡子對照，越顯出中邊瑩澈。我們費了兩點多鐘，聯步繞湖一匝。蔣百里說道：今晚的境界，是永遠不能忘記的。我想眞是哩！我後來到歐洲，也看了許多好風景，只是腦裏的影子，已漸漸模糊起來，坎第却是時時刻刻整個活現哩。……閑話休題，那晚上三更，大衆歸寢，我便獨自一個，倚闌對月，坐到通宵，把那記得的楞伽經默誦幾段，心境的瑩澄開曠，眞是得未曾有。天亮了，白雲蓋滿一湖；太陽出來，那雲變了一條組練，界破山色。眞個是『只好自怡悅，不堪持贈君』哩。」

坎第確是勝地，更經飲冰室主的妙筆渲染，越發顯得其出神入化了。若以不佞的鄙陋之筆來描寫追記，則豈能達其萬一耶？然則坎第有知，也當深感這位一代文豪而自慶得一知己了吧！

巴黎

徐志摩在他的「巴黎的鱗爪」一書中劈頭說道：

作者在巴黎攝影

「啊巴黎！到過巴黎的一定不會再希罕天堂；嘗過巴黎的，老實說連地獄都不想去了。」這兩句話我想凡是到過巴黎嘗過巴黎的人們都得承認而有同感的吧！

在我生平所到過的地方中，沒有一處足以比得上巴黎的；有之，恐怕祇有北京吧。可是，北京的美不過在於「古」，在於「雅」，在於「幽」，在於「靜」而已；巴黎之美，尙不止此。

它一方面，繁華熱鬧到了極點；可是另一方面，古雅幽靜也到了極點。住在巴黎的人們是永遠不會感覺到寂寞的。喜觀熱鬧的朋友們：你們儘管沉湎酒色歌舞達旦好了，巴黎有的是醇酒和美人！喜歡淸靜的朋友們：凡爾賽故宮和楓丹白露森林不是很好的去處嗎？再不然，在賽納河畔釣魚和逛逛舊書攤不也是極風雅之致嗎？

此外，還有那男女咸宜雅俗共賞的咖啡館！

世界上那一個都市裏沒有咖啡館？可是，請問有那一個都市裏的咖啡館足以比得上巴黎的咖啡館？

巴黎的咖啡館有它的一種特殊的「風味」，那種風味爲任何地方的咖啡館所不及的。我們到世界上任何都市的咖啡館裏去是「喝」咖啡，可是在巴黎則不然，他們叫做「坐」咖啡。喝咖啡與坐咖啡之間的風味相去太遠了，兩者決不可以同日而語的。

世界上任何都市裏的咖啡館恐怕沒有再比巴黎多的了吧？幾幾乎可說是五步一小間，十步一大間。在巴黎的咖啡館裏，我們可以看見各式各樣的人們。譬如說吧：嘴裏啣着大烟斗的是詩人，頭上留着長髮打着大黑領帶的是畫家，手裏夾着書包的是學生，綽約多姿媚光四射的是舞女，……他們有的在談天，有的在看書，有的在繪畫，有的在寫信，有的在調情，……形形色色，無所不有。他們的態度是那麼悠閒，他們的神情是那麼自然，他們眞是葛天氏之民無懷氏之民啊！

我在巴黎前前後後一共住了半年多法文沒有學會半句可是倒沾上了每天坐咖啡館的習慣。十餘年來，喝咖啡幾乎成爲我唯一的嗜好。可是無論到何處，祇是喝咖啡而已，至於坐咖啡的風味，則除了巴黎外，尙別無所遇也。

巴黎可述的勝處太多了，如凱旋門咧，愛弗爾鐵塔咧，康谷廣場咧，魯佛博物院咧，馬德林禮拜堂咧，香蕊荔蕊大街咧，拿破侖墓咧，亞力山大橋咧，聖母院咧，盧森堡公園咧，……眞是有美皆備，無麗不臻。或曰：然則巴黎果眞一無缺點乎？答曰：實在沒有。如果硬要我說吹毛求疵的話，那麼，其唯電車上習見之出髯髭的女賣票員乎？一笑！（巴黎電車上之賣票員大多爲女人，且大多爲出髯髭之女人，狀極難看，可云大大的殺風景也！）

日內瓦湖畔之海鷗

日內瓦

瑞士有世界的公園之稱，而日內瓦尤爲名聞遐邇之地。我於一九二八年底由巴黎到日內瓦，在那裏住了有一個多月；白山綠水，時繞夢思。（阿爾卑斯山巔終歲積雪，無分冬夏。）瑞士全國都是山水，而日內瓦則僅僅擅湖水之勝。日內瓦湖與我國的西湖風格雖完全不同，但淸麗則相彷彿，固各有所長也。

我在日內瓦住的是一所家庭旅館，主人名狄賓夫人（Mme. Tibaud），年五十餘，招待週到，和藹可親，令人興賓至如歸之感。她善駛汽車，好作郊遊，常常駛了一輛紅色的小汽車陪我到鄉下的一間小咖啡店裏去喝咖啡。那個小咖啡店離日內瓦市區約十五六里之遙，面臨湖濱，環境幽靜。我們喝咖啡的時候常常遇着店主的一個女孩在練習鋼琴，聲調悠揚，彈得頗爲動聽。喝完了咖啡之後我們沿着湖濱慢慢的駛車歸去，那時候夕陽照在湖面上宛如萬道金光，燦爛奪目，此情此景，如在目前也。

那時我在日內瓦的任務是向國際勞工局的合作部調查國際合作運動的狀況，每天由寓所到國際勞工局之間的往還我總好沿着湖濱步行，尤其喜歡的是立在一個冷淸淸的碼頭上買了幾塊麵包餵飛來飛去的海鷗。我雖然後來在巴黎的盧森堡公園和威尼斯的聖馬可廣場同樣的餵過麻雀和白鴿，但不知爲什麼總覺得沒有在日內瓦湖畔餵海鷗那樣的富有詩意。

除了日內瓦外，瑞士還有許多名勝之地我都不曾去遊歷過，每一念及，悵憾萬狀。祇有一次我一個人獨往法瑞交界之夏蒙尼峪（Chamonix）作一日之遊，滿山飛雪，銀河分瀉，那種壯觀，現在還彷彿依稀的留在腦際呢。

著者前幾天偶因起居不愼患了重傷風，本文寫到此地時忽然寒熱大作，一時不克繼續的再寫下去。本來還想寫下去的有倫敦，柏林，海牙，哥本哈根，紐約，檀香山等處，現因急須發稿，祇能俟諸異日了。

卅二年十二月十五日於樸園。

談林長民

徐一士

民初政客好蓄長髯。以大鬍子名者頗不乏人。若林宗孟氏（長民）。亦其中一有名之人物也。

林氏爲福建閩侯人。清末留學日本。卒業于早稻田大學政治科。後來之政治生活。基於是焉。

當在日本時。即爲留學界知名之士。衆皆屬目。曾充留學生公會會長。排難解紛。周旋肆應。翕然被推服。說者謂其有數長。一有才。既具學識。尤善治事。處理公衆事務。秩然不紊。遇有困難。亦能善爲應付。解除癥結。一有口才。善於辭令。辯才無碍。一有財。家本素封。交際所需。不匱於用。是以各方酬酢。不感扞格。留學會長之勝任愉快。斯亦一重要條件。（所謂無貝之才濟以有貝之財也。）一有膽。遇事肯擔當。不畏葸。具此數長。用能翹然傑出於同時輩流。留學界中之優秀分子。如湯濟武（化龍）劉崧生（崇佑）等。均甚相引重。互訂深交。梁任公（啓超）時在日主辦雜誌。發攄政論。林等與通欵曲。均後來所謂研究系之中堅也。

歸國後。與劉崧生在閩創辦法政學堂（私立）。時各省設立諮議局（猶民初之省議會）。遂充福建諮議局書記長（猶秘書長）。劉氏則由議員而任副議長。同爲諮議局之要人。齊名一時。已漸作政治活動。

民國成立。益從事於政治活動。世多知政客中有林長民其人矣。迨袁世凱解散國會。政黨失敗。政客多落莫。民國三年。在所謂總統之下。有參政院之設立。以副總統黎元洪爲院長。汪大燮爲副院長。林氏則爲秘書長。黎本軍人。汪雖久歷政途。而於此類議事機關。亦非素習。故院務多倚林以辦。

參政院不過袁氏實行獨裁政治時一形式的機關。除奉令承教爲機械的動作外。勢難有所發攄。林氏之任秘書長。亦不過無聊中一相當位置。在政治上固無甚意義也。而處理事務。夙具特長。豐采談吐。亦爲人所注意。時稱其秀在骨。余於斯際嘗與相晤。見其軀幹短小。而英發之概呈於眉宇。貌癯而氣腴。美髯飄動。益形其精神之健旺。言語則簡括有力。蓋無愧政客中之表表者。

其平生其在政界地位最高時。爲任段內閣之司法總長。民國六年有復辟之舉。段祺瑞誓師馬廠。興兵入京。以梁啓超湯化龍爲參贊。林氏亦贊畫其間。復辟既敗。段以國務總理重組內閣。梁湯林聯翩被任閣員（國務員）。當時全體閣員爲國務總理兼陸軍總長段祺瑞。外交總長汪大燮。內務總長湯化龍。財政總長梁啓超。海軍總長劉冠雄。司法總長林長民。教育總長范源廉。農商總長張國淦。交通總長曹汝霖。湯梁林范號爲研究系四閣員。（民初政黨活動時。湯梁爲民主黨領袖。民主黨旋與共和統一兩黨合組爲進步黨。與國民黨對立。嗣政黨瓦解。產生許多小政團。憲法研究會爲政團之一。中多舊民主黨人物。後來研究系之稱本此。梁湯以歷史之關係被目爲研究系首領。林范則亦系中重要分子。范較接近於梁。林較接近於湯。）未幾段與代理大總統馮國璋發生暗潮。（段對南主戰。謀武力統一。馮則主和。陰撓之。）以川湘兩路軍事失敗去職。梁湯等在閣已頗與段意見不盡合。至是隨段下臺。（段旋再起。另是一局面矣。）林氏之居政府。僅此一度。下臺後鐫一小印。曰「三月司寇」。以爲紀念。

在司法總長任時。對同鄉等之求職者。苦於粥少僧多。每向之力言官之不可做。諄勸回家種田。其曾習法學而必須位置者。則特設一機關（其名稱似爲法制委員會之類。記不清矣。）以安插之。其中多爲清末在閩所辦法政學堂之學生云。其後遊英（似以考察之名義出洋）。約二三年而歸。寓北京景山附近。庭中有栝樹二株。故稱所居曰雙栝廬。

林氏能文。兼能詩。書法亦佳。（聞清末赴日留學之前。書法不工。迨歸國。忽已大進。見者頗異之。）遊英歸國居京。時約在民國十一年。其友王我孫（世澂）黃哲維（濬）辦星報。林氏常以詩稿送登。幾無日無之。箋紙精雅。書法美秀。切囑另鈔付排。不願使其汙損。然並不收回。星報同人每分取藏弆焉。又聞前此蒲伯英（殿俊）與劉崧生相繼辦晨鐘報及晨報。林氏頗爲後援。

（樸園主人藏）

林並爲白話詩。其鄉前輩林貽書（開謩）壬戌（民國十一年）正月六十生日。壽以詩云。「世俗愛做壽，近來尤喧譁，人人徵詩文，稱述他爹嬤；爹比古賢人，嬤是今大家，若是做雙壽，鴻光來矜誇；我那兒有空，下筆恭維他！彥京好孩子，孝敬老太爺；表章兩三事，事實到不差；分箋來索詩，我詩太槎枒。貽書三先生，認識我的爹；我小的時候，常聽爹咨嗟；稱贊文恭後，個個有才華；後聞先生顯，更乘東海槎；我時在日本，髫鬌迎公車；一覽已無餘，公言無溷誇；前事一轉眼，滄海塡平沙；先生六十歲，我髮也成華；六十不爲老，公健尤有加；我爹早下世，楙樹幾開花；彥京諸兄弟，你眞福人呀！做壽來娛親，用意良可嘉；倘若舉音觴，那麼就過奢；門外多饑寒，日暮啼無家！」在其歷來所爲詩中。成一別調。（或以「嬤是今大家」之句爲疑。因班昭稱曹大家。「家」應讀如「姑」。不宜仍讀本音也。其實「姑」「家」二字。古音本同。後乃相歧。今兩字異讀已久。不必特將曹大家之「家」仍讀「姑」音矣。俞蔭甫（樾）「春在堂隨筆」卷九云。「虞山王應奎柳南隨筆。曹大家家字當讀姑。錢宗伯詩誤讀本音。余謂此論亦未是。蓋家字讀如姑。乃古音如此。左傳。姪從其姑。六年其逋。逃歸其國。而棄其家。離騷。羿淫游以佚畋兮。又好射夫封狐。固亂流其鮮終兮。浞又貪夫厥家。並其證也。若以古音讀者。不特大家之家應讀姑。即凡國家室家家字無不應讀姑。若依今音讀。則何不可皆讀如加也。後漢書曹世叔妻傳。帝數召入宮。令皇后諸貴人師事之。號曰大家。章懷注。家字無音。可知唐初並無異讀。廣韻集韻十一模皆不收家字。不從今音。則曹大家之家字竟無韻可歸矣。唐宋婦人每稱其姑曰阿家。以曹大家例之。似阿家亦應讀姑。然馬令南唐書李家明傳注曰。江浙謂舅爲官。謂姑爲家。若家必讀如姑。豈官必讀如公耶。」所論通達有致。例證可徵。從知「家」字從與「姑」字同義時。亦無須讀音同「姑」也。兪說可爲讀林氏此詩者解惑。故綴錄之。俾覽觀焉。又「家」均讀如「姑」之古音讀法。今尙有保存未改之處。閩中方音即然。）

民國十四年。段祺瑞在臨時執政任。設國憲起草委員會。以林氏爲委員長。林遂又與段氏爲緣。是時余見之。形容枯槁。呈老態。美髯却已薙去。匪復昔年丰采矣。未幾罹郭松齡之難而死。其事甚出一般人意料之外。林與郭無素。其相從由於友人之介紹。郭舉兵後。將大有作爲。急欲得一有政治才略之名人相助。時軍勢正順。前途若甚可樂觀。林乃應其延攬入幕。亦欲藉郭之成功而握奉天方面政治上之大權也。（聞郭已示意將以奉天省長借重。）至當時北京情形。則「國民軍」方與段派有惡感。執政府方面要人有被拘捕者。林慼於段氏前途不妙。且頗自危。其亟赴郭軍。斯亦爲一原因。不圖値郭氏之敗。卒與禍會。蓋軍潰之後。乘鄉間大車而逃。途中遇張（作霖）軍。以機關槍對車射擊。急下車避之。竟仍死於機關槍掃射之下。慘已。時爲民國十四年十二月下旬。壽僅五十耳。事後其家多方訪覓其屍骸。終未能得。

當其將赴郭氏之招。知交中泥之者頗多。不聽而往。林白水（萬里）尤甚不謂然。於其行也。在所辦社會日報中著論非之。有「卿本佳人。何爲作賊」之語。蓋不滿郭氏所爲。而深咎其不自貴重顧藉。輕身從之也。

梁任公挽以聯云。「天所廢。孰能興。十年補苴艱難。直愚公移山而已。均是死。容何擇。一朝感激義氣。竟舍身飼虎爲之。」警卓沈摯允爲傳作。語中有自己在。回遡政治生涯。悲憤感慨之意深矣。梁久失志抑鬱。於此一傾吐其懷蓄。言爲心聲。今日誦之。猶可想見其激昂之態度焉。

梅景書屋雜記

吳湖帆

樸之兄爲古今索稿，一時無以應，爰檢舊稿塞責，讀者儻不以陳腐見誚歟。

宋高宗書學二王初唐人，方整圓勁，今見千文冊子，忽似懷仁聖教序，流麗便娟神乎其技，可爲歷代帝王書冠冕，即積學書家亦罕其匹。

叔明畫以青卞隱居，葛稚川移居圖二幅，爲平生傑作，所見王氏眞迹，皆不能出此上，它如龐氏夏日山居，丹山瀛海，故宮谷口春耕，雅宜山齋，順德鄧氏風雨樓煮茶圖，鹽官徐氏心遠堂冬青茅屋圖，四明周氏實米齋春山讀書圖，桐鄉徐氏西郊草堂圖，吾家松窗讀易圖，亦皆妙品也。若林泉淸集圖雖聲名烜赫，然同樣具有三本，滋可議耳。吾家松窗卷有小印曰天昇，殆叔明初號，未經前人道及，可補王氏小傳之闕。

陳小蝶云，黃庭經直是一首七言古詩，乃中唐體格，不但無兩晉氣，並六朝亦不及，何以决其爲逸少書，定因山陰道士一事遂相附會耳。

惲南田別號甚多，一曰巢楓客，見早年山水小冊，一曰雪谷草衣，見故宮九華圖，又寓杭時曰西溪過客，見龐氏藏仿古絹本大冊。

黃子久砂磧圖，項氏天籟閣舊藏，後歸王烟客，諸家推崇特甚，應

是子久極品，余未見眞跡，僅就故宮影本觀之，殊薄弱無神，豈非項王遐藏之本耶●

董文敏畫禪室隨筆云，砂磧圖無神氣，可知董氏亦不以爲然，殆非眞跡也●

趙松雪畫馬，全學李伯時，淸內府舊藏李伯時五馬圖，有黃魯直跋語者，今去東瀛，與趙氏筆法幾如一手。

王烟客每年端陽，作墨花節景，頗有石田筆法，然不及石田古勁，每覺羞澀不舒，但甚書卷氣耳，烟客花卉，除此外無他見也。

烟客七十九歲冬後，因患風疾，其畫往往由麓台石谷等代作，僅吳興龐氏藏冊頁二開，一倣倪雲林，一倣米家山，裝成小卷，後有南田題字者，爲烟翁八十四歲眞跡，用筆較未病前尤蒼古可味，手略震顫，神韻兩字，眞達最高峯，無人可擬及也。其他倣大痴淺絳略施淡靑綠者，多麓臺作（麓臺時在三十歲左右），偶爾自爲潤飾而已，其另一種筆法流動而極精能者，是石谷代作也（石谷時在四十左右），此二種畫流傳甚多，不能以僞本論，蓋欵印俱眞耳，就余所見石谷代者四五本，麓台代者有十六七本之多云。

烟客晚年，多書漢隸，八十以後者，又往往出異公代筆，異公偶亦代畫，然遠不及石谷麓台，惟異公代作之畫，兼代書欵，曾見浭陽端匋齋尙書舊藏一冊，後歸裴伯謙者，有梁蕉林龔芝麓程周量諸公對題，即異公代乃翁之作也，舉此爲證。

董文敏筆甚健，書畫皆勤敏，但不耐長卷大軸，往往零星小冊，四頁六頁者最多，若巨製，率爲捉刀，曾見楊氏藏仿巨然高頭大卷，長幾二丈有奇，乃王元照代作也，欵亦元照所書，（余所見玄照代董畫共三四事）知此者，甚鮮也，玄照有時亦爲烟客代作●

王玄照晚作，代筆及僞本亦甚多，有薛辰令宣，朱令和融，王耕烟高濟游諸子，王高都代作，薛朱多僞本，薛畫獷而無韻，朱畫弱而無氣，高畫圓潤，又失之淡薄，惟耕烟最爲蒼秀，然少旁薄之氣，此玄照之所以不可及耳。

陳眉公好作僞，往往倩趙文度沈子居畫，不着欵字，乃持乞香光題署，故流傳董畫，甚多沈趙僞作而署欵書的眞者，皆眉公狡獪也，亦有眉公自題跋之。

張爾唯畫不甚佳，但尙雅馴耳，被梅村九友圖一譽，遂廁香光兩王（烟客，玄照）之列，號大家數，甚徼幸也，惟流傳絕少，故近世愈覺矜貴矣。

淸雍正後畫人之多才藝者，莫過於方環山士庶，筆致秀雅，工力精深，處處能入古，筆筆能出新，惜中道而殂，未克大成。次之則華新羅，天資尤勝，而趣境稍左，未能若方氏之中和正大，然年享耄耋，遂臻極詣，故聲譽乃出環山上也。

環山之畫，能兼南北二宗，有董巨，有倪黃，有馬夏，有文沈，又不爲法縛，自運天倪，甚至人物花卉，亦無不上追松雪衡山，精妙莫比，以視其師黃尊古，同門張篁邨輩，不可道里計矣。

董邦達諧父子，錢維城，鄒一桂，黃鉞，皇六子永瑢等進呈之作，都出俗匠代作，與平日自畫，截然不同，東山有極佳品，在篁邨蓬心諸人之上，錢鄒亦各有所長，非盡惡筆也。

說設身處地

紀果庵

我很喜歡莊子秋水篇裏的兩句話：「莊子與惠子遊於濠梁之上，莊子曰：儵魚出遊從容，是魚之樂也。惠子曰：子非魚，安知魚之樂？莊子曰：子非我，安知我不知魚之樂？」斷章取義，我覺得莊惠二公的問答大有道理。按儒家的說法，人生往來，全在忠恕二字，忠字是對己的，恕字是對人的，對人就要站在人家的立場，替人家設想，此之謂設身處地。但是「子非魚，安知魚之樂」，我不是你，究竟應當怎麼替你設想，實在是很大的問題。不要說遠者大者，今天我的內人翻箱倒篋，給我找出乾乾淨淨的襯衫襯褲，說我該當沐浴更衣了，偏我稿生性懶，以爲大可從緩，反而說了一片嘮叨，弄得山荆頗不開胃，然則她豈不是設了身，處了地，爲我好嗎？可是結果恰恰相反，你道奇也不奇。

我們翻翻歷史，類乎此的事實也不知有多少，從古忠君之士，其實全是替君設想的恕道專家，遠如龍逢比干，近如楊椒山袁爽秋，那一個不是因此喪了性命。連區區在下，還有時向山妻發其悖謬脾氣，倘使九五之尊，你偏偏爲他利害設想，批其逆鱗，豈不是自討其苦？韓非子對於研究對方心理，可算透譬之至，一篇說難，翻來覆去，把君人分析得無微不至，可惜自己偏偏不會利用，難逃李斯的毒藥一盂，這可見是何等不易的事。我們老實不客氣說，無論何人，沒有不以利己爲前提者，在這種社會，這種制度之下，不利己也簡直活不成，不過有的損人利己，有的益人利己而已，此即所謂忠奸賢佞之判，那麼，專門爲人設想，亦許是根本不可能的事，假設果然有，也將成爲不世的英雄哲人，如革命者之流血犧牲，或即其一，然革命者尚有爲己之成分在內，甚至也有冒牌投機之說，似又可以放在一邊。墨突不得黔，眞是中國古代特立獨行的思想家，而莊子天下篇說他使人憂使人傷其行難爲也，也實在是其道大觳，不足爲訓的。儒家恕字，雖有爲人之意，究竟不至於斯極，所以孟子要罵他近於禽獸。是則設身處地推己及人至於極點，不免成了一般人頭腦中之神經病者，而終是其道不行的。儒家所講的中庸之道，起初我很反對，以爲這就是模稜兩可的態度，於事無補的，最近讀莊子養生主，以庖丁故事喻養生，緣督以爲經，不去碰那些枝經肯綮，專講在骨縫遊刃有餘，好像這才是眞正滑頭腔，所以若史書中所記耿耿孤忠之士，多半是受了儒墨兩家之影響，若夫身爲五朝元老之馮公，則大得道家秘奧，中國大多人，還是願意瓣香乎此，不要聽大家嘴裏哇啦哇啦，遂以爲如何如何也。

在人類等級階級未盡破之前，即使有心爲人設想，往往因爲有所蔽宥，亦復成爲不可能。晉惠帝令百姓食肉糜的故事，可算是很顯著的例子了。其實惠帝何嘗愚，乃是他的生活環境使他不得不愚耳。蓋自古只有帝王最易爲人所愚，並且不容他不愚，所以他自己也就變成愚者。除創業立基之君，起自民間，受過辛苦外，其餘皇帝，生長安樂，所接觸的都是迎合諂諛的馬屁匠，他又如何替人民設想知道百姓疾苦呢？察見淵魚者不詳，如果作了皇帝，處處躬親，察察爲明，即像清世宗那樣精明，還是免不了死得毫無分曉，在我看來，有好些政治上的事，只是上下互相應付哄騙，好比交易而退，各得其所。誰也不願意拆穿誰的秘密，作皇帝的對於臣是如此，作臣的對於皇帝更如此。相傳袁項城稱帝時，全國無不反對，而籌安會諸君子却另外印行了一種御用的報紙，滿載勸進的電文，把新華皇帝賺得滿心高興，却不知正被蒙在鼓裏！這裏的例子，是因袁公失敗，所以能夠曉得他受騙，若使成功，則假的也會變作眞的，不要說袁氏身在此山中，不識廬山面目，即吾輩後人讀史，又何嘗能知其底蘊！乾隆皇帝數下江南，督撫地方官不惜傾地方之全力，以博萬乘一歡，而骨子裏不知蕩盡若干人的產業，害了多少人的性命。譬如郎濟紀聞就有如下的紀載：

「無錫顧棟高舉經學入都，蒙召見，面諭云：看汝年衰，是以準令回籍頤養，將來朕巡幸江南，尚可見汝。顧奏云：皇上尚須南巡乎？高宗默然，旋賜國子監司業銜放歸。」

顧君區區五字，意義之深長，不下一封諫疏。若是無此，高宗也許眞以爲萬姓臚歡兆民額手呢。可是史書對於高宗，無論如何與隋煬帝幸江都是兩樣看法，這又有什麼公道可說。還有像高宗掠取大小和卓木的香妃，爲了慰藉她的鄉思，築寶月樓和回回營，這種替人設身處地，更是爲了吃豬肉才飼養豬仔的慈悲，倒是不發的好。

呂氏春秋去宥篇云：「鄰父有與人鄰者，有枯梧樹，其鄰之父言梧樹之不善也，鄰人遽伐之，鄰父因請而以爲薪，其人不說曰：鄰者若此其險也，豈可爲之鄰哉！此有所宥也。夫請以爲薪與弗請，此不可以疑枯梧樹之善與不善也。齊人有欲得金者，清旦被衣冠往鬻金者之所，見人操金，攫而奪之，吏搏而束縛之，問曰：人皆在焉，子攫人之金何故？對吏曰：殊不見人，徒見金耳。此眞大有所宥也。夫人有所宥者，固以晝爲昏，以白爲黑，以堯爲桀，宥之爲敗亦大矣。亡國之主其皆甚有所宥邪？」這所說殊有幽默之感，韓非子說難篇有相似故事：「宋有富人，天雨牆壞，其子曰：不築必將有盜，其鄰人之父亦云，暮而果大亡其財，其家甚智其子而疑鄰人之父。」由此可知像國家昏亂時之忠臣，因爲人設想而見戮，即平時過日子，爲人設想也會見疑，作人眞是不易。楊朱在那兒徹底的主張爲我，大約是深有感於此點而云然。世上本來只看見金子不看見人的人多，就使我們自己，也難免於在涅而緇，所以設身處地更加難了。

洪承疇和吳三桂，一爲貳臣，一爲叛逆。蓋在去就之際，未能分曉於君王的心理與要求，可以說是昧於設身處地者，戰國策秦策：

「楚人有兩妻者，人誂其長者，詈之，更誂其少者，少者許之，居無幾何，有兩妻者死，客謂誂者曰：汝取長者乎少者乎？取長者。客曰：長者詈汝，少者和汝，汝何爲取長者？曰：居彼人之所則欲其許我也，今爲我妻，則欲其爲我詈人也。」

這也是很有趣的教訓。殷之忠臣，便是周之頑民，原亦是很容易明白的事，但洪吳恐還是如見金未見人之例，所以才落得身敗名裂。唯像袁東莞那麼，仍不免於皇帝之疑忌，利用反間計的人，要可謂將設身處地的原則玩弄得十足圓熟，苟非智者，蓋極難打破事實的宥蔽也。

盡忠則殺，不忠亦殺，已竟够使人左右爲難了，而在我的想像裏，諂佞之人又何嘗不是在處處設身處地的迎合他人心理？趙師羼的驢鳴狗吠是不必提了，張端義貴耳集云：

「交椅即胡床也，向來只有栲栳樣，秦太師偶仰背墮巾，吳淵乃製荷葉托首以媚之，遂號曰太師樣。」

連器具裏都包涵着這樣可恥的故事，實在使我們腐儒想不到。設想者之無微不至，要可知矣，似官場現形記有送長官姨太太馬桶的故事，大約也只可信其有了。庚子西狩叢談記張蔭桓獲罪於西后云：

「張公得罪之由，曾親爲余言之，謂實受李蓮英所中傷；其自英使回國時，曾選購寶石兩枚，預備進奉兩宮，一爲紅披霞，一爲祖母綠，足充帽準之用，歸國後，乃以紅寶石進之德宗，祖母綠進之太后，論其價格，綠固遠勝於紅也。但通例京外大員進奉，必經李手，即貢呈皇上物品，亦須先由李呈明太后過目，方始進御，因此率另備一份，爲李經進之代價，大抵稍遜於貢品，而相去亦不能過遠。彼時侍郎眷遇方隆，平日高才傲氣，於李殊不甚注意，本已不免介介，此次又一無餽贈，若有意爲破成例者，故銜怨至深，而侍郎固未之知也。進呈時，太后方拈視玩弄，意頗歡悅，李特從旁冷語曰：難爲他如此分得明白，難道咱們這邊就不配用紅的嗎？蓋通俗嫡庶衣飾，以紅綠爲區別，正室可披紅裙，而妾媵只能用綠。太后以出身西宮，視此事極爲耿耿，一言刺激，適中所忌，不覺老羞成怒，遂赫然變色，立命將兩份貢物，一律發還。此消息既已傳播，當然必有投井下石之人，未幾即以借欵事被參。」

小人存心，處處比君子聰明而尖銳。自然會利用代人設想的辦法，體貼入微，使你不由得不信。且有時君子雖然也想到了種種，猶不免於揣摩試探之罪名，這也是很難說的，根本還要看你的立場與因依也。孟子雖然在講「說大人則藐之」，但在對答齊宣王時，却是盡了迎合的手段，寡人有疾寡人好色，便道昔者太王好色，說好貨便道公劉好貨，這豈非與其平日主張有些矛盾乎？殆孟子看了自已雖迎合了半天還是不行，才發牢騷耳。因此我們感到只有君子最危險，如前所云，忠呢，十九是被殺，不忠或逢迎，更不免乎罪，說去說來，路子是很窄的。所以許多人只好作了不說話不作事的隱士，儒家思想表面上作爲中國主幹思想幾千年，而一遇事實，就會想到天地不仁以及大道廢有仁義的話上面去，我之所以說道家思想易於爲人瓣香，絕不是矯情的話；但恨以今日之米價，要想采菊東籬也不可能了，寫到這裏不禁黯然。

（十二月六日燈下）

珍妃之死

牙英

清末珍妃之死，其悽涼鬱抑，宛轉蛾眉之狀，誠不次於六軍譁變時之馬嵬坡也。（按玉環投繯事，今人俞平伯氏在所著雜拌兒中，據白詩陳傳及雜劇所述，謂當時妃實未死，又據東瀛傳說，妃曾於戎馬倉皇中乘桴至東土，至今復有其遺物云。）景善庚子日記中記其經過甚信。『（上略）珍妃向與太后反對者，此時亦隨衆來集，胆敢進言於太后，謂皇帝應該留京。太后不發一言，立即大聲謂太監曰：把他扔在井裏去！皇帝哀痛已極，跪下懇求。太后怒曰。起來，這不是講情的時候，讓他就死吧，好懲戒那不孝的孩子們，並教那鴟梟，看看他到羽毛豐滿的時候，就啄他的眼睛！李蓮英等，遂將珍妃推於甯壽宮外之大井中。皇帝怨憤之極，至於戰慄。』描寫那拉氏之殘忍乖戾，德宗之憤慨痛惜，誠爲繪景繪聲。豈知帝王之家，骨肉間之傾軋有非庶民所能想象者哉。

予且談命

予且

看見樸園主人的一篇「談命」，不覺自己也想來寫一篇。不過我的「談命」和樸園主人有點不同，我談的乃是我研習算命的經過。

我開始學習是在民國十五年的春季。那時有幾個朋友迷於賽馬，因爲迷於賽馬，每禮拜六的早晨必研究歷本的干支與本命的生尅，這是一種很奇異的事，內中有一個朋友，每次研究的結果，總是相差不遠，於是大家便「翕然風從」，每次賽馬都得要看一次歷本了。

我是一個最恨賭博的人，不但是賽馬、跑狗、輪盤、不來；便連新年中家裏的人來一次「升官圖」「小牌九」「銅錢麻將」都不參加。但是對於他們的干支研究，却發生無窮興趣。這興趣之加濃，由於一個朋友的談話和行爲，這位朋友要末不談話，一談就是星卜，他剃頭洗澡都要揀個日子不算。連剃頭時所坐的方向，都有一定的。當時我感覺到干支的力量，怎麼會有這樣大？於是我便決意開始研究這「干支」，究竟是個什麼東西了。

一個教書的人，腦中的求知的方法，無非是「理論」和「實驗」。我是從實驗做起的。實驗的方法，就是在三個月中，遍找算命的人，自旅館中的哲學家至城隍廟外測字先生全找過，一連批了四十多張命單，拿來比較研究，研究的結果，却是很悲慘的。不但是看不出一點端倪，便連吉凶否泰也發生了懷疑，對於某一運有的批我必發達，有的竟說我有大凶。否泰一層，簡直相差不可以道里計。不過有一點自己以爲很慶幸，因爲在測字攤頭上被我發現了一冊淵海子平。

淵海子平是一冊多末難看的書？我却到書舖中把它買來了。買來看過就使我失望，放在書架上好幾個月，直待上面滿布了灰塵。忽然來了一位朋友。

這位朋友是多年不見的朋友。他從遠地偶然到上海來的。他在我的房中談話，就順便看看書籍，無意中就發現了這冊淵海子平，他說：

「怎麼？你也會這一道？」

「我不會，不過我想學，如今尙未得着門徑。」

「八字總會排的。」

「不會！」

他不禁大笑起來。說：

「這你還談什麼門徑。」

接着他就介紹了我一部書，這部書是中華書局出版的命理易知。我眞是喜出望外，趕緊就把這冊書給買來了。這部書爲初學的人看，確實很好。因爲前面旣有排八字的方法，後面又有萬年歷。按照裏面所說的查，立刻就排出許多八字來，當時眞是覺得「妙趣橫生」不忍釋手。

不過這冊書的優點只是告訴你怎樣排法，排過怎樣論斷，就無從知道。後面雖然有不少的賦，如「繼善篇」「喜忌篇」等等。讀了也不能明白。中國的命書，不是用科學方法寫出來的，不像教科，可以循序漸進。於是我又從欣喜之下油然生出失望。這次失望却和第一次不同。第一次是一點沒有門徑。這次却有了一點。因爲從命理易知裏面，已經學會了安置六神。（就是四柱上下那些正印、偏印、倉神、傷官、正財、偏財、正官、七殺等名詞。此等名詞共有八個，因財印不分偏正，故名六神。）賦雖看不懂•斷章取義的採取一兩句是可以懂的。例如：「建祿生提月，財官喜透天，不宜身再旺，惟喜茂財源•」這就可以懂。繙出白話來，就是月支有祿，天干上有財官，行運就喜歡財，不喜歡幫身的運了。當時有點懂，就喜歡替人排，不圖遇着一位友人（現在他是很得法的），他非常喜歡算命，便把八字給我排，我一排之下，果然是「建祿生提月，財官喜透天」，一時大喜，立即向他說：「你這八字要走財運方好」，他立刻大加贊賞，說我已經有了深造。原來他已經給許多人算過，都是這樣說的。那些人雖然很有名都是以此爲業的，在他看起來，總不免有些江湖氣，如今經我一說，他只覺得「命該發跡」，當然說我已經深造了。

我被他這樣一說，興趣立即增高十倍。時常到外面看算命先生，並且找某一運，和他辯難。有的對我很客氣，有的對我翻白眼，還有的請坐看茶，還有的稱我「道中人」，還有的請我看戲，還有的問我地名，還有的和我說江湖術令我不懂。因爲遇過的人太多（地點包括上海，南京，蘇州，杭州，嘉興，蕪湖，安慶等處）膽子便小起來。自已常想一個孤零零在外作客的，倘使被他們誤解，以爲我故意和他們搗蛋，因怒生仇，那我怎樣受得了•於是就不再向他們問難。可是我的書桌上，已經有了「星平會海」「三命通會」「滴天髓」「子平眞詮」「五行大義」等等的書了•

這些書，買雖是買來了。懂還是不懂的•說懂，也不過是斷章取義•有一天在報上看見威海衛路有個命學苑，那裏出了一本雜誌，叫做「新命」，眞像發現了一幅航海地圖一樣，立刻便去買了一本來。我的想法，雜誌一定比書容易懂，此外，雜誌是今人的作品，一定有容易明白的地方。其三，書籍只是敍述，雜誌在敍述之外，還有討論。一有討論，便容易懂了。

我抱了這種思想去，買回來却沒有令我失望。我去的時候，印象就不差，那裏的房屋不但是齊整寬大，陳設尤爲精美。出來和我說話的，也是位緞袍緞背心，掛了金錶練的人，他的儀表不俗，舉止雍容。他賣給我一冊書，同時還附一張開八字的表格。單是這張表格已足够驚人。印刷精美，自不必說，用的還是棉料紙，聚珍仿宋活字。上面不單是年齡、月份、日子、時辰。還有籍貫、性別、生地，還有你生的那一天的天氣「寒燠陰晴風雨雪」七樣，究竟是那一樣。再看他們算的方法，便更使你折服。他們不是一個人算，乃是逢申、子、辰日開會討論的。這裏面有根據，有來源。申乃水之生地，子乃水之旺地，辰乃水之庫地。「天開於子，水乃五行之源。」

這冊「新命」，雖沒有給我一個科學方法。却給了我「命學確有研究價值」之印象。關於命單和命造，我看到許多皇帝和皇后的命造，中間還有一段論到人事遇合喜忌皆關於命的尤感興趣。命單也有很好的。例如張其煌替人批的命單，林庚白替張其煌批的命單，都有極其深邃的批斷，極其典雅的詞句。其次，「新命」告訴我命理與天時的關係，以及與地域分野的關係，中間還附有彩色的地圖。其三，關於干支的討論，也很簡約精到，「三刑」「六審」「六衝」說理新穎，較「五行大義」所說就簡單明白的多了。「六衝」這樣東西，實在很奧妙很有趣的。子午，卯酉，寅申，巳亥，丑未，辰戌。同是一衝，衝的力量大小，情勢輕重有無實則各個不同，再加之和其他干支配合，力量尤多差異。記得有一次解釋一個朋友命造中寅申之衝，他的老太爺也是精於此道的，硬說他那年交入申運，再逢七月，命將不保。我說再逢七月，必要高升，因爲寅申雖係生方，却是衝馬。照滴天髓上說：「生方怕動庫宜開，敗地逢衝仔細推。」若速於「怕動」，自然不宜衝。要知庫雖宜開，却非有庫皆宜開，照命書說：「庫開則有財氣」。有開庫運的人很多，那裏皆會發財？依同理，「生方衝動」，有時不但不危險，而且還會發達的。這位朋友便是一例，到了那年七月，他並不圖謀，也不活動，忽然遠地來了一封信，他就「平地一聲雷」的高升起來了。

這是「新命」所給予的興趣。自看了「新命」之後，令我感到星命之學，實在是一個有濃厚趣味的學問。回顧我的智識，仍是「雞零狗碎」的知識。我批不出命單，只好隨時和人討論到某一點而已。像一個機器工廠裏的工人，只會車一個螺旋，或是把某一件東西磨光，要說叫我像一個大工程師來管理全部機器，我就毫無辦法了。

後來，偶然到四馬路某舊書鋪裏，發見一部袁樹珊先生的命理探原，我就把它買來了。買的時候和買「新命」時候的心境完全不同。我不過看它是一部算命的書，把它買來罷了。那部書是石印版，共四册，因爲是舊書，取價不過兩毫。記得那天是個禮拜日，我在外面玩了一天，人覺得非常疲倦，所以睡得十分早。因爲睡得早，就想起日間買來的書，何不拿來躺在牀上看。那知一看不要緊，可就丢不下來了，人也不疲倦了，我一口氣把四本看下去。看完了就穿衣下了牀，伏案又來演算大半天，一夜的工夫就這樣度過去。他這部書，實在是算命工程師的手册，看過了就能管理機器，雖不精明，但可以無大過錯。

這部書的好處。就是他後面附有「潤德堂存稿」，裏面全是平正通達的批單，無怪誕的解釋，亦無星宿等等魔障的話。此外他排列次序的適宜，選材的恰當，在在都可幫助初學的人。尤其好的，是對於「用神」「宮限」的討論。

那年暑假，內人看我醉心於算命，便說：「我和她的八字不合，應該算算看。」我說：「我們的八字很合。」她不相信。我說：「你不相信，我可以寫信找袁樹珊先生算算。」說過我就寫信。不多日，回信來了說很相合。袁先生知道我懂一點，他就送了我一部他的新著「述卜筮星相學」。我仔細看過一篇，就寫了一封長信一面謝謝他一面說了一點對於星命之學的意見。很慚愧，他竟將這一番意見作爲「述卜筮星相學」第一篇序文。

袁先生還有一番很好的意思，他約我到鎭江去談談，兼游金焦。我原是一個喜歡旅行的人。我家住在安徽，敎書是在上海，鎭江是我必經之地。所以在次年的春天，我就到他那裏去。記得初見的時候，我們喝着啤酒，暢談一直到午夜。

這一個時期，是我研究命學興趣最濃的時期。我由「命理探源」，認識了「子平眞詮」的好處。由「子平眞詮」進而研究「滴天髓」。我認「滴天髓」是命學中最精釆的一部，自己就來動手註解。俗語說：「初生之犢不畏虎」。我註滴天髓正是有這一種態度。此外還寫了一些關於命學的文章。如「水花集」「命學拾零」「命學四字經」等等，這些都給袁樹珊先生看過，有的地方他替我潤色，有的地方他添了寶貴的意見。這些都使我永遠不會忘記的。

我開始寫「命學」的文章，因爲我自已覺得有新見地。使我生出新見地的。一是因有兩部舊命學書重新翻印，使我讀了發生極大的欽仰和懷疑。一是那時我正讀過許多西洋精神分析學的書籍。我讀這類書籍，實在因爲那時寫作小說，想對人們的心理作更進一步的認識，與算命是不相干的。結果，却幫助我對於命學作更進一步認識。「水花集」就是中國命理與西洋精神分析學的比較研究。「命學拾零」是我讀過兩部命學古籍後，偶然想到的筆記。這兩部舊命學書，一是素庵老人的命理約言，一是任鐵樵氏滴天髓闡微。前者是由韋千里先生重印的。後者是由孫衡甫先生重印的，滴天髓闡微是石印手抄本，裝訂式樣亦佳。這兩部命書確是精采的作品，能在市上流傳，我們就不得不歸功於章、孫兩先生。孫先生不是算命的人，所以他提倡命學精神，尤堪欽佩。

再說到「命學四字經」。是我讀過陳立夫先生的唯生論方纔寫的，命學與唯生論，可以說是風馬牛不相及。但唯生論說的是個「生」字：命理之精義，也只是一個「生」字，所謂生固是生，克亦是生，五行之錯綜變化，不外乎生與克也。

關於命理的文章，我寫的不止這四篇，「命理與唯生論」，讀「玉井奥訣」，「論星家之道德」「說醫卜星相」等等。不過我認爲可値得給人一讀的，只有這四篇。我特別請人爲我謄正，藏起來預備給和我談得來的人讀。恰巧那時我到中華書局做法律書兼文學書的編輯，知道陸費伯鴻先生亦精於此道，就把這書送給他看，他一看之下，大爲贊賞，並且親自爲我校正，並允許我用連史紙聚珍仿宋體精印歸文明書局出版，中華書局代售，又爲我題字，於是這一本書叫做「命學新義」的，藉他的力量，終於出而問世了。

這一册書，可以說是我的精心之作。自問開始寫作至今，差不多巳經廿多年，巳出版的東西，關於經濟、社會、歷史、文學的很多，從沒有這書校對精審的，但還是有錯字，不過不多而巳。（三年前我還以爲沒有錯字，不想有一位大夏大學肄業不認識的同道，託人轉了一封信給我，替我精心的找了出來，他日再版，當設法改正，對於這位同道，更是十分感激），不過這書銷路奇劣，遠抵不上我的「小菊」「鳳」「兩間房」「妻的藝術」「訓育主任」「如意珠」及「予且短篇小說集」等等。說到再版，簡直是我的奢望了。

旅吟集

謝抗白

高崎（偕黃柳二君）

負暄廊下話滄桑，適意忘形在客鄉，
城市何如村市好，林皋茱圃滿秋光。

山高六百有餘級，拾級同登興轉豪，
林外籟聲來遠近，塵襟消盡不知勞。

楓林霜染正斕斑，夾道迎人上翠鬟，
同結善緣參妙相，更留面影對秋山。

妙諦空空色相歡，白衣如雪不知寒，
金身直立開心鏡，丈六諸天仰面看。
（白衣觀音象高十三丈五尺餘極爲偉觀）

番椒頌

龍沐勛

東坡說：「人生涉世本爲口」。口之於味，是人有同嗜的。然而因了水土氣候的不同，五方之於五味，究竟各有他們的偏好。我們江西老表，是最愛吃辣的。我個人雖然生來口大吃四方，所有到過的省份，不管怎樣的口味，都是吃得慣的。番菜我是最愛吃德國館子，可是俄國館子的紅菜湯，事變前賣五毛錢一客的，我也覺得津津有味。我們中國人開的館子，除了油膩太重的徽州菜，我有些不太喜歡外，——這因了我有老胃病的緣故，並不是說徽州菜不好吃。——餘如廣州菜的清淡而愛加上一些帶補品的藥味，潮州菜的相當濃厚，蘇州菜的多帶糖味，陝西三原菜的富於羊脂，——這是于右任先生的家庖。我還記得那天是在于先生的鼓樓官舍，同席的有林雲陔劉紀文兩位先生。劉先生每吃一樣，必然大加贊美。不過我總覺得那羊脂太重的湯，和廣東的鳳爪湯之類，一濃一淡，相差得太遠些。——乃至腥味頗重的寧波平湖菜，湖北襄河裏的船菜，我總覺得別有風味，值得一嘗的。前不久到過燕京，周作人先生特地叫山西廚子做給我吃的菜，和在南京李聖五先生的山東家庖，比較起來，確有異曲同工之妙。在舊京吃多了油膩，回到津浦線火車上，吃了一頓日本飯，又在濟南買了兩盒便當，雖然油絲兒一點也看不到，又是冷冰冰的，我也覺得別有滋味。那餐車上的味噌汁，倒有些像我們家鄉的豆豉水，加上幾根大蒜，喝下去彷彿這異國情調，有些可以和我們的鄉味調和起來。我自己也好笑，我的肚腸不爭氣，鬧了將近二十年的胃病，發得厲害的時候，連咽一兩片薄麵包，和一杯白開水，都會反嘔出來，而這三寸不爛之舌，倒是不拘什麼地方的口味，酸甜苦辣，都不但可以應付得來，而且特別感覺興味，難道是天生成的老饕麼？又爲什麼會消化不良，有口福而沒肚腸福呢？

我離開我的家鄉，在外面混了二十多年，所吃的各式各樣的口味，總算不少了。有時候「散步逍遙自捫腹」，——東坡是在黃州食飽無事時，摸摸自己的大肚皮。我呢？到是因了胃病，偶然到朋友家裏飽餐一頓，胸口就有些悶悶的，非把一隻手按摩按摩不可。——就會感到我這小小的肚皮，也算不枉生在我的身上。然而把這一頓所吃的菜，在舌根上很仔細的回味一番，除了是四川或雲南館子之外，總像少了一種什麼似的，有些不够味兒，歸根究底起來，老表總是老表，這辣味終久是不能忘情的。

半個月之前， 汪先生寫給我一首描寫江西風味的詩，——這詩是今年夏天追懷往事而作的，現已登載拙編同聲月刊第三卷第八號。——提起那從柘林村坐小船到涂家埠的時候，有這麼兩句：「十錢買得徑尺鱖，和以豉汁參薑芽」。後面還附了幾句信，說：「山谷贈東坡句云，爲公喚起黃州夢，此詩未知能爲先生喚起萬載故鄉之夢否」？我讀了這詩，不期然而然的，把十五年來不曾溫過的故鄉夢，陡的重上心來。尤其是那豉汁薑芽燒的鱖魚，又嫩又鮮，又香又辣，敎我猛然想起那坐萬載船和瀏陽船的滋味，這滋味恐怕是走徧中國，不會另外找得着的。我們萬載，和湖南省的瀏陽，都是以產夏布著名的。我的老家，和瀏陽縣境的鐵山界，相距不過二十多里，所以風俗習慣，大致相同，尤其是佐餐品裏的辣椒，都是「每飯不忘君」的。我四五歲的時候，因爲先父在湖北的當陽監利做知縣，我便在先母提攜之下，由家鄉坐了兩天的山轎，到了瀏陽，換上專裝夏布的民船，過洞庭，出大江，到沙市上岸。我還依稀彷彿的記得那船上蓋着竹片織的篷，油得光亮非常，兩邊船舷，是不斷用拖把洗滌的。船駕長做的小菜，又清潔，又够味，尤其是那用辣椒大蒜燒的魚，最合江西人的胃口，所以大家都樂於坐這種船，吃起飯來，都是覺得非常滿意的。我們中國人，研究得最精而又花樣繁多的，沒有比吃的這項更好的了！這在官和商，尤其考究。萬載瀏陽兩縣，販夏布的客人特別的多，所以裝載這批夏布客的船，爲了博取主顧的歡心，對於吃也就特別加敬。我坐萬載夏布船，共總有過三次，一次是辛亥革命，先父在隨州辭了官，叫我的五叔父護送家眷，從漢口轉到九江南昌，換上民船到萬載，那時我纔十歲。其後兩次，是我的五叔父帶我去九江，就婚於德化陳氏。一來一往，都是坐的萬載船。自南昌開船，過了生米渡，上泝錦江，這一路的綠水青山，烟村竹嶼，眞的叫人有「如行山陰道上，應接不暇」之感。每到皎日當頭，或夕陽西下的時候，船夫們或就漁舟喚買鮮魚，或上村莊選購肥雞，活剌剌的在後艄燒熟了，加上一些上好的醋和大蒜辣椒，佐以米酒，直吃得辣呵呵，醉醺醺的，忘了旅程的遲滯。現在回想起來，任憑上海灘上怎樣名貴的大菜，或者什麼杏花樓、小有天、新雅、錦江之類的著名菜館，那裏及得上這種眞滋味呢？

我在江西人裏面，恐怕要算一個程度最低的嗜辣者，比起那些辣椒鬼來，——我們家鄉稱嗜辣過度者爲辣椒鬼。——差不多要給零分。可是嘴裏雖然怕辣，不敢多去吃它，然而一聞着那香烈的味兒，總有些戀戀不捨，好像猴兒拾着薑似的。我還記得在小學讀書的時候，一天晚上，我已經睡着了，突然被一位同學拖了起來，我揉揉惺忪的睡眼，陡然間觸着一陣撲鼻的異香，你道這是什麼山珍海味？睜開眼仔細一看，原來是一大碗熱烘烘的大蒜辣椒燒狗肉！我那時年紀雖小，却染着些道學先生的氣味，聽到這狗是那些頑皮的同學偷來宰了的，瞞着先生，——那先生就是我的父親，他老人家對學生非常的嚴厲，所以學生們非得趁他睡着之後，不敢公開的吃狗肉。——幹這勾當，似乎有些不合理。可是仔細一想，像這般反眼忘情的野狗，把牠宰了來炒辣椒，倒也是沒有什麼不應該的。我也樂得嘗嘗異味，吃牠一個飽。後來到了廣東，聽說廣東人也愛吃狗肉，幷且在城外有開着專門屠狗的館子，可惜沒有機會去嘗試，是不是也用辣椒大蒜做作料？那更不得而知了。還有一件不能忘記的故鄉風味，就是重九登高的時節，家家戶戶，總得買些牛肉，切成很細的肉絲，配上許多辣得叫人要流眼淚的紅番椒，和氣味酷烈的大蒜頭，吃了之後，滿頭都是珠子般的大汗，鼓起勇氣去爬山，爬上了山頂，儘管怎樣凛烈的西北風，都抵擋得住。我想古人登高避災難，要佩茱萸囊，也是這個意思。可是茱萸雖然也屬於熱性藥物，總不比這番椒來得爽快，直截了當的不顧口舌一時的難受，吃了下去，這正和秋天肅殺之氣，有着同樣的效能啊！想起我青年時代的生活史，要算這兩項爲最有意義。

在我的交遊談話中，知道愛吃辣椒的人，除了江西湖南之外，南有廣東、廣西，西有四川、雲南、貴州、北至陝西，和夢近潼關的河南西部，中有安徽北部，以及湖北蘄州一帶，這是屬於中國境內的。我在廈門吃過南洋館子，他們用很辣的番椒末，和在猪肉或雞肉裏面，拌着熱飯一盆，比加厘雞飯有味得多。至於著名的川菜，什麼辣子炒雞丁呀，青椒炒肉絲呀，回鍋肉呀，雖然這幾樣漸漸有了普遍性，究竟不免成了「逾淮之橘」，在嗜辣的人們吃起來，總有些不過癮，而生長江南一帶的人，就連這個也有些害怕。我想江南人的比較文弱，和他們嗜甜而畏辣的性分，多少不免有些關係吧！

談到番椒的種類和故實，是於古無徵的。我手邊的類書，如佩文韻府，駢字類編之類，都找不出它的根源來，就是屈大均的廣東新語，也只有古已有之的椒，而沒有這十多省的中國人家家戶戶不可一日或少的番辣或辣椒，難道這怪物是從番鬼——廣東人把西洋人叫做番鬼——傳進來的，就諱言其所從來麼？我自己慚愧我的孤陋寡聞，橫豎我是沒有歷史癖和考據癖的，也就懶得去查考它。據我見聞所及，有燈籠辣椒，是辣味最少的。有爆竹辣椒，比較來得猛烈。那最厲害的，要算仰天椒，小得和筋頭一般，長在莖上，都是向上攢而不肯低頭下視的。據說四川、貴川、湖南一帶的人，是非此不樂的。那吃法也有些異樣，簡直就只要蘸些醬油，拿來下酒，這除非有張獻忠殺人的膽量，我們是不敢輕於嘗試的。

辣椒是富於刺激性的東西，和薑桂有同等的效力。我們鄉裏人，遇着有人驟然昏厥，不省人事的話，馬上取薑湯把他來灌，便有起死回生之效。普通人受了寒邪外感，總是煎一大碗葱豉湯，加上生薑辣椒，熱辣辣的一口灌下肚，蓋上一重厚被，把汗發出來了，寒邪在身體內站不住脚，都逃命不迭的奔向三萬八千毛孔溜出去，那病也就霍然而愈。近代大儒沈子培——日本某學者爲嘉興沈乙庵（曾植）著過這樣一本書——在做南昌知府的時候，曾經研究過江西人嗜食辣椒的原因，他說凡飲山泉的人，爲了水性過於清冽，必得多吃辛辣熱烈的物品，纔能夠保持身體的健康。這話在醫學上有沒有充分的理由，恕我是門外漢，不敢妄下斷語。可是我的別有會心，乃是嗜辣的人，必得肚腸裏裝滿了清潔的山泉，纔不妨多吃辣椒，免滋流弊。至於用辣椒做刑人的利器，據說在湘黔一帶的山鄉土寇，拿到了有錢的人，就是外省人所稱比較新鮮的名詞叫做「肉票」的，便得把他倒掛起來，鼻子朝天，再用仰天椒汁，向他的兩隻鼻孔灌下去，那人抵擋不住，只得把所有的財產，一五一十的和盤托出，獻給那寨大王和押寨夫人，纔算了事。你看這寨大王的威風十足，也要借助於這個小小的辣椒！這慘酷的手段，我們自然是絕端不敢贊成的。可是話得說回來，這辣的妙用，是要有順逆之分的。比方上面所舉的薑汁，和葱豉辣椒湯，從口裏自動的順灌下去，可以療病，若是用那仰天椒汁從鼻孔裏被動的倒灌下去，便可以殺人。這生殺之機，間不容髮，只在有心眼的妙人兒，善於使用它而已。

我個人在家鄉的時候，從小就被人家號稱怕辣的。的確看見那些對辣椒有特殊嗜好者，每頓必備，吃得滿臉是汗，「舌敝脣焦」，那種「捨命吃河豚」似的怪模樣，須得「退避三舍」。可是在外面混久了，吃多了各色各樣的口味，不是覺得過於油膩，就是感着平淡太無奇，於是對於這素來怕吃的辣椒，有些追戀。不管醫生怎樣說，患胃病的人，對於富有刺激性的辣椒，是要絕對禁止的，我依然不聽那善意的勸告，總得隔不兩天，吃它一點，開開胃兒。說也奇怪，在胃病發作的時候，什麼都不想吃，差不多要活活的餓死。吃了辣椒之後，雖然有時候也得嘔出來，可是胸口間舒服得多了，精神愉快起來，胃病也就漸漸的好了。我於是大徹大悟，感覺到歷史上的人物，有時候須得用猛烈手段，并不能說他是殘酷的。李時珍說：「元旦立春，以葱、蒜、韮、蓼蒿、芥辛辣之菜雜和食之，取迎新之意，謂之五辛盤。」（本草綱目）可見古人要除舊布新，也得取義於辣，辣之時義大矣哉！乃作頌云：

懿歟辣椒，國人所寶。錫名以番，來歷待考。昔我神農，徧嘗百草。薑桂雖辛，不及它好。播種原田，莖葉矮小。離離朱實，仰天如笑。外美內烈，德豈在表。同嗜者多，家喻戶曉。毛（江西人呼無爲毛，讀若冒。）得辣椒，吃不飯飽。麻辣呵呵，眞有味道。（這就叫做方言文學，一笑？）五味調和，非此不妙。若烹狗肉，越辣越巧。佐以蒜頭，恰到火候，其味無窮，口福受消。兔牠搖尾，厭聞狂叫，非得辣椒，難期功效。善哉善哉，救苦惟辣。其氣則秋，其德則殺。（殺的是害肚腸的微生蟲。）滌邪蕩穢，除貪去猾。淸白乃心，確乎不拔。油膩旣去，胃口斯開。辣牠一辣，否極泰來。萬家生佛，滿面春回。合十頂禮，妙哉妙哉！

癸未孟冬，寫於落葉蕭蕭中之金陵寓宅。

雖云文籍與儒林，獨行居然擅古今；
五篋留賓高士約，百金投客故人心。
尊彝布列圖書貴，花木蕭疏池館深；
晚向鹿門思采藥，漢濱漁父共浮沈。
——吳梅邨

蘭若幽閒到處家

陳旭輪

鄉居閒適，孱軀轉健。曩在海上，由慈淑大樓至慕爾堂授課，雖距離咫尺，猶必以車代步。逢休沐日偶往西區梵皇渡徐家匯等處訪友，因坐車時間過久，歸或臥病經旬；每嘆早衰蒲柳，意趣索然。自息影江邨，蟄居陋巷，食旣無魚，出亦無車，反能健步加餐。自遁跡空門後，身心靜寂，十年來無藥可醫之神經衰弱症，漸有日復健康之望。期年以來，近茆庵二十里內之小市集，小邱壑，莫不登臨跋涉，徒步往返，視爲尋常。江陰全境有三十三山，最高爲定山，在周莊后塍間，淸初沙張白（定峯）隱居處。最小爲盤石山，在錫澄交界處，其南即錫邑斗山，山麓朱巷，爲明季大藏書家朱子儋（承爵）故居在焉（樸之社長同族）。其間一山一邱，半經流衲遊屐。心境閒逸，遂不知疾痛之在身，甚矣過去心爲形役之苦焉。今夏大暑中，友人蕭岐吳醒睡涇里夏融冰兩居士，忽過茆庵見訪，舊雨重逢，不覺暑蒸。是晚借宿禪房，再剪西窗之燭；市遠盤飧無兼味，苜蓿一盤，白酒數斤，兩君豪飲，非此不歡，流衲持戒，奉陪而已。話舊情深，日旣夕矣，夜分人靜，月斜入戶，花影竹影，搖曳壁上，此中意思，忽忽造微。啜淸茗數杯，殊多佳趣。兩君但覺茆庵淸幽，幾共忘紅塵擾攘之憂。境爲心造，兩君幾欲步流衲逃於世外也。

次日淸晨，兩君在禪房，見有虞山三峯寺志一部，此係吾鄉徐丈翥靑蕭丈蛻闇爲三峯寺方丈逸溪上人新近刊布，近蒙徐丈由航寄贈茆庵，中多明清間高僧逸事，並詳記寺內藥龕和尙所藏明清兩代法書名畫，尤多明末逸民作品，如晦山和尙墨寶，人間劇跡也。流衲久擬爲古今寫吳梅村與晦山和尙一文，正苦史料不多，兩君亦酷嗜賞鑑書畫，乃約流衲同作虞山之遊，且欲一試流衲近來步履能力，乃於淸晨先登茀庵近旁諸山，由澄錫交界之斗山夾山黃梅山出發，出行約十里，到顧山，一名三界山，一山佔澄錫虞三縣境。訪桐城馬通伯(其昶)高足郭景陽居士長談，居士以王莊西瓜餉客，味美鮮潔，非海上冰結淋味可比。郭居士杜門奉母念佛，有道隱君子也。別郭居士，正午再由顧山徒步向虞山前行，三人於田野中踯躅而行三十里，午後四時達尙湖濱之湖橋，已在虞山西麓。訪元高士黃大癡墓。過白鴿峯下，瞻仰翁松禪相國墓廬，(此係戊戌政變後放回隱居處，翁日記記最後數年情景，抒寫鄉土依戀之情，惓惓不忘君國之懷，及朋好來訪山居之感慨，均爲日記中情文並茂之作。)但見滿園荆棘，一片瓦礫，已成廢墟，回憶六年前曾登樓見其遺書，拜其遺像，老僕周三並娓娓述『六大人』遺事。衲猶記其述相國晚年，不能嗅到婦女髮味，絕對的獨宿云云。時予正好讀奧人茀洛乙德精神分析學，篤信人生學問與事業均由性欲昇化而來之理論。故每好訪問偉大人物之私生活。猶記廿三年秋到南通州會遊張嗇翁殿撰濠南別墅，時社會正喧傳余沈壽女士戀愛事，因詢同遊友人王達剛兄(時任通州省中校長)關於四先生閭里中所傳逸事，頗多燭影搖紅千古疑案之艷史，時於其別墅內見有特製籐椅一座如英文字母S形，可以對坐談心。又在園內拜讀老人親撰沈壽銘墓碑文，極哀感頑艷之致。時易君左君先予半月遊濠南別墅，在報端披露遊記，因有風流狀元之說，時孝若公子猶健在，閱之極不快。用將濠南別業中凡老人生前起居所用之物，大半移去。予到時僅得見S形一奇製籐椅耳。後老人長孫女公子非武女士，從予問學，待予忠且敬。每思詢其老人私生活，終以舊禮教積習，不便啓齒。女士於亂後曾參某將軍戎幕三年，有乃祖在吳武壯戎幕氣慨。後往昆明進西南聯大習政治學，過滬時，猶枉顧暢談。懷人天末，今不知稅駕何所耳。翁張兩殿撰，分屬師弟，情誼極篤(見翁日記張傳記)，於晚淸政治在甲午戊戌之際，關係尤大。而性情不同如此。論史者如能應用茀氏心理學，於唯心史觀，唯物史觀，唯生史觀外，添一唯性史觀，或可推闡歷史之隱微處。惜前人認此等處爲各人私德，不肯記載，偶有一二，如紀文達公(昀)張文襄公(之洞)逸事，其文不雅馴，縉紳先生難言之。過寶巖寺，訪潭月和尙，不遇，聞亂後常住上海玉佛寺，雖方外人一有身價，尙不得不雙重避世。

過劍門拂水巖下，弔錢牧齋柳如是墓，荒烟蔓草，一尋常邱隴而已。若無近人金星齋丈爲於墓門立一石碑，幾迷其所在矣。匆匆進西門，不及登若山，時足力不支，稍遲又恐城門早閉。急投旅店，而中上旅館均告客滿，只得在小客棧借宿，終宵蚊擾雀喧，神魄不寧。次晨足倦神憊，有病倒之勢，勉強陪兩君往石梅枕石軒品茗，進早餐。有吾邑紳商仕宦，每晨均集此處啜茗進點，一種悠然閒適太平盛世之態，令人神往，兩君意在觀風察俗，於此地大體攝入鏡頭，管窺一般矣。

夏居士融冰臨池功深，藏碑版頗富，此番冒炎暑遠遊吾鄉者，擬執弟子禮請益於吾鄉書法大家蕭氏昆仲退闇盅友兩丈之門。蕭氏一門風雅，品操高潔，父子兄弟，均擅文章書法，衲於吾鄉學者，最所心折。爰偕兩居士赴虹橋下塘，進謁盅友世丈，與迪穀學兄賢喬梓，暢談兩小時始告辭。

別後蒙迪穀學兄以詩見懷，詩云：蘭若幽閒到處家，相思遙望斗山霞。題名但見菖蒲葉，會面眞同優鉢花。如有新詩供獨賞，不將奇策向人誇。何當就爾談終夕，細指山陬與水涯。流衲粥飯僧，奇策一聯，愧不敢承。前閱古今第十六期，鄭秉珊君有海內書家一文，羅舉滬上書家略備，而遺蕭氏昆仲，不知海上書家如鄧糞翁輩，尙是蛻闇丈門下士。丈乃南社老前輩，與烏目山僧宗仰爲莫逆交，今年事已六十九，蟄居蘇城葑門圓通寺，與世相忘，不啻老頭陀。丁丑以還，交通阻隔，無緣謁晤，僅與其公子飛聲君在海上一晤，知老人隱居求志，健適如恒，爲之快慰。蛻丈善鐘鼎大小篆，盅友丈善八分書，兩丈均博極羣籍，不僅書法有秦漢氣息，文章爾雅，亦入古作者之林。尤難能者，植品高潔，魏晉以前人物也。

由蕭府返逆旅，道經燕園，續孽海花著者張映南(鴻)老人故居。事變前數謁老人於園中，今日過此，不免人琴之感。前在海上時，聞老人故園，完好無恙，僅書籍散失若干，不意今日所見，荒涼敗殘如此。不知丁丑以後，何時又遭劫火乎。回憶老人於事變後，猶日在蓮社講經，時衲居山樓圖書館，老人時以電話商借大藏經。後兵臨城下，老人乃率殘廢兒童數十輩，獨力挈之避難，流離至桂林，始得稍紓喘息，中經危難，一足遂不良於行。回上海後，稅居拉都路和樂坊五三號二樓，與其及門弟子沈佩畦君同居。小樓一角，終日困臥病榻，佛經數卷，無線電機一座，藉以消遣歲月，老人晚境，令人感慨。老人藏書，生前多數捐入縣立圖書館，時在民初老人任第一任館長，但精槧精鈔，及關於邑中文獻孤本，尙多留存珍玩。亂後凡關邑中文獻冊籍，幸爲老人外甥徐樹人先生留心所收得，樹人係承虹隱太史（兆瑋）父命，均以重價收回，時徐太史與老人同寓拉都路，日夕倡和，互紓孤憤，後徐太史先半年客死海上，而老人更感獨居無俚之苦，乃於翌年新正，亦歸道山。老人所藏清初精槧本詩文集，爲吾友吳誦唐君所得，吳君吾邑銀行家，於舊詩詞功力頗深，可謂物得其所。深喜老人藏書，未成灰燼，猶是吾邑寶物也。獨是衲於事變前，因竭力慫恿老人寫成晚清掌故筆記，故將所喜收藏之報章雜誌，如時報所載徐凌霄先生古城返照記，及凌霄漢閣談薈，按日剪貼而成兩鉅冊。及國聞週報每期所刊凌霄一士筆記等，均借與老人閱覽。亂後無從蹤跡，不免悵然。衲於凌霄一士昆仲文字，有嗜痂之癖，推爲近代文壇獨樹一支生花妙筆。老人生前亦甚傾倒，何意老人著作，沒後始煩一士爲之校勘，極盡學人矜愼之態度（見古今三十二期瞿兌之先生跋續孽海花語）。文字因緣，無間死生，亦佳話也。

由燕園回逆旅小憩，衲體力已不支，旋復有寒熱，實疲勞過度所致。此行第一目的，原欲遊北山興福三峯兩大禪院。到興福寺擬參華嚴座主應慈老法師。到三峯寺，擬參觀所藏明清兩代法書名畫，尤在留意於明末高僧墨蹟。病魔一擾，清興全消，只有再待後緣耳。

下期特稿預告：

續孽海花人物瑣譚

冒鶴亭

談海日樓

文載道

古今卅一期人往風微錄中有記秀水沈寐叟翁之文。作者趙叔雍先生，與光宣遺老交遊頗繁，故寫來益親切有致。鄙人以酷愛沈氏瀘書，遂推至於其學問器識，前歲在冷攤得商務石印之寐叟題跋二帙，記翁歷年所獲碑帖圖書之版籍及淵源甚詳，其博約不次於蕘圃郘園也。而品題之間苦心畢現，加以翁瀘書之古拙姿媚，燈下摩挲，誠有昔賢三宿碑下之意。間或據案撫摹，則輒恨少不學書，未克一窺門徑，且世之學翁墨迹者多矣，顧大抵俱未得其神髓，蓋翁於古今碑版無不致意，神而明之，遂卓然成一家言矣。鄙見以爲曾農髯李梅清吳缶廬諸氏固不逮翁遠甚，即鄭蘇戡之倫恐亦未及其「古趣」也。然翁生前書名反爲其學問所奄，眞賞不多，至逝世後始由一二識者之稱揚，書名始鵲噪，甚或譽爲三百年來未之多覩者，亦文士奇數也。坐是翁之遺墨傳於世者益尠，偶有發現，値遂昂於他家。東瀛人士對翁著述亦推崇備至，其弟子曰西本三者曾著有中國大儒沈子培一書，蓋翁曾赴東遊歷，於彼邦學人往還頗密。前年余得日本某學人所著之周易講義一冊，又詩集一冊，即係著者持贈，尋從書中檢得致翁通信一紙，出以漢文而詞句稍覺疙瘩，則以異邦人治漢文自亦難免。開首稱子培老夫子，下署晚某，而信封似猶作「大人」，於以見其歆敬而隆重。翁於學無所不窺，對西北輿地漢晉律令尤有心得。俄國文士中有向其請益者，殆緣此也。翁藏書中除漢文日文外，於俄文亦略可盈篋，此在眼光似豆之遺老輩中，益稱難能可貴矣。

曾孟樸氏孽海花一書，以描寫晚清朝野動態爲世所葆，當時名流顯要無不收諸筆底，有聲有色。翁與會稽李慈銘俱爲浙籍，故世稱沈李焉。曾氏於孽海花中亦時有點染，射名荀子珮，名春植。其第十一回「潘尚書提倡公羊學」中，記光緒十四年，太后「表示倦勤頤養不再干政」，而朝政頗有刷新之望，由尚書潘八瀛（伯寅）主持之公祭何邵公（休）席上，（在南城米市胡同潘府）集濟濟多士於一堂。中有述翁狀貌云：

「忽見院子裏踱進兩人……一個却衣飾鮮明，神情軒朗，走近一看，却認得前頭是荀子珮，名春植。」

第十三回「考中書互爭門下士」中，又有記沈氏之閱章直蜚卷：

（上略）「子珮道，那位直蜚先生，但聞其名，却不大認得。韻高原是熟人，眞算得奇材異能了。……且說有一天，子珮忽然看着一本卷子，是江蘇籍貫的，三篇制義，高華典實，饒有國初劉、熊風味。經義亦源源本本，家法井然，策問十事對九，詳博異常。就大喜道，這本卷子，一定是章直蜚的了。連忙邀了尙秋仲濤來看。……子珮自然歡喜，就親自袖了卷子，來到潘尙書處。」

直蜚即南通張季直。下又接敍親謁潘伯寅爲季直說項，於以見彼對季直知遇之深。（於此從略）按前回所記爲光緒十四年戊子，（一八八八）翁三十九歲。據其門弟子王蘧常君年譜所記：

「是年南海康廣廈孝廉（祖詒），上書請變法，朝野大譁，將逮捕，公力諍其括囊自晦得全。康常自命爲聖人，獨嚴憚公，踰數日必造謁焉。公待之不卽不離，一日康發大言，公微哂曰，子再讀十年書，來與吾談可耳。康顏渥而退。」

持此與孽海花並觀，更足以覘其生平，而二人個性之不同亦庶幾以窺一斑。翁卒後，康氏有挽詩云：「戊子初上書，變法樹齒牙，先生助相之，舉國大驚譁，悩傳下刑部，紛來求𦿊瑕，君力勸括囊，金石窮幽遐。」又其書鏡題詞，亦謂沈氏勸其假金石自晦，於是有廣藝舟雙楫之作，即書鏡之初名也。康自序有厥友告之曰，汝爲人太多，而爲己太少，徇於外有，而不反於內虛，其亦闇於大道哉云云，「厥友」即指翁。即此不難覩二人交誼之深。且爲康所折節。至翁所爲詩，則頗哲奧艱深，且時雜以釋氏經語，閒有寓故事者，尤非一般讀者所通曉矣。陳石遺氏序海日樓詩，謂「寐叟論詩與散原皆薄平易，尙奧衍，寐叟尤愛爛熳，余偶作前後月蝕詩，寐叟喜示散原，散原袖之而去，寐叟詩多用釋典，余不能悉」。茲舉翁庚戌歲感國事日危所賦律詩以證：

不待招邀入戶庭　龍山推分我忘形
流連未免耽光景　哺餟誰能較醉醒
雨後百科爭夏大　風前一葉警秋蘦
五更殘月難留影　起看蒼龍大角星

詞意蒼涼，其慨嘆於國是者篤矣。翁卒後，由其子慈護君哀海日樓全詩，據陳序謂得九百餘首。顧余前購於蟫隱廬之「詩稿」則僅只一卷，似非全璧，豈哀而猶未刻耶。翁其他著述據年譜所錄凡五屬，四十八種。堪稱廣博。然今除蒙古源流箋證及商務寐叟題跋外（近恐亦已絕板），殊不易得。余曾遍覓坊間，多無有應者。

查光宣列傳（即淸史稿抽印本）沈曾植傳（遺臣部）所載，大意云，光緒六年進士，用刑部主事，孝於親。尋充總理衙門章京，旋還京，調外交部出授江西廣信知府。宣統二年移病歸。丁巳「復辟」，授學部尙書。壬戌冬卒，年七十三。按民六復辟之舉，固貽笑於萬方，然就個別而言，則如王薳常君所謂「時代不同，見解亦因之而異」之說，或能爲世諒歟？「列傳」之論有「(勞)乃宣曾植，皆碩學有遠識，惓惓不忘，卒憂傷憔悴以死，嗚呼，豈非天哉，」所指與丁巳不無關係。

沈氏一生，本非戔戔數楮所能罄，故亦擬言盡於此。茲復將海日樓藏書之得失，略記一二以殿拙文。

翁少貧，無書無師友問益，其跋聖武親征錄云：「一日以京蚨四千，得單印本於廠肆，挾之歸，如得奇珍，嚴寒挑鐙，夜漏盡不覺也。」故凡所得，多親爲題勘，至身後始漸散佚。今年有漢學書店等數家，集資向其家屬捆而購之。比余往市時，則稍佳者已爲人捷足，如遇批校之書更一無存留；矧其値固非我輩敢問鼎。於是目前所遺留者遂皆極普通矣，而單本尤多，泰半且已殘佚漫漶，蠹痕纍纍。想係後人保存不善之故，今又市諸書賈，此在生者固迫於生計之艱，然使死者有知，不當如武康山中白晝鬼哭耶。前此偶與薳常君談及，輒爲之太息，且似不忍聽此類消息者。日前余又往書店，以薄暮稍暇，迺將翁藏書逐一檢閱，版本雖無足道，然頗多史料掌故意味，亦有著者所手贈署欵者，如日本法學士撰贈之書即上書恭呈鈞誨，曾孟樸氏江南鄉試卷等則適投有骨董癖我輩之好，而最令人愧嘆者，厥爲翁所藏範圍之廣，部門之博，因而想見涉獵之深，並及異國文字。余謂書賈曰，七十老翁留心學問如此，吾輩不當羞死。而每書必附以籤，欵曰：海日樓藏×部×號×卷×冊。其字不知出誰手，亦頗秀逸。余前後搜購達三四次，然終未見書上有隻字批識也，蓋已爲書賈別成一格，待價而估矣。惟年來冒翁題跋以求善價者甚夥，曾見爨寶子碑一帙，上有翁跋語而識者已審爲贋鼎。嗚呼，文士多淸貧，而於金石書籍往往不惜奔走告貸，置諸篋笥，形諸丹黃，乃後人不能守其成，反啓書賈以居奇之道，寧非可痛而又可矜哉。

南京興業銀行

自建大廈

經營商業銀行一切業務

總行 南京中華路六十七號

電話 經理室 22126 營業間 21037

上海辦事處 亞爾培路二號 電話七三七八八

平報

內容充實詳盡

編排新穎生動

地址 上海福州路四三六號

電話 九七〇四〇轉接各部

首都唯一大報

中報

日出一大張

社址：南京朱雀路

各地報攤均售

歡迎直接定閱

華興商業銀行

資本金 國幣五千萬元（全額繳足）

各種公積金 國幣四千二百十五萬元

總行 上海廣東路十七號

營業種類 存款，匯款，放款，國外匯兌，其他一切銀行業務

並另設有 儲蓄部 信託部

分支行處地址

虹口 霞飛路 南京 蘇州 杭州 蚌埠 無錫 蕪湖 鎮江 南通 嘉興 揚州

古今叢書之一

周佛海先生散文集

往矣集

第八版出版預告

往矣集第七版倏又售罄（各代售處或尚有出售）現正在編印第八版中復承作者周先生惠假珍貴照片製版刊印並加添作者近作及附錄各一篇是以稍費時日俟新年假期後當可印竣出版讀者幸拭目待之

古今叢書之二

蠹魚篇

業已出版

本書內容，全係談古今典籍聚散皮藏源流情形，凡南北著名藏書家兼版本目錄學家之文字，無不網羅，手此一編，即可爲通人，不致爲書賈所欺。

現正在付梓中，即可問世。

目錄

每册叁拾元

古今叢書之三

樸園集 朱樸著

現已編印即將出版

發行所 古今出版社
上海咸陽路（亞爾培路）二號・電話七三七八八號

古今

散文半月刊

第三十九期

快雪均夷險
危松定古今

汪兆銘

古今半月刊第三十九期目次

中華民國三十三年一月十六日出版

社長　朱樸
主編　周黎庵
發行者　古今出版社
[illegible]
發行所　古今出版社
[illegible]
電話：[illegible]
印刷者　中國科學印刷公司
經售處　全國各大書坊報販

零售每冊中儲券拾伍元
國民政府宣傳部登記證滬誌字第七六號
第一警察局登記證C字一〇二一號

預定	款項先繳　郵費八折
定價	半年一百五十元　全年三百元

續孽海花人物瑣談

冒鶴亭

姚虞琴告我。續孽海花內。有你的大名。我聽了。並不注意。新近從劉翰怡家。看到此書。攜歸閱之。四五十年舊事。恍如夢寐。書中所載人物。今僅我（射名頓梅庵）與太倉陸彤士（射名陸盧卿）。碩果尙存耳。作者爲常熟張璚隱（射名莊仲玉）。前兩年。客死海上。未死前。我與張菊生楊无恙等。曾醵貲刻其蠻巢詩詞。其書所記先朝掌故。大致不差。今後恐亦無人能解。其事實則殊多錯舛。瞿兌之徐一士亦見到。不而能動筆改正。小說雖不同正史。然亦不可過於差池。三國演義所以能風行至今。較之其他小說有價値。只在與正史並未過於差池。若使我校書有暇。尙思隨時爲之更正。以餉讀者。小孫懷辛。舉書中人眞姓名來問。欲爲一表。名曰「續孽海花人名索隱」。姑先舉書中第四十五回。聚豐堂行酒令。第四十八回。南荷泡觀荷大會。及五十二回。寃斬六君子。三段。皆牽涉老夫者。舉其人眞姓名告之。然即此無關國政。所舉之人。作者已有錯誤。及我亦不能證實者。則索隱之作。未易言也。

		姓名	
總裁	呂且聞	李端棻	案是科總裁。無李端棻。有徐會澧。余卷即在其手。後股云。至於玉杯象箸。獨夫之穢德腥聞。而鉅橋之粟。鹿臺之財。徒作興王之大賚。則怨毒之於人深矣。（題爲子曰放於利而行多怨兩章。）徐連用瓜子點。批云。體裁竣整。入後未純。置之堂備。此有李端棻。無徐會澧。蓋誤記。
	孫朝鼎	孫家鼐	
	余書屛	徐樹銘	
	文平	文治（叔平）。	
主人	超如	梁啓超（卓如）。	
	郁文	魏甗（鐵三）。	案鐵三是山陰人。桂林籍。前第三十三回云。是默深先生後人。誤也。默深之後。同時知名者。有魏蕃實。與余同舉經濟特科。本書無其人。鐵三斷一指。好拳術。然與康梁非一系。康魏同住南海館中。不來往。魏刻一石章曰老魑。余問其故。曰無他。康做聖人。我做桓魋。桓魋欲殺孔子耳。

敦古　林旭　暾谷。

楊淑喬　楊銳　叔喬。

頤梅庵

李春閣　案即范仲林同年（鐘）也。此云通州李春閣。蓋誤舉其弟秋門。秋門名鎧。丁酉拔貢。是年亦入京應朝考。得知縣。非舉人。

姚梅簃　姚鵬圖（柳坪）。　案下文大名作姚鵬年。亦誤。

陸盧卿　陸增煒（彤士）。　案盧。黑也。盧弓盧矢。與彤弓彤矢對文。故云盧卿。是科會元也。

張秋谷　案是時蘇州公車知名者。只有章式之（鈺）。此亦未知其射名之用意。

章叔義　張一麐（仲仁）。

王禮門　王景沂（義門）。

章仲玉　張鴻（璚隱）。　案章當作莊。即本書作者。璚隱行二。故云仲玉。而改作揚州人。則狡獪也。

右聚豐堂吃夢主客十二人。

主人

敦古　見前

常肅　康有爲（長素）。

超如　見前

勝佛　譚嗣同（復生）。

郁文　見前

淑喬　見前

姜劍雲　江標（建霞）。

頤梅庵

子珮　沈曾植（子培）。

右南荷泡賞荷主客九人。（案書云二十餘人。其他姓名未露）。

華中堂　榮祿（仲華。）

王季漁　王錫蕃（季樵。）案季樵爲山東黃縣人。曾任福建學政。暾谷得四品卿銜。入軍機。以季樵奏保也。事變後革職。宣統間。開復原官。喜拉余聽戲。一日間。在戲園必換三四次衣服。顏色皆極鮮艷。又愛賈碧雲。畫青綠山水扇。託余贈之。會碧雲出京。其後無緣再見。今碧雲死。其扇猶存余所。

小燕　張蔭桓（樵野。）案樵野不由科目。官至侍郎。總理衙門大臣。不爲淸流所重視。余婦叔祖黃漱蘭侍郎。（射名黃叔蘭）尤薄之。與余談。輒呼之爲張姦臣。此書第四十一回。載仲弢伯岳（射名黃仲濤）。與樵野借粵東館。開保國會。亦非事實。今姑先擧此事經過略言之。想亦閱者願聞也。保國會未開前數日。梁卓如約余輩飯於廣和居。（在座有麥孺博。（射名麥化農）林暾谷。長素未到。暾谷新拜康門。尙諱言之）。席間言及乙未有公車上書之事。今番想大結合。鶴亭何不擬一箇名目。余謂即名公社可耳。卓如云。我擬定名保國會。余曰。又不是唱大保國。卓如云。因日本有愛國會。是以名之。余曰。前明自有復社。何必學人。孟博亂以他語。隔兩日而茶會之邀柬至。被邀者約五百人。發起人爲李盛鐸。梁啓超。地點在南橫街粵東館。至則門首巳大書特書保國會字樣。章程均印就。余頗怪其前夕之虛與委蛇。爲多此一擧也。是日木齋（李盛鐸號）未到。羣咸詫異。會散。余與仲弢伯岳。至南半截胡同外舅叔頌編修家。座未定。有人來告變。言先一日。徐蔭軒相國（桐）知此事。召木齋至邸。深斥之。木齋是以不敢來。又明日。則木齋具疏糾參保國會。（木齋神經極敏。歲辛卯。館蔭軒相國家。知蔭軒最惡鴉片煙。故於榻上置烟具。蔭軒見之。問是誰的。對云。門生因病。是以近來抽兩口。蔭軒正色斥之。謂鴉片烟上癮後。將不能戒也。木齋遽起。摔烟燈。斷烟槍。誓云。門生寧因病死。斷不再吃此洋鬼子害人的東西。蔭軒反安慰之。謂何必如此亟亟。退而逢人輒贊其勇。是年即得江南試差。蔭軒之力也。）於是保中國不保大淸之謠極熾。至第二次開會。余等均不到。到者除康門外無人矣。又書中云。此會有文芸閣（射名聞韻高）。則尤誤之誤者。芸閣前兩年罷官出京久矣。當是木齋之訛。文李皆江西人。又皆榜眼。

汪子昇　汪洵（淵若）。
洪英石　翁綬祺（印若）。
余漢青　徐（翰卿）。案翰卿父名康。字子晉。著有前塵夢影錄。建霞刻入靈鶼閣叢書中。父子皆業骨董。
右附錄六人。
莊仲玉　見前
頤梅庵
王禮門　見前
姚梅䕫　見前
右在南半截胡同張宅。爲六君子之死。相對流涕者四人。
汪時庵　汪大燮（伯唐）。案京師士夫。呼汪大燮爲汪大變。故云時庵。
右附錄一人。

陶集小記

舊書同想記補遺之二

知堂

我平常很喜歡陶淵明的詩。說到陶詩，差不多不大有人不喜歡的，這難道眞是雷同附和麼？也未必然。陶詩大概眞有其好處，由我個人看來，當由於意誠而辭達乎。陶集板本甚多，橋川旣醉郭紹虞諸君已有專篇著錄，我輩見之只有望洋興嘆，但願案頭有一兩部紙墨明淨的本子，可供朝夕披誦，也就滿意了。日前爲得查考形夭無千歲的問題，把架上所有的陶集拏來一翻，實在貧弱得很，不但沒有善本，種類也並不多。但是關於兩三種覺得有點閒話可說，所以記了下來，依照買墨小記之例，定名如上。

寒齋所有的陶集不過才二十種，其中木刻鉛字石印都有，殊不足登大雅之堂，不過這都沒有關係，反正供常人翻閱，也大抵可以够用了。今列記於下：

甲、箋注陶淵明集十卷，四冊，李公煥集錄，貴池劉氏玉海堂影宋叢書之十一，民國二年刻成。

乙、同上二冊，四部叢刊初集本，民國十年頃上海涵芬樓影印。

丙、陶淵明詩不分卷，一冊，曾集編，續古逸叢書之三四，民國戊辰涵芬樓據紹熙本影印。

丁、陶靖節先生詩四卷，二冊，湯漢註，嘉慶元年吳氏拜經樓刊本。又同上一冊，光緒中會稽章氏重刊。

戊、陶詩集註四卷，四冊，詹夔錫纂輯，康熙甲戌刊，附東坡和陶詩一卷。

己、陶靖節六卷，二冊，方熊誦說，侑靜齋刊本。案侑靜齋所刊有文章緣起注，方氏跋署康熙甲戌，可以推知陶集刊行時代當相去不遠也。

庚、陶靖節集六卷，二冊，康熙甲戌胡氏谷園刊本，民國戊午上海中華書局影印。

辛、陶公詩評註初學讀本二卷，一冊，孫人龍纂輯，乾隆戊辰一經代授山房刊。

壬、陶詩本義四卷，抄本一冊，馬墣輯註，乾隆庚寅序，此書有刊本未見。

癸、靖節先生集十卷，四冊，陶澍集註，道光庚子刊本，又江蘇官書局有重刊本。

子、陶淵明集十卷，二冊，光緒二年徐椒岑仿縮刻宋本，前有莫友芝題字，世俗所謂莫刻本也。

丑、陶靖節詩箋四卷，一册，古直著，隅樓叢書之一，民國十五年鉛字排印本。

寅、陶淵明詩箋註四卷，一册，丁福保編纂，民國十六年鉛字排印本。

卯、陶淵明文集十卷，四册，世稱蘇東坡寫本，汲古閣用錢梅仙摹本付刋，嘉慶十二年丹徒魯氏重刋本。

辰、同上二册，同治癸亥何氏篤慶堂用姚銓卿臨本重刋者。

巳、同上三册，光緒已卯陳澧題記，據胡伯蓟臨本重刋於廣東。

午、同上二册，光緒五年會稽章氏用汲古閣影宋本刋，無題跋，蓋是章石卿也。

未、同上二册，即是章氏原板，而改題光緒十四年九月稷山樓藏。淵明小像後添刻四言贊十八句，署光緒庚寅七月四十五世孫濬宣敬贊，卷末有跋二首，文云：

「放蘇體書陶靖節集傳自南宋，波磔戈點，具法眉山。嘗謂靖節之詩天懷簡至，純任自然，流水白雲，神行無跡，東坡興寄亮特，遇物超然，其所爲詩風格雖殊，性源則一，惠州所和，幾同笙磬，即論心畫，亦本天眞，如雲在天，如水行地，故寫靖節詩者惟蘇書爲宜。吾鄉郡東陶氏，系本柴桑，代傳竹帛，吾友文冲同年邃精墳典，著述斐然，八法之工追迹漢魏，今得此本，墨而傳之，踵企先芬，模範高躅，不特此集增一善本，而銀鉤璀粲，冠家集之珍瑚，翠墨風流，補稽山之韵事矣。光緒庚寅夏五，越縵李慈銘書。」刻有三印，朱文曰湖唐林館山民，白文曰慈銘私印。又朱文四行印曰，道光庚戌秀才，咸豐庚申明經，同治庚午舉人，光緒庚辰進士。

「予家舊藏陶集湯注大字本，紙墨安雅，非必宋槧，然出汲古本以前，獻童幼未能校讀，旋復散佚。近時會稽章氏刻吳騫本陶詩，即湯注也。汲古主人毛扆嘗得舊寫本徵士集，相傳爲東坡書，卷中避諱闕筆審爲宋本，翳及借人爲不孝則元以後印記。毛氏鉤刻之本傳世甚稀，殆如星鳳，遡者人間取傳本上木，點黯豐蔚，神采不遠，抑亦老成典刑已。刻成板歸同年友陶君文冲，弆諸稷山艸堂，所以述祖德，寄古懷，乃撫印分貽同學，獻得之觸手光發，頓還舊觀。念魏晉以來別集專行絕少，往往掇拾竄亂，亡復眞本，獨靖節集卷第目錄尙爲昭明太子敍次之書，此本出宋賢手跡，首尾完具，垂垂六七百年，傳諸好事，展轉鉛槧，輝映藝林，今又歸諸好學篤信之雲仍，尊若鼎彝，世守弗墜，後有考證藝文如王伯厚者，增成故實也已。光緒已丑冬十月，杭州譚獻仲儀跋。」後刻白文印曰濬宣長壽，又朱文曰會稽陶氏稷山樓藏書，此跋審字跡蓋是陶氏所書也。案會稽章氏翻汲古閣影宋本雖著錄於書目答問補正，而流傳甚少，其後原板歸於陶氏，撫印分貽，亦大是好事，但須明著來源，不唯大方，亦見盛德，乃讀李譚二跋，均隱約其辭，似從道旁拾得者，此何故耶。譚跋上邊已說及章氏刻湯註陶詩，而其後乃泛稱之曰人，或者未知此即是章石卿歟。昔嘗見有人得杜氏越中金石記刻板，稱爲新刻，此在市人亦不足異，稷山居士雅人，似不宜如此也。

申、靖節先生集鈔不分卷，二冊，陶及申較錄，手寫本。首葉總題菊徑傳書，靖節集，筠厂手錄，朱文印曰會稽陶氏家傳。陶氏有各書鈔讀，筠厂文選中收錄其小引二十篇，陶集小引未見，今錄於下：

「靖節詩非惟不能學，亦不可學。昭明選不多，而選者自佳，東坡譏之太過。晉書宋書南史俱爲靖節立傳，序靖節詩文者無慮數十家，總無出昭明右者，即白璧微瑕一語，亦緣愛人以德，何可輕詆也。集本多舛謬，諸校刻都自稱善，獨恨其不多缺疑，則眞所謂小兒强解事者耳。原載羣輔錄而不載搜神後記，今仍之。庚申桂月，及申謹識。」案其時爲康熙三十一年，筠厂五十七歲，所言較以前各文甚爲簡要，書名爲鈔而實係全部，與所鈔帝京景物略同，蓋其所喜也，各種鈔讀寒齋共得五種，其中亦以此二書爲最可珍重也。

酉、和陶集不分卷，抄本一冊，張岱評。書名和陶，而實則具錄淵明原詩，附列東坡和作，其後有張宗子補和者二十五首，前半有張氏評語，其評宗子和作部分或出於王白嶽輩之手乎。抄本在東坡和詩末尾有朱筆題記五行云：

「張岱號蝶菴，所著小品如西湖夢尋，越人三不朽，已經梓行，其未梓者有陶菴文集、石匱全書、夜行船、快園道古數種。茲編予於會稽謝氏案頭見之，丹墨猶新，蓋其手自評點者也，較訂陶集異同各字，視他本最善，因借抄一冊，以爲行笈秘玩云。戊子仲冬朔有三日，漢陽朱景超識。」宗子和詩後又有三行云：

「右蝶菴和陶，如和規林阻風及六月遇火等作，中間塗抹不一，或注改字另入字，此蓋其未定稿也，姑仍之，以俟獲正集時再訂。虎亭識。」案抄本中胤字缺筆，所署戊子當是乾隆之三十三年，去今亦已百七十五年矣。宗子對於東坡殊不客氣，評淵明詩固多傾倒，但也有一兩處，如答龐參軍批云，亦是應酬語，又和胡西曹批云，陶詩亦復不佳，語甚戇直，陶詩評語中殆不多見，頗有意思。宗子和陶詩有小引云：「子瞻喜彭澤詩必欲和盡乃已，不知榮木等篇何以尙遺什分之二，今余山居無事，借題追和，已盡其數。子瞻云，古人無追和古人者，追和古人自子瞻始。乃今五百年後，又有追和古人者爲之拾遺補闕，子瞻見之，得不掀髯一笑乎。」宗子所和詩不知視東坡何如，讀去覺得却也還不惡，但我感覺有意味的，乃是於此蒐得宗子逸詩多首，又有好些資料，如和贈長沙公序中有云：

「博聞洽記，余慕吾家茂先，因於讀禮之暇，作博物志補十卷，以續其韵。」可知宗子尙有此種著述。又歸鳥原本四章相連，和作則分爲四首，序云：「會稽土產，日鑄茶，破塘筍，謝橘，楊梅，他方罕比，東坡有言，無事而受此諸事之備，慚愧慚愧，因和淵明歸鳥韵，作詩頌之。」鵠峯草堂周氏抄本陶菴詩集中有咏方物五律三十七首，得此四章，可以增補。詩集中有四言述史十四章，與此本不同，又五言和貧士七章，和述酒，和有會而作，和挽歌辭三章，此本均無之，蓋因東坡已和，故不重複收入歟。

以上各本中唯章石卿陶心雲仿蘇本有故實可考，陶筠厂鈔本與張宗子評本各有意見，又希見可貴，而恰巧都是會稽山陰人，亦頗妙也。鄙人固是眞心愛好陶公詩文，此處所言乃似出於鄉曲之見，誠哉我猶未免爲鄉人也，但此亦正是不妨，因其爲事實耳。民國癸未十一月廿六日。

小病日記（樸園隨譚之九）

朱樸

窮士病且飢，古今同一流；身安腹果然，此外吾何求？……

——石湖居士詩集

十二月十五日

晨起，身感微冷，閱報畢，草「海外遊屐夢憶錄」，不二時，忽發寒熱，草草終篇，即送黎庵發排，因下期古今為新年號，稿須早發也。

下午延丁仲英老醫師診視，謂係感冒，需稍休養，晚服藥一大盃。

十二月十六日

一夜安睡，寒熱已退，晨起陽光滿園，憑窗俯瞰池中金魚，悠然有自得之樂。

得吳世庭周慧海二女士柬，招晚宴，作書謝之。

友人程君以吳觀岱畫一軸見貺，盛意可感。是畫無欵，僅有梧桐夜月仿新羅山人九字，及「梁溪布衣」小方章一。上有胡汀鷺題跋，文曰：「此吳岱老眞蹟，爲屛條散失之一。畫摹新羅，得其神髓，疏梧夜月，秋意滿紙，無一點塵俗氣，洵逸品也。戊寅夏五，胡汀鷺識」。余見岱老之畫多矣，欲求如此畫之疏淡清逸者，殊不多覯。猶憶二十餘年前先公與吳胡二先生每日下午例在無錫公園池上草堂茗會，雅人勝致，如在目前。迺會幾何時，前輩風流，凋謝殆盡（汀鷺先生數月前亦已謝世），撫今追昔，能毋惘然！

劉夫人轉告：得五弟信，近狀甚佳，聞之甚慰。數月來之憂慮，一旦消釋矣。

十二月十七日

恒廬主人聞余病，來書存問，意甚懇摯，頗興空谷足音之感。余自前年迭遭妻兒之喪，萬念俱灰。兩年以來，蟄居滬濱，讀書自懺。往日交遊，一一疏遠；寒居樸園，終年門可羅雀，宛與荒山破寺無異。初固不無寂寞之感，旋自深悟炎涼之理，轉覺幽靜之可樂矣。

午後閱歸震川集，讀思子亭記中「父子重懽茲生已畢於乎天乎鑒此誠壹」諸句，掩卷不能卒讀。

晚間犬吠四起，轉輾不能成寐。

十二月十八日

得知堂老人書，中有云：「弟昔見杜牧之句：忍過事堪喜；以爲此公尙有事須忍，何況我輩？古人云：毋我負人，寧人負我。下一句尙不能做到，唯上一句極想努力。只盡其在我，餘只好不計耳。質之高明，以爲何如？」句句金石，堪以懸諸座右也。老人信末復蓋有「忍過事堪憙」章一，古色古香，尤饒韻味。

徐一士先生新膺國史編纂委員會編纂之職，前曾馳書賀之，頃得手復，詞意謙恭，無以復加，讀之令人愧慚無地。夫以一士之學望，屈就斯職，誠可謂大材小用，乃自遜如是，學者風度，自非濫竽之輩所可企及也。

知堂老人士林重望，著作等身，一士先生熟悉掌故，南北一人，其文字久爲國內讀者所崇仰，年來對於古今贊助尤力，公私同感。不佞與二先生雖俱爲神交，但辱承不棄，時以敎言見賜，獲益匪淺，于以益見北方學者敦厚樸實之風，遠非南中囂張淺薄輩之可比矣。

十二月十九日

恒廬主人約談，下午四時前往，晚九時返寓。

浩姪自錫來，談鄉間近狀甚詳，奇離怪誕，幾令人不能置信。

邇來百物騰貴，生活日艱；來日大難，至堪憂慮也。

十二月二十日

上午十一時赴恒廬，午餐後即送恒廬主人赴大場飛機場，往來車行顚波，病軀似尚不勝。

下午在古今社小坐，已五日未到矣。

十二月二十一日

富晉書社主人以明賢手札尺頁一册求售，計王守仁，王寵，莫是龍等八家，共書十二通，索價一千二百元。審閱再三，頗多可疑。即往梅景書屋以示湖帆，果然，僅文徵明周天球二書係眞蹟耳。即出五百金易此二信，售者初尚不允割售，經再三往返，始成交。衡山書係致祝枝山者，文曰：

「日爲冗逋所迫。未能晤對。懷念何如。默庵處感懷帖足下曾一見否。所言濟之先生此事帖。亦佳。明意擬爲唐人搨臨者。曷若此帖盡善盡美。且有宋元人跋語。鑿鑿可據。其爲眞蹟無疑矣。僕曾借題其末。足下何不詣彼觀之。且足下向游神於羲獻之門。賞鑒不爽。儻一經妙句題品。豈非斯帖之一助也。草此奉聞。不備。徵明頓首上。希哲尊兄先生侍史。十三日。」

此書紙雖略嫌黴損，而神情盎然，殊可取也。

十二月二十二日（舊曆十一月二十六日）

今日爲先室沈夫人及亡兒榮昌安葬於虹橋公墓之期，一星期來，氣候不常，時抱杞憂，晨起天朗氣淸，爲之大慰。十時許赴安樂殯儀館舉行祭別，雙棺並列，欲哭無淚。下午二時到虹橋公墓，四時諸事完畢。從此黃土一坏，人泉永隔；如此人生，亦可傷已！

是日親戚到臨者約二十人，友人僅周君黎庵文君載道二人而已。當二柩入壙之時，次兒燮昌嬉躍如常，竟不知其喪母失兄之可悲，嗚呼痛已！

「老頭兒」

徐一士

『老頭兒！靠邊兒！』今年秋間的一天正在街上蹣跚而行的時候聽得後面有人這樣叫着，當時猛一聽，不大注意，接着又是一聲，回頭一看，一輛拉着座的人力車正在後面，旁無他人，恍然於所謂「老頭兒」也者，便是這位車夫對我的稱呼，急忙閃在一旁，讓他的車過去，還承他「道」了一聲「勞駕」。

這是我今年留鬚後第一次在街上被人喚作「老頭兒」的情事，以後就時常聽見這個稱呼，習慣成自然，不像初聽時覺得有點兒新鮮了。

歲月侵尋，冉冉老至，鬚子旣留，自然更可取得「老頭兒」的資格了。我不會做詩，否則「聞人稱老頭兒有感」很現成的一個題目，大可吟詩一首！

「奇冤報」張別古有言曰：「老了，老了，可就不能小了；再要小了，那可費了事了！」諒哉言乎！年光豈能倒流？「老頭兒」之少年光景，惟有依稀彷彿於回憶中而已。

嚴範孫（修）自挽詩，有「向道青春難便老，誰知白髮急催人」句，嘆青春之易逝，感老境之倏來，朱顏年少，爲時幾何，此言可發人深省。

至於我此次取得「老頭兒」資格的留鬚一事，並非出於預定的計畫。以年紀而論，本早在可留之列，不過這個現在也沒有一準，早也可，遲也可，留也可，不留也可，都無多大關係。這天在一個洗澡堂子裏，浴後理髮（推光頭），理髮者在給我刮臉的時候，或者以爲我的鬚子以留起來較爲合式，就以商量的口氣問了一句：「鬚子留起來吧？」我以無可無不可的態度隨話答話道：「好吧。」於是乎我的鬚子留起來矣。

曾見有人在五十三歲的時候，用「白髮蒼顏五十三」的小印，頗爲有致，我却不能用，因爲已經過了這個歲數，並且雖然蒼，而鬚髮均尙未白，（髮已略有數莖白者，還不夠頒白的程度。）只可說「已成老翁，但未白頭耳」。

明査賓王（應光）「靳史」卷九有云：「眞定賈尙書，副臬東省，年纔五十六，鬚髮皤然，不事涅飾。御史以其老而骯髒，將劾之，正色問曰：『賈憲副高壽幾何？』對曰：『犬馬之年，八十有二！』御史默然。旣退，同列問曰：『何以不實對？』賈曰：『渠以我爲老，虛認幾歲，成其袖中彈文之美，不亦可乎！』」此人甚有風趣。五十六的歲數，我也快到了，不知道到那時候會不會「鬚髮皤然」。

國學補修社舊侶心民先生，爲我寫了一篇「印象記」，（見「古今」第三十一期。）文筆生動細緻，惓惓之情，甚爲可念，只是揄揚處太過分，使我慚愧異常而已。（我是一個極其平凡的人，根本不值得寫什麼「印象記」也。）他和我見面的時期，我還沒有留鬚，所以他雖然說我現出老態，可是「一眼望去只想到是個中年人罷了」。現在如見到留鬚後的我，我想他對我當也有由「中年人」確實進入「老頭兒」的階段之感了。

因爲我好談清代舊事，久被人誤猜想爲歲數已經很大，見面才知道和預料不符。心民於「印象記」裏也說：「在沒有認識徐先生以前，我總以爲………一定是個鬚髮皆白的老者，………可是事實上却大錯而特錯了。」這類情事，以前即往往有之，其例不一。

關於我的年紀之誤會，有一件頗爲有趣的事。我四十五歲那年續娶，在西長安街新陸春行結婚禮。有一位崔先生，是某大學的教授，他送的禮品，稱謂上謙抑得過火，彷彿下欵用的是「後學」字樣。（他因爲常看我寫的隨筆之類而和我認識的，在未見面之前，他大概也當我是個歲數很大的「老頭兒」，及至見面，雖已知其不然，却還誤認我是個宿學前輩，於是就以謙恭的態度用了這樣稱謂。其實論年紀，他大約比我不過小個十歲或者稍多的光景，論學問，他是個深造有得的學者，我則學少根柢，他如何可用什麼「後學」字樣呢？「朋友相交，弟兄相稱」，那才是正理呀。）禮畢將歸之時，他那學校新畢業的學生在新陸春聚會，也來到了，順便參觀禮堂，看見了崔先生禮品上的稱呼，要知道這個新郎是怎樣一個老前輩，就到帳房裏打聽打聽，遇見我的一個姪孫（在那裏替我料理事務），彼此接談，問過「貴姓」之後，知道他和我同姓，就問和新郎是否一家，他答以新郎是「家叔祖」。他們一聽，越發要看一看這個老新郎，以爲人已到了祖字輩，總該是「皤然一公」了。他便指給他們看，他們看見了，覺得很奇怪，以驚訝的口氣說了一句：『原來如此年輕！』後來我這姪孫告訴我，不覺失笑。年將半百，又做新郎，居然被人詫爲年輕，不能不說是一件有趣的事。（三十二年十二月上旬）

豫堂印草序

馬公愚

印之制，發源至古，遞嬗及漢而大盛，作印必宗漢，猶書之于晉，詩之于唐也。然古印多取材金玉，篆與刻爲二事，作篆者雖槃槃名家，而範鑄刓鑿之勞，輒假手工匠，故士林罕以刻印稱者。降至元明間，有華乳石之製，石之性脆，易受刃，隨意之所至而臻妙，屬文之士，每好此寄興。於是印人輩出，惟文勝則質缺，人不稽古，臆造自眩，新奇相競，刻雖工而篆則悖，印之義晦矣。有清一代，金石之學大昌，篆刻乃入于正，而以浙皖二宗爲歸。會稽趙悲盦，獨鎔冶衆長，自闢新境，所作最爲雅馴，而學步頗不易。錢子君匋，治印有年，用力勤，求其似悲盦者，盡得其精髓，積稿既富，將集拓以質當世，問序于余，余素重悲盦，喜君匋之能擇善而師也，異於今之閉門造車自矜刱獲者流。嘗謂篆刻雖小道，非天資人事兼臻不能工，徒拘舊譜，不足以語大。必精擘篆籀，飽覽金石器物文字，以簡練之，貫通之，合古而不泥，翻新而自卓，庶鍥而應手，恢乎有餘刃，悲盦之勝人處，蓋在于此。君匋治印，既神似悲盦矣，再進而師其所師，則並轡悲盦不難也。雖然，君匋恂恂者，多能事，書畫文學音律靡不長，他日又豈第以印人傳耶，爰樂而爲之序。

梅景書屋雜記

吳湖帆

沈石田花卉，設色師錢舜舉，以色澤爲第一，古艷沉淨，四字全備，墨花則以山水筆法寫之，故與山水相倘。

文衡山偶作墨花及蘭竹等，取法趙松雪，故無石田厚重，而瀟灑過之。

唐六如偶畫花卉，好處在蕉筆森爽，仍不脫山水筆法，其山水皆云師法李唐，實祇細筆一種而已。晚年粗筆一派，與吳小仙張平山相似，而小仙平山便入魔道，是六如書卷氣勝也。

仇十洲山水，以趙千里劉松年爲宗，堪稱盡藝壇能事，其花卉以馬麟錢選爲法，處處精工，生意盎然。

文休承學老年衡山，自有眞諦，正筆直下，非他人可擬，細筆粗筆，均不愧嫡派。

張孝思書畫均佳，書學二王畫學松雪；其鑒別亦精，固非尋常畫人也，其所藏每鈐培風閣印。

項聖謨一生得力於盧鴻乙草堂圖，橫石點畫，無不逼眞，前人云與宋人血戰者，實不知與唐人血戰也，見草堂圖者自知之。

孫雪居書法宋仲溫，畫學錢舜舉而稍刻畫，然較陳白陽輩爲厚重。

周服卿花卉，全師陳道復，有陳之習氣，無陳之雅度，已入明季衰頹氣象矣。

王建章眞迹不多，畫亦無甚出色，而瀛士奉爲至寶，皆受廉南湖所紿也，南湖擇明人金扇中冷名而畫尚佳者四十幀，不論山水花卉人物，一律切去欵字，而改題爲王建章，裝成四大册，不知者以爲建章神明變化矣，余曾藏建章便面一事，筆法學方方壺，僅足與袁尙統輩相伯仲而已，確是眞迹，此外未之或覯。

王烟客不喜設色，王元照反是，就余所見者，烟客水墨者，十居八九，玄照設色者，亦十居六七也。

王玄照不喜畫橫幅，故手卷最少，册頁中橫者亦十不得一，惲南田最喜橫册，直者僅二三而已，王畫卷僅見三本，一爲吳興蔣氏所藏仿大癡水墨山水，翁相國舊物也，一爲白雲圖，有烟客等題字，今在天津徐氏，一爲吳興龐氏之青綠卷，惲卷共見十餘本，敝篋所收亦得三卷也。

程青溪畫面目甚多，無不跌宕有韻，余所見江山臥遊圖都十餘卷，各各不同，而世人不甚重視何也。

南董北米，南陳北崔，相提並論者三百餘年，而香光老蓮畫所見殊多，皆眞迹且精品也。子忠畫眞跡，僅於故宮博物院見四五軸外，卷册竟未之見，近同鄉友人手中，見掃象圖一軸，無欵無印，筆法精細，或崔氏眞跡也。寶應朱氏藏一扇，亦崔氏眞跡，有印無欵而已。米畫則余收倣宋人紅杏雙燕一幀之外，僅於友人處見一扇，仿米家山水而已，花鳥筆致奇古，足抗行呂紀陸治，山水則淸雅未見神奇，其他卷冊軸，均未之見，玆可怪也，據紅杏雙燕圖上崔子忠題云，此米老伯自詡生平不可多得者也云云，則米氏之不輕著筆，於此可驗。

畫古木竹石，較畫山水爲難，以其筆法疎簡，而氣韻須充沛，非深通畫學者，不曉也。自古以趙松雪爲第一，蓋趙固工書者，故不工書者，畫古木竹石決不能佳，趙嘗有詩云，石如飛白木如籀，又云畫法原從字法來是也，凡不能畫千岩萬壑者，畫古木竹石亦不能佳，南田云，一樹一石勝於千岩萬壑也。

雲林畫，疏之極矣，昔人云，江南士大夫家以有無倪畫爲淸濁，可知俗子觀畫，喜密不喜疏耳。

羊毫盛行而書學亡，畫則隨之；生宣紙盛行而畫學亡，書亦隨之；試觀淸乾隆以前書家如宋之蘇黃米蔡，元之趙鮮，明之祝王董，皆用極硬筆，畫則唐宋尙絹，元之六大家（高趙董吳倪王），明四家（沈唐文仇）董二王（烟客湘碧），皆用光熟紙，絕無一用羊毫生宣者。筆用羊毫，倡於梁山舟；畫用生宣，盛於石濤八大；自後學者風靡從之，墮入惡道，不可問矣，然石濤八大，有時亦用極佳側理，非盡取生澀紙也。

董香光每喜學張僧繇楊昇沒骨靑綠山，大約僧繇楊昇，必有眞迹流傳，董氏目見者王元照偶亦用之，疑從玄宰轉學得來，元照服膺董氏最深，晚年題畫，往往以玄宰與宋元並稱，他人所未有也，余曾數見之。

南田早歲（四十五以前）多畫山水，偶作花卉十不得一，晚歲多寫花卉，山水亦十不得一，早年題字學鍾太傅，方闊沉着，晚歲參學河南、蘭亭，飛舞流利，人人以爲惲書佳處在此，余以爲反不若早歲爲妙也。其門人范某（失名）專學惲氏晚年一種書，甚肖，不可不細詧，惲氏四十歲以前，山水似學石谷，其時與王氏往還最密，而心服王氏亦最至，往往二人合作，筆墨融洽，至不能分辨也。

石濤畫人物最佳，遠勝山水，山水則愈細愈妙，後之學者，從橫暴處求石師，遠矣。

羅兩峯全學石濤新羅二家，而法度縝密過之。

金冬心親筆畫至拙雅，用筆純以隸法出之，其工能者全出兩峯代作也。

汪巢林畫梅，全從王元章得來，但以時尙之故，都涉浮躁便下一等矣。

淸代無一人能畫北宗，惟王石谷方環山略有數筆。

耕烟早年學大癡極佳，晚年倣大癡最無味，不知何故，又耕烟學北宗，雖曰趙千里劉松年，實則氣味僅止於唐子畏而已，蓋其早歲得力途徑，終不可脫也。

石谷畫自三十至四十，頗見風韻，與南田絕相似，四十以後至六十，爲中年最精能之時，六十以後，漸趨鬆懈，至七十左右，爲最退化時期，僅存糟粕，凡長卷大幅，往往由門弟子代作，稍自潤色，整齊停勻，便乏遠韻，人詆訶石谷，大半爲此，八十以後，則老筆紛披，復入佳境，愈簡愈辣，此種工力，非他人能到矣。

法黃石畫，頗乏結構，亦不講求筆法，用墨尤有傖父氣，不知何故有人譽爲上乘，偶畫松石小品，尙可玩味，大幅山水，則愈繁愈劣，愈密愈俗，可知能繁密亦非易事。

張玉川嘗爲錢維城維喬代筆，余見過一二軸。

董邦達眞迹，學西廬染香石師，筆法圓厚蒼辣，與細密一種，大相逕庭，又有一種乾老者，大似蓬心，不知蓬心曾爲董氏代筆否。

元人書法可謂全學松雪，即鮮于太常亦爲松雪所薰染，餘無論矣。徐天池書法極妙，用筆用墨俱精到，雖狂放外發，而蘊籍有度，非漫然也，獨其畫則未見佳本，豈百無一眞耶，惟故宮有雪蕉石榴二軸，劉海粟家山水一軸尚好。

程孟陽偶畫黃山，眞有師法造化之妙，合南北宗於一鑪，自居石濤瞿山之上，孟陽嘗師葉原靜，原靜爲戴文進弟子，故有北宗遺則也。

程孟陽師葉原靜，原靜畫世不多見，或有未知其人者，曾見緞本一卷於潘子博山家，運南宗氣運於北宗格度中，舊爲梁眞定物，有其題字，此外無他觀也。

江貫道學巨然，可謂形神俱似，吳仲圭亦然，但仲圭絕不似貫道，此中最堪體會。

王叔明全師華原松雪，晚年融混兩家，自成一格，小樹亦師巨然。南田翁深得馬和之用筆法。

漁山淳厚處，乃從李營丘來也，世間李成畫僞本甚佳者，安知無漁山狡獪邪。

世傳漁山畫多四十四歲以前，七十五六以後，蓋中年在澳門耶教修道也，故眞跡至尠，常見有一種欵書扁形甚惡陋者，皆一人僞造，特難索阿誰耳。

謝時臣頗作宋元僞本，若巨然子久等，所見不鮮。

趙善長徐幼文輩，筆法相類，皆從巨然郭熙得筆，實與王叔明同一鼻孔出氣，特無叔明精嚴奇偉耳。

故內藏馬遠華燈侍宴圖有二，一有欵，一無欵，清高宗御題，俱已注明，或謂二畫皆遠筆者非也，其無欵者必當時院工摹馬之作，筆力亦較弱，山角略有不同，惟南宋帝子題字則一。

觀巨然秋山問道圖，方知江貫道工力不淺，其千里江山卷，一步一趨，處處逼眞巨師，故內又有無欵山水一方幅，今題作宋人者非是，實亦貫道筆也。

董北苑洞天山堂圖與高房山雲橫秀嶺似出一手，殆亦高筆耳，上方皆有王覺斯丙戌題字，標題洞天山堂四字，余定爲明嚴嵩筆。

顏魯公書張令曉告身徐季海朱巨川告身，二卷皆元人僞本，而前賢藏者俱重視爲至寶，亦有厚幸也。

梅竹雙清卷，今在故內，前段王元章畫梅後段吳仲圭寫竹，元章之梅，長篇題字數百言，占卷紙十之七八，畫僅疏枝冷蕊，草草半截而已。似非完璧，此卷亦載墨緣彙觀。

戴文節以石谷之筆法，運南田之神韻，每嫌拘束太甚，不若湯貞愍之清曠灑落，湯氏眞跡甚少，世傳孱弱一種，贋鼎也。

王叔明書學宋思陵，晚年始參趙意。

金孝章邵僧彌畫梅一而二，二而一，格度全同，所異者，金氏略重，邵氏略弱而已。

新羅筆趣甚佳，所作以禽畜爲第一，人物花卉，皆入逸品，獨山水全不入格。

魏晉人物志

文載道

一部二十四史，不知從何說起？這確是前人的「語不我欺」。即使斷代論史，也並不是怎樣容易的事。因此，要想將幾千年前的魏晉風物，於極其匆促的時間中，而又出以隨筆的形式，其結果之無當大雅蓋也不言而自喩了。

然而我對魏晉人之風流綽約，雖然說是浮光掠影的一瞥，但衷心的喜愛却是由來久矣。急景霜天，大家正在忙着「過年」，而我却抱殘守闕的以獺祭來排遣歲暮，然則不爲志士所怒目橫眉也其「幾希」乎？

這裏爲了紙墨有限，材料缺乏，只好將人物當作中心，而又只能略略的提出幾個，恰如寒夜客來茶當酒，竹爐湯沸火初紅之旁，跟幾位喜歡「清談」的朋友，信口上下極目古今，藉以作姑妄言之的資料。不過因魏晉與六朝似有一脈相通之處，故其中也有引自六朝時的史乘。

我們知道，魏晉時代的政治雖說黑暗混沌，烽火起迭，眞弄得所謂「如蒼生何」，但在思想或文學上，却自有他浪漫的、姝麗的意義。一般敏感的士大夫都熱誠的想從傳統的覊軛中脫穎而出，亟於求獨立特行的解放，對固有的道德禮法則唾棄蔑視不遺餘力，「禮豈爲我設也」之聲，正可代表多數苦悶的人大胆的見解。一方面，他們還以聲色藥物，自然藝術，旨酒異服作心靈的慰託麻醉的工具。一方面，則被後來的正統派如韓退之等所大聲呵斥的釋氏莊老學說，都乘機抬起頭來，於是放縱和超脫的空氣，就不斷的氤氳於那個時代。而發展下去，復有六朝唯美主義文學的產生，有晚唐脈脈含情詩詞的風行，而唐代佛學之盛，尤不能不歸源於她的孵育。顧迴瀾在綱鑑合編「兩晉總論」中評曰：「當時曠遠之士，皆優遊竹林，棄禮法如土梗，視義理如桎梏，而風俗日以頹蔽。」他是代表正統派方面的見解，對於這些「曠遠之士」的言行，當然有所不滿。他們甚至以爲後來五胡之亂中國，也多少要由這些文人負責的：「其最爲失策者，雜夷之種茹血食腥，本非人品，顧乃處以內地，而郭欽之疏不行，是種荆棘於良田，養虺蛇於室內也。」其次，魏晉的「在上者」對於人材的羅致很亟切，以「有治國用兵之術者」爲唯一標準，所以「至於求負汚辱之名，見笑之行，不仁不孝」之輩也在所不計。而開這種風氣的，則是曹孟德。——以上的說法，見於顧亭林的日知錄（卷十三）。而他對當時清談跅弛之士也憎惡甚力，故對曹氏尤表悻悻之色。但清談與顧氏筆下的「清議」，其實是殊塗而同歸，並非全無心肝之輩所能參與。例如六朝的風氣，固可說是浮薄極了，但清議之堅持却也使人心有所向背，註釋日知錄的淸人楊繩武（字文叔吳縣人）說得好：

「蓋當時士大夫，雖祖尙玄虛，師心放達，而以名節相高，風義自矢者，咸得徑行其志。至於冗末之品，凡瑣之材，雖有陶猗之貲，不敢妄參乎時彥，雖有董鄧之寵，不敢肆志於淸流，而朝議之所不及。鄕評巷議，猶是倚以爲輕重。故雖居偏安之區，當陸沈之後，而人心國勢，猶有與立，未必非此數者補救之功，維持之效也。……淸議不復重，而小人無忌憚，君子無所執持，鄕里之所不齒，而忝司民社，名教之所不容，而出入化權。……使六朝諸賢，遺風未泯，猶是以振末流之委靡，迴狂瀾於旣倒，亦人心風俗之一救也。」

此就當時情勢而論，（自魏晉至六朝）則清議或清談的力量也可顯見。如中國的喪禮，向爲士夫之家所重視，下述二事，就因居喪被清議而致沈頓的例：（一）陳壽居父喪有疾，使婢丸藥，客往見之，鄉黨以爲貶議，坐是沈滯者累年。（二）阮簡父喪，行遇大雪寒凍，遂詣浚儀令。令爲他賓設黍臛，簡食之，以致清議。廢頓幾三十年（見日知錄）。這看出清議在上流社會的効力之大，動輒可以左右一人一姓的榮辱。而其原因還在當時門閥觀念非常濃厚，因而對家世良莠，流品醇雜也選擇很嚴，正像無友不如己者一樣，對於品第卑陋，或言動有不合他們「清化」的便加以排斥。在優生學的立場說來，或者也是未可厚非的了。世說記紀僧眞得幸於齊世祖，嘗請曰：「臣出自本縣武吏，遭逢聖時，階榮至此，無所須，惟就陛下乞作士大夫。」上曰：「此由江斆謝瀹，我不得措意，可自詣之。」僧眞承旨詣斆，登榻坐定。斆顧命左右曰：「移吾床遠客！」僧眞喪氣而退，以告世祖，世祖曰：「士大夫故非天子所命。」而梁朝羊侃見宦者張僧允來候，侃竟會大聲的說：「我床非閹人所坐！」根據這些事情，使我們知道，士大夫階級之在當時，竟至連皇帝都無法支配他們的意志！甚而皇室向豪閥著姓求婚，其成敗連帝皇自已都沒有把握。那末，這也莫怪紀僧眞等亟於向士夫攀龍附鳳的了。而這一點，亭林也不能不承認：「天下風俗最壞之地，清議尚存，猶足以維持一二。至於清議亡，而干戈至矣」。又說：「晉宋以來，尤重流品，故雖蕞爾一方，而猶能立國。」要而言之，清談固可以流爲專門憑空嚼舌，不負責任如宋人之築室道旁然，但說到積極起來，則上面舉的幾個例子，似乎連本來反對者也爲之改變成見，向好處看去。

說到魏晉人物的特點，不外任誕玄虛和矯情。囚首垢面而談詩書。捫蝨而談時務。面上敷粉，招搖過市諸如此類的放浪絕俗之行。甚至號稱「至聖先師」的後裔孔文舉，對於母子的關係，會說出這樣的話：「母之於子，亦復何親，譬如寄物瓶中，出則離矣。」這在連孝經都要僞造的國度裏，自然是大悖於天理人情之狂說了。——豈但狂說呢，連孔君的頭顱也因此動搖了。雖然在今天，我們却不能不認他有點說着眞理。而要觀察魏晉人物種種離奇的狀貌言行，我們可以從葛洪的抱朴子「疾謬篇」中略窺一斑：

蓬髮亂鬢，橫挾不帶，或褻衣以接人，或裸袒而箕居。朋友之集，類味之遊，莫切切進德，誾誾修業，改過弼違，講道精義。其相見也，不復敘離闊，問安否。賓則入門而呼奴，主則望客而喚狗，其或不爾，不成親至，而棄之不與爲黨。及好會，則狐蹲牛飲，爭食競割，掣撥淼摺，無復廉恥。以同此者爲泰，以不爾者爲劣。終日無及義之言，徹夜無箴規之益。」

這是魏晉人物一幅生動的剪影，活活的畫出他們任情適性，驚世脫俗的姿態。平心靜氣的說，它流弊所及，對於社會秩序自不無影響。在少數士大夫有此傾向，尙可說聊備一格，無傷大體，但如其每個人皆昏頭昏腦的效法起來，「其如蒼生何！」所以桓溫之登平乘樓而眺望中原也，不禁感慨言之曰：

「遂使神州陸沈，百年丘虛，王夷甫諸人不得不任其責！」

可是反過來說，所以有如此反常的行爲者，政治的壓迫實爲一重要因素。其次則是莊老虛無哲學的啓發，而莊老是主張歸眞反樸的。他們看到政治的黑暗混亂，一面篡奪竊攘，一面却又有各式巧妙的藉口，什麼「禪讓」，什麼「任賢」，什麼「親民」，而實際不過是兵强馬壯者的好自為之耳，不過竊國者侯，竊鈎者誅耳。曹丕之取漢而代也，明明是篡，但他在登極時反厚顏的說道：「舜禹之事，吾知之矣！」眞虧他想得出。但也應該謝謝他這句讕言，使我頓然受到一種提示：這倒不是曹子桓之辱沒堯舜，而是眞正堯舜的所謂「禪讓」，也許就是像劉曹的這幕喜劇！推想下去，則伊尹放太甲，周公扶成王也未嘗不有王莽朱棣等的成份。不過這裏也就明人不必細說，否則，古今太史公輩只得眞去「牛馬走」了。

莊子說得好：物之不齊，齊之至也。因此，所謂虛無，其實却是執着。所謂放縱，其實却是嚴謹。所謂消極，其實却是熱烈。試看那些篡位竊祿，那一個不借着美麗的幌子，口口聲聲以蒼生為重。然而蒼生却愈來愈是「蒼蒼者或化而為白矣」，而名義上的玩世者倒是眞在濟民。譬如他們之不甘同乎流俗，合乎汚世，表面像煞遺世違俗，事實却是想把汚濁切離，賢不肖分明，而宇宙方才清淨平寧。無為而實有為！他們之於吉凶大禮，表面彷彿抱蔑視的態度，但這蔑視的是世俗繁瑣形式，而禮的精髓却是兢兢自守。何以見得？禮莫大乎誠敬。但世俗所奉行者只是禮之「表」耳，故要貫徹禮的內容，惟有不願同流合汚，不尙舖張點綴，而將內心的誠敬喪禮的精髓合而為一。此儒家所謂寧戚毋奢。最好的說明是阮籍之母喪。

據世說新語所載及劉孝標注所引鄧粲晉紀：

「阮籍嫂嘗還家，籍與見別。或譏之，（劉孝標注，曲禮：叔嫂不通問。故譏之。）籍曰，禮豈為我輩設也？」

又如同書所載：

「籍母將死，與人圍棊如故。對者求止，籍不肯，留與决賭。既而飲酒三斗，舉聲一號，嘔血數升，廢頓久之。」

母親將死，是命，非人力所可挽回，但是棊子的勝負却取决於人的手腕高下，不能遽爾停止。這是異於常情地方。但「既而」想到母子骨肉之情，即忍不住悲從中來。但普通人的哭母，止於躃踊號啕而已，他却「舉聲一號，嘔血數升。」這又是異於常情地方。而其特色便是眞誠。要眞誠，就只能適其情，任其性，而要「適」，要「任」，就只得撤去通常的束縛與習尙。不然，如只求形式的乾號幾聲，便不會有「嘔血數升」的徹骨悲痛了。其二，人情於別離之際難免有所依戀，但禮法的「不通問」又將人情生生隔住了；故要表現至情，即感到「禮豈為我輩設」了。蓋「見別」既是人情所不能已者，則縱使男女之防也必須將它衝破。反之還就禮法而本性反無所寄託。無怪他的大人先生傳說：「不避物而處，所覩則寧；不以物為累，所逌則成。徜徉足以舒其意，浮騰足以逞其情。故至人無宅，天地為客；至人無主，天地為所，至人無事，天地為故。無是非之別，無善惡之異，故天下被其澤而萬物所以熾也。」這種思想，簡直就是莊老學說的翻板。而「家以慧子殘，國以才臣亡」云云，也與聖人不死，大盜不止，剖斗折衡，而民不爭之說恰相合拍。換一種說法，一切外在的形式都是虛偽的、空洞的、機械的，惟有內心所蘊涵的悲歡方是質樸醇正，而世俗却偏以形式是尙，並且託着聖人賢哲的種種幌子，故而必須打破傳統的拘束，才能消滅自私的慾壑，寃親平等，物我兩忘，人類才能過平寧而無間隔的生活。像上述的孔文擧，他雖然將母子之親看得如此透徹淡漠，但在嵇康的家誡裏却說：

「不須作小小卑恭，當大謙裕；不須作小小廉恥，當全大讓。若臨朝讓官，臨義讓生，若孔文舉之求代兄死，此忠臣烈士之節。」

這也可見得他們這些人，並非完全的無視於骨肉之情。不過在平素是處之以漠然，一到了重大關頭，却自有忠烈的至性。這是說，一種（世俗）是由外而內，看形式重於精神，一種却相反，由內而外，視精神爲最高表現。所以捫蝨可談時務，囚首可讀詩書。蓋小小的卑恭和廉恥不妨忽略，至其大而遠者却不可輕易放過。而嵇康的兒子嵇紹（字延祖）也正是一位「誕於行己，不飾小節，曠而有檢，通而不雜」的達士，故其曠疏通脫原也生有自來矣。

據史載嵇康被晉文王殺後，（紹十歲而孤）山濤曾勸紹入仕於晉。紹時本欲辭不就，而濤勸以巧言，始行。故顧亭林斥山巨源爲邪說之魁。而紹卒於蕩陰之役中以身殉帝，血濺御服。及事定，左右欲浣衣，帝曰，「此嵇侍中血，勿去！」初，紹以父得罪靖居私門，山濤領選啓晉武帝言曰：「康誥有言，父子罪不相及，嵇紹賢侔却缺，宜加旌命，請爲秘書郎」。帝謂濤曰：「如卿所言，乃堪爲丞，何但郎也？」乃詔徵爲秘書丞。紹入洛時或譽之於王戎，謂稠人中見紹，昂昂然如野鶴之在鷄羣云。而戎曰：「君復未見其父耳。」足見嵇氏家風，在魏晉時是何等爲人所稱羨。不過顧氏之斥山濤與不直紹之入仕，謂其「犯天下之不韙而不顧，」也有他的理由。蓋嵇康既爲魏之中散大夫，且爲司馬氏所殺，是本屬君父之仇，而巨源復爲嵇康絕交的人。尤爲一反迺翁初衷。但陳承祚的三國志却將紹載在「忠義」中，則以其殉蕩陰之難也。並謂「古人有言，君子殺身以成仁，不求生以害仁。又云，非死之難，處死之難。信哉斯言也！」因此，將忠臣義士表而出之，其意蓋欲「旌晉氏之有人焉。」此殆因陳氏在當時所處地位，不能不作此種論調；而顧氏因明遺臣立場，且又屬重視名教的正統派，其評濤之與紹也，自有他皎然的用心，正是仁智之間，各有涵蓄。

記得章太炎先生曾經竭力的稱贊過魏晉文章，謂其歷來文體中之最有法度者。這的確是不刊之論。而章氏自己，也就最能得魏晉的那種樸厚清峻，蒼勁縣密的氣韻與風度，至於章氏而後，能再得此種遺緒者，或謂會稽周樹人先生一人而已，而動輒「吾家太炎」的章老虎却直類野狐參禪云。（說似出吳文祺氏「百年來中國文藝思潮」，文載開明板學林。惟記憶或有誤，原書塵封致無從遽定。但却說得非常扼要中肯）。我們只消看一看周氏所作的幾篇古文——尤以「漢文學綱要」爲最——令人感到蒼涼鬱茂，於質樸中而又不失嫵秀之致，可謂上追魏晉，下承餘杭。而說到魏晉的文章，則曹氏父子固無論矣；如陶淵明詩文，王逸少蘭亭，一則沖淡，一則風流，較之其他文人，似乎更其表現出他們本身的風格志尚。他如嵇阮之徒，其人其文，也使讀者像身對秋盡江南的暮色，那曠遠的、悲涼的、及委婉的意境，於欣賞盤桓之餘，不自禁地引起一番流連光景的情調，似輕快却又似哀愁，而最不可及者，尤其是那種氣氛。到了六朝則色澤又加深起來，但其淵源却依然同是一支一脈，不過凝聚的處所多了，於是或爲淵泊，或爲江河，或爲溪壑，而風光也就更其明淡宜人了。——我覺得就是二十四史中，彷彿也以晉書的文情特別雋永，所以書中的人物能常常令讀者縈迴眷戀。隨手舉他一例吧：是前引山巨源爲吏部郎時，嘗舉嵇叔夜以自代，嵇遂報之以絕交書。那信中很率直的說山濤是「傍通」，是「多見而少怪」，而自己則「直性狹中，多所不堪。」文字跌宕委婉，足當魏晉文章的代表作。中有一節尤可算是他個性之素描：

「少加孤露，母兄見驕，不涉經學，性復疏懶，筋駑肉緩，頭面常一月十五日不洗，不大悶癢，不能沐也。每常小便，而忍不起，令胞中略轉乃起耳。又縱逸來久，情意傲散，簡與禮相背，懶與慢相成，而爲儕類見寬，不攻其過。又讀莊老，重增其放，故使榮進之心日頹，任實之情轉篤。……阮嗣宗口不論人過，吾每慕之，而未能及。至性過人，與物無傷，唯飲酒過差耳。至爲禮法之士所繩，疾之如讎，幸賴大將軍保持之耳。吾不如嗣宗之賢，而有慢弛之闕。又不識人情，闇于機宜，無萬石之愼，而有好盡之累，久與事接，疵釁日興，雖欲無患，其可得乎！」

這裏面所說爲禮法之士疾之如讎云云，蓋即日費萬錢之何曾，而大將軍則爲曹操。因何嘗斥籍敗傷禮教，進讒於曹，宜投四裔，而操卒不聽。其下面則列舉「必不堪者七，甚不可者二。」其最後目的，原是想隔絕這浮囂激盪的塵俗，以願守陋巷，敎養子孫，時與親舊敍離闊，陳說平生，濁酒一杯，彈琴一曲以保餘年罷了。這在我們的激進之士看來，自然是「逃避現實」，罪大惡極了。但是那時政治的黑暗，做人的艱苦，也實在令人哭笑不得，進退兩難。特別是對於負有才望的士大夫，非逼着你投入政治的夾縫中不可。因此，倘要跳出漩渦，潔身自好，就只有佯狂玩世，或在藥石與酒食中作自我的痲醉、寄託。我們如果設身處地代他們想一想，恐怕也得稍爲寬容一點。人總得有一個着落，要不彈琴賦酒，「敗壞禮法」，那末反過來武就得持劍戟，文就得舞刀筆，爲禮法撑腰，爲綱常說教。而這所謂禮法綱常，也已經過當時的權力者的調和，失去原來的光澤，換一句話，即等於替有權有勢者特定的禮法効命馳驅罷了。而這又非「直性狹中」的人所能忍。正如看見自己所憎厭的人患着瘡毒，你如果對他面前大聲的呵責他臭穢，說是「有礙公共衛生」，他聽了一面固要勃然作色，對你不利；但一面也許聞而憬然，亟思治療，萬一治復常態，大家都覺得他缺點消除了，那豈非正是便宜了他嗎？而自己反受足他的損害。所以唯一策略還是對之「顧左右而言他」，或者說「今天天氣……哈哈哈」，或者手指着黃浦江的清風明月，而自己也庶幾可以保持平安。除此之外，又想不投進現實的濁流，又想對「民生疾苦」有所改善，古往今來恐怕也很少有結果吧。但是人們有時也眞是奇怪之至：一面是憎恨他對現實之消極冷淡，一面却又唯恐其有所「活動」，此正世上無如做人難也。——是的，做人實在太難，我們且回過頭來再說這位嵇叔夜先生吧。他的絕交信中不是有「甚不可者二」嗎？這第一不可便是——「又每非湯武而薄周孔，在人間不止此事，會顯世敎所不容，此甚不可一也」。

這樣的話在「言論自由」目前或者沒得關係，但在那時——那時又怎麼樣呢？自然也沒有什麼了不得，不過察脫一聲，頭顱和身體話別而已。

以嵇康的善於佯狂，懷着卑微的志願想保其餘年，而終無法逃過司馬氏之手，可見魏晉時政局，也眞是「喪亂死多門」了！

嵇康的臨刑，陳壽也把他寫得很有聲色：「康將刑東市，顧視日影，索琴彈之曰，昔袁孝尼常從吾學廣陵散，吾每靳固之，廣陵散於今絕矣！」臨難如此從容，在常情或不免目爲矯情。但鄙意以爲人到這時，反從一切紊亂緊張的情緒中解放出來，心無他屬；由劇烈的激盪歸於凝靜肅滅，情知專一。正如酒醒夢迴，夜闌燈盡，剛才的絢華與豪奢已經過去了，屬於別一個世界了，現在又須另入於一個世界，徘徊之餘反而醒悟，反而執着。萬緣之外尙有一念未泯者，即爲昔日酷愛之廣陵散！猶如魏武臨逝，它皆解脫，而却營營於分香賣履也。後來金聖嘆臨刑以花生與豆腐干同食傳與獄卒，及陶岳五代史補所記，江爲臨刑所賦「黃泉無客店，今夜宿誰家」的五絕，都是同樣的作用。後者並且自己說明是仿嵇康故事的。附筆於此，以作佐證。世欲作「死之研究」者，其或有所取乎？

談「戀愛至上」

僉忍

我已決心脫離這尊嚴的講座，「甘居下流」，而降爲四民之末了。「門牆桃李」既從此遠矣；而「自已的妻子」（註一）也不復是「自已的」了；只賸得一個「母親的媳婦，」還爲我枯守空閨，支撐門戶，而母親早已不在人間，她不久也可以爲兒子娶進一房媳婦，以娛樂她的晚境。我呢，孑然一身，將從此飄飄蕩蕩，混在商人隊伍裏面，持籌握算，與文字絕緣，另外開闢一個天地了。因此，回想這二十年來的悲歡離合，有些久蓄於中，而未嘗敢出於口的，現在都想痛快的訴述一下。我不必再有所顧忌，即使道學先生要罵我「名教罪人，」我也決不抗辨。只是這樣的一篇大文，有沒有一種刊物可以胆敢披露，倒是使我惴惴於心的。

在這兒先得聲明：古往今來普天之下，凡是達官貴人，豪商大賈，甚而學者名流，理學名儒，有幾個不是家裏有着兩位或者兩位以上的太太，有名正言順的，也有非正式的；更有所謂外室外婦，不便養在家裏的，不知又有幾多。中國雖然是男權的社會，一向實行多妻制的國家，可誰也不敢明目張胆，公然提倡多妻；一般人只能先是偷偷摸摸的弄得木已成舟，無可奈何，才公開出來，現在則美名曰自由戀愛，於是重婚同居等等的美名也跟着來了。我想，文明與野蠻，原沒有一定的界限，不見得只有一夫一妻制才是文明，一夫多妻制或一妻多夫制便是野蠻。人的意義，雖然非常廣大，不一定要在兩性間造成不朽之業；但是「食，色，性也，」「飲

食，男女，人之大欲存焉，」孔孟大聖，固早已知之，我們豈得忽視？我以爲奧國的精神分析家弗洛伊德（Sigmund Freud）說過的一句話：「往古今來人間一切的事業，都發動於男女兩性間的色慾」，才是一語破的，一針見血的最中肯的名言。人固然未必都有着色情狂的病患，但愛美的心理，誰沒有呢？因愛美之故而身體上發生一種熱力，散布開來，萬一竟有人受了感應，而機會湊巧，遂得衝破了禮教的樊籬，做出了越軌的行動，甚而欲罷不能，從此多事，誰說是非法的呢？我根本懷疑這所謂文明國家的禮教法律，什麼男女大防，什麼姦淫有罪！試問這禮教法律是誰定的，他自已有沒有人性？這問題的重心，只在是不是「雙方情願，」而局外人實沒有置喙的餘地；更談不到犯法不犯法了。然而天下紛紛，偏有一般吃了白米飯沒有事做的有閒階級，採風問俗，多管閒事，於是男女之間，從此喪失了自由，悲歡離合，便永遠鬧不清了。

假如眞有所謂「戀愛至上主義」這好聽的名詞，那我便是這主義的信徒。童年的時代，便已鬧過不少的同性戀愛的故事，至今還想得起來，當時所最愛讀的文章，是尤西堂的「哭湯卿謀文」。因爲自已也長得相當俊秀，大有「顧影自憐」之概，所以凡是少年同學，便沒有一個不喜歡和我親近。這種生活，一直從小學起到大學畢業爲止，才告結束，時期不可謂不久了。可是正常的兩性之愛，反而沒有機會發展；眞正的愛情根苗，幾乎被窒息死了。所以到了後來，便不自覺的旁枝逸出，鑄成了好幾次的悲劇，我可以說是爲主義而犧牲了。

我所謂旁枝逸出，就是在結婚以後所發生的戀愛故事，對象都是中等學校裏的女生，（有好幾次她愛我而我不愛她的故事，在此一概不提；這

裏單就最重大的兩次來說。）我是一個已經結過婚的男子，論理是不應該再鬧這種故事。但是，她們的愛我，是無邪的，尤其是無罪的。我之愛她們，當初也只是愛而已矣，絕對沒有佔有的意思。然而人總是人，有幾個能够做到「懸崖勒馬」呢？曾有一位小姐，不但早已訂婚，而且于歸有日，不知怎的，我倆竟相愛了。她勸我出走，我沒有如命；她要我跳海，我也沒有答允；她病了，嫁了，我也病了，離開了那個學校。這眞是所謂「百事翻從缺陷好，」我忍痛一時，彼此倒是都無遺憾。我留下了五十首的「江城雜詩，」和二十多首的小詞，把這故事結束了。我痛心之餘，生趣毫無；不料事隔五年，同樣的故事接着又發生了。讀者諸君，有能體味得到，一個快近中年的男子，不得於妻子，無心於事業的苦悶心理嗎？我那時正是這裏的一個三十歲的男子。

我正讀着夏丏尊譯田山花袋的「棉被」時，却有人有意無意的送來了一冊魯迅和許廣平的「兩地書」。我既敬佩「棉被」中的老教授能够懸崖勒馬，同時也未嘗不愛「兩地書」中的「小鬼。」我倆的大錯，就是這樣的鑄成了。我是近於女性的人，優柔寡斷，常常處於被動的地位，然而愛她則是眞誠。她呢，剛毅果決，是頗近於男性的，常常處於主動的地位。而愛我却只是一種好奇心的驅使；因爲她常常看見我愁眉不展，一定有什麼重大的心事，立志要發掘我的秘密，——說得冠冕一些，簡直是要想拯救我於苦海沈淪之中，而希望我能有一些作爲，她願以整個的愛來扶植我。我於感激涕零之餘，遂也不惜犧牲名譽，地位，父母，妻子，兄弟，朋友，和她訂了白首之約。而誰知到了十年以後的今日，我不自振作，有負於她，使她的理想完全不能實現，於是又剛毅果決的與我離異了。

× × × ×

以上把這個「戀愛至上主義者」的事實背景說清楚了，然後再來發揮我的理論，才見得不是無的放矢，而是有爲而發的。

說起「師生戀愛」，常人都以爲「大逆不道；」一般道學先生，簡直看得和「逆倫案件」同一非法；在學校裏面談起這一種事，往往要視同「洪水猛獸，」一遇到這種事件的發生，自然得彼此識相，各自辭職退學爲妙，這就叫做「整飭風紀。」我在十年前曾作了一篇「教員四箴」，其第一箴曰「蠢」，文曰：

吁嗟教員，無取髦俊。必焉老醜，庶乎忠信。男女大防，宮牆萬仞。文采風流，實姦之逞。一箴曰蠢，守之勿擯。

就是爲此而發。然而我總不了解，這一羣人物懷抱的是什麼心理，根據的是什麼理由，中國的社會，男女之間，本談不到有什麼正當的社交——在各機關裏面，男職員對女職員調戲則有之，偕同出入於歌場舞榭則有之，高級長官把美麗的「花瓶」拿去「金屋藏嬌」則有之，然而並不會聽到有什麼的非議。獨於學校裏面師生之間，只要一涉戀愛，便斥爲大逆不道，寧非怪事？假如戀愛的條件，要考慮到雙方的年齡、學識、技能、品性等等，而不僅僅以美色金錢爲惟一的交換條件，那末試問，除了學校，還有什麼機會比它更容易彼此了解？除了師生，還有何等人比他更合於條件？而且夫婦的生活，畢竟是黑夜少而白天多；擁抱的時間暫，而傾談的時間長。彼此要能在師友之間，然後可以互相策勵，在學問事業上有所成就。要是知識程度不能相當，思想頭腦截然兩個世界，即使男的有錢，女的有色，也只能算作「收付兩訖」，「各得其所」，恐怕難以看作合理的夫婦吧？然則師生戀愛，豈不是最理想的結合？

中國的古禮，男子三十而娶，女子二十而嫁，在年齡上，是最合理的。晉荀奉倩曾說：「婦人當以色爲主，而德不足稱」，雖然說得未免偏激一些；但是打開天窗說亮話，你選擇愛人：第一個條件便是什麽？孔子說：「吾未見好德如好色者，」這是天經地義，女人自當以色爲最重。可是「色衰愛弛，」也是古有明訓，而女子偏偏比男子容易衰老，往往有年齡相等的夫婦們，丈夫還是和少年時代的英俊可愛，而太太便已老態不可掩飾了。在理論上講，這正是女人的偉大處，這正是她養育兒女，服務家庭的勞績的表徵，做丈夫的，應該加倍的尊敬她，愛護她；但是事實畢竟是事實，這樣的一對夫婦，看上去總有些不大合式，因此年齡的差度，也是夫婦間極重要的條件。至於一個男子到了三十左右的年紀，學問事業，多少總有一些成就；即或不然，能够自立與否，這時總該可以看出，結婚既然是終身大事，尤其是女子方面，一經出嫁，她的命運便注定了（當然有例外的。）與其憑信家庭，憑信社會，來胡亂擇配，何如在學校裏面自已努力，固然同學之中，未嘗不可物色，可是年齡、學識、技能、事業等等，往往不能合格。（因爲她們嫁人，總得選擇一個什麽都比自已高一等的。）然而「如花美眷，似水流年，」一個女孩子，禁得起三年五年的蹉跎嗎？所以在我以爲，師生戀愛，實在算不得罪大惡極，倒是最適合於戀愛的環境，條件，而是天經地義，戀愛正宗，絲毫不容非議的。只是在這個人欲橫流的時代，金錢的勢力高過一切，那些窮酸的教師，自然不够資格，教師自已大概也不敢作此妄想了。那末還是聽憑他們去「收付兩訖」吧。

×　×　×　×

以下論重婚與同居。

記得袁中郎有幾句話，說妻拏之爲累，「如衣敗絮行荆棘中，步步牽掛。」然則「一之爲甚，其可再乎！」無如天地間的男人，沒有妻子的，總要千方百計的追求、憧憬、以達到他的目的爲止；已經有了妻子的，一方面固然擺脫不了；天天在怨恨詬詈，而一有機會，却又想另外發展，於是一而再，再而三，鬧個不休，使社會上桃色的新聞，便層出不窮的爲這大時代生色增光。那些豪門貴胄三妻四妾，根本把這結婚不當一回事，可以不必管他；和一般風流浪子，目的惟在肉慾；今天宿娼，明天狎邪，專在暫時的消受，也不値得一提。這兒所要說的，乃是一羣知識階級，戀愛至上主義者，儼乎其然，把這事看得十分嚴重、正經，決不是隨隨便便的露水因緣可比。於是有所謂離婚、重婚、同居等等的案件發生，而成爲一個社會的重大問題。這等事，往往因一念之差，抱恨終身的，所謂失之毫釐，謬以千里，甜酸苦辣，只有當事者自已知道，也許連自已還不很清楚。總之，是悲劇的多，而也未嘗沒有喜劇的成分在裏面。

從「當代名人」數起，則徐志摩、郁達夫、魯迅……諸公，誰不曾鬧過這等事來？甚而哲人如李石岑者，也逃不出這麽一關，終於把性命也殉了！天地之間，偏是知識階級，獨多此舉。要不是「得天獨厚」大概是「文人無行」吧。然而這却也難說得很。

在從前的時候，大凡一個二十左右的男子，只要是女人便好，誰做他的妻子都無所不可。姸醜可以不論，其他還要管什麽呢？所以父母之命也好，媒妁之言也行，橫豎只與老婆到手，便也木已成舟，胡裏胡塗過下一輩子的，正不知有多多少少。雖然有時也會感到所謂苦悶，也會有什麽艷遇；但除了豪門貴冑可以任意納妾，其他的知識階級，至多是寫幾首無題詩以寄託一些懷抱而已。也有為禮教所束縛，偶然遺留了一些桃色的故事，不久也便淡忘了。要如我家竹垞翁那樣的勇氣，在古代文人中已經很難得了。要不然，那只有涉足狹邪，向名妓中找出路了，明末諸名士，如侯方域之與李香君，冒辟疆之與董小宛，錢牧齋之與柳如是，吳梅村之與卞玉京，或迎歸私邸，或終於辭謝。可以說是一種變態的戀愛，而也是舊社會中兩性問題的一種調劑辦法。

至於近三十年來，情形便不同了。大凡現在中年以上的男子，家裏多半早已有看一位「明媒正娶」的太太。她們受的是舊教育，或許根本未受教育，離婚，就是要她的命，丈夫離了婚可以再娶，她離了婚將怎樣呢？不必說「人老珠黃，」難以再嫁，就是可以再嫁她也寧死不從。問題的癥結，就在這兒。於是權宜的辦法，便從此產生。因為現代文明國家的法律，都是禁止重婚的，表面上是在竭力標榜一夫一妻制的，所以一羣知識階級，一面既要維護法律的尊嚴，而一面又不能把情人放棄，於是家庭的糾紛，也便從此產生，「夫婦道苦」，社會上也便平添了許多「薄命人」了。

手段圓滑一些的，便先來一套掩耳盜鈴的「協議離婚」，報紙一登，便可以暢行無忌，再來一次結婚儀式也無所謂。否則，估量他太太不會多事，就也不管重婚不重婚，竟是這樣的幹了。胆小的呢，免得以後的麻煩，便與新人不聲不響的同居了事，橫豎與老家可以脫離關係，在新人其實也不必爭此一個儀式。這是現代戀愛至上主義者的結合方式。據說，徐志摩是採取第一式，郁達夫是採取第二式，魯迅翁與李石岑則是採取第三式（信否待考）。然而生死無常，愛河多難，徐志摩魯迅李石岑都已先後離開他愛人的懷抱，而一暝不起，郁達夫和王映霞也終於仳離興歎，現在都不知道流浪到什麼地方去了；達夫的生死，也許還頗可疑慮吧！這都可以說是為愛人而犧牲了。但我以為是值得的。

紀果厂先生曾經「普勸天下男子，已有配偶，不必再談戀愛」。而且說：「如果一個人真的把學問事業的趣味代替了好色之心，其為有成，殆不必說。」他的理論是建立在人道主義，功利主義上面，自然是很對的。但我則以為，一個英雄豪傑，學士文人，即使創下了頂天立地的事業，完成了千古不朽的名著，而竟沒有一個知心着意的愛人，在旁邊欣賞贊歎，亦復何必！亦復何必！英雄老去，名士還山，往往要感到寂寞空虛，就是這個道理。人生是多方面的，有的時候，功利主義也許會發生效力；但恐悠悠歲月，不能老是這樣的「功利」下去，總得求出一個精神情緒的寄託，安身立命的歸宿，才不辜負這寶貴的一生。何況一個人的學問事業，它的成功，雖不一定直接受著愛人的鼓勵幫助，但能說與愛人絕無關係嗎？古往今來，倒是有許多英雄豪傑文人學士的成功，全是為着他的愛人！紀先生何以如此小看她們呢？

至於說到人道主義，一對情人的「良緣」，誠然「不應該締結於另一人的血淚之上；」但假如犧牲一人，能够造成另一人的幸福，這犧牲還是必要的。因為夫婦之間，假如感情很好，或者彼此都覺得平平淡淡，繼續下去也無所謂，自然不會發生枝節，其所以有糾紛之發生，一定是覺得實在難以偕老，那末即使勉強維持下去，雙方也都是痛苦的，倒不如乾脆離開，或「遺棄」，反覺得心安理得，誰也不必再為誰遷就忍耐。所以在男的一方面講，如果不把前妻遺棄而她可以幸福的，自然不應遺棄；無如夫婦之間，若是已經到了非遺棄不可的程度時，則即使不遺棄，也不會使再有幸福可言，那末又何必戴着僞善的面具，維持人道主義，連自已和另一人的幸福都犧牲呢？在女的方面，也是如此，如果覺得有離開丈夫的必要時，也不妨乾脆一走，以造成自已和另一人的幸福，被遺棄的人是不值得可憐的。這也是「物競天擇」必至之結果，不管是自然淘汰也好，人爲淘汰也好，總之，優勝劣敗，適者生存，在戀愛圈中，是沒有妥協可以立足的。

不過重婚同居，究竟是不值得歌頌的，原因是不在一個已經結過婚的男子或女子不應再談戀愛，而在這種拖泥帶水的辦法，是不徹底的，「有情人」還是苦痛無窮的，我已經親身經歷過了。要是我來普勸天下女子，若是不肯紆尊降貴，屈居小星之列，則有婦之夫，任憑他怎樣的愛你，是不值得嫁的；即使是離了婚，名義上也還是不大好聽，何况是重婚同居。萬一你自已甘心，主動的愛上了他，那末就乾脆不顧一切，嫁他就是；不要到後來又得說那時是幼稚呀，是受騙呀，一大串的眼淚鼻涕，男人們是不管這一套的。我的第二個妻，當初是不顧一切的嫁了我，可是後來就痛心疾首的對我表示：「我以前忽視了這封建社會的勢力，沒有要求你徹底離婚就嫁了你，以致被你的家庭所輕蔑，社會所歧視，友朋所恥笑，害得我的父母也遭受了別人的奚落，我內心的痛苦、憤恨，簡直沒有言語可以形容。我以後如果再要嫁人，决不要有婦之夫，而且一定得舉行舊式的婚禮，才够味兒。要是沒有這個人可以接受我的條件，我就終身不嫁；而你，則是非脫離不可！」我雖然知道她另有隱情，但也很明白她的痛苦，經過兩年的委曲求全，磋商考慮，終於沒有挽回的餘地，只好忍痛分手了。回想十年以前的今日，正是在西子湖邊互相熱戀的時候，豈不痛心；然君子不以害人者愛人（註二），她有遠大的志向，難言的痛苦，犧牲了我，可以成全了她，我爲什麼不尊重她的意見，放還她的自由呢？這是不徹底的夫婦關係的下場，倒是可以普勸天下女子應該及早猛醒的。記得白居易新樂府中有兩句詩：「寄言癡小人家女，愼勿將身輕許人」，可以代表我今日對女子們的忠告。這責任不能全由男人們來担負的。

（註一）我有一位亡友先輩，他有兩句名言：「家裏的老婆，是我母親的媳婦？身邊的太太，才是我自已的妻子。」

（註二）女友某君寫給她一封信；有云：「什麼叫愛，是不相害；他害了你，愛他媽的！」

習傳散劄

班公

嘗謂讀書一事，不可不科學化，亦不可太科學化。不可不科學化者，不知加減，難懂乘除也；不可太科學化者，讀書必須俟興之所至，然後能每一字都打入腦中，不致目下了了，心裏茫然。若在暖洋洋的春光駘蕩之際，要我在午飯後讀書經禮記，其結果必定流於宰予一路，難逃朽木之誚。蓋欲安心讀書，則必須於天氣微涼，靜室獨坐之際矣。昆明是好地方，理由極多；而其中之一即在於使你讀得下書。不但讀得下，而且還能使你有記幾條筆記的心情。此地所引幾節，也還是當年舊抄；若以現在的心緒，是連短一點的文章都往往難以終篇的了。

我一向好讀傳記，但是對於我國訃聞上所附錄的行述之類却無甚興趣。西洋傳記之中，如行述之類實在也很不少，不過也還有幾本娓娓言來，趣味頗爲濃郁的作品，讀來倘不叫人昏昏欲睡。蓋做傳記與做廣告差不多，你不妨隱惡揚善，却切忌指鹿爲馬——明明這個人有些近視眼，你若偏要說他目力過人，其結果往往只會近於譏嘲。所「傳」之人，有些小小缺點，你正不妨也略略一提，因爲此等處倒反而能叫別人喜歡他，覺得有一種親切之感。至於其可「傳」之處，却當然就是傳記正文，應當大大渲染一番了——但是也不要太肉麻。國人似乎對於追輓錄和榮哀錄倒極生興趣，亦無怪大家之怕「吃力不討好」而不肯好好的學寫傳記矣。

一生

英國大儒孫士白律（Saintsbury）謂世界最優秀的傳記祇有五部，而洛考脫（Lockhart）的司各脫爵士傳佔第一位，鮑士威（Boswell）的約翰遜博士傳次之。另一英國名作家倪古爾（W. R. Nicoll）却以爲世界最好的傳記有六部，他以鮑氏的約翰遜傳爲第一，而洛氏的司各脫傳爲第二。我的書架上雖然說貧瘠得不成樣子，那本家誦戶曉的約翰遜博士傳倒總算有了，到現在還不免要常常拿出來翻翻。洛卡脫的司各脫爵士傳却是在昆明涉獵過的——我想西南聯大圖書館的館員靑子小姐（她寫得一手好散文，在宇宙風也常常發表文章）也許還記得我每天借這部書罷？

司各脫爵士我想不必再介紹了，林琴南譯的撒克出刧後英雄略就是他作的。他是「傳奇之王」，寫過無數專講英雄美人的歷史小說；生平尤喜搜集民謠，也寫詩，却沒有他的小說重要。晚年多病，不能執筆，便躺在病榻上口述，由他的乘龍快婿筆錄。有時隨說隨忘，等到筆錄好的全部小說交給他看時，他居然早已完全忘掉了。這位女婿極其崇拜他的泰山，一向愛護他無微不至；等到他死後，便爲他寫了一部極動人的傳記——這部傳記就是我方才提起的；而這位女婿也就是一躍而成爲英國第一流傳記家的洛考脫。

讀洛考脫的司各脫傳，正如讀吉朋的羅馬興衰史一樣，需要恒心，需要毅力，需要勇氣。全書厚厚十二冊！然而，這眞是一部不能不讀的好書，地位之高，並非偶然。洛考脫在字裏行間，莫不洋溢着一種誠摯的敬愛，文字更是簡練乾淨，讀之忘倦。最初看見這麼𡻕的十二厚冊，的確心存惴惴，却不想漸入佳境之後，竟然不忍釋手。然而我現在想講的倒還不是這部傳記本身，而是一件偶然的發現。這個發現却又是和聯大圖書館所藏的那一部司各脫傳有關係的。

原來聯大從舊書舖裏買了一些書。這一部司各脫傳也是舊貨，第一集的封面後頁，還貼着一張藏書票（印有拉丁文Ex Libris及藏書人姓名之長方籤條，鏤刻往往極精，亦猶我國藏家之精治鈐記也），上有Herbert E. Griffith的姓名，當然也就是該書的原主了。我有一天偶然翻翻，忽然在卷一的正文前發現一條從報紙上剪下來的記載，想來也就是那位原主人親手剪貼上去的了，却非常有趣。

原來司各脫爵士之生，竟在其生母已安葬五年之後！事實是這樣的，這張報上記載着——

英國伯明罕地方有一位喬治・麥唐納先生，他寫了一封信給倫敦的每日快報，就提起着這件奇聞。

麥唐納先生說，司各脫太夫人的可怖的遭遇，在數十年前即有一位文人曾加記述。

那時她還沒有出嫁，不知怎樣忽然昏迷不醒，請了許多醫生來看，都說是已經死了。全家哀痛之餘，祇好辦理後事，便把她安葬在當地教堂裏祖坟所在——她的母家羅瑟馥（Rutherford）氏本來是閥閱之家，所以特爲闢一區專葬自族中的死者。

是夜星月皆隱，黑暗如漆。不想那教堂裏竟有一個和尚，存心覬覦起來。他偷偷地走進了墓道，撬開了棺材！在搖曳的燭影中，祇見羅瑟馥小姐珠翠滿身，殉葬極厚。那和尚滿心歡喜，便去捋下手指上的戒指，可是那些戒指都套得很緊，急切間竟捋不下來。

那個恣不畏法的凶僧竟拔出利刃，去割掉死者纖指上的肌肉！

剛剛一縷鮮血慢慢沁出來的時候，潛伏着的生命力恢復了。羅瑟馥小姐張開了她的雙眸。她只覺得奇怪，迷惑。她叫了一聲，從棺材中坐了起來。

一陣峭厲的風吹滅了在罪人手裏搖搖不定的蠟燭，那驚惶的僧人覺得全身的汗毛都豎了起來，他發出了瘋狂的絕叫，如飛而逃。這叫聲驚醒了教堂裏面的執事，他們衝出來搭救了那位剛剛甦醒的「朱麗葉」。

羅瑟馥小姐雖然遭此巨險，然而終因調護得法，居然太平無事的又多活了許多年。

她嫁後誕生我們的「傳奇之王」時，已經在這次下葬的五年之後了。

二　老——死

天氣驟寒，在街頭走走，祇見寒風中飛舞着萎黃的落葉。微雨如絲，忽然想起了李叔同先生披剃前的一闋歌：秋風起，黃葉飄，秋氣拂林杪；往事依稀，夢影迢迢，零落憑誰弔？鏡裏朱顏，愁邊白髮，光陰暗催人老！縱有千金，縱有千金，千金難買年少！

原歌載中文名歌五十曲，配譜極好，有蒼涼沉鬱之致。老冉冉以將至，中年正是最多感慨的時候，何況李先生更是性情中人！我想在「鏡裏朱顏」四個字裏，已經伏下了日後大徹悟的根苗了。古今中外，描寫「死」而極美的，以前有丁尼生的「越限詩」（Crossing the Bar）；但以空靈超脫而論，弘一師「華枝春滿，天心月圓」八字可說是前無古人，後無來者的。然則他在中年時的感傷，到晚年已完全解除；我們看到上人絕筆時的「悲喜交集」四個蒼勁渾厚的字跡，祇覺得連哀傷都還是太淺薄了。

小孩子有時會希望自己長大得快一些，可以得到別人的尊敬。等到長大之後，却對於老之將至又不免存一種畏懼，所以美麗的少女要精研駐顏之術，威武的君王要找尋不死之方。哲人見之，固然是不值一笑，然而稍差一等的人就未能免俗了。

斯威夫脫（Jonathan Swift）不能不說是一個絕頂聰明的人。雖然他因飽經炎涼的世態，行文不免略嫌峻刻，但是若以諷刺的技巧而論，那麼他就可以說是箭無虛發，針針見血，筆鋒所指，奸邪無所遁形的。他不是一個聖人；他是一個才子。他並不怕老，可是對於老境却也抱了一種小心翼翼，如臨大敵的態度。我曾讀泰勒（W. B. Taylor）的斯氏評傳，其中就有這樣一段很有意思的材料——

「一六九九年，名政治家田卜爾爵士（William Temple——班按：斯氏曾任田氏幕僚，田氏在政治界極佔勢力，斯氏潦倒一生，惟佐田氏時稍稍得志。）逝世。斯威夫脫便立下了幾條大綱，預備在老年時一一遵守……他之視老年，猶失了戀人的少婦自傷身世。他覺得老年人必定是落落寡合，性格暴躁，容易發怒，自作主張，歡喜誇大，不大肯注意清潔，倒自以為比別人一概都強。他的一條條大綱便針對這幾點而發，其中有幾條是：

不和年青女子結婚。

不和年青人交朋友——除非他們自己願意。

不發皮氣，不搭架子，不疑神疑鬼。

對於新的習慣，流行的時式東西，新的人物，甚至新的戰爭等等，一概不表示看不起的態度。

不喜歡小孩子，不讓小孩子常常走近身邊。

對於同一個人，不把一只老故事講了再講。

不貪婪，不小氣。

不忽略清潔，以免惹得大家討厭。」

譯完這節，略有感慨。怕老固人之常情，而斯威夫脫這樣怕法却實在有些可憐了。實則，老境恐怕亦有可羨可愛之處，譬如說青年時不免火氣難脫，於是東跳西衝，撞得滿頭青腫才肯恍然大悟，說是要折節讀書了；而老年人則世故漸深，處處不肯認眞，却處處嘗到了人生的淡淡的趣味。再說，人必須到了老年才眞的成熟，慢慢的可以「從心所欲，不逾矩」了，青年却總是夾生的，英國人所謂「綠」（green）得不中用。青年時寫的文字最好不發表，他一過十年二十年重見舊作，往往第一個感想便是「想撕」。而老年倒也許可以做到「無悔」的地步，因為根本也沒有可以給他後悔的時候了！青年人正在很努力地唱着一齣火爆的武戲；老年人却只是靜靜旁觀——興來時他也許喝一聲采，也許自己也來凑一角也難說；而戲文如果不行，他却有不理大鑼大鼓之喧嘩，而悠然尋訪東籬黃華的自由。斯威夫脫又何必這樣極力歛抑，惟恐為青年所厭呢？

三　病

初聞勞倫斯（D. H. Lawrence）之名，還是在十幾年前剛到北平讀書的時候。那時北平正在翻印他的小說「賈泰藍夫人傳」，因為這本書有些猥褻的地方，在外國一向是一部禁書，所以北平聰明的書賈便不但把牠翻印，而且還特爲印了不少傳單，到各大學分送，記得傳單上還大書「雪夜閉門讀禁書」七個字。據說此書銷路很好，竟在兩三月內便連出了兩種漢譯本。（最近在「大衆」雜誌上連載的「蔡夫人傳」，也就是譯的這部分，不過恐怕是把可禁之處都先刪掉了的。）後來又在雜誌上看到了勞侖斯的幾封信，也看到幾張他的照片和畫像；此外又看了他幾部小說如「白孔雀」「虹」等等，却總覺得不甚高明，於是便想起：也許這個人本身倒比他的小說更有意思罷？所以在昆明燕卜蓀教授處借到金士密 (Hugh Kinsmill) 的「勞侖斯傳」的時候，便覺得很爲高興了。

從這本傳記中，我證實了讀他小說時所得到的印象——勞侖斯是一個完全病態的人。

文人在戰爭中的反應，有時實在令人難以測度。這次戰爭中，英國最優秀的女作家吳爾孚夫人 (Mrs. Virginia Woolf) 自殺了，她忍受不住戰時生活的極度緊張。在上次大戰中，勞侖斯也陷入了很深的病態。這時候，最難堪的是他的妻子，弗黎達 (Frieda)。

下面就是一段他們日常勃谿的描寫。那時名作家茂萊(John Middleton Murry) 和他的夫人曼殊菲爾 (Katherine Mansfield) 正和他們同居，所以見聞特詳，這一段便是茂萊講出來的：

「……戰事發生之後，勞侖斯的脾氣越來越暴燥了，他和弗黎達之間的僵局也就越來越多。勞侖斯不喜雪萊，痛恨尼采，而弗黎達却偏喜歡爲這兩位「哲人」辯護，往往惹得勞侖斯怒氣衝天。他便罵：

『胡說！你懂什麼雪萊？你知道些什麼東西？要是你敢再說一個關於雪萊的字，我就……』下面便有不堪形諸筆墨的字眼了。

有一晚，茂萊夫婦正坐在他們自己的屋裏，忽然聽見一聲慘呼，門戶飛開，弗黎達衝了進來。她大叫着，『救命呀，他要殺死我了！』

這是一間很長的房間，本爲友好們集會之所，當中安放着一只長長的桌子。弗黎達就繞了桌子橫衝直撞地奔逃，後面緊追着勞侖斯，也在高叫，他嚷着：『我要殺她！我要殺死她！』椅子都打翻了，茂萊好容易才保全了桌子上的一盞煤油燈。

雖然形勢如此緊張，茂萊却居然並不出而調停；曼殊菲爾也安坐在火爐邊上的坐位裏，連動也不動一動。忽然之間，只見勞侖斯頹然坐進了一張椅子，弗黎達也坐了下來，接着就是大家不開口——一個長長的靜默。一會兒，弗黎達起來了，回到自己家去。剩下三人，還是一聲不響，直到最後，勞侖斯也顫巍巍的站了起來，說聲『晚安！』也走了。

明天早晨，茂萊和曼殊菲爾倒放心不下，到勞侖斯房裏一望——却見他們倆正並肩坐着，勞侖斯正在靜靜地爲弗黎達修飾一頂帽子呢！」

勞侖斯是死了，但是他照片上一對憂鬱苦悶的雙眸却眞叫人難以忘掉。弗黎達還健在，默師前幾年歐遊時還見到她，說是一個「可怕的」女人。

近來很怕靜寂，因爲靜了就不免要胡思亂想，而想到可怕之處，竟可使我夜不成寐。心頭想說的話又往往不知道要怎樣說法才算是沒有碰痛別人，雖然我根本從無碰人之意。於是枕邊輒置往日筆記之類，時時翻閱；每值終宵魚目，便以自遣。偶然湊得幾條，適符「生、老、病、死」之數，而所記者總算還是大家有些記得的人，就拿來還「古今」的一筆文債罷。嗚蟬之漸無聲息，蓋亦未始不是因爲天氣太冷之故耳！

沈三白與石琢堂

葉德均

沈三白浮生六記一書中時常說到石琢堂（韞玉），坎坷記愁，浪遊記快兩卷中涉及尤多。記愁中一則云：

『琢堂名韞玉，字執如，琢堂其號也，與余爲總角交，乾隆庚戌殿元，出爲四川重慶守，白蓮教之亂，三年戎馬極著勞績。及歸，相見甚歡。』按石琢堂吳縣人，與沈三白同里。浮生六記首云：『余生乾隆癸未冬十一月二十有二日』。癸未是乾隆二十八年。石氏獨學廬全稿後附有吳諫獨學老人年譜，記琢堂生年爲乾隆二十一年丙丁，比沈氏大七歲，二人年齡相差不遠，「總角交」云云，似非誇誕之言。查年譜石氏於乾隆五十五年庚戌（一七九○）以一甲一名成進士，壬子（一七九二）充福建正考官，旋視學湖南，嘉慶三年戊午（一七九八）授四川遺缺知府，四年己未補授重慶知府兼護川東道。年譜記十年乙丑云：『閏六月到家，七月三十日葬蔣淑人於西磧山祖塋之西，……九月納姬陳氏，攜家之四川。』坎坷記愁云：『乙丑七月，琢堂始自都門回籍。……旋於重九日，絜眷重赴四川重慶之任，邀余同往。』又浪遊記快云：『是年九月，余從石琢堂殿撰赴四川重慶府之任。』查回里日期與年譜不合，疑是沈氏所記有誤。由這年九月起至嘉慶十二年丁卯（一八○七）二月止，沈三白即隨石氏歷游荊州、潼關、濟南等處，正式做他的幕僚了。

沈三白做石琢堂的幕友雖在嘉慶十年乙丑，但造意却在一年以前。嘉慶八年沈妻陳芸（淑珍）在揚州死後，次年其父稼夫又下世，三白奔喪回里，遭家庭的白眼，頗有遁世之意。後經友輩的勸告，纔徙居佛寺，靜俟石氏回里。坎坷記愁記此事云：

『青君正勸阻間，友人夏南薰字淡安，夏逢泰字揖山兩昆季尋蹤而至，抗聲諫余曰：「家庭若此，固堪動忿；但足下父死而母尚存，妻喪而子未立，乃竟飄然出世，於心安乎？」余曰：「然則如之何？」淡安曰：「奉屈暫居寒舍。聞石琢堂殿撰有告假回籍之信，盍俟其歸而往謁之，其必有以位置君也。」……余諾之。』這是嘉慶九年春夏間事，石氏回籍的前一年。三白原意是隨石氏赴重慶任，但抵荊州時已得石氏陞調的消息，遂止於荊州。坎坷記愁云：『逢森送余至半途，忽淚落不得，因囑勿送而返。舟出京口，琢堂有舊交王惕夫孝廉在淮揚鹽署，繞道往晤，余與偕往，又得一顧芸娘之墓。返舟由長江溯流而上，一路遊覽名勝，至湖北荊州，得陞潼關觀察之信，遂留余與其嗣君敦夫眷屬等，暫寓荊州，琢堂輕騎減從至重慶度歲，遂由成都歷棧道之任。』又浪游記快云：

『是年仲冬抵荊州。琢堂得陞潼關觀察之信，留余荊州。余以未得見蜀中山水爲悵。時琢堂入川，而哲嗣敦夫，眷屬及蔡子琴、席芝堂俱留荊州。居劉氏廢園，余記其廳額曰紫藤紅樹山房。……是年大除，雪後極寒。獻歲發春，無賀年之擾。日惟燃紙砲，放紙鳶，紮紙燈以爲樂。』

石氏年譜亦云：

『是年十月，公行次荊州，聞陞陝西潼商道之信，川中有經手事件，留家屬於荊州，單騎入蜀。』

次年四月石氏方由四川經棧道之潼關任，二月沈氏也由荊州赴陝西；而七月石氏又調山東按察使。浪游記快云：

『旣而風傳花信，雨濯春塵。琢堂諸姬攜其少女幼子順川流而下。敦夫乃重整行裝，合幫而走。由樊城登陸，直赴潼關。』又坎坷記愁云：

『丙寅二月，川眷始由水路往，至樊城登陸。途長費鉅，車衆人多，斃馬折輪，備嘗辛苦。抵潼關甫三月，琢堂又陞山左廉訪；淸風兩袖眷屬不能偕行，暫借潼川書院作寓。十月杪始支山左廉俸，專人接眷，附有靑君之書；駭悉逢森於四月間夭亡，始憶前之送余墮淚者蓋父子永訣也。嗚呼！芸僅一子不能延其嗣續耶！琢堂聞之，亦爲之浩嘆，贈余一妾，重入春夢，從此擾擾攘攘，又不知夢醒何時耳。』沈氏於浪游記快又記在潼關云：

『余居園南，屋如舟式，庭有土山，上有小亭，登之可覽園中之概。綠陰四合，夏無暑氣。琢堂爲余顏其齋曰不繫之舟。此余幕遊以來，第一好居室也。土山之間，藝菊數十種，惜未就含葩，而琢堂調山左廉訪矣。眷屬移寓潼川書院，余亦隨往院中居焉。琢堂先赴任。余與子琴芝堂等無事，輒出遊。……十月初，琢堂自山東專人來接眷屬，遂出潼關，由河南入魯。』

又明年丁卯，三白就他館，石氏也降官。浪游記快末云：『明年二月，余就館萊陽。至丁卯秋，琢堂降官翰林，余亦入都。』

從嘉慶十年九月到十二年二月十八個月中，沈氏歷經湖北、河南、陝西、山東四省，除掉舟車跋涉和伴石氏眷屬以外，只有十一年在潼關的三個月和在濟南的四五月是參與石氏之幕的；其中雖然因石氏宦跡遷徙無常，但他在石氏幕中似非重要人物，從石氏兩次先行赴任都留他與眷作伴，可以看出。石琢堂在十二年秋始離山東按察使之任，而沈三白在這年二月便就館萊陽，更可看出不是石氏幕友中的主要脚色，雖然二人的友誼頗爲密切。

石琢堂的近二十厚冊的獨學廬全稿，記載少時友輩的文字頗多，而涉及沈三白之處獨少。如戲曲作家沈起鳳，散曲作者沈淸瑞，都是石氏早年碧桃詩社的社友，全稿中有沈氏四種傳奇序（餘稿），蘇門六子詩沈起鳳簑漁一首（初稿卷一雲留舊草），題沈桐威燈謎遺草詩（四稿卷一池上集二）等，而沈起鳳古香林傳奇四種也由石氏任刪削而成。至沈淸瑞，全稿中也有沈芷生詞集序等文。而關於沈三白的僅有幾首題畫的詩詞。

其一見獨學廬三稿卷三晚香樓集（三），題沈三白琉球觀海圖詩：

中山瀛海外，使者賦皇華；亦有乘風客，相從貫月槎。鮫宮依佛宇，龍節出天家；萬里波濤壯，歸來助筆花。

按石氏原詩是編年體，此卷所錄乃庚午之作，時已致仕回籍。按庚午爲嘉慶十五年，距沈三白作幕山東時僅有三年。這時沈氏旣回蘇州又作觀海圖，則渡海赴琉球的年月，也當在這三年中。惜浮生六記原書已缺中山紀歷一卷，無從對照；但從這詩能約略推沈氏渡海的年代，已屬難能可貴了。再據詩中「使者賦皇華」一語看來，似沈三白隨朝使渡海到琉球的；獨學廬全稿附有散曲集花間樂府一卷，中有送齊北瀛編修冊封琉球北新水令一套，或者沈氏便是作齊北瀛的幕友隨員之類而去，也未可知。

獨學廬全稿後附有微波詞一卷，中有題沈三白畫二首；一是洞仙歌，題沈三白夫婦「載花歸去月兒高」畫卷時其婦已下世矣：

春光一輌，趁江流如箭，料想仙源路非遠。問劉綱佳耦暫謫凡塵，消受過幾度花明月黯！比肩人已杳，蕉萃崔郎，猶對夭桃舊時面。不用爇沉香，百種芳華早薰得眞眞活現；倘環珮珊珊夜深歸，算只有嫦娥當年曾見。』

微波詞不註作詞年代，不知作於何年；據「時其婦已下世矣」話看來，最早當作於嘉慶十年石琢堂回籍時，遲或至沈氏入幕之後。又這圖是沈三白自畫或他人所繪，亦不可知。閒情寄趣曾記：『楊補凡爲余夫婦寫載花小影，神情確肖』。或即是此畫卷。

別一首是疎影，爲沈三白題梅影圖：

最傷心處是瑤台圮後，芳華無主，不見嬋娟繪影生綃，翻出拈魂新譜。羅浮夢遠尋難到，空聽盡啁啾翠羽，夜深紙帳清寒，化作縞雲飛去。從此粉侯憔悴，看亭亭瘦影，相對凝竚，留得春光常在枝頭。人壽那能如許！二分明月，紅橋側有葬玉一坏黃土。想幽香已殉瓊花，不與蘼蕪同影。

詞中有爲沈氏悼亡意，亦當作於陳芸死後。這首在卷中列於洞仙歌後，似爲同時或稍後之作。

此外石氏又曾爲沈氏所藏月下老人圖作讚，閨房記樂云：

『世傳月下老人專司人間婚姻事，……時有苕谿戚柳隄名遵，善寫人物，倩繪一像，一手挽紅絲，一手攜杖懸姻緣簿，童顏鶴髮，奔馳於非烟非霧中，此戚君得意筆也。友人石琢堂爲題讚語於首，懸之內室。每逢朔望，余夫婦必焚香拜禱。後因家庭多故，此畫竟失所在，不知落在誰家矣。』而獨學廬全稿未收此讚，不知何故。

以上三個畫卷除載花圖以外，其餘兩幅似均爲沈氏所自繪，浮生六記中敘述自己學畫，賣畫之處頗多。閒情記趣云：『時有楊補凡名昌緒，善人物寫眞；袁少迂名沛，工山水；王星瀾名巖，工花卉翎毛，愛蕭爽樓幽雅，皆攜畫具來。余則從之學畫。』坎坷記愁云：『余連年無館，設一書畫鋪於家門之內。三日所進，不敷一日所出，焦勞困苦，竭蹶時形。』又云：『復至揚州，賣畫度日。』浪游記快云：『余曾爲介石畫樸山風木圖十二冊。』記得鄧之誠骨董瑣記中也曾說及沈三白的畫，並親眼見過，未知即石琢堂所題的幾幅否？客中無書，不及引證。

沈三白與石琢堂雖是總角之交，但在石氏登仕途後和乙丑回籍前，兩人之間有無往還，因文獻無徵，遽難下斷，然而至少在石氏全集中是沒有涉及沈氏之處的。後來雖做石氏的幕僚，但全集中也祇有幾首題畫的詩詞而已。固然詩文集中，不能詳述他的友輩，但顯晦殊途當是主要原因。以煊赫當時的殿撰石韞玉和小幕僚的沈復相提並論，在沈氏不免相形見拙；但身後二十大本的獨學廬全稿竟敵不過一冊薄薄的浮生六記，也殊非二人始料所及吧？

古今書價

移紫

古今社近將有叢書之二蠹魚篇問世。余從朱先生序文及目錄觀之，知所談者皆歷來版籍源流，圖書得失，値此浮誇淺薄之出版界中，誠我輩抱殘守闕者之跫然足音也。近偶從冷攤上得清光緒卅一年浙江官書局書目及民國十六年十九年浙江省立圖書館附設印行所書目各一。是皆在十年以上者，其所定書價，在今日視之，誠有隔世之感矣。蓋清時尙用銅錢，故每書以「文」計，至民國則以角及分計，然亦有用元者。官書局書目前印有公示一通，略謂本局自同治六年開設以來，歷經名宿校刋史文，多至貳百餘種，設立官書坊印訂銷售，原爲嘉惠士林，造就人材起見。自光緒二十七年因紙價稍廉，照前訂價請上憲酌減在案。近因各色紙張漸漲，各樣物料亦特貴，故稟請前藩憲轉詳撫憲批准照前酌加二成。自本年正月二十日起實行云云。是當時亦痛感紙張與物價激漲之影響矣（當時悉係國產紙）。且尙須經藩、撫等之通過，猶今之須呈准工部局也。後附簡章數條，今略。其時印書紙張分四種，爲連史官堆賽連毛太等。書面用栗殼紙。如有藏書家定印宣紙東洋紙或裝幀較精者，則可面議。如需夾板，則每副壹百貳十文。至繩箱挑力均歸自給。出門概不退換。其書價約舉於後，如十三經古注，四十八本，每部自五千貳百八十至八千六百四十文（連史價，以下即以此爲準）。新舊唐書八十本十四千四百文。九通一千本，一百七十千。章氏遺書五本八百文。而統觀全目，所刻者大抵以作供具或有關洋務，時事者爲多，如石印煤油章程，中韓條約，日本共進會章程，電報新編等是也，並以覘清末風尙。至省立圖書館書目，其簡章與前大同小異，惟時郵局已可滙銀，且可寄往國外矣。足以徵海通洞開矣。顧書價已大漲，如前舉十三經，已增至七元九角四分，新舊唐書增至二十四元二角四分，九通增至一百廿七元九角六分。而關洋務時事之書則反無有。迺至十九年十三經新舊唐書九通之値又昂達八元五角八分，廿六元及一百三十五元八角半。前後二十年間，而書之升降如此。時每元易銅板一千餘文，米價每石四千，約泉三元，柴每斤十文有弱。按當時幣制言之，前後殊無大漲，而實際上物價却步步高升，然就今以觀，則又面目全非矣。

古今叢書之一

周佛海先生散文集

第八版出版預告

古今叢書之二

業已出版

本書內容，全係談古今典籍聚散庋藏源流情形，凡南北著名藏書家彙版本目錄學家之文字，無不網羅，手此一編，即可為通人，不致為書賈所欺。第一版所餘無多，欲購從速。

今古叢書之三

每冊叁拾元

朱樸著

古今

散文半月刊

第四十期

袖間今古淚
心上往來潮

汪兆銘

精衛

古今半月刊第四十期目次

中華民國三十三年二月一日出版

社長　朱　樸
主編　周黎庵
發行者　古今出版社　上海成陽（亞爾培）路二號
發行所　古今出版社　上海成陽（亞爾培）路二號　電話：七三七八八號
印刷者　中國科學印刷公司
經售處　全國各大書坊報販

零售每冊中儲券拾伍元

國民政府宣傳部登記證滬誌字第七六號
第一警察局登記證C字一〇一二號

預定	欵項先繳照價八折
定	半年一百五十元　全年三百元

『往矣集』日譯本序

周佛海

大陸新報把往矣集譯成日文出版，要我寫幾句話做序文，因此引起我不少的感想，特爲拉雜寫出，聊當作日譯本的序。

往矣集的產生和銷行的迅速，都是出我意料之外的。朱樸之兄主辦古今半月刊，屢次催我作文，辭不得已寫成「苦學記」去應付。起初不過應付文債而已，決沒有把半生的經歷，完全追述出來的計劃和意思。嗣後仍經不起各友的催請，不期然而然的寫成了幾篇，然而仍舊沒有出單行本的意思。湊巧古今社要出叢書，樸之想把這幾篇文章，當做叢書第一種，印行單行本。他把這個意思，來和我商量，我便無可無不可的表示沒有異議。「往矣集」這個名詞，也是他取的。這本小冊子，就這樣的產生了。

出版之後，在一年之內，竟出到第八版。這雖然比不上民國十七年我出版「三民主義之理論的體系」一時的盛況，但是在近數年來的出版界中，也可以說是稀有的現象。假使國家統一，銷行的地區較廣的話，大概銷行的數目，比現在還要增加。這本小冊子，竟這樣受歡迎，也是出我意料之外的。

去年十一月在東京的時候，聽說我的朋友日本名記者吉岡文六氏，要把這本小冊子譯成日文，在東京日日新聞社出版。不知道究竟辦了沒有。本來古今半月刊每次發表我的文章時，上海大陸新報大概都譯成日文，逐日發表過了的。這次該報社把已經譯過的加以補充，出版單行本去應世。於是往矣集的日譯本也就此產生了。

往矣集的內容，不過就我個人半生的經歷，信手追述出來，附帶發一些感慨罷了。在我看起來，實在沒有甚麼意義，更談不到有甚麼價值，何以會爲中外人士所愛讀，我自己實在不知道是甚麼原因。

根據我親自的經驗，深信一件事業的成功，固然要繫於時代、環境和機會等多方面的條件，但是人的努力，乃是各種條件中的基本條件。如果不知或者不去努力，就是處着好的時代，有着好的環境，遇着好的機會，也不知道因利乘便的去運用，白讓着順利的時機空空的過去。反過來說，如果知道而且肯去努力，不僅可以運用遭遇着的既存的順利時機，而且可以去創造，去轉變。所謂「英雄造時勢」，所謂「人定勝天」，就是這個道理。我的經歷中間，有三個過程，可以證明這個道理。

第一是共產黨的組織。共產黨的是非善惡，我們現在姑且不論。但是他已成爲中國政治上、社會上的一種力量，却是不可抹煞的事實。當民國九年我和陳仲甫及吳庭荻基在上海討論發起組織共產黨的時候，全國參加的，不到三十個人，而且都是手無寸鐵的書生。當時都不過僅憑血氣之勇，盲目蠻幹。那裏知道不到五年，便成功了一個很大的力量，雖然因爲以後的領導方針錯誤，在中國釀成了許多破壞的行動，但是誰也不能不承認他是一種力量，是中國今後極難解决的一個問題。而其起原，就是二十幾個書生的蠻幹。

第二是北伐。民國十三四年的革命運動的內外環境，我在本册內曾經述過。當時革命基礎，風雨飄搖，能夠維持廣州做革命的根據地，已經是很不容易的問題，那裏還想到能夠北伐，那裏還想到能夠北伐成功。然而在第一二東征和消滅楊劉以後，居然北伐了。居然於北伐軍興以後，不到三年，中國全國，就統一於中國國民黨的勢力之下了。當時軍閥的勢力，數十倍於革命勢力。他們有着優良的軍事裝備，雄厚的物質力量，和巨大的兵力。但是他們沒有苦鬥蠻幹的精神，所以雖然擁有這些雄厚的力量而不能運用。革命軍的物質的條件，雖然遠遜於軍閥，但是有着百折不撓、勇往直前的蠻幹精神。這種精神，可以補足物質的缺陷而有餘。所以能夠以寡克衆，以弱勝强。北伐完成之迅速，竟出當時預料之外。

第三是和平運動。慚愧得很，全面和平尙未完成，國家統一猶待努力，所以我們不能以爲和平運動，已達到最後的成功。但是却也不能說和平運動，絲毫沒有成就。我們要論和平運動有無成就，要先看看和平運動發生當時的中國內外的環境。和平運動，是發生於二十七年下半年的。當時廣州、武漢，相繼陷落，英美袖手旁觀，徒以道德的同情，精神的援助來慰藉。全國總崩潰的形勢，迫於眉睫。在這種情形之下，朝野上下，都希望能夠恢復蘆溝橋事變以前的狀況，但是朝野上下，又都覺得這種希望，决不能實現。在當時的情形之下，誰夢想得到國民政府能夠還都，青天白日旗能夠再飄揚於紫金山下！誰夢想得到能夠取消治外法權，收回租界！誰夢想得到能夠辦到日本於和平成立，立卽全部撤兵，甚至放棄辛丑條約所規定的華北駐兵權！在當時的情形之下，都認爲決不能辦到的事，我們都辦到了！比恢復蘆溝橋事變前的狀況，還要進步了！假使我們退回到二十七年下半年當時和此後的地位，來觀察現在的情形，能夠說和平運動毫無成就嗎？至於後來國際形勢的變化，人不是神仙，誰能預料！所以說和平運動，未竟全功則可，說和平運動毫無成就，實在是抹煞事實的昧心之論。但是能夠得到這一點點小成就的和平運動，在當時發動的時候，實在不滿十人。以毫無憑藉的不滿十人，竟能做到現在這個局面，也可見得事在人爲了。

根據個人所經歷的上述三個階段，足見一件事業的成敗，雖然也繫於時勢的順逆，環境的善惡，但是人的努力，却是基本的因素。回顧過去，瞻念將來，今後的環境，恐怕要愈益惡劣，愈益危險；但是我們只要抱着「紮硬寨，打死仗」的决心，同時出以因時制宜的運用，我相信是無堅不摧，無險不克的。

閑着無事，也常把自己所寫的經過，拿來閱讀。這個半生，雖然也經歷了不少的崎嶇險阻，遭遇了不少的驚濤駭浪，但是能夠得到現在這個成就，已經是躊躇滿志了。我自己常常退回到窮苦學生的地位，思察現在我所處的境遇，在個人，實已心滿意足。因爲在過去幾次偉大的運動之中，都能參加工作，在現在這樣危難的局面之下，又能爲國家負一部分責任，決不是我始料所及的。就個人說，一直到現在止，旣然可以說是有了相當的成就，所以今後不單是得失榮枯，在所不計，就是生死存亡，亦豈在意中！人生一世，草生一秋，自問對於此生，沒有甚麼辜負。

不過人的意思，是隨着環境變遷的。在甚麼地位，就自然而然的發生適應這個地位的責任觀念。不是我要寫好聽的官樣文章，來欺世騙俗，因爲我現在已不是窮苦學生了。我現在是和平運動的一個主要幹部，是國家一部分任務的當局。所以我覺得對於國家，對於民族，甚至對於東亞，還有未盡的責任，未了的事業。將來的環境，是不是容許我盡這個責任，了這個事業，以及我自己是不是有這樣的能力，那都是另外的問題；但是無論有怎樣大的掀天撼地的波浪，汹湧澎湃起來，不管成功也好，成仁也好，我决心以我渺小一身來當，決不作逃避責任的卑怯行動。

友邦日本的讀者，讀了這本小册子，對於我過去的苦學和奮鬥，當然可以得到相當的了解。但是我希望友邦讀者更要了解中國現在，和我當年一樣苦學奮鬥的青年，有成千成萬。這些青年，將來都是中國的棟樑，東亞的柱石。我希望日本的青年和中國的這些青年，互相了解，互相提攜，眞正的新東亞，纔能建設起來。

最後，對於大陸新報翻譯並印行這本小册子，表示謝意。

樸園短簡

——致文若第一信

朱樸

文若：

昨晚別後即驅車到愚園路岐山邨岑公館，適值晚餐，賓客甚多。心叔敬我白蘭地一杯，我連喝三杯，周太太見我興高采烈，問我是不是有了什麼「奇遇」，這在她不過一時隨便嘲笑揣度之辭，却不料正中下懷也！

席間周先生向公博太太及孛孛太太講笑話，甚趣。

晚餐後十時十分隨周先生赴北站，上車後即睡，夜半一時抵蘇州站，爲車身震動而醒，以後轉輾反側，不能入寐，無時無刻不想念你，直至天明。

請你不要怪我不守秘密，昨晚在車上我已將我們兩人的事告訴了周先生了。一因我的精神太興奮了，二因周先生是我最好的朋友，他對於我的事一向十分關切，我不能將這樣重大的事瞞着他。他聽了非常高興，並答應將來爲我們證婚。

今晨八時半到京，承周先生邀，寓迎賓館，十時開會，十一時四十分議畢，中午在國際俱樂部吃飯，飯後返迎賓館洗了一個澡，睡了一小時，現在精神抖擻，連忙寫信給你。

我們兩人在兩年多以前曾經多少友好的熱心介紹，始終未能謀面，而這一次竟於無意之間一見傾心，這大概不能不說是所謂「緣」了吧？

兩三年來，我受盡了人間所有的災難和苦痛，若非涵養有素看破一切的話，早該跳海自盡或者披髮入山了。我因精神無所寄託遂創辦古今以強自排遣，却不料無形中竟因此獲得了你的重視和青睞。同時，這兩年來我所聽到關於你的都是些什麼「脾氣古怪」、「行動非常」等等批評，因而也就引起了我這個眞正脾氣古怪行動非常的人對你的特別注意。誰會料到我們兩個怪人終於相識，彼此見怪不怪其怪自敗啊！

我們兩個都是憤世嫉俗落落寡合的人物，决非庸俗之流所能了解的，不幸處在這個社會，眞正所謂「生不逢辰」。可是，從另一方面來講，在茫茫塵海之中居然能够獲得一個互相了解互相同情的人，縱不無相見恨晚之感，也可說不虛此生了吧！

你的國學根底以及思想見解都遠勝於我，這不但引起了我對於你的無上欽仰，並且使得我自己感覺到不勝慚愧。潦草書此，幸勿見笑。

南京氣候與上海差不多，可是空氣却新鮮多了，明晨擬獨往鷄鳴寺及靈谷寺一遊，下午如無他事，當即返滬。……

樸（一月十五日下午四時於迎賓館）

甲申元日勝集記

周黎庵

甲申元日，梁溪朱氏，長樂梁氏，聯秦晉之好於海上。余忝主古今筆政兩年，之二氏者，咸與古今有關，樸園主人手創古今，爰居閣主則古今創刊號第一篇執筆人物也。是日冠蓋雲集，裙屐聯至，亦以古今執筆者為多；似不可無一言實古今，以志其盛。

昔左氏失明，始傳春秋，馬遷幽囚，厥有史記；何為而有古今，亦猶是也，樸園主人已再三言之。蓋中失耦，已非所堪，益以喪明，更增悽則，是以往事若烟，宦情如水，退而從事鉛槧，縱談古今，其將護之深，寄愛之篤，蓋不輸林處士之于梅鶴焉。

古今雖能寄精神之託，然主人形單影隻，漂泊旅寓，廢樸園若古剎，於是親戚憐焉，友好憫焉，咸以其婚事為當今之要圖，其慨然以冰人自任者，蓋不下數十人焉，然曾不能略當主人一顧。主人老友奇峯夏公告余曰：『甚矣，為樸之作伐之難也。』

自余供古今奔走之役，日與主人相見，主人有事，皆以見諮，余無不就所知陳其得失，然於婚事，則余未三折肱於斯道者，唯唯而已。月餘之前，主人告余曰：『有梁小姐者，衆老之女，家學淵源，並擅詩詞，…』余躍然而起，不待畢其辭曰：『有是哉！此古今良耦也。』癸未小除夕，遂蒙喜柬之投，其成就之速，蓋不輸德師之入波蘭焉。

甲申元日，畢勛路梁邸，雙喜臨門，繁文縟節，毋庸贅述，余責在招待，所知者唯人物。

其以第一人惠臨者，為夏新建映盦（敬觀），此老適為第一日度其七秩高齡，而精神矍鑠，猶不需扶老，殊可健羨。書家則譚茶陵瓶齋（澤闓），詩人則李拔可太守（宣龔），皆以高齡畢至，閩派詩家自夜起庵主人之逝，太守與爰居閣主巍然為巨頭；惜是日吾鄉趙叔孺太守（時棡）未至，太守為林壽圖方伯之婿，且曾出守泉漳，於閩人大有淵源者。

畫家至者為吳吳縣湖帆，梅景書屋與主人比年過從最密，其甲申元旦試筆，卽以贈主人者，告余曰：『今日花店停業，竟無從市花藍，奈何？』余調之曰：『何不繪一花藍補送，則今日堂中所列，豈不均為之遜色乎？』語聞于主人，遂為之定約。畫師以四王山水，忽作南田花卉，主人得此，奉為瑰寶必矣。

是日嘉禮證明人為周佛海氏，與夫人淑慧女士偕至，古今之有今日，周氏如椽之筆及贊助之功也；余識周氏於兩年前，曾為文記其風度言行，今則鬢見二毛，想見為國宣勞，艱苦危難，迥非常人之可及，幸喜精神健旺，尤勝昔日，殊可喜也。為余述『往矣集』日譯本事，想見其重視此書。因思文士勝業，當無逾於筆墨流傳，而周氏以政治人物得兼為大衆人物，則此書流傳之功，殆未可沒也。淑慧夫人頻頻以內子為念，屢囑過從，盛意可感，當永銘心版；惜內子是日以事不能偕往，未克拜見顏色，殊為憾事。嘉禮介紹人為丁默村蕭建午兩氏。蕭夫人與文若小姐為莫逆交，丁氏則初見筵席坐上客也。是日均相偕涖止。梅思平氏亦翩然光臨，聞梅氏亦將有大文賜古今，為之色喜。陳公博氏以最後至，余擬彙陳氏刊於古今之文為一集，已允整理，但陳氏公忙，未知何日可竣事也。

新聞界到者有金雄白陳彬龢兩氏，文化界有周化人柳雨生文載道馮和儀諸氏，金融界有周作民李思浩諸氏，更有可述者，則梅畹華博士亦翩然涖止，擁護左右者，梅黨元勛馮耿光與珍重閣主人趙叔雍兩氏也。朋賓笑謔，喜氣盈溢，至五時許始陸續散去。如此盛會，誠近年來海上所罕見云。

韓著伯遺詩

林髮山

昨夜星光射孝陵，一城人買上元燈；便
思寒食通州去，細雨題詩祭駱丞。

——正月十六日雨

韓著伯先生是革命人物，談他的詩，當然不如談他的革命來得有價值。然而予生也晚，那時玄黃天地間，尚未着有一個我，根本不敢妄談革命；而況革命的事蹟，理合宣付國史館纔是。而詩與革命，像調和也像不調和，姑且未能免俗的奉上一個謚號，曰「革命詩人」。

落筆先不禁感慨系之，一個人名之傳不傳，自有其幸與不幸。「韓著伯」三個字，知道的恐怕不多吧？至少後生小子如我，在沒有讀到他的詩以前，就不會知道，這原該怪我的孤陋寡聞。但也正因爲像我一個平庸的人不知道，可見他的名並不怎樣大得如雷貫耳。假如先生不遇難；假如不遇難一變而爲要人， 或再假如一變甚至做了和尚， 想必自有一班人捧他， 而得名聞四海了！

去年某一個黃昏，偶然在舊書舖裏消遣時光，從攤上抽出一本苧青色封面的册子，開卷一看，第一首就是抄在上面的「正月十六日雨」。不禁狂喜，近代竟有如此好詩！

書僅九十多葉，詩只佔了十一葉，計七十三首；以及序中錄出集外的三首，統共不過七十六首。詩後有論著十五葉，雜著十三葉，青年軍講義十四葉，附錄六葉，最後是其哲嗣雁門君的編後語一葉。封面有冷遹君所寫「著伯遺著」的題簽，封葉裏印着先生壯年與遇難後的遺象，以及墓與碑亭并先生墨蹟等照片共六張。之後是王靈皋君的一篇序，倒佔去三十二葉篇幅。長長一萬多字，與其說是序，毋寧說是傳，也幸賴這篇序，能够知道先生的一生梗概。

寥寥七十六首詩裏，完全表現出「熱烈的情感，巧妙的技術，豐富的想像力，深遠的意境，和諧的聲調。」（序二十四葉）一部二十四史，却是從何說起？先生詩，百分之九十九是絕句，絕句得力，全在一結，且先舉出最得力於一結的一首來：

東來片葉海風號，日夜蛟龍卷怒濤。對面開函無一語，雁扶明月下神臯。（昆吾照相自江戶見寄）

起首三句，只是平淡無奇，掩卷想像，不料竟有第四句這一結，眞是出人意表，拍案叫絕。像這樣的奇句，集中俯拾皆是：

萬馬昆侖地底奔，入江誤觸石蓮根，遂令千古金山下，日對天河自吐吞。

古人一事未曾聽，買棗自雕陸羽經，嘗罷雨花台下水，呼燈騎馬到中泠。（中泠二首）

霜華橫戟鼓騰騰，夜發陰符燭有棱，太白下臨照兵甲，一時河水盡成冰。（寄大名都督）

知君又到五狼東，說龍相思說固窮，人在江南秋去盡，草深一丈大明宮。（報趙澗父伯先）

流隨尺水野花開，死士何人此夜臺。我訪專諸迷舊里，千年涼月墮城來。

大龍壓雉一山高，住此年年驗蜀潮，爲

校遺編配心史，一燈紅接下邳遙。（宜城雜詠）

蓬萊清淺百重波，誰遣鰻魚出網羅，泗上尚書今宿草，行人曉夢繞漳河。（有感）

千金樓價綠雲名，江雨山風占一城，窗外東流古彭澤，人家種菊祀淵明。（題綠雲樓）

八千一紙典春衣，北雁三來畫未歸，爲汲大龍山下水，待君煮食首陽薇。（寄姜穎生索畫）

窗外一線不周風，筆底人天月正中，夜夜酒瓶香欲死，燈花恒作太初紅。（有感）

火接任宏字字難，寫將江水入人間，窗前仲夏行秋令，夷則無聲太白寒。（校書）

芍藥欄前市得之，爲祠倉頡祭先師。鱗鱗一寸池中水，流到乾坤欲毀時。（近得金星歙硯名曰金石交更壽以詩）

詩有詩的靈魂，在未成詩以前，便是詩人的靈感。老杜說「語不驚人死不休」，放翁說「文章切忌參死句」，總必須「惟陳言之務去」。「在心爲志，發言爲詩」，人之哀莫大於心死，文章何獨不然。先生這些詩，可當得奇警二字。還有極則的兩首：

一塔忽騎江水住，城陰涼月白紛紛，菱湖欲嚙大龍尾，片片荷花夜入雲。（月夜登宜城野望）

雨後蛟龍入水深，碧天盡處海沉沉；城頭又與黃昏近，一寸斜陽萬里心。（雨後登安慶城）

序中說「老杜的『堂上不合生楓樹』，東坡的『天外黑風吹海立』，一樣的如歷其境，如聞其聲，可以視韓詩而無愧。」亦非過論。第一首第三句的「菱湖」是水名，「大龍」是山名，連第一首裏的「塔」，以靜物幻爲動物；第二首「入水」的「蛟龍」，必也是望中「碧天盡處」的一座山。修辭的技巧，原有錯覺的形容。我們坐在火車裏觀望景色，往往不覺車身奔馳，但見大地轉動。紀文達得意詩句「處處隨人欲上船」，自己說是脫胎於他學生吳頡雲的「一水漲喧人語外，萬山青到馬蹄前」，認爲「藍出於青」的佳話，也就是這種幻境。這樣寫景，纔能顯現宇宙間大自然的變化神奇，豈是吟詠風月而已。

前人說過，凡是忠臣孝子義士烈婦，必是至性至情的人。「先生以熱烈的心情和悲壯的聲調，歌詠革命，鼓吹革命」（序十六），而「却不僅是一個革命的歌者——革命的詩人，也並不只是鼓勵人家去革命，他自己就是一個最英勇的實踐的革命家」（序十七）。先生性情如此，他的抒情詩作，自必感人：

荷鋤十載向江波，愛食蘋花自鑿河，同在不周山下住，洪爐吹炭媿公多。（寄張季直師）

水繪園荒人已老，平生師友問誰賢，故人馬矢高千尺，課罷歸來灶始烟。（寄呈陳子鑄先生如皋）

掛席巢湖雪已乾，偶來江上問長安，一城燈火連宵暗，花氣沈沈劍氣寒。（君遂丈道此北上彭娘素衣從）

門臨滄海晝陰陰，蓼角朝西竹樹林，十五年中江上水，一回相見一回深。（懷海門樊民一）

憔悴初辭碣石宮，萬方多難一身窮，先皇哭罷無餘淚，濕盡綈袍更爲公。（哭楊文敬公）

先生的最初知己是張南通，平生出處，則是

吳氏所汲引，楊公又是最愛護先生的人，先生有「羈旅餘生皆泗州文敬楊公所賜」之語。至於詩中「先皇」句，不是先生臣服，是以對楊公的設身處地而言，即如魯迅早年，亦曾在文章裏稱過清康熙帝爲聖祖仁皇帝，這不能菲薄先生的革命思想不徹底。南通雖爲先生業師，但他有一套「願意在現社會的基礎上努力改良政治，懼怕革命，反對革命，但果眞革命成了功，他們也表示歡迎」的把戲，「先生則不然，他要堅決地行動，堅決地從根本摧毀腐敗政治，他要用武力推翻滿淸政府，要打倒代表封建殘餘勢力的北洋軍閥。」（序十六）所以對南通後來不無微辭。還有「合肥蒯若木本是先生的朋友，但先生頗不以蒯氏的官興太濃爲然。」「他的一種極不妥協的精神，無論對師友、對社會、對政治上的黑暗勢力，皆取一種嚴厲的攻擊態度。」（序十五）而於恩怨分明，尤是先生感情的極端。——

一江南北共今生，汲盡中泠綆未成，十載胡盧好風雨，師名天下我無名。（寄張季直師）

身無餘地是長安，舊事如灰火正寒，車耳黃塵深一尺，入門作佛出門官。（寄蒯若木）

第一仇家最有情，爲天吹炭發奇英，一南一北香爐在，冰合黃河我夜行。（宜城雜詠）

第二首「一南一北」，南指張南通，北指欲殺先生的袁項城。「人或謂先生之量失之過狹，不能容物，就世俗常情而論，此言固當，然而爲此語者，似非眞知先生者也……他對於人只有兩種，一是友，一是敵，對友人固宜和好，對敵人却毫不妥協，這是先生的始終不渝的態度。」（序二十五）每首詩裏，都有蘊蓄，字裏行間，隱約可見，今將具體的幾首抄出如下：

長城飲馬去匆匆，秋到人間又轉蓬，擁面北風一回首，國門殘照草深紅！

黃金珍重視遼河，他日音書此地過，爲說愁心似滄海，馬蹄行處故人多。（送高集菴之吉林二首）

一線黃河水氣昏，舊時行李古津門，而今七十二沽水，處處冰痕是血痕！（登高望遠）

血浸神州土作花，茫茫張儉苦無家，此身不顧爲黃祖，鸚鵡淒涼江水斜。（宜城雜詠）

壞雲不去壓城寒，月冷風長大將壇，爲問一江春水裏，有誰堪與破樓蘭。

飲盡虹霓入劍鋩，爲他爐火惜干將，可憐南望多風雨，五嶺花開帶血香。（辛亥九月感賦二首）

到處南風有此詩，十三陵下一車馳，應知辛亥王炎午，淚盡新蟬欲蛻時。（此詩）

燈下磨槍怒氣蒸，絲絲短髮血如繩，誓當共飲長城下，夜渡黃河百丈冰。

長白山頭立馬時，雪深如海陣雲馳，當君一掃匈奴窟，爲執軍前人字旗（軍中吟）

（原註：人字旗先生當時刱製爲青年軍軍旗）

陰符夜叫寶刀寒，莫放虹霓出膈間，臥盡越薪嘗盡膽，燈花如斗一登壇。（贈青年軍三百六十隊員）

霍山高處片雲馳，一寸紅桑出海遲，漢疇而今無恙否？同將父老涕零時。（贈廖王兩同志）

風風雨雨一絲蠶，擇葉辭桑夜夜寒，何日却成如甕繭，爲蛾爲子滿人間。

九日燒成有此身，匣中海水吠昆侖，頭顱顆顆鳳塵裏，値得抽刀有幾人？（吟奉雲麟養朧樸存譽衆皖中諸同志。時方有安徽船之組織也。）

董狐絕祀寇紛紛，誰讃神羊入虎羣？老友瘦蝯人在否，料應和淚說孤雲。（懷友）

一到春雷便努芽，香從地坼厲蘭加，殷殷兒女三年後，解得黃花是國花。（次怪竹所紀詠菊原韻）

這些熱烈情緒的發揮，已覺其慷慨悲歌，聲嘶力竭；還有他底後死者的悲哀，尤覺沉痛：

碧血藏來土未乾，百年城郭有餘寒，此身雖化干將去，心似洪爐在世間。（弔徐伯蓀）

袖翻海水入羊城，千里東濠夜有聲，所欠故人惟一死，頭顱擲地作雷鳴。（弔同安逆旅中人）

（序註：宋烈士玉琳赴廣東時，我和蓍伯先生及六安朱錫蕃先生在安慶城內高陞棧置溥酒祖餞之。抵粤後遂殉三月二十九日之難。）

天上旌旗繞海行，何時同將寄奴兵，非君無命我無福，涕似虹霓亘百城。（哭趙伯先）

北溟走死恨如何，獅子山前一寸波，太息國僑今不作，斯人鄉校已無多！（哭王徒與）

葛衣濕盡淚如銀，一月西郊四獲麟，開到荷花春去久，萬人回首弔天民。（弔劉天民）

身殞如雷葛瑞芝，破扉敗絮掩遺屍，大龍山下無人問，雲黑天昏一健兒。（弔葛瑞芝）

先生哭弔了這許多同志，「所欠故人惟一死！」不是空唱高調。趙伯先氏與先生又有一重鄉誼，更有餘慟，以朋友的死，哭着「非君無命我無福，」其視生死出入，實有泰山鴻毛的重輕，覺得自己活着的可恥，正是後死者的悲哀。而先生終於身殉主義，不負死友。先生卻又不是魯男子，「在描寫兒女纏綿之私與關於兒女子的叙述時，也都有積極的精神，絕沒有衰颯萎靡之象」。（序二十六）

螟蛉飛去落花曛，十七年華付嶺雲，江雨江風又寒食，五羊春草女兒坟。（悼劉秋水）

清歌入海百珠馳，繞國妖霓夜落時，花傍戰場紅似火，滿城爭說小靈芝。

秋娘死後廢琵琶，城上空留北府雅，十載不談鄉國事，江風吹動女兒花。（天津女伶小靈芝二首）

珠簾放下上高樓，五月江城小閣秋，眼底河山人寂寂，一雙清淚爲誰流。（五月十一日書所感）

貧到上書南岳後，一時苦說紫衣新，相從西馬林紅葉，猶是神州畫裏人。（贈林紅葉）

珊瑚碧水長成姿，憔悴人間第幾枝，知否黃金臺下客，夢回灰冷十年時。

燈火淒涼舊事非，桃花如雪白鷗飛，一從淮泗匆匆去，淚滿關河不忍歸。（感舊）

「幾乎每首都是絕響，句句都能沁人心脾，字字墮地作金石聲。」（序三十）漁洋的所謂神韻，隨園的所謂性靈，先生詩兼而有之，清新奇警，沒有因襲的腐句，除了詩所必具的聲調詞藻之美，更有感人的洋溢熱情。這不止是天才，也不止是修養，是高潔超異的抱負朓摰眞實的性情底總和。我讀了先生的詩無數遍，反復低回，味之有味，或許這就是所謂「不朽」之由。無論事業文章，能使人纏綿悱惻，如狂如醉，精神不死，原也不過如此！而我總怕知道先生太少，何況遇見天下佳山水好文章，不該自秘，尤得公諸同好，衆目共賞。但我懶到現在，纔寫出這篇東西，對作者對讀者對自已，都不勝抱歉之至。

先生詩不止七十六首，雁門君第一次編集時，曾被江灣砲火燒爲灰燼，這比先生遇難，更爲不幸！我們可惜其傳得太少，因此也更覺其可貴，正可羞煞「一班爛汚文人，搖筆即來。」（序三十一）所傳七十六首詩，僅有一首是古體，也是「好走偏鋒。」其實舊詩體裁，七言絕句原是最可取的，起承轉合，恰到好處，足够運用得神完氣足。要解放詩而廢舊詩，七絕並不怎樣有束縛，以視外國文學之有三部曲，五幕劇，十四行詩，則又如何。眞有藝術情緒的，決不爲新舊的形式而左右。魯迅郁達夫幾位作家的作品裏，也有他們很好的舊詩存在；即使域外藝人，何嘗否認中國舊詩的地位。文學自有它的時代動向，所謂晉文唐詩宋詞元曲，爲各時代的文學代表。但是唐代並非無文，遞至於元代並非無詞，只在其有無永久性。譬如曲到清季，已風流雲散，這無須人力的攻擊，時代是最酷厲的批評者。中國新詩尙未同創作小說和白話文有一樣的成績，舊詩自然不甘跟隨八股文而爲陳蹟。不過舊詩在中國二十世紀，像古體的詞意簡遠，硬語盤空；律體的排比對偶，堆砌雕琢，固然要不得，七絕則是自由的形式，所以近代人大都採取此體，正是一種風尙。古人名句，如張懿孫「夜半鐘聲到客船」，東坡的「桃花流水鱖魚肥」，放翁的「細雨騎驢入劍門」，也都是絕詩，潘邠老的「滿城風雨近重陽」，雖沒有成篇，當時原也是想做一首絕詩的。詩到如此，還有什麼可說的？硬要拿行列形式和嗎呢啊作爲對敵舊詩的武器，已不是爲文學本身，而是爲自已的飯碗，要知道詩人必須承受上帝賦予一種忽略於着衣吃飯的自然僻性的啊！一筆扯出了口，再下去恐怕難於收拾，話又得說回來。

詩在先生是餘事，以詩論先生，以詩名先生，實在辜負了先生的生平，即使我但愛先生的詩，也得追尋他的所以激發思想的環境，「若果認淸他所處的時代和周遭社會的生活條件，便可找到他的思想之物質因素，」「思想學問完全是在極艱苦的物質生活與極炎涼的人事中奮鬥出來，磨礪出來的。」（序十四）且將先生一生梗概，約略說一說——先生名重，又名衍，鎭江人，早年文行卓越，受知於張南通，收之門下，同時認識吳北山（君遂）。北山是壯武公（長慶）的公子，與袁項城是通家，因介紹先生去任北洋督練處文案。在小站練兵時所造就出來的一班顢頇專恣的軍系裏，先生如何過得去，終於在光緒末年，忤袁出走天津，依總督楊文敬（士驤），因爲北山時爲楊幕上賓。但是袁索先生急，竟一夕數電楊督，囑將先生檻車解京，楊就轉荐與皖撫馮夢華，後來繼任的皖撫朱家寶，也很器重先生。而先生負才不羈，人都「敬而遠之」，藩台沈子培（增植）目爲「天驥騰驤，出門萬里」，自知不能久容，辭掉皖省督練公所文案，去辦通俗報，與黨人往還更密。辛亥革命後，黃煥章的軍隊驅逐了朱家寶，自己却全副武裝，在省城鬧市「光復」起來。原先去請兵來的吳暘谷，覺得對不起本省父老，到司令部去責備，然而黃煥章毫不客氣，馬上把他槍斃了事。其時革命組織，還沒有力量趕走他，正在積極計劃對付，適巧江西都督李烈鈞來皖視察，就把黃煥章悄然帶走。先生便發起組織「維持皖省統一機關處」，又手剏安徽船日報，以作新政權的言論機關，同時集合了以陸軍小學學生爲中心的青年軍三大隊。到底爲人所忌，被刺於安慶同安嶺，「死時家徒四壁，缾中只餘糙米三升，然而先生含笑入地，言不及私。」（序十一）

這些都從序裏所述，還有幾件先生的歷史片段，很可資爲談助的快事逸聞：

「光緒末年，袁氏（項城）派其心腹夏某統率二十營南下，任長江水師提督，朝命旣下，行有日矣；適有北洋候補道某，以數萬金購京津間某名妓贈夏之公子……先生急以『丹徒附生韓重』的名義，密疏劾夏，奉御旨將原疏交軍機大臣袁世凱閱看，夏的二十營馬上減去十營……這在袁是一個很難堪的打擊，而夏某因此一擊，不久便鬱憤而死。」（序十二）

「熊承基開砲轟城了……『東方旣白』衛兵長K某，拿着一柄鮮明雪亮的大刀，眉飛色舞地在那兒對着工程隊的士兵講話。他說：『肏娘搗姐的，抓住革命黨，我就用這東西幹他們。』手裏並做着砍頭的姿勢，

眼睛睜多大，瞅着那些兵士，接續地說道：『搗他妹子，我一連可以宰十幾個！』忽然從旁邊傳來一個學着北方腔調的南方口音，抗聲道：『老K！這不是你的刀所能殺得盡的，夥計！你還是當心一點好……』（發言的便是先生）K某聽了這話，連忙把刀放下，也沒有先前那樣起勁了。」（序三）

「通俗報因譏彈社會，過於露骨，獲罪於巨室，先生被刺五刀，雖幸免於死，而通俗報卒不得不因經費困難宣告停版。」（序四）

「因他的愛人林紅葉與人涉訟公堂，懷寧縣某不知先生爲何許人也，原被告集堂下，訊問先生姓名，不答；屢問不已，則曰：『拿紙筆來！』堂上給紙筆，則疾書曰：『袁項城欲殺之人，楊文敬愛護之人，馮中承電調之人。』懷寧縣不敢問，打鼓退堂，白其事於警察道卞某，卞某亦不知所措，叩之於皖撫朱家寶，朱聞卞言歎惜頓足，不發一語。卞亦不敢多問，退去；臨行時，朱告之曰：『爲余致送二百金於韓。』卞退急命懷寧縣斥責原告，勸令息訟，並由其作伐斷

林歸先生。先生賃屋百花亭以居之，名其居曰『綠雲樓。』」（序十三）

激昂與沖淡，雖是感情的極端，但在感情上有二重性格，原是至性人很自然的發展。冷熱、啼笑、歌哭、頗容易在同時同地出之。「風箏兩行雁，約指一鉤銀。」多麽綺膩的詩句，却是一代儒臣文潞公所作。蘄王湖上騎驢，誰知曾從朱仙鎭上殺過金兵來。

先生在革命事業上，譬之謂急力競走，而在文學藝術上，不妨說是夕陽中的散步，事業不幸而蹶倒，但其寄托眞情的詩作，實在已高標獨步。我對於先生詩的愛好，也許有點偏見，因爲我尙在哀樂中年的邊緣，又生長在這個時代洪爐裏，不能做晉唐人物，雖愛讀詩，却最怕選體詩的淡出鳥來，我愛詩裏的實在東西，最好要有畸人的囈語，要有羈客的眼淚，要有遺民的心血。然而我讀先生詩的第一遍第一首時，旣沒有受了別人的介紹，更沒有知道先生是何許人也，那裏有先入爲主的偏見呢？但不知別人讀了意見如何，若說先生這些詩到底無名，我不冤枉自己多事，該爲先生叫屈要緊！

★ ★ ★

二一

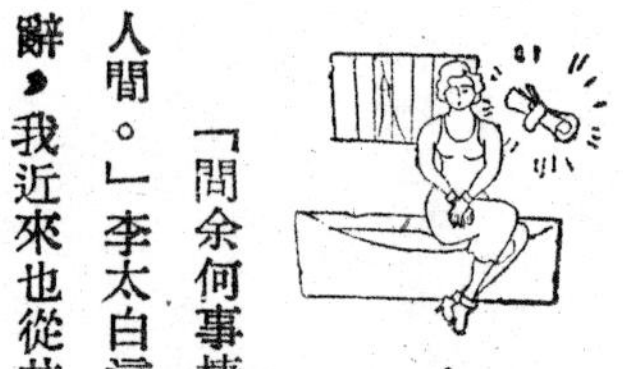

自己的天地

梅岑

「問余何事棲碧山，笑而不答心自閑，桃花流水渺然去，別有天地非人間。」李太白這首爛熟的詩，張申甫君在他的「所思」裏，曾致讚賞之辭，我近來也從其中得了不少的啓悟。塵勞草草，一飯艱難，我這徹首徹尾的俗人，自無分憧憬這樣綿邈飄逸，瀟灑出塵的境界。然而此境雖不易得，此意却不可少。「渺不忘視，跛不忘履」，跼蹐在荆天棘地之中，却時時有些曠遠之思，飛動之念，縱然在實際上也不見得有多少效力，至少可以表示生之意志的尙在。柏拉圖以爲現象世界之上還有個觀念世界存在着，前者是變幻無常，後者永恒獨在，這雖然只是哲學上一個假說，非可遽然應用到實際問題上面，可是閱歷滄桑，彷徨生死，華年流水，舊夢浮雲，只要不自甘於灰滅，每當驚魂動盪之餘，總想在眼前支離破碎，倏起倏滅的世間色相背後，尋出一片新天地來，在那裏自有不變不滅，萬古常新的東西，作爲宇宙的支柱，歷史的軌轍，不管牠叫做「眞」？「美」？「善」？還是「神」？總之，那地方比較實際世界應當更自由、更活潑、更有秩序、更有理性。倘若自重重雲霧裏發現了牠，把握了牠，把牠做爲自已的領有，那麼實際上所受到的種種損害侮辱都可以從那裏得到補償，這正如籠鳥的神往雲天，池魚的心馳江海，無限生機殊非有限世界所能範圍得住。這不算是逃避現實，乃是在現實中有所不甘或不安因而對於超越現實的理想加以勇敢的肯定也。

然而尋覓這片可以自在翱翔，自由馳騁的「未知之土」，是比之哥侖布的飄洋還要艱鉅的事業，因爲要到那裏去，不但路遠迢迢而中途還要經過若干道神秘的「窄門」，天方夜譚阿利巴巴的故事裏，叫開那秘藏珍寶的盜窟之門，要用「芝麻與百合」這個暗號，叫開這些窄門的「芝麻與百合」，乃是學問與藝術，羅斯金 Ruskin 那本啓蒙的書所以取名也。老子說：「有之以爲器，無之以爲用」，學藝的「無用」之用即此乃大得發揮。常人夢夢，疲役無歸！撥開「實際」的雲霧，窺見「永恒」的天光，所憑只在哲士的叡智和藝人的靈感耳。這在鬼哭神號的動亂時代更足以顯示牠的作用，因爲絕望於實際者越深對於永恒的渴求也就越切也。「風雨如晦，鷄鳴不已」，在虞淵日墜，八表沈昏的時候，能使人還相信光明的不死，這鷄聲是何等靈警而莊嚴！大凡世界上眞的思想、眞的藝術無一不是黑暗勢力之否定者。有所否定也就是有所決定，眞的思想家藝術家也當是世界上頂堅强的人，因爲他已由極大磨鍊中擇其所信者而持守之，不是外界任何力量所能搖撼的，他已然眞確的領有他「自己的天地」了。

亞歷山大大帝，有一天，去看著名的犬儒派哲人狄奧堅尼 Diogenes 問他有什麼需要沒有，以亞歷山大的力量，是無論什麼要求都可以辦到的，狄奧堅尼却從容不迫的答道：「你躲開我一點！這就是我的要求，因爲你站的那個位置，恰好擋住了所需要的一片太陽光。」亞歷山大大帝的威力征服歐亞兩洲廣大的國土，連狄奧堅尼的祖國也在內，可是他征服不了這一無所有拿木桶當房子住的窮人，因爲這個人已有他自己的天地，亞歷山大大帝在他那個天地裏的價值，還跟不上一片太陽光。在這裏我們認識了一個思想家的尊嚴！當然，亞歷山大很可以殺了他，可是所殺的只是這個人的身子，而不是他的信念，因爲亞歷山大到底征服不了他這一塊「自已的天地」。像狄奧堅尼這樣堅卓不拔的人格在歷史上不乏其例，積極的如蘇格拉底、柏魯諸的以身殉道，消極的如康德、斯賓諾薩的淡泊自甘，都是昭在耳目的事實；中國哲人如孔、墨、老、莊，詩人如屈原、杜甫、陶淵明，或熱烈，或孤潔，在亂離擾攘，生民塗炭的當時，各自發揮不滅的靈光照灼着漫漫的長夜！雖然未必能够力挽狂瀾，這點英英生氣，已足以昭示萬古了。宋明兩代，北方游牧民族與中原土著農業民族的鬥爭空前劇烈，節義之士也就比其他時代裏出現得更多，而且其中多是在思想文章、學問藝術上大有建樹之人，如最近文載道先生在讀日知錄一文中所談的顧亭林氏即是其一，顧君以外只就離現代較近的明末言之，學者如黃梨州、王船山、劉繼莊等，文人如屈翁山、杜茶村等，藝術家如徐昭法、陳老蓮、八大山人等，世人已多介紹，不必更來費詞詳說，總之，這些人都是在天荒地老之際，各自創闢一個境界，發揮一番活力，張橫渠所謂「爲天地立心」也。天地只是盲目的自然力，無知覺，無感情，無美醜之辨，哀樂之殊，有之都是人類所賦予耳。王崑繩在劉繼莊墓表裏，引繼莊之言道：「聖人謂人爲天地之心……草木不實則草木之生未竟而草木熄，天不生人則天之生未竟而天地之生熄，人者天地之實也，故曰人者天地之心也。身豈心哉，心，心爾，所謂仁也，天地不能爲而人爲之，剝復否泰存乎運而轉移之者心，人苟不能斡旋氣運，徒以其知能爲一身家之謀，則不得謂之人。」其言何等警策？其所謂「心」，用今語釋之便是前文講到的「生之意志」，此種理論不但可說明繼莊自已的躑躅風塵「如避人亡命者之所爲」，（全謝山劉繼莊傳）而且可以說明明季諸老以及古今中外志士仁人的用心。自然繼莊和當時諸遺民的祈嚮謀畫統歸失敗，清帝國的氣運一直繼續到三百年之久，雖然辛亥革命從漢族立場言之算是「光復舊物」，那也不免如汪容甫悲落葉詩中所說的「春至復青青，青青非故枝」了。可是從另一方面看來，這些人在他們「自已的天地」裏都是最大的勝利者。他們雖然在人間度過幾十年的光陰，却以最大的堅忍，最高的努力爲人類發現了「眞」「善」或「美」的不變的「類型」，那永遠支配着人類的思想或感情的「類型」，直到今天，我這一個淸帝國蒙古騎士的子孫，也誦其詩，讀其書，仰止其人，在這個新的動亂時代裏獻給他們虔誠的禮讚，「九原可作」，不知他們將以何態度來欣賞這齣連他們自已也算導演之一的，以喜劇爲結局的悲劇也。有人說託爾斯泰是偉大的失敗者：他幼年是落第的學生；中年是不得意的貴族；晚年是被教會開除的基督信徒；最後是不能實現其理想的理想家，終於在風雪交加中死於道路。可是，他雖有這種種的失敗，在近代思想和藝術上却屹然是一個勝利的英雄，他征服了億萬人的心。不但是他，耶穌、釋迦、孔丘、墨翟、屈原、杜甫，直數到現代中國的魯迅，誰又不是這樣的失敗者呢？他們失敗於一切，却勝利於一點，他們把「死」征服了。他們的身子死了，他們的名字却和他們所創闢出來的天地一齊得到永生，而且在過去未來每一個時代裏，分別顯示其嶄新的意義，嶄新的價值！「時間之火」不但不能燒毀了他們，且煉得他們愈益煥發其神采。「自已的天地」連最可怕的「死」也侵襲不入，可見其「壁壘」的森嚴了。

其實，每個人的生命都有其「不足爲外人道」的秘密的一角，「自己的天地」固不必限定幾個偉大的人物才有的。過去中國戲曲小說裏常有懷春少女，夢裏鍾情之事，正暴露了舊日深閨女子之心的隱曲；梭羅古勃 Sologub有小說一篇名曰「鐵圈」，敍述一個孤獨無告的老人，在沒有人的地方學小孩子滾鐵圈玩，以補償他未會享受過的童年況味；最近我有一個遠親死了，這也是一個孤窮的老人，他一生孤僻，落落與人難合，彷彿不大懂得人的悲歡，但據他院鄰述說，他生前時常在深夜裏對着死去了二十餘年的老妻的木主絮絮私語，有時還給她說評書來解悶。不管潛意識的說法，在心理學已確立與否，從以上幾件平凡的事例看來，在正常心靈狀態底下總還有一道伏流存在。這是一個獨自所有，無論誰也不能闖入的。這個人的思想行動，隱然被這點潛伏的力量支配着，其作用且較明顯的意識爲大，夢和瘋狂便是這個心理現象發展的兩個途徑。思想家、藝術家的心境，在某一點上看來，和夢與瘋狂頗爲相近，他們所以不算做夢遊病者與狂人只在私人的 Personal 與超私的 impersonal，自覺的與非自覺的兩點而已。「人生不如意事十居八九」，許多不成功的意慾 unfulfilled desires 沒有發洩的出路，無意識的造成自己陶醉的境界，這便成了夢與瘋狂；慧觀與熱情之士，不甘也不忍屈服於當前的環境，經過長期的有意的努力，在現實裏構成了「第二現實」，這便是思想與藝術。夢和瘋狂是現實的違反，與客觀世界是扞格不入的。夢中春草青青，醒來時依然是一片無垠的霰雪；瘋子手裏的金子，實際不過是一塊石頭。思想藝術却是現實的「否定」，和客觀世界是互相滲透的，沒有一個大思想家大藝術家是他的時代之阿諛者，却也沒有一個不從他活的時代裏汲取活的精神、活的力量！蕭邦 Chopin 從波蘭到了巴黎，準備舉行盛大的演奏會，巴黎的名士文豪大仲馬、巴爾札克、喬桑等都在座靜候，蕭邦正要登臺演奏的頃刻間，忽然聽波蘭革命運動起事的消息，這位愛國如命的樂人，被這個新聞所激動，臨時變更了演奏的節目，改奏紀念祖國的「波蘭動亂之曲」：悲愴壯烈，震蕩神魂，在座的名士立時發動了對波蘭的同情，開始了援助運動；居里夫人和她的丈夫披爾居里從放射能的研究中，發現一個新的化學元素，在這揭發宇宙秘密的歡欣裏，披爾對他的年輕的夫人說：「你給牠起個名字吧！」她的心就像箭頭似的立時飛到那由世界地圖上早被削除了的祖國去，她想這空前的發現，一定會傳給俄羅斯人、德意志人、奧大利人，這竟是一個波蘭女子的發現！於是就答道：「波蘭尼姆 Polanium 怎樣？」，那意思就像是說：「來！看看波蘭人！」這兩個波蘭人，一在音樂上，一在科學上，各有其「自己的天地」了，可是他們對於廣大的客觀世界是如何的關切啊！蕭邦想藉着音樂的力量把波蘭的心聲傳達給世界；居里夫人則自少女時代起就要從孔德以來的實證主義裏找出波蘭復興的智識的基礎，在另一方面他們也正是最純粹的音樂家和科學家。飄渺的音波，枯燥的理化公式，其距離人間亦已遠矣，蕭邦、居里夫人之所爲，安常習故的人們也許要看做夢與瘋狂吧？然而，這是何等現實的夢，何等清醒的瘋狂！超拔於時空的成就，却造端於「孤臣孽子」一片怨悱之心！「自己的天地」其實不必也不能游離於現實之外，浮士德博士碧落黃泉上下而求索，最後依然回到人間！不過「不識廬山眞面目，只緣身在此山中」，矚望了一番人生遠景，返回來看看當前的現實應當更清楚、更深切耳。

中古之遊仙、招隱的詩人，每想在人迹不到的地方寄託其生命；宋元以來的山水畫更以不畫人物爲最高境界，即便有一二藜杖芒鞋的人形，也不過在驢背橋頭作山林點綴，這樣的詩與畫在藝術史上自有其很高的位置，不過想到這些的產生，多半在歷史上最混亂最黑暗的時代，簡直是建造在骨獄血淵之中的象牙塔，未免懷疑到這些的創造者的態度。像這樣遁於沈寞，一往不返，即便是一個清超絕俗的詩人、畫家，在人與人的連帶性上說來，也不能不認做有些冷酷吧？

嘗想中國神仙故事之流傳於民間者，屬於呂洞賓者甚多，屬於淮南王安者則絕少，那就因爲呂洞賓成仙之後復返人世，度化衆生，連屠戶之凶、妓女之賤，都在所不遺，淮南王却拔宅飛昇，連鷄犬都上了天，和人間早斷了關係。近世生存競爭，日益酷烈，不是溘死流亡，便是荒淫無恥，人類尊嚴，全已喪失，這正是呂洞賓型的先覺大行其「悲願」的時候，近讀迭更斯、高爾基、杜斯退益夫斯基等人的傳記，略略了解幾位生長於苦難中偉人如何的自度度人？迭更斯的幽默、高爾基的雄渾、杜斯退益夫斯基的深沉，在流浪、飢餓、窘辱的生涯裏放射各自的輝芒，這些可怕的事，在他們的眼裏都客觀化了，普遍化了，做了觀照體驗的對象，從裏面悟出了若干愛與死的眞諦，若干善與美的類型；正如持律精嚴的和尙忍受着燒指焚頂的大戒，以求度入菩提。安得列夫曾說他要從所受的苦難裏創造出一些美的東西來，不要使這些苦難白白的過了，就是這個道理。我雖全然不解佛說，然而頗喜歡天台止觀「以著爲惡、以達爲善」之論，不知這話在佛家有究竟奧義，以我俗見，妄爲詮解，「著」似即是「私」，「私」則執著而迷於短見，「達」似即是「超私」，「超私」乃通達而豁然大覺，因此，「生死即涅槃，煩惱即菩提，」只要持「超私」的態度，則透觀宇宙，大悲天人，修羅場中莫非莊嚴淨土，讀了杜甫的「三吏」「三別」，看了米葉的「晚鐘」「拾穗」，覺得詩篇畫幅中，流溢着一片蒼生血淚、赤子啼號，自己的天地與人類的世界，至此乃諧和無間，這種「仁者與物無對」的境界或者就是也「達」之一面吧？

婦人七出與再嫁

蕘公

在有清一代的學者和思想家中，最喜談男女問題的，大家都以以俞理初爲第一，因爲癸巳存稿，類稿這兩部書最普通，容易看見。而書中所談論的男女問題，不特多，並且俞先生總是替婦女說話，爲幾千年來受不平等待遇的婦女抱不平，有時候說得很激烈，眞可稱是提倡女權的先覺者。如癸巳類稿卷十三云：「古言終身不改，言身則男女同也。七事出妻，乃七改矣，妻死再娶，乃八改矣。男子理義無涯涘，而深文以罔婦人，是無恥之論也。」這在舊日社會中，確是很難得的議論。近讀鄭光祖梅軒著的「一斑錄雜述」（道光二十三年青玉山房——邵淵懿刻本），書中批評男女關係的文字也很多，若婦人七出與再嫁諸問題，也是不顧舊禮教，舊習慣的拘束，很大膽的寫出來，其旨趣與俞先生完全相同，很可看出道光時代的學者，思想的開明，和文網的解放。雜述卷七云：「古禮婦人有七出之條，今不聞復有出妻事，可見古今風俗大有不同矣。或曰：不順父母，淫僻，盜竊三者，理當論出，即有三不去，亦何可已。（按三不去，爲：共三年喪不去，先貧後富不去，無歸不去。）若嫉妒，口舌，乃尋常婦女之通病，恐不勝其出，豈得不顧門楣，不顧顏面至此哉。至於無子理宜置妾，惡疾理宜醫治，法亦從出，婦人眞不幸也。生女悲酸，莫此爲甚，余爲別其重輕，亦野人之淺見也。——諸書所記，孔子出妻，曾子出妻，子思出妻，孟子亦幾欲出妻。古聖賢豈乏刑于之化，以敬愼至正之大婚，而輕於棄絕如此，想必多誣。余以爲古時婦人寡而再嫁，已多太易，至輕於議出，何薄於夫婦哉。當以今人風俗爲正。」鄭氏議論，雖不似理初憤激，而平允可取。所謂辨其輕重，在古來創立七出條欵的時候，實在就應該斟酌。如前三條（不順父母，淫僻，盜竊），違反昔日的道德律，還有可說。至於嫉妒，口舌，確是婦女之常，近來新學說並以嫉妒爲婦人美德，乃愛情專一的表示。而無子，惡疾，又是生理關係，與人事無涉，何以都歸入七出之內？鄭氏以爲是古今習俗的不同，因輕重懸殊，只好作如此解釋。我想從古昔的風俗上，總可以尋求出一點根源，無子出妻，當然是「不孝有三，無後爲大」的衍說。「婦有長舌，爲厲之階。」在宗法社會大家庭的制度下，七條的建立，恐怕都是以婦人德容工的反面爲標準，於當時都是認爲很嚴重的。

但與婦人七出相對的還有「出夫」，這是自來學者所不注意的問題，只有俞先生記之最詳。「癸巳存稿」卷四云：「說苑云：太公望，故老婦之出夫也。按娶妻故有出婦，贅壻則有出夫。太公汲人，避紂於東海爲贅壻，又被出耳。」至於出夫則本於齊之巫兒，「存稿」卷七巫兒事證云：「漢書地理志云：初桓公兄襄公，淫亂姑姊不嫁，於是令國中民家長女不得嫁，名曰巫兒，爲家主祠，嫁者不利其家，民至今以爲俗。痛乎道民之道，可不愧哉。是其俗至漢猶然。巫兒以令不得嫁，則必贅壻。齊人賤贅壻，以其爲巫兒壻，無夫道。史記滑稽列傳云：淳于髡，齊之贅壻也。蓋自無戶籍，依婦家籍者。秦策云：太公望齊之逐夫。說苑尊賢云：太公望故老婦之出夫也。逐夫出夫者，以贅女家，故爲婦所逐所出，若娶婦則無逐夫出夫之事。知贅壻風已古，或齊壻巫兒造此故實以相誇耀。齊策：齊人謂田駢曰：臣鄰人之女，設爲不嫁，行年三十，而有七子，不嫁則不嫁，然嫁過畢矣。此亦巫兒依令之設爲不嫁，而贅壻生子之證。謂之設爲不嫁者，眞不嫁則無贅壻。趙策：趙威后問齊使曰：北宮之子嬰兒子撤其環瑱，至老不嫁，以養父母。是率民出於孝，胡爲至今不朝。亦是齊女無贅壻則已名聞諸侯矣。贅壻以已無籍，故秦漢於贅壻或加算，或遣戍。賈誼傳云：秦地子長則出贅，本以避賦役，故襲齊巫兒風也。」由俞先生上文的考證，可以知道所謂逐夫，出夫，都是作贅壻以後，被婦家所逐出，正與出妻相對。又出妻後來稱爲休妻，即男方不管女方意見如何，單獨强行離婚之意。而贅壻原爲春秋戰國時齊國巫兒的遺風，到秦漢時便以之爲逃避賦稅兵役的手段，這一點風俗的演變，是很重要。因爲贅壻本身無有主權，依附於婦家戶籍，也和婦人出嫁一樣。所以一不如婦家之意，便被逐出，這也可以彌補七出條欵的不平。按此種風氣，在今日北方各省猶爲盛行，尤其陝晉一帶，凡家貲富有男丁缺乏，女兒又驕慣者，則招女壻，名爲招贅。應徵者多孤貧窮男子，名曰上門，人稱之爲上門漢。因爲須跟隨婦姓，聽從女家指揮，所以上門漢總是被社會鄙視，以爲不够人格。凡是稍能生活或有父兄的子弟，很少去作上門漢的。又有寡婦，不願將子女資財帶去嫁人，招一個上門漢作爲臨時丈夫，更是極普通的事。在陝晉鄉村間，以長工兼上門漢的很多，而上門漢的地位，也和長工一樣，隨時可取消其資格，這也是出夫的遺意罷。

關於古昔婦人再嫁之俗，社會並不以爲恥，這與七出當然有密切關係，因爲出妻的機會太容易，再嫁的事情自然也就多，完全是因果循環。不過古今來社會對於婦人再嫁的觀念，大有變遷，自從宋朝道學家的議論一出，對於再嫁，便認爲是不貞節，直至今日，此種思想統制了七八百年之久，演成了婦女生活史上無限的悲劇。開明的思想家也有提出反抗的，鄭氏「一斑錄雜述」卷四云：「或問程子言：餓死事小，失節事大，然乎否乎？余曰：女子志氣高者，原不事二夫。然君子以中庸之道望人，不以難能之事責人。故先王著禮，亦有同居繼父，不同居繼父之服。女子不幸喪夫，權其可以再嫁而嫁，豈遂同穿穴踰牆而不恥於人乎？古人臨文，亦有不必諱言者，如宋時葉水心翁誌之墓誌云：女嫁文林郎嚴州分水縣令馮異，異死再嫁進士何某是也。夫忠臣孝子義夫節婦，古來不知凡幾，其合乎人情者，可以爲天下後世法，其過乎人情者，雖大可敬，而不可以爲天下後世法。人孰不愛死，孰能以死爲極小事？孔子曰：古者言之不出，恥躬之不逮也。程子殆自信其躬之必可逮，故言之不怍。」此說以人情爲準，亦最合理，其不合人情的事，雖然可敬，但不可以爲法。於程子之言，並作反問，我亦以爲餓死事小的話，恐程老夫子還沒有嘗到餓的威脅與不能忍受，每與朋友談論，均認爲餓死究非小事也。

按鄭氏之說，頗能探討出古代風俗之眞相。蓋當時社會之於再嫁之舉，雖不加以非笑，亦未見得提倡，只是以人情和忠恕哀矜的立場，權其可以再嫁而嫁已耳。及至宋朝道學家，不顧人情，只維禮教，以貞節的大帽子壓人，不獨婦女，男性臣僕亦在其內。程子之言，尤爲覇道，惟因當時正値五代頹靡風氣之後，於是這不顧人情的議論，竟成爲禮教的大防，婦女的鐵則。不過這種言論因爲偶然的建立，影響於後世風俗習慣太大了，或者也是程夫子所意想不到的。又近世學者多以爲貞操問題，完全興盛於宋代以後，亦不盡然。鄧文如先生「骨董瑣記」卷二云：「南唐篡立後，宰相宋齊丘表請與故吳太子璉絕昏，曰：非獨婦人有七出，夫有罪亦可出。此雖姦佞一時藉口，大可爲今日持女子解放論者張目。當道學未盛行以前，士大夫家絕不以再醮婦爲辱，然無故乖離，亦淸議所不許。今懲於守節之敝，率爾離異，蹀躞東西，路人不若，是將何以勵人情之薄耶。」是古時因七事出妻，固係尋常之事，然無故離異，亦淸議所不容，凡出與嫁，皆以人情立論，不加勉强。宋朝而後，不特勉强使人「守節」，後來變本加厲，並壓迫着使人「死節」，而這個死字，節字，便是根據程子餓死，失節那兩句。在道學家眼裏，死是小事，節是大事，舍小得大，總可以說是很合算的事情。

左傳上說：「人盡可夫，父一而已」。固然可以證明古人對於再嫁，視爲平常之事。但同時左傳（春秋莊公十四年）云：「楚滅息，以息嬀歸，生堵敖及成王焉，未言。楚子問之，對曰：吾一婦人，而事二夫，縱弗能死，其又奚言。」又晉書涼武昭王后尹氏傳云：「初適馬元正，元正卒再醮，三年不言。」這兩件事均可作兩方面看，一是以一國之君，不以娶再嫁之婦爲辱，一是以一婦人而事二夫，多少有些愧怍之意。至生子後猶不說話，據考據家云：不言蓋守心喪之禮，與殷高宗亮陰三年不言之意同。不過縱弗能死一句，頗爲重要，從文義講，實有殉夫或守節之義。這種例子，在古書記載裏還很多，或者是有地位的婦人應當守節，普通婦女，須倚賴男子生活，自然聽其再嫁三嫁，毫無所謂。但唐朝的公主以貴族之尊而嫁之不已何耶？可見宋以前對於婦人再嫁，實係極普通之事，若殉夫守節，倒是例外。又古來以女子之賢德爲貴，節烈等名亦是後起，也可以見婦女標準的演變。有些人以列女傳誤爲烈女傳，正是此種思想的結果。

論「兩性」

楊絢霄

人類的歷史，根本上就是一部搏鬥的記錄：富的和窮的搏鬥；年青的和年老的搏鬥；聰穎的和愚笨的搏鬥；而男的和女的搏鬥——尤其是男女之間的搏鬥最來得巧妙而別緻。這大致是因爲在「兩儀旣判」的當兒，造物者就在男女兩性之間按置了一條鮮明的鴻溝，使兩性相拒相忌而形成對壘，同時，却又在這對壘之間留出了一條狹窄的裂隙，使兩性相親相愛以滿足本能上的需要。總之，男女兩者間之性的關係是在這種相拒相忌和相親相愛之中一步一趨地演進着的，換句話說，兩性除了跳出帳幔之外，不論在思想上，態度上，舉措上，言談上或者是在事業上，在在牢守着這種敵對的姿態。

象這種性的排拒現象，不知經過了多少年代，翻過了多少花樣，如果要把牠全部描繪出來，那至少要比一部婦女運動史來得更光怪陸離，更動人心魄。不但如此，這種現象就是在號稱文明的現代社會裏，也還殘存着；不信，我們就拿兩性求愛的歷程來說吧：當男女進行戀愛（本質上即要求滿足性慾）時，雙方是怎樣地迫切而熱烈，但在局勢上，却又呈示着一種明避暗追的戰術，一定要經過許多的紆迴曲折然後才會屈服於對手之下——雖然末了總是女性屈服於男性的物質條件之下的。象這種矛盾的事例，眞是罄竹難書。現在先拿倍恩（Bain）所說的故事開始：

「在創始之時，當德華許曲理（Twashtri）創造女人的時候，他發覺一切的材料已經在創造男子的時候用光了，沒有留下什末堅實的原料。他處在這種困難之中，便加以深邃的考慮，於是就採取了月亮的團圓，蔓草的曲線，卷鬚的纏綿，草類的顫危，蘆葦的纖弱，花的榮華，葉的輕佻，象鼻的尖細，麋鹿的斜睨，蜂羣的飛聚，陽光的歡樂，浮雲的悲哀，迴風的變幻，兎子的懦怯，孔雀的虛榮，鸚鵡胸脯的溫柔，金鋼石塊的堅硬，蜂蜜的甘美，虎的凶暴，火的熱烈，雪的凜酷，烏鴉的曉舌聒絮，鳩鴿的喁喁情話，鶴的虛僞，雁的忠貞；他把這些混合在一起，造成了一個女子，又把她送給了男子。

過了一個星期，那男子走來說道：主啊，你給我的女人使我的生活變成痛苦。她滔滔不休地說着話，擾得我直至不能忍受，又不肯離開我；她要不斷地慇懃，耗費我的時間，無故地哭泣着，而且怠惰懶做。我來把她送還給你，因爲我不能夠和她在一塊兒過活。

德華許曲理說道：好的；你就把她留在這裏吧！

過了一過星期，那男子又來了，說道主啊，自從我將她送還以後，感覺到我的生命十分寂寞。我記得她常常和我唱歌跳舞，常在眼角傳情，伴我同翫，擁抱着我；她的笑是普樂，她是美麗的，柔和的；你把她還給我吧！

德華許曲理說道：好的；你就把她帶去吧！

祇有過了三天，那男子又走來說道：主

啊，不知道什末緣故，我總覺得這女子是個麻煩而不是一件快樂；請你依然收回吧！

但德華許曲理這次却這樣說：滾開！我不願再聽這些話！你得自己處理！

那男子說道：但我不能和她一塊兒過活。

德華許曲理回答道：但你也不能够離開她而生活。

男子自言自語地說道：我將怎樣辦？我既不能和她同居，但又不能離開她。

她現在依然和他同居着；他祇能盡力處理而已。」

這一故事，雖然祇象徵着兩性間性情的矛盾，但也不難由此看到兩性間是引誘的而又是迴避的，時而拒絕時而接受的一個事實。直到後來，宗教家舉起了「男女有別」的旗幟，倡出了什末性禁忌，於是男女兩性間的關係，便加一層隔閡了。不論在古今中外的社會裏，幾乎都有那些合理的性禁忌和無用的性禁忌同時並存着。不過，由於原始社會之缺乏判斷是否合理的常識，所以便保存着一切的性禁忌。現在且讓我們展閱世界各隅的性禁忌的圖畫吧！

的確，不論是在那個社會裏，多少總有兩性隔離的事實存在着。摩洛哥的少女不准走出門外和任何男子會面，甚至不能和一切的婦女會面，除非這些婦女是她的本家。印度吠陀除了自己的妻子以外，是不能接近那些和他年齡相仿的其他女子的。巴理人絕對禁止男女的閒談。阿爾巴尼亞的處女不能在屋外和一個陌生男子談話，因爲這會破壞她的貞操。杜伯理若夫耳（Dobrihzoffer）曾說：當他有一天在巴拉圭的街上吹笛作樂的時候，少女們都走了攏來，但當男孩子漸次走近少女的身傍時，那些少女便都一個一個地溜跑了。十五世紀英國的少女是不能和街上的男子閒談的。美國從前也以爲男女同車是件不名譽的事。伯爾遜斯（Parsons）曾說：紐約有個女孩告訴記者說，有一天晚上坐着一輛轎車回家，因爲沒有一個陪媼，所以祇得叫她的男傭和馬夫坐在一起。至於我們中國，也會有過這種性禁忌；例如：大戴禮記上說：「男女不雜坐，不同椸枷，不同巾櫛，不親受授；」班昭女誡的立身章上也說：「男非眷屬，莫與通名」；這些都是性禁忌的良好證明。

在有許多地方，男女是不能直接接觸的，並且還規定男女走坐的地方和時間；一旦違反，不是被罰，便是認爲不祥。在朝鮮，有一時期曾經嚴禁陌生男子之觸及另一少女，否則這個少女就會被她的父親處死，而那個男子的妻子也要自殺；並且男孩子又常受到家長們的警告，說是走到屋內婦女的地面是可恥的。漢城的 Penya 法律更規定：所有一切的街巷，每天自上午八時到下午三時止，專讓女子行走；否則重罰。塔希堤女子不許摸觸丈夫或父親的頭部，因爲那是被認爲神怪的；同時，女子也不能接觸男子頭部挨近過的東西；此外，男子走過的地方以及用過的兵器和武器等，女子都得崇拜。夫果宅斯島的男子不能坐在女子坐過的櫈子上，否則他會相信自己是要害病或死去的。喇其厤海耳族的男子不能坐在女子的床上，否則女子可以責備他，而男子則賠鵝以代罰，但是女子還是壁還他的；反之，如果女子坐在男子的床上，那末男子便要宰殺女子送來的鵝，並將鵝血洒在床上，以驅不吉。瑪麗邑的女子跨過了男子所用的物品，男的就將這種物品丟棄。納喀希佛族的女子不能跨過或坐過男子所用的物品，否則便將物品拋棄，女子被處死刑，在澳大利亞，假使女子繫了男子用過的腰帶，就會相信一生不育了。馬西姆女子不得走近男子聚談的場所。沙羅蒙島的男子是不跨越倒在路傍的樹枝的，因爲他們認爲那顆樹枝已經有女子走過了。在新希伯來，當男子秘密集會時，假使一被女子發覺，女子就會大受淩辱。萊伯斯族的成年女子，是被禁止走近屋舍的前簷的，因爲那是日光照臨的地方。馬奧理族禁止女子走入酋長室。在中澳大利亞，男子參加女子的喪禮是被禁止的。塔斯馬尼亞的男子在路上遇到一隊女子走過時，就要轉繞他道。亞恩禮節規定女子應在男子行人道以外行走。在南非洲，當丈夫和妻子同睡時，不使他的右手觸着他的妻子，否則他那戰士的膂力就會喪失並因此致死。坎埔寨族規定妻子不能用丈夫的枕頭，否則就會礙及她丈夫的幸福。巴盧的男女不同床，因爲女的氣息會使男的身體羸弱。非洲東部的卡芙斯族規定夫婦祇能在夜間相見，而不能在白晝會面。格林蘭人相信月亮是男神，太陽是女神；所以當日蝕時，男子杜門不出，而當月蝕時，女子杜門不出。暹羅人以爲男子不能走過晒有女子衣服的底下，因爲這是不利的。至於我們中國，也有這種類似的禁忌；例如：男子不能穿女子的袴子，也不能走過晒有女子袴子的底下。

兩性的隔離，在社會的活動上，在日常的舉措上，也還是存在着。暹羅西北部的製鐵和搖船工作，指定是由女子做的。奄基庫越祇許男子牧羊；而女子則專門從事遠距離的薪柴搬運工作。納伽的男子如果觸着了女子織布或製磁的工具，就會被罰。華泰維脫族不把點火的方法傳授給女子，因爲男子恐怕女子習於點火之後就會變成他們的主人。密力斯族禁止女子喫吃虎肉，因爲這會使女子變成强硬。愛倫脫女子相信自己對於丈夫必須忠實，否則丈夫出獵是會得不到野味的。在烏更達，女子是被認爲不配狩獵的，並且也不能弄死一個動物或者是幫助別人弄死一個動物。十六世紀厄俾諾的某大吏說：「音樂和其他虛飾的事是適於女子而決不宜於眞有男子氣概的男子的。」至於中國的「女子無才便是德」，也是這種性的隔離底象徵。

性的隔離有時會因了種族、階級、宗教或年齡的不同而愈益明顯。刲坦女子如果自卑身分地和別族論婚，必使日月無光，工作停止，所以要用牲口致祭，以驅汚穢。俾仲納族中的俾拉朗人看見女子如和歐洲旅客親暱，必予殺害。印度吠陀不肯讓他們的女子給異族人看見，並且還禁止小販走近他們居處四分之一哩以內的地方。佈西門族的女子是不屑和族外的男子交往的。美國南部及西北部的女子，深怕在路上碰到異人或墨西哥人。在婆羅洲的若干地方，以爲看見白人是會害病的，所以男子總是告誡妻子不可接近歐洲的旅客。中世紀時，歐洲有好多地方禁止人民和猶太人結婚，違則論死。條頓族的女子不能和奴隸私通，否則處死。在馬達加斯加的豪佛斯地方，有三種奴隸，這三種奴隸間禁止互通婚嫁。羅馬在紀元四五〇年前，禁止貧民和貴族通姻。瑞典在十七世紀前，也有類似的事例。回回教徒禁止和基督教徒結婚。英國人也不能和異教國人結婚。安達曼羣島不許男子和那些已嫁而年齡比他還小的女子直接來往。以前中國的倡優隸卒，也必須在同一階級內婚娶。

不但如此，性的隔離還影響到語言。馬達加斯加族規定若干詞類祇許女子彼此通用，此外還有女子對男子說的詞類以及男子對女子說的詞類。密克羅內西亞男子和女子談話時，有許多的詞類是被禁止應用的。檜庫蘇斯族的女子在談話時所用的若干詞類和成語，是男子們所不習用的。

伽勒喀島民計有兩種文字，一種是男女通用以對男子說的，一種是女子互相談話時專用的，或者是男子轉述女子的原語時方才應用。

從上面的許多事例看來，我們就不難明瞭在古今中外的社會中，兩性間的隔離是如何地嚴格了。由於這種隔離，便形成了敵視並由是而促成了同性結合異性排斥的現象。本來，在生理上，異性愛是那末地密切，而社會却又有這種排斥的習俗厎存在；這倒厎是人類生活中的一個矛盾現象，也是一個無法得到解答的謎。假使我們擷集民俗學家所給予我們的資料，我們便不難找出：不但男子曾經協力抗拒過女子，同時，女子也曾協力抗拒過男子。庫納瑪的女子都有監護人，目的是在抗議丈夫的虐待。俾尼愛滿族女子具有獨立的人格，如果男子對於女子出言不遜，女子可在兩天驅男子於門外，待其陪罪而後巳；再如受了虐待，別的女子便會成羣結隊地前來幫助，指摘男子的錯誤。塔斯馬尼亞的女子一旦遭受丈夫的毒打，其他的女子便會聯合來興問罪之師。喀芙爾族的女子在受丈夫虐待後，就向保護所提出控告，直到丈夫陪罪爲止。何脫吐斯的女子雖然常受男子的虐待，並且被逼從事苦工，但女子有時也能抵抗。坡爾人常以暴力對付妻子，但女子有時也能團結一致而去對抗她的丈夫。南畿內亞的男子有種秘密的集會來馴服女子；其他象喀拉巴族的「愛格波」以及岳魯佈的「烏羅」，都是駕馭女子使之服貼的有力集團。不過，男子有了這種團結，但女子方面也不甘示弱而組織了類似的對抗集團，例如摹格偉族的女子就有這種組織，巴喀拉斯以及非洲其他民族的女子，也多有這種集團。

假使我們再探溯初民社會的性圖騰，那就可以發現：男女兩性間的搏鬥現象，在這種制度下是更度地進於尖銳了。所謂性圖騰就是指圖騰族中，除了崇奉全族的公共圖騰而外，族中男女還要各選一種動物或植物作爲本性的「性標」或「性幟」。凡是屬於同一性圖騰的男女，姑不論其是否同祖同宗，都有相依相助的義務。假使兩性間一旦發生衝突，那末，性圖騰相同的男女就會拋棄他們或她們平日的親愛者而投入其本性的圖騰，協力相鬥，因而雖是夫婦母子兄弟姊妹，也不免一場厮殺。性圖騰的本質，要算華脫伽俾魯克族表現得最明確。這族的男子相信一隻蝙蝠就是一個男子的生命，而他們的女子則相信一隻夜鶯就是一個女子的生命。祇要這類動物有一被害，那末，二性圖騰間就會發生爭鬥，爭鬥時，男女各據一方，男子拿着木棍和彎曲的木標向女子進襲，而女子也各執鋤頭棒棍等當作武器，和男子對敵；這種爭鬥有時相持竟達數小時之久。庫耳尼族是以鴯鶓作男性的圖騰而以轉鶯爲女性的圖騰，一旦男性的性標爲女性所害，族中的男子便聯合而向女子進攻，反之亦然。林肯港族以小蜥蜴爲其性標，雄的叫做 Jbirri，雌的叫做 Waka。他們以爲把人類分做男女的，便是這種動物；而男女對於這種小動物的異性，一向抱着誓不兩立的仇視心理。男的看見雌蜥蜴就殺，而女子看見雄蜥蜴也用同樣手段對付。維多理亞一帶的土著，是以螳螂作爲男性的性標，而以大蚊鳥作爲女性的性標；這兩種動物，不容異性傷害，而男女間也時常因了異性殘害本身的性標而起爭鬥。

不過，上述的性圖騰，乃是兩性搏鬥最後殘餘的象徵；當這種圖騰制消滅時，也就是女子屈服於男子威力下的時候。象這種性圖騰制之在今日的文明社會裏，雖然已經不復存在，但是男女間的禁忌，却依然存在着——實際上，這種禁忌就是性圖騰制的殘餘。無疑地，象這種人造的界限，是應該予以剷除的；因爲我們該得認定，我們現在所遇着的而且在最近的將來應該解決的問題，就是怎樣能够一方面保持着個人自己的特性而一方面又要和別人合而爲一，而這個原則的確立，就有賴於男女兩性敵對現象的消滅。無怪乎蕭伯納威爾斯等所喊出的「廢除一切禁忌」，「尊重自由和理智」，「禁忌是野蠻的遺俗」，「我們不要受禁忌的拘束」，「我們應當鼓起勇氣做個自由人，跟隨着理智所指引的坦途前進」等口號是要受到人們之熱烈的擁護和景仰了！

安邱文學

五知

藝文雜誌第二期載有傅芸子先生：「關於薌嬰居士的紫幢軒詩」一文，述論旗士文學，極爲重要。首謂：「清乾隆時宗室薌嬰居士文昭的紫幢軒詩，從前在震鈞天咫偶聞卷八瑣記中，看到京師竹枝詞十二首，料想他集子裏當必還有關於北京的風物詩，總想一窺全豹，可惜未能如願。五六年前，知堂老人蒐得居士殘集三種四卷，老人在讀書偶記中，曾寫了一篇介紹紫幢軒詩的文章，對於薌嬰居士之善寫市聲，深致贊賞。」蓋以爲薌嬰居士以一帝胄而能辭官讀書，這是很難得的事情。又云：「薌嬰居士是王漁洋的弟子，康熙五十年古瓻集自序云：「…歲丁丑從遊新城公之門，乃始取少陵摩詰蘇州諸詩，潛心熏習之。一日侍叔祖紅蘭先生分韻，有句云：花香高閣迥，書味小樓深。先生擊節賞之曰：是兒冰雪聰明，不愧漁洋高第弟子，他日固不僅讓一頭地也。」是紅蘭主人係薌嬰居士叔祖，皆旗下名士，又均爲安郡王之後。按康雍乾三世，安邱文學，稱盛一時，惟以豁屬旗門，記載不多，後世知者遂鮮，亦憾事也。余藏清宗室世系爵秩譜抄本，安邸之始，爲順治元年追封阿巴泰爲和碩饒餘敏親王。以後世系，有：多羅安郡王岳樂，順治八年封。多羅安懿親王瑪爾渾，康熙二十九年封。多羅安節郡王華玘，同四十九年封。至乾隆時則有輔國公奇崑，崇積，直至同治時意普，均世襲罔替。是知紅蘭主人與薌嬰居士，雖皆安邸子孫，而非嫡傳。故未襲爵，「八旗文經」云：「宗室岳端，或作袁端，或作蘊端。如鎮國愨厚公高塞，池北偶談作國鼐，白山詩介國鼐。先八世祖諱討塞，氏族通譜卷七十六作陶色，譯音無定字也。字正子，一字兼山，號玉池生，別號紅蘭室主人。以春郊晚眺詩時稱東風居士。多羅安和親王岳樂第三子，原封固山貝子，有玉池生稿，一紅蘭集，一蓼汀集，一出塞詩，一無題詩。安邸文學最盛。從弟問亭將軍博爾都，別號東皋漁隱，著有問亭詩集，白燕棲稿。汪鈍翁陳迦陵均亟稱之。宗支如福喜損亭，德普修菴，宏曣思敬，書誠樗仙，永雲嵩山，永忠臞仙均工詩文。」寒瘦集序（文經卷五十七）是記雖略，頗可參考。又賽鎮「師竹廬隨筆」卷一云：「紅蘭主人諱岳端，安親王子，安節王弟，善詩詞。其邸中多文學士，安王命教諸子弟，故康熙間宗室文風，以安邸爲最盛。延朱襄沈方舟等爲上賓，方舟妻柔然亦工詩，遲方舟久不歸，作杭州圖寄之。主人爲題詩云：因憐夫壻無歸信，翻畫家山遠寄來。沈即日束裝南旋，當時傳爲佳話。主人嘗選孟郊賈島詩爲寒瘦集行世。以宗藩貴冑慕二子之詩，可謂高曠矣。」所記較詳，且富風趣，惟於主人世系，略有錯誤。據宗室譜所列，安節王華玘，爲安郡王岳樂之孫，文經稱紅蘭主人爲岳樂第三子，實係安節王之叔。安親王爲瑪爾渾，蓋安郡王岳樂嫡子，故隨筆與文經所記，各差一輩，當以文經之旗人記旗事較可靠也。以此考之，則薌嬰居士乃安節王華玘子，與輔國公奇崑同輩，時代亦正相合。

八旗文經卷五十七記居士云：「宗室文昭字子晉，號薌嬰居士，自署曰北柴山人，原封鎮國公昌綬子，從漁洋遊，辭爵讀書，查夏重以宗室高人序其集。康熙己卯，特命宗室應鄉試，以後場用子書語被放。居臺溪，有疏桐閣，松間草堂，枕栎軒，曳履齋。若近郊草堂，醉烟亭，則別業也。所與往還者，姜西溟、查橫浦、王樓村、郭于宮，沈椒園諸人。雍正壬子九月卒，年五十三，著有紫幢軒詩。」此文只云原鎮國公昌綬子，未注明居士在安邸之行輩，惟可見其師友，均清初名士。又觀其別業之名，及詩中所詠，更可知居士實一胸襟曠達之高士，與浮沉宦海之貴冑，其雅俗自各異矣。

紅蘭主人與薌嬰居士，皆當時旗下名士，居士之名尤著，以其所記，均有關社會風物，更爲可貴。至其在文學上之價值，已見傅文（藝文雜誌第二期），茲不贅述。所著紫幢軒詩集，頗不易得，在北平圖書館中亦稱善本云。

關於蘇三

陳亨德

蘇三起解又名女起解，乃全本玉堂春之一節。全劇劇情是由明初的一段實事中衍出來的。蘇三與王金龍都實有其人，直到現在尙有遺跡可指：一、山西洪洞縣有關於此案之檔案文件。二、河北曲周縣有王氏父子及蘇三的墳墓。可惜的是洪洞縣的檔冊文件巳經被十九年以後的某一任縣長私自帶走了。關於玉堂春本事，花朝生筆記上說：

「今劇有女起解（後本名三堂會審），亦名玉堂春。演名妓蘇三與王金龍狎。有白首約矣。會王金盡，不爲鴇母所容，蘇三出纏頭助之，使入京應試。旋掇巍科，巡按山西。蘇自與王別，即爲富民沈某者強置之簉室。未幾，沈以事爲婦所酖，縣令周內，坐蘇預其謀，流太原府。時金龍方下車，力爲斡旋得脫，踐前約焉。」

這不過是院本玉堂春的本事的大概。關於王金龍與蘇三的眞實存在可於無名氏的王金龍的身世考裏看到。

「……原來王三公子並不是南京人而是河南永城縣的『王樓』的人。因爲他的父親作南京的吏部天官。所以就姑且說他是南京人了（明朝陪都也有各部尙書衙門和一切職官）……。在永城縣西的十里以內，有一座『王林』，就是王氏的先塋。王林的林門枕着汴水的隋堤，而墓穴還在正北的十里以外。的確這王林的氣魄是很偉大的。殘存的石人石馬，現在巳經大半沈在土裏。林門的神道之上還有一堵高大的華表，上邊寫的是：

> 萬曆四十七年
> 王氏先塋神道碑
> 孫王三益敬立
> 德
> 善

這王三善當然就是王三公子。在縣志上還有他的家傳和本傳，明史上的王忠勇公也就是他。據永城縣的父老傳說，他的小名叫王金龍。他在後來晉京應試，舉人考場是在南京，就在這裏結識了玉堂春。因此困頓流落，直到關王廟贈金，連捷成狀元。和蘇三從良被誣殺夫，都和戲文上的演出大體相符。

不知隔了多少年，王三公子方外放山西的八府巡按。這時的蘇三大概也老了。三公子的舊情雖是難忘，但是南北睽違，環境變遷，彼此的問訊大約是不可能的。直到他看見奏請秋決的冊子，才知道蘇三巳經犯下彌天大罪。這一急非同小可，馬上飛籤火票，行文到崆峒縣去提案重審。冒着絕大的嫌疑，把蘇三的彌天大罪昭雪了。……惟司理果然因爲挾嫌把他參稟了。三公子只得落職回家去爲民。……

……玉堂春在回到永城的王樓以後，不久就仙逝了。這對於三公子無異宣佈了死刑。蘇三的墳並不在王林，大概因爲妾的身份不能和正妻相提並論。而公子又因深情摯愛，不忍叫她受無謂的委曲，所以單獨把她埋在祖塋的傍邊。……一堵碑碣，上面有這樣一行字。『亡姬蘇氏之墓』。……

……不知受了什麼人的推薦，復又起用他去征苗。……他趁着連戰皆捷，被苗人誘到山窮水盡的地方，把頭割去了。

皇帝眷念他死於王事，功在國家，所以謚爲忠勇，御賜祭葬。並且賞了金銀頭各一顆。當他出殯的時候，他的姑娘哭喊着說：『金頭銀頭，趕不上爹的肉頭。』現在民間尙傳誦着。……永城縣原有五個城門，因爲三公子有御賜的金銀頭，不得不佈下疑棺和疑塚。據說三公子的棺共有五口，五門同時出棺。埋在如今的王林。現在每逢人家有大殯，一般人常用妬忌的口吻說：『無論怎闊總不能五門出棺』。

這是玉堂春本事最可靠的一篇，從史實上說明了男主人的歷史。有明史有縣志都可以作證。只是女主人的部分因爲洪洞縣志裏沒有，那祇好等洪洞縣檔案全文發現了。

蘇三是一個墮落的女子——（妓女）——王金龍是一個浪漫的貴族子弟，二人之愛情最初是以金錢爲媒介，無異於其他之一般。但後來情景各有變遷，於是愛的眞假便有了試驗的機會。

「……王瓊已經歸隱很久，家境漸漸不寬裕起來，便叫他第三個兒子王景隆偕僕王定去京，向老友屠隆索欠。景隆這時已與丁韃巷妓女唐一仙戀。臨行走辭，一仙託景隆到京，代候其盟妹玉堂春，並力讚玉堂春的美艷。景隆索得欠欵後就代了一仙的信去訪玉堂春。兩人一見傾心移住院內，大肆揮霍。因放蕩而至窮困時常出入於鴇兒家的段四也因而成家立業了。王定因屢薦不聽，回家又怕遭王瓊的怒，偷了五百金私逃了。景隆只一笑置之。同時接識方爭者，一見如故遂結爲兄弟焉。……方爭後回晉，公子至是，牀頭金盡，不爲鴇兒所容。鴇母騙景隆出院，遂被逐。景隆日暮窮途，曾思投河自盡爲一道士救下。因當時在院曾從玉堂春學過些戲便賣唱爲生。一天段四去玉堂春那裏看三公子，知被逐。玉堂春此時亦因不肯接客受鴇母虐待。玉堂春托段四訪王之消息，段四跑了幾天才在他賣唱時把他找到，段四感他的恩把他帶到自己的家裏居住。一面報告玉堂春。兩人設計至關帝廟燒香，實是去段四家相會。玉堂春給景隆三百銀子叫他再去逛一次院，於三公子又買衣履馬，用石子裝箱找僕從。再擺勢浩蕩的到玉堂春家。玉堂春把自己値錢的東西裝了六隻箱子，把石子換到自己箱子裏。第二天將鴇兒喚來說明自己到別處有事，一月就來。付了一些錢留存六隻箱子，關照不許玉堂春接客。便出了院回到段四家，偕同段四返里，……」（以上按奮志記）

王金龍窮了，窮到沒人理了，但蘇三還是接濟他，伏侍他。這和後來王金龍貴了，貴爲巡按，蘇三已由妓女作了別人侍妾，又被人誣害了殺人重犯，與金龍身分相比天壤之別時而不避嫌疑犧牲一切命令原審官把蘇三解到省城親自覆審極力營救。同樣出於愛，愛是貧富貴賤不足以限之不足以間之的。

就起解一折劇情而論。實含有三層意義。一、娼優隷卒是舊時最低階級，所謂墮民。（舊時四民爲士農工商，墮民則爲娼優隷卒是也）此等人爲平民所不齒 。但此劇中之一娼一隷，偏偏是至情至性的好人，可爲「賊女」「蠹役」吐氣。可知階級只能限制人的命運而不能滅沒人的個性。娼優隷卒裏一樣有感情眞摯熱烈的蘇三，和重人道公理的崇公道。可見以階級的成見，武斷「某一種下等人沒有好人」者，那只是鹵莽，專橫，自私的表暴。二、蘇三由娼而妾而囚而向着死神的路上，享盡了人生的辣味，又是一個富於感情的少女，所以在長途末日的情境裏，有已過的重重幻影，驀上心頭，不由的一層層的詛咒起來，從親爹娘恨起，恨王八鴇兒沈延林，恨皮氏，恨縣官，恨衙役一直恨到「一個好人都沒有」，的確，一個人到了如此的末日，就只有無範圍的詛咒了。三、但崇公道一面却又不同，他雖是一個善性的厚道的人，且是對蘇三表同情的人。但他於蘇三一面却是個局外人，而且年齡關係，飽管世故，所謂旁觀者清。蘇三一面只管恨，崇公道一邊只管解釋，一邊是主觀一邊是客觀，一邊是感情一邊是理智。在崇公道的答詞亦是寬譬安慰開導減其愁煩。但在蘇三一面則不能入耳。所以最後一句「洪洞縣裏無好人」連他的唯一的公道朋友都得罪了。其實他不過感情衝動不加思索的話。所以崇公道一翻臉，由對方發出一種反射力，才把他的極端的感情回復到理智上去，而以「惟有老爹是個大大的好人」安慰了崇公道。這一齣戲最好的意義就是描寫感情與理智的反應，而以「無好人」與「惟有一個好人」之轉捩點爲高峯，故攝取圖片首須注意於此。次則崇公道說：「混了兩雙鞋錢」亦是激起反感之一焦點。

玉堂春變成戲劇是在什麼時候呢？這是很難作確切的回答的。據道光栗海庵居士之燕台鴻爪集，及道光十七年春台義園碑記，春台班汪一香已演此劇。咸豐初之都門紀略，亦有三慶班胡喜祿演三堂會審審玉堂春之節目。全部的編成與演唱却是民國後的事。有近五十年梨園史料與梨園繫年小錄可證。再據傅惜華所考，是在雍乾後先有傳奇一種，名爲破鏡圓，記云：

「余家藏鈔本戲曲，有破鏡圓傳奇一種，蓋即玉堂春王金龍相愛事。因劇中之人雖經種種波折，然破鏡終爲重圓。遂有是名。此本係梨園世家舊抄者，未題撰人姓氏。而遍考曲海，傳奇彙考、曲錄諸書，亦皆不見著錄。審其詞章律法，結構排場，殆出於雍乾以後人之筆。此本發現，始知今日梨園盛演皮黃之玉堂春一劇實非杜撰。乃據破鏡圓傳奇翻換改制而成者也」。

記載玉堂春本事之小說傳奇有全像海剛峯居官公案傳、奮志記、落難逢夫數種。而其記載均大同小異。仔細比較似由公案而轉變爲奮志記而落難逢夫而彈詞京劇。而變爲京劇更是一個大轉變。其內容乃根據院本玉堂春而來的。

凡是一個劇本得到現實的多數的認識，而在戲台上比較可以算得成熟者總是經過多少期的變遷，各派之演進。即如起解，顯然有三種本子（只指秦腔、京劇）。一、秦腔本二、皮黃老本三、皮黃新本。今就其有關係之節目詞句比較說明之？

劇由解差崇公道先上。「你說你公道……」四句亦各本皆同，惟報名則各有不同，梆子腔一本作張公道，一本作劉公道，皮黃老本作總公道，今本作崇公道。其名皆同，其姓各異，字面雖異而意義則無殊。（主張公道可也。留些公道、總要公道、尊崇公道，皆無不可。）現在暫只用其名以便說明。

梆子本之「公道」係自將蘇三從獄中喚出，皮黃無論老本新本，皆繞場到監中先見獄卒，再喚蘇三，自以皮黃本較爲細致。

梆子本蘇三上場之先，先唱六句「五字句」，「忽聽喚蘇三，兩眼淚不乾，項帶長枷板，鐵鎖手內攙，帖牌寫大字犯婦是蘇三。」然後另起叫頭，再唱四句搖板，老本皮黃仍之。今本皮黃則只有十字句之搖板四句，（即急聽得喚蘇三……）蓋五字句入於京調皮黃班，能留存者已絕無僅有矣。

梆子本，蘇三是戴枷上場，老皮黃亦然。惟今本則在辭獄之後，崇公道出枷命戴，出城後又由他作主除卸。故蘇三之自動的發言變爲反唇之諷刺。即「哈哈，你在這兒等着我哪」一句所由生也。於是乎成功一種「俏頭」。但按之事例，犯人起解，須當堂封枷，無由解差私下命令之理——（中途卸枷，則由於差役之私作威福，不違事理）——故各本皆有不合。戲情不妨變通，故事亦不可不知耳。

公道一見蘇三皆道喜（梆子是「老三你恭喜了」，老皮黃本是「蘇三你接喜」，新本是「蘇三你大喜啦）。問其所以道喜之故，乃爲發配，此乃說故事人不知故事之誤。「發配」是「發配」。「提解」是「提解」。蘇三是提解省城覆審，非發配他方，故此調不妥。且要易改。

辭獄一節，梆子本是一面「公道」去領文（暗場）一面蘇三唱大段。老本新本皮黃均是「公道」去收拾行李，蘇三辭獄神。而將領文作爲明場。論穿插自以皮黃本爲較火熾，而梆子班之用暗場亦有道理。因點名封枷領文亦是嚴重的事，不能由一個小官——（典史之流）打個哈哈就可辦了也。但皮黃本之典史老爺與解差打諢，頗有生動之趣，出以滑稽，亦是戲劇上之要素，故亦不必改矣。

獄官點名，梆子本老皮黃本均是蘇三與公道一同聽點，新本則蘇三說：「老伯前去領文，我在那廂等你」後，先下場。以致只有解差聽點，而犯人乃不過堂，頗有不合。且蘇三在台上聽點後站一忽兒，亦沒有多大工夫，故以老本爲是。

公道點名老本是

（官）長解一名崔公道（公道應）有

（官）犯婦一名蘇三（蘇三應）有

（官）護解一名總公道（公道應）有

（官）怎末過來過去總是你(公道解釋云云)

按此節此新本之只用崇公道一名爲合，差人混冒兼役，其姓名必不同者，私下雖一人可充二役，文書上斷不能同一姓名，此亦不可不知也。

蘇三出監行路上場，梆子本是：

（接辭獄神詞後唱辭獄中人之詞）……這幾載裏常打攪，不能奉陪在監牢，禁卒兄你把門開了，（至此下場，再上場接唱）猛然一計上心梢，今日發配太原道，與我三哥把信捎。

老皮黃本是：

（蘇三上唱）眼巴巴哭到了太原城（娃娃）有蘇三跪流平，來在街前用目望，來來往往人不斷，有人往南京去，與我三哥把信通。

今本皮黃是：

（蘇三唱）蘇三離了洪洞縣，雙膝跪在大街前，未曾開言心好慘，過往君子聽我言，有人去到南京地面，與我的三郎把信傳，就說蘇三的薄命短，來世犬馬當報還。詞句自較佳，但老本娃娃腔亦是美聽。

問「上南京去的」一節，梆子本，新舊老皮黃本皆大致相同。詞句稱呼少異，如梆子稱「三哥」皮黃稱「三郎」是也。惟梆子及老皮黃本皆無拜認義女之事，（稱呼老伯到底，並無老爹爹之稱）其卸去行枷之後，蘇三白，「如此老伯，請上受我蘇三一拜罷。」

（唱）有蘇三，跪平川，（梆子之娃娃在此）蘇三若是得活命，來世結草並銜環。

又唱「想起三哥不見面」至「滿腹含冤對誰言」，共十句之多，唱時公道繞蘇三而飛跑，如昭君出塞之王龍而加快。故蘇三唱完之後，公道說：「我跑了半天，你一步也沒有走！」此爲滑稽的穿插，新舊皮黃皆無之。

兩人正式開始行路後，蘇三每唱兩句，公道插話後必報一次地名，第一次爲「出了洪洞縣了」第二次爲「到文水縣了」第三次爲「到了平陽府了」共算經過十餘州縣，到太原府。老新本皮黃皆無之。

「洪洞縣內無好人」三本皆同，梆子本公道一怒要戴上行枷，蘇三賠禮唱「老伯莫要怒氣生，將我認作一螟蛉，日後老伯下世去，披麻戴孝送墳塋」或為今本拜認義女所從出。老皮黃本亦有「叫聲老伯受我拜，拜過你的好恩情，但願蘇三得活命，我與你披麻帶孝送墳塋。」但在「十恨」之前行路之始。

梆子本蘇三賠禮之後，即到太原城外戴枷進城。此與老新本皮黃皆同。但老本是蘇三自要戴枷，唱「行一步來用目看，不覺來到太原城。叫老伯與我把行枷戴，時公道即為之帶枷，戴後接唱「朝庭王法上了身。」再唱兩句搖板，進城。

梆子本係公道說「來到太原城了。還是王法為重，與你上鎖戴上刑具。」戴枷進城後不即進場。仍繞至前場唱：「霎時進了太原城，買賣兩邊多齊整，城裏城外鬧烘烘，一行走着心酸痛，怕的是一命活不成？老伯呀！」然後下場。此與新老本互有異同處。

玉堂春的故事四百年間幾經演變。而為什麼幾百年來受着觀衆的擁護一直不見衰呢？其間的原因是有幾點要說的。

第一、由於玉堂春的悲歡離合的情節極富有戲劇性。即使本事的情節並不如戲文中的複雜與誇張但通過了藝術的描寫以後，悲劇的成分便十二分的加强。投合了觀衆愛好悲劇的心理。而入後又用喜劇的收梢，對於喜歡「大團圓」的中國人的心理，是能更進一層的把握住。

第二、從玉堂春這人物行為上所表現的，是一個典型的擁護封建道德的人物，因此，這戲的扮演，不但投合了觀衆歡迎悲喜劇的心理，也能以藉此擴大封建道德的影響。對封建社會是有益無害的。出身於娼妓的玉堂春也這樣的從一而終，守身如玉，而況別的人？這一本小說一部戲文，是很有力的「閨訓」。其能得到各方面的擁護，是必然的。因此在朱寶霞改編的蹦蹦和大鼓書的最後一段，都是「勸告明公」和以貞操相勉。

第三、當然是藝術手法了。特殊是戲劇在編製的手法上也是有極大的成功的。從開始到關王廟，是一個高潮，從關王廟到三堂會審，又是一個高潮，而最後一個高潮更把各方面的事實都發展到了頂點。其間如調劑觀衆的沈悶，又加上了風趣的藍袍官，風趣的又近乎猥褻的審判。大段而有力的玉堂春唱詞和表演。自然也是加强戲劇力量，獲取觀衆之一道。綜合了各種適應於觀衆的條件，結果，玉堂春在藝術上也自然而然的得到了成功。

至於一直到現在目前，玉堂春還能廣泛得到觀衆的擁護，在悲劇心理的一條件以外，很可以使我們理會到封建勢力依舊是怎樣的支配着中國的社會。這一類的小說戲劇，在繼續努力着的，還是擴大封建道德的影響。這種畸形的存在，對於中國社會的發展是極有妨害的。

岑春煊　應雅

岑春煊亦清末民元際之顯赫者也。庚子兩宮西巡，舉國倉皇，有帝子無家之歎。後賴岑氏「勤王之師」，帝后之心始安。相傳孝欽將至太原，某夕，夜中驚啼，適岑自甘肅率兵趨至，夜立寢門外，聞啼聲亟應曰：臣岑春煊在此保駕，請太后勿恐！后於是醒。據此岑之爲清廷擢拔亦不爲無因矣。而持此與舊劇「御果園保駕」之類相比，亦頗有情趣也。又聞岑之材官林泰清短小有力，扈駕沙河，跬步不離，潰兵亂民來犯者，輒手及之，日殺十數人，而岑遂益邀聖眷矣。

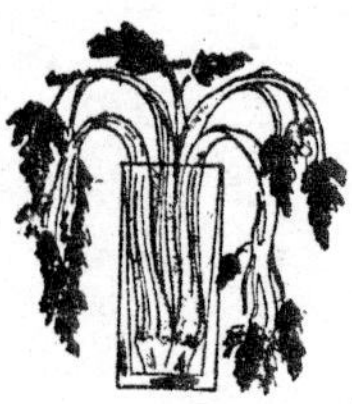

再談沈三白

葉德均

上月間讀石韞玉「獨廬學全稿」，發現石氏所作「題沈三白琉球觀海圖」（晚香樓集三），洞仙歌「題沈三白夫婦戴花歸去月兒高畫卷時其婦已下世矣」，疏影「爲沈三白題梅影圖」（以上二首見微波詞）詩詞三首，都和沈三白有關，曾寫「沈三白與石琢堂」一文刋古今三十九期。發稿後得黎菴先生來函，謂其中詩一首曾見某刋物的補白。後來在古今三十六期讀到文載道先生的「讀浮生六記」，纔知道所謂補白，即二十五年度「江蘇省立圖書館年刋」中程瞻廬「沈三白軼聞」；但程氏文中所引僅有一詩，似亦未見「微波詞」。

前文據石氏散曲集「花間樂府」有「送齊北瀛編修冊封琉球」北曲一套，疑心沈三白至琉球或許隨齊氏去的，但於齊氏的生平不詳，未能決定。查近人袁懋功「淸代徵獻類編」（曉霞書屋叢著，民國二十年辛未排印本）卷二「淸代館選彙編」云：

> 「齊器字澄瀟，一字北瀛，福建侯官人，辛丑進士醴陵知縣弼子，嘉慶六年辛酉進士，由庶常授編修，歷河南府知府。」

於冊封琉球事，也未說及。據載道先生引程氏短文，則又以爲沈三白至琉球是隨趙文楷去的。程氏原文云：

> 「先生曾隨冊使趙文楷殿撰至琉球，繪有琉球觀海圖。」

按程氏此說是據民國二十二年曹允源等「吳縣志」卷七十五（下）列傳，藝術二所引「耕硯田齋筆記」（原文無硯字，據同書他條及「吳門畫史」所引，知缺一字。），其說云：

> 「沈復字三白，元和人。工花卉。殿撰趙文楷奉詔封中山王，復曾隨使琉球，其名益著。」（十九頁）

文近人徐瀓所纂「吳門畫史」（江蘇文獻館排印本）三四面亦引此條。兩書均未題「耕硯田齋筆記」爲誰氏之作，疑出近人之手。趙文楷的歷略，遍查李元度「國朝先正事略」，並無關於他的傳記。「淸史列傳」也只有趙文哲，而無趙文楷，未知何故？袁懋功「淸代徵獻類編」卷九云：

> 「趙文楷字逸書，一字介山，安徽太湖人，嘉慶元年丙辰狀元，授修撰，累官雁平道，山西按察使。」

也未記載奉使琉球事。這裏圖書館無「太湖縣志」，「安慶府志」，未能一檢趙氏冊封琉球的年月；但據「浮生六記」及「晚香樓集」看來，乃嘉慶十二年冬至十五年之事也。又趙氏封琉球時雖爲專使，齊鯤或許是隨行的副使之類吧。

曹允源「吳縣志」五十六卷下「藝文考」（二十五頁）曾著錄沈三白「浮生六記」，下註云：

> 「三白失其名。按無錫顧翰拜石山房集有壽吳門沈三白詩。」

按顧翰字蒹塘，嘉慶舉人，以教習官京師，出爲安徽涇縣知縣。工詩。晚歲主講東林書院。洪楊之亂，受傷而死。所著「拜石山房詩鈔」十卷及補遺一卷「詞鈔」四卷，有道光十四年原刋本，首有從弟顧翃（蘭厓）嘉慶庚午（十五年）序。卷六「壽沈三白布衣」詩云：

「昔聞沈東老，家貧樂有餘：牀頭千斛酒，架上萬卷書。我觀三白翁，踪跡毋乃是！無必慕榮利，不肯傍朝市。當年曾作海外游，記隨玉册封琉球，風濤萬里入吟卷，頓悟身世如浮漚。人生得失等毫髮，一意率眞非放達。橋邊孺子呼進履，當代大臣來結韈。偶因幣聘來雉皋，十年幕府衣青袍。買山無貲去歸隱，腸繞吳門千百遭。吳閶門，虎阜寺，高道名僧日栖止。朝君結屋相往來，拊掌一笑林花開。贈君以湘江綠筠之杖，醉君以幔亭紫霞之杯；腰纏不羨揚州鶴，歲歲同看鄧尉梅。」（七至八頁）

顧氏原詩無年代可考，不知作於何時。據詩看來，當作於沈氏由琉球回來以後，即嘉慶十五年以後之若干年。其中最可注意的是：「偶因幣聘來雉皋，十年幕府衣青袍」。沈氏赴琉球之後，回來仍作幕友，曾一度至如皋作幕。據「浮生六記」卷一首所說「余生於乾隆癸未冬十一月二十有二日」，即乾隆二十八年（一七六三），至嘉慶十五年已四十八歲；今假定客如皋時爲嘉慶二十年左右，其時爲五十多歲，故顧翰詩中稱之爲「三白翁」。此後大約便歸鄉里，而「浮生六記」之作似在歸里之後，約在嘉慶末年六十歲左右。

前一文中說到鄧之誠曾得沈氏的畫一幅，當時手中無「骨董瑣記」，未及徵引原文，茲補錄「瑣記」卷二原文如次：

「長洲沈復字三白，著『浮生六記』，敍其夫婦食貧居困時事。婦陳甚賢，不得志於舅姑，同見擯逐。僦屋揚州，賣畫自給；饔餐屢竭，唱隨之樂不改。無何悼亡，子死，女嫁，三白傀然從石琢堂韞玉游關，游蜀，以寄哀思。記中追維往事，悽婉欲絕，大抵鍾情人也。畫傳世不多，故鮮知者；予于西小市以二餅金得其一幀，氣韵清逸，滿紙性靈，筆墨蹊徑尚在椒畦之上，亟寶藏之。世有眞賞，或不繆予。」

可惜鄧氏文中沒有說明所畫的是什麼，其上有無年月及題記之類。

「浮生六記」卷二「閑情記趣」曾記其寄居友人魯半舫家的蕭爽樓，魯氏名璋字春山，善繪事。按「吳縣志」卷七十五（上）列傳藝術（一）引蔣寶齡「墨林今話」云：

『魯璋字近人，號半舫，吳縣人。書學鄭簠，兼參鄭燮法。寫意花卉，疏老有致，尤工枇杷，識者頗許之。」

又「閑情記趣」所記沈氏從之學畫的楊昌緒（補凡），袁沛（少迂）二人，「吳縣志」七十五（下）列傳藝術（二）也引有「墨林今話」的傳略：

「楊昌緒字補帆，長洲人。善山水，兼工士女，花卉。嘗入蜀佐福郡王戎幕，至苗疆飽覽山川奇勝，畫學益進。遊武林，客阮元娜嬛仙館，與諸名士遊，自畫『鳳凰山下讀書圖』，因號鳳凰山樵。晚寓揚州小秦淮，往來吳門。旋卒。」

『袁迂字少迂，元和人，鉞之子。早歲即以畫名。入都館富陽相國第，得縱觀宋元妙跡，藝益進。性恬淡，居京師三十餘年，所識王公貴人惟以筆墨往還，他無干謁。晚年歸里，囊橐蕭然，仍賣畫自給。沛於書法亦深造，尤擅徑尺大字。所蓄端硯多上品，平湖朱爲弼爲書『二十四硯山房』額。」

此外三白的友人尚有王岩（星瀾）、夏南薰（淡安）、夏逢泰（揖山）、繆山音、繆知白、蔣韻香、陸橘香、周嘯霞、胡肯堂等人，但除上列三人外，餘人均不可考。蓋諸人都和沈三白同樣是姓名不見於經典的。在今日查考沈三白的歷略，已是大難事，查考他的友輩，更是「難上加難」了。

吳平齋家訓

沈美芹

吳平齋給兒孫輩的信，曾見古今某期，由周越然先生以『吳平齋家訓』爲題抄錄發表過。余於去冬偶在蘇垣，僅以百數十金購得其致三兒手札十數通，字跡渾厚而秀麗，且其文詞頗有曾滌生家書之風者，暇常取出翻閱鑑賞，彌覺可玩。此公老於世故，凡所教訓兒輩，宜如何處世，如何養生，如何治家，如何運營，均具體而微。讀之對此老之『天眞』幽默，躍然如在眼前。茲借用周越然先生的標題，抄錄數則，寄予古今發表，藉供同好之一睹，三十二年十二月二十四日沈美芹記。

○　○　○

來稟閱悉，生意一道，全礙運氣。（吾家財運總不能利，磨坊決意收歇，等敦甫到來，辦理趕緊收場，尙無大損。）人棄吾取之說，闠溽之人，多少貿易好手，豈皆想不到。蓋生意每有進本甚貴而賺錢者，甚賤而折閱者，切不可以其價賤而謂勝券可操也。惟芸皋輩長袖善舞，連年皆做，遇此極賤之擋，轉不舉辦，不知何故？（見時詢問，伊必有說今年拆息較貴。）吾與伊輩周旋，甚爲留意。前渠來信，有近年生意萬分難做，一切統容面稟云云。吾置之不答。（大有深意，蓋答則必落邊際。）姑勿論絲之一門，進出甚巨，（此中自有伸縮之處）非附在人名下不可，斷斷不敢獨自嘗試。即使放膽爲之，專函致託，芸皋何等猾澾，其肯代吾爲之乎。

勢必婉辭相勸，轉致爲渠看輕。不如靜以待之，有則固好，無則亦無所傷，此至穩之方也。趙主簿到來，決計請渠詣墳地一看。寄柩斷非長計，將來擬先浮厝，此要事也。爾勿視爲緩圖！端節父示三兒悉。

○　○　○

三兒覽：吳福押來銀洋各欵，收到。由七弟詳覆。昨今兩日天氣暖和，今日風轉東南，各處河道定已開凍。官寶輩能得廿四動身爲佳。唐景星信望爲作答，已開大略。（爾再指引話頭）此等市儈忽爲監司大員，身在雲裏霧裏，每恐人看不起，故覆書不可少也。風鷄有兩對已壞，不敷分送，望再買三對來，如有人送則不必另買，吾於此物不愛吃，惟送人則以此爲婁東土物也。廿二日燈下父示。

○　○　○

來稟已悉，仲翁目前如何能行，已具呈呈請，俟外症愈後，即應××××召入考，光景未必出山，且過此時艱正急之際，然後銷假而起，亦不象事也。惟有此一層，則不能不畏首畏尾矣。樹欲靜而風不停，每每如此。七弟病已向愈，往後全在調攝。鹿茸據偉如中丞說：四十左右之人，以之調補虛弱則可，若常服，斷斷不可。蓋年壯之人，易動相火。服此品，而勤房事，是速之死也。蓋虛弱，賴此品爲峻補，及至此物亦歸常服不得力，則無藥可治矣。故我總勸人於人參鹿茸二品，留爲緩急之用，不可常服。即此意也。言之甚爲有理，故吾亦囑七弟，目前重病甫愈，大補之劑，自不可少，往後只可靜養，如苓朮等品，加以蓮子桂棗等物，隨時相機治理。第一要戒房事，此爲至要關鍵，從前何竹薌丈，與吾論養生之道，要戒房事。吾云寡則可矣，烏容戒？渠云：你過了五十歲再驗吾言。由今思之，不禁有范六丈眞是聖人之嘆也。六妹已到，昨日與香靈赴過雲樓看京班甚好，（兩點鐘去七點鐘歸不速之客）歸來覺得稍乏，故此日公局不能到。明日星翁邀賞牡丹，（星翁云將來要吃廣庵的酒，今科「無試」迴避十三人之多）亦不去，好在有香靈同此行止也，廿六日父示三兒悉。

○　○　○

昨閱運齋書，始知恒軒因李涂保奏故有此命。來將功名考在西北矣。伊家家運正隆，恒軒如能培養元氣，目前猶是一時之榮，將來徑彭世澤亦在意中。即是運齋此次攜銀一萬，親致李相，必能大悅，此又結契報好之機會也。佩師小有違和，爾附稟只須云：「接同門某書，知小有違和等套語；當此時事多難全杖中流砥柱等套語；敬奉上○○聊備高年調攝等套語；如合頤養，隨時續寄甚便也云云。」寫至此接來稟，附有上佩相書閱悉，此信妥適而少情致。平華尚有多時動身？老人另擬數行，望修改後交繼寄來。敦甫處燕菜，亦囑買就寄蘇，以便用馬口鐵加外匣。（此等物事，總以過目檢點，方爲放心。）初十日父示。

此信保爾合式

一昨得同門費編修書，知慈躬小有違，旋占勿藥，當此時會紛糾，正賚燮理，斟元調運，砥柱橫流，此中外（寰宇）所仰望，不獨忝列門牆者，私心禱祝已也。茲（適）有親戚自粵東購到燕窩數觔，據云產自暹羅，較市肆所售者，質潔味厚，因思高年調攝，此品最宜，附呈兩觔，如合頤養，謹當隨時續寄。又田黃印章三方，爲同鄉友人所鐫，堪供臨池之用，統乞賜存云云。

照此略加修飾，便覺情文兼至，妙在從小有違和入手也。倘須修飾，此大致也。

即刻朱修庭來云：初一日從白門歸，知峴帥從家泝流而下，至九江，略爲耽閣，即至金陵，由清江起道北上，謂健帥專請過節，一見面即云，勞你遠來云云。似廣庵此行萬萬不可少，吾意若峴帥即可到寧，爾必待渠過去多日，然後前往，萬一不先不後，爾實爲見健帥而去，而健帥誤會爲峴帥而來，則糟到極處矣。此行固不可少，却要斟酌盡善，最好於公事例稟之中，夾一另單，不知保甲稟，已發否？另單稿，先寄一觀更妥。父示。

○　○　○

來稟已悉。健帥夾單必不可少，峴帥一層斷不必提，熱中之人，居脂膏之地，多一日好一日也。輓聯昨已酌改，似比來稿較爲從質，以至親至好圭璋等字，終覺嫌客氣也。然識者少，無論如何總覺加人一等矣。小雲處恰好於覆書中一言，此次九鼎之重量過於佩師之一語也。老譚有通飭一層，不宜過貶，且原其居心亦是要好，所惜不能見其大耳，然比之譚文翁之查荒田，則又此勝於彼遠甚矣。特將靜逸抄付一閱，小雲書中可述之，渠禾人必願聞也。少奶奶已危在旦夕。吾欲出門，既嫌少伴，又以晚間吃物等等，諸多不便，故遲滯不決。大約未必行也。十五日父示三兒悉。小雲信又夾單稿繳還。

○　○　○

昨日訥翁處辦第五會，數日前信商日期，允到，始定，故不能不到。偏遇晨起大便，已隔七日，幸至十點鐘得解。（已累至一個半時辰）十一點前往，尚可支持，歸來雖乏，今晨便無不適。此近三年所僅有也。王貴囑其立即動身，今日當可趕到。祭文本難出足，得此已可敷衍矣。事略，寄還，囑張福繕出。蕩蕩典事，仍照原稿（因太冗長），將來另紀逸事，就可記憶者，頗不少也。朴堂好弄筆墨，將來以稿授之，此中略露其名，則竟用義香出名可耳。十一日父示三兒知之。（昨日稟已到）

周二聚賭，福綏知之。係張喜通報，恐未實，囑會福一同留心。後知實有其事。據云：因即鬨風早散，故不稟陳。此決不能姑容，目前花木澆灌，捉蟲要緊之際，亦顧不得矣。已囑七弟攆去，勿使片留。

此外，散失零物，買物落錢，此風非止一日，不但吾知之（爾母尤常常言之）七弟輩亦俱知之。即爾在家，吾亦與爾言過。居家之道，此等處，不可不加整頓，然言之易，而清理却極不易。（若輩偷取物件，豈肯爲人知覺。一經大張曉諭，轉開若輩避匿之門，故不可草草從事也。）但得弊去其甚，徐商辦法方好。萬不可說時一場高興，過後置之不論。今有一幸事：七弟之病，漸已復元，能再加以稪綏幫同理料（不知能否），或可有濟。爾六月間來家，邀同敦甫，共相計議，期可持久。現在家人之中，得力而爲時又久者：孫壽、夢來、會福、陳福四人，而此四人最猾，最不老實，却無劣跡如周二者，處置殊不能兩面俱到也。至謂帳房無權，家人權重，此言已近稚氣。又謂零件散失，費用之大，半由於此，尤爲未明底面。帳友從不肯作難人，我屢次有條字大書特書交與帳房，無不如水沃石。近日棣海如稍好，其實倘有欲言之事，即不肯與吾言，又何妨與七弟言耶？即如轎衣罩，些些小事，尙屬唯唯否否，諸如此類，不一而足。皆由爾爲官在外，即在家，亦不甚留心，七弟相同，近又多病，故不能件件入轂，帳友安有所謂權輕權重，但得帳目清楚，借宕等等，不狥情面，不應支發者，不發；再得照料門戶等等，此便是上等好友矣。欲其掌黜涉之權，如之何其能也？家人威福太大，惟旗人或有之，若輩不配也。爾不常在家，驟聞相告之言，一若恍然大悟，豈平日家中秕政竟未有所聞耶？吾家用度之大，及應行立定章程者，俟爾來時詳定。（油火有人專司，蠟燭歸與帳房，此而不肯稽查，難哉。）散失零物，雖屬微細，亦應杜絕。（碗盞所添俱有帳，所失去者，每每大聲喊買。）買物事，既歸若輩手者無多，已非從前比矣。此信爾宜留置抽屜內，暇時取出詳觀，勿河漢視也。（因闗家務之故，回信不必再論，統俟歸家時熟商，可先擬定二三，不可舍本逐末，舍大務小！）廿一日又示。

數十年來，曾有因家人而怪及過朋友否？始勿論辭退等等也。然則何所畏而不一言乎？即不言，又何不於七弟前一言，囑其轉陳乎？近日人情，大率瞻顧者多，而又不屑自居尸位，然此尙是有良心之人也。

古今叢書之一

周佛海先生散文集

第八版出版預告

古今叢書之二

業已出版

本書內容，全係談古今典籍聚散庋藏源流情形，凡南北著名藏書家兼版本目錄學家之文字，無不網羅，手此一編，即可爲通人，不致爲書賈所欺。第一版所餘無多，欲購從速。

古今叢書之三

每册叁拾元

朱樸著

古今

散文半月刊

第四十一期

散文半月刊

古今

第四十一期

中華民國三十三年二月[illegible]出版
社長 朱樸
編輯 周黎庵
發行者 古今出版社 [illegible]
發行所 古今出版社 [illegible]
印刷者 中國科學印刷公司
經售處 全國各大書坊報販
[illegible]

定價 [illegible] 八折
半年一百五十元 全年三百元

孽海花閒話

冒鶴亭

自夏徂冬，寫定所撰周易京氏義，京氏易傳校記，京氏易表成，歲暮餘暇，乃借小說排日，徇小孫懷辛之請，爲「孽海花閒話」，於書中人名考索，間附訂誤瑣聞，別爲索隱表，詳載各人籍貫科分職業，師丹善忘，朋舊日稀，又行篋無書，兼此三者，一二錯舛，誠知不免，間所未悉（不過百分之一），仍從闕如，屬稿既竟，輒題四絕句於後。癸未殘臘，小三吾亭長年開八秩漫書。

麥飯宣仁事已空。尙餘變法說元豐。淒涼天水無窮碧。都在師師小傳中。

鎖骨觀音此化身。是非留付後來人。嫩兒甘爲孫三死。夫婿東方愼莫嗔。

怨李恩牛黨禍延。黃巾倉猝起戈鋋。橫刀健者今安在。枯則應枯古井邊。

燈火繁臺渺舊京。一觴一詠夢承平。詞流百輩銷沉盡。此簿應題點鬼名。

直到咸豐手裏。就是金田起義。

金田在廣西籐縣，相傳道光末，桂撫鄭祖琛出京時，有老人謁於旅次，言公此行，數千百萬生靈所繫，請留意，金田事起，鄭得地方官稟報，慮牽連殺戮，一味掩飾姑息，而洪秀全勢始蔓延。

斯時正是大淸朝同治五年。大亂敉平。

敉平在同治三年，非五年，康熙間，派員祭長白山，山頂墜一崩石，石刻七字，曰木立斗非共世極，蓋歷朝紀年之數也，木爲順治十八，立爲康熙六十一，斗爲雍正十三，非爲兩三十，故乾隆六十，共爲廿六少一點，故嘉慶二十五，三十年爲一世，故道光三十，惟極字筆畫多，頗難解，及辛酉，文宗賓天，時余七外祖周畇叔先生，方官翰林，衆求其字義不得，其同年錢馨伯，忽拍案曰，得之矣，蓋十年八月了，口外又一年，也其事載周先生日記，而同光宣三朝獨無，豈以甲子中興，等於周平王晉元帝，東周東晉，另有一起耶，周先生日記，今尙藏余家，無論如何，已咸豐以前相傳舊話。

那一甲第三名探花黃文載。是山西稷山人。第二名榜眼王慈源。是湖南善化人。第一名狀元是誰呢。却是姓金名均。是江蘇吳縣人。

黃文載爲王文在，王慈源爲黃自元，安化人，非善化人，金均爲洪鈞。

一個有鬚的老者。姓潘。名曾奇。號勝芝。

潘曾奇爲潘遵祁，號順之，探花世璜子，狀元宰相世恩從子，官至翰林院侍讀，故云老鄉紳。

一個中年長龍臉的。姓錢。名端敏。號唐卿。

錢端敏爲汪鳴鑾，號柳門，錢塘人，是同治乙丑翰林，是時方散館在京，不應在玄妙觀茶坊與潘順之喝茶。

一

姓陸名叫仁祥。號蓁如。

陸仁祥爲陸潤庠，號鳳石。

本朝開科以來。總共九十七個狀元。江蘇倒是五十五個。

自順治丙戌開科，至同治戊辰，連洪鈞，總共一百人，江蘇占四十六人，此云九十七，五十五，並誤，其下云，蘇州狀元的盛衰，與國運很有關係，則以光緒一朝，蘇州無狀元也。

張書勛同陳初哲。石琢堂同潘芝軒。都是兩科蟬聯。中間錢湘舲。遂三元及第。自嘉慶手裏。只出了吳廷琛吳信中。

張書勛，丙戌，陳初哲，己丑，石琢堂，名韞玉，庚戌，潘芝軒，名世恩，癸丑，錢湘舲，名棨，己亥（此三人依前後文例，均應書名，不應書號，）吳廷琛，壬戌，吳信中，戊辰。

那榜眼探花傳臚。都在蘇州城裏。

辛未，榜眼吳毓英探花吳廷珍，並吳縣人，傳臚毛鼎亨，長洲人。

就只吳鍾駿崧甫年伯。

吳鍾駿，壬辰。

那時候世叔潘八瀛先生。

潘八瀛爲潘祖蔭，號伯寅，壬子探花。

我去年看他在書房裏。校部元史。怎麼奇渥溫木華黎禿禿等名目。

文卿出使歸國始有元史譯文證補之作，是時尙未研究及元史也，禿禿即脫脫，雖是譯音，寫定已久，不宜更改，致淺者疑別是一人。

阿拉喜崇阿嗎。

阿拉喜崇阿，爲烏拉喜崇阿，是滿洲人，非蒙古人，京師人以對鴻飛遵遠渚者。

肇廷兄。

肇廷爲顧肇熙，號緝庭。

怎麼珏齋兄也來了。

珏齋爲吳大澂，號愙齋，亦是年翰林，文卿既未到家，吳不得遽先歸也。

今兒晚上謝山芝。

謝山芝爲謝家福，號綏之。

畫畫的湯壎伯。

湯壎伯，名經常，武進人。

比到我們蘇州府裏姚鳳生的楷書。楊詠春的篆字 。任阜長的畫。

姚鳳生，名孟起，楊詠春，名沂孫，任阜長，名薰，楊常熟人，本書楊崇伊，其猶子也，任蕭山人。

這位是常州成木生。

成木生爲盛宣懷，號杏孫。

原來是認得的常州貝效亭。名佑曾的。

貝佑曾爲費學曾，號佑庭，本書費念慈，其子也。

莫非是趙飛燕的玉印嗎。

此印後歸南海伍氏海山仙館。

先兩天定公的兒子龔孝琪。兄弟還在上海遇見。

龔孝珙爲龔橙，號孝拱。

庚申之變。虧得有賢王留守。主張大局。那時兄弟也奔走其間。朝夕與英國威妥瑪磋磨。

英使在禮部大堂議和時，龔橙亦列席，百端刁難，恭王大不堪，曰龔橙世受國恩，奈何爲虎傅翼耶？龔厲聲曰，吾父不得官翰林，吾貧至餬口於外人，吾家何受恩之有？恭王瞠目看天，不能語。譚仲修云，嘗見其收藏多圓明園中物，後亦斥賣盡淨，有寧波人得其一卷，題曰團圞話者，即世傳黃蘗禪師詩也，卷爲禪師自書，比通行者，多兩崇兩德各興衰，九載中原一借師，不戴大天三百六，長春回首失娛儀一首，卷末有自跋付思玄子，前鈐康熙御覽乾隆御覽兩璽，思玄子無攷，意必明遺臣故家之物，而籍沒入官者，裱工甚劣，殆爲原裝，雕龍漆匣則極精，疑官家所後製也，團圞話三字，見吳梅村贈黃蘗詩，少時讀之不解，後始知其有本事。

叫聲景亭年伯。

馮桂芬，號景亭，所著校邠廬抗議，光緒戊戌變法時，曾命廷臣簽注進呈，茂名楊蓉圃侍郎，屬余代爲之。

倭艮峯爲一代理學名臣。而亦上一疏。

倭艮峯爲倭仁，號艮峯，同文館初開，慮其阻撓，命爲管理大臣，倭陽奉命，到館視事，中途墜馬，遂請假，尋卒。

現在認得一位徐雪岑先生。是學貫天人。中西合撰的大儒。一個令郎。字忠華。

徐雪岑爲徐壽，號雪村，忠華，名建寅，號仲虎。

雯青曉得是無錫薛淑雲請客。

薛淑雲爲薛福成，號叔耘。

一位呂順齋。

呂蒼舒爲黎庶昌，號蒓齋，蒓齋同治初元，應京兆試下第，不得歸，乃以星變上萬言書，自云初以爲書上可遞解回籍，不意乃得官，曾國藩見其文，極賞之，後與張裕釗，吳汝綸，薛福成，稱曾門四大弟子。

那三箇是崇明李台霞。名葆豐。丹徒馬美菽。名中堅。嘉應王子度。名恭憲。

李葆豐爲李鳳苞，號丹霞，馬中堅爲馬建忠，號眉叔，王恭憲爲黃遵憲，號公度。

以上第二回。

方曉得是姓雲。字仁甫。單名一個宏字。

雲宏爲容閎，號純甫。

曉得這外國人叫傅蘭雅。一口好中國話。

傅蘭雅不獨好中國話，與花之安，並通中文，在廣方言館譯書極多，惟有一事極可笑者，外人以曾左李諸公，皆建極大功業，皆從科舉出身，於是多方求得其硃卷讀之，久而語人，看不出此中用兵的道理，彼不知八股爲敲門磚也。

一姓李。字任叔。

李任叔爲李善蘭，號壬叔。

又有杭州一位大富翁胡星岩。

胡星岩爲胡光墉，號雪巖，左宗棠西征，糧台即其所辦，左在伊犁日，忽思及西湖蓴菜，胡乃以蓴菜卷置夏布中，到日，以水漂之，與新鮮者不殊也。

這是貴國第一次派往各國的使臣。

同治丁卯，派志剛孫家穀，隨美使蒲安臣出洋，與列國交親，非正式使臣也，事在文卿中狀元之前。

同着常州繞到的曹老爺以表。

曹以表爲曾之撰，號君表，常熟人，即作者之父（本書於常熟人，皆託之爲常州人）。

叫做含英社。

含英社即登瀛社，舊有登瀛社稿行世，皆金台書院課藝，曾之撰所作最多。

龔和甫看了。

龔和甫爲翁同龢，少時號大樂，余得其藏書，鈐此印。

祇賸曹公坊一人向隅。至今還是個國學生。

之撰以光緒乙亥舉人，納貲爲刑部郎中。

除了公坊的令師潘止韶先生。

潘止韶爲潘欲仁，號子昭，常熟人，以副貢官沛縣敎諭。

人家看見他舉動闊綽。揮金如土。

龔橙在滬時，值歲暮，有鄉人來，欲假貸，甫開口，龔即斥之曰，我安得錢，既而曰，君遠來，今晚請聚豐園吃飯，丹桂聽戲，鄉人不敢不來，來則見戲園中間，凡十數方棹，來客及妓，皆與龔周旋，問所費幾何，曰四五百番，鄉人曰，我所求於君者，祇百番，君少請數客，吾得度今年矣，龔又斥之曰，百番亦值得向我開口耶，汝無出息，汝終身不必再見我，其不近人情諸類此。

全是他好友楊墨林供應。

楊墨林爲楊坊，號憩棠，寧波富商，上海墨海書林，亦其開設，故射名墨林。

又遇見了英使威妥瑪。做了幕賓。

大英國志，成於是時。

老太爺的神主。怎麼好打的哩。

毛西河著四書改錯，刻一木人，題曰朱熹，改一錯，則敲木人一下，曰阿熹汝錯了，戴子高在金陵書局，著論語正義，得一新義，則往學宮，對朱子牌位溲溺，書局提調洪汝奎惡之，言於江督馬新貽，馬之使去，新貽被刺，曾國藩復督兩江，詢戴望，曰斥之矣，且以其事告。國藩曰，書生可憐，復招之，（戴再到書局，汝奎極不願，一日，見戴所校新刻孟子，猶以一杯水，救一車薪之火也，作救一車薪之水也，曰戴望發薪水迷，扣其薪水一月，戴大爲所窘，乃文正薨，戴往弔，謂汝奎，今日君知賓耶，我行，君當送，汝奎起送之，至階，忽厲聲曰，立直，候我溲溺，汝奎當衆亦無如之何也。）龔敲其父神主，未知有無，惟爲其母作行狀，狀中極言自古母之慈者，無過其母，父之惡者，亦無過其父，則實事也，余外祖周季況先生，曾親見之。

但是他的香火子孫。遍地皆是。

光緒戊子以後，龔定庵詩文盛行，南社詩家尤宗之。

他是被滿洲人毒死在丹陽的。

定庵死，或云爲其僕所毒，與其妾有曖昧（即集中所稱靈簫），非滿洲人。

管宗人府的。便是明善主人。是個才華蓋世的名王。明善的側福晉。叫做太淸西林春。

明善爲貝勒奕繪，西林太淸春姓顧，爲奕繪側福晉，奕繪爲高宗曾孫，著有明善堂集，號太素道人。

太淸做的詞。名東海漁歌。

滿洲詞人，男中成容若，女中太淸春，王幼遐嘗恨生平未見漁樵二歌，謂朱希眞樵歌，顧太淸漁歌也，幼遐沒後，余始得東海漁歌，況夔笙索之，爲刊行，幼遐不及見矣。

太淸內家裝束。外披着一件大紅斗篷。

太淸與太素，並馬遊西山，馬上彈鐵琵琶，手白如玉，琵琶黑如漆，見者謂是一幅王嫱出塞圖。

以上第三回。

題翁文恭公手札拓本（并序）

楊曾勗

先公平生有仇英之志，嘗自謂當光緒壬辰殿試時，一腔忠愛之心，毫無功名得失纖芥之意存於胸中，暢所欲言，直陳海軍不敢浪戰之弊，皆對症發藥，末論有英之爲我世仇如此，朘我膏血如此，今乃忘仇結好，甘爲外府而不自覺之語，可謂懇切著明，讀卷大臣高陽李鴻藻見之大怒，謂新進士子膽妄無忌諱至此，擬置榜末，旁有緩頰者，謂其意無他，不可毀其出身，遂抑置三甲第六十三名，朝考二等，籤分戶部學習主事云云。謹案是科大主考爲常熟相國翁文恭公，今得其當時致族叔祖藝芳府君手札拓本，就中涉及先公之處，有通敏有幹略，惜其不入詞垣一段，蓋與先公前所詔示者，可以相互而參徵者也，時先公棄養已十有一年矣，天乎傷哉！因付裝池，爰題二十八字於後，無錫楊曾勗平苗敬志於稷門客次，癸未初秋七月也。

賈誼平生鬱不舒。小人肺腑竟何如。玉堂春去無消息。忍讀當年相國書。

編者按：無錫楊平苗先生，爲仁山居士哲嗣。居士治內典，與歐陽竟无居士，並稱海內大師，爲後學所宗。今讀平苗先生此詩，則居士早年廷對故事，慷慨英發，亦佛家入世觀也；因爲略誌數語，以識其家世。

西園話舊

沈爾喬

同治初葉，曾國藩底定金陵，改太平天國天王府爲兩江總督官署。淸鼎旣革，遞嬗而爲江蘇都督府，又一度而爲黃克强之南京留守府，馮國璋督蘇時，膺副總統之選，復爲副總統邸第，民十六國府奠都南京，乃於原址庀材改建爲國民政府，事變後，改設維新政府，國府還都，迺爲監察考試兩院暨審計銓敍兩部官廨。銓敍部位於西部，舊爲兩江督署之花園，即西園是也。

督署有一江姓職員名世昌者，安徽旌德人。壯歲以武生投兩江督轅効力，迭經變故，飽閱興亡，迄今垂五十年，府署屢易，供職未嘗中輟，現尙爲攷試院職員，厥齡已八十有五，皓首蒼顏，垂垂老矣，而前塵影事，歷歷在目，每一話舊，蓋不勝感慨系之！客歲十二月廿六日，爲江八五初度，余爲具鷄黍杯酒，約集在西園桐音館小敍爲慶，縱談西園故實，雖事涉瑣屑，無關宏指，而桑田滄海，恍如聽白頭宮女話開元天寶遺事。爰泚筆記之。

江初入署投効時，總督爲劉坤一。江謂：劉故湘軍宿將，靈光魯殿，屹然爲東南重鎭，義和團變起，劉坤一張之洞倡東南聯保之議，庚子之役，聯軍一炬，可憐焦土，惟東南半壁，幸賴劉張等卓識定見，未被烽烟。好事者謂「黃牛山下有一洞可藏十八萬八千衆」之讖語，一洞二字，即指劉坤一張之洞云。劉於事後更得淸廷倚畀，諸凡興革大端，時加垂詢，廷寄封事，往來無虛日，世昌遂膺摺弁重任。其時交通不便，自南達北，全循驛道。由金陵至北京，計程四十八站，遇加急摺奏，則硃批排單，限定行期，不得逾七日。唯一代步工具，厥爲驛馬，途中不分晝夜，風雨無阻，馬力旣疲，則沿途驛站，隨時更易。凡到達某縣境內，則此縣上自邑令，下逮驛夫，均須負責照料，自入境至出境，稍有貽誤，厥咎甚重。大抵摺弁在途，每日僅能睡眠一小時，過此則有監視者促之起行，蓋七日之限，爲時甚迫，不容其酣臥也。

江又謂：某歲有言官摭拾浮詞，劾劉多妻妾之奉。劉奏復有九妻無子，以胞姪爲嗣，寧能戀此一官，貽譏駑馬。淸廷眷念老臣，寢置不理。計劉一生，凡蒞寧任江督五次，以光緒末葉，卒於任所，即西園督署。江督例兼南洋大臣，爲著名肥缺，年俸一萬八千餘兩，然因兼管鹽政，兩淮鹽運司暨湖南湖北大通五河淮南五督銷局，均有陋規進奉，故每歲所入，約達八十萬兩之譜。爾時物價低廉，收入之鉅如此，自屬豪華一時。全省府州縣各缺之調補，例由藩司主政，惟道員更動，則由督轅掛牌。晚淸宦途，本同市廛，雖一度中興，終至淸社爲屋也！

世昌於光緒十五年供差督轅，自劉坤一後，謁新送舊，更歷總督凡九人，年湮代遠，記憶不眞，其僂指可數者，爲張之洞（由兩湖總督調署兩次）李某（黷人忘其名由江寧藩司護理總督）周馥（署理後調閩浙總督）鹿傳霖（署理）魏光燾李興銳端方。（次序似有顚倒）最後爲張人駿，在任二年，辛亥革命軍興，棄職遁去。坤一卒後，李興銳自閩浙量移兩江，履任未及三月，亦因病出缺。李未顯時，曾以道員在兩江候補，洎升任江督，已老病侵尋，體力不支矣。

兩江督署官廨，五十年來，頗有變更。其頭門由八字式一易而爲洋式門面，固無論矣。今監察院中進洋樓，爲端方督江時所建。後進原爲平屋，馮國璋時代，因臧獲不愼，致燬於火。厥後國府於原址改建四層洋樓，爲林主席森官邸。又中進西首之大禮堂，昔爲江督會客之花廳。西首前面現爲審計部之洋樓爲前國府主計長陳其采所建。其餘轅門以內之吹鼓亭，早已廢除，江督深居簡出，遇朔望行香，或出轅拜客，則吹鼓亭例奏細樂接送，轅門升砲如儀，在平時則每日早午晚升砲三次，亦猶今之辦公振鈴，各有定時焉。督署大堂形式，猶未大改，向惟歲杪封印，正初開印時，江督升大堂兩次，凡現任兩司道府，均親到衙參，照例傳諭曰：「免」。丞倅以下，則望塵莫及矣。大堂後進東西廂房，爲文巡捕武巡捕辦公晏息之所，江積資階至副將，轅門聽鼓，例得駐此。

西園有池廣數畝，北淺而南深，池最深處達尋丈，畜魚大者重數十斤。池上有石舫，梁衆異先生曾加修葺，用尹文端命名，顏曰「不繫舟」。船室中懸一聯，集香山詞句曰：「後日西園，扁舟儘容居士。舊時月色，此地宜有詞仙」。相傳舫爲洪秀全稱帝時，依北京清宮內苑式樣仿建。洪歿後，其遺蛻即密瘞於舫底，後曾國荃入城，爲王府舊宮人所揭告，以致身後猶遭暴屍。當張之洞調督兩江時，適値暑熱，張有幼子，喜園亭之勝，又以石舫踞池心，四壁玻窗，可以迎風，遂僦居焉。一日晨興，失足墮池中，遽遭滅頂，而太平天國亡時，宮女之投池者，爲數更多，故迷信者相傳池中時有鬼物出現云。予到部後，即居園中之舊桐音館，每當月夜，輒行吟於假山石畔，曲欄橋上，獨臥館中，均未聞見何種怪異。而隨侍予之僕從，則謂夜間嘗睹池旁有似人蹲地之黑影，躍入水中無聲，云係溺鬼，故入夜不敢獨往，每有事使出，必二三人聯袂而行以壯胆，予爲之匿笑不置。

西園舊多假山，江謂：曾聞故老傳說：洪秀全所積金銀珠玉及塊寶，多埋於假山之下，年湮代遠，已無人能指陳舊跡。園內有一巨蟒，長不知幾何尺，偶逢春末秋初，氣候蒸鬱之際，時一出現，然假山緜亙，洞口迴環，首尾隱現，罕窺全豹。世昌於五十年中，目覩兩次，全身迄未畢露，僅於山洞中窺見片段，粗若碗口，厥體黝黑，鱗光熠耀。相傳覯蟒者必有幸運，江自謂兩次偶覩，兩次遷升，至今老健，或即由此。又謂：曾文正病故督署內衙即西園，稗官傳說，曾前生爲巨蟒，死後有靈，此蟒殆其化身。神話無稽，妄言妄聽，姑作茶餘酒後之談助云爾。

（三三，一，二九，記於西園之桐音館）

賓虹論畫

兌之

舊京人海中多有道之士，黃賓虹翁其一也。賓虹生新安山水之鄉，承其鄉先哲遺緒。一肩金石書畫之傳，一肩荷經學小學之重。儼有先正典型。江南天民之秀，晚為宣南寓公之尊宿，不可謂非叔季之人瑞。今年已臻八十，而精神面目止如五六十人，天不絕吾文化，當能享期頤之壽也。

七十以前本僑滬瀆，江南人士往還不少。晚膺藝專之聘講學，未幾即遘世變，屯留舊京，惄然憂時。既不能奮飛，遂日走廠肆披求名蹟與異書，懇懇欵欵，終日埋首於几案間，不問外事。惟遇有與談藝術者，輒津津不能自休。嘗謂中華民族所以翹然於大地之上而其精神浩然長存者，惟其藝術之獨特。故我輩他無所貢獻，惟有勤勤於此，思有以發其秘奧，與世人共見。即不能，亦當竭其力所及，整理而保存之開闢蹊徑以待來者。不然，則遺緒斬絕，後人雖欲措手而無從矣。故與有力者言，必勸其提倡藝術。與同道者言，必勸其力求取法乎上。與後進言，則必相其性之所近，指示而誘策之。無問所學之如何，一以貫通吾國藝術精神為歸。不徒畫苑之宗匠，抑近時講國學者之廣大教主也。

所居在內城之西南隅，破屋兩三間，承塵已傾且漏。所聚書上充棟而下疊席，案上凝塵不拭。禿筆破硯零箋殘墨以至手鐫之印章，散亂無紀。不識者固不料其為烟雲供養中人，翛然塵壒之表如太淸之無一毫滓穢也。庭中雖僅能旋步，顧倚牆種苦竹數莖，文石一拳大有生意。北方風乾氣凜，不生碧蘚，先生手翦理之，置石盎中，至冬日蒙茸深綠，乃勝於唐花。其畫見重於時久矣，斥金購畫者不絕於戶。然遇同志，絕不斤斤計償，雖蓄意經營之作，舉贈無吝色。平居無意於畫，而恒以畫自遣。每以箍紙自抒胸臆，或臨古人一角，或完或不完，但取自適，隨手置之。有請益者，見其取神遺貌處，輒有會也。讀書考古有所得，必手自細書箋記，檢索羣籍，曾無倦時，蓋其得於筆墨之樂者無窮，非眞醇有道之士純乎為己者曷能如此。

先生於畫首斥形似，古人名跡所見既多，其獨到處皆能領會而驅使之，獨不喜規規於摹擬。不獨不為古人所囿，即眞山水亦不欲專於撫繪。其鄉邦本山水窟，東南名勝，固已飽熟胸中。壯客四方，船唇馬背，所見皆收入粉本。年及古稀，又游粵桂，窮探默勝。晚年每取游屐所經，追寫成幅。故意境每戛戛不同於凡俗，而從來畫家習氣洗滌殆盡。此自其天假之境為之，他人瘦饋之深，游覽之富，涵養之厚，不易與之抗手也。

嘗觀其作畫不擇紙筆，甚至硯不必滌，墨不必新，以敗毫蘸宿瀋，稍潤以水，直下入紙，如錐畫沙。其氣力似由臂直貫入指尖，而轉折玲瓏無不如意，絕無滯澀之態。遇點葉點苔時，下筆有千鈞之重，無一處似不經意者。其筆墨自工力來，其章法自閱歷來，其境界自涵養來。自工力來者見其重厚，自閱歷來者見其超逸，自涵養來者見其空靈。要之仍以學問為本。自其淺者言之，其作畫即作書也。其中有篆有隸有行草，即以古人作書之法畫樹畫石，更用之於皴。而其虛實映帶處，即自行草及治印之分行布白處神而明之。再加墨彩之點綴，又從古人作書用墨之法得來。不唯凡手不足以語此，即古人專門名家之近於院派者，亦不足以語此。蓋文人畫之正法眼藏，而宋元以來畫史之精粹皆在於此。先生之言曰，筆墨第一。蓋中國之畫本即古人之書，古人之書本即畫也。能用筆矣，用墨雖遜無礙也。有筆墨矣，雖畫法不合尤無礙也。有畫法而無筆墨，斯不成其爲畫矣。近來外邦學者多知中國畫之可貴，由於寫實派之物極必反，亦即功利主義之漸遭厭薄。嘗有某國名畫家來華，徧走南北兩都，求觀公私珍秘。爲之接件者，初以外國人必喜吾國院畫工筆，示之乃絕不欲觀，謂在外國所見中國畫皆此種。繼示以四王山水，亦不首肯。繼而出一二逸品筆墨高簡者，乃大喜，以爲中國之寶在是矣。夫藝術之別有精神，不貴形似，固中外之公言。然試反躬以求，中國畫之所以獨可貴者，純在筆墨耳。意境之高下，人人能言之，能辨之。筆墨之高下，非好學深思心知其故者不能言不能辨也。外國畫之意境絕高者亦有之矣，而獨歆羡中國畫不已者，豈非以其筆墨之神妙足供玩索於無窮邪。

或云不拘形似自是宋元以後士大夫論畫宗旨，所謂寫意畫也。究末以概中國畫之全部。且唐以前之古畫極講規矩，細入毫芒，不得云全不重形似。今過於重視近代，而漠視古法，似屬不可。應之曰，此似是而非之論也。眞古畫如何，吾人固不敢斷言。然最古論畫之書，以齊謝赫爲首。其六法即首標氣韻生動之說。至唐張彥遠歷代名畫記已明言畫忌形貌采章歷歷具足甚謹甚細而外露巧密矣。蓋南朝以降，畫已爲文藝之一，而惟文人能知畫，特不若宋元以來文人畫之別開生面耳。即等而上之，今所傳之漢畫，雖非必文人所爲，而古樸之趣獨擅，亦合於不取巧密之說也。

雖然，畫之所託者物象也，舍物象則無所謂畫矣。徒存形似不足以爲畫，離去物象亦不足以爲畫，此又不可不辨也。元儒劉容城嘗爲之語矣。其題田景延寫其詩序云：『淸苑田景延善寫眞，不惟極其形似，倂與夫東坡所謂意思朱文公所謂風神氣韻之天者而得之。夫畫形似可以力求，而意思與天者必至於形似極而後可以心會焉。非形似之外又有所謂意思與天者也。亦下學而上達也。予嘗題一畫卷云，烟影天機滅沒邊，誰從毫末出淸妍，畫家也有淸談弊，到處南華一嗒然。』下學而上達一語妙極。求形似與不求形似總須從學問中來。否則不求形似更開方便法門，蓋人皆可塗抹，必致縱恣無所範圍矣。

盛大士臥游錄作於道光初年，正婁東諸家盛行之時。盛氏承其鄉先哲之緒餘，其論畫法可謂不惜金針度與。然立論實不免囿於畫手習氣。如云，『用筆最難，但先用淡墨積至可觀處，然後用焦墨濃墨分出畦逕，故紙上有許多滋潤，其實滋潤不在乎淡墨之累積。』又云，『用墨須有乾有濕有濃有濟，近人作畫有濕有濃有濟而無乾，所以神采不能浮動。』其實古人本不講用乾墨，用乾墨易工，若能專用濕墨反見大本領。又云，『作畫忌用礬紙，要取生紙之舊者而細緻者爲第一，若紙質粗鬆灰澀拒筆皆不可用，然此礬紙猶爲彼善於此。』此乃開道光以後用生紙之風氣，雖曰別開生面，然去古未免日漓矣。

先生論畫以爲元最勝。蓋元直承遼金之緒，與唐爲一脈相承，一切學術藝能皆不失古人矩度，饒有重厚之風。不似宋人之專趨別徑。然宋人之佳處亦無不容納。不唯論畫，即論詩亦如此。有淸一代道光以後較勝。蓋時至乾嘉，學力已充，進而開闢新境界，遂有旁薄之觀。原始要終，大都與學術之成就息息相關也。

夫凡品之所以異於神品逸品者何在，以工拙妍媸言之，則凡品之悅目多矣。但凡品無獨到之處，只能依傍門戶，且無餘味，不耐細看。神品逸品則超以象外，其工處固使人窺見其學力之到家，其拙處尤使人得味外味。此其所以異也。然神品逸品何自而成耶。此則不獨不能於畫法中求之，亦並不能專於畫中求之。多見古人名跡，亦仍是工力之一種，不足以盡之。體驗自然心與天游，雖已得上乘禪，然專恃此亦仍未脚踏實地。必也其讀書乎。讀書多而後書味盎然於紙上，玩之無窮盡矣。先生論畫已有專刊，余特槩記所聞如此。附賓虹自序一首。

附錄

自敍

賓虹

賓虹學人，原名質，字樸存；江南歙縣籍，祖居潭渡村，有濱虹亭最勝，在黃山之豐樂溪上。國變後改今名。幼年六七歲，隨先君寓浙東，因避洪楊之亂至金華山。家塾延蒙師，課讀之暇，見有圖畫，必細意觀覽。先君喜古今書籍書畫侍側常聽之，記之心目，輒爲倣傚塗抹。遇能書畫者，必訪問窮究其理法。時有蕭山倪丈炳烈善書，其從子逸，七歲即能畫人物花鳥。其父倪翁，忘其名，常攜至余家。觀其所作畫，心喜之而勿善也。意作畫不應如是之易，以其粗率，不假思索耳。其父年近六旬，每論畫理，言作畫必先懸紙於壁上而熟視之，明日往觀，坐必移時，如是三日，而後落筆。余從旁竊笑，以爲此翁道氣太過，好欺人。請益於先君，詔之曰：「兒知王勃腹稿乎？」因知古人文章書畫，皆貴胸有成竹，未可枝枝節節爲之也。

翌日，倪翁至，叩以畫法，不答。堅請，乃曰：「當如作字法，筆筆宜分明，方不致爲畫匠也」。余謹受教而退。再叩以作書之法，故難之，強而後可。聞其議論，明昧參半。遵守其所指示，行之年餘，不敢懈意。倪翁年老不常至，余惟檢家中所藏古書畫，時時觀玩之。家有白石翁畫册，所作山水，筆筆分明，學之數年不間斷。余年十三，應試返歙。時當難後，故家舊族，古物猶有存者因得見古人眞蹟，爲多佳品。有董玄宰，查二瞻畫，尤愛之。習之又數年。家遭坎坷中落，肄業金陵，揚州，得友時賢文藝之士，見聞漸廣，學之愈勤。游皖公山，訪鄭雪湖丈珊，年八十餘。聞其於族中有舊，余持自作畫，請指授其法。鄭丈云：「唯有六字訣，曰實處易，虛處難，子謹誌之。此吾曩受法於王蓬心太守者也。」余初不爲意，以虛實指章法而言，徧求唐宋畫章法臨摹之，幾十年。繼北行學干祿以養親。時庚子之禍方醞釀，鬱鬱歸。退耕江南山鄉水村間，墾荒近十年，成熟田數千畝。頻年收穫之利，計所得金，盡以購古今金石書畫，悉心研究，攷其優絀，無一日之間斷。寒暑皆住樓，不與世俗往來。家常鹽米之事，一切委之先室洪孺人；而歙中置宇增產，井井有條，皆由內助也。

遜清之季，士夫談新政，辦報興學。余游南京，蕪湖，友招襄理安徽公學；又任各校教員。時議廢棄中國文字，曾與力爭之。由是而專意保存文藝之志愈篤。乃至滬，晤粵友鄧君秋枚，黃君晦聞；於國學叢書，國粹學報，神州國光集，供搜輯之役。歷任神州、時報各社編輯及美術主任，文藝學院院長，留美預備學校教員。當南北議和之先，廣東高劍父、奇峯二君辦眞相畫報，約余爲撰文及插畫，有署名大千，予向，濱虹，皆別號也；此外尙多，不必贅，而惟賓虹之號識者尤多，以上海地名有洋浜橋，虹口也。

近十年，來燕京。嘗遇張季爰，溥心畬諸君於稷園，繼而壽石工君亦至，素喜詼諧，因向衆云：「今日我當爲文藝界辦一公案。」衆皆竦立而聽。乃云：「張大千名滿南北，諸君亦知其假借於黃賓虹，至今尙未歸還乎？請諸君決議。」即以眞相畫報爲證，衆乃大笑。

余署別號有用予向者，因觀明季惲向字香山之畫，華滋渾厚，得董巨之正傳，最合大方家數。雖華亭，婁東，虞山諸賢，皆所不逮；心嚮往之，學之最多。又喜游山，師古人以師造化，慕古向禽之爲人，取爲別號。而近人撰再續碑傳錄一書，搜集稱繁富，燕京出版，中采予向新安四巧工傳文，乃謂予向爲失名。最近中和，雅言二雜志，皆錄予向所作文，人知之復漸多。而餘杭褚理堂君德彝撰再續金石錄，載鄙人原籍，誤歙縣爲黟縣，是殆因黟有黃牧甫而誤，亦應自爲言明者也。

近伏居燕市將十年，謝絕酬應，惟於故紙堆中與蠹魚爭生活；書籍金石字畫，竟日不釋手。有索觀拙畫者，出平日所作紀遊畫稿以示之，多至萬餘頁，悉艸艸鈎勒於粗廝紙上，不加皴染；見者莫不駭余之勤勞，而嗤其迂陋，略一繙覽即棄去。亦有人來索畫經年不一應。知其收藏有名蹟者，得一寓目乃贈之；於遠道函索者，擇其人而與，不惜也。

人往風微錄（一〇）

趙叔雍

徐潤

徐潤。字雨之。廣東中山縣人。幼業儒。有壯志。改而習賈。年十五。即隨叔父赴上海。入寶順行學習。月入僅十元。前後數年。歷階升職。其時執事有以桅船至長崎經營商販者。潤預其役。輒有所獲。洪羊甫定。即自設寶源絲茶土號。順與川漢貨號。以外運桐油白蠟茶葉孛薺。於今言之。當爲國際貿易之先河。貨殖少振。即有志於公益。與葉潘兩君購地舉辦廣肇公所。十畝價三萬一千兩。即今上海銀行所在也。一時闤闠。震其能名。薦紳先生。尤以爲難能。維時戰役之後，國家競言改革。李鴻章張之洞均以疆臣剏辦新政。鴻章嘗主海軍。知商船之重要。當與海軍相輔翼。而其時海船均外人所經營。戚焉憂之。則議設招商局。委潤主其事。集股一百萬兩。並辦仁和水險公司濟和水火險公司。以自保輪船產業之險。亦爲中國自營保險之嚆矢。外商初見中國之奮發自爲。每多齮齕。以阻推行。迨保險自營。則又減價以招徠。其左右貿易。振發國權者如此。旋又購入美商旗昌公司之輪船十六艘。各地貨棧地產。僅二百二十二萬兩。朝廷知其能。屢屢奬晉。保加至二品銜。又以鉅欵助振。以道員儘先補用。繼又令辦貴池煤礦。自設同文書局。舟行需煤最殷。江介惟皖省有之。鴻章爲治本之計。試開煤礦。貴池之局。迄未得成。而機倪已動。潤又致力文事。以西法石印留眞。流傳古籍。一無訛誤。商利既厚。教學尤便。因集股購機械以爲之。曰同文書局。先後凡印行廿四史圖書集成全唐詩等下至士子應試干祿之所需。凡數萬種。大抵爲汗牛充架之鉅帙。未廣流傳者。迨奉廷旨。辦圖書集成。其名益噪。至今傳爲珍本。又以維時滬市。百業闐興。遠謀洞矚。地產値必日昂。因即經營地產。糾設公司。並以所已購者三千畝推之公有。乃以衆意不堅。功敗垂成。論者惜之。鴻章時於北洋礦務。益加致意。約作北行。並赴熱河孤子山。考察承平銀鑛。凡所親歷。督飭策劃。無微不至。後又接辦香山縣天華銀礦。復回開平會辦礦務。自營錦州大凌河墾務。設天一公司。又奉委辦建平金鑛。方辦開平時。親與外籍工程師赴烟筒山。勘察礦穴。蓋自開辦以來。未有以會辦之尊。躬行實踐。一探崖壑者也。然朝廷守舊。猾利乘奸。國人不習新政。阻撓至力。前者未見厚利。尙待更張。因之繭手輭足。特形勞瘁。而潤一一位置。持籌晨夕。以抵於成。此則不得不謂天生奇才。以爲國用。而鴻章特達之知。有以玉成之也。鴻章既逝。袁世凱接任北洋。仍寄重任。潤時已南歸上海。自有剏建。繅絲外運。設景綸廠於虹口。獨擅其利。則委之仍辦上海招商局事。潤以存船止二十六艘。且俱陳舊。亟待添購。固上理財用人諸策。商部又以上海新設商會。必得廉正幹練者主之。因委為協理。盛宣懷時甫經營漢冶萍廠鑛。約赴萍鄉。出其緒餘。為之規制。施設斕然。光緒三十一年。世凱擬辦北洋公債。又委潤開辦。潤性慈悌。每斥資為救死扶傷之需。上海仁濟醫院。不少屢獲佽助。又刱紅十字會。獲一等雙龍勳章。晚歲營矮廬於靜安寺路。以娛暇日。而事功日繁。所謀不遂。乃多折閱。則率出餘欵以了之。不少苟且。世益重其為人。凡所營構。盡斥不留。廳事間自榜忍字。以矜平意氣。而豪情猶昔。治饌特精。生平遍歷南北。所親炙者。以諭庖丁。海上盛傳粵菜館之蒙古包。即赴熱河內蒙所見。歸而倣行者。杏花樓其庖人所設。因傳其餐法者也。又勤於載記。每日必撰日記。所紀於朝章國故。以至手自刱獲經營之陳迹。纖悉勿遺。讀之可以存人。亦更足以覘當時時務經世之全豹。以平生居滬日久。特詳滬事。掇述瑣聞。由今視之。誠同里乘。曾嶽忝預滬政。暇日好集海壖掌故。獲見其書。以為瓌寶。竊為節錄。公諸同文。於今日接收租界之餘。重尋故緒。益多感喟。顧今之視昔。猶後之視今。筆述之繁。尚有待於來者也。

徐潤上海雜記

上海開埠年月

道光二十二年七月。（西曆一八四二年八月九日）實則開埠在二十三年九月二十六日。（西曆一八四三年十一月十七日）英國首設領事官。劃租界四址。北李家莊（今北京路）。東黃浦灘。南洋涇浜（今愛多亞路）。西福建路長浜（今福建路）。其批准者為上海道龔慕九。其時各西人尚住城內或南市。至道光二十八年。林道台與英領事重訂租界。始此放至蘇州河為止。英遂購地橋堍為領事館。

道光二十八年。美教會在虹口。即以該處劃為美租界。其與英租界交通。多憑舟渡。同治初年。始造木橋相通。即今跨蘇州河之四川路橋。初造橋者為英人私產。過橋均須納費。後於同治十一年工部局出價四萬兩。購歸公有。始免過橋納費之例。同治十二年。刱建外白渡木橋。造價一萬九千兩。

宣統元年。英美租界計地三萬三千五百〇三畝。合九方英哩。

會審公堂

同治八年。會審公堂遷至大馬路。（今南京路新新公司所在。）

監獄

同治九年。始設監獄於蘇州河濱。可容人犯八十七名。光緒二十九年始在華德路設獄。

工部局

道光二十三年。租界尚無工部局。惟設公會管理碼頭街道。迨咸豐四年六月二十九日。工部局始成立。舉英商三人為局中董事。法租界則於同治元年始設公董局。（即今第一第八兩區公署之前身）。

巡捕

咸豐三年。因洪羊之亂。始有難民到滬。因設巡捕隊。僅有八人。咸豐五年。加至三十人。同治十三年。加至一百十二人。宣統元年。一千七百人。咸豐十一年。洪楊又至滬。因設西商馬隊。同治四年。始設救火會。

菜場屠宰場

公共菜場初設於光緒十六年。次年設宰牛場。十九年設虹口宰牲場。二十年造牲棚。二十一年工部局以屠戶索價過昂。因自運牲口入口。二十三年設菜場於南京路（今新雅酒樓所在）。與西人市場同立一處。嗣後各處公設菜場。二十四年設議事廳於南京路。與菜場相毗連。

濟良所

光緒二十七年刱立於新閘路。以濟妓婢之自新者。三十四年。遷愛文義路。以其時蓄婢之制未廢。故會審公廨。常有發堂寄養之婢。

輪船碼頭

同治元年。上海輪船公司由旗昌洋行代辦。有十八艘。光緒二年。率售之招商局。

同治四年。虹口公司成立碼頭。爲藍烟囱輪船。後擴充爲公和祥。又歸怡和。五年。始設太古輪船公司。

光緒十七年。英商皇后公司船初至上海。二十七年。德商亨寶輪船初至上海。

銀行

上海首刱爲麗如銀行。成立於道光二十九年。其餘之見於第一冊行名簿者。凡十行。阿加剌，利中，利商，滙泉，麥加利，滙隆，有利，法蘭西，滙豐，麗如等十行。

德華銀行設立於光緒十四年。

正金銀行設立於光緒十八年。

中國自辦之通商銀行設立於光緒二十三年。

紗廠

初成立者爲中國棉花布製造公司。刱於二十年前。殊無成績。光緒二十年再設瑞記公司。由瑞記洋行代理。擴充至四萬錠。

老公茂紗廠設立於光緒廿一年凡三萬錠。

怡和紡織設立於光緒廿一年凡五萬錠。

公司

光緒十一年刱立三井洋行。

光緒十二年刱立德國公司。

光緒十三年刱立上海業廣房地產公司。

稅務

咸豐四年六月。西商以亂後無官。不允納稅。經吳道台與之理論不直。吳曰。租界之權歸領事。吳淞之權在我。若不納稅。即不允船入口。始復舊規。

煤氣

同治十四年設立煤氣燈公司於三馬路。初用戶止五十八家。

電燈

光緒八年六月十二日設立電燈公司。初在乍浦路。越十年。工部局始收回自辦。

自來水

光緒六年設立自來水公司。兩年始完工。法界自來水。則設立於光緒二十七年。

電報

同治九年大北電報始通海線至日本。大東至香港。十年。中國始自設電報。光緒十八年。始通西比利亞線。可與歐洲通電。

電話

光緒六年。上海始有電話。其初僅招商局與各公事房及碼頭商場之用。公用電話。成立於光緒廿三年。

電車

刱辦於光緒三十三年。

汽車

光緒廿八年柏醫生始行駛用。

洋商戶口統計

道光卅三年海禁初通。中國內地。僅有洋商四百六十二名。次年增至七百名。二十六年在滬者一百〇八人。攜眷者十三人。商行二十五家。敎堂四所。廿九年中國共有洋商一千零七人。上海一百五十三人。咸豐四年。上海二百四十三人。十年。上海租界有洋商一千四百人。中國人七萬餘。

總會

同治三年上海始設英商總會。同年十一月。設德國總會。光緒三十二年。遷黃浦灘。（即今未完工之中儲銀行所在。）青年會成立於光緒二十五年十二月初六日。

銅像紀念碑

法巡捕房前之偶像。爲紀念提督普魯德者。普氏於同治元年與洪楊軍戰死。公園內之紀念碑。爲雲南被戕之英使麥加利。英領署之紅石紀念碑。爲咸豐九年在北京辦理交涉而被戕者（已拆者不錄）。

醫院

上海最初設仁濟醫院。成立於道光廿三年。開設城隅。二十六年遷租界。咸豐十年遷麥家圈。其次爲同仁醫院。設西華德路。初一美敎士得洋一百元。設一小藥房。漸加擴充。德國寶隆醫院及同濟學校創設於光緒三十三年。

文化機關

約翰學校設於光緒五年。西童公學設於光緒十二年。至十九年始歸工部局管理。華童公學設於光緒廿九年。南洋公學設於光緒廿二年。尚賢堂設於光緒廿六年。

詩八首

楊會勗

題觀濤圖

天涯作客與如何。海上相逢感慨多。極目驚看千尺雪。無人解唱定風波。

書劍飄零我欲呼。年來贏得是狂奴。胸中不盡奔騰意。付與觀濤一幅圖。

曲水亭題壁

一谿眸時逗客心。停車坐看夕陽沈。分明踏上江南路。流水人家斷續砧。

矮屋三楹曲水亭。清泉甘冽煮茶馨。人間亦有爛柯日。落子丁丁隔座聽。

癸未歲暮書懷

生計年年似斷蓬。愁看北雁與南鴻。行囊檢點無長物。况在天寒歲暮中。

始信文章不乞靈。枉將客鬢換星星。傷心偶學唐衢哭。百尺樓頭酒一瓶。

濁酒難澆塊壘胸。天涯落魄感萍蹤。閒來檀板歌聲裏。記取丁娘唱懊儂。

抗心要與古人期。俯仰乾坤總不虧。壁上塵封三尺劍。延津會有化龍時。

聚書脞談錄(上)

挹彭

所謂書癖，應包括兩個意思，即『買書』與『讀書』。蓋讀書須成癖，買書亦須成癖；往往有些人雖喜讀書，而無買書癖，這並不見得一定是沒錢，而是其好不專，不知於讀書之樂以外，尙有買書一樂，猶如一件事物之兩面本不可分。有些自命爲讀書人且有錢者，而不知買者，令我輩視之最是恨事。黃丕烈『跋古今雜劇』云：

李中麓家詞山曲海，無所不備，而余所藏培塿溝渠也，然世之好書者絕少，好書而及詞曲者尤少，或好之而無其力，或有其力而未能好之；即有力矣，好矣，而惜錢之癖與惜書之癖交戰而不能決，此好終不能專。

這種惜錢癖大概與平常所謂『爲富不仁』的心理同出一源，爲我們所不能了解。不過我覺得兩者『交戰而不能決』，還是因爲惜書癖不專，所以不能戰勝惜錢癖。不佞勞形案牘，所得微廉，在不足以事畜的今日，但買書之費月不可省。往往有在陳之戚，反倒不肯向朋友借錢易米，而爲一部書却肯忝顏負債，此種心理固非富有者所能理解也。有人謂目前只有食糧問題是第一義，枵腹買書究非急務；須知戲台下之觀衆，非必盡屬飽食暖衣者，明乎此則此人庶可以談矣。我不會吸烟、喝酒、打牌，大多數朋友聽了，有的說是可以省錢，再則曰買書的嗜好高尙。關於省錢，周作人『藥堂語錄後記』云：

近數年來多讀舊書，取其較易得，價亦較西書爲稍廉耳。至其用處則不甚莊嚴，大抵只以代博奕，或當作紙烟，聊以遣時日而已。余不能吸紙烟，十歲時曾買刀牌孔雀品海諸烟，努力學吸，歷久終未學會，以至於今，殆爲天分所限耶。常見人家耽吸，若甚有滋味，心甚羨之而無可如何，則姑以閒書代之，無可看時亦往往無聊賴，有似失癮，故買書之費竟不能省，而其費時或超過烟價，有時且將與雪茄相比矣。

此最爲平易見道之言，所謂高尙云云，我雖不會打牌吸烟，但我並不反對純以消遣爲目的的打牌吸烟等，我覺得他們與讀書之間並無軒輊。我之買書即是很平常的，猶如知堂老人之以閒書以代博弈之意；不過買得書來，看後仍是一部書，於牠並無消耗，且可藏之百年，貽厥孫謀，這在物質的價值上着眼却是合算耳！

袁枚『隨園詩話』卷五云：

余少貧不能買書，然好之頗切，每過書肆，垂涎翻閱，苦價貴不能得，夜輒形諸夢寐，曾作詩曰：『塾遠愁過市，家貧夢買書』，及作官後購書萬卷，翻不暇讀矣，有如少時牙齒堅強，貧不得食，衰年珍饈滿前，而齒脫腹果不能饜飫爲可嘆也。

袁氏過來人，極能道出我輩買書之甘苦。不佞有一個主見，就是如果一文不名，絕不去閒蹓；因爲觸景傷情徒增人悵惘，如有錢，即使是很少的一點錢，往往從東城跑到西城，雖風雨也要走一遭，即使無所得，心裏也感到痛快。所謂『積晦暝風雨之勤，奪飲食男女之欲』，其癖絕可見，想買的書當然很多，大抵凡是自己性之所近，應備之書，或讀過的書，都總想自己有一部。但大部頭的書，或珍貴的善本，與希望距離過遠，絕非一時力所能辦，雖然見到，也不過留戀摩挲，悵悵而去，可以不介於懷；其次就是自己能力範圍以內，不過因一時不便，只要想法弄錢來就可辦到的書，如果看到，則『夜輒形諸夢寐』，非買到手不可。久想有一部『百衲本念四史』，一部『阮刻十三經註疏』，這當然是一種奢望：不用說百衲本已稀如星鳳，老同文板亦需千元以上，但退而求其次，有一部『局板前四史』和『局板五經』，這總是讀書人最低限度必備之書了，而至今仍是辦不到，亦可哀矣！李慈銘『孟學齋日記』云：

景蓀言生平不能買書，而所至輒有書可借，亦是幸事。主講宿遷書院時，縣有王氏藏國朝人文集甚富，得盡閱之，尤爲奇福。琴嚴子蒓言：每歲正月遊廠市，見胡刻通鑑，輒不勝垂涎，而訖不得，予入都五年來，日思購阮刻十三經注疏一部，夜輒夢之，然非三十金不辦。德甫嘗言：案頭無十三經注疏，及史漢三國志通鑑，便如無目人。備書之以見寒士讀書之難。

不僅數十年前寒士已幷有此感，即令千百年後天下寒士讀之，亦當同聲一哭也。不過借書讀，若是好書，讀過總想掠爲已有。或者見到某人有某書，總覺得他還不配讀，則此種慾念尤强，無庸諱言，嗜書者大概人同此心。嘗與友人戲言，將來娶太太的條件，第一祗要能以念四史十三經註疏各一部爲奩嫁之具，即足以飫寒士之心，他無所求；大概能有此種風趣的老泰山，他的令嬡一定也不會壞。雖不必如李清照之飯罷坐歸來堂，烹茶指堆積書史之高致，但能於飯後同蹓東安市場書攤，各有所得，小座沙漠咖啡，緩步歸來，則於願已足。至如楮冠君所嚮往之閨中讀周作人之知已，或沈三白之芸娘其人，於今世恐邈不可得矣。

談到書價之貴賤，完全以個人之經濟力而言。實際上戰後百物飛漲，唯有書在大體上說尙未能言貴，此蓋由於經濟學上之『彈性作用』。以綫裝書而論除去大部頭書，如『念四史』，『九通』，『十三經』之類，及工具書之『淵鑑類函』等，因一般受戰爭之賜之新貴富賈，附庸風雅，紛紛買來作客廳插架之用而暴漲約十倍外，有許多書在正經書舖中尙有可以事變前舊書目之定價買來者其餘亦僅漲三四倍而已，至於新板書如大學叢書之類，至多亦漲至十倍，若與日用品相較，仍不能謂貴，所以今日惟買書是一大便宜事，惟恨我輩點金乏術而已，李慈銘「桃花聖解庵日記」光緒二年正月初九日記云：

比年京師士大夫以買書爲雅事，不務實得虛長浮聲，上者求精鈔，覓舊槧，或元或宋，影撰有無，不攷其是非，不計其謬誤，依傍避諱之缺畫，揣摩字法之瘦肥；下者貌附通人，妄稱博覽，見少以爲貴，獲舊以爲奇，矜插架之堆積，作書賈之傀儡；於是懸價日增，而寒士絕迹矣。此亦世變之一端，書籍之一厄也。

李氏最善罵人，惜於此輩尙未恣意筆誅，爲我輩出一口氣。因爲七十年來，求一『不務實得，虛長浮聲』之士大夫已不可得，而土藥店老闆，銀號經理，皆所謂附庸風雅之士。據聞平中某名仕女畫家赴滬展覽，即因其仍本『京朝派』作風以聯絡老闆經理之故技而告失敗。於此亦可見『京派』『海派』之異矣！

買書之樂固不足爲外人道，然買書之苦尤未足爲淺嘗者道。如今天發薪，當日下午即用去大半易書而歸，而一月生活將何以爲濟？或僅有之理髮洗澡錢，或借來爲送科中老王之弔儀，或長官之壽禮，然過肆流連，正好求之數年而不可得之書，偏偏今日遇見，未敢失之交臂，傾囊以購，此種心情如『破釜沉舟』如『孤注一擲』，欣喜中又不無惘惘不甘之情。於極濃之樂境中，略帶苦味，惟有窮措大參得此味，蓋亦併能參得此苦味，始能得其甘味，是之謂：『買書之甘苦』。或有一說我輩無足夠之錢，不能恣意買書，也有一種好處，即必三思而後出之，不致將來後悔買了許多劣本或沒用的書，所謂『文以窮愁工』殆即此意，這也是見道之言，亦非有力者流能知其佳處也。

有充足的錢買書，實在是一種福澤。在北方如江安傅沅叔太史，武進董授經大理，和苦雨翁，天賦獨厚，自非常人所能企及。不佞最喜讀藏園老人駢散兼行的羣書題記。前年老人七十大慶，手書自述一卷，臚敘十年來行實，其中觀於典籍之收藏，『尤以監本周易正義一書，孤本秘籍，海外知名，其論價高奇，視古人割莊易書，尤駭物聽』，豪舉令人羨煞。某君壽言有『海源天乙，難與齊肩；藝風郘亭，猶當斂手』之句，洵非虛譽。此書曾景印行世，珂羅板桑皮紙四冊，文友堂書目，標價舊法幣一百元。今日即此景本亦甚罕見矣。董大理，西曹舊侶，壓縮秋官，垂三十年。誦芬室庋藏精槧尤以元明清戲曲小說爲最富，爲歷來鑑藏家所摒棄者。丁丑後長司法委員會，網羅羣彥，宏奬士流，如張文襄之開府西南，濟濟多士，光宣盛世，於焉復覩。司法公報後幷附藝文一部，爲向來官書文報所未有。『雜劇三集』，已於前年刊布行世；去年夏，一度病篤幸占勿藥，但願天假以年，俾成名山之業也。傅太史『明初三家集跋』云：

> 余昔年在吳閶，得『揚眉庵集』，爲周香嚴所藏，黃蕘圃手跋。董綬金同年見而悅之，強以他書易去。

此處之『強』以他書易去，極見老輩風趣，足爲書林佳話。在有書癖的朋友中，常有此種情景，亦即前面我所說的掠爲已有之心理。我的一部白紙『四部叢刊景宋巾箱本花間集』，就爲漱梅兄『強』以浙江圖書館刊本章太炎『檢論』一部易去，所以我們頗能體味此境界也。苦雨翁雖與『藏園』『誦芬室』不能並論，可謂以學人而知藏書者。據說近年來，多購善本書，非如當年之以十元爲限。尤以蒐集山會兩郡鄉賢遺著，不遺餘力，入藏珍籍極夥。謝剛主『平景蓀事輯』一文，其中著錄平氏所著書之稿本及批校各書，均爲苦雨齋所藏。其『棟山日記』一種，價以千計。曾在華文大阪每日半月刊畫刊上，見到苦雨齋的藏書照片，縹緗萬卷，每一遐想，令人饞涎欲滴。諸公棲跡古城，鉛槧畢生，丹黃不輟，先輩風光，欽仰靡止，宮牆數仞，友人二三輩，燕談之頃，每以無緣一飽眼福爲恨事。

我輩讀書亦喜談板本，前進青年稱之曰『遺少氣』，姑無論其爲毀爲譽，這種稱呼，在我們受之總是一種欣喜；至於一知半解耳食之流，認爲一介寒酸，也要講究甚麼版本，以視雙鑑樓誦芬室，豈非令人齒冷？有書癖的人買書，無論其爲讀，或爲藏，板本之不可不講，此在讀書有素之士，自能神而明之。且板本非僅限於線裝書，宋元明板，精刊佳槧之類，即近年出版之新書，亦有板本之學。張之洞『書目答問』略例云：

> 讀書不知要領，勞而無功；知某書宜讀而不得精校精注本，事倍功半。

此書人多疑爲出諸繆藝風之手，陳垣『藝風老人年譜與書目答問』一文，業經考定，此語論讀書講求板本之要，最爲精審；非藝風老人之專門名家，寢饋有得，恐不能有此醇至之論。古今人於板本一事，多有偏見。

胡應麟『少室山房筆叢』云：

畫家有賞鑒，有好事；藏書亦有二家：列架連窗，牙標錦軸，務為觀美，觸手如新，好事家類也。枕席經史，沈緬青緗，卻埽閉關，蠹魚歲月，賞鑒家類也。至收羅宋刻，一卷數金，列於圖繪者，雅尚可耳，豈所謂藏書哉？

洪亮吉『北江詩話』卷三云：

藏書家有數等：得一書必推求本源，是正缺失，是謂考訂家，如：錢少詹大昕戴吉士震諸人是也；次則辨其板片，注其錯譌，是謂校讐家，如：盧學士文弨翁閣學方綱諸人是也；次則搜采異本，上則補石室金匱之遺亡，下可備通人博士之瀏覽，是謂收藏家，如鄞縣范氏之天一閣錢塘吳氏之瓶花齋崐山徐氏之傳是樓諸家是也；次則第求精本，獨嗜宋刻，作者之旨意縱未盡窺，而刻書之年月最所深悉，是謂賞鑒家，如吳門黃主事丕烈鄔鎮鮑處士廷博諸人是也；又次則於舊家中落者，賤售其所藏，富室嗜書者，要求其善價；眼別眞僞，心知古今；閩本蜀本，一不得欺，宋槧元槧，見而即識，是謂掠販家，如吳門之錢景開陶五柳，湖州之施漢英諸書賈是也。

周越然「版本」（太白創刊號）云：

研究古書版本的人，大概可分為三類：一，富閒的人，舊學略有根底，在家沒有事做，借此以為消遣。二，售書的人，出賤價購得大批書後，因閱歷充足的緣故，往往能提出較精的本子，取善價售出。三，求學的人，不滿意於通行本，必求獲精本，以為細讀或校勘等用。這三種人，或保存文化，或營業謀利，都有功於藝林，都可稱為板本學者，否則宋金元明的印本，早已泯沒了。

這幾種分類雖不絕對錯，但除了極少數外，很難嚴格劃分某人當屬某類，蓋藏書家既無礙其讀書，而讀書者亦必講求板本；即周氏之第三種人，可以為我輩講求板本之代表，但文人雅致，遇有精槧佳刊，見獵心喜，收之篋笥，自是難免，本無功罪可言。然一般方巾氣者流對藏書家不是加以輕視，就是認為大逆不道。如宋雲彬說：『板本的研究并不是什麼了不起的學問；研究板本的人雖不可少，但板本決不是「不論新舊學者都應研究」的科學，尤其是眼前擺着許多大問題，急待頭腦清楚的學者來研究，解決的現在』；（『太白』一卷三期『我也談談版本』）及巴金對以『為國家搜集善本書為責任』的北平圖，『事實上像那用一千八百元的代價買來的金瓶梅詞話對於現今在生死關頭掙扎着的中國人民會有什麼影響呢？』（『文學』四卷二號『書』）這種狹義的愛國主義者，本不足識者一笑；但我對巴金先生的努力，向來即很致欽仰的，不過我總感覺他對古書的深惡痛絕，有點『左』得太厲害了，使人不舒服。其實他譯克魯泡特金的『互助論』，不是有英文本，法文本世界語本，西班牙文本的序文，此非板本之用乎？蓋亦通人之蔽，如章太炎鄙之誠之治史，不取殷墟書契及商周彝器之類。自命革命之前進青年，人云亦云，對古書深惡痛絕，他們知道熟讀 Morgan 的『古代社會』，Engels 的『家族私產國家起源』之外，而不知虛心去讀讀郭沫若的『中國古代社會研究』是如何完成的；他們知道罵胡適之鑽故紙堆，附和魯迅罵施蟄存是『遺少』，而無視於魯迅之搜集漢畫，輯『古小說鈎沉』，『謝承後漢書』，『會稽郡故書雜集』之類；他們罵『人間世』的灑金封面，為玩物喪志，而無視於魯迅的印行『北平箋譜』，『十竹齋箋譜』，和他在藝術上的趣味，如『魯迅書簡』中，一九三四年六月二日覆鄭西諦云：

舊紙及毛邊，最好是不用，蓋印行之意，廣布者其一，久存者其二。所以紙張須求其耐久。倘辦得到，不如用黃羅紋紙，買此種書必非窮人，每本貴數毛，當不足以餒其氣。又聞有染成顏色，成爲舊紙之狀者，倘染工不貴而所用顏料不致蝕紙使脆，則宜紙似亦可用耳。

又一九三五年四月十日覆曹聚仁云：

「集外集」裝訂時，可否給我留十本不切邊的，我是十年前的毛邊黨，至今脾氣還沒有改。但如麻煩，那就算了；而且裝訂作也未必聽，他們是反對毛邊的。

又一九三六年五月四日寄吳朗西云：

『珂勒惠支版畫選集』序二篇之後，擬用自筆署名，今寄上字稿，乞費神代製鋅版，製成後版留尊處，寄下印本，當于校時粘入，由先生並版交與印刷局也。

致鄭西諦函當是談『北平箋譜』事，其於用紙之講求，得勿有『玩物喪志』之嫌歟？尤其『買此種書必非窮人』一語，若在旁人，理合罪大惡極，而革命青年諸君於此竟爾默然，此種態度豈非大可玩味乎？我非常崇拜魯迅先生，同樣也崇拜周作人先生，我更喜歡談板本；然對於巴金先生之流的反對北平圖書館收買古書，而於魯迅先生翻印迹近古玩的箋譜却無微辭，實不勝遺憾之至。讀書若並一點藝術趣味皆無，則此人修養可知，自當嗤之以鼻，却之千里也。

語溪女兒行

僉忍

語溪有女傾城質，生長農家初不識。父兄雖亦重詩書，却事桑麻彙貨殖。自女之生十年間，積資已足陵鄉邑。依然未識掌中珍，坐使流光逝水擲。朝隨阿嫂飼猪羊，暮逐鄰兒戲道陌。閒來窗下學裁衣，操作仍須同婢役。慈親偶或心不歡，洩怒還須遭鞭扑。頭上雙鬟亂似蓬，袴下金蓮嬌盈掬。跛行趦足人前過，塵垢誰知顏似玉。行行已向及笄年，一點芳心難自束。眼見鄰家諸少年，放假開學忙逐逐。更是不勝艷羨心，西裝革履聲蹀蹀。一朝鼓勇向親言，「兒亦拚當須進學。」父言：「吾與汝兄俱不學，今日皇皇成家業。世間多少不識丁，汝一女兒更何必。」女兒聞言淚暗彈，挫折雖遭志不滅。回身先把雙纏除，再把雙鬟一剪截。幾多血淚十趾間，對此不禁長歎息。「邁行大步從此始，我志不成誓以死！」潛取家藏數十金，離鄉買棹向城市。晚郵小學最知名，女兒到此暫且止。父母知兒志不回，老懷實亦大歡喜。人一能之已百之，女兒意志堅無比。況復天生夙慧資，啓蒙便非常兒企。匆匆小學三年畢，女兒年已十六七。英姿麗質壽驚人，已非當年蒙不潔。昔日芳心艷羨者，今朝一一承顏色。中有翩翩一少年，自稱系出延陵裔。模山範水擅丹青，西子湖畔攻文藝。素腰不惜常相遺，頗使女兒感高誼。暑熱冬寒休假還，兩心本已無猜忌。一自女兒去晚郵，相將遂應杭州試。嗚呼！自此悲歡苦恨多，女兒豈識人間事！延陵本是便君身，況復家道又中墜。恩愛綢繆語萬千，心傷腸斷終無計。待得女中卒業時，延陵失學益憔悴。久別重逢梓里間，舊情一發竟難制。道鼻浪游東海濱，從茲遂失女兒身！女兒失足尋知悔，立志回頭欲自新。「輕薄少年何足道，誓將不復憶斯人！」豈知幾度銜悲別，藕斷絲連絕未能。空有壯心凌八表，還須降志就延陵！延陵別後秋初涼，又見女兒離故鄉。立志獻身在教育，進修依舊西湖旁。讀書不過五六載，勝似他人廿年強。生花妙筆本奇絕，不羈思想尤發皇。新舊同窗諸女伴，由羨生妒謀中傷。是時芳華正二十，粉黛不施原無敵。多少少年逐後塵，誰知女兒無當臆。女兒自痛旣失身，豈敢復爲華胄匹！何況生長在農家，家世孤寒尤戚戚。封建社會眞堪悲，常教女兒五中熱。會有嚴師氏紫陽，風流才調世無雙。慷慨放言天下事，門牆桃李盡瓣香。物色風塵十載許，衆中最愛女兒狂。家有細君不稱意，無言對此徒茫茫。豈期慧眼有人伺，早經覰破個中秘。談笑往還漸忘形，無端謠諑紛紜至。一日秋深紅葉肥，初將心事交相示。銜石難填恨海平，人間好事幾會遂！正當此際難爲懷，適有虬髯眈眈視。虬髯豪氣亦縱橫，生來屈賈英靈地。三載斷腸賦悼亡，於今急欲謀中饋。屬意女兒非一朝，女兒時亦傾心意。紫陽虬髯互短長，愁紅慘綠兩難棄。況復延陵困故鄉，多情魚雁常相寄。欲輕欲重在茲時，試問女兒怎安置？紫陽鬱鬱情最深，此時鎮日但沈吟。自維缺陷天難補，苦勸女兒自愛珍。瀝血萬言情不盡，相逢惟有淚沾襟。無聊詭託他生約，誰知反得女兒心。女兒取舍雖似決，兩君友誼仍未絕。恥笑百端刺耳來，委身何致爲人妾？父母尊前半飾辭，傷心此際何堪說！但爲紫陽刻骨情，含羞忍辱都不惜。紫陽意氣山河壯，女兒風義鬼神泣。一夕定情譜鳳凰，三生有幸成鶼鰈。小住紫雲深復深，湖山從此留雙迹。若論恩情春樣濃，綢繆何止膠與漆！春光九十去匆匆，但有黑甜無白日！豈知好事多折磨，覆雨翻雲一剎那。虬髯此時心未死，返日欲揮魯陽戈。女兒本亦傾心久，忽忽躊躇如中魔。紫陽心力垂垂盡，對此惟頻喚奈何。差幸風波一時定，誤會消釋仍歸和。是時湖上暑又殘，風波定後興瀾闌。女兒嬰疾已三月，滿城風雨行路難。紫陽獨向三衢去，病鳳啼鸞百不堪。千里日夕遙相望，中秋畢竟慶團。三衢蕞爾彈丸邑，鴻鵠何能振羽翰！可憐遍受雞鶩辱，招之揮之劇悲酸。傷心最是懷中物，墮地匆匆未匝月。相將襁褓返江干，風雪彌天寒徹骨。彷徨舊地待如何？各自有家歸不得。慈因女宅來相迎，忸怩相隨作嬌客。紫陽家世本崔嵬，自負陳思八斗才。摧毛鎩翼竟如此，低徊顧影豈勝哀！女兒縱有鬚眉氣，對此安能心不灰。商量且到杭州住，但希萬一良機遇。卜居覓得九蓮村，淵明且作閒情賦。米鹽瑣屑家事煩，一一女兒心頭注。三餐一日手自勞，尚有嬰孩待乳哺。劈柴汲水更縫衣，兩手拮据終朝暮。可憐十指玉纖纖，不繡鸞鳶而此務！夫壻無能淚暗傾，對之惟有歎賢助。「不知此福幾生修，」多見鄰家欣相慕。閒居忽忽半年餘，文章無補奇窮數。女兒時復慰勉加，處世但當安我素。忽有飛鴻海上來，爲謀小事囑馳赴。鮒魚涸轍已經時，但得升斗任何處。湖濱一日動秋風，惻惻紫陽又前路。紫陽去後小樓空，女兒仍返母家寓。嗚呼彈鋏憑生難自存，何論眷屬兼相顧。海上秋思淚幾行，迴腸萬轉情難訴。百計彌縫四壁寒，霜天始得移家駐。紫陽朝出晚來歸，女兒勞勞仍如故。人家夫婦盡悠閒，思之惻愴不能語。生涯如此惟自憐，豈知百憂更相煎！播遷來滬曾幾月，盧溝橋畔起烽烟。無何更欲謀南遷，戰雲遂集浦江邊。砲聲槍聲終日夕，更有鐵鳥凌風旋。人心皇皇失所措，模糊血肉呈眼前。紫陽處此計無出，死生惟有悉聽天。風聲鶴唳一朝至，一軍不支撤退傳。斯時甫得驚魂定，相顧頭顛擾一屢。紫陽老母忽仙游，「客中持服」傳遺命！全家長幼十餘人，盡室流亡即日進。溯江比及抵桐廬，驚傳老父又崩殞！紫陽痛遇此非常，傷心恨不以身殉！獨因孤孽滯春申，慚愧偷生叨外蔭。烽烟延蔓無時沮，千村萬落成焦土。女兒家亦遭焚如，兄嫂老父俱作古。六親命運同所歸，悲來掩面淚如雨。戰後生涯忽一年，貧中歲月嗟愈苦。紫陽被命南天行，女兒送別又南浦。一自紫陽去海南，女兒戚戚更無緒。兩朝三日一書馳，猶恨別離情未吐。只因衣食事長征，忍使紅顏辜芳序！紅顏遲暮不足悲，女兒別有傷心處！女兒三載困家事，長才每惜無緣試。移居新得一居停，會須興學招同志。女兒聞之喜欲狂，即時遂與相商議。衆志不難集腋成，經旬積極便籌備。構圖覓地土木興，來春便已完佳計。風雨飄搖幾載心，到此方能得所蔽。女兒奔走苦張羅，中間多少血與淚！紫陽此際正南游，暑後歸來愁顏霽。戰禍綿延溺更深，忽忽又是兩年逝。紫陽生計益艱虞，賴有女兒得安濟。豈期噩耗忽驚襲，紫陽一弟又摧折！流亡四載尚無歸，全家分散東西浙。憂生念死交相攻，紫陽畢竟成癆疾。爾時子女已三人，支撑全憑女兒力。日上講壇夜寫文，常到更深不得息。女兒妙筆本天生，一時馳譽在小說。索稿紛來應付忙，紫陽未免相形拙。重以紫陽病與貧，更因故劍未能絕。女兒身世獨懷憂，寶鏡從此一痕裂。延陵爾時寄浙東，多情魚雁仍相通。紫陽生死不自料，女兒尚是如花穠。痛自荆枝摧折後，全家責任辭不容。女兒每念委身誤，痛憤常教髮上衝。七年受盡羞與辱，酒盡西江洗不足。綿綿此恨欲千秋，老境豈能無歸宿！紫陽抱病日以深，蕭條生計日以酷。女兒用志日益堅，但冀紫陽去此速。寒風飄雪迫三冬，一日凌晨鴉鳴屋。紫陽到此心如死，勉攜一女歸鄉里。生離死別各難知，自分再無相逢理。田園依舊室廬存，詎得離家七年矣！雙親棄養愛弟亡，惟心泣血何能已！呵護眞如有鬼神，紫陽病竟霍然起。適有南雍講座徵，下車馮婦悲還喜。束裝過滬情難遣，女兒遂與重相見。如醉如狂半月留，兩心百劫猶餘戀，玉體橫陳自頂踵，隱微深細親摩徧。溫柔老矣復何求？但乞女兒迴恩眷。女兒忽起正色言：「君所戀者美與艷。患難相從七八年，何曾一日如吾願！我所畀君君自知，同棲豈在枕褥薦！可憶齟齬遑怒時？一人愛惡何其變！近來嗜亦太差池，我所欲者君輒厭。區區嗜欲何足忻，亦應自愛保康健！萬一鐘鳴漏盡時，我獨如何看人面！我性豪邁君所欽，豈甘再被君家賤！我離君去君誠悲，我留君亦何所羨！我去君家尚有妻，我今正擬向他儀。從今生或再相逢，死亦尋常無足怨。感君高義愛我深，保此餘情長相念！」紫陽聽罷心欲裂，口瘖氣結色如墨。明朝薄暮風雨中，但見兩人各南北！嗚呼！海枯石爛豈虛言，無奈人心深莫測！千古知言荀奉倩，婦人以色不以德！

右詩成於民國三十一年四月八日，曾錄副遙寄女兒，女兒讀之，報以書曰：「得此一首新長恨歌，某死且不朽矣。」嗣又藕斷絲連者年餘。至三十二年冬，忽疊函告絕，則已傾心於一小商人淸河氏，并延陵亦早置度外矣。紫陽得書，於十二月五日返浙相見，至八日而別。痛定之餘，又率寄一詩，詩曰：「剪燭傾談淚不禁，從今離合費沈吟。早知恨海空填石，尚有冤禽未死心。百劫千生難再續，十年一夢漫重尋。思量來日眞無計，忍說卿卿負我深！」逾月，不報。紫陽於是散髮滄江，作汗漫遊，心傷腸斷，百念俱灰，恐將絕塵而遺世云。民國三十三年二月兪忍附記。

魏晉人物續志

文載道

前一回以一日之閒將魏晉人物志草草寫罷，覺得疏闕尙多。今天一雨瀟瀟，彷彿有晚來天欲雪之狀。小廔幽居，大風撼戶，復據舊籍，重加鈎稽，姑作補遺看可也。

上篇曾略涉曹氏父子，但只限於陪襯。因爲曹氏在魏晉時的政治文學，占了很重要的一席，故而也就不嫌辭費的來再說幾句。

自羅貫中三國演義出而皮黃興，遂把這位「對酒當歌」的漢丞相，一化而爲「實大聲宏」滿臉横肉的大花臉了。而且在這以前，即如東坡志林所記，則曹劉的勝敗，已是塗巷閒起迭悲歡的資料了。這尤見得遠在宋代，這種觀念也早已深固不拔。然而這在稍稍涉獵一點歷史的人，實在感到很不公平，大大的歪曲了他們的眞相。但大花臉尙不失爲奸雄的象徵，更不幸的在崑曲孟德獻刀中，曹公却還要被縮做一個小丑。所以然者，倒並不是「貶」他而是在「褒」他。如「劇說」作者焦循所說：「陳玉陽文姬入塞一折，南山逸史亦作中郎女雜劇，曹瞞不用粉面，亦取其片善之意，」這裏所說的「不用粉面」，也許是用生角來飾。不過我知道在上述這齣崑曲中，確是以小丑來「承乏」。或者劇作者的用意以爲小丑與大面雖是一樣反角，但在程度上尙有深淺之分，加以「片善」，也就「不用粉面」了。於是遙遙千百年來，曹操的人格便始終逃不出這種傳統的淨丑範圍以外了。記得魯迅先生說過：「不過我們講到曹操，很容易就聯想起『三國演義』，更而想起戲臺上那一位花面的奸臣，但這不是觀察曹操的正直方法。」這樣的話才算是公允平實，寫出曹操的眞面目。但一方面，也足見得中國正統派的勢力之大，一經他們的掂斥鏇量，一切善惡賢劣的標準就被鐵一般的鑄成；而且縱有商榷或反對的人，也無不爲他們一道閘風的吠影吠聲所掩蔽，抹煞。試看作三國志的陳承祚，他根本是晉朝的人，可是爲了「帝魏」，就連這部三國志的價值也一同減削了。

然而魯迅翁說得好：「其實，曹操是一個很有本事的人，至少是一個英雄，我雖不是曹操一黨，但無論如何，總是非常佩服他。」我們只要看一看：魏晉的政局，因曹氏而顯出了許多的波瀾，而魏晉的文學，尤因他們父子孫三代而平添不少的姿色，那就非一個平庸的人所能爲。即是對於漢室，綜曹操之一生，也並未取獻帝而代之。善乎操之言曰：「國家無孤，不知幾人稱帝，幾人稱王！」例如我們從曹操的一些詩歌而觀，論內容，他也在非常的憂心皇室，關懷民生，論文藻，則蒼涼噍殺，卓絕古今。魏晉以來，有幾個可以跟他抗手的？再加子桓子建的先後輝映，遂使詞章一門，莫盛於酒翁迺子以至迺孫（曹叡）了。文心雕龍曾謂：「魏武以相王之尊，雅愛詩章，文帝以副君之重，妙善辭賦，陳思以公子之豪，下筆琳琅，並體貌英逸，故俊才雲蒸。」雖語近頌揚而庶乎覈實。鍾嶸詩品亦云：「曹公父子，篤好斯文，平原兄弟，（指曹氏父子，因子建曾封平原侯故。）蔚爲文棟。劉楨王粲爲其羽翼。次有攀龍附鳳，自致於屬車者，蓋將百計。彬彬之盛，大備於時矣。」此蓋指以曹氏爲中心而輔以建安一系的文人，亦即前期中國文學史上極燦爛一章 。茲先就曹公的短歌行觀之：

對酒當歌，人生幾何，譬如朝露，去日苦多。慨當以慷，憂思難忘，何以解憂，惟有杜康。青青子衿，悠悠我心，但爲君故，沈吟至今。呦呦鹿鳴，食野之苹，我有嘉賓，鼓瑟吹笙。明明如月，何時可掇，憂從中來，不可斷絕。越陌度阡，枉用相存，契闊談讌，心念舊恩。月明星稀，烏鵲南飛，繞樹三匝，何枝可依。山不厭高，海不厭深，周公吐哺，天下歸心。」

這正反映了他的胸襟氣魄之磊落恢宏，特別是最後的幾句，以政治家的志概兼文學家的涵養。而對於時政的黑暗混亂，也頗有諷喻與憤怨之作。如蒿里行之「鎧甲生蟣蝨，萬姓以死亡，歸骨露於野，千里無鷄鳴，生民百遺一，念之斷人腸。」以及「薤露」中的「賊臣執國柄，殺主滅宇京。蕩覆帝基業，宗廟以燔喪。播越西遷移，號泣而且行。瞻彼洛城郭，微子爲哀傷等」，據沈德潛說，這前者指袁本初（紹）公路（術）輩討董卓而不能成功，後者指何進召董卓事。可見所諷刺的皆當時的事實，而其對民間疾苦的繫念尤爲篤切。其次，像我在前面所說，由於曹氏本身很有文學的天才與修養，故於文人的延攬也不遺餘力。而從赦免蔡文姬之夫董祀死罪一事，還見出他對故舊的風義之重視。因文姬是蔡邕之女，而邕又爲曹操的舊友，且是很愛曹氏文辭至於模仿的。故雖素主嚴刑的曹孟德，也不能不因知己之感而起哀矜之情了。又如續世說新語所載：

「魏武嘗過曹娥碑下，揚修從碑背上見題作黃絹，幼婦，外孫，韲臼八字。魏武謂修曰，解不。答曰，解。魏武曰，卿未可言，待我思之。行三十里，魏武乃曰，吾已得。令修別所知。修曰，黃絹色絲也，於字爲絕。幼婦少女也，於字爲妙。外孫女子也，於字爲好，韲臼受辛也，於字爲辭。所謂絕妙好辭也。魏武亦記之，與修同，乃嘆曰：我才不及卿，乃覺三十里。」（見卷十三）

這段記載頗有意趣：所謂「大兒孔文舉小兒楊德祖」的楊修，倒果有敏捷的才能，使曹公歛服如斯。並由此而使我悟到舊劇羣英會中因蔣子翼盜書中計，使魏武誤斬水軍都督蔡瑁張允，及二人的首級獻上時，魏武方驀然想到這是周公瑾的「借刀殺人」故事，不無有點影響。因據里巷傳說，曹操是一個善於「過後之計」的人，往往吃虧在「棋輸一著」上面。所以如和這段記載參閱，覺得劇作者似也有他的根據吧。

尊重文人的風氣，到了魏文帝丕時，是更加的盛行了。在他的典論中，劈頭就是這兩句很有名的警句：「文人相輕，自古而然。」以上便舉出幾個知名之士的特長，與其所不足，意即想調整他們互相輕視的積習。故云：「今之文人，魯國孔融文舉，廣陵陳琳孔璋，山陽王粲仲宣，北海徐幹偉長，陳留阮瑀元瑜，汝南應瑒德璉，東平劉楨公幹，斯七子者，于學無所遺，于辭無所假，咸以自騁驥騄於千里，仰齊足而並馳，以此相服，亦良難矣！蓋君子審已以度人，故能免于斯累。」這就是所謂建安七子。而其時已死傷過半，頗多感喟，「唯幹著論，成一家言，」是曰徐幹中論。（涵芬樓會借江安傅氏雙鑑樓藏明嘉靖刻本景印，收入四部叢刊。蓋幹在當時汚濁的政局中，能保持其恬淡的旨尙而皭然不滓云 。以建安二十三年春二月遭厲疾卒，年四十八。南豐曾氏，敬其志節，序而傳之。論中所陳，也不外上至治國牧民，下逮持身即物方面而已。）故子桓有旣傷逝者，行自念也之嘆。而其與朝歌令吳質（字季重。魏濟陰人。）書中，復多眷戀舊日的遊勝，歲時的節物，雖着墨無多，但樸約縣密，委宛寫來，不惟見出他的行文手腕，還可窺及一般士大夫所過的放縱暢逸的生涯：

「五月十八日丕白，季重無恙……。每念昔日南皮之遊，誠不可忘。旣妙思六經，逍遙百氏，彈碁閒談，終以六博，高談娛心，哀箏順耳，馳騁北場，旅食南館，浮甘瓜於清泉，沈朱李於寒水。白日旣匿，繼以朗月，同乘並載，以遊後園，輿論徐動，參從無聲，清風夜起，悲笳微吟。樂往哀來，愴然傷懷。余顧而言，斯樂難常，足下之徒，咸以爲然。今果分別，各在一方，元瑜長遊，化爲異物，每一念至，何時可言。」

這時大軍西征，丕尙爲太子，其書發自孟津。在亂離之中，最容易令人懷憶旣往，何況丕又是較敏感的文人。「樂往哀來，愴然傷懷」，對於舊日的展蹤故交，實在是人生精神上最純摯而最難得。而其原因大半爲了亂世慣於飄忽離散，闊別久了，眞有念茲在茲之切。此意在今日彷彿格外能够體驗到。其末又云：「節同時異，物是人非，我勞如何？今遣騎到鄴，故使枉道相過，行矣自愛」！夫以皇子之尊，而對小小的朝歌令猶緬念如此，豈眞古人不可及邪？然而我想，這裏似乎有一個最重要的因素，那就是彼此間需要一點「距離」。有了距離，才使這感情永遠的保持眞誠醇厚，不受其他利害的抵觸。我們筆下常常用的心嚮或神往等詞眼，所以顯得有魅力有含蓄者，也就由於在這中間還有一段「距離」，可以時時的在吸誘我們。語有之，見面不如聞名，即因此把彼此的一線不可捉摸的「距離」消滅——至少減退了，禁不住心中浮起這樣一個印象：「喔，原來如此」！（正如從依稀而跨到徹底，從朦朧而突入通明。）這印象難說一定不妙，不過跟這「本來的」三個字却相差太遠了。恕我扯得緊，秦淮河的風光，寒山寺的鐘聲，歡喜佛的秘密，我們的「神往」中多悉媚、蒼莽、神秘！但多少遊人見而搖頭嘆氣，尋遍幽徑殘跡，照例一無所有，有的只是一肚皮敗興！

爲什麼我要從這封曹君的書簡中，嚼上這一大套古呢？言歸正傳，爲的我想證明一件故事：就是曹家骨肉的傾軋。旣然曹丕能對吳質及其舊交等如此眷戀，想來對同氣的兄弟必定益發敦睦親誠了。但事實却有過幾乎婦孺皆知七步成詩的悲劇！這原因正由吳質，不過是他父親手下——等於他自己——的一個朝歌令。中間的利害及安危距離尙遠，使他專心的跟他敍契闊，話哀樂。至於曹植，則學問、風度、名位、才幹，處處和他相埒，也便是唯一的可以和他成爲「對敵」的人。在這之間還要正常的接觸，而一有接觸，遂難免於競賽鬥爭了。所以易卜生就將蝟猪相處的寓言，來比朋友間還是保持一點距離好，省得誰碰痛了誰，到頭來自己也何嘗不要喊疼！然則兄弟朋友旣同屬五倫，正不妨作如是觀。試看世上有親姊妹而成妯娌的人，除了眞眞量大福大之外，有那幾對不弄得自小心眼兒至蹙然仇讎？因此，我們旣不能說曹子桓是特別的狹隘寡恩，無視於骨肉之親，也不能說是對吳季重的虛心敷衍，——不，他可能是在誠意的惦記他。雖則世上固有很多的「孝弟也者」，但恐怕誘惑彼此的目標未必如金鑾殿之大吧？在這裏我想還可這樣的說，爲了米米大的利益弄得家門鼎沸，固太不重視這「連枝」之愛了，至如「皇帝」之大猶講什麼孝弟之類的迂話而自甘放棄，那是貽與人口中的膺頭！然而我同時又想起虛無主義者嵇康的話：「家以慧子殘」。慧子和孱頭剛巧是相反的詞眼。曹氏兄弟都可說是慧子吧，則其「殘」也不亦宜乎？（如其曹植是孱頭事情就太平了）故而用在這裏可謂恰中肯綮也。

關於曹子建七步成詩的事，歷來的讀者都認爲是他天資的過人處，——蓋久矣乎已有定評了。但吾鄉故丁儀（淞生）先生，在其著的「詩學淵源」曹植條中，有幾句話鄙意以爲很有見地，其着末云：「至死牛燃豆之作，近同鄙語，雖速逾七步，未足稱珍，後人無稽，將欲增彼聲價，豈意適足爲累乎？」我從前讀七步詩，也總感到這如果算作子建的優勝，那就有點將他縮小了，唯一可以贊譽的，或者是他才思的敏捷吧，然而這在小有聰明輩恐怕一樣辦得到。平原侯自有其不可及處，若僅據此適未足以增其美點耳。

現在，再說到朋友與骨肉之間，在倫次上雖不及父子兄弟，但有許多精誠所至，便勝過了家人萬倍：小至相視而笑，莫逆於心，大至一生安危，六尺之孤，就往往寄託在無言的友誼之內。從歷史上看，每有不拘立場信仰如何不同，——甚或因「各爲其主」之故而站在對壘中間，却依然有其溫暖的友情之交融。世間因利害的接觸，像上述的變親爲怨的事固不能說少，但相反的能抉破任何爾詐我虞的藩籬，一貫的相待以誠，心無他屬的人，殆也未可爲無。鄙人每讀晉書，至記載羊（祜）陸（抗）的交誼時不禁深深感動。中述祜胸襟的磊落處，曾謂「祜率營兵，出鎭南夏。開設庠序，綏懷遠近，甚得江漢之心。與吳人開布大信，降者欲去，皆聽之。」蓋皎然有儒將之風，且綏帶輕裘，尤無愧魏晉風流也。其「每與吳人交兵，剋日方戰，不爲掩襲之計」，益符「師直」之指，故其頗得吳將陸抗的信任。傳曰：

「祜與陸抗相對，使命交通，抗稱祜之德量，雖樂毅諸葛孔明不能過也。抗嘗病，祜饋之藥，抗服之無疑心，人多諫抗，抗曰，羊祜豈酖人者，時談以爲華元子，反復見於今日。」

這正是羊氏人格的忠誠篤厚之有素，才能使居於敵方的大司馬深信如此，而又不失其惺惺惜惺惺也。不過這裏自然需要一個限制，即是公私之必須截然分釐：他贈陸幼節的藥，是屬於私的一面，可是同時對謀國之忠，却未可因私而有苟且或妥協。否則，倘一味徇於私誼而弄到國是混淆，那就不足爲訓了。次則羊氏器度的謙遜，也見出他不是單純的只計利祿的人。如辭晉帝之封南城侯云：「昔張良請受留萬戶，漢祖不奪其志，臣受鉅平於先帝，敢辱重爵，以速官謗」，遂「固執不拜」。語云，大將軍能揖客。愈是功勳高，威望大，而能再恬然自約，鋒芒內斂，就愈能增加別人的敬慕折服，顯得一種儒雅的氣概。而最要不得的是小人得志，才做到七分却要揮霍到十分，以致頭重脚輕，處處想自詡其「威嚴」，結果則處處令人覺得輕浮纖薄罷了。晉書稱其「每被登進，常守冲退，至心素著，故特見申於分列之外，是以名德遠播，朝野具瞻」，至於「勢利之求，無所問與」。雖語涉藻飾，而去羊叔子的生平當不過遠。其後有記其登臨的豪興，則又不脫魏晉間的流風餘韻，而晉書於此等處似更有娓娓道來之長：

「祜樂山水，每風景必造峴山，置酒言詠，終日不倦，嘗慨然歎息，顧謂從事中郎鄒湛等曰，自有宇宙，便有此山，由來賢達勝士，登此遠望，如我與卿者多矣，皆湮滅無聞，使人悲傷。如百歲後有知，魂魄猶應登此也。湛曰，公禁冠四海，道嗣前哲，令聞令望，必與此山俱傳。至若湛輩，乃當如公言耳。」

這雖是寥寥的幾語，而峴山光景之美，與羊氏蕭爽的性格，至今遂畢現紙上。古今來的名區古蹟，惟有經過「賢達勝士」的品題流連，才能使屹然長存，「人傑地靈」。祜卒時年五十八，追贈侍中太傅，病篤時曾舉杜預以自代。傳云：「祜所著文章，及爲老子傳，並行於世。襄陽百姓，於峴山祜生平遊憩之所，建碑立廟，歲時饗祭焉。望其碑者，莫不流涕。杜預因名爲墮淚碑。荆州人爲祜諱名，屋室皆以門爲稱，改戶曹爲辭曹焉。——祜卒二歲而吳平，羣臣上壽，帝執爵流涕曰，此羊太傅之功也！因以尅定之功，策告祜廟。仍依蕭何故事，封其夫人」。其飾終之典，隆崇如此，至於使百姓隕淚，天子流涕，尤可見羊太傅之功焉。

魏晉人對於自然景物的欣賞，盤桓，在前面所舉的幾段史實中，已足窺其一斑。其次，如藥物器玩或娛樂之類，也是占他們生活史中重要的一頁。像嵇康聞母死而猶不肯放棄奕棋，與曹氏文中提到的「彈碁閒談，終以六博」，可見中國棋道由來之久。又因孔子說過「不有博奕者乎，爲之猶賢乎已」的話，以爲勝於飽食終日之輩，一些士大夫們，故而更樂此不疲，算作附庸風雅的表徵。和嵇康那樣沈緬博奕之深的，還可舉出謝安來：

「時苻堅強盛，疆埸多虞，諸將敗退相繼，安遣弟石及兄子玄等，應機征討，……堅後率衆號百萬，次於淮肥，京師震恐，加安征討大都督。玄入問計，安夷然無懼色，答曰：已別有旨。旣而寂然，玄不敢復言，乃令張玄重請，安遂命駕出山墅，親朋畢集，方與玄圍碁賭別墅。安常碁劣於玄，是日玄懼，便爲敵手，而又不勝。安顧謂其甥羊曇曰，以墅乞汝。安遂遊涉，至夜乃還。指授將帥，各當其任。玄等旣破堅，有驛書至，安方對客圍碁，看書旣竟，便攝放牀上，了無喜色，碁如故。客問之，徐答云，小兒輩遂已破賊！旣罷還內，過戶限，心喜甚，不覺屐齒之折。其矯情鎭物如此。」（謝安傳）

臨危從容尙不忘奕，雖說稍近「矯情」，然亦非有深厚的涵養者不能辦，而淝水之戰，也幸虧王謝子弟，使江左風流，不至論於胡腥。同時，著姓豪閥的聲威也就更提高而穩固矣。此外，安石於山水絲竹亦頗好吟嘯，放情之餘，還下及於妓女。史稱其兒時風神秀徹，總角則神識沈敏，風宇條暢。「常往臨安山中，坐石室，臨濬谷，悠然嘆曰，此亦伯夷何遠？嘗與孫綽等汎海，風起浪湧，諸人並懼，安吟嘯自若，舟人以安爲悅，猶去不止，風轉疾，安徐曰，如此將何歸邪？舟人承言即迴，衆咸服其雅量。安雖放情丘壑，然每遊賞，必以妓女從」。此段記載，瑣屑寫來，甚有風致，即此已可知其個性之洒脫鎭定了。所謂東山妓即是蒼生，於一張一弛之中，謝東山的器度不難得見矣。

拙文到這裏只能告一結束，而遺闕的自然還很多很多。甚願異日有暇寫一些六朝人物，姑算藉此「卒歲」吧。（癸未冬中旬，晴窗）

編後小記

冒鶴亭先生以七秩之高齡，爲孽海花說部人物中之碩果僅存者，此次慨然惠撰『孽海花閑話』長編，抉隱探微，爲今世傳絕學，本刊得此，自屬歡喜無量。

沈大素先生『西園話舊』，述白頭老吏身歷五十年故事，眞有閱盡滄桑之感。

兪忍先生『語溪女兒行』，其自身經歷之故事也，先生蓋今之傷心人，古今第三十九有先生『談戀愛至上』一文，可以參閱。

挹彭先生宦隱法曹，而酷喜舊籍，『聚書脞談錄』一文，極可傳誦。

曾文正公語錄

陳乃乾

陽湖趙惠甫居曾文正幕中，執贄稱弟子。每晡食後，必與公縱論天下大勢，評議當世人物，下至詞章瑣碎，無不暢談，言言出自肺腑，親切如家人。余昔年嘗據其日記以撰年譜，摘載其談話數段。惟不涉惠甫事者，無法收入。然吉光片羽，不忍棄之。今彙錄之以餉世之服膺曾公者。

(甲)自述

我未受寒士之苦，甫欲求館而得鄉解，會試聯捷入館選。然家素貧，皆祖考操持。有薄田頃餘，不足於用。嘗憶辛丑年假歸，聞祖考語先考曰：「某人爲官，我家中宜照舊過日，勿問伊取助也」。吾聞訓感動，誓守清素，以迄於今日，皆服此一言也。而家中亦能慎守勿失。自昆弟妻子，皆未有一事相干，眞人生難得之福。親屬貧窘者甚多，雖始終未一錢寄妻子，顧身膺膴仕，心中不免缺陷。復得九弟手筆寬博，將我分內應做之事，一概做完。渠得貪名而吾償素願，皆意想不到。家中雖無他好處，一年常無病人，衣食充足，子弟略知讀書，粗足自慰。

起兵亦有激而成。初得旨爲團練大臣，借居撫署。欲誅梗令數卒，全軍鼓噪入署，幾爲所戕。因是發憤募勇萬人，浸以成軍。其時亦好勝而已，不意遂至今日，可爲一笑。

起義之初，羣疑衆謗。左季高以我勸陶少雲（文毅子）家捐貲，緩頰未允，以致仇隙。駱籲門從而和之，泊舟郭外，駱拜客至鄰舟，而惜趾步不見過。藩司陶慶培臬司徐有壬以我有靖港之挫，遽詳駱撫請奏參。黃昌岐及我部下之人，出入城門，恒被譏訶，甚有撻逐者。四年以後，在江西數載，人人以爲詬病。迨後退守省垣，尤爲叢鏑所射。八年起復後，倏而入川，倏而援閩，毫不能自主。至九年與鄂合軍，胡詠芝事事相顧，彼此一家。始得稍自展布，以有今日，誠令人念之不忘。

人生無論讀書做事，皆仗胸襟。余自問於古詩人中如淵明香山東坡放翁諸人，亦不多讓。而卒卒無暇，不能以筆墨陶寫出之。惟此一事，心中未免不足。

余初服官京師，與諸名士游接。時梅伯言以古文，何子貞以學問書法，皆負重名。我時察其造詣，心獨不肯下之。顧自視無所蓄積，思多讀書，以爲異日若輩不足相伯仲。無何，學未成而官已達，從此與簿書爲緣，素植不講。比咸豐以後，奉命討賊，馳驅戎馬，益不暇。今日復番視梅伯言之文，反覺有過人處。往者之見，客氣多耳。然使我有暇讀書，以視數子，或不多讓。

邵位西言當謚我爲文勦公，此一字簡明的當，位西誠知言也。

吾南來已半載矣（時回兩江總督任），壁上無一有欵之字畫，几案皆蕩然。人得無笑其苟簡乎？

吾每餐二肴，一大碗，一小碗，三簸，凡五品，不爲豐，然必定之隔宿。往時有人送鷄鶩火腿，皆不受，今成風氣，久不見人饋遺矣。即紹酒亦每斤零沽。

(乙)朝政

本朝君德甚厚，即如勤政一端，事無大小，當日必辦，即此可以跨越前古。又如大亂之後而議減征，餉竭之日而免報銷，數者皆非亡國舉動。本朝乾綱獨攬，亦前世所無。凡奏摺，事無大小，徑達御前，毫無壅蔽。即如九舍弟參官相摺，進御後，皇太后傳胡家玉面問，僅指摺中一節與看，不令睹全文。比放譚綿二人查辦，而軍機恭邸以下尚不知始末。一女主臨御而裁斷如此，亦罕見矣。

自南宋以來，天下爲士大夫刼持。凡一事興作，不論輕重，不揣本末，先起力爭。孱弱之君，爲其所奪，遂至五色無主。宋明之亡皆以此。

(丙)軍事

兵事勝負，不在形而在氣。有屢敗而無傷，亦有一蹶而不振，氣爲之也。余出兵屢敗，然總於未戰之先，留一退步，故尚不至覆巢毀卵。爲將者設謀定策。攻則必取，不然毋寧勿攻。攻則必固，不然毋寧勿守。攻之而爲人所逐，守之而爲人所破。雖全軍不遺一鏃，其所傷實多。

少帥性急，軍務成敗恒有，若內中責效太嚴，或臺諫抨擊，必不能忍。余自乙丑年起，凡七次被參，總以不變不動處之，少荃未必有此耐性耳。運河以東，雖往歲捻氛曾及，而彼時之捻，與今大異，頗可憂。運河邊牆高一丈以外，不知如何使之得過。丁撫臺殆不如閻撫臺甚矣。

捻賊竄至豫東，昨有嚴旨斥責，辭氣嚴厲，爲邇來所無。少帥及沅浦胸次未能含養，萬一焦憤，致別有意外，則國家更不可問。且大局如此，吾恐仍不免北行。自顧精力頹唐，亦非了此一局之人，惟望速死爲愈耳。

少帥近頗傲，殊非吉兆。余以兩小事商之，堅執己見，毫不相讓。此次大舉，以余度之，必不能制賊。夏秋水大之際，賊方縱掠於東，必不即出，至秋冬，則黃運水落，時時結冰，河本不寬，安能制其奔逸。且賊東渡之時，官軍望風披靡，未有一日之守，他日安保其必能立定脚根。再渡運尚可，萬一渡黃，則畿輔震驚，事且不測。廷旨諮詢，首列余名。欲質言正對，則少荃身當大局，在後者不當掣其肘。姑從衆議，則又毫無把握。以此深抱隱憂。

(丁)辭章

本朝人多薄八家。八家如韓歐，亦何可薄。我恒論文貴雅馴而有眞氣，今人非鹵莽滅裂，淫哇雜亂，即塵羹土飯，如蟲蛭畢生俯行於地。韓歐大家之文，皆卓然直立紙上，而又吐屬醇和，故可貴也。韓昌黎生平所推，僅莊騷史遷相如子雲五人。初讀馬揚諸賦，亦不見異。細察之，覺其堆垛處別有生氣行其間。即上林賦敘述諸水，一句接一句，不啻歷蟲相續，而其中實脈絡分明。

他日見胡文忠集，選刻多不當，且多代筆。我身後亦不免此一刼。

郭芸仙自負不凡，其實奏摺無有清晰得要者。劉霞仙文氣甚好，而措辭亦不善。沅浦去年劾唐蔭雲摺尾聲言「係督臣得用之人，恐失和衷之道，請皇上作爲訪問」云云，督撫劾司道，從來無此體裁，已屬笑譚。而不及兩月，即劾督臣。所謂和衷者如此，尤足令人大噱。

李少荃參丁寶楨摺，幾幾訟師之筆，丁撫恐受不住。非沅浦參官相革去總督仍留宰相之比也。我去歲陳言，請註銷侯爵。以極重之事，而下註銷極輕字樣。官相處分，內臣戲弄，出之以大學士赴京供職，則總督去留，無關緊要。以極輕之事，而下革去極重字樣，李少荃引以相儷，事在一時，天然的對，可謂絕世文心。

(戊)人格

闒人不能不擺架，但勿過分，令人欲嘔。寒士不能不求人，亦勿過分，全喪氣骨。世人多有譏韓文杜詩乞憐太甚者。余以為兩公雖求助於人，而氣骨自在。寒士本等，無足議也。

毛季雲尙雄心未已。督撫在任，勢足動天地。一舉足則從者如雲，一出口則諾者雷動，晝則羽儀照耀，夜則烈炬星布。比一歸家，從蒼頭數人，坐小轎燃數燭而已。其能帖然否乎？此人情也。大抵人處境中，自非聖賢，鮮不為境奪。故仲尼亟稱顏子不改其樂，於此等可見聖賢立敎之宗。

(己)天命

國運長短，不係強弱。惟在上者有立國之道，則雖困不亡。如金主亮南牧宋社岌岌。虞允文之戰小勝不足言，顧孝宗忠厚愷悌，其道足以保身保家。天即使金人內變，海陵被弒，以全趙氏之宗祐。金祚未可遽隕，則又生世宗以休息之。其妙如此，聖人所以動稱天命也。

世言儲才，不知第二等第三等人可求而儲之，第一等人可遇而不可求。當其成就，雖小小局面，亦必應運而生數人。既得其人矣，性情又有不同，趣向又有遠近。才識偏矣，復須濟之以福澤。李少荃等才則甚好，然實處多而虛處少，講求祇在形跡。如沅浦之攻金陵，幸而有成，皆歸功於己。余常言汝雖才能，亦須讓一半與天。彼恒不謂然，今懺悟矣。

人生皆運氣為主，七尺之身，實以盛運氣。故我常稱人身為「運氣口袋」。

(庚)靈異

咸豐八年，我居憂在家。聞老九有乩仙降，步往觀之。諸人方圍問功名，乩不對，而書「賦得偃武修文，得閒字」九字。諸人均不解。我曰「此舊燈謎，隱敗字。仙何為而及此？」乩即判曰：「為九江言之也，不可戲也」。我凜然神悚。時九江已於四月初八日攻復，賊擒馘殆盡。軍勢張甚，山中久已得報。是日為四月二十九日。相距二十日，尙未進軍，無敗理。因敂仙「為天下大局言之耶？抑為吾曾氏言之耶」？仙判曰：「為天下大局言之，即為曾氏言之」。又問「仙人何職位？今欲何往」？仙自稱為彭口，河南固始人，生時官都司，死於咸豐二年固始之難，現為雲南大理府城隍神，赴任路過云云。再叩之，寂然不動。是年十月，遂有三河之難。李迪菴所部平江州之師皆死之，吾弟溫甫亦與。其效驗昭之如此。且先半載知之，則世俗所云「冥中諸神造兵死冊籍」等語，非為荒唐之說矣。

駐軍祁門時，城在山下，形勢局蹙不可守。我與人言此城復安所用，不如毀之。邑人有知之者，公稟稱縣在國初曾中鄉榜，自康熙年江西某人為縣令，造此城，垂百數十年無一人。如主持毀拆，百姓無不樂從云云。我遂令拆城造碉，以資守禦。事訖，邑人復稟請撰記。我批稟牘後作諧讖語四句云：「拆去西北城，歲歲出科名。東南留一節，富貴永不歇」。自批後，甲子科祁門獲雋三人，今科復中二人，可見形家言亦有足徵者。

我向爲人書屛幛等，凡下筆，墨不沁入不成字者，其人必不利，已屢驗。(倪豹丞祖太夫人九月初稱觴，公爲書壽幛，曰：「倪太夫人不久矣」。甫匝月，果逝。)

(辛)月日

九弟宅外有一池，架橋其上，譏之者以爲似廟宇。所起屋亦拙陋，而費錢至多，並招鄰里之怨。鄉中無大木，有必墳樹或屋舍旁多年之物，人藉以爲蔭，多不願賣。九弟必給重價，爲之使令者，從而武斷之。樹皆松木，油多易蠹，非屋材。人間值一緡者，往往至二十緡，復載怨而歸。其從湘潭購沙木，逆流三百餘里又有旱道，須牽拽，厥價亦不啻數倍。買田價比尋常有增無減，然亦致恨。比如有田一區已買得，中雜他姓田數畝，必欲歸之於已。其人或素封或世產，不願，則又强之。故湘中宦成歸者，如李石湖羅素溪輩買田何啻數倍九弟，而人皆不以爲言，九弟則大遺口實，其巧拙蓋有如天壤者。

咸豐七年，我居憂在家。劼剛前婦賀氏，耦耕先生女也。素多疾，其生母來視之，並欲購高麗參。吾家人云：「鄉僻無上藥，旣自省垣來，何返求之下邑耶」？對曰：「省中高麗參，已爲九大人買盡」。我初聞不以爲然。遣人探之，則果有其事。凡買高麗參數十斤，臨行裝一竹箱，令人擔負而走。人被創者，則令嚼參，以渣敷創上。亦不知何處得此海上方！

溫甫極長厚，而好事喜功，不顧淸議。在鄉有獄訟縣邑不能决者，往往來訴，輒爲分剖。勝者以爲所應有，負者則終身切齒。

沅浦不獨盡用湘鄉人，且盡用屋門口周圍十餘里內之人。事體安得不糟，見聞安得不陋。李少荃血性固有，而氣性亦復甚大，與沅浦不相上下。少荃亦有脾氣，楊厚菴尤甚。彭雪芹外觀雖狠，而其實則好說話，遍受厚菴少荃沅浦之氣。黄昌岐雖無才能，而極廉潔。同復蘇州，而無所取入，此節深可敬。

丁日昌在下游，官場無不忿怨，恐亦做不下去。丁之流，皆少荃至好。我與少荃，勢同一家。渠又暴露在外，身膺艱鉅。丁雖小人，而籌前敵財用無不精速，我又何忍不少慰其意。

新徐道高梯，詐人也，與丁爲同類。顧好名，能做事，詐爲善，雖詐不能不取。今之勇於事情者，皆有大慾存焉。若輩知好名，猶足爲善。我與李少荃在，若輩鱗甲不致全露。然亦極意籠絡之，又不可使見痕跡。甚矣用人之難也。

李眉生才力却遜於丁，襟度則不可同日而語。李公事見客兩宗俱短。在幕府時不諧於衆，子密蓴頃皆深嫉之。眉生亦薄子密，則以其專事請託要結，曾言之於我。至於蓴頃，則本庸俗無可取。

眉生爲官場及同幕諸人所惡，以其有夷簡之致，而疏於事情也。幕中所分公事，往往不能了，重分諸人。諸人惡之，皆不爲代。兩耳本重聽，刻更閉塞。放蘇臬後，不能陛見，欲我奏留。我以奏出，衆必譁然，故無以應之也。

程尙廉好人，心地頗坦白。

嚴樹森前奉命以貴州布政司查辦貴州巡撫張亮基參案，覆奏後，自請開缺北上。上諭嚴斥其疊次藉詞逗留，延不赴任。於交辦事件，並不親往察看。安坐鄰省，即行查明覆奏，自來無此體制。又因貴州諸事棘手，自請開缺進京。規避取巧，辜恩溺職，殊出情理之外。著革職發往雲南，交陸凱嵩差遣委用云云。兩宮可謂嚴明。嚴本一猥瑣之才，經胡詠芝賞識後，儼然自託於清流。在豫撫任內，痛保朝中闒人，如倭艮峯等。古人明揚仄陋，或不如此。

閻丹初較嚴樹森遠勝。如前辭齊撫，齊撫極可爲之官，嚴即斷不能也。凡一撫督官，能去之若遺者，皆有過人處。

周弢甫始到余江西軍中，即言「自古成事，皆用心之人。某遍歷下游，無一人知此，必至潰敗後已。公雖兵微將寡，然成事者必公也」。余時深佩其用心一語。其論世超出尋常者甚多，不可謂非異才也。

劉松岩身後有銀二萬餘，在蘇滬存息。其族人無賴。蘇之人素暱劉者爲之謀請立案，官爲經理，異日非其親子來取，不與之。我允其請。今日蘇府李銘皖詳文，首引劉服官淸正，素慕其鄉先輩湯文正張淸恪之爲人。而底下所言，則有存欵二萬金云云。上下太不相蒙。見者無不噴飯。劉減賦之時，人人欲按成普減，劉堅執照賦則輕重酌減，以去就爭之。彼時勉如所請，至今輿論甚不以爲然。觀其人無甚長處，若再身後宦橐豐盈，益不足觀矣。

蔣益澧做官，做一衙門，將一衙門經費裁盡。到粵撫任，裁去韶關陋規，形諸奏牘。而別提藩庫每月千五百金，作撫署辦公用費。反較所裁之費爲增。其各屬員出息，亦一併嚴禁斷絕，不准收受。在浙，民間虛聲頗好，然其人太不正當。丁日昌微有其風，而視蔣則中庸多矣。伊如要去盡屬員飯碗，我亦不依。須知天下人，飯碗萬不能無。汝去他一飯碗，他別尋一飯碗。於公事無益，不過百姓吃虧而已。

沈幼丹在原籍辦理船政，頗恣橫。兩司俱用札飭。藩署經承吏以一言不合，立斬之。與左季高爲死黨。道員周開錫先爲左委署藩司。吳仲宣到任後，仍令本任鄧某受事。又裁撤各局，湖南人均無所歸。沈遂奏放周爲船政幫辦。凡湘人之失職者，一概入局，故經費浩繁。沈在江西之初，束身自好，且有胆識，吾常器之。比任西撫，與吾處爭餉，嘵嘵不已。吾以爲此褊衷不能任大事，然猶以爲硬漢。後吾具摺陳沈前後使氣取鬧情形，沈聞之，遽函請罪，有「寬其既往，予以自新」之語。昨又長函爲族人之官皖者緩頰求情，而後吾知其進退失據，前此嬌厲之風，皆由客氣，爲之憮然。且謂之恬淡，則不應武斷鄉曲。謂之奔競，則又不宜堅臥故山。左季高之爲人，不可嚮邇，沈居然入其範圍。功名聞望，戛戛不相下，忽又爲其附庸之國。眞令人不可解。左到陝後，喬鶴儕已不安其位，壘請病假。左實欲騰此席以畀劉典，喬知之，欲避其禍也。

毛季雲早年在都中，見郭芸仙之文采，極欲納交。後任湘撫，又屢思延之入幕。比任粵督，廷寄問黃辛農能勝粵撫之任與否？毛即疏劾黃及藩司文格，而保郭堪任粵撫，李筱泉堪任藩司。疏入，如所請。毛固常人，郭之至，毛不能無德色。又彼此爭權，迨後至於切齒。左孟星王壬秋曾才叔三名士之至粵，互相標榜，有王佐之稱。郭素文士，三人多祖郭者。左至通書詆毛直不齒於人類。平心論之，自是郭負毛而毛無罪。郭因我曾保毛，遂言「曾某保人甚多，惟錯保一毛季雲」。我答之云：「毛季雲保人亦不少，而惟錯保一郭芸仙」。聞者無不大噱。

× × × ×

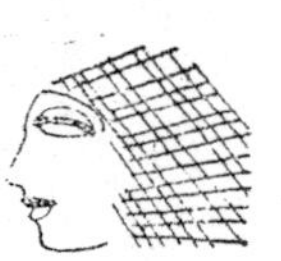

記東方雜誌

溫新

樸園主人年來隱棲海堧，日惟抱殘守闕，皮搜書畫版藉自遣。日前曾託余向本市漢學書店購得舊出東方雜誌數十册，每本泉十五元，雖每卷不甚完整，然已略可窺及民初以來朝野之動態。其時每本書價約一角二分半至二角，編者嵊縣錢智修氏（其先爲杜亞泉氏），其長期撰述者有楊端六，胡愈之諸氏。內分數欄，有（一）時評（二）社會科學性論文（三）科學雜俎（四）文苑，輯錄鄭蘇戡，沈寐叟，林琴南，李宣龔等詩詞。並刊蕙風之餐櫻廡隨筆，頗多掌故考證之作。初有林紓之長篇連載國外小說，及今日爲古今治人往風微錄趙叔雍氏（時署名趙尊嶽）之譯作重臣傾國記。後漸改添語體文，說部亦易爲莫泊三，伊班涅支，顯克微支等。外此則爲最錄，條約，法令，中國大事記外國大事記（按該誌體例時有改動，此處姑以民國九年即十七卷者爲根據）諸欄。其中國內外大事，尤耐人尋味。蓋自清祚告終，洪憲興滅，奉直構兵，北伐軍興，以及國內政局之波譎雲詭，外國如歐戰之爆發與和議之折衝，諸如此類有關一代文獻者，靡不提綱絜領臚撮其間。如民十八六月一日云：「奉安大典告成。奉安前後一時首都炮台各鳴禮炮一百另一響。下關各國軍艦亦鳴禮炮二十一響致敬。全國各地舉行奉安公祭並停止交通及工作三分鐘以誌哀悼。」時亦每有評議物價騰貴之文，蓋不無受歐戰之影響也。如胡學愚譯美國科學報紙貴之原因云：「數月以來，紙價騰貴，達於極度，此等現象，蓋自發明造紙以來所未曾見。各種紙料，求過於供，製紙工廠皆有應接不暇之勢。」當時紙價之昂貴可見。然就今觀之，如此厚約百五十葉之期刊尚有道林紙印之銅板數幅，而價售只一角餘，且內容亦較今日爲「言之有物，」——則得毋興隔世之嘆耶？又第十三卷第五號（即一九一六年五月分）有來稿署名海期君，作中國物價騰貴問題一文，首云：「比來吾國，百物昂貴，民無所資以爲生。中人之家，日漸陵替，而窮民生齒蕃庶，衣食無出，其不免凍餒而轉徙於溝壑者，觸目皆然也。」作者原籍湖南，於慨嘆之餘，復引自光緒十餘年之際湘中生活爲例，則「米一升僅易錢十餘文，今則八十文或九十文不止。棉布一尺，昔僅需錢二十文者，亦張至四五十文，食鹽一觔，僅需錢五十餘文者，今需錢百餘文。昔者洞土掘煤之業，不及今日之盛，每煤百觔，價僅三百文左右，今暴騰至五六百文矣。」要之，各種工作物之價，貴一倍而止，米豆麵麥之價，有張至三四倍者，故勞傭薪資之人，遂覺捉襟見肘矣。顧當時物價，如漲達三四倍，已使羣情惶亟，而今日之物價至少亦在百倍以上，但前後不過廿餘年耳。

按樸園主人於民十一二年左右曾任該刊編輯，故一旦覩此舊籍，彷彿重溫舊夢云。

湘綺樓

海元

湘潭王壬秋，亦清末文苑中之魯殿靈光也，胡適之於「五十年來中國文學」中頗多引證，其撰湘軍志尤關中興典實。入民國後，王隱居海上，時以遊燕自遣。身後遺有詩文集若干卷，其湘綺樓日記之浩繁博洽，是與李慈銘之越縵堂日記相埒，記中時及「周媽」，猶南通張季子之與余沈壽，可謂老輩風流已。茲據民國元年舊正初二日日記觀之，其對國是亦微有論慨：

「二日晴。見電報清帝遜位，袁世凱爲總統，不肯來南。定爲共和民國，以免立憲無程度也。清廷遂以兒戲自亡，殊爲可駭，又補廿四史所未及防之事變，以天下爲神器者，可以爽然。蕭鶴祥來極頌袁公，亦船山史論外別有見解者。」

又四日記有律詩諷時事數首，中「一世無豎子能成事，坐見羣兒妄自尊，元紀沐猴妖讖伏，樓燒黃鶴舊基存」，及「大壑藏舟驚半夜，六龍回日更何年」之句，並足以窺彼時混沓政局與此老之所慨嘆者。王氏素擅文藻，故其韻語亦頗華贍可觀也。

古今

散文半月刊　　第四十二期

散文半月刊

古今

第四十二期

中華民國三十三年三月一日出版

社長 朱樸

主編 周黎庵

發行者 古今出版社 上海咸陽（亞爾培）路二號

發行所 古今出版社 上海咸陽（亞爾培）路二號 電話：七三七八八號

印刷者 中國科學印刷公司

經售處 全國各大書坊報販

上海雜誌聯合會第十號會員雜誌

零售每册中儲券式拾元

國民政府宣傳部登記證滬誌字第七六號

第一警察局登記證C字一〇一二號

預定	
款項先繳	照價八折
半年二百元	全年四百元

孽海花閒話(二)

冒鶴亭

難道西林春，也玩這個把戲嗎。

以下寫得太猥褻，定庵集中，憶太平湖之丁香花云，一騎傳箋朱邸晚，臨風遞與縞衣人，憶北方獅子貓云，故侯門第歌鐘歇，猶辦晨飧二寸魚，確爲太清作，然亦不過遐想，宣統初，作者作此書時，鄧秋枚借余所評太清天游閣集，於神州國光社出版，內載余因見太素集上元侍宴詩，自注有邸西爲太平湖，邸東爲太平街語，賦詩云，太平湖畔太平街，南谷春深葬夜來（南谷在大房東太清葬處），，人是傾城姓傾國，丁香花發一低徊，不意作者捨掇入書，唐突至此，我當墮拔舌地獄矣。

妾將被禁。

太清無被禁事，惟太素身後，不容於姑，及其嫡子，自太平街邸，攜載釗載初兩子，叔文以文兩女，出居養馬營，則有之。

香囊一扣。

定庵詩，阿嬢重見話遺徽，病骨前秋盼我歸，欲寄無因今補贈，汗巾鈔袋枕頭衣，鈔袋即香囊，然此別有本事，係定庵之戚，杭人，與太清無涉。（定庵寱詞，最爲世傳誦，余榷淮關，鹽商約赴西壩宴飲，其地妓居，皆在舊黃河灘，草屋蘆簾，相沿不改，乃憶所謂爲恐劉郎英氣盡，捲簾梳洗望黃河者，一經文人點綴，讀者遂爲色飛眉舞，不知其地之齷齪，與後來彩雲所居天橋同也）。

和他搭了兩夜的攤。

定庵嗜賭，自云有神技，而每賭輒輸，已亥雜事詩，所謂東皇八萬驕騎盡，爲報投壺乏箭材也。官京師時，程春海有氈帽會，假松筠庵，與諸名流討論學術（東征記爲天下第一淫書，遠出金瓶梅上，舊爲程春海藏，以一老狐爲線索，出山海關，東行，描寫所過人家，猥褻之事，由甲而乙，由乙而丙，隨起隨滅，層出不窮，蓋明遺民所作，以醜詆滿洲風俗者，懼得禍，故書中太半自造新事，非以前後文推之，茫然不解也，即以前後文推之，亦有解有不解，春海晚年得此書，苦思力索，其不得之，則費腦，既得之，則又搖精，遂致得病不起，書後歸余外祖，外祖罷官後，悉以易米，文芸閣王子展均欲向余借閱，不知余亦未得見也。後於京師爲龍泉寺僧題春海龍泉寺檢書圖云，蕭寺孤棺愴客魂，禮堂遺藁籍師門，不知篋衍東征記，可有回文讀法存，圖爲春海沒後，其師阮芸台，囑戴醇士作也，附記於此，以廣異聞），張亨甫至，必攜相公一二人，所言皆某園某角唱某戲，定庵至，則所言皆某寶之三，爲五虎帶四門，某寶之四，爲八仙，或十二闌干，喧呶不已，諸公愛其才，亦無忤也。（張亨甫王郎曲云，天下三分月，二分在揚州，一分乃在王郎彎彎之眉頭，傳誦一時，其實與北江詩派所謂黃狗之飛飛上天，白狗一去三千年，亦唯之與阿耳，亨甫自以姚石甫入獄，隻身入都，納饘槖事，爲最有風義。）

莘如竟也中了狀元。

陸潤庠甲戌，後文卿戊辰一科。

索性捐了禮部郎中。

曾之撰捐郎中，分刑部，非禮部，吏禮兩部，無捐納人員也。

且說那年，又遇到秋試之期。

光緒乙亥。

下層是筆墨稿紙，挖補刀，漿糊等。

鄉試非殿試，毋庸帶挖補刀漿糊。

我想迦陵的紫雲，靈岩的桂官。

紫雲爲余家歌童，與陳其年狎，紫雲娶婦，其年賦催妝詞，有努力做藁砧模樣句，聞者絕倒，後從其年入都，其年詩，所謂昵他羅底翻鶯拍，從我天邊襲虎倀，而先巢民徵君則云，見慣數來頻綺膩，心知攜去省纏綿，旁人誤說何多事，擲拂相從汝較賢也，李桂官與畢秋帆事，袁子才有長歌紀之云，若教閨閣論勛伐，合使夫人讓誥封。

以上第四回。

會稽李治民純客。

李治民爲李慈銘，號蒓客，道光末，余七外祖，周畇叔先生，以翰林家居，創立言社，李與王平子，咸隸社籍，七外祖名星譽，五外祖名星譼，外祖名星詒，於是平子名星誠，李名星譽，號言社五星，繼以唐人已有李謨，乃改李模，又改李慈銘，其後周李凶終隙末事，徐仲可嘗詢余，余詳告之，仲可載入所刊日記，李以貲郎，從田間來，七外祖爲適館授餐，爲游揚於翁潘之間，又荐其館於商城周芝臺相國家，蒓客始知名，外祖嘗語，彼以怨我故，怨及七兄，七兄無絲毫負蒓客也，其後七外祖官廣東運司時，蒓客乃具疏稿，嗾鄧承修參之，爲忘本矣。

只有北地莊壽香芝棟。

莊壽香爲張之洞，號香濤。

豐潤莊崙樵佑培，閩縣陳森葆琛。

莊崙樵爲張佩綸，字幼樵，陳森爲陳寶琛，號伯潛。

再有瑞安黃叔蘭禮方，長沙王憶莪仙屺。

黃叔蘭爲黃體芳，號漱蘭，王憶莪爲王先謙，號益吾。

總要推祝寶廷名溥的。

祝寶廷爲寶廷，號竹坡，鄭親王濟爾哈朗八世孫。

那是還有個盛伯怡呢。

盛伯怡爲盛昱，號伯羲，肅親王豪格七世孫。

順德李石農。

李石農爲李文田，號若農，余得其元史地名攷殘藁，前六七年，在廣州修志，詢其家人，則全藁尙存，僅缺余所得之首二冊，因行篋未攜，許歸後檢贈之，而事變起，殘年視蔭，恐不復能南游，息壤食言，師門愧負，京師自乾隆時，嵇拙修當國，士夫多喜談相法，稭嘗於虎坊橋，見一士人，停輿詢之，曰楊某，以會試來，攜之歸寓，語之曰，子不獨今科不能中，即終身亦不中也，然官可三品，子雙眼異常人，盍從我，當授子相法，楊後官順天府尹，値鄉試錄科，見許乃普奇之，諗知爲治中學范子，因囑治中使往見，坐定，問其字，曰滇生，曰子杭人，何以字滇生，以生長雲南對，及晤治中，開口便云，世兄好相貌，可惜鼎甲而不狀元，尙書而不宰相，後許以榜眼官吏部尙書，衆咸以爲神，李亦精相法，梁啓超初入京，於沈曾桐座上見李，梁退，沈問其相若何，李頓足曰，此擾亂天下耗子精也，然李相文廷式可致鉅富，言亦不驗。

朝廷後日要大考了。

大考在乙亥年。

就看見唐卿珏齋肇廷，都在西面。

吳大澂時在陝西學政任內，顧肇熙是舉人非翰林，如何能大考。

壽香先生來了。

張之洞時亦在四川學政任內。

便是祝寶廷。

寶廷是年三等，由侍讀降中允。

却是莊崙樵考了一等第一名。

此次大考一等第一名，爲吳寶恕。

崙樵就授了翰林院侍講學士。

張佩綸大考二等擢侍講，充日講起居注官。

父母不曾留下一點家業。

佩綸父名印塘，曾官安徽按察使。

忽然想起前兩天，有人說閩浙總督納賄買缺一事，又有貴州巡撫侵占餉項事，還有最赫赫的直隸總督李公，許多驕奢罔上的疑項。

佩綸參閩撫丁日昌，非閩督，又參黔撫林肇元，貪黷營私，至參侵占餉項，似指雲南報銷一案戶侍王文韶言，均不在初得講官時，若對於李鴻章，則其壽合肥六十詩小序，自言累世通家，雅託密契，始終無參劾事也，因參李鴻章而降官者，爲黃體芳，黃在江蘇學政任，考試生童，有一次，出首題爲是社稷之臣也，次題左，首題爲國人皆曰賢，次題老彭，首題爲國人皆曰可殺，次題有李，（黃又一次出題，一爲關雎之亂章之洋洋乎三字，一爲中庸如在其上如在其左右節之洋洋乎三字，故詢教官，尙有一縣未有題，四書中有第三個洋洋乎否，教官曰，甚少，遂落筆云，少則洋洋焉。）

今日參督撫，明日參藩臬，這回劾六部，那回劾九卿。

佩綸前後所參督撫，除閩撫丁日昌，黔撫林肇元外，爲陝撫譚鍾麟，滇撫馮譽驥，贛撫李文敏，東撫任道鎔，藩臬爲晉藩葆亨，王定安，粵藩姚覲元，浙臬陳寶箴，陝臬沈應奎，六部爲工尙賀壽慈，吏尙萬青藜，戶尙董恂，兵侍郭嵩燾，戶侍王文韶，吏侍邵亨豫，九卿爲都御史童華，光祿卿黎召棠。

樞廷裏有敬王，和高陽藻。

敬王爲恭親王奕訢，高陽藻爲李鴻藻，高陽人。

却說有一日黃叔蘭，丁了內艱。

黃體芳於同治庚午，放福建學政時丁艱，在已卯前。

某日奉上諭，江西學政着金洵去，陝甘學政着錢端敏去，浙江學政着祝溥去。

文卿由山東主考，放江西學政，在光緒已卯年，汪鳴鑾以光緒癸未放陝甘學政，與文卿不同時，寶廷無放浙江學政事。

你是另有一道旨意，補授山西巡撫了。

張之洞授山西巡撫，在光緒辛巳年，亦不同時。

越南被法蘭西侵佔得厲害，越南王求救於我朝。

法人由西貢破東京，越南駙馬黃佐炎，經諒山，調廣西提督防軍統領黃桂蘭乞援，事在光緒壬午，後文卿放差三年。

莘如因放差沒有他。

已卯，文卿放差時，陸潤庠亦放陝西主考。

原來公坊那年，自以爲臭不可當的文章，竟被霞郎佔着，居然掇了巍科。

那年，是光緒乙亥。

寫著袁尚秋討錢冷西檄文。

袁尚秋爲袁旭，號爽秋，錢冷西爲錢振倫，號崙西。

以上第五回。

那時旗昌洋行輪船，我中國已把三百萬銀子去買了回來，改名招商輪船，辦理這事的，就是莘如在梁聘珠家吃酒遇見的成木生，這件事總算我們中國在商界上第一件大紀念。

輪船招商公局之奏設，在同治壬申年，旗昌歸併，在光緒丙子年，文卿放江西學政，已在光緒已卯，此誤記。

輔佐著的，便是大學士包鈞。

包鈞爲寶鋆。

祇爲廣西巡撫徐延旭，雲南巡撫唐炯，誤信了黃桂蘭趙沃，以致山西北寧，連次失守。

時命徐延旭進軍諒山，唐炯進軍北寧，黃桂蘭趙沃，則皆當時統領，黃置姬妾於龍州，其行轅在北寧，日徵安南妓女三四十人，入供酣嬉，趙沃亦昏庸，法人未近北寧，勇丁均攜婦女先逃，黃趙不能禁，山西北寧及諒山先後陷，黃趙拿問，畏罪各自盡，徐唐均張佩綸所保，由道員各驟擢巡撫，及逮問，又不明降諭旨，盛昱即藉以彈劾政府，而朝局爲之一變，詳下條。

樸園隨譚（十）

「往矣集」日譯本序

朱樸

二月十日下午三點鐘，大阪每日新聞特派員村上剛先生忽然駕臨古今社來訪我，寒暄之下，他說接到東京日日新聞吉岡文六先生的電報，說古今叢書第一種周佛海先生的「往矣集」已由日日新聞全部譯成日文，最近期間即將出版，希望我寫一篇序文，萬勿推辭云云。詞意懇切，終於令我不客氣的答應了。

往矣集自去年一月出版以來，一年之中，已經八版，如此盛況，實爲近年來國內出版界所絕無，這不但著者周先生個人當引以自豪，抑亦古今社全體同人所認爲非常光榮的。

周先生第一次爲古今寫文章就是前年五月古今第三期上所發表的那篇無人不知老少咸誦的「苦學記」。那篇文字在古今上刊出後中日各報無不轉載，以後每逢周先生在古今上有文字發表中日各報也無不一一轉載，這充份的說明了周先生的文字是如何的博得中外讀者們的熱烈歡迎。

周先生的文章之所以能够博得大衆之熱烈歡迎，我想不外乎一個「眞」字吧？在去年一月一日往矣集剛剛出版的時候，我在該書的序文中曾經說過以下的幾句話：

「在我生平所交的朋友中，秉性之忠厚，情感之熱烈，待人之眞誠，行爲之俠義，沒有一個比得上周先生的。言爲心聲，他的文字完全是他人格之表現，至性至情，絕無半點虛飾。」

這一年來，一切的一切，更足以證明了我的批評。就我個人所知，在過去的一年中，周先生公開捐助苦學生的助學金爲數甚鉅，此外他所不願爲外界所知道的對人的援助，更不知有多少。他因出身苦學，所以在他苦學成功的今天，對於國內成千成萬的苦學生特別抱有深摯之同情。「君子不忘其本」，這在周先生眞可謂當之無愧了。

言行相符是一件最不容易的事，中國有一句老話曰「文人無行」，就是說文人的文章無一不是冠冕堂皇，但事實上他們的行爲則十九是不堪問聞。尤其是一般所謂「名公鉅卿」，不要說言行不能相符了，簡直痛痛快快的可稱言行適得其反。申報月刊第十期上有李芷君的一篇「讀往矣集」，對於這一點也曾慨乎言之，文中有曰：

「有許多名公鉅卿，儘管在嘴上或筆上說得如何正大光明，磊落軒昂，可是一接觸實際的行動，就距離得不可以道里計了。……說起一切名公鉅卿的文章，往往在未讀之先，已經令人搖頭不已了。不是失諸枯燥嚴肅，八股濫調，味同嚼蠟；便是紙上寫的與心中想的截爲兩橛。所謂心口不應，正足以概括這些人物和這些文章的全盤精華。」

周先生的往矣集之所以能够不脛而走，萬人傳誦，恐怕就因爲它不蹈上述之覆轍吧？

最近上海大陸新報也將往矣集譯成日文出版，並請周先生自己寫了一篇序文，原文已先在最近出版的古今半月刊第四十期上發表。周先生在那篇文章的最後一節曰：

「友邦日本的讀者，讀了這本小冊子，對於我過去的苦學和奮鬥，當然可以得到相當的了解。但是我希望友邦讀者更要了解中國現在，和我當年一樣苦學奮鬥的青年，有成千成萬。這些青年，將來都是中國的棟樑，東亞的柱石。我希望日本的青年和中國的這些青年，互相了解，互相提攜，眞正的新東亞，纔能建設起來。」

謹借引於此，同樣的再以貢獻給日本的讀者。

中華民國三十三年二月十五日朱樸謹識於上海古今出版社

海源閣藏書求售記

頃接濟南楊平苗（曾勖）君來翰，略謂聊城海源閣藏書海內聞名，現將舉其劫餘全部出售，竊意此等名貴典籍，應由政府收買，方克保存永久，敢請於當道諸公前力爲游說，俾使僅有文獻，不致墮失，執事注重國粹，必能毅然作登高呼也云云。爰將書目錄後，有心人士，幸垂覽焉！

海源閣現存書目

聊城楊端勤公（以增），收羅宋刻元刻校本抄本庋閣藏儲，名曰海源閣，久已名垂宇宙。特以所藏宋詩書三禮及史記前後漢書三國志別存一室，顏曰四經四史之齋。緣宋本希如星鳳，楊能得經史六部，是以當時海內士夫一致推重。其餘各本多係得之於士禮居黃氏所藏，士禮居之書淵源於明季清初錢遵王季滄葦各家，三百年來之文獻，足以海源閣徵之，此其所以聲名特著也。自遭兵亂，頗多散失，然考查散失者半在子集零品之中，而四經四史則巍然獨存，洵足寶貴。今竭力整理，得宋元校抄四類，約百種有零，均爲海源閣重要古籍，楊氏藏書，大概於是矣。

四經

宋本毛詩一部三册（原缺一之十七有查愼行跋顧廣圻跋吳榮光題素稱孤本）

宋本尙書集傳一部八册（此爲南宋官本紙墨完善罕有其匹）

宋本儀禮一部十二册（來禽館珍藏宋本甲首尾俱完紙墨如新）

宋本禮記一部六册（此撫州刻卽張敦仁重刊之本不啻海內之孤帙）

四史

宋本史記一部二十六册（題跋印章詳載目錄爲乾道本世間罕有）

宋本漢書一部六十册（宋建安蔡淇純文刻本又稱嘉定本毛季徐各家均有藏章爲世罕見）

宋本漢書一部三十二册（南宋初刻亦爲毛季徐周諸家所藏）

宋本三國志一部三十二册（是書宋槧藏家絕少著錄况此本較諸本尤多所是正彌足珍貴）

以上爲海源閣四經四史按陸氏冷廬雜識云近來楊侍郞得宋板詩經尙書春秋儀禮及史漢三國志顏其室曰四經四史之齋可爲藝林佳話而楊紹和則四經三禮尙書春秋別存之捨亂以後周禮已亡楊氏卽以尙書集傳補入俾完四經四史之目

經類

宋本詩說一部八册（是書世無二本峴山徐氏傳是樓所藏已稱僅有尙缺二卷）

宋本春秋集解一部三十册（巾箱本）

宋本大戴禮記一部四册（是書爲朱文安公所藏雅雨堂所刻尙係元槧此刻又爲元槧所自出更足矜貴）

宋本詳注東萊先生（左氏博議一部十二册）

宋本穀梁傳注疏一部八册（此卽十行本宋槧也）

宋本春秋名號歸（一圖一部二册）

宋本朱文公家禮一部三册（有淳熙五年上饒周淩跋罕見）

元本韓魯齊三家詩一部一册（元刻元印罕見孤本）

元本爾雅一部三册（元本元印罕見）

元本詩傳通釋大成一部八册

元本書集傳一部十册

元本春秋屬辭一部八册

元本四書輯釋一部三十二册（罕見）

元本禮書一部二十册（此二部實爲宋刻大字善本）

元本樂書一部二十册（極爲精整）

元本說文字原一部一册

元本古今韵會舉要一部三十册（罕見）

史類

宋本前漢書一部六十册

宋本後漢書一部六十册（此二部完全可貴）

宋本兩漢博聞一部十二册（此爲南宋初胡元質之精雕）

宋本資治通鑑考異一部十四册（此爲北宋本罕見）

宋本通鑑紀事本末一部八十册（此爲大字本）

宋本通鑑總類一部四十册（此爲嘉定初憲敏季子守𣿬湯鋟板之原帙首尾完善無闕損宋槧中尤極罕觀者）

宋本方輿勝覽一部二十册（此爲咸淳本罕見）

宋本會稽三賦一部二册

元本宋史全文一部三十二册（此爲續自治通鑑具編删節後加以高孝光甯理度少帝爲宋之遺民逸老入元後所作爲世罕見）

元本佛祖歷代通載一部二十册

子類

宋本經史證類本草一部三十二册（是爲王鳳洲家舊藏罕見）

宋本王氏脈經一部八册（此爲宋紹聖衕小字本鋟刻甚精）

宋本眞西山讀書記一部四十八册（精整）

元本纂圖互注老子

又 莊子

又 列子

又 荀子

又 楊子（以上五部二十四册完善罕見）

元本河南程氏遺書一部二十四册（此本較天祿琳瑯本尤爲完善可貴）

元本世醫得效方一部二十册（罕見）

元本晁氏諸病源候至論一部十六册（罕見）

元本古今源流至論一部二十册（此爲鮑氏知不足齋藏本）

集類

宋本離騷草木疏一部一册（罕見）

宋本駱賓王集一部二册（此爲秦氏石研齋重刊之祖本）

宋本韓昌黎集一部二十八册（爲南宋蜀本世所罕見）

宋本元豐類稿一部二十四册（此書舊爲季滄葦所藏）

宋本寶晉山林集拾遺一部二册（孤帙）

宋本劉後村居士集一部十册（此爲南宋麻沙槧之最善者）

宋本張乖崖集一部四册（有黃蕘圃跋）

宋本呂東萊先生集一部（完整）

元板黃山谷別集一部二册

元板東維子一部八册（有黃蕘圃跋係元刊非明刊也）

元本唐文粹一部四十八册（此書舊爲傳是樓藝芸兩家所藏）

元本國朝文類一部二十六册（此書舊爲張敦仁所藏）

以上宋本三十四部（元本二十五部又後抄本校本四十部）

校本

校本讀書好古最注重之品士林得書有士禮居黃跋或黃校者雖寥落晨星亦必珍逾球璧海源儲黃校最富亦名震之由來也

校本春秋繁露一部三册（黃丕烈校有二跋）

校宋本國語一部四册（黃校有五跋錢遵王跋錢士興二跋陸貽典二跋惠棟八跋顧千里跋）

校宋本管子一部六册（陸貽典校有二跋）

校宋本韓非子一部二册（黃校有四跋）

校宋本淮南鴻烈解一部二册（用影宋抄本及錢遵王藏本校失名）

校道藏本鶡冠子一部三册（黃校有三跋）

校道藏本墨子一部三册（黃校有跋）

校宋本說苑一部三册（黃校有十一跋末有吳梅村借觀跋）

校道藏本意林一部二册（黃校有跋）

校元本東京夢華錄一部一册（黃跋有二跋有張紹仁跋）

校宋本卻掃篇一册一部（黃校有六跋並有六絕句有陳鱣跋）
校舊抄本洞天清錄一部一册（黃校有跋）
校明本靈臺祕苑一部六册（黃校有二跋）
校宋舊鈔本孟東野集一部二册（黃校有三跋又有周錫瓚跋）
校本栟櫚集一部二册（黃校有三跋）
校宋舊抄本王黃州小畜集一部八册（黃跋有三跋並錄嘉靖時岳西道人復初跋萬曆時謝肇淛跋）
批校本唐詩鼓吹一部十册（何焯批）
批校中州集附樂府一部十册（何焯批）
歸震川評點史記一部十册（此亦汲古閣本彔歸批甚精整）

抄本

抄本之最精者推明代錢毛兩家海源閣則於世無刻本止有舊抄本者收藏備極精審

影宋抄本儀要義一部十册（有嚴元照跋張古漁跋顧澗蘋三跋）
精抄石藥爾雅一部一册（汲古閣抄）
精抄本漢簡一部二册（此卽順治乙酉馮已蒼評驀避兵抄本）
何義門字原書八法稿本一部二册（有孔繼涑阮元潘世恩跋）
抄本金石韻府一部四册（硃字抄）
抄本集鐘鼎文韻選一部二册（精）
抄本太平寶訓政事紀年一部五册（罕）
明抄本古今姓氏遙華韻一部十三册（藍格紙本）
影宋鈔本六帖補一部六册（有江鳳彝跋）
精抄硯箋一部二册（有黃蕘圃三跋）
影宋精抄西崑酬唱集一部一册（汲古閣抄）
魏青崖集
耶律雙溪醉隱集
俟下齋集
王伊濱集
宋燕石集
吳閒過齋集
周性情集
沈花溪集
史吉金集
劉羽庭集
（以上元人集十部四十八册爲世間罕有刻本甚可寶貴）

海源閣現存書出售辦法

一 整賣不單售
一 總價物主一共索値貳百萬圓（凡本目錄所列者完全在內）
一 價幣以中國聯合準備銀行劵爲標準
一 看書地點須請 駕臨物主處
一 價目議妥成交之後物主不管運送由購者負責辦理
一 介紹者關於雙方價目開誠公佈决不瞞價
一 中人介紹費照成交之實數另外加一成

記桐城吳先生

蜕厂

吳摯父先生之捐賓舍，今四十年矣。公以道光庚子生正當鴉片戰爭萌芽之初，蓋天篤斯人以歷世變，而俾膺艱鉅於新舊之交者。然公固未嘗一日得大用也。公之身未嘗得大用，至其志趣抱負誠有以貫串新舊之交而目注夫未來之世變者。論近世之學術思想其孰能不惓惓於斯人耶。

世皆知吳公爲湘鄉曾公幕中弟子，其遇合之初，亦頗有可記者。同治三年江南初舉鄉試，公即以是科中式，故稱弟子於曾公。其汲引則全由於同邑方存之宗誠，故曾公是年五月二十七日日記云：

閱桐城吳摯甫所爲古文，方存之荐來，以爲義理考據詞章三者皆可成就。余觀之信然，不獨爲桐城後起之英。

曾公於桐城之文章，獨有相契之雅，遂於桐城之人物亦殷殷若是，眞宿因也。次年舉進士授內閣中書，曾公勸以暫勿入京，留幕中專心讀書，多作古文，見其家書中。自是隨曾公由江南調直隸，以直隸州知州留直補用，是爲筮仕河朔之始。曾公再回江南，即未隨往。是在幕中實不過六年也。而傳湘鄉之法乳者，公獨當之無愧。蓋公親見湘鄉晚年之措施，於文字之外暗有付託天下事之意。公亦隱然以衣缽自任也。觀庚午天津教案之役，公實從焉。其手書日記（今已刊出）有云，先是崇帥恨地方官特甚，必欲擠之死地，曾相謂府縣官初無大過，不欲予以重咎，旋以羅使照會欲將府縣擬抵，力請奏下詔獄，曾相許之。是曾公代人受過而外間議論混淆黑白亦可見其一斑矣。又云，訊取已革府縣親供奏咨該員等供稿係余與劉雲生比部所手定，此事頗不悅於毛丁兩公。而姚永概所作吳先生行狀云，文正公辦天津教案時，從容謂先生曰，吾大臣任國事不當計毀譽。子年少名甫立，盍少避乎。先生笑不應。是吳公能體會公之意不以流俗之見攖於心如此。

吳公署深州二年而丁憂，繼補冀州，在任七年，年至五十，遂棄官而主講於保定蓮池書院。蓮池書院爲河北唯一有名講學之所，張廉卿裕釗先曾講學於是。既而還鄂，遂有張幼樵佩綸繼主之說。或云李文忠以愛情之故，欲以此席畀之幼樵，遂將廉翁荐主江漢，蓮池諸生遂大譁。其事略見濂亭尺牘。光緒十四年六月初八日與吳公書云，頃得李傅相書云，接奎樂山中丞來函，以湖北江漢書院明歲講席需人，欲招弟返鄂，爲之承乏。并稱弟如許諾，擬延張幼樵接主此席云云。觀此情詞，不言可喻。弟衰年遠客，越鳥南枝，久縈夢想。今一旦得返鄉井，實獲我心，已函復傅相，請即與定約。而此間官寮人士同聲悵恨，物議頗爲紛然，書院諸生尤怡然若失。吳公得此書復之云：

李佛生世兄自京來此，取道天津，據述在京聞蓮池有定請豐潤之說，過津乃不聞此語，吾意此傳不妄，居數日果接來示見告前事。目前深冀二州讀書之士，意欲挽留在北，由此二州醵金爲壽，亦如蓮池之數。雖由省城下至外州縣，俗人以爲左遷，而大賢固不屑屑校論此等。緣恐從者南返，北士從此失師，不復能振起，非有他意也。執事儻見許，乞密賜一復示，二州人當自上書傅相乞留，續自具書幣造門請謁，於上游決無妨礙，於執事亦無輕重，不過於北方學者有無窮之益，而弟乃坐收漁人之利耳。

濂翁得此書又復云：

感閣下及二州人士拳拳衰朽之雅，又得與良友朝夕聚處，中心悅豫，豈復可言。惟前日已得鄂中督撫來函，并寄到關聘川資，諸事當經允許，未便旋又辭謝。且天下滔滔，吾輩故自無入而可。此後在鄂倘有齟齬，或仍可迴轅北轍依我故人耳。

此事中間曲折如許，濂翁既去，豐潤又不能來，吳公遂因往年曾有宿約，面請辭官來爲主講。文忠亦欣然許之。自此至已丑凡十年，迄未離講席。其隱然負一時雅望，大勝於爲州官時矣。蓮池講席修金每年一千六百兩，號爲甚優。且爲直督禮賢之地，非名高一世者不能饜衆望。是時王壬翁闓運亦以文忠之約北來，比至津而已定局，遂翩然南返。王與張吳二公皆湘鄉幕下士。雖爲學之途徑不同，而淵源所自亦有聲應氣求之雅。但北方之士樸質爲多，壬翁頗喜非常異義可怪之論，或不能如張吳二公之能爲多士翕服矣。

此十年中正國家多故之秋，吳公雖已掛冠而去，然主講一席亦介在督府賓師之間，而與文忠畢生知遇之感亦不能恝然無所聞問。故其答姚叔節書云：

自堅辭李相幕府，當時已有始終相周旋之說。李相無謝客之意，某亦不便恝然。緣李相知待已深，未宜掉臂徑去，此區區師友之愛，非眷戀此雞肋也。

與弟詔甫書云：

朝中不信李相，頗有意摧折之，幸太后尚倚重耳。然軍事棘手，君臣之間亦在危疑。李相心緒不佳，吾與之情誼素深，雖不在位，亦不宜恝然膜視，擬九月初至津一見，并在彼小住數日以示綢繆之意。

答李季皋書云：

緣弟離官場久，於幕府不能稱職，兼素性迂拙，今復衰朽無復問志，既無益於師相，則止有藏拙之一法。即師相爲某計亦不如投之閒散爲得宜也。久忝講席，諸生安之，師相有召即隨時往侍，或旬餘或數日，均無不可。國家有大事，弟有所見必當竭智代謀，不復守出位妄言之戒。前年東事初起，弟籌之甚熟，獨以小疾淹留，不肯妄有論世之獻。其後似聞左右諸賢無能出一策以相資助，曾無宏益之効，心甚憤之。後當改轍不復自守局外，此亦所以報師相也，何必羈之幕下始爲相得哉。

大抵吳公在此數年中力持國力不堪一戰之說，與文忠實相表裏，而於朝士之徒託孤忠不顧實事叫囂盈廷輕於一擲深致其憤慨。丁酉膠州一役，雖於其壻柯鳳孫學士之自請回籍團練亦不以爲然。其書云：

甥欲回籍團練，具見孤忠報國，以愚見論之，尙宜三思事勢，未可徑情直行。團練止能防禦小賊，如往年粵捻巨寇則團練便已無濟。若用以抵禦外患，直兒戲耳。以烏合之衆當節制之師，以血肉之軀當猛烈之鎗砲，皆萬無徼倖之理。近年時局不復能戰，三尺之童皆知之。而李鑑帥乃以敢戰爲號，此違道干譽以求媚於淸流，不顧事之是非，直一妄人而已。而貴鄉諸君子若深信其眞能禦侮，鄙意深所不取。膠州爲賢甥邱墓之鄉，一旦淪爲異域，無怪裂背腐心。但賢哲舉事，宜參彼已策成敗，未宜奮不顧慮爲往與俱糜之策。

戊戌之役，公與南海不合塗轍。其答李季皋書云：

其徒所出時務報，謂西學不必講西文，謂軍國要務不在船砲鎗彈，皆舍急需而求枝葉，全未得其要領。而舉世推重，不知其於世務全未閱歷也。

蓋公於甲午以前之事身所親歷頗有眞知。而戊戌以後之新潮則有非所及料者矣。然公之思想固非專專於帝制者，其與洪翰香書云，民權何以自振則必自富民偏立公司始。則其暗中有傾向民主之意已躍然可見。

公於戊戌已有廢時文不如直廢科舉之議。庚午後改制興學，管學張尙書百熙首以京師大學總教習奏荐，特旨賞加五品卿銜。公慮不能盡行其志，固辭不就。張公親往要請，至爲之下拜，而日人中島爲之斡旋其間，始允之。而約以先赴日本考察。以三月往九月歸。歷訪其公卿名士，並觀其學校工廠銀行病院等，所至皆重公爲人傾誠相接。明治天皇且令之入覲。時公以考察之名，聘於鄰國，例不得見。蓋示殊遇也。亦足見其時鄰邦之聞中國之興學而且得人爲足欣喜矣。公之視察學校，初非專覽皮毛者，嘗以校中工課門類太多時刻太少課程太淺深所不取，質諸其文部大臣菊池男爵。菊池云方今各國學校均奉德國爲師，德之中學校尙無善法。此論貫澈近今學校之所不足。公一見即能慮及，而菊池亦不以自是，皆足見賢者之持論爲不苟焉。

然公自日本歸，便道回里，聞政府信任不堅，遂不赴京。諭兒云：

汝來書謂張尙書盼我等語，殆是中島所言，中島不能知中國人情之變也。大約張尙書幷無倦意。惟政府主持學權，張殆不能自主。昨得常濟生書，謂袁慰帥到京告人，謂大學堂請我爲非。又謂趙從蕃主張革命，沈小沂乃票匪云云。張尙書見榮相，榮相告之如此。今趙已告假，沈亦出京赴滬。袁又參學堂學生皆革命黨人，張香帥亦有摺參學生。濟生謂我宜於此時函致管學辭退。

壬寅冬抵里，次年正月遂一病不起矣。感疾即欲召西醫，而桐城下邑無醫藥，竟不能瘳。其篤信科學如此。

公於辛丑到京即致力於學校報館二事，時沙土國有華北譯書局者即所擬開之報館也。報館竟無所成，此華北譯書局五字亦遂若存若亡，不復掛人口。不料四十年後復有一華北編譯館亦僅曇花一現而付東流也。

記「孽海花」碩果僅存人物

——與冒鶴亭先生一席談

周黎庵

憶滄趣老人（陳寶琛弢庵）有句云：『何須更說乾嘉盛，說到同光已茫然。』滄趣是清室的太傅，立場和見解都和我不同，然而他這兩句詩却私衷頗有同感，即紀果庵兄亦有同樣的感慨，所謂同光風流已邈若山河，很使今人低徊緬懷，有恨不早生一甲子之想。

我爲了歡喜談談過去，若干年前很遭一些人的謾罵，以爲是骸骨的迷戀，大大要不得。實則並不甚然，我無論怎樣落伍，也決不會放棄了現代的文化而去愛慕豚尾補褂。事實上是同光之際，確有使人值得回憶與緬懷的地方。那時候的制度，當然在今日是不值得一文了，唯一可以推崇的，便是那時的人物，詩酒風流，不用說了；即使論俊氣與戇勁，也是今人所望塵莫及。舉幾個例，都是我幼時所經歷的：我常趁浙東唯一的鐵道車子，我知道那路軌是中國人自己的出品，我從上一代古舊的衣服上，認識了中國人自己織的甘肅大呢，還有，那是從書本上知道的，五十年前（甲午）大清帝國的海軍確實還可以一戰——雖然是一敗塗地的，後來我也親自到過上海高昌廟的造船廠，確實知道那是一個偉大的地方，和現在上海的工廠成了一個絕對的對比。

張之洞在漢陽辦鐵廠，左宗棠在甘肅辦織呢廠，沈葆楨在上海籌建辦船廠，李鴻章經管海軍，他們都是唸四書五經出身的，光化之學，什麼都不知道；有的，只是明白世界趨勢和一股戇勁。這樣，張之洞之鐵軌至今仍舖在滬杭甬路上，後來的道路就要用外國貨了；左宗棠的呢絨四五十年後仍未化爲塵末：沈葆楨的船廠雖然一片荒涼，總還剩一個偉大的遺址，李鴻章的海軍雖然沉在海底了，五十年前到底也打了一仗。此後五六十年中，我們什麼都沒有，連先人的成業都無法保持，那還有什麼話說呢？

但是現代中國之所以能有這樣的成就，還不能不歸功於那時的一些人們所撒下的種子，因之，我確乎有愛慕他們的熱誠。然而，同光風流，已邈若山河了，倘然有機會能和那時碩果僅存的遺老談談，那是如何使人高興的事！

和我有同樣感慨的，除了紀果庵兄外，還有瞿兌之徐一士兩先生，因之，我們假燕谷老人『續孽海花』出版的機會，就在『古今』上暢談起那時代的人物來。一般對『孽海花』說部有興趣的讀者，大都寄重心於主角賽金花，即十年前逝世於故都的劉半農先生也是如此，而我們則不然，完全對於說部中的人物發生興趣，對於賽金花，不但沒有什麼興趣，而且還要從各家的記載中，指出原著人的荒謬，證明書中關於賽金花種種風流綺事，都不大靠得住，這固然是大煞風景的事，但為了一點胡適之所謂『歷史考據癖』的存在，便顧不得許多了。

但話又說回來，賽二爺在庚辛之際，究竟也是一個了不起的女人，樊樊山所謂『可憐坤媼山河貌，曾與楊枝一例看』（指賽金花與維多利亞合攝小影事），我們後生小子，即使於十年前的故都能一瞻趙魏靈飛女士的顏色，但她已經老了，使人只有可憐，此外不會再有什麼可說。然而在當時會和她同時的人物——甚至和她曾有密切關係的人物——來看『孽海花』或『續孽海花』說部，即使他已心如古井，想

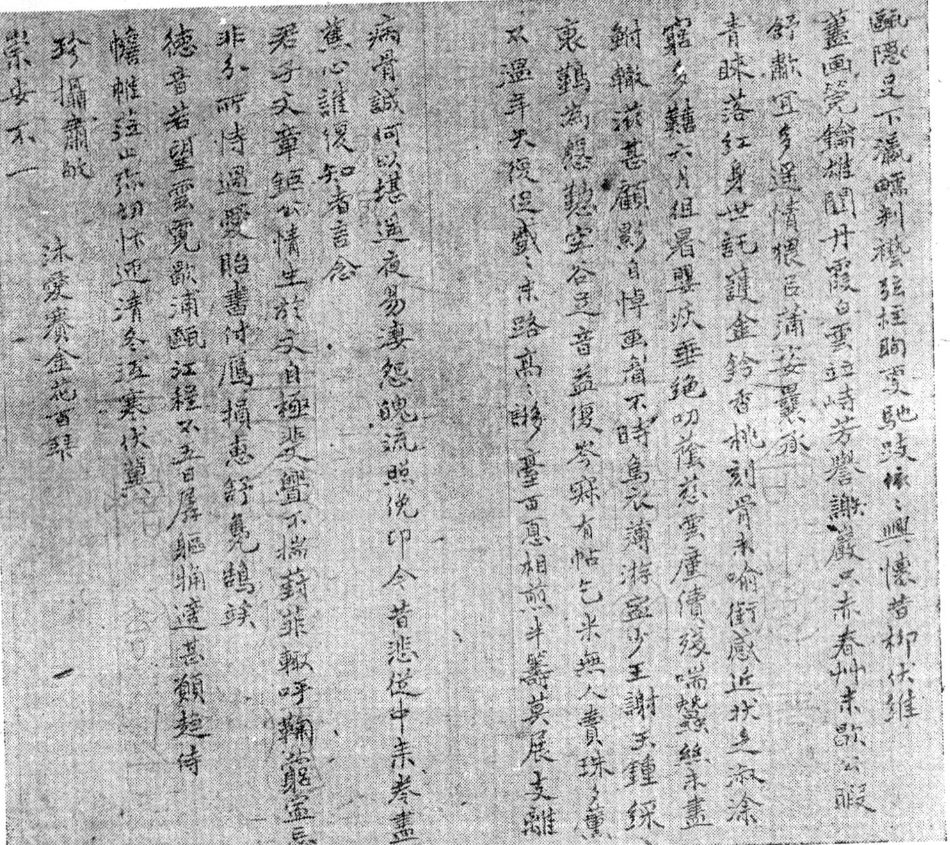

臨桂況夔笙（周頤）為賽金花捉刀帖

起當日的情況，當不免重波一下吧！

『孽海花』和『續孽海花』中人物，到今日都已凋殘，到今日所存的，只有兩位了。一位是太倉陸彤士會元（射名陸盧卿），一位便是久享盛名的如皋冒鶴亭先生（廣生）。冒先生是明末四公子之一冒辟疆（襄）的後人，風流世家，著述等身，毋庸我來介紹。老人家春秋已七十有三，年來息影滬瀆，鉛槧養志，久已不作綺語，為了讀到了『續孽海花』有涉到他的地方，特地命他的文孫執筆，由老人口述『續孽海花人物瑣談』（原名『閱了續孽海花的感想』，見古今三十九期）見投古今，實為不勝榮幸的事。後

旬日又蒙賜書云：

黎庵先生大鑒：前奉手書，慚悚慚悚，行篋有賽（金花）函，是絕妙駢文，況葵生所捉刀者，頗思與足下一欣賞之，能偕朱（樸之）兄枉顧，當倒屣相迎。弟午前在家時多，能先通電話尤妥。此頌

日祺

冒廣生啓（一月七日）

樸之先生年來息影海上，多與文士周接，看到了這封信，比我還高興，立刻和我命駕出發，好在古今社與冒宅相去不遠，一會兒就到達。

冒先生是老了，花白的鬍子，白皙而清癯的臉龐，穿了件絨線的馬甲（在詞家筆底，這是稱做『半臂』的），兩手籠着一隻很大的銅製手爐（這傢伙在上海是很少看到的）。我們的訪問，使他很爲高興，滔滔的說了不少有掌故價值的話。他詢問我們的籍貫鄉里很詳細，這一點就很可見老輩的風度，現代人是不作興這一套了。原來人和人的關係，總建立在鄉誼世戚這一點上，即使不是同鄉，爲了上述四件關係，也會因某一人或事的居中，使賓主接近起來，這種交際的方法，我覺得現代人應該效法的。

我在六七年前爲徐訏編的『人世間』雜志上寫了一篇冒先生著的『疚齋雜劇』介紹，後來曾編入『華髮集』中，現在版毀已久，連自己也忘了，冒先生却記得很牢，就從這一點中引起我們從前的關係，冒先生的第四子舒湮君那時也在海上，我與他曾有一面之緣，可是現在却到內地去了。

庚辛之後，冒先生是刑部某司的郎中，賽金花時以虐婢案繫刑部獄（發動此事的似爲南城巡城御史高某，爲著金鑾瑣記四川人高樹之弟），冒先生雖非主審的官吏，却在其中照拂有加，就從這一點關係上結識了賽金花。事平後賽被驅回滬，重張艷幟，國初冒先生筦鑰甌關，道出海上，輒造其芳巢，金花一見念舊，視爲故人，堅移其行李於粧閣，爲一月之留，時同游者，杭縣汪穰卿（康年）臨桂況葵生（周頤）等，皆一時知名之士。當時曾鬧一笑話，況輩要冒先生在賽寓請吃花酒，而冒託故未至，況遂於賽寓榜三字曰：『放鶴亭』，以冒先生字鶴亭也。

況葵生頗自命癡情，欲爲賽金花捉刀，述其往事，曾被黃秋岳『花隨人聖盦筆記』所誚，其介紹人即冒先生也，冒先生去浙東日，況要之爲介紹，排日臨賽之粧閣爲撰其軼事，本文附刊之賽金花致冒先生函，即此時之出品，以詞客之筆，託諸名妓之口，其風流旖旎，實足令人緬懷已。

附記：同訪冒先生之日，樸之社長特囑爲文，歸家放筆，倏已千言，繼以事阻，卒卒未果，而歲聿云暮，勞人草草，竟未能繼卷。今日勉強成篇，而遺忘已多，更有記憶未確者，更不敢率記，懼失眞也，幸冒先生有以亮之。（三十三年二月十八日記於古今出版社）

記飲冰室藏書目

文載道

大凡喜歡對舊書展摩涉獵的人，當困於經濟無法「如願以償」之際，那末，如能得到一些書店史館或私家的藏書目錄（分稿本及印本），於燈前茗右披覽臚讀，看到其間所載的板本年代書名凡優著者姓氏之類，似也不失過屠門而大嚼，雖不得肉，聊且快意之一法。不過在紙貴象金的目前，書店爲了成本所限，已經好幾年不印目錄了。例如商務中華等各書局，從前只需附幾分郵票的寄費，就可得到厚厚一冊書目，在眼前就已經停止印行。即使偶然的有一二規模較大的舊書店肯印書目「以廣招徠」，而它的代價幾乎抵得事變前的一部下等「善本」，而且還有條件，非與書店有淵源的不易獲得。至於已經印行的如郘亭書目，天一閣書目，藝風堂書目，北平圖書館善本書目及一些著名圖書館印的紙墨精良之目錄，在目前不是求過於供，便是書價貴得可以。像天一閣書目早就須百金以上。以此較之七八年前，得毋令人興「隔世之感」？

我曾經見過一位專收集書店目錄的朋友。積歷年之所得，倒也够得上卷帙浩繁之稱。而目錄之中，又分出好幾類：一是有主人的題記如蕘圃題跋及藏園羣書題記等，可以窺到主人的學問見識，圖書的沿革得失，不單單供讀者以省閱之用。今日搜羅此類似已不易。寒齋舊藏有藏園羣書題記的續集，而正集覓之數年終不可得。蠹魚篇中有陳乃乾氏「海上書林夢憶」一文，其中就談到藝風堂繆氏校勘收藏的情形。二是上述稍具歷史的天一閣等書目，自以原刻爲最「吃價」，也可看到精槧舊抄聚散之跡。其中有本非賣品而歷久成爲奇貨者。三即所欲說的書店排印之書目，舊書店印者多以油光紙線裝石印，商務等新書店以白報紙洋裝鉛印。因過去出書多，故每年總印一本以上，也即那位朋友所欲收羅者。這裏面我覺得稍有意思的，如商務百衲本二十四史樣本，及四部叢刊預約樣本。前者載有商務影印廿四史的緣起，陳述數年來蒐求善本始末。次爲張菊生氏序文，於板本的優拙，原作的疏漏，及其遞嬗的源流，都要言不煩的爲讀者提綱絜領，而張氏又是一手對全史發起，蒐求，校讀的創始者，故讀來別有勝致。次則列載各史的名稱及出處，並註出原藏者的姓氏。中又附樣張數十面，每面據殿本別注硃筆的校勘文。——這也就是藏書家之所謂「書影。」想到現在盋山精舍書影的昂貴，即此戔戔數紙，也大可刮目相覷了。記得商務其他新書出時，也每有附印的書影，使讀者披讀之餘，更有摩挲之趣。至於那時的書價呢，據其優待簡章所定，不過「每部實售三百六十元」，一次交現欵三百元而已。但爲了優待，其不足之六十元，由書館贈紀念書券抵補，合作書價三百六十元云。至索閱樣本也僅須附郵票二角。聞今日百衲本已非數萬金不辦，而前後不過十三四年耳，宜乎市場中「文化股」之「挺」矣。

書目中附印書影，的確是一件嘉惠讀者的美舉。然要非商務之大不能語此。同時我又想起鄭西諦氏所編著的中國版畫史樣本，也頗有左圖右史之妙。原本大至十二開式，錄出板者良友圖書公司刊印經過，預定辦法，各冊內容說明，引用書目與鄭氏長幾萬言之自序。出以語體文，而記述中國板畫之系統，作者的歷史與筆法之特色，其文字條暢詳賅與工作的繁重，眞是前無古人。特別覺得有意思的，就是附收的圖影。雖然一共不到十幀，但明末木刻畫的線調色澤（內有十竹齋彩色箋譜），亦足以窺到一斑。可惜全書因工程過重復受戰局的影響，到目前還沒有告完，而這冊樣本之在今日自亦不多了。

這些都說明了書目或樣本之値得重視。這裏爲了篇幅關系，不克將我所見所藏的幾種書目，一一加以概括。不過在前舉的幾種書目中，另外還可提出一種，就是關於一些文人學者收藏的書籍之紀錄。他們原來的目的並不在於所謂「藏」，不在於「藏」，自然就在於應用了。正惟如此，使後來的讀者，可根據書目推覘他生平治學之趨向，意趣之所在。我們讀了會稽李慈銘氏越縵堂日記，覺得有一件事情可以做，即將李氏日記中所收錄的一些藏書鈎稽出來，編成目錄。尤其因他每得一書，大部分必有來朧去脈的說明或考證，對於目錄學者格外的有幫助。猶憶金普侯氏曾有文記述越縵堂藏書的遷移，涉筆至此，不知道李氏的書到現在究竟怎樣了？如果下次能得到參考，頗想寫一文以記李越縵的藏書，現在則就說新會梁氏飲冰室的藏書及其書目吧。

這冊書目是民國二十二年國立北平圖書館所刊印，名「梁氏飲冰室藏書目錄。」我曾經在幾年前另外一篇文中約略提到，這裏想敍述得更詳備些。惟拙文的原意，並非單純的就其書籍之庋藏立論，而是以此爲經，想對梁先生的治學趨旨略加管窺。

任公先生以淸同治十二年癸酉正月二十六日，即西歷一八七三年生於廣東新會熊子鄉。以民國十八年己巳，即一九二九年一月十九日卒於北平。在臨逝前，梁先生曾口頭遺囑，願將生平所藏書籍借與國立北平圖書館。翌年，其家屬仲策、述任、思順等諸人即仰體遺意，將遺藏寄與該館。以十八年春發議十九年二月始經天津黃宗法律師代表梁氏親屬，具函證明，正式移交。中附聲明五項，其三四項云：

（三）永遠寄存以供衆覽。

（四）關於公開閱覽及出貸之辦法，悉願遵照前述各項章則辦理，但上述之梁氏親屬會對於寄存書籍，願保留自行借用之優先權利，並願遵守一切有關係之規則。

接着，該館就派員至津點收，計飲冰室全部藏書刻本鈔本共三千四百七十種，四萬一千八百十九冊。此外，尙有金石墨本及梁先生手稿，私人信札等重要史料。旋該館於十年六月新館落成，特闢梁氏紀念室陳列先生平日所用書桌文具，四壁庋置金石書畫，其書籍入藏書庫，幷爲編訂目錄。

這種辦法，可說一舉而數得。於原藏的梁先生，固從此減少遺失變賣之機會，使一生收藏有所保障。於圖書館則趁此加了許多名貴的材料，於讀者更可隨時的看到一代文豪的手澤。鄙意國內的其他學者，對於其畢生搜庋之圖書，在身後也不妨參照此法行之，較之單靠家屬保管就有意義得多了。

梁先生的藏書，在量上或不能說少，但論質却並無什麼宋元佳槧，最多止於明刻。這一點，因爲梁先生始終是利用書以做學問的人，並非利用書以詡耀其風雅或豪富的人。書目前有龍游余紹宋氏的序，中間有幾段話即對此而發，很覺中肯：

「（上略）任公素服膺亭林先生，予偶舉其鈔書目序所引祖訓，書但求其有字之言，任公慨然謂世之顓愛宋元板本者，直是骨董家數，許爲余書作序，以張其說。故其所藏，但期切於實用，不必求其精槧，上自典册高文，下逮百家諸子，旁及東瀛海外之書，無不殫事收集，其意非徒廣巳於不可畔岸之域，謂先哲庋藏之意，無所不賅，固如是也。」

余氏是梁先生的老友，故對其庋藏書籍的本意，說得很詳明。而梁先生生平所收，確也兼收並蓄異常博泛。下面又說到善本本身的價值及末流附庸之弊：

「自明季以來，士習空疎，每喜竄改古籍，又迭經喪亂，舊帙放失，於是深識之士，乃始搜訪遺書，講求善本……其有裨於後學之考訂與夫補亡收佚之功，誠有足多者。顧其末流則專斤斤於鐫刻之精粗傳本之多寡，而不審其書之是否有切於實用，徒徵印識，刻意裝璜。獨任公能見其大，以紹復古人藏書之指。今觀其所遺之書普博周悉，則其欲序吾書之意，亦略可覩矣。」

這些「末流」的淺嘗與傖俗之病，往往使眞正想研究想參考的學人大受其累。余氏序於故都，想來也不分京海；皆有「末流」的影子吧。

除余序外，復有該館凡例數條。第四條中稱「凡書內有任公先生題跋者錄刋原書目之下，其經批校者亦加註明。」是尤予讀者以方便。全目以四庫例編之。惟五四後所出及一些瑣雜之圖籍，如凡例所云，「其體例與四庫不甚相符者及日文書籍附錄編末」，蓋一面亦足見梁先生用功範圍之廣泛，正是無所不賅耳。而經部所收，如周易、尙書、詩經、春秋、周禮、……每種也多至十種左右。總集則有宋巾箱本八經，白文五經，九經白文、欽定篆文六經四書，十三經繹等。後者爲明梁斗輝撰，明刻本，十二册，即任公先生先德，故有跋云：

「吾宗忠璇公斗輝著九經繹九卷，胡石青得之坊肆以歸余。謹案縣志：公花橋亭人，明萬曆二十五年舉人，以擢監羅織下詔獄五年，與馮應京等四十餘人獄中講學不倦，……書似刻於太平，故發刻人姓氏多太平僚友。此書不脫明人談經窠臼，自是時代使然。惟公之大節醇德，藉此以傳，則吾子孫所宜永寶耳。辛酉三月三十日族孫啓超敬識。」

此等處益見得先輩典型，於治學之外又拳拳不忘其舊也。查辛酉爲民國十年，先生四十九歲，即著墨子學案一年。目錄子部雜家類，收墨氏疏本九種，內光緒刻本孫詒讓之墨子閒詁，梁先生手題封面云：「墨子閒詁，仲容先生之子來乞銘墓，以此爲贄，吾家所藏者此爲第五本矣。壬戌十月啓超記。」梁先生於墨氏夙表崇敬，飲冰室全集收甲辰所作之子墨子學說，劈頭即云：「梁啓超曰，今舉中國皆楊也，有儒其言而楊其行者，有楊其言而楊其行者，甚有墨其言而楊其行者，亦有不知儒不知楊不知墨而楊其行於無意識之間者，嗚乎楊學遂亡中國，楊學遂亡中國！今欲救之，厥惟墨學！惟無學別墨而學眞墨。」（原文無新式標點）全文長達數萬言，不贅引，惟開章明義，欲以墨氏學說來救中國則顯然。孟軻斥楊墨爲「無父無君是禽獸也」，梁先生雖也可算是儒教徒，但這些地方却表現了他突破舊傳統的精神，不爲一孔之見所蔽，雖然以目前的眼光看來，想把歷史上——或者說，已成爲「歷史的」一種學說來「救」中國，不論墨者或儒者一樣是止於學者的理想而已。

在經部之外，該提到史方面的著作。於是又不能不使我們想起，梁先生學問的最大成就，似乎也是集中於史。所以藏書目中史部所載的也校爲繁博。他的遺著中國歷史研究法及補編，不論其有若干缺陷，然而他終竟是治史學的人一管鎖鑰，登堂入室或須別有憑藉，不過他總將你帶進門徑了。其自序有極警切之語，謂中國歷史正在可讀不可讀之間，要決定他的取舍，「其必有若而人焉，竭其心力以求善讀之，然後出其所讀者以供人之讀。是故新史之作，可謂我學界今日最迫切之要求也已。」今查書目中所收者，即如史、漢的書，板本已達二十餘種之多。資治通鑑正續共四種。先生於著者勤力鈎索一類書，似益愛護。其題清刻本世本輯補云：

「此書搜輯至勤，惟其舉史記世家之文及左傳杜註，國語韋註，凡所述世系之文皆歸諸世本，終嫌微涉泛濫耳。戊午端午啓超。」

又跋宋羅泌之路史（明萬曆刻本）云：

「羅長源路史取司馬子長所謂縉紳先生難言者而言之，嗜博而荒之譏，信所不免，然其比類鈎索之勤，不可誣也。其國名紀之一部，條貫綿密，實史界創作，且其時古本竹書紀年及皇甫安士輩所著書皆未亡佚，其所取材者多今日所不及睹，故可寶也（中略）。癸亥二月十五日梁啓超跋。」

然該部中所收，有不盡爲前代撰著而時有出今人者，如民十五清華研究院鉛印本王國維編蒙古史料，十一年商務本孟森輯著之心史叢刊，民十三東方學會鉛印本羅振玉輯之史料叢刊初編，皆與梁先生同時的人。同部載記類所收之清代幾部著名日記，如曾李（文園）翁王李（越縵）譚諸氏，合以上各書看，於清代的掌故學術都極有關系，如歷史研究法第五章曾引孟氏之心史叢刊而論順治十八年之「江南奏銷案」，稱叢刊得「鈎距參稽，然後全案信史出焉」之長。惟孟氏於清初三大疑案，則固向不信任目爲裨官野史之說者，而梁氏却說：「清廷諱其開國時之穢德，數次自改實錄。實錄稿今入王氏東華錄者乃乾隆間改本，與蔣氏東華錄歧異之處已甚多；然蔣氏所據，亦不過少改一次之本耳。故如太宗后下嫁攝政王世宗潛謀奪嫡等等宮廷隱慝，諱莫如深，自不待言。」據此，似乎梁氏於世宗及太后（太后下嫁，胡適之氏覆孟氏書，亦謂終不能以釋羣疑。）兩案，尙信其事出有因者，而與孟氏之說恰相反矣。

復次爲子部所收，除儒墨雜家等外，釋氏著述幾占全部之半。蓋先生於佛學之精通，在近代學者中殊不多覯，且又極崇拜玄奘法師，嘗爲千古學者之模範。繆鳳林（於史學雜志）悼文中謂「其所研索，初以佛教史爲中心，而有佛典翻譯佛教留學生徒等文之作。」其計劃中之中國學術史，本有隋唐佛學一門。其預撰中國文化史中也有宗教禮俗篇，論證的淵源與接觸的範疇皆非常博大，然而終於天不假年，使我們無法看到這些深遠而熱烈的理想之實現了。

最後爲書目附錄之一與二。梁氏於清代學術概論中自述云：「啓超平素主張，謂須將世界學說爲無制限的盡量輸入。斯固然矣，然必所輸入者確爲該思想之本來面目，又必具其條理本末，始能供國人切實研究之資。」故凡當時社會科學性之著譯，無論政治，經濟，外交，司法無不有所備列。而我所注意的還是五四以來之新文藝集，計有周著歐洲文學史，胡著嘗試集，謝著繁星，鄭編俄國戲曲集，楊譯海上夫人，及文言之林譯洞冥記，情海疑波。原稿本有劉師舜譯不滅的火。其附錄之二，則俱乃日文，約學術，宗教及社會科學。附錄之二以論佛教者爲多。至於集部及別集所收之中國舊詩詞戲曲，也占一個很繁雜的分量，這裏只好從略了。

總之，任公先生一生的學問識見，都非區區所能覼縷，就是這篇小文，除掛一漏萬之外，對於原來的立意，依然未能達償，雖然想在半年內把飲冰室全集讀完，但是茫茫來日不知道尙有坐擁書城的日脚否也。

聚書脞談錄（下）

挹彭

讀古書，至少總希望是木板線裝的，讀起來才够味；對鉛印的，一方面不大信任他，一方面則是遺少氣之故覺得不够味；至於掃葉山房文瑞樓之石印最是惡札，即老同文鴻寶齋之老石印，雖尙略具典型，但也總覺得味不够濃厚，所以「士禮居叢書」總想得一部刋本，而於通行之石印本則不屑一顧。去年暑假中一天去洗澡，因無書可看，頗覺無着落，便順道過一熟書舖，覓得石印「隨園詩話」，此書因曾買過楊鴻烈之「袁枚評傳」及顧遠薌之「隨園詩說的研究」，並且又在「燕京學報」上讀過郭紹虞的「性靈說」，當時很想得一好本，但甚不經見。一部極想讀的書，往往因爲沒有好本子，則寧可不讀，此不可不謂爲講板本之一弊。那天因爲心裏無著落，聊以石印本却暑，當天讀過兩卷已發見錯字纍纍，且拿在手裏總有在讀七俠五義施公案之感，終於過了幾天讀未終十卷，又還給書舖了。蓋書架上不可有一劣本在，所謂「如二十個賢人，著一個屠沽不得」是也。邢子才之不甚校讐，曰「思之自是一適」之語，用之於善本之偶有誤字，最爲得其神理；若坊間劣本，不可卒讀，則不待終卷即當棄之敝簏，又何適之有？商務書館排印者錯字較少，如夏敬觀校本「宋人說部」，和「石遺室詩話」，「散原精舍詩」，「書林紀事」，「元詩紀事」之類，以前未甚重視，今日看來，却實印得古雅大方，所謂書品寛大，字大悅目，確已够格，近來很有意搜夏校本宋人說部，已略有所得，劉大杰校點的「袁中郎全集」，「晚明十八家小品」，只有裝訂尙可取，板式，紙張，行格，實在未能言精，因爲空格有標點，且鉛字不勻淨，每行無直欄，殊病散漫，好像以前坊刻的試帖詩八股文高頭講章之類，以板本論尙够不上雅字，大家當時反對，其「古香古色」亦是罪狀之一，其時很不必如是大驚小怪也。

不佞對徐志摩尙不能贊一辭，尤其對陸小曼其人更不以爲然，所以對良友文學叢書本的「愛眉小札」也不太注意。去年在西單商場忽然發見一本景印藍格手稿本，看後面記着限定板僅印一百部，買來摩挲累日，頗令人擲往天一閣的明藍格鈔本，徐氏的字娟秀中時有挺拔酣放處，略近海藏樓，纔覺得志摩的天才實不可及。劉半農景印的「初期白話詩稿」，見過幾次都是毛邊紙本，後來在廠甸終於得到一部宣紙本的。開明景印盧冀野藏的端木子疇寫給王半塘的「宋詞十九首」，朱絲闌作顏楷，吳梅跋稱：「儼然大麻姑仙壇記也」，益以名家題跋，可謂精絕，現在即此戔戔之物，已不甚易得。這些書買來，沒有旁的意義，祇是爲收着好玩而已。開明尙有景印「朱疆村先生手寫詞稿」，迄未訪得，實爲遺憾！「魯迅書簡」甲丙兩種，均爲洋裝，乙種則古月箋，磁青面，重絲線裝，且有襯紙，我收得的即是乙種。甲種按情理說比較講究，應當貴重，但我惡其景印而洋裝爲不倫不類；所以「縮本四部叢刋」萬萬要不得也，你想，不必遠說曹子建陸士龍，即近世如顧炎武朱彝尊，我們硬給穿起西服，先儒有知，九泉之下亦未必許可也。謝五知先生有「百衲本紫羔」，昔者某鉅公東渡，着燕尾服參拜靖國神社，於電影上見之，當時的觀後感，恨無一語能達，現在我們姑名之曰：「縮本四部叢刋」，質之龔公，以爲如何？

年來蒐集會稽周氏昆仲的作品，已將及百種，去完璧之日尙遠；且有許多東西已經絕板，極爲罕見，我蒐集迅翁著作的原則是：第一，以原板爲主，且不得稍有殘汚，但有兩種本而均屬原板，則幷收之，如「小約翰」有未名社板及生活板（生活板又有道林紙玉書紙之分），「一個青年的夢」有商務版及北新板，第二，原是毛邊而爲人切去，雖屬原板完好，亦必得毛邊者收之。第三，凡是在生前未結集印行者，如「古小說鈎沉」之類，則以魯迅紀念委員會之全集本或三十年集本爲主。惟「域外小說集」，當初在日本印行的原本兩册，則絕不可得。羣益書局本雖然很多，好像是翻印，所以不曾買。據我知道阿英先生得有一本，雖不能謂爲海內孤本，殆亦有數之物矣，不勝艷羨之。第四，除「魯迅全集總目錄」外，如何凝之「魯迅雜感選集」，天馬板「魯迅自選集」，天馬叢書本「門外文談」，均爲全集所不收，而均係原板，亦並收之；至於迅翁生前死後，奸商牟利，私行編印之各種選集，以不屬正統，一概屛棄之。此外如臺靜農「關於魯迅及其著作」（北新板，開明板），鍾敬文「魯迅在廣東」，李何林「魯迅論」，李長之「魯迅批判」；及迅翁故後，各雜志之紀念專號，如「中流」「作家」「光明」「文學」「文季月刊」等，均在收集之列，惜雜志數種當時均曾購得，數年前竟付之一炬，今日懸重價而難致。最近滬上已有將各刊物之紀念文字集爲專集者，迹近牟利，且絕不如原本之愜人意也。迅翁遺著中以板畫爲最難得；「珂勒惠支板畫選集」，僅於事變前在東安市場見過一次；至於「引玉集」，「死魂靈百圖」，「蘇聯板畫集」，無精裝本，幷平裝本北方亦未得見。近年來更稀如星鳳了。昨年暑假無意中平裝本「死魂靈百圖」及精裝本「蘇聯板畫集」同時於西單商場發見，書販頗爲識貨，韞櫝深藏，待價而沽，他問我要不要；其時正窮得要命，罕覯之物，詎忍失之交臂，遂不顧一切把牠定下了，言明三天之內付欵取書。但點金乏術，心裏一時不能放下，一直到第三天的晚上，擁被而坐時，看見桌上的一部「辭源」，忽然想起把牠賣了，趁現在工具書大漲價的時候，總可得善價，本來「辭源」在我已感覺不是一部太重要的工具書，幷且有許多地方遠不如「辭海」，雖然近來工具書大漲，但此書通行本甚多，即使漲到多貴，或再過多少年，也總可買到，我這部普及本三册，還是蘆溝橋砲響後，二十九軍退出北平的一天，用六元五角買來的，此書去我之日緬懷前塵，殆亦不無「揮淚對宮娥」之感焉！結果售價五十元正如兩本板畫之值。「死魂靈百圖」雖非精裝，紙張製板都很令人滿意，把原作筆意均能纖毫傳出，魯迅所謂：「一味寫實，不尙誇張」，實令人愛不忍釋，在北方喜歡收藏的朋友們，無論直接間接，還未聽見過誰有，南方的朋友，僅知道宋奇君與楮冠君有，大概也是平裝。據當時廣告說：精裝本只有一千五百部發售且難再板云云，曾托人在上海找，據說極不易得，即使有也須儲劵三四百元。這册皮面燙金字的「蘇聯板畫集」，尤爲精絕之品，板權頁的定價已用紙粘住，並且一定是良友出板時所粘，大概也許是當初不爲發賣，而是迅翁拿來送人的東西，則其價值更可想見。紙張油墨製板均好，比之西文書略無遜色，只有裝訂不善，是一微憾。以上二物和「愛眉小札」，均爲寒齋入藏的善本，姑視爲眠雨堂中鎭庫之物殆亦不爲過歟？原板「海上述林」上下兩册也同樣罕見，惟上册翻本甚多，他日有緣，與引玉集等或尙可訪得，至於「北平箋譜」「十竹齋箋譜」則一入侯門深似海，兼金難致，目前幷此奢望亦不敢有也。

苦雨齋的東西尙不如乃兄之複雜，只有晨報社叢書本第一板「自己的園地」，因爲關於阿Q正傳一文，後來第二板即抽出，此改訂本迄未覓得。「雨天的書」，以北新板論，所附若子像有坐立二種，且不知從第幾板後又多加「若子的死」一文共四頁。此外並無其他板本問題。比較難得的「紅星佚史」，亦已找到，蓋說部叢書雖時常大批發見，然此册則絕不易得。收在藥味集裏的「日本之再認識」一文，日本國際文化振興會所印之單行本極精，無意中竟得一本。事變後結集之「藥堂語錄」及「藥味集」，聽說南方很不易見到，但在北京庸報：中「藥堂語錄」存書尚多，天津亦當如是；「藥味集」則北方隨處可見，負有溝通南北文化之責者，何未顧及乎？

周氏昆仲著作，褰齋所得將逾百種，去完璧之日亦恐非夢境，擬師黃丕烈之「百宋一廛」意，名吾齋曰「百周一廛」，更擬乞苦雨翁親爲題額，完璧之日，再輯「百周一廛書錄」，爲他日書林中添一故實。惟不知有無顧廣圻其人，更爲我作「百周一廛賦」也。

我的魯迅譯盧那卡爾斯基「藝術論」，係沈尹默氏之物，扉頁有「尹默」朱文印，板權頁有小字；「十九年八月購默」一字。還有嚴既澄的「初日樓詩駐夢詞合稿」，題有：「佩弦社兄粲政」，想係事變時自清華園中散出者。最可惜的是一册「狂言十番」，扉頁有苦雨翁親筆題志：「季明兄教正，周作人贈」，以敗筆所書，字大如棗，蓋贈馬隅卿氏之令兄者，竟失之交臂爲捷足者得去。此外尙見過孫譯鹽谷溫「中國文學概論講話」，有鄞縣馬隅卿收藏印記；和胡適題贈國學研究所的「胡適文存」第一集，贈給顧頡剛的「章實齋先生年譜」，估人竟亦視爲奇貨可居。燕大停課後不久，在商場尙見過有聞一多收藏印的唐宋人詩集數種，不過均非善本；和一部章鈺「四當齋書目」校樣合訂本一部，紫筆鈎乙殆遍，後有校者釁潤滑君紫筆題識一段，想亦係劫餘之物，凡此種種，每令人駐足流連，

摩挲移時，覩物興悲，不忍遽去。友人於通州事變時兵燹之餘拾得石印一隅草堂本「白氏長慶集」半部，曾以爲贈，有「長序長壽」白文印，「一字皆華星」朱文印，係南海譚叔裕先生之文孫，及以「譚家栞」馳譽京華之譚篆青先生令姪約庵先生所藏，時先生正爲某公掌記室，冀東政府發行之紙幣硬幣錢文即爲約庵先生所書，五知先生「談貨幣書法」一文漏未言及，玆幷及之亦一小掌故也。又所得楊鍾羲「雪橋詩話續」，前有題識云：「庚申九月二十四日來海上，疆邨侍郎爲向劉氏索得此集暨三集，凡二十册•初僧旅屋下記」有白文印「莫棠之印」，不知是否即「四部叢刊」列名發起人之莫君，及「藏園羣書題記」中爲藏園跋「明鈔本大金國志」之莫楚生？此書先輩授受既可考見，復加題記，彌足珍貴，又不能無人往風微之感焉！

燕京書業，舊以「兩寺一廠」爲萃集之地，今則報國寺遺跡，桑海滄更，邈不可尋；惟琉璃廠隆福寺，尙爲文人學士大夫薈集之所，繆藝諸家均爲文記之，近人商鴻逵先生有「北平舊書肆」一文見於「人間世」第二十九期，堯公之「書林逸話」於舊京書業盛衰雅故，縷敍尤詳；惟二君之文均以廠肆爲主，而於東安市場及西單商場之新舊書業鮮能及之。我輩措大生涯，廠肆偶或一至，日惟以東西兩場爲瀏覽勝地，西單商場線裝書甚少，以新板書之舊貨及舊雜誌最多，是其特點。我所藏的「宇宙風」「人間世」「論語」「太白」「文學」「中流」「光明」等，大多至二十六年七八月間止，前部略無殘闕，兩年前日夜所辛勤護持者，竟全部燬於一炬！年來故家舊藏，時復流出，勤於蒐討，已漸復舊觀；甚至有爲以前北方所不見之物，今日竟能得之。「人間世」四十二期已全，太白尙缺數期，宇宙風僅至四十五期和另外乙刋十餘期；大概乙刋的一部份，和與「西風

」「逸經」之聯合版，以至於「宇宙風」「逸經」之分別停刊止，全帙恐終不可得。我們很希望周黎庵先生或陶亢德先生，有暇能把這些雜志於事變後，輾轉內地，苟全亂世之經過詳敍之，以饜北方讀者。我的十幾冊「宇宙風乙刊」連六冊「文飯小品」，還是畢樹棠君出讓的，經友人手買來轉贈者，聞畢君尚有全部「逸經」擬出讓，亟求友人去打聽，後來又不賣了，「逸經」近來比較罕見，尚不知何日能成完璧也，而香港出版之「大風」，亦只有嚮往風采而已。畢君曾說這六期「文飯小品」的全帙，北京有的人大概很不多見。以我蹓書攤的經驗而論，誠爲不虛。我得的一冊中尚有畢君簽名亦足珍貴。但有兩期「宇宙風乙刊」畢君把自己的「松堂夜話」兩篇，和「文飯小品」裏的一篇「小說瑣話」扯去，大概不是敝帚自珍，便是爲將來結集之用吧，但在我心裏非常不快，後來把那兩期「宇宙風乙刊」終於找到才稍彌此恨，而「文飯小品」迄不能見。我之收集舊雜志，不但殘闕者在屏棄之列，即已有而汚損的，再見到完好者，亦必收而易之，與武進陶氏涉園之「往往一書而再易三易，以蘄愜意而後快」可謂同一甘苦矣。

「古今」創刊後，最初三期，係藝風老人之文孫某君，自滬上帶來，由東安市場一書攤代售，爲數無多，我僅得第三期一冊；至十二期起始在北京銷行每不及買，輒已售罄，於是請友人丁力君在滬爲補前面的十幾期，中途郵寄時又遺失數冊，現在屢有人以重價徵求，殆難補齊。其創刊號及第二期，係以「藥堂語錄」及「藥味集」，經丁君之介與楮冠君換來，此十餘冊當時北方因流行未廣，友人中展轉借閱，曾經謝五知先生手，其時謝君方爲「古今」在北方約稿且代理發行事，據說於此前三期尚付闕如，此亦可記之一端也。

本刊兩週紀念號（四十三期）

要目預告

甲申懷古……周作人
「往矣集」東京版日譯本序……周佛海
爰居閣脞談……梁鴻志
孽海花閒話……冒鶴亭
苑西志感……瞿兌之
明末詩人杜茶村先生……沈爾喬
舊京一月記……紀果庵
梵林與咒林……謝剛主
說幽默幷舉例……周越然
關於張山來……鄭秉珊
古今兩年……朱樸 周黎庵

談潤筆

林髮山

(一)楔子

「胡公壽是松江人，詩書畫都好，也是赫赫有名的。這個人人品倒也沒甚壞處，只是一件：要錢要得太認眞了。有一位松江府知府，任滿進京引見，請他寫的畫的不少，打算帶進京去，送大人先生禮的。開了上款，買了紙送去，約了日子來取，他應允了，也就寫畫起來。到了約定那一天，那位太守打發人拿了片子去取，他對來人說道：『所寫所畫的東西，照仿單算要三百元的潤筆，你去拿了潤筆來取。』來人說道：『且交我拿去，潤筆自然送來。』他道：『我向來是先潤筆後動筆的，因爲是太尊的東西，先動了筆已經是情面，怎麼能夠一文不看見，就拿東西去？』來人沒法，只得空手回去，果然拿了三百元來，他也把東西交了出來。過了幾天，那位太守交卸了，還住在衙門裏，定了一天，大宴賓客，請了滿城官員，與及各家紳士，連胡公壽也請在內飲酒。中間那位太守極口誇獎胡公壽的字畫怎樣好；怎樣好，又把他前日所寫所畫的都拿出來，彼此傳觀，大家也都讚好。太守道：『可有一層，像這樣好東西，自然應該是個無價寶了，却只值得三百元？我這回拿進京去送人，要當一份重禮的，倘使京裏面那些大人先生知道我僅化了三百元買來的，却送幾十家的禮，未免要怪我慳吝，我也不要它了。』說罷叫家人拿火來一齊燒了，羞得胡公壽逃席而去。從此以後，他遇了求書畫的，也不敢孳孳計較了，還算他的好處。」

上面這段故事，是在「二十年目睹之怪現狀」三十七回中所述。作者吳趼人像是個天生淚人兒，宇宙間每一事，都是「吳趼人哭」的材料。他在寫這段文章時，不知意下如何，雖不足放聲一哭然亦啼笑皆非。看他以書畫目爲「東西」，且竟連寫五次，反復迴環，也可算得皮裏陽秋。

中國貿易制度，以錢換物之後，可出賣的已不僅限於實質的「東西」，氣力，工夫，等而下之到官缺，女人的笑，都行。然而吾道中人，口不言錢；遑論做買賣，其如肚子却不爭氣，煮石煮書，欺人欺己而已，吾豈匏瓜也哉，焉能繫而不食？只有把千秋傳世之業，金石書畫詩文之類乎，暫且不藏於名山，拿來零拆碗菜。而又不免像一甏紹興倒鹽菜，既酸且霉，心裏想着錢，却怕玷沒了書香門第，死了去不能見十八代祖宗。搜索枯腸，想出了一個「潤」字，潤屋者富，潤身者德，一枝禿筆庚春秋，請君潤筆。

所幸斯世儘有貪「墨」如新貴人暴發戶輩，新官上任，孝敬一對晶玉圖章，雅而不俗。大廈落成，必須要左圖右史，纔配得上一副紅木擺設。而且有錢就也有孝，顏子有言：「傷哉貧也！」不必管老爺老太太出身有諱，総於以子而貴，逢十大慶也好，壽終正寢也好，得向大雅君子求賜鴻文以資名垂不朽，於是乎吾道不「餓」矣。

(二)沿革與分野

履園叢話：「潤筆之說，昉於晉宋，而尤盛於唐之元和長慶間。如昌黎爲文，必索潤筆，故劉禹錫祭退之文云：『一字之價，輦金如山。』李邕受餽遺鉅萬，皇甫湜索縑九千。白樂天爲元微之作墓銘，酬以輿馬綾帛銀鞍玉帶之類，不可枚舉。」這些墓誌碑銘，矜人孝思而作，潤筆的又大都不是錢鈔，自非生意經可比。然而潤筆求文，怕不至昉於晉宋，司馬相如一篇長門賦，就已賣過黃金百斤，不過這是宮闈上賜，裏面且有一段功德存在。至若書畫賣錢，古所未聞，右軍草書換鵝，少陵譏爲媚俗，不無徵詞。到了唐宋，尙屬內廷供奉；士大夫酬答傳賞。大約元明而後，纔有作俑問世，恐亦不是公然出賣。那時金石還是萌芽時期，秦漢官私印，鎔銅鑄成，少有刀刻的，况且作者沒有傳人，可知都是匠工所爲，並不希罕。至於詩，所謂言志寄情，體物寓興，純出乎性靈別才，賣錢更是荒唐，予欲無言矣！然而金石書畫，眞可以作爲自己的貨品麼？要知無價之値，在身後爲人所寶，落到後世古董儈手裏，纔有賣價，那末自訂估值，豈非辱沒自已？雖美之而竊攘潤筆之名，然亦顏之厚矣。

迨至淸季，金石書畫買賣盛行，對照了上面那位松江太守拿書畫作爲進京孝敬大人先生的禮品，則其所以盛行，與當時官場的交通聲氣，賄賂公行，不無關繫。洎乎今日，文章少有人知，更不値錢，壽序墓誌，生意淸淡。昌黎先生生於今世，十上院長書，恐難博個委任官兒。做上四十回鴛鴦蝴蝶小說或可名利雙收，然亦必將爲了想賺少奶奶小姐們底眼淚的情節佈局而精殫力竭，然則此道終屬左道旁門，巳名之謂稿費版稅，賣錢無潤筆之雅矣。今日談潤筆，做文章不如刻圖章，刻圖章不如寫大字，寫大字不如畫畫了。

唱戲的有京派海派，金石書畫行貨，亦復如是，比擬雖覺不類，然而彼此成名，却都由捧而來。竊夫象緯分野，上應列宿，簡而言之，不過上下六合，南北東西——而在中國詞彙裏，分門別類，連貫成詞，只要一有來歷，便可傳之千古。且看一二三四五六七八九十，酒客猜拳，兒童遊戲，把這十個數字，喊出每個彩頭，各有其適當名目，增減不得。六君子，五老會，前後七子，四大名旦，杯箸湊成八器，蝴蝶總須成雙，一十百千，不勝枚舉。於是文壇伶界，派別京海，地分南北，而東西不與矣。

畫分南北宗派，唐宋已然，不過古之南北，但別畫派筆法；今之南北，純乎地靈人傑！上海遍地是黃金，幸逢國難，更好趁火打刼，名家萬物之靈，發財何敢後人？古人入山唯恐不深，今日天下唯恐不亂，嗚呼哀巳！請恕小子北遊尙屬夢想，祇能略說海派市場的生意經。

（三）百醜圖

如有好事的搜羅各名家潤例仿單，必可陳列於大觀樓而嘆觀止，越是名家，其所訂潤例仿單，越是大有可觀。備尺量紙者有之，至親八折者有之，非錢不行者有之，不依例請退出孫山以外者有之，太史公作書欵稱先生加倍者有之，點品加倍者有之，立索加倍者有之，着色加倍者有之，潑墨加倍者有之，刻印細朱滿白加倍者有之，屬刻邊欵加倍者有之……皇皇如律令，使得你莫可適從！但亦只消出錢如例，便能從心所欲，因爲你的身份，原是方家法家，「方」乃孔方兄；「法」乃ＣＲＢ，一落言銓，便成眞諦。什麼「勿爲未識姓名者作書」，「不使人間造孽錢」，扭扭揑揑，騙人騙鬼！

老兄如果附庸風雅，愛好金石書畫，千萬不可把金石家書畫家，目爲風雅之流。譬如屬畫一件，照例算來，應出潤金幾百幾十元，這幾十元的尾找，你切不要想挖打而不給；也不要怕難爲情而滿進整數惠鈔，各位名家手邊，正備有一面鐵算盤，你儘可斤斤較量，此中自有門檻，不可不知，若以斯言爲河漢，再告訴你一個故事：書家伊立勳，爲其同行死友天台山農訃聞上題耑，事後還向苦塊昏迷中的遺孤照例索取潤金。一死一生，交情乃見，對鬼如此，人而可知！與你素昧生平，訂準論價，應毋庸議。那末想挖打既不識相，怕難爲情未免太寃了。

其實，奉送了鈔兒給他們，尚要敬求敬乞，根本太寃，寫壞畫精，更要趁他高興。不如收買古書畫，可免種種不快，而又價廉物美。不過話得說回來，聲色犬馬，怡情悅性而已，金石書畫，庶幾近乎，古有絕色，已無生氣，買得自己上款，便如親聞一聲嬌喚，有錢能使，何樂不爲。這不是我的刻薄，根本也是聽得人家說的，對金石書畫名家，應作如是觀，名士不如名妓，前人已經道破。物腐蟲生，只可惜一班海上名家，受之而甘心的大有人在，言之罪過。

上面所引一齣胡公壽避席而逃的把戲，滔滔天下，豈止胡公壽一人而已！孤陋寡聞如我，已聽到同樣的故事新聞不少。董狐秉筆直書，趙盾得揑一把汗；孔子作春秋，也使諸侯落胆，後來司空見慣渾閒事，史書何懼之有，更何況小說家言。海上便有一位名家，畫馬一匹，潤筆千元，碰到一位闊「大少」，一不如意，當面撕毀，寧肯再出千元。那位名家既掛「招牌」，不得不靦腼「接客」，心中未免難受，袋裏樂得飽滿。胡公壽羞而逃席，尚覺可取。

前人有「十日畫一山，五日畫一水」的雅興，仿其句法，大可移贈海上名家，所謂「逢節一漲價，過年一加潤」也。年關節口，誰不爲千元一石米而憂急，然在我們的名家，旣得天時地利人和，反可因緣時會，今日發財，須懂投機！

至若冒名僞造騙錢，更是名家們的尋常道兒，如何渲染縑紙墨色，如何摹仿款字印章，可算得拿手傑作，詐欺律有明文，然亦柰何不得。若夫「爲佳畫偏留笑柄」，「畫士據詩一何老臉」等等，如二十年目睹之怪現狀小說裏，儘多刻劃，越出「潤筆」本題，恕不多費筆墨。

海上各名家，高掛招牌，公開展覽，生意興隆，容身第一，應該遵照國家法令，組織同業公會，庶幾同行公議，定價劃一，省得在亭子閒裏，竊竊私議。一旦公所落成，還可現成請出「一捧雪」裏的湯老爺，奉祀爲祖師，俎豆千秋，懿歟盛哉！

(四)撫今追昔

古人畢竟可愛，司馬相如賣過百金一賦，雖已嘗着甜頭，倒底偶一爲之，不想做這買賣，仍自病渴病飢。就是左思構想十年的三都賦，洛陽爲之紙貴，不過便宜紙店老板，苦的還是自己。日知錄：「昔揚子雲猶不肯受賈人之錢，載之法言。」唐裴均之持萬縑請韋貫之撰銘，答曰：「吾寧餓死，豈能爲是。」竟載入史册。談到書畫，案據張三李四聲稱：「開天闢地以來，只有唐伯虎的畫是活的」等情；據此，查六如先生生前，却也苦得可憐，有詩爲證曰：「立錐今已窮無地，徒有江山筆底生！」（大意如此）戒庵漫錄：「唐子畏有一巨册，自錄所作文，簿面題曰利市。」唐以畫傳，那時尚賣文不賣畫，簿面題曰「利市」，亦正是六如先生的無限感慨。盍聞當今盛世，竟也出了一位唐伯虎，財源茂盛，已非昔比，小子三生有幸，還是忝爲同鄉，這且不在話下。近代名家如趙撝叔，生前生意並不興隆，在「我們」杭州邵芝巖筆店裏孵豆芽時，一塊大洋可以應一字一畫的扇葉。我藏有他的墨蹟小簡三張，內一張云：「前懇一節，頃值迫切，可否先爲我籌英佛五尊，以紓目前，期在明早，時不可失也。」其窘態慨乎可見，現在他的牌子貨色，已甚俏利，一張扇葉，可賣四五百金；不過回顧海上名家千元一尺，又是瞠乎其後。不知差的是當代名家呢，還是趙撝叔？反正他已安眠在故墓裏，即使羞愧，眞還有地可容。

老學叢談：「徐常侍（鉉）入汴市一宅居，後見宅主貧甚，曰：『得非市宅虧價而至是耶？吾近撰碑文，獲潤筆二百千，可以相助。』其人堅辭，亟命左右輦致之。」明人王謔庵謔不避虐，錢不諱癖，張宗子以爲比殉節而死更可貴，他的錢從何處來？全浙詩話：「遂東有錢癖，見錢即喜形於色，是日爲文特佳，然其所入者，强半皆諛墓金；又好施而不吝，或散給姻族，或醵會朋友，可頃刻立盡。與晉人持籌燭下，溺於阿堵者不同，故世無鄙之者。」越人三不朽圖贊：「王謔庵雅有錢癖，其所入者皆出於稱觴諛墓，賺錢固好，而用錢爲尤好」。人無鄙之者，且不去說他，書賣馬士英，及其「臨瞑連呼高皇帝者三，聞者比之宗澤瀕死三呼過河焉」的氣節，正因爲「弟兄子姪宗族姻婭，待以舉火者數十餘家」，好施而不吝，這一點可貴。所以贊之曰：「孝友文章，當今第一。」古人潤筆所入，取用如是，以視今日名家爲如何耶。

板橋自書潤筆例，其文曰：「大幅六兩，中幅四兩，小幅二兩，書條幅對聯一兩，扇子斗方五錢。凡送禮物食物，總不如白銀爲妙，公之所送，未必弟之所好也。送現銀則中心喜樂，書畫皆佳，禮物既屬糾纏；賒欠尤爲賴賬，年老神倦，不能陪諸君子作無益語也。畫竹多於買竹錢，紙高六尺價三千，任渠話舊論交接，只當秋風過耳邊。」始作俑者，其無後乎，然葉廷琯有言曰：「此老風趣可掬，覗彼賣技假名士，偶逢舊友，貌爲口不言錢，而實故靳以要厚酬者，其雅俗眞僞何如乎？」然哉，雅人深致，在乎風趣，惟板橋纔配這樣說，纔配這樣做。隨園詩話叢話，載有和尚寄詩索畫一節，憶得其詩曰：「寄將一幅剡溪籐，古木寒山畫幾層，筆到斷崖臨水處，中間着個看雲僧。」畫士得詩，欣然命筆。若在今日，這和尚如此白賴，只好去演瘋僧掃秦。古人書畫高手，但與同道者言，豈肯爲俗人着筆，古人集子裏，很多索畫好詩，如陳簡齋「秋入無壁句，山連欲雨寒。」有錢的自傷銅臭，只有投其所好，設計巧騙，板橋愛吃狗肉，乃爲鹽商所賺，至今傳爲笑談。香祖筆記：「寶應孝廉陶成，……以畫名家……芙蓉尤入神品……有富人欲求之而不敢言，乃於其遊歷之所，徧栽芙蓉……成過之喜甚，主人以具備絹素張於庭，立成二十幅，索酒痛飲而去。」韵事佳話，我思古人！

摩詰爲安祿山作畫，放翁爲韓侂胄作記，情勢所迫，尙爲後世口實，何況拿錢出賣；更何況爲錢受辱。潤筆之害，正如美色之於英雄，讀陳眉公集，竟有一篇司理儒初毛公去思碑記：「公不市恩也……公不市名也」一大串的歌功頌德，並且以「公以忠厚行聰明正直間」作爲結論，魏忠賢有生祠，毛一鷺當然配享，此謂之聰明正直歟？不禁倒抽一口冷氣，眉公寫這篇德政碑，不知受酬多少，其如身後的估價，使人打了一個折扣。至於文章諛墓，蓋棺竟也不能論定，餘杭大師爲孫聯帥誌墓，亦是一大憾事也。

王漁洋說：「詩文書畫，皆以人重，蘇黃遺墨，流傳至今者，一字兼金。章惇京卞豈不工書，後人糞土視之，一錢不值，所謂三代之直道也。」冬心隨筆：「塗抹一山一水，一草一木，便懸之市肆，以易斗米，畫那得佳。」丁此珠桂時艱，固不能苛立高論，責備求全，不過各名家們若眞僅爲瞻顧一家布衣菜根而出之，那末小子在這個「談潤筆」的題目下，就沒有這許多文章可做了。奉勸當代名家，計較一下生前與身後的價値，孰輕孰重吧！

西溪梅

復人

我家留下，留下，即龔定庵病梅館記裏的『杭州之西溪』也。自留下至松木場，溪行十八里，兩岸梅開，彌望如雪。所以『西溪探梅』，爲錢唐十景之一。龔記以西溪與江寧龍蟠蘇州鄧尉並稱，說是『皆產梅』。

西溪，的確是產梅地，馮夢禎說『趾目所向，無非梅花』；大綺和尙詩『花開十萬家』；楊師孔記：『梅花千萬樹，回視輿人從僕，俱在衆香國中』。淵本和尙則『種梅萬樹，閉戶讀書』。瞧，此是何等氣派？也可見西溪產梅之盛。

不論水邊林下，山麓橋頭，總有梅花點綴着。一株，兩株，十株，百株，有些從矮牆上伸頭窺人，有些在籬落裏掩映生姿，有幾處竹里映梅，有幾處梅開松下；淸幽恬靜，又是另一境界。

梅花最盛的地方，是永興寺。寺爲六朝古刹，位安樂山下。有名的濟公活佛，曾在那裏住過。此中有綠蕚梅兩株，虬枝繁英，可蔭數畝。舊有二雪堂，是供花時雅集的場所。所以也有過車馬絡繹，觴俎喧嗔的盛況。所謂『綠英梅閣集嘉賓』是也。雖是煩惱淨地，但嘯咏於彼者，都係韻雅之士，因此，當時也曾產生出許多好詩好文章來，可以供我們後人的誦讀。

西溪梅，雖爲一般文人所稱道；可是到現在看梅的人，都祇是往孤山一跑，很少有人知道西溪的；即有，也『知而不行』，不肯出錢塘門而來。因爲西溪，一來路遠，二來地僻，既不是柏油馬路，又沒有汽艇洋樓，不合時代要求，此漂亮男女之所以不至也。李白華說『武林山水，秀甲天下，人所競趨，在明聖一湖，而韻者乃走西溪』。可知西溪惟韻者所走，其不韻者，當然不走西溪的一條路了。嗚呼，當今之世，天下有幾個韻者也！正是：『嘆息而今韻者少，西溪不走走孤山』也。但，話又得說回來。梅花的個性，原是冷的。超凡絕俗，孤標自賞，恥與桃李輩競艷。能少幾位傖夫俗客來攀折，此正乃西溪梅花之幸，我又何必爲之多發牢騷也！

大年初一，偕友人同上永興寺探詢梅花的消息。祇見牆角很鬧熱的開着蠟梅，兩樹綠梅，則猶含苞枝頭，一顆顆的如綠珠在掛，雖未發花，已是香滿庭園，置身其間，眞乃『耳目清映，口鼻芬霏』，忘却掉塵俗利祿。西溪梅花，本來比別處爲遲，據杭州來的朋友說，湖上梅已開七八分了，而這裏還是勒寒未放，『孤山狼藉時，此地香未已，』正是自古已然了也。

有梅花當然有梅子。林和靖也以賣梅子度日的，所以溪人賣梅，亦俗不傷雅之事，磵房偶筆：『西溪梅，皆是材人養生產業，故各勤加培護，無不盛之。』楊師孔記裏也說『士人愛惜本業，花下不容一凡草』的話，可知愛護之勤，無怪滋生茂長，花時如堆雲積雪也。可惜事變以還，沿溪十八里的梅樹，如桃花扇裏所說『盡意兒採樵』，都砍作柴薪，一捆担一捆担的挑售向城市去。此事與煮鶴焚琴，同樣的大殺風景，你禁他要偷，刀兵之年，亦奈何不得也。因若輩認作生財一道，要風雅便餓肚皮，爲之浩嘆！照這個情形下去，總有『斫盡桃花刈盡柳，人間無地着春風』的一天。眞可套受禪台的詞句兒，唱：『但不知，西溪梅，還開幾年？』

私簡賞雋

留玉

啓事通懷，傳箋寄語，無論長篇鉅札，寸楮零章，其間有政事、有人情、有理法、有文章、有胄道；每當染翰落筆之際，即個人品格風度之造形。是故名家手迹，傳寶人間。不僅以其有關掌故，實亦藝林之佳賞也。要以片紙數行，短雋明潔者，最深情趣。蓋倉卒濡毫，未假修飾，聊聊幾字，畢見心神。或閒適淸靈；或詼諧笑謔；或隱言戲喻；或瑣屑細微；莫不耐人玩味。昔曾文正公嘗以函約郭意城到營，而戲其懼內曰：「……筱泉辦牙釐於江西，少荃辦水師於淮陽，國藩左右，仍是孤單介特，孑立無助。季公若不遽出，即求閣下翩然命駕，速來敝營，拜懇預告二親家母，無令長夫日日梭巡。敝營徵召追呼，鼙震遐邇。頃季公在營，吾戲之曰：『意城譏君有懼內癖。』季曰：『彼則自癖，而反誣人以癖！』孰癖？孰不癖？請以此行卜之！……」曾氏持己最恭，爲文至謹，乃此札語戲如躍，親暱似少年，曾氏一代正直之臣，然而最喜說笑話。世人幸毋以道學與情愛背離不能通誼也。許君信候孔願之書云：「南鴻入北雲，不問足下溫寒，惟問太夫人持杖擊仙郎，力勝韓家母乎！陳嫂、胡姬烏雲髮，爲寧馨兒搔亂乎？足下詠桂枝小山乎？時弟手病，捉筆如杵，語難多及。」夫人與人之間，其意緒，有可以宣之於口齒，而必不可傳之於文字者；有可假通於文字，而必不可露之於口齒者。此函親暱，無以形容。余珍藏金澤榮手札一。原文云：

「申集緣起，有頭無尾，故修補刊小序，請細玩之，近得喜醫之妙方，拔去七十以來濕痰積滯之根，故欲一訪君討午飯，未知能得否？菜用一碗鯽魚湯爲妙，過多則反無味，總惟笑亮。」

書致苦行詞人，尾附「可預戒門者，勿拒韓客否」一語，苦笑之容，宛然可繪。戲語，亦實在語也；是莊語，亦是諧語也。而彼此間情誼之篤，認識之眞，字裏行間，精誠露映。函中所指申集，即申紫霞集。申紫霞名緯，字漢叟，紫霞乃其號，爲韓之貴裔，所著警修堂集，稿藏崔埠卿處，金氏選取四分之一，編爲六卷，更名申紫霞詩集，刻於南通，而爲之序曰：「……天下日亂，好尙已變，而尤且如此，而有待於刊者，豈惟余之覊旅悄寂無所用心也？實惜才之心，有不能自已者矣！……」於此；亦可稍識金氏之懷矣。（金氏自著詩名韶濩堂集。）據金氏序言，謂申氏詩在韓直接李薑山而以蘇子瞻爲師，出入於徐陵、王摩詰、陸務觀之間。金氏印製一千部，而不流於華土，以陳星南呂誠之等十九人之助，遂於中華民國十五年丙寅首夏，重施刪落，再印一百五十部，佈於中原。列舉助刊者銜名於前序之後，即此函所稱之補刊小序也。此函末記五月八日，知係申集刊成時贈書隨發之期。一碗鯽魚，其滋味抑何雋永？如謂另有隱義，則愚不敢解。南通翰墨林書局，頗曾排印韓人集，余稍見數種。意當地或時留韓客歟？金氏函中敍其病却之喜，具於「故欲一訪君討午飯」句，情色活躍。往接王子仙先生（敏）一函，謂：

夏歷三月初九日午後，敏患急病，腹痛如剖，幸醫治甚速，得以轉危爲安，今腹痛雖愈，而時時脾泄，與袁隨園，姚惜抱晚年相似。此係三五年來之舊症（指脾泄而言）。敏惟有戒酒靜養，俟其自痊而已。曩接瑤函，正在大病中，是以久未裁答，萬乞原之，昨日上午，敏始克緩步至……敬以客冬所借之書十三本，奉還令外姑，並詢賢郎近耗，據令外姑答云，消息杳然，敏亦為之惆悵。繼而思之，古來建大業，成大名者，往往出於不羈之青年，當今之世，賢郎既懷遠略，或能濡迹匡時，與班超，溫嶠後先輝映，亦未可知。望先生不必十分憂灼也。

右函至誠愷惻，告病況，還借書，答慰所問事，情意綿長，耐人尋繹，王先生不近時名，僻居鄉隅，詩酒自娛，遞此函未久溘然仙去，余摘其臨終之言，倩友曹君叉亭裁為「境窮才必奇，每當一往情深，刻燭舉杯成絕響。時艱身可隱，講述平生心事，賣刀釆玉有遺言」一聯以輓之。

善人善語，永在中心。行己端方，待人和藹，余交識中如王先生者，尚有雲夢左君品金。左君與故前湖北省政府主席楊永泰，誼屬同窗，楊氏主鄂政，左在漢口市政府充科員，藉此因緣，常情應利奔競，而左君絕無私有干謁之行，寧非人之所難？其平居謹言慎行，養眞修性，從無兒戲語。嘗以招余赴餐，約退值時同行，竟諱余名，以稱謂當結語，書「敬希留玉」，稱名願事，妙義雙關於箋尾，甚用發噱，見之者咸忍俊不置。會當候變，以余寓近在咫尺，來條臨時借衣，拜賫速為取送云：

天涼衣薄，頗覺難支，敬懇假我短夾襖一件，以資抵禦。並希迅飭龍呈祥速辦，無任銘感！

語雋而深，興念時遇，蓋甚發人深省也。固知雅人閒趣，亦關時乘。嘗見一帖云：

別後時以珂鄉近狀為念。日者，紀綱來賫到惠書，敬悉先丈塋域，秋毫無犯。昔黃巾拜鄭康成鄉閭，金源保韓忠獻祠墓，以今例昔，知同此心。他日彼族退去，暫護縣符者，或有後虞，公雖非宗人，既鄉評尚好，似應翼蔽。賤齒尚未扣足五十，志業之蹉跎，意興之頹唐，公所深知。吳下親朋，或以時俗，勿蒙相聒，答詞之峻，非人所堪，吾輩生逢今日，稍具人心，無可戀之歲月，無可遁之山林，牆東儈牛，形跡自穢，吊之不遑，何有於慶？公乃以瑰詞見逮，自惟下劣，豈敢援湯荊峴錄堯峯文例？惟有頫首至地，吟誦再三。通篇就所居地名生發，機趣橫生，桃葉桃根，不見於室，伊其相謔，云何不思，鬢髮蒼然，鞾文生面，姸紅作饋，未卜來生！落句微有索酒之嫌，酒既××不可與婦謀，當以釘鉸體趁韵相酬，若墮犢絕纓，咎不在我。世兄尚未謀面，觀其作字，知風度老成，印章佳絕，亦無可返璧之道。公之作劇甚矣，虎邱相遇，久欲作詩求正，迄無一字之成，今既猜破啞謎，無可自逃，借了詩逋，亦是韻事。聞石遺先生云：曾邀公便飯。門者云：適赴滬。而平來又云：公從如日中來蘇，以未知其的，不復踵門，僅以管城乙道意。秋色佳時，環石湖太湖諸山，近者皆可遊，謹以舟輿笠屐。然山肴野蔌，不羅酒漿，合先登復。

此函情詞之間，既痛傷時事，亦自悲命途；而閒逸之致，不改沖淡。洵屬性情之作。夫言行誠偽，尺牘即是書券。以言觀人者，莫尺牘若矣！吾鄉前輩，黃公拳厂，性行醇厚，最肯獎進後學，余曩以習作求正，得其手教云：

前奉手書，并說經各條，已轉致愼吾科

長，並囑其逕復吾兄矣。正擬函候興居，復得五月二十日華札，附今古體詩九章；用功之勤，進步之猛，求之儕輩中，實所罕覯。臨風三復，欽佩奚如！弟學植毫無，已深慚恧；屢承獎飾，愈增汗顏！章門爲弟舊遊。有憶六章，讀之神往！鄙意須再加斟酌者，用點標明。以兄之聰明才力，必能深思有得也。佳句甚多，既羨且妒。羨者，絕妙好辭；妒者，則客中艷侶。幾生修得到梅花！可以移贈。兄得勿嗔我多事乎？江南卑濕，溽暑炎蒸，諸惟珍衛，不一一。

公髮將白，與後輩作書，歉抑如此。而詞藻豐腴，情懷瀟洒，凡所出言辭信札，味最甘美，感化人亦極深，非岸然以道貌逼人者也。常熟孫師鄭（雄）以挽陳弢菴七律詩二首，示人氣節：

近人作挽弢老詩聯，多作泛泛之語，不着邊際。甚有作不滿故主之論，大傷逝者之心，殊屬謬戾！聞弢老後人，亦有此微意。（飾終易名，其後人均欲諱言。）處此時變，誠不易應付。拙詩雖不工，然皆紀實。

是則悵恨之情，耿耿之態，躍於言表，最爲激人矣！廢書堆中，雜存古舊名刺，塵積彌厚，檢有楊永澍投杜詩笠一片云：

早間所商戲局，現有異議，擬改名目，似不便屈尊，請勿遽告杰生爲幸。

忽急之狀，紛然之意，慮事，愼事，相慮之情，讀之亦如一齣戲，緊張可掬也。箋啓文字，藉數語傳情，其眞切者，每使人爲之神奪。舊抄劉梅如寄所知書云：「君負重文名，妾亦薄具慧性；千古兩人，自是情種。但不欲學世俗佻健輩，抄襲『東牆』『西廂』舊本，妝出『目傳心語』腔子耳。」如此才情，眞顚倒煞人矣。

燕遲巢草

林　拓

姚義民先生屬題硯林硯齋圖

宮址南屏渺暮烟，酒衣行帳碧於天，山花山鳥都成史，已覺宣和是舊年。

銅雀臺荒瓦蘚殘，也經滄海有餘寒，開元一樣多遺事，國器曾聞識冷攤。

歸來兵火弔西冷，入夢如雷隕刼星，磨洗龍泓一尺水，菊花寒社祭鄉靈。

紫雲一劄九天驚，記入林中掌故生，遺印搜尋十二（吾鄉丁鶴廬先生，藏硯林七十二印，自署七十二丁齋，亦足豪矣）至今重妬好齋名。

弔民

弔民革命紀成湯，月浸寒泉百事涼，長白諸陵梟夜笑，青燐點綴鬼排場。

義士田家有此風，黨碑姓氏向鬘叢，洪爐不熾神州識，大字書旗天下公。

太白微光射國門，陰符急發走昆侖，大荒一夜秦西火，片月青天有破痕。

去天尺五沸箜篌，溝水秦淮斷不流，草沒新阡靈谷寺，鬱金遺響是無愁。

九曲黃河可作邊，大江秋盡六朝煙，題詩湖上好山水，陳蹟南都百八年。

諛壽文章愧母賢，一茅風雨足團圓，不知滄海橫流日，自鑿新池種白蓮。

客蘇州作

霸業圖空越國雌，煙波無地訪鴟夷，太湖三萬六千頃，滿眼黃金鑄富兒。

土花埋玉舊香溫，膩水街溝酒樣渾，千歲英靈銷不得，寒山瘦骨伍員魂。

珠簾放下強春留，笑語微聞作水柔，夜落妖霓人不見，血澆斯地覺吳鈎。

載夢鄉航一水通，戰場花發女兒紅，六年前事渾無賴，蛺蝶化魂曲未終。

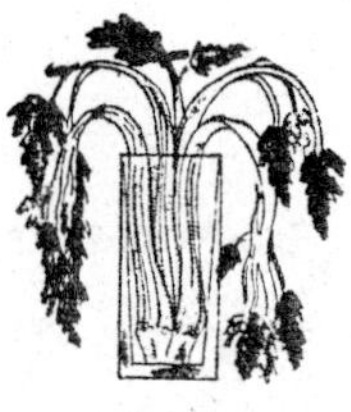

越縵老人信札五通

趙而昌

關於趙悲盦和李越縵，「古今」已論之再矣，這裏不想多說。蔡孑民先生在「魯迅三十年集」序文上，推越縵爲近代舊文學的殿軍，雖非過譽，而「古今」三十期鄭秉珊先生以目前的聲譽，論李蓴客較趙撝叔相形見絀一語，尤覺恰當。這倒並非因爲悲盦是不佞的從伯而故意有所附和，換句話說，乃是書畫篆刻，悲盦自有其不朽的豐績在也。不佞所知於悲盦主人的，雖少得可憐，但他日若有機緣，則仍想替他寫點短文的。至於李蓴客，寒齋藏有信札十數通。除了文詞清麗之外，書法尤樸茂可喜。今錄其五，以實本刊。

（一）

前夕湘雛樂宴極承
兄與壽孫周旋永夕甚以銘感尚未及謝今日復荷
嘉招皖公山池花竹清深極擬趨陪
盛讌奈自七夕前後感涼發熱十二日湘館之飲亦是力疾兩旬
不愈前日忽病痰厥不能言語者幾一時許至今甚
形[illegible]諜六十早衰恐不久持心領敬謝即請
梅坡仁兄大人著安　弟慈銘　七月廿六日

（二）

舒藝室隨筆兩冊奉
閱此君考覈謹嚴今之碩果也書爲肯夫侍讀久借
頗有折角損腦處歸後又遭覆茶水厄壓疊積軸下
兩閱月始稍平復故送遲耳鍾君處甌漬楊梅希轉
取半斤附去盌一㽅屬其盛之不必用筥也即請
孝仲仁兄大人撰安　弟慈　廿二日

（三）

聞昨偶發舊恙酷暑宜格外保調弟吳牛之喘不敢
出門一步政爲此也
寓齋大熱今日何不乘早涼來作竟日譚菜湯菲羹
力猶能營之仲兄已赴觀荷之招惟雲門在耳即問
子縝仁兄太史道安　弟慈

（四）

數日未晤爲念今日放翁生日本擬晚間寓廬小設
三韭約同鄉
二三公作一敍囙弢夫遂新居約飲數日前已有東
不便屬其改期祗得俟東坡生日再敍耳壽孫兄爲
其尊公稱慶已定日否希
示悉弟擬書一聯爲祝也敬請
梅坡仁兄大人著安　弟慈　廿七日

（五）

近逼歲闌瑣事如蝟加以津士課卷日費許乙緣秋
冬久病沈閣數月近又𧪼使舊新更換書院課條往
返商議以此錄錄晝夜無刻暇昨敦夫太史來言
老弟病狀近未輕減念念無已早間作書邀朱桂卿
同年往診（原書附閱）其復書言昨已候脈其象
甚平實必無它慮爲之稍慰茲送上烏爪竹萌及薰
魚角黍聊助調餐竹萌頗纖細瀹湯爲佳也即問
子縝老弟同年撰安　兄慈　廿二日

按京地雛館，猶上海的書寓。函中所稱子縝即陶方琦，陶亦會稽人，以同治進士官編修，著作美富。肯夫即朱逌然，以翰林督湖南學政，卒於四川任。樊雲門（樊山），王弢甫，張孝仲俱爲蓴客門人。越縵有叔號梅坡，而函中所指必另有其人。又，壽孫，鮑敦夫亦未知爲誰。諒越縵日記必有誌者。

甲申元月四日書竟

古今叢書之一

周佛海先生散文集

往矣集

第八版出版

每冊實價四十元

目次

發行所

古今出版社

上海咸陽路(亞爾培路)二號・電話七三七八八號

古今

散文半月刊　兩周紀念號

古今

文史半月刊

兩周紀念號

中華民國三十三年四月一日出版

社長 朱樸

主編 周黎庵

發行者 古今出版社 上海咸陽（亞爾培）路二號

發行所 古今出版社 上海咸陽（亞爾培）路二號 電話：七三七八八號

印刷者 中國科學印刷公司

經售處 全國各大書坊報販

上海雜誌聯合會第十號會員雜誌

本期特大號零售每册中儲券叁拾元

國民政府宣傳部 登記證滬誌字第七六號

第一警察局 登記證C字一〇一二號

預定 款項先繳 照價八折 半年二百元 全年四百元

甲申懷古

知堂

甲申年又來到了。我們這麼說，好像是已經遇見過幾回甲申年似的，這當然不是。我也是這回才算遇見第二回的甲申年，雖然精密一點的算，須得等到民國三十四年，我才能那麼說，因爲六十年前的今日我實在還沒有出世也。說到甲申，大家彷彿很是關心，這是什麼緣故呢？崇禎十七年甲申是崇禎皇帝殉國明亡的那一年，至今恰是三百年了。這個意義之重大是不必說的。

民國初年我在紹興，看見大家拜朱天君，據說這所拜的就是崇禎皇帝。朱天君像紅臉，被髮赤足，手執一圈，云即象徵縊索，此外是否尚有一手握蛇，此像雖會見過，因爲係三十年前事，也記不清楚了。民間還流行一種太陽經，只記得頭一句云：

「太陽明明朱光佛。」這顯然是說明朝皇帝，其中間又有一句云：

「太陽三月十九生。」三月十九日正是崇禎皇帝的忌辰，則意義自益明瞭了。年代相隔久遠，東南海邊的人民尚在那麼懷念不忘，可見這一年的印象是多麼深刻。現今民國建立，初次遇見甲申之年，撫今追昔，樂少哀多，聞有識者將發起大會，以爲紀念，此正是極當然的事也。

中國古來皇帝國亡身殉者並不少，民間並未見得怎麼紀念。李自成本來不是好東西，但總也比得過明太祖，若是他做得下去，恐怕這件事或者也就麻胡過下了吧。可是淸兵被吳三桂請了進來，定鼎燕京，遺老在東南及西南方面力謀反抗，事雖不成，其影響於人心者實深而且大，末後雖化而爲宗教儀式，亦尙歷久不滅焉。但是就當年事實而論，崇禎與明朝其時已爲人所共棄，不，至少也爲北京內臣外臣之所棄了。吳慶坻著蕉廊脞錄卷五云：

「闖流寇長編，卷十七紀甲申三月甲辰日一事云，京官凡有公事，必長班傳單，以一紙列銜姓，單到寫知字。兵部魏提塘，杭州人，是日遇一所識長班亟行，叩其故，於袖出所傳單，乃中官及文武大臣公約開門迎賊，皆有知字，首名中官則曹化淳，大臣則張縉彥。此事萬斯同面問魏提塘所說。按京師用長班傳送知單，三百年來尙沿此習，特此事絕奇，思宗孤立之勢已成，至中官宰相倡率開門迎敵，可爲痛哭者矣。」京中大小臣工既已如此，人民却是如何？知單開城這種闊綽舉動，固然沒有他們的分，但是秦晉燕豫這幾省當流寇的人雖是爲生計所迫，而倒戈相向，也顯然是視君如寇讎了。朱舜水著陽九述略中第一篇致虜之由云：

「中國之有逆虜之難，貽羞萬世，固逆虜之負恩，亦中國士大夫之自取之也。語曰，木必朽而後蛀生之，未有不朽之木蛀能生之者也。楊鎬養寇賣國，前事不暇瀆言，即如崇禎末年搢紳罪惡貫盈，百姓痛入骨髓，莫不有時日曷喪及女偕亡之心，故流賊至而內外響應，逆虜入而迎刃破竹，惑其邪說流言，竟有前徒倒戈之勢，一旦土崩瓦解，不可收拾耳。不然，河北二十四郡豈無堅城，豈無一人義士，而竟令其弢戈服矢，入無人之境至此耶。總之莫大之罪盡在士大夫，而細民無知，徒欲洩一朝之憤，圖未獲之利，不顧終身及累世之患，不足責也。」下文敘說明朝以制義舉士，士人以做文章爲手段，做官爲目的，不復知讀書之義，因此無惡不作，列舉現任官與在鄉官害民之病，凡七八百言，末了結論云：

「總之官不得人，百蔽叢集。百姓者黃口孺子也，絕其乳哺，立可餓死，今乃不思長養之方，獨工掊尅之術，安得而不窮。既被其害，無從表白申訴，而又愁苦無聊，安得不憤懣切齒，爲盜爲亂，思欲得當，以爲出爾反爾之計。……是以逆虜乘流寇之訌而陷北京，遂布散流言，倡爲均田均役之說，百姓既以貪利之心，兼欲乘機而伸其抑鬱無聊之志，於是合力一心，翹首徯后。彼百姓者，分而聽之則愚，合而聽之則神，其心既變，州決山崩。以百姓內潰之勢，歆之以意外可欲之財，以到處無備之城，怖之以狡虜威約之漸，增虜之氣，以相告語，誘我之衆，以爲前驅，所以逆虜因之，溥天淪喪，非逆虜之兵强將勇，眞足無敵也，皆士大夫爲之驅除耳。」陽九述略收在舜水文集中，作爲卷二十七，又有單行本，與卷二十八安南供役記事同作一册，寒齋於全集外亦有此本，封套上有橢圓朱文木印云，全集抄出印本五十部之一。民國初年有重編鉛印全集，云校勘出馬一浮手，而頗多謬誤，今所據仍爲日本刻本。此文末署辛丑年六月，蓋明亡後十七年，留予其門人安東守約，文經傳刻，多有生澀處，或由字誤亦未可知，今悉仍其舊。所說官民斷送明朝本非新的發見，唯語頗深切，且謂淸兵宣傳均田，人民悉受其愚，此種傳說殊有意義，覺得更值得提出來加以注意者也。

民不聊生，挺而走險，此亦是古已有之，或者如朱君所言，不足責矣。但是士大夫，爲什麼至於那麼不成樣子的呢？說是崇禎皇帝刻薄寡恩，却也並沒有什麼對不起他們的地方，何至與流寇同一鼻孔出氣。這個原因一定是有而且很深的。我在小時候看過些明末的野史，至今還不能忘記的是張獻忠這一段之外使是魏忠賢的一段，我覺得造生祠是劃時代的大事，是士大夫墮落的頂點。看過的書一時找不着了，只就二申野錄卷七天啓六年丙寅項下摘抄本文云，浙江巡撫潘汝楨請俯輿情，鼎建廠臣祠宇，賜額以垂不朽，從之。小註云：

「禮部閣可陞曰，二三年建媚獻祠，幾半海內，除臺臣所劾外，尚有創言建祠者李蕃也。其天津河間眞定等處倡率士女，醵金建祠，上梁迎像，行五拜禮，呼九千九百歲，目中眞不知有君父矣。創建兩祠者李精白也。其迎忠像旗幟上對聯有云，至神至聖，中乾坤而立極，多福多壽，同日月以常明。若乃毛一鷺之建祠應天，姚宗文張翼明建祠於湖廣大同，朱蒙童建祠於延綏，劉詔薊州建祠用冕旒金像，吳淳夫臨淸祠毀民房萬餘間，河南建祠毀民房一萬七十餘間，江西建祠毀先賢澹臺滅明之祠，諸如此輩，不可勝紀。上得罪於名教，下播惡於生民，取百取千，祗博泥沙之用，築愁築怨，爭承尸祝之歡，皆汝楨之疏作之俑也。」至於生祠的名號，據兩朝識小錄說，自永恩祠創始而後，有懷仁，崇仁，隆仁，彰德，顯德，懷德，昭德，茂德，戴德，瞻德，崇功，報功，元功，旌功，崇勳，茂勳，表勳，感恩，祝恩，瞻恩，德馨，鴻惠，隆禧，已是應有儘有，就只沒有說出聖神這兩字來，但杭州的祠建於關岳兩祠之間，國子監生陸萬齡呈請建祠於太學之側，則也就是這個意思了。陸監生請以魏忠賢配享孔子疏云，孔子作春秋，廠臣作要典，孔子誅少正卯，廠臣誅東林黨人，禮宜並尊。此種功夫原是士八股的本色，唯其有此精神，乃能知單迎賊，舜水列舉士大夫的惡跡，而未曾根究到這裏，殆只知症候而未明其病根也。

十幾年前我寫過一篇閉戶讀書論，其中有云，我始終相信二十四史是一部好書，他很誠懇地告訴我們過去曾如此，現在是如此，將來也是如此。這話未免太陰沈一點了吧，我願意改過來附和巴古寧的舊話，說歷史的用處是在警告我們不要再如此。明朝甲申之變至少也該給我們一個大的教訓。民不聊生，爲盜爲亂，又受外誘，全體崩潰，是其一。士人墮落，唯知做官，無惡不作，民不聊生，是其二。這兩件事斷送了明朝，至今已是三百年，引起現在人的追悼，繼以嗟歎，末了却須得讓我們來希望，如巴古寧所說，以後再沒有這些毛病了。阿房宮賦云，秦人不暇自哀而後人哀之，後人哀之而不鑑之，亦使後人而復哀後人也。這兩句話已經成爲老生常談，却是很有意義的，引來作結，倒也適宜。論史事亦殊危險，容易近於八股，故即此爲止，不復多贅焉。中華民國三十三年二月十八日，北京。

往來成古今

凌霄漢閣

「人事有代謝，往來成古今」，名句也，造物主排演之序幕，自然界陳設之現象，盡於此矣。詩人因之而俯仰無端，流連歌詠，史家因之而載筆抒詞，信今傳後，世界哲學家，因之而窮思極慮，求宇宙之根源。古今半月刊因之而遠紹旁搜，作文壇之砥柱。

世界，國家，家庭，社會，個人的一切，過去現在，未來只是「史」，然文學之傳寫，與純歷史的記載不同，要在筆致流暢，內容豐滿，不太莊嚴，不落窠臼，使往來之迹，得失之林，歷歷在目。「古今」執筆諸君子鴻篇巨製，佳作甚多，如周佛海先生之「往矣集」，生動充實，顧名思義，更爲「古今」之顯然的證例。海外傳譯，士林快覩，良非偶然。

「古人不見今時月，今月曾經照古人」，佳句也，好處是輕輕地用幾個時間的字眼，不解而解，竟體空靈。

「不薄今人愛古人」，至言也，新舊學者謹識之，則舊者不「冬烘」，新者不「洋八股」矣。

「古往今來只如此，淡妝濃抹總相宜」，是北平老鄭王府戲台的一副小對，簡而明，雅而切，筆致輕鬆，意味深遠，戲台聯無出其右者。

往矣集日譯本東京版序

周佛海

去年十一月在東京的時候，我的朋友吉岡文六氏告訴我，東京日日新聞，已將我的『往矣集』譯成日文，不久即可出版。我當時告訴他上海的大陸新報，聽說也要翻譯。這本小冊子，這樣受盟邦日本的歡迎，眞是我一件非常光榮的事。

這本小冊子，雖然祇是記述我個人半生苦學奮鬥的經過，但是近二十多年來，中國政治和社會的變遷發展，也可以從中約略看得出來。一個苦學生出身的人，處在這個激急變化的時代巨流之中，能够掙扎出來，到現在還能爲國家社會負一部份責任，也可以說是非初料所及了。因爲當時的戰友，有些被殺殉難，而成爲時代的犧牲者，有些消沈淪落，而成爲時代的落伍者。而我還偷生人間遭遇空前的濤驚駭浪，應付空前的困苦艱難，這眞不知道是幸是不幸！

這本小冊子中間，關於和平運動的經過，沒有記載出來。這個原因有二：第一、因爲和平運動，還在發展進行之中，沒有成爲歷史上的事實，現在不便說出。第二、因爲和平運動的同志，其目的雖然是在救中國，是在奠定中日之間的永久和平，但是這幾年來國際關係的出人意料之外的激烈而遽急的變化使中日的關係越加複雜，使中日之間的局勢，變成世界全體局勢的一部。原因越雜，牽制越多，而全面和平，就越難實現。在這個情勢之下，不僅中國一部份人士，對和平運動不會諒解，就是一部份日本人士對於和平運動，恐怕也有誤會。所以全面和平沒有完成以前，關於和平運動的經過，不願有所敍述。

辛亥革命，是中國革新自强的絕好機會。可惜一誤於袁世凱的稱帝，二誤於北洋軍閥的互相殘殺，把很好的機會，輕輕的放過去了。北伐完成，中國統一，也是中國革新自强的很好的機會。可惜一誤於國民黨內部的分裂，二誤於共產黨的破壞，把很好的機會，又輕輕的放過去了。現在回想起來眞是非常痛心。但是這兩個好機會，雖然沒有好好的利用，使中國一躍而成爲近代的強盛國家，然而這三十年以來，中國無論在政治上、軍事上、經濟上、文化上以及社會上，沒有不在那裏着着的進步。在這次事變前，各方面都呈着蓬勃的現象，而確立了近代國家的規模和基礎。而且中國社會的潛在力，是非常偉大的。無論經過怎樣大的破壞，因爲自力更生的力量非常雄厚，所以恢復起來，非常之快。這一點，是中國足以自豪的地方，希望盟邦日本，要加以認識。

如果因爲這本小冊子的日譯本的出版，而能增進盟邦人民對於中國青年的心理、精神及努力的了解，以及二十年來中國政治社會變遷發展的認識，那就不單譯者的苦心，有了報償，就是著者也覺得萬分光榮了。

吉岡文六氏，對於中國，尤其對於中國國民黨，是有着正確的了解和熱烈的同情的。關於中日兩國人民的互相認識，我願意和吉岡氏共同努力。

（中華民國卅三年二月廿五日序於上海恒廬）

爰居閣脞談

劉文清公軼事

梁鴻志

諸城劉文淸公。當乾嘉間以侍從起家。洊躋宰輔。章丕相業。世所艷稱。居相位前後兩任凡十四年。其政蹟官資具詳國史。相傳文正在日。即不許身後有闡幽文字。文淸篤守庭誥。故雖奕世貴顯。而私家之傳志闕如。余檢淸代名人所爲碑傳。舉無涉及諸城者。則傳聞之辭。不盡無據也。至文淸遺聞軼事。前人紀載。往往有之。然東鱗西爪。亦復不易致詳。姑雜錄之。以當稗史。英煦齋相國（和）。文淸門下士也。其爲文淸詩序（序成於道光六年丙戌）曰。公中式乾隆辛未（乾隆十六年）迴避卷。爲先世父文恭公（名觀保字伯雄號補亭累官禮部尚書）所取士。與先文莊公（名德保字仲容號定圃累官禮部尚書）尤契好無間。壬子癸丑。和兩出公門。撤棘拜謁。深以師生門戶積習相戒。而於門弟子中獨許和侍坐。或竟日。或至夜分。視如家人父子。因得略窺公運筆之妙。曾手趙松雪眞蹟見貽云。以此傳薪。終身學之不盡也。公初見和時。即詔曰。子他日爲余作傳。當云以貴公子爲名翰林。書名滿天下。而自問則小就不可。大成不能。年八十五。不知所終。和起立負墻曰。願吾師爲召康公。公曰。貪也。追嘉慶甲子歲。公年八十五矣。臘月二十二日。儤直南書房。適和在懋勤殿作書。公呼至。告以雍正至乾隆初南齋舊事。復理前作傳語。且云。昨已屬瑛夢禪（夢禪名瑛寶詳見後）鐫印記曰。洞門童子。以當息壤。今爲期已迫。豈展限耶。既行復還坐。縱談良久。起曰。吾去矣。毋懋。是月二十四日晨興。飲啖如常。至

爰居閣主人廿年前僧服小像

末申間。端坐而逝。嗚乎。若公者。不洵稱生有自來死有所歸者哉。（原文上下俱略）又宗室昭槤嘯亭雜錄云。劉文淸公爲文正公子。少時知江寧府。頗以淸介持躬。名播海內。婦人女子無不服其品誼。至以包孝肅比之。及入相後。適當和相專權。公以滑稽自容。初無所建白。年八十餘。輕健如故。雙眸炯然。寒光射人。薨時毫無疾病。是日猶開筵欵客。至晚端坐而逝。鼻注下垂寸餘。亦釋家所謂善解脫者。余初登朝。猶及見其丰度。一日立宮門槐柳下。余問朱文正公五矢之目。朱未遽答。公喟然曰。君子務其大者遠者。君今以宗臣貴爵。所學者自有在。奚必津津於衆物之微者哉。宜朱公之不見答也。老成之見。終有異於衆云云。余先伯祖吉甫公（諱逢辰退庵公長子）嘗以所藏文淸公書冊示戴醇士侍郎（熙）。侍郎題曰。劉文淸觀書。每取經史子集各一二本雜觀之。中必有一二本詞曲小唱。檢一本閱數行。則易一本。數本後必閱唱本數行，又閱它書。早年同張文和（張廷玉桐城人官至大學士文端公英次子封三等伯）直內廷。在懋勤殿。文和脫冠如厠。文淸忽跳舞作戲劇魁星狀。蹋破文和冠。急退直。文和笑冠破冠退。嘗導客入內書室。道經一小屋。指曰。此中有人。其名曰妾。他不認得我。我不認得他。言畢大笑。又嘗語門生（按文節所謂門生。即英煦齋相國也）爾他日爲我作行狀。可曰年八十五。不知所終。後八十五歲。在內廷忽語門生曰。我八十五矣。何倘在。豈展限耶。旣而自言曰。不能不能。歸果卒。其爲人蓋專養天機而中有不測者。其書法可知矣云云。（按先伯祖所藏文淸字冊今已無存。題跋則具見習苦齋雜著）綜上所述。文淸蓋澄懷觀道自文於突梯滑稽。了然去來而不凝滯於物者。其自署爲洞門童子。殆與大興朱文正公自稱爲盤陀老人同一命意。事涉仙佛。不易究詰。惟屬瑛夢禪鐫印一事。據英煦齋所述。即在捐館之前數日。今世所傳文淸書。多有此印。或晚歲即屬夢禪鐫刻。不必定繫於捐館之年也。至瑛夢禪與文淸雅故。則鐵冶亭尚書（保）所著瑛夢禪慶似村合傳言之綦詳。玆節錄之。以資參證。夢禪名瑛寶。滿洲人。大學士永文勤公長子（按永貴諡文勤。劉文正公薨後七年入相）少讀書。博涉典籍。屢試不售。以筆帖式外用知縣。滋任後頗著循聲。上官欲與上考。夢禪喟然歎曰。功名吾家固有。五斗米不足爲也。遂解組歸。年才三十。時文勤公正秉政。同懷弟伊靜亭亦由樞秘授山東巡撫（按伊江阿山東巡撫嘉慶元年任。四年革職）煊赫一時。而夢禪獨以韋布自安。老屋數間。冬一裘。夏一葛。不喜肥甘。疏食飲水。性喜畫。尤善運指。興酣時解衣磅礴。潑墨如雲。每作奇想。不落古人窠臼。近時高且園傅凱亭外。無與比者。然性孤介。不多與人畫。以故得者甚罕。素與劉文淸公爲文字交。劉書夢畫。每每合作。得者以爲至寶。雖連城不易也云云。（上下均略）由此觀之。夢禪之爲人。殆與雷溪居士（名那蘭字滙川都統馬琍子）荐青山人（李鍇君總督字鐵輝祖子）同一蹊逕。余嘗藏其指畫杏花扇葉。冷艷一枝。醒人心目。頗有藐姑神人吸風飲露之觀。夫孰知乃出於貴介公子之手。惜但少文淸公題字耳。（又按永文勤公卒於乾隆四十八年。其子江伊阿至嘉慶元年始授山東巡撫。距文勤之卒已十二年。鐵冶亭瑛慶合傳所言似亦微誤。）

孽海花閒話（三）

冒鶴亭

連敬王和包高龔等，全班軍機，也因此都撤退了。

此事爲朝局大關鍵，有甲申而後有甲午，有甲午而後有戊戌，有戊戌而後有庚子，有庚子而後有辛亥，由清之朝局，一變而爲維新，爲排外，爲立憲，爲革命，甲申去今，整六十年，其遞嬗之跡，顯然在人耳目也，清流者，題目也，士夫聲氣結納，矯首厲角，高自位置，非我族類，則目之爲濁流，此漢唐以來之傳統，至明而烈，概而言之，則南北人之競爭，互爲起伏而已，清流多屬人，南人講聲氣，善結納，北人所不如也，北人言語同，嗜欲同，親戚故舊，不在於朝，則在於野，王公奄寺，易於接近，論其勢則北聚而南散，論其力則北厚而南薄，故其結局，往往北人勝而南人敗，或兩敗而俱傷焉，今統一朝言之，順治初，北人之魁，曰涿州馮銓，南人之魁，曰溧陽陳名夏，與名夏同號清流者，曰合肥龔鼎孳，曰海寧陳之遴，其後則北人勝，二陳皆獲重譴，甚而伏法，鼎孳雖以功名終，中間亦累蹉跌，沈子培爲余言，溧陽承東林復社之衣鉢，涿州則閹黨餘孽也，國步雖更，門戶未泯，嗚呼，知言哉，嗣是而康熙朝，則明珠爲北人魁，高士奇徐乾學爲南人之魁，士奇初附明珠，其後眷顧之隆，駕乎其上，明珠旣罷，高徐亦先後斥歸，此兩敗者也，當時鄙諺，有萬方玉帛歸東海，四海金珠進澹人之謠，達於宸聽，東海者，徐之郡名，澹人，則士奇字也，雍正一朝，君權獨操，桐城張廷玉，雖以佐命之功，鑑於隆科多年羹堯之獲罪，除以其子弟爲卿外，不敢絲毫露圭角，乾隆初，北人之魁曰鄂爾泰，其後則和珅，南人之魁曰婁縣張照，其後則金壇于敏中，鄂張競爭至烈，亦北勝南敗，和則繼于而起者，于歿後撤祀賢良祠，追奪世職，和以嘉慶初下獄，賜自盡，先後均敗，嘉慶朝，北人之魁曰大興朱珪，亦清流，南人附之，董誥，曹振鏞，備員而已，所謂庸庸碌碌曹丞相，哭哭啼啼董太師也，道光朝穆彰阿，咸豐朝肅愼，皆滿人，皆敗，至同光間，而高陽李鴻藻，始翹然稱清流領袖云，高陽當國時，豐潤張佩綸爲中堅，南皮張之洞，宗室寶廷，附之，瑞安黃體芳，與之洞爲至戚，閩縣陳寶琛，與佩綸爲至交，又附之，試繙光緒初年德宗實錄讀之，幾無一葉無此清流諸公之章奏也，而是時隱然與鴻藻對壘者，則爲翁同龢，同龢乃組織所謂小清流，與清流峙，小清流中，宗室盛昱，滿洲志銳，瑞安黃紹箕，番禺梁鼎芬，秦州安維峻，丹徒丁立鈞，長洲王頌蔚，皆其庚辰會試所取士也，此外閩縣王仁堪仁東兄弟，永明周鑾詒，萍鄉文廷式，通州張謇，皆門生（文張時尙未通籍，已知名），而擁戴翁爲黨魁者也，會直督李鴻章丁憂，以合肥張樹聲代，鴻章語樹聲，直隸紳士，其鋒不可攖也，其意蓋指張佩綸言，於是樹聲乃通誠於佩綸，知佩綸書生，而又好談兵，則以位尊金多之驚辦北洋軍務餂之，佩綸許諾，疏入，士論乃薄佩綸，佩綸大不堪，乃使寶琛疏參樹聲，以疆臣調講官，爲不合朝廷體制，旨下，樹聲交部議處，樹聲知清流巳啓釁，惴惴然恐異時位將不保，乃使其子華奎，奔走於小清流之門，（時號華奎爲清流腿）以乞援，日夜謀所以去佩綸者，咸以鴻藻一日在，則佩綸一日不能去也，而是時慈禧以恭王遇事劫持，思易之，未有以發，盛昱知宮中事，乃爲擒賊擒王之計，借法越及徐唐事，直疏糾參恭王，恭王乃與鴻藻並罷，至同龢亦罷，則非盛昱意料所及，疏中及樹聲，樹聲亦開缺，則尤非華奎意料所及也，恭邸孫心畬兄弟，約余集萃錦園賞海棠，余賦五言長古，中云，酒闌起太息，默憶先朝事，賢王持大體，頗觸西朝忌，其時李翁潘，元祐諸賢萃，蕢齋矯首角，驄馬人盡避，厲階生靖達，煬竈冀求媚，疆臣調講官，嚴旨斥違例，結驩反失驩，惴惴保祿位，有子附清流，乃作抽薪計，不知賢祭酒，有意定無意，一疏快恩仇，坐俾漁人利，升沈本細事，此舉關興替，即記此事，黃秋岳嘗就余詢其本末，自來傾清流者皆僉壬，惟此則以清流攻清流，爲例外也。（佩綸嘗參翁曾桂爲翁同龢姪，不應列京察一等，張之洞詩注，言同龢在戶部，於請欵多駁斥，欲置之於死地，汪鳴鑾爲余鄉試覆試閱卷老師，罷官後，嘗識余於小西橋寓齋，余所呈七律詩，有往事自捫臣舌在，諫書無補主恩深句，余婦叔祖黃漱蘭侍郎，見之，有書抵余，謂桃花潭主人不配，此皆翁李分黨中之蛛絲馬跡也。）

軍機處換了義親王做領袖。

義親王爲禮親王，世鐸，是鐵帽子親王，萬曆間，薩爾滸之戰，爲明清興亡最大關係，禮親王代善兵旂爲紅衣大砲所折，其福晉急割髮爲纓，取護心鏡爲頂，雙手舉之，周麾而前，士氣奮發，明四路兵皆敗，故禮邸中所用之旂，後來猶綴黑纓，余親見之，詢知其事也。

加上大學士格拉和博，戶部尙書羅文名，刑部尙書莊慶蕃，工部尙書祖鍾武一班人了。

格拉和博爲額勒和布，羅文名爲閻敬銘，莊慶蕃爲張之萬，祖鍾武爲孫毓汶，孫得軍機，翁李啣之至深，孫初本與翁爭狀元有隙，今先言其遠因，咸豐丙辰，翁孫同舉進士，其先臣皆狀元宰相，門第相埒，殿試前一夕，孫使人於翁小寓門口，放花砲，使之徹夜不能合眼，策題巳下，翁昏然欲睡，幾不能執筆，忽於考籍中，得家人所置西洋參一枝，嚼之，精神始振，臚唱，則翁狀元，孫榜眼，以是兩人終身宿憾不解，孫當國後，結李蓮英，公行賄賂，愈爲清流所詬病，甲午中日之戰，孫主和，之萬亦附孫主和，翁李至是合而主戰，外間只知外傾李鴻章，不知其內傾孫毓汶也，之洞黨於鴻藻，至是亦與之萬不慊，光緒末，京師修畿輔先哲祠，之洞欲祀鴻藻，鄉人以文正不正爲辭，（文正不正者，指其納僕婦爲妾，又當穆宗大漸時，召沈桂芬與鴻藻，同受顧命，慈禧知之，要於皇帝宮門之外，曰皇帝苟言及嗣皇帝者，吾巳擇有其人矣，沈李入，穆宗出一紙授鴻藻，鴻藻急吞之，蓋嗣皇帝御名也，穆宗旣大行，慈禧乃立醇親王之子爲帝，改元光緒，民間傳言穆宗所立爲貝子溥倫，亦揣度之詞耳，其實片紙所書御名，微獨桂芬不得知，即鴻藻亦不敢視也。）欲以之萬易之，之萬爲之洞從兄，實籍之以塞其口也，之洞卒不從，於是王照憤而以口沫塗去牌位上所書李鴻藻之名，之洞亦無可如何，此事轟動一時，余在京師所目擊者，王照字小航，即戊戌變法時，以禮部主事上書，一日而罷兩尚書四侍郎者也。

也派定彭玉麟督辦粵軍，潘鼎新督辦桂軍，岑毓英督辦滇軍。

彭玉麟爲欽差大臣，總理廣東軍務，潘鼎新以湖南巡撫，繼徐延旭爲廣西巡撫，岑毓英時爲雲貴總督。

又把莊佑培放了會辦福建海疆事宜，何太眞放了會辦北洋事宜，陳琛放了會辦南洋事宜。

此在甲申四月，李鴻藻巳罷，孫毓汶所設一網打盡之計也，張陳以是革職，吳僅而獲免。

祇有上年七月，得了馬尾海軍大敗的消息。

是時法有一萬四千五百十四噸之兵船八艘，水雷艇二艘，中國祇六千五百噸之兵船十一艘，其中九艘爲木製，此外則舊式砲船十三艘，開戰後一分鐘，我旗船揚武巳擊沉，七分鐘內，戰事即完，我兵艦或沉或火，不及一小時也。

閩督吳景，閩撫張昭同。

吳景爲何璟，張昭同爲張兆棟，事敗均革職。

船廠大臣，又給他面和心不和。

是時船政大臣，爲何如璋，事敗亦遣戍。

那曉得法將孤拔，倒老實不客氣的，乘他不備，在大風雨裏，架着大砲打來。

孤拔乘潮漲，我艦尾向其船頭，不及起錨，遽開砲，擊沉揚武等軍艦七艘，燬福州船政局，及馬尾砲台，實不名譽，時在甲申七月，孤拔亦受傷，後死於澎湖。

不久就把他革職充發了。

佩綸至閩，諸將請備戰，笑曰，且勿喧，自有奇兵勝之，及孤拔戰書來，則書免戰二字於船檣，既開戰，徒跣走鼓山，猶語人曰，法人果知兵者，何幷免戰牌而未之識耶，事聞，革職遣戍，佩綸既獲譴，持鴻章疊次文電，皆止其開戰，聽候和議者，欲訟諸朝，鴻章許到臺後爲贖罪，始行，而管子學乃成於是時，惜其後人不能整理，實一好書也。

海上失了基隆，陸地陷了諒山。

法海軍以八月，陷基隆砲台，十二月十四日，巡撫潘鼎新，棄諒山，奔鎭南關。

居然鎭南關大破法軍，殺了他數萬人，八日中，克復了五六個名城。

法軍以乙酉正月，陷鎭南關，提督楊玉科死之，潘鼎新退龍州，關內民大譁，會馮子材與廣西臬司李秉衡，總兵王孝祺，先後至，據馮電云，材暗派前軍楊督帶，親率所部，乘夜渡河，至五更，併力攻城，敵人因連被我軍擊敗，心膽早寒，猛攻兩時，楊督帶瑞山，劉管帶汝奇，奮不顧身，於槍砲雨密中，首先登城，萃字各營員弁兵勇，蟻附而登，劈開城門，兵刃交下，法兵錯愕，向後潰竄，我軍追趕，擒斬纍纍，本日辰刻，立將諒山省城克復，所獲巨砲子藥，以千萬計。

依然把越南暗送。

法軍旣僨於諒山之敗，國內新黨於德，又因埃及問題，與英齟齬，介英人赫德，與李鴻章言和，認安南歸法保護，不索兵費，鴻章許之，時岑毓英已收復宣光，又破法軍於臨洮，進規西山，馮子材已收復文淵，又敗法軍於諒山，進規北寧，乙酉六月二十七日，和議成，諸將無不憤，張之洞彭玉麟詰責和議電中，至有奉電傳上諭，嗣後如有以和議進者，軍法從事，此次進和議者爲誰之語。

那時的江西巡撫達興。

達興爲德馨。

當時有一個知縣，姓江名以誠。

江以誠爲汪以誠，後官南滙縣知縣，納名妓林黛玉者。

替劉永福的姨太太做的。

劉永福爲黑旂黨魁，投誠後，授越南經略大臣。

保勝有個何大王

何大王爲何均昌，粵人。

法將安鄴神通大，勾結了黃崇英反了窩，在河內立起黃旂隊。

黃崇英爲越匪，同治末，法人陷河內，法將安鄴，搆之謀占全越，衆數萬，號黃旂，劉永福黑旂兵與戰，斬安鄴，覆其軍。

半路裏犯了駙馬爺黃佐炎的忌，他私通外國把越王欺。

駙馬黃佐炎，以大學士督師，匿永福功，越難旣深，越王責佐炎出兵，方調永福，永福卻之，不至。

曾國荃主戰，派了唐景崧。

唐景崧以吏部主事，謁曾國荃，請出關招致永福，旣見，爲畫三策，謂據保勝十州，傳檄而定諸省，請命中國，假以名號，事成則王，此上策也，次則提全師擊河內，中國必助之餉，若坐守保勝，事敗而投中國，策之下也，永福從中策。

紙橋一戰敵膽落。

永福旣從景崧中策，與法人戰於紙橋，斬法將李威利，景崧爲作檄文，傳遠近，越王封永福一等男。

約了法軍來暗襲山西，裏應外合的四面火起，直殺得黑旗兵轍亂旂靡。

越旣乞降於法，永福以全師守山西，及戰，大潰，退保興化。

走到半路來了一枝兵，是馮督辦部將叫潘瀛。

潘瀛爲王孝祺部將，受馮子材節度，鎮南關之戰，袒臂裸體，衝入敵陣，傷亡獨多。

七十歲的老將馮子材

子材軀幹不逾中人，赬面白鬚髮，舊隸張國樑部下，鎮南關之役，率二子相榮相華，持矛躍出搏戰，諸軍以其年七十，猶奮身陷陣，故爭爲致死。

王孝祺率衆同拚命。

王孝祺本名得勝，文淵之戰，德榜在東嶺，孝祺在西嶺，連破法人五壘。

德榜旁出神勇奮，突攻衝斷了中軍陣。

王德榜文淵，與法對山壘戰，爭東嶺，敵援至，衝截爲二，部將蕭德龍張春發，戰最勇，殲其六畫兵總一，三畫兵總一，法人大潰，悉返侵地。

以上第六回

孽海花與轟天雷

懺庵

孽海花一書，造端於吳江金松岑，那時曾孟樸在上海創設小說林，金氏把撰成的首三回，寄交孟樸，孟樸續成了二十四回。轟天雷也在那個時候產生，作者孫龍尾是燕谷老人的高足，書僅十四回，很多精彩。

孽海花以傅彩雲作線索，轟天雷以沈北山作線索。這兩部小說，所涵的意義，都是憑着清光緒三十年來中國除舊更新演進民國的一大關鍵。轟天雷開卷就說：

蘇州府屬，有一個名勝之區，地靈自應人傑，近五十年來，出了三位人物。一個是位極人臣尊爲師傅的老中堂，一個是傾國傾城，第一無雙的都老爺，一個是忠肝義胆不顧死生的太史公。這三人都與覺羅朝很有關係：一個立朝無疵，是位純臣；一個扭轉乾坤，是位能臣，一個披肝瀝血，是位忠臣。要講三人的歷史，很有可聽。這部轟天雷，是講太史公始末。作者還有一部縉紳領袖，一部魑魅魍魎錄是講那二家的事。其中敍述，比這轟天雷再要奇怪百倍呢！

孽海花的「龔和甫」即轟天雷的「龔師傅」，又隱名「鄔老頭兒」。孽海花內的「尹震生」，即轟天雷的「羊都老爺」。孽海花裏的「沈北山」即轟天雷中的「荀北山」。三個人都籍隸常熟，做這兩部書的，也是常熟人。孫氏所稱「魑魅魍魎錄」，要想痛詆「羊都老爺」（即楊崇伊），因恨他獻媚權奸，阻撓新政，邀幸於西太后，把他彈劾文廷式參預戊戌政變殘害六君子起，到那與蘇州吳子和明火執杖，搶劫妓女，被蘇撫瑞莘儒參革罷官，交地方官嚴管爲止。孫氏曾編成目錄十回，記得首回借蘇武牧羊爲題，目錄是「故鄉入夢誤走羣羊，萬里遞書射傷孤雁」。第二回是「獻媚權奸奉迎龜母，阻撓新政觸怒龍顏」。第三回是「羊入虎羣相殘同類，狐悲兎死涉險逃亡」。第四回是「用虎臣印信電亂飛，收羊怪威攀日無望」。第五回是「墮鳳塵紅顏泣薄命，臥月窟老鴇施毒心」。第六回是「白日刦妓女，道臺爲盜，青樓斥豪奴，封翁裝瘋」。七八回未存。第九回是「訪月老周莘儒捕人，整風化段扈橋拜摺」。惜稿未完成。有謂參楊一摺，出自文芸閣（廷式）手。因那時芸閣適在端幕，聽到楊的不法行爲，正是報復的機會，就把氣燄薰天如狼如虎的楊崇伊，打成了一隻羊。楊崇伊號莘伯，是雲史的父親，非楊沂孫的兒子。雲史深恨孽海花與轟天雷，指爲他們信口雌黃，把他父親眞相顯露出來，爲子者當然難堪啊！

孽海花正編第三十二回「江亭」一段說道：

陶然亭旁，幾株垂柳，淡黃淺綠，搖曳在春風中，好像十七八歲的女郎，含笑露顰，歡迎那一羣愛國之士。這班來客，大多數是詩人詞客，舉目風景，不免說幾句憂心君國的話，把這江亭當作新亭一般，顧盼自負，不讓渡江的王周諸賢哩。

轟天雷第一回「江亭奇遇」一段說：

江亭是本朝江藻所蓋，牆外有數十株楊柳環繞，也是都中名勝之地，每逢天氣清朗，游人士女，絡繹不絕。仲玉等五人，坐着兩輛騾車，到門口，先有一輛在外，見一老媽，陪着一位十七八歲的姑娘，生得面目如畫，微光照人。北山睜着眼看時，兩人打個照面，那姑娘似有顧盼之意，……北山等進得門來，見壁上題詠，到處皆是，也有可誦的，也有可笑的，看西面壁上，墨痕未乾，仲玉道，奇了，誰題的，北山念道：

女伴頻頻約踏青，閒來我亦上江亭；成詩不敢高聲誦，怕有游人隔院聽。

仲玉道，這必是剛才看見那個女子做的。北山聽說那首詩，是那女郎做的，走近看了又看，慌忙走出亭子，到僧房裏，借了筆硯，回到亭子裏面，沉吟了一回，磨得墨濃，蘸起筆來，在那姑娘題的詩下，寫道

鞭絲帽影滿江亭，一院風鈴不可聽；今日相逢各惆悵，門前楊柳爲誰青。

某年首夏，結伴游此；得瞻玉容，幷領珠唾，仙蹤已杳，餘香猶存；甯郎爲爾心醉矣，倘珠浦重來玉扉可扣，或許狂生得要安甫之佩乎？

寫罷擲筆，念了又念，哈哈大笑，仲玉等見他入魔，拉着上車回去。

孽海花寫「翁師傅」罷官，是「明」寫的，轟天雷是「暗」寫的。

孽海花第四十六回說：

常肅道，你的話雖是不差，但是老夫子的脾氣，你也知道他，能夠拿什麼主見呢？現在聖眷很集中王小翁身上，那時有所決定，不會向着小翁請教麼？小翁所決定的，總比老夫子乾脆一點，我所以說，去了他，到是有利無害。

這段是燕谷老人故意爲翁辨諱，說與康有爲不合作，非他保薦的。老人是翁筱珊的女壻，筱珊是「翁師傅」的胞姪，那時同在北京，聽到翁的罷官，曾有送別翁歸田詩五古一首。其詞云：

西京父子相，東海帝王師，剛節顯恭忌，高門平章推。屭雛稱待歲，豹彩鬱奇姿，驥足黃金闕，龍頭白玉墀。風標秋岳峻，文藻彩霞披，誠謹修臣範，端硯結主知。張皇濂洛緒，輔導舜堯資，聖學求黃髮，中興定赤眉。同光神武遠，啓沃大功垂，愼密司樞務，精詳判度支。兩朝重柱石，一德鏤盤彝，巨鱷東溟起，貪狼北地窺。老謀望曲突，急劫値殘棋，忍謗憂疑日，沉機險危時。孤忠天可鑒，勞蹟後方思，獨立溫公懼，羣譏伯紀危。優崇漢几杖，閒退宋宮祠，蕭灑歸田賦，高寒水調詞。長安雲眘眘，故國月遲遲，此去江南晚，荷香獻壽巵。

翁得詩，頗贊許。以詩中第二聯的「章」字爲失粘，老人以後山集中「名家章杜旁」句作辨。老人生平和人論詩文，性很倔强；後來和虹隱談後山詩句，「章」字究作平聲，但見其自選詩集中，並未改正，大約留與翁作一段評詩佳話吧。

轟天雷第六回說：

次日見羅府上有個小廝來道，請華相公過去。華復曦（指康有為）整了整衣帽，跟着那小廝，先到賬房內，見了鄔老頭兒（指翁師傅）同去見羅公子（指光緒帝）……話說羅公子那人，從小有些獃氣，愛書若命，極講究詩詞歌曲，聽說他的祖宗，奪取華家的產業，心裏大不為然，長想道，我若把家事能夠一人做主，便去尋華家子孫，都交還他，那不是吳季札之後，便是我羅幹蠱了。現在聽見鄔老頭兒說，有姓華的進來鶩做賬房，快活起來，及見了復曦，意氣相投。羅公子的性情，被復曦摸熟了，曉得他不滿意嗣母三太(指西太后)……有一天，復曦獻計道，就是這些下人可惡，公子要放大了胆，責罰幾個才好。次日便把那三個門口，一個廚房，一個打宅，大罵一頓，趕了出去，總管老熊（指榮祿）和衆門客，覺得奇怪，從沒見過公子發過脾氣，暗中探聽，恰巧值書房的一個小廝，聽得羅公子和復曦商量整理家政，要奪去三太太的管理權。老熊聽了大驚，忙進翠微園去，招着賽叫天（指李蓮英）將公子的話，又添上了復曦幾句穢語，嚇得賽叫天忙到三太太前去禀明。三太太便喚羅公子進去，話也不說，叫鎖在水心亭內，着幾個僕人，招尋復曦，復曦早得了信，逃去了。三太太又究着舉薦復曦的人，便喚鄔老頭兒，痛斥了一頓，攆出門去。鄔老頭兒正是無處訴寃，回家嘆口氣道，不做中人不做保，一世勿煩惱，我才信這幾句話了。

孽海花寫戊戌政變和轟天雷都是明寫的。孽海花第五十二回說：

仲玉冷笑道，什麼道理，也不過犧牲六人性命，去替了當時的一班附和人，免得株連罷了。正在談的時候，那刑部街上的汪時庵，一逕進來，看見了仲玉等淚痕未乾，就默默相對坐了。說道：朝廷如此對待士大夫，將來恐怕沒有好結果吧。仲玉道，一點兒不錯，現在人心思亂，將來恐怕要尋這種人，也找不到呢？梅羅道，他們是得大名而去了；我們後死者，恐望塵莫及呢。時庵道：你的話甚是，我剛才到衙門裏，他們告訴我說，戴勝佛有詩一首，寫在壁上道：

望門投止思張儉，忍死須臾待杜根，我自橫刀向天笑，去留肝胆兩崑崙。

這首詩，做得甚好，他的意思，大約指唐南海說的，惟激昂慷慨，眞是烈士的氣慨，這六個人中，眞首屈一指了。

轟天雷第八回中一段道：

仲玉道，今日皇太后垂簾聽政，已見上諭。聽說還有密電到各省督撫，說康有為張蔭桓進紅丸殺皇上，這事鬧得大了。到了十三日，忽聽刑部奉旨將楊深秀楊銳劉光第林旭譚嗣同康廣仁在菜市街正法。從前所裁的衙門冗員，諭令復置，一切新政，康有為所建白的，立即廢棄，密捕保國會人員。莊仲玉等坐立不安，擔憂了好幾天，後來聽說六位官兒，臨刑的那日，有一個粗衣布襪像壯漢模樣的人，伏屍大哭，衆人都驚怪，哭罷就把七口棺木，殮去屍首，有的認識是叫大刀王五，做鏕司務的。正是冠帶市中欒布哭，蓴鱸江上季鷹歸。

燕谷老人有詠戊戌政變事詩六首做得沉鬱蒼涼，意在言外，可抵得一篇戊戌政變論。其詩云：

東河門外玉河東，十丈黃塵掩漢宮。石鏡杜鵑魂自怨，金輪鸚鵡夢難通。寒鴉猶帶朝陽日，天馬空嘶瀚海風。回首九重丹鳳闕，觚棱依舊暮煙中。

坐聽西風百感生，夜窗孤燭淚縱橫。青蠅讒口兩宮搆，白馬寃魂一網驚。聞笛呂安徒作賦，彈琴嵇子自成名。蔡經未得拋珠術，已見滄桑幾度更。

金魚犀帶簇宮袍，退直歸來意氣豪，碧玉屏深圖蛺蝶，紅珠帳暖擁櫻桃。黃門置獄天威震，紫塞從今遠役勞。行過崐崙定回首，長安宮闕五雲高。

拔幟南天講學辰，登壇橫議動淸宸。罪言杜子原憂世，新法荆公未病民。麟泣西郊悲聖讖，鰻逃東海作亡人。潛蛟本有拏雲志，誰使春雷起蟄鱗。

長門月冷漏聲遲，怕憶羊車插竹時。茗玉枉敎鐫小字，珍珠誰與慰相思。鸞文大脚宮靴窄，翠袖橫鬟寶鈿垂。無限春風惆悵意，漢宮吟盡沈園詩。

旋轉乾坤興黨獄，顧瞻內外衞宸躬。方依日月重霄上，手握風雲萬將中。驂乘餘威猶逼主，奪門奇策近要功。玉溪不作無詩史，甘露靑年論不同。

孽海花寫沈北山上書參三凶事，很簡略。轟天雷自十回起至十四回止，寫北山上書事最詳。第十回目錄云：「半載飄零太史落魄，轟天霹靂編修上書」，十一回是「吳孝廉書齋閱新聞，荀編修衙門罵老賊」，十二回是「搶封章揮拳咬指，降上諭革職下牢」，十三回是「獄中初吟感事詩，海上發售鬼蜮錄。」十四回是「論維新初翻點將錄，讀序文歸結轟天雷。」轟天雷載北山獄中所吟「待訊草」，有「好將隔戶鞭笞響，來試孤臣鐵石腸」等警句，惜未全披露，稿已不存。但關於庚子國難，北山也有詩兩首，題爲「聞西狩有感」。其一云：

回首長安感慨多，宸躬消息更如何。半年縲絏思金闕，一夕煙塵渡玉河。算我無能空嘆息，逢人多淚自滂沱。聖朝恩澤知無限，應有遺臣夜枕戈。

其二云：

四郊多壘日，天子復蒙塵。縲絏微臣罪，封章丞相嗔。國鈞誰致亂，家難更傷神。愛惜桃花好，從今莫問津。

五律末聯，轟天雷說他不忘情於費氏。當時費念慈家住在蘇州桃花塢，北山的憂憤，確由失戀而起。燕谷老人評轟天雷專寫北山獄處爲失當，而易實甫贊許轟天雷的精彩，在寫羅家莊兩回。以當時尙處於淸廷積威之下，不便明寫，借着「羅」「華」兩姓描述淸代末葉情形，不過僅寫得慈禧太后將海軍費改造了頤和園和那戊戌政變兩段。

曩寓金陵，和孟樸旅窗夜談的時候，曾以續孽海花爲請，他也很想續到辛亥爲結束。他曾說：庚子一段情節，最形熱鬧，且能多寫些事實，像那兩宮西幸，沿途的淒涼狀態，有當時隨駕的部郎俞啓元講得很詳，兩宮出京時候，倉卒未攜衣食，抵貫市，投宿淸眞寺中，僅得鄉民楊姓進小米粥蔬菜。過關外，秋水暴發，鑾輿冲水而行，到居庸關尖站，向土民索得粗磁茶碗，進涼水解渴，兩宮相對號泣，及抵崞縣屬之原平鎭，巡撫岑春煊迎駕，令知縣王某到站供應，所設行宮，未加查察，內置棺木數具，要想移去，而兩宮已到。岑撫面奏太后，太后就說，可移去最好，不移也就算了；均可作續編資料云。

明末詩人杜茶村先生

沈爾喬

杜茶村先生，明末之遺民也！遭時不偶，至於飢寒困乏，坎壈一生，然薇蕨幽芬，流芳襆代，實與「山中他日搜遺稿，猶喜幸無封禪書」之林和靖先生，「采菊東籬下，悠然見南山」之陶淵明先生，同其高曠，我儀其人，實所心折。甲申二月二日之夜，予寓金陵西園之桐音館。寒風怒號，冰雪蔽窗，草是篇時，恍如茶村先生雨笠烟簑，孤笻草履，行吟於梅林茅屋之間，先生其永生耶？

記先生之身世

先生姓杜名濬字于皇，晚號茶村，鄂之黃岡人，生萬曆三十九年中，崇禎己卯副車。少時英俊不可一世，欲建樹功業。後見馬阮用事，時政不綱，遂絕意仕進。挾書南游，歷天下名山水，氣淩顯貴，名歷東南，道義之守，死生不渝。先生原名詒先，嘗讀宋末高士杜濬之述志詩：「食李勿嫌苦，食梅勿嫌酸，不爲身所累，且從心所安。吾分固云薄，吾志亦非單，靜看如山禍，差之一念間。所得甚眇眇，所喪已漫漫，百年修不足，一朝容易殘，雖處四壁立，如享萬鍾寬，靜坐明月窗，濯足清風灘。」慕其爲人，因易名濬以明志。時當明末亂起，遂舉家流寓金陵，順治丁亥，先生泛舟維揚，天下初定，當世名士，咸集秦淮，燈船方盛，有富者列貨寶滿舟，榜其傍曰：「名公能爲詩先成者，願以爲壽。」先生繼至，爲長歌千餘言，投其稿而去，不問主爲誰何。去之白門，名愈盛，每一詩出，金陵樂部，爭相傳唱，雖不知其文者，皆來趨之。於是先生復避居雞鳴山右，城之遠僻處也，顏曰寓齋，茅屋數間，樑棟欹腐，牆屋皆傾，人猶有至其室者，惟頗惴惴然恐其壓己焉。先生反喜其窮巷之隔深轍，人不能數至。然窮困日甚，飢不得食，率以爲常。答友王于一書云，「承問窮愁何如往日，大約弟往日之窮，以不舉火爲奇，近日之窮，以舉火爲奇。」迫每遇斷炊，則鬻其衣冠，及於書籍，及於瓶罍且盡，遂及於床。乃徐徐曰：「無所不賣矣，絺帳飄蕭，有離別可憐之色，吾何計留之哉？」致其友蔣前民書云：「書畫骨董之類，有一輪迴焉，多變而爲竈下之柴，釜中之米，今則洸然一空，變無可變，書畫涅槃，骨董圓寂矣。一笑。」

丁酉除夕，天寒日暮，酒食俱廢，先生閉門與家人相對槁餓以度歲。漏下二鼓，忽來扣門聲，詢之，則茅侍詔止生遣二伻至，一齎書致詩卷，一負石民集五六函，置几上，探懷出朱鈐封識物，用爲獻歲之助，可直三萬錢。先生固素知吳興有茅止生，然未嘗謀面，疑來伻有誤，酒發書，始知止生因見先生所爲同文社樂府而心醉，先以書及詩通達道其嚮慕之由，而約開正良覿，又慮先生度歲，無酒，故贐資誠。是年先生得一醉飽度歲，其後，窮愈甚，嘗以客子歲晏，冰雪載途，盎粟行盡，飢驅無所，作乞食詩以自嘲，然守亦愈拙。當時江寧太守于公，聘修江南通志，藩臬諸憲，聘主貢院，枉駕致聘，均託故辭絕。至康熙二十六年，已屆七十七之高齡，卒於江南之岔路口，貧不克葬，厝淺土十年許，湘潭陳愨勤來守金陵，謂先生其鄉人之能立名義者，瘞之蔣山北梅花村。時人詩云：「江南有客杜茶村，文采風流世所尊，不有蒼洲陳太守，誰爲營葬太平門？」又有詩云：「不合時宜癡太守，金錢不愛愛詩人。」前者哀杜，後者嘲時也。

先生自少聰慧，有詠蘇長公云：「堂堂復堂堂，子瞻出峨嵋，早讀范滂傳，晚和淵明詩。」寥寥二十字，說盡東坡一生。及長游四方，所爲詩文自闢畦町，睥睨一世。尤精五律，吳梅村詩名滿天下，自謂五言近體詩，自得先生金焦詩而一變，然猶以爲未逮先生也。讀其送茶村詩：「解囊示我金焦詩，四壁波濤驚欲倒，一氣元音接混茫，想落千峯入飛鳥，近來此地擅時譽，粉飾開元與天寶，我把耒鋤倦唱酬，恥畫蛾眉門工巧，看君爽氣出江山，始悔從前作詩少。」茅待詔止生盛贊先生詩云：「性靈發樸音，大巧無纖詞，漢高一籜冠，六王無威儀。」其推許可謂至矣。合肥龔鼎孳文端公尤加推重云：「茶村詩是飛仙人，海月江烟供咳唾。」其後讀其詩而心折者不知凡幾，夏力恕讀先生詩：有「野雲流破生前夢，滄海橫流筆下瀾，惆悵楚風淪落盡，把君詩卷一加餐」。先生所著有「史泣」「史笑」，及「頑山變雅堂集」「茶村詩鈔」，在日以貧窶未刻，後人爲之搜其遺稿，哀輯刊行。並於先生故居黃岡縣學北之飢鳳軒舊址，建祠崇祀。蘋藻瓣香，千秋俎豆，先生可謂食窮一時，廟饗千古矣。

記先生與劉克猷

先生少與劉克猷爲同學，後棄舉子業，流浪江湖，肆志高曠。劉則大魁授殿撰，奉旨榮歸，入武昌縣，乘大舫，儀從甚都，舫上列幟，帆檣高懸狀元及第銜牌，所至，兩岸觀者如堵。某日，舟泊鄂王城，適大風雪，行人稀少，遙見對面山頭有一人戴笠披簑，倚樹看雪，劉公審視久之，曰：「此必詩人杜茶村也。」急造山相迓，近視之果先生也，大喜，攜手至舟次對坐，傾燦酒歡談，先生所言惟詩文進境，無一語及京邸事，談至得意處，不顧草履泥污，手舞足蹈而前，劉慮先生寒，急以錦衣貂裘覆之，聯床話舊，相對竟宵。當泥塗軒冕之間，先生抱道自重，固絕無世俗榮枯之見，而劉公車笠傾蓋，亦無絲毫炎涼之態，兩人之風誼良足多矣。

記先生觀劇作詩

先生哀明代之亡，雖遨遊於鄉間，終不少屈，流寓白門，某日，錢牧齋宴客，先生居上坐，伶人演垓下之戰，扮虞姬者，固楚伶，座客曰：「楚人演楚事，先生楚人，盍贈以詩」。先生慨然援筆立書曰：「年少當筵意氣深，楚歌楚舞不勝情，八千子弟封侯去，獨有虞兮不負心。」牧齋爲之憮然！按牧齋梅村，身雖降清，心存故國，洪稗存所云：「山上蘼蕪時感泣，息夫人勝夏王姬。」固爲二公恕，而先生志節皎然，更於此可見也。

記先生與龔孝升

先生與龔鼎孳（孝升），自壬午都下訂交，垂三十三年，龔勳業蓋世，不自以爲善，利濟在人，不自以爲德，每當酒闌燈灺，歌殘舞罷之際，與先生煮茗相對，泫然流涕，先生嘗勸龔固應以濟世，不逐物而忘返，謂漢留侯辭三萬戶之封，不負圯上納履，願從赤松子之游，唐鄴侯求還衡山，不負分芋懶殘十年宰相之言，奉詩六章，其末云，「康濟誰能盡，功成退步寬，鹽梅留淡味，霖雨愼波瀾，毫素深心託，榮華道眼觀，古來光史策，知止最爲難。」龔袖藏錄詩曰。「謹佩厚意，雖然，如不得退何。」先生曰，「公之此行，步步空退着着謀退，則退易矣，空言求退則退難矣」。龔擧手謝曰：「某不敢忘」。後龔相業隆盛，卒難謀退，嘗詩札丁寧，邀先生一敍燕邸，病中猶寄先生詩云，「騎省秋風損藥囊，白頭終日夢柴桑」，詩意凄切，而先生竟缺一往，僅還奉一詩：「多亂餘生重苦飢，途窮過從在相知，惟應却恨江頭別，一日懷君賦一詩」。情意纏綿，迨龔歿，先生揮淚哭之曰：「世界雖大，人物雖衆，求一人如先生之憐才篤友，恐斷斷然不可再得也，斷斷然不可再得也，嗚呼痛哉」。讀此文想見先生與龔知己之感，眞涕淚千古矣。

記先生之花塚茶丘

先生坎坷一身，奇窮極困，然陋巷簞食，不改其樂，平居聚瓶花枯枝，得百九十三枝爲一束，擇草堂東偏隙地，爲花塚而葬之，銘曰，「汝菊，汝梅，汝水仙木樨，蓮房墜粉，海棠垂絲，有榮必落，乏盛不衰，骨瘞於此，其魂氣無不之，其或化爲至文與眞詩乎？」並自序其銘曰，竊有慨世之蓄瓶花者，當其榮盛悅目，珍惜非常，及其衰頽，則擧而棄之，轉入溷渠，不第唐突，良亦負心之一端。讀此文不第鍼砭時俗，且亦見先生之至性至情，石頭記之葬花詩，儂今葬花人笑癡，他日葬儂知是誰？於以知瀟湘館主感懷身世，寄情花魂，有由來矣！先生酷愛茶，嘗曰，「吾之於茶也，性命之交也，清泉活火，相依不舍，客中一切之費，茶居其半，有絕糧，無絕茶，自慨生平，賦命奇薄，與物無緣，惟茶爲恩我，負之不祥，豈可使墮落汚穢」。於是擧凡所用茶之敗葉，點簡收拾，置之淨處，歲終，聚而封之，謂之茶丘。礱石刻銘曰，「石可泐，交不絕」，先生之閒情逸致，洵乎名聲中自有樂地，而一言一動，且多有風義存乎其間也。

記先生之論小人

先生少負才氣，欲建功業於世，遭時不偶，懷才不試，坎坷終老，僅以氣節詩文名天下，然先生固具治世才者，嘗答某公書，痛論朝中小人曰：「願公勝之以靜，而辨之以默耳，自古小人之禍，君子激之，君子之名，小人成之，至於成君子之名，業已受小人之禍，天下事因之破壞者不少矣，區區之見，得之十年讀史，輒敢以爲左右獻。」於此可見先生器識宏遠爲何如耶。夫豎刁易牙，小人也，管仲在日，終不敢稍萌異志，魏文舉，小人也，孔明生時，終不敢陡露逆跡，盧杞張昌宗，均小人也，然對郭汾陽，狄梁公，均畏敬而不敢為禍，蓋皆早能辨之以默，勝之以靜，如當小人心跡未明之時，昧不加察，及其惡勢已成，則囂囂然號於衆曰，是小人也，則小人被逼而為眞小人，復以浮動處之，則反致小人道長，而貽禍家國者，先生此論，謂得之十年談史，洵秉國鈞之君子，所不可不辭勝默辨也。

記先生與姜綺季論鬼報

先生於戊申冬客廣陵，與劉峻度姜綺季等，圍爐劇談，乃至於鬼。客有述吳門葉襄果報一事，舉座為之色怖，以為冤業之不可作，怨鬼之不可解如此，綺季獨仰天大笑曰，「此鬼何足道哉。」客問何故？綺季曰，「吾嘗見世間貪官污吏，受賕枉法，每斷一獄，則冤殺數人，每下一令，則累殺數人，積而久之，殺人如麻，以果報論，必當鬼哭神嚎，塞破屋宇矣，顧乃滿載而歸，求田問舍，美姬妾，飾歌舞，醉生飽死，曾不聞有某某冤鬼上門索命者，乃獨於一窮書生，飢驅于謁，僅僅誤犯一次，而索命之鬼，已隨其後，甚矣，其不平也。可見貧賤有冤鬼，富貴無冤業，此等鬼物，不過如陽世間茹柔吐剛勢利之小人耳！何足嚴憚哉？」一座抵掌稱快，先生獨曰，「不然，大抵人生世間，不造惡孽，上也，苟不幸失足而有怨鬼，則反宜多，不宜少，何則？冤鬼多則一鬼行而羣鬼從，甲乙相問，皆尋某氏，則其間之鬼，必有爽然自失，無異遼東之豕者，又必有以為我衆彼寡，以百千鬼搏一人，雖勝不武者，又必有以為其多如此，事亦平常，不足深恨者，又必有以為鬼多事多，貴人善忘，辨質煩難，舍之者，又必以為旣或治之，我可坐享，相持不發者，又多鬼之中，必有善鬼，從中勸解者，多鬼之中，必有懶鬼，但求省事，參差不齊，致羣鬼減興者，凡此七則，皆救也，若彼踽踽涼涼，僅有一鬼者，於以上七救無一焉，勢不兩立，故貧賤之受報，自苦冤鬼之少，富貴之無報，正賴冤鬼之多，於勢利何有哉？況彼冤鬼不恃衆而恃獨，正有豪傑之慨，奈何反比之小人乎。」坐客咸大笑，按姜之說，鬼之董狐也，伸貧賤之氣，先生之說，鬼之蘇張也，甚富貴之惡，反覆詼諧，能令鬼啼，能令鬼笑，諷指隱然，刻劃入情，俱足以扶正因果，非破因果，善哉善哉。

記先生之子

先生有子三，長湘民，作斷雁吟十八首哭弟世農，顧景星許其詩，謂渢然如飄風，如奏枯桐破筑，如巃泉三峽，如荒鷄遠啼，如桓山之禽，流沫折翅，逐子之轅，三擲三躍，二子世農自幼穎悟，善詩，十數齡，即有「雨闌多向夜，秋氣晚歸燈」，「聽蟲入幾層，天淨雁微痕」之句，弱冠喪母，嘔血斗許，哀毀牀榻苦吟，有云，「風前黃葉夏能飛」，是年果以夏月卒，詩具夙慧，性尤純孝，惜乎天不永年。三子逸名，闢遠出為僧，康熙戊子呂德芝有書杜和尙事，靖州天柱縣，邊苗地也，有一徑，方四十里，可達黔中，郵遞甚艱，而叢薈荆杞，彌亘山谷，諸苗穴之，以肆剽掠。有行僧杜和尙者，能詩歌，語天下事如指掌，大抵明末高人為僧者，武勇絕倫，熟游其地，欲闢此徑，募積多貲，且鋤斧倔健夫百餘人，力事斬伐，月餘成坦道十餘里，諸苗羣阻之，杜持鐵杖可五六十斤，獨戰㸑苗三酋，餘皆披靡散，凡三月，竟成康莊，當事者擬旌之，笑却去，遂結庵中途，獨居以護送行旅來往數年矣。一日晌後，有異僧負裝木械大刀入庵，釋任呼杜具湯沐，聲甚厲，杜訝之，方事水火，俛首竈前，僧入其廚，睨地有鐵火叉，一足躧之，即一足踏杜頸，杜一手起，僧迸擲牆上額破，僧起奪火叉，拔木函刀來砍，杜急拾木片方八寸許，左右格避，應創且盡，因奪門出，僧疾追，走二三里，時黃昏，杜望山走，渡小木橋，因猿掛橋下，僧過橋追之，杜從下曳其足，僧墜沮洳中，杜下奪其刀，問來故，不應，杜欲殺之，亦不應，固詰之，乃曰；「知爾武勇，欲降爾相幹一事，今不諧，殺耳，復何問」？杜嘆曰：吾老矣，天下大事，亦久灰心，况他勾當耶，然爾敢忤我，亦有胆識者，攜手歸庵，具湯沐飲食，詰朝別去後，杜亦不知所終。咸謂此即遠出爲僧之先生三子也，先生高風亮節，志潔行芳，子三人，長能詩，次純孝，三武俠，可謂有其父迺有其子。

記先生之義僕

先生家僕胡義勤，小名蓋兒，其兄乳媼子也，數歲始能言，短舌，道字不明，既長猶然，人以其操音如小兒，兼舉動促率，不類成人，咸呼之爲老孩子，年幾三十，每跪受母撻，宛轉地下，呼轡作兒啼，見者笑之，然亦多其能孝順母也。爲人樸實，事主人四十餘年，不欺不怠，生平魯笨，不識字，獨嘗竊聽一二忠孝節義古語，輒堅守不知變通，痛其父以震死，遂終身不取婦，曰：「天殄我矣，一身尚多，何以婦爲哉？」甲申乙酉間，國破家毀，余兄弟隨侍先君先夫人盡居金陵，僮奴十餘輩，多挈妻子叛去，走部落營伍，竄入兵籍中，不數日，立馬主人門，舉鞭指畫，放言無忌，以鳴得意，甚者拔刀砍庭柱，叫呼索酒食，不得則恣意大罵極快暢，然後馳去，義勤嘗切齒其至如此。一奴既隸尺籍，私來說義勤去，義勤好謝曰，「人各有命，爾命本當得意，故一旦遭時，自然奮發，吾命薄，與主人同，願共守飢寒而已」。此奴亦頗慚其言，自是不復來詈主人矣。先生兄歿，義勤知則大慟，即日皇遽從千里外奔故鄉哭之，跳擲號吼，嘔血數升，遂得喘嗽疾，先生雖窮，然義其爲人，且念其先兄待之甚優，命視管鑰而已，以辛亥冬十一月，隨先生至雲間，壬子正月八日，死於松江西門外之福庵，先生葬其骨於庵後數十武之隙地，銘之曰，「溺二姓之說，失詈主之時，傷哉此僕，遺骨猶癡。」慨自事變以後，曩之販夫走卒，輿台皂吏，多戎裝革靴，荷槍實彈，或長游擊，或恃背景，叱咤鄉里，敲剝人民，禍害其主人者，比比皆然，豈第立馬主人門，放言無忌，叫呼酒食而已耶。安得如義僕胡盡兒者，相守飢寒，婉諷儕輩，此殆先生忠悃幽思，有以感召之也！

記先生之言情

先生雖倜儻風流，以詩文自娛，終其一身，洍窮堅苦，絕無羅曼史可言，然爲其友范性華之情人陳小憐所作傳，落落奇文，娓娓流情，則知先生固至情人焉。傳曰，「陳小憐，剡城女子也，年十四，遭兵亂失所，落入燕都，住西河沿狹邪中。小憐姿慧不凡，遂傾動都人士，聲價翔貴，雖達官富人，有華筵上客，欲得小憐一侑酒，必先致意，通慇懃，爲期旬日之後，然後得其一至。時燕聚四方之士，座中遑遑多年少美姿容者，結束濟楚，媚態百出，自謂必得當於小憐，小憐弗睇也。而錢塘知名士范性華者，老成人也，館於燕，一日以赴某公讌，遘小憐，雖頗異其姿，然平澹遇之耳。范時年五十餘，人地固自軒軒，顧貌已蒼然，意不在佻健，而小憐一見獨爲之心醉，注目視范，自入座以至酒闌，目不他視。凡范起則視其起，范步則視其步，范後就座，則視其就座，往則目送，旋則目迎，已或時起數步之外，必回頭視范，如恐失之，小憐固素謹，忽如此，舉座咸詫異，范反爲之跼蹐不自得，笑而左右顧，而小憐自如也。將別，則詳問范姓字，歸而朝夕誦之。有潘姓者，往來於其家，又素識范，謂小憐曰，『爾念范君如此，盍往訪之。』小憐正色曰，『吾既已心許范君終生矣，若猝往，是奔也，姑少待，范君相迎，斯可矣』。潘以其言白范，范猶恐其難致，試走伻探之，值小憐是日有鉅公之約，肩輿在門矣，立改其所向，語其媪曰，『某公之約，一惟汝多方辭絕之，我赴范君召，不顧矣』。小憐至范所，語次，謂范君曰，『吾不能舍君矣』。是時小憐年始十七，范唉曰，『以子之姿慧，從良固甚善，然當擇年相若者，吾豈若偶耶？』小憐應曰，『君誤矣！三十年以內所生之人，豈有可與論吾心者哉？』范大奇其言，叩之，知嘗讀書，粗通朱子綱目，范初無意，至是固已心動矣！因留連旬朔，相與訂盟然後去。而小憐所與一時宦，方與范相忌，聞之，雅不能平，輒計致小憐曲室中，出而扃其戶以困之。小憐顧室中有椽几，長丈餘，遂泚筆於几上，書范性華三字幾千百滿之，時宦歸而睹几上字，色變不能言。燕中嘗作盛會，廣召賓友及狎客妓女皆與，酒酣，客爲觴政，下令，人各引滿，既釂，自言其心上人爲某，不實者，有如酒。次第至小憐，或戲之曰，『爾心上人多矣，莫適言誰也。』小憐嗔曰，『是何言？一人而已！』起持巨觥，命滿酌一飲，絕瀝覆觴，大呼曰，『范性華』，舉座相顧，以爲此子無所引避矣。其篤摯至於此，然久之無成事，范於是仰天歎曰，『醇政獨非丈夫乎，何遂力不能舉一女子而忍負之也！且小憐與吾約者，極不難耳，督過愆期，至於舌敝，金台之下，識范性華者多矣，而將伯之助寂然，又安事交游。』乃爲詩自傷云，『只愁世少黃衫客，李益終爲薄倖人！』信乎其爲薄倖人矣！小憐以河清難俟，竟爲有勢者強劫以去，猶留書與范云，『非妾負君，妾終不負君也！』噫！是可悲矣。先是，小憐每數日不晤范，輒廢眠食，及范至，則又莊語相勉以大義，且曰，『出處一不愼，則君之詞翰俱可惜矣。』聞者以爲此非巷中人語，又力勸范迎其室人來燕中，曰，『小憐異日得事君子，固甘爲之副。』范用其言，既而得與室人病訣，厚爲之殯，祭弔成禮，小憐一言之力也，范尤感之。」當時平康多慕朝貴名士，如董小宛之依冒辟彊，李香君之依侯朝宗，柳如是之從錢牧齋，顧橫波之從龔鼎孳，佳話流傳梨園播唱，獨小憐酷愛范性華，而事終不諧，美人名士抱恨無聞，先生哀之特爲之傳，亦可謂不辜彼姝深情一片也。

苑西志感

瞿兌之

吾於薄暮時過北海五龍亭，轉入校場，望見巍然一樓，丹艧剝盡，猶屹立不動。循苑牆而南，過旃檀寺，入羊房夾道，今不知何以訛爲養蜂夾道也。苑牆巨磚纍纍，近址處浸入溝水，有剝蝕痕。然繩尺嚴謹，曾無少欹側。心念此殆猶明代之牆磚也。歷數百年，與世變相吐吞搏擊，世變之起落無有已時，而此無情之牆磚尚堅持其故態。嗚呼，可以概想人世一切事矣。今此一帶地方，因舖戶人家皆稀少，東抵苑牆，尤爲曠闊。每當星月之夜，四望寂然，幾疑有數百年前之故鬼伺行人而訴其衷曲也。

因思當明之盛時，此爲內校場。武宗以內臣典兵，日夕操練於此。雖近依禁籞，而刁斗鑼鼓之繁，決非今日之岑寂可比。又明之玉熙宮正當今北平圖書館一帶，自正德至崇禎初年，常有玉熙宮過錦之戲，其熱鬧亦可想見。由此輒念明武宗之爲人，眞有耐人尋味者。

明代諸主雖多庸暗，然性好武事，似由家風使然。太宗在燕邸時招集猛士，而以僧人爲之魁。高煦當英宗時，亦以勇力自矜謀反。武宗之好武，尤畢生以之。其寵江彬也，雖由錢寧之引進，而實以彬善戰饒胆力。彬初以大同游擊隨大軍征討河南賊，及兵罷遂留邊兵於京師。按明制邊兵不調作他用，征討四方皆以京營兵。正德六年，以京畿盜作而京營兵不能制，乃用兵部尚書何鑑議，調邊兵討賊。彬既得帝寵，遂建議以京兵與邊兵互調操練，論者皆以爲不可，閣臣李東陽持之尤力。而武宗竟不聽也。平心論之，明之京營，積敝已久，平日京兵皆爲勢豪之家占役，加以侵尅賄縱，號稱禁旅，實則老弱癃殘，不知執干戈爲何事。邊兵雖亦長子孫非一日，而久處西北高寒之區，不得不恃弓馬爲生，兩相比較，自覺稍勝。武宗見京營之不足有爲，而喜邊兵之驍捷，適投其好武之性，故自正德六年以後，帝之爲人已一變以往之無意識游戲，而頗有整軍經武之改革計畫矣。

寧王起兵江西，稱奉太后詔討賊，其指斥之語，史家無從詳記。蓋不止於清君側而已。意謂武宗爲孝宗所養之民間子，故有祖宗不血食十有四年之語。武宗好微行，不樂居大內，於官閫毫無系戀，而所與游者皆市井中人，其行迹誠有可疑。當時殆必有此種推測，故寧王因人心之搖動而有此攻擊也。顧余意明代諸主皆無甚高尚之嗜好，其習於市井卑俗之事，亦不止於武宗一人，似由保傅之制度使然。明之東宮講讀，並不每日進講，經筵則月僅一次，皆是具文。非若清代之宏德殿毓慶宮授讀直與尋常人家之書無異，課讀背誦，毫無假借。故明之諸主文理均不甚通，而批本不能不假手於太監。太監得權，自不免以猥瑣之事蠱惑其心志。且明制君主見廷臣之時少，而宮庭內外盡爲閹宦，人數衆多，流品猥雜，一舉一動，無不在其掌握中，焉不受其潛移默化，轉而與市井爲緣耶。至若明代藩王，轉多好文學鑒賞者，以其遠在藩國，所接近者尙有文學之士耳。即如寧王，亦頗知優禮士流，李夢陽即爲所用也。

明諸主好武事，疑尙有故元遺俗。此則由於太宗北遷之故。北京近於邊塞，而弓馬射獵之俗爲民間所習見。自永樂以後，皇室生活殆已全同北俗。其最顯而易見者，如番經之崇奉，即其一也。正德十年，遣太監劉允往烏斯藏賚送番貢，費至百萬。而明官史載番經廠一節云：

各習念西方梵唄經咒宮中之英華殿，所供西番佛像皆陳設近侍司其燈燭香火，其隆德殿欽安殿亦各有陳設近侍也。凡做好事則懸設幡榜，惟此番經廠仍立監齋神於門旁，本廠內官皆換番僧帽穿紅袍黃領黃護腰一永日或三晝夜圓滿。掃砂神廟時，每歲八月中旬，遇萬壽聖節，番經廠雖在英華廠做好事，然而地方狹隘，須於隆德殿大門之內跳叱，而執經誦念梵唄者十餘人，粧韋馱像合掌捧杵向北立者一人，御馬監等衙門牽活牛黑犬圍侍者十餘人，而學習番經跳步叱者數十人，各帶方頂笠，穿五色大袖袍，身被纓珞，一人前吹大法螺，一人在後執大鑼，餘皆左持有柄圓鼓，右執彎搥齊擊之，緩急疎密，各有節奏，按五色方位魚貫而進，視五方五色傘蓋下誦經者以進退，若舞焉。跳三兩時方畢。

此所云跳叱，即清語所謂跳步札，今雍和宮之打鬼也。想元亡以後，所遺番僧仍在北京，故有此風俗，若永樂不北遷，必不如此也。

又如衣冠之制，亦稍參北俗。冬季百官戴貂鼠暖耳及披肩，關外歲貢貂皮，蓋即爲此。又內官佩小牙筯及小刀銀廂鯊魚等鞘以紅絨辮繫束於衣，亦見宮史。清代內廷臣工亦佩此物，蓋北人割肉爲餐之用，至今東安市場及安定門內售賣蒙古西藏貨物者仍備此物。諸如此類，均非漢人舊俗也。若武宗所好，更惟北人之限制。史稱正德中東西兩官廳所領諸軍悉衣黃罩甲，中外仿之，雖金緋盛服亦必加此於上，下至市井細民亦皆披之。又於遮陽帽上飄靛染天鵝翎以爲貴飾，貴者飄三翎，次二翎，兵部尙書王瓊得賜一翎，冠以下校場，自謂殊遇。此即清制黃馬褂及花翎藍翎之所由始，清制之褂即罩甲也，本較衣爲短，其尤短者則謂之馬褂。靛染天鵝翎即藍翎也，初本以之賞軍功，其後通緬甸安南，孔雀羽來者益多，遂以孔雀爲貴，而藍翎僅以施之六品以下。由乾隆至咸豐，花翎非有軍功者不賞，文臣多不戴翎，同光以後始濫與矣。不但此也，正德十三年武宗自塞外回鑾，百官迎駕者傳旨用曳撒大帽鸞帶，而不令著朝服。朝服爲漢魏以來舊制，而曳撒則軍中之服。此即變古從今之漸，亦即清制改用袍褂之微。又賜羣臣大紅紵絲羅紗各一具，綵繡一品斗牛二品飛魚三品蟒四品麒麟五六七品虎彪，翰林科道不限品級。此亦清制補服分品級之先聲。明人雖極詆武宗之失德，然此制竟沿用弗改。深考其故，蓋由武宗性好北俗，頗如趙武靈王之胡服騎射以變舊風耳。（又是年賜文武羣臣銀牌三品以上曰慶功以下曰賞功各被以花紅，此又清制功牌花紅所自始。）史又稱是年回京時上衣戎服乘赤馬佩劍，邊騎簇擁，遙見火球起戈矛間，烟直上，乃知駕至。羣臣齊伏地叩首，上下馬坐御幄，大學士楊廷和奉觴，梁儲注酒，蔣冕進果榼，毛紀擎金花稱賀。上曰，朕在楡河親斬敵首一級，亦知之乎。廷和等皆頓首稱聖武。上遂馳馬入東華門宿豹房。觀此段紀載，令人想見其意氣之盛，旌旗車服容衛之美。此豈帝一人之力所能致哉，毋亦北俗南漸之勢有以使之然耳。

由是而言，武宗之任邊將，蓋憤戎政之不修，而思有以一振國俗，其初心固亦可諒，而秉鈞之臣，但知奉行故事，無所裨益，稍有變革，輒以祖制相繩，故帝不得不轉而謀諸武將。此輩生長邊關，習於武事，帝欲略知外間之事，亦不得從此輩得之也。

意明之豹房包括今西安門內，自皇城北面直至光明殿等處，在明代本皆內官諸司之地，與外間完全隔絕。其間除虎豹之嘶號，刁斗之嚴警，外此則禁軍與內官之語聲與步聲而已。今此一帶距市稍遠，岑寂最甚，過此彌令人想像前明之景況必不如此也。武宗既與武將狎習，宜其又樂近醇酒婦人。金鼇退食筆記云，騰禧殿覆以黑瓦，明武宗西幸悅樂使劉良女，遂載以歸，居此，俗呼爲黑瓦老婆殿。史載上在偏頭關索女樂於太原，晉府樂工楊騰妻劉氏善謳，上悅之載以俱歸，江彬與諸近倖皆母事之，稱劉娘娘云。蓋即此事。騰禧殿即今之大光明殿也。俗傳游龍戲鳳故事當即由此而來。余嘗薄游大同，其地有久勝樓者，故老相傳云即武宗調李鳳姐之地，殆酒肆主人設爲此說以聞動流俗耳。然因此想見邊關士女至今猶艷傳此風流天子之故事。余又見宣化大同一帶民家，屋瓦皆施鴟吻，求其故於志乘，知爲明代軍官邸舍之遺。且人物昌豐，俗尙艷冶，於塞草黃沙之中，寓鸚鵡樓臺之盛。若在明代更不知繁華何若。宜乎武宗之流連忘返也。

武宗以寧府大同爲家裏，固緣愛其地而喜其人，亦良似有親屬關係存乎其間。寧王指斥之詞，未必絕無影響。顧世宗即位以後，於寧王仍深惡痛絕，並不翻案者，蓋寧王自有黨羽，亦頗得人心，若寧王事成，則世宗決無入承大統之望，且恐併遭其一網打盡也。世宗於武宗無所愛，而於寧王則大有所惡，故必不肯翻前案。總之武宗之舉動如此，實不能令後人釋疑團耳。武宗捨帝王之尊稱而自號威武大將軍太師鎭國公，人以爲離奇出意表，不知民間知大帥之貴而不知天子之尊，爲帥則身之尊榮身可得而自見，爲天子則夐乎不相接觸，故天子誠不如將帥之可樂也。軍中習慣則更但知有將軍而不知有天子，武宗既身居軍中，宜其爲耳目所濡染也。

武宗養子至百餘人，蓋皆其所蓄之勇士，如寧王之養把勢也。太祖未稱尊時，亦復如此。帝王所恃以爲股肱心膂者，朝臣皆顧身家不可恃，則不得不求之於宦官。宦官僅能供使令而無材勇智謀之輩，故由宦官以求草野之能者。彼所謂能者無他，匹夫之勇與夫方外衛士之徒而已。即太宗之爲燕王時，見解亦不過如此，要之明太祖忌才太甚，而科目出身之士夫類多庸庸保位，故其嗣君皆不欲與士夫爲緣，因此養成宦官與士夫對峙之局面。

武宗因江彬之薦，與佛郎機使人火者亞三相狎，遂學其語言，事見明史。佛郎機爲歐洲之國，而火者亞三乃亞剌伯語。疑其人來自重洋，假遠邦以自重耳。然以此知江彬部下之無奇不有，而武宗亦喜與異方人相接也。

武宗初來，偏信劉瑾，閣臣劉健謝遷欲誅之而未能，致反爲所排斥。論者多惡瑾爲人，以爲大奸慝。其實瑾之專權，仍與士夫相結，特有一南北成見耳。其黨焦芳力持南人不可爲相之論，瑾不過相與附和而已。比瑾之誅，仍由楊一淸結張永而得其助。細按史實，只是宦官間之爭權，與南北朝臣朋黨之起伏。瑾固不良，然去瑾又何益於國，徒使武宗更不信任朝臣而已。且瑾綜覈名實，奏罷各邊年例銀兩，似頗不負任使，非持祿養交之朝臣所及。固未必無一節之長也。

因過苑西而慨然於正德年中事如此，武宗誠一異人矣。使其享國長久，殆將一變重文輕武之風，或進而益致力於海外交通未可知也。

北遊記

紀果庵

Rip Van Winkle一睡八十年，Marco Polo離家四十年，回到家裏人都不識，丁令威化鶴歸來，殆亦不過如是。世變劇繁，城郭人民之異，豈待數十年，我才四年沒回北平，雖然曾經一住十五年，覓處處都生疏起來了。小胡同裏夾雜着工廠的大烟筒，電車賣票生換了草綠色的制服，前門西車站已經廢除，東車站也分成入口與降車口，亂亂糟糟，要讓我自己去買票恐怕都摸不淸頭腦，只這下了火車剛剛接觸到的幾點，已够說明變化之大。我很幸運，自啓程那天起，車站已經普遍停止檢查，翻箱倒篋的罪總算沒受，可是也許是佔了頭等票的光，因爲我在下關分明看見排了隊軋上車的人，宛如鄉村的廟會戲台之下。更可異的是我登車之後，發現第一個擠上車的就是我的近鄰某跑單幫的小販，據說走單幫一次，可有數百數千乃至數萬的贏利，是則我之仍存傳統觀念，以爲「滿朝朱紫貴都是讀書人」者，理應受罰了。閒話休提，這次北行，我坐的直達天津的快車，爲什麼不坐直抵北平的車呢，理由很簡單，普通北平的車，徐州至濟南一段適在夜間，容易有阻礙，亂世人命如草，自己並未看得多麼值錢，然君子不處夫巖牆之下，亦是古訓，而我尤有一最大理由，即想在白天看看泰山孔林的風光是也。因爲無論南下或北上的車，都是一樣，泰山雖然巍巍，孔林縱然鬱鬱，夕陽西下，車上就得扯下膠布窗帘，休想看見外面毫分。猶憶我南來時，抱着一肚子希望，可一覽名山，不意路上掃興如此。車至兗州，前途發生障礙，自半夜一直停到次晨八時，初春寒風料峭，站有幾株老柳，映着黃月一彎，旅人心中，不禁想起樊山翁「一彎月更黃於柳，愁殺橋南繫馬人」的名句，增加無限感傷。那一次眞是蹩扭，車到蚌埠，不再前進，虧得在途結識朱先立君，到蚌埠合兩人之力，找到半間小旅館，不然也許就要露宿終宵呢。因之此次北行，頗懷戒心，當我看到徐州以北一路連續不斷的碉堡時，深嘆交通當局防護工作之偉大，同時，崔巍的泰岱，也在車上領略到一點意思，遠遠有一紀念塔式的東西，恐怕說是馮煥章將軍所立的灤州首義紀念碑吧！人事滄桑，徒惹憑弔，古人多少歷史，在後人想來頗有些「何必」之意，輕輕淡淡，在紀載上不過佔去幾行，在當時便不知流了若干人的血汗。後之視今，亦猶今之視昔，一切推廣開去，覺得越是現實越空虛，眞要動散髮入山之念。但是我們坐的是每小時九十里的快車，來往的地方都是百萬人口的大都會，忙亂，繁囂，物質的，機械的，營營擾擾，與我們心中所思，委實相去太遠了。

徐州以北走入華北平原，廣大，單純，質樸。平田夐遠，一望無邊的黃土，好像還是原始的樣子，因爲極目四望，看不到多少村莊。與京滬滬杭路上，茅村三五，野艇柳堤，疏落清秀的味道，大不相同。用不着踏上故鄉的土地，就這個我好像已經到了家中。過灤口鐵橋時，看見田邊幾個穿大紅大綠的鄉下女子，在慢慢走着，好像對於奔騰怒吼的火車，熟視無覩。中國固有生活與物質文明之不易調合如此，令人奇異。，滄州以北，天漸昏黑，幸有月色，洒在薄薄的積雪上，「明月照積雪」，雖然羌無故實，那境況可眞是動人。深夜二時到天津。我隨便掣了一紙十元的聯銀券付給脚夫，他千恩萬謝的跑開去，我正奇怪於爲什麼不和我爭長較短，恍然憶及這已是中儲券的六十元，不覺又爽然若失了。在南方花錢慣了，乍到北方，若不時時計算，必致後悔。即如我和楊顯周兄出車站雇車至法租界佛照樓旅館，這本是頂近的距離，只要走過鐵橋就到了，但車夫却索了五元，我們下意識的覺得五元算不了什麼，馬上答應，豈知一下子就出了麻煩，一位高個子的英雄，硬攔住拉我的車夫不肯放鬆，說生意是他講的，不能被別人搶了去，爭持得難解難分，後來還自搶了我的皮箱，我下車大鬧，他說：「我和這小子拼了，說嗎你也走不了！」拖我的車夫看着惹不起，終於答應分給他兩塊才肯放行。北方人本是講禮貌的，可是這次給我的印象却太壞，也難怪，誰讓我們放了這樣糊的大砲呢。不過這種不快之感，當我在北京一下車的時候就校正過來了，首先是脚行的客客氣氣，其次便是車站以外車夫的厚道。出站後我本即雇妥一輛洋車，預備到西四以北的一位朋友家去，價三元，同時我忽然發現了很多三輪車，爲好奇心所動，於是我又問價錢，結果也是三元，拉車的車夫聽了：「您隨便，三輪快點，您坐三輪吧。」我心中有了南京上海以及天津的老例，想着這一定得是糾紛，誰知却是這般的禮讓爲國，弄得我倒不好意思了。及至我乘上三輪車後，中途忽然想到這位朋友也許在他服務的學校裏，尙未回家，於是令車夫繞道學校，不料學校又搬家了，我的意思是不再去找，以免麻煩，車夫說：「離這兒不遠，您去一趟得啦，沒關係。」果然我在學校的新址會見了朋友。這許多客氣，和靄，使我們好像得到意外的收穫，有些感到非分似的，然而住在北平的人，這乃是家常便飯。

幾年沒有會晤的友人，忽然見面，話簡直不知從何處說起好。在西單牌樓乘電車北行，一個人一角五分錢，多麼聽着使人不能相信的價錢！南方一角錢的票子送給叫化子都不要了。西單牌樓是近十五年來北平最繁華的地方，十字路口也開闢了相當大的廣場，我常常買菜和吃飯的寶元齋與茂號都將門面縮到頂小，而且向後退了很多，從前在報子街轉角的一家大紙店叫作同懋增的，現在竟不見了。紙店南邊的土藥店等，則「巍然尙存」，名字好像是「千里香」。朋友的家，是西北城很恬靜的一隅，北京特有的四合式平房，雅潔，整齊，適用。可惜隔壁便是一個新設的造紙廠，馬達聲音徹夜不停，連電燈的光都顯着黯淡。造紙廠的原址，本是果園，在內城有幾十畝的園林，不算稀奇，桑田滄海，此亦一感慨也。午飯後去洗澡，還是五年前常去的華賓園。提起洗澡，大約沒有比北平再價廉物美的了，兩個人，雅坐盆浴，加理髮修脚等等，不到聯券十元錢，伙計招待得令人心意不安，倒在沙發上睏一覺，兩日夜的旅途疲困完全恢復，我每誇讚北平生活之簡易舒適，這不能不算一件事實。但晚飯後又坐了洋車訪友時，車夫却一連串的叨叨着：「您說，棒子麵（即玉蜀黍粉）今天兩塊三了，昨兒個還一塊八，怎麼混！」

其實一塊八就是南京的十塊，我老忘不了折合，要讓他知道了這種數字，恐怕更要瞠目結舌了。北方的糧食問題的確嚴重，像樣子的麵粉要二百多元，大米須七百元以上一石，即以此刻現在的上海糧價爲比，折算起來還要高出許多，又何怪過慣了低廉生活的北京市民終日愁眉苦臉呢！

因爲生活的困頓，北平人也喪失了往日的悠閒與從容，而向生活鬥爭線上去掙扎，有的公務員在晚上租輛三輪車，以體力勞動補助精神勞動。說來可慘，北平的車，是不論鐘點的，只以距離計値。始而我感覺車價甚廉，不到幾天光景，已經比南京還貴了，物價指數的反映，有如此者。聽說一部三輪車每天除去十元上下的車租，可以收入四五十元，比之公務員每月收入不過二百元，恰似霄壤。頭腦更銳敏的，學了上海人的樣子，囤積商品，待價而沽。如大五福紗布，各種橡膠製品，尤其是車胎，皂燭顏料，與南方一致爲投機家眼紅的目標。五福布在中秋節前後不過二百元，年節已逾千，北平人無論多麼老實，也禁不起這種誘惑呀。朋友說，距離北平一百華里以內的縣分，治安情形稍好的，商人都在做着棉紗及糧食買空賣空的生意，有人白手成家，忽然發幾百萬的財，禮失而求諸野，現在都市的人反而要向鄉下人請教。我看見所有的文化界朋友，人人都是一副消瘦的面容，混身不整飭的衣服，不用說話，已十足代表出生活的苦悶。有的頭髮白了，眼睛凹陷了，幾乎與前判若兩人，魏文帝與吳質書所云「行自念也」，讀書人的命運殊足憂慮，而可愛的北平，所給我的印象，殆以此爲最足攖懷。北平的小學教育，在全國可稱最整齊，最有成績，現今教師們也爲了生活的磨難，不得不向學生家庭乞憐，或則索米，或則要煤，也有直截了當要錢的，有一小學校長且爲此被家長控告，鋃鐺入獄，內幕如何，不得詳知，但其可憫，則人所咸同。老友中作小學教師的也不少，平時都是孜孜不輟，目下看光景意興闌珊，有的直至上午十時，還未到校，聽說這也算家常便飯，小學教育如此，大學中學如何可以期待，想到將來，不容我們不「惄焉如擣」！北平公務員的待遇比較起來與南京相差不多，下級的除正薪外，津貼一百元，以上遞增至二百元止，物資配給，每人每月不過麵粉一包，至於烟糖，只能算是外快，不能并入正用的。以此謀兼事的極多，目的不在薪水而在麵粉耳。除食糧外，其他日用品一般說來，總比南京上海廉些，若是他們聽見火柴一盒售至若干元，恐不知詫異到何等程度了。

在北平一住三十日，幾乎天天在忙亂中，連公園北海都無緣一入，事後想來，何等悵悵，但在當時，不知爲什麼那麼無心無緒，走在大街上彷彿處處都變了樣子，曾因往某官署之便，特地走到十年前自己所寄居的一家公寓門前去看，大門業已封閉，旁一紙上書云，「華北電電第×寮」，低徊久之，空餘惘惘，這怕比不去公園北海的心情更不相同。又在西城，路過我在變後賃居的小房子數次，紅門深閉，闃其無人，晚上連路燈都節約了，遠方還斷續傳來夙所熟悉的賣蘿蔔，和半空兒的叫賣聲，使人愈益沉入往日的夢憶；有人在痛駡我們這些沒出息的人，不看現實，只想過去，理當被世人所鄙唾，無奈感情到底是感情，或即古人「誰能遣此」之意乎？還希望諸位理智特強勇力勝我的人們原諒。對於防空防火防盜，北平也比南方更爲熱烈，家家門上貼着「防空設備已齊」「獻銅訖」等等標記，此外還有用粉筆寫上的「查」字，證明這兒已經通過官方的許可。又有許多門上還存着「衛生責任者×××」的殘紙，或是「捕蠅」字樣的紙貼，而「蠅」則用畫圖代替。這大約是去年虎疫的遺迹，知堂老人詩云：

「近來吃菜如吃藥，蹙頞無端學聖人；不比端陽和酒飲，菖蒲雖苦好安神。」

由這些遺跡，亦不難推斷市民生活之一斑。對於不了解不熟悉的人，每種新的施設都是苦惱，我看到偌多物事，不免又有點沒出息的嘆息了。

於削面北風中兩次訪謁知堂老人，苦茶庵有與先生散文一樣的淸淨無塵的風格。可惜我未得機會到書室去談，客廳中書並不多，只有書道全集之類的大部頭書，彷彿是擺在那裏而不是看的。此外則有畫像一幀，極爲神似，又晉磚數事，殆即無端所玩之骨董歟，也很使我注意。對於我北行的事，因爲先生事前無聞，頗覺詫異，我動身時，曾接先生信，說尤炳圻兄要乘寒假之便南來，囑加招待，幷問我自己的文字，有無結成一集之意，可以交藝文社出版，我適已輯得十萬字交給柳雨生兄，致無以應，現在我忽然會出現於八道灣道上，豈不是奇怪呢？先生家居，好像老是那件藍色罩袍，樸素得正好。談到武者小路，久米正雄諸先生的事，同時給了我新年號的「藝文雜誌」，特別翻出我的文字來告訴我已經發表了，大約很明白作稿人的心理，無論何時均以先覩自已的作品爲快罷？所以才首先指給我那不成氣候的東西。我順便報告了南中一切，有許多事是先生素所關心的，聽了似很感興趣。又談到買書的事，南京書價使先生大吃一驚，實則北平也不小了。但却告訴我近來杭州的書店常可以買到零星而少見的東西，價亦不貴，戰後殊爲難得。這時適有他客來訪，辭出，第二次去乃是舊曆的正月初二，和杜南星兄一同去的，南星說他有二年不到苦雨齋了，他也是一位畸人，天才的詩家，有回胡蘭成先生同我說，只要能寫出南星在文學集刊所作的「流水外二章」那樣的詩一兩首就很知足了，可以證明此公被人傾倒的程度。這回苦雨齋可眞熱鬧，恰合高朋滿座一句話，大約都是爲賀年而來的，玩弄着小型旱煙管的趙蔭之兄，說話總是那麼風趣；還有徐祖正先生，比去年春天在南京會面時似稍胖了，後來啓无兄同詞曲家鄭英伯先生也來了，人太多，椅子不足，我們遂提前告辭。這樣直到我起身回來，沒有功夫再去一見，說來很爲歉仄。

啓无兄的家比苦雨齋更其寂靜偏僻。去訪他是晚上，我的車夫地理不熟，過去北池子便一路打聽，虧了北平人有幫助別人的熱忱，每次總是往北、往西、小廟後面，過橋，……一大串的解釋着，反而詳細得令人糊塗。走來走去，果然發現了橋和廟，我記起西板橋這個地名來了，馬幼漁先生不是住在這裏嗎？剛才路盡頭那個聲勢頗豪富的院落，有幾位如虎的僕人站在門房外的，不是先生的故居嗎？修理一新，裏面也增加了花木，而且建築了迴廊什麼的，燈燭輝煌，氣象千萬，盛衰之感，不由得又是一聲喟歎，後來才知道這兒改作「住友洋行」了。在想時，車已過橋，小巷無燈，昏黑莫辨，車夫很謹慎的劃了火柴，照着門牌上的字，經過兩次轉折，竟確對了，是南北向的胡同，在口外可以望見北海的白塔，的確是一個詩人理想的家，閒步庵盡可以天天閒步而不會厭煩也。啓无的書室很寬大，藏書甚多而整齊，在我所見到的友人中，要算最可觀了。我吃着芝麻糖和甜杏仁，聽啓无講這房子的歷史，一個老年的太監是主人，並告訴我這一帶的房子，差不多都是寺人的產業，我要能住在這裏，聽他們說說開天遺事，是如何幸運呢！即此區區，北京已比其他城市 Poetic 得多了。從啓无家走出來，夜已極深，走在神武門沿御河一帶路上，大高殿「孔綏皇祚」的牌坊好像又新加丹臒了，景山的影子在星空中矗立着，人世幾回傷往事，而這些閱歷興亡的遺迹，還在那裏獨對殘照，愁怨西風呢！

尤炳圻兄是篤厚君子，最近才知道原來還是我在大學時的同班，好像是半年之後就轉到清華去了。矮矮的身材，胖胖的面孔，我到苦茶庵後不久就來找我，並約我到他家去吃飯，我是簡質的人，毫不客氣地去了，房子是西式的，在故都很不多覯，外面幾竿翠竹，凌雪青葱，格外可愛。藏書也很富，尤其是日本書籍，無如我是連假名也認不周全的，故說不出其輪廓。同座有周豐一兄，和傅惜華先生等，豐一去年見過，惜華先生則正是渴慕的人，深沉和藹，典型的學者。我讀「正倉院考古記」，極感趣味，很希望傅先生擴大範圍，多講一點這樣的事，中國人忘掉祖先的太多，似亦可以稍增其自信心也。尤兄一二日內就要南行，我未在南京盡招待之責，反而在北平受了招待，人事無常，何可逆料。尤巧者，我回南京之後，尤兄尚未北返，忽然他又來找我，並告訴我柳雨生兄在是日北去，連次打電話給我均未叫通云云，一似尤公專門有益於我，而我却不能替他服務，感激之外，不免歉然，何況又贈我以金屬民先生刻的印章，和彩印了白石翁法繪的月曆呢。他走了，我祝福這篤厚的朋友。

在舊京到處皆是可敬佩的學者，每一個學者都有可愛的、樸實的家，如謝剛主兄，房子既幽靜深邃，書籍更插架琳瑯。我也是晚上去的，上弦月色正好，小水車胡同已極近西城根，我從先在北平的住所亦鄰近此處，知堂先生曾說，西城比東城特別安靜，讀書似較合適，這是體驗的話，我個人對於東城的印象就不及西城好，也許是各有所蔽，但直覺的觀念是不可抹殺的。剛主好遊，去年在京，曾盤桓數日，我很希望他春天再到南京來一次，看看孝陵的梅花。在謝宅見到瞿兌之先生，剛主太太作的一手好菜，吃畢飯談起來，才想到就是段无染君的令姊，蕭縣世家，我和无染在京，差不多是朝夕謀面的。兌之先生談風甚健，很願介我見徐一士先生，老同學牛文青君原與一士先生在中國大詞典編纂處同事，早就約我見徐公，我更是天天想要見這位仰止已久的老前輩，且我臨走的前一天，兌之先生還專函約去吃飯，徐先生當然可以乘機相會了，無如我的忙碌，簡直顧不到學問上的事，竟抽不出片暇到詞典編纂處一行，而瞿翁之約，又爲行期所迫，不能不辭謝，至今想來，誠屬此行最大缺憾，還希望兌之先生和徐先生原諒我。剛主正在計劃寫他的偉著「叢書攷」，這種著述也只有像剛主那樣細心的人，住在文獻中心的北平市才可着手，帶甲滿天地，許久看不見一本像樣子的書，盼此作早日殺青，使我們這些儉腹的人飽餐一頓。剛主和我談到生活問題，相與咨嗟久之，給我看了兩種從廠甸買來的舊書，還有兩種是歲暮在廠肆購得的，上系長跋，頗多感慨，但像剛主這樣，能够枕圖葄史，尙有餘資可以閒廠寄情，已是文化人中最幸運的了。是晚同席的有趙甜之、劉植源和啓无諸兄，談笑風生，至今如在目前。謝五知先生要辦一種像「古今」相同作風的雜誌，定名「逸風」，托剛主轉囑寫稿，我想這刊物在北平一定可以獨樹一幟，惜我尙未得暇握筆。

在異鄉單身度歲，還是第一次。從前在北平過年，好歹有個家。除夕前夜，一人獨坐寓舍，想南中此時，不知正作何狀，翻翻買來的幾册破書，一點也沒有情緒，寫了一封家信，上床頹然入睡，不想在平常最懷念的第二故鄉，却作了分離之夢。年的味道雖不如前，但北平終於保持着舊時的況味，賣財神爺的沿門叫喚，賣松柏枝的也滿街都是，這全是使離人瞿然一驚的，杜審言詩：「獨有宦遊人，偏驚物候新」，正此意耳。除夕元旦，還可聽到歷亂的爆竹聲，在老友李抒純兄家裏度除夕，李兄對我招待得太周到，我差不多把他那裏看做老家的，因爲他恰是我的近同鄉。南星兄也找我去過年，天正降雪，他住東城，但其寧靜也不減於八道灣水車胡同等，和他整四年不見，小孩已經四歲，杜詩所謂兒女忽成行，詩人也垂垂老矣，且生活正慢慢逼走靈感，這年頭兒，什麼話也不必講了！他的小孩很可愛，會講英語，望着我這陌生人不免有些詫怪。他一面教讀，一面主持着「文學集刊」的編務，我答應寫一篇隨筆，動手了二千字，尙未完卷就跑到北平來，還不知何時可以交卷！南星乃眞是詩人，如前所云，不是這樣時代，他是不會關心到許多與詩無關的事的。他找出PH自花溪寄來的信，也有提到我的話，說起這位朋友，我心中便有寫不出的空虛，前幾天我看他的父親，七十歲而尙爲生活奔走，也是把花溪的信從口袋掏出來給我看，這差不多是從前我一見到他時必有的舉動，信上寫着在花溪夢見了我，已經有四個孩子，實則我並未增加一個孩子，而他却由未結婚變成兩個孩子的父親了。PH乃是我和南星以及任何認識他的人們的懷念對象，自他走後，我們不知寫了多少文字寄懷，南星更作了不少詩篇，然而花溪遠在天涯，又怎麼可以看見呢，「寄書長不達，况乃未休兵！」我黯然，南星更黯然了。

到東安市場買點東西，順便訪同文書店主人劉君，此店爲松筠閣支店，新舊兼收。劉君奔走平京滬杭各埠，人極幹練，我在北平買書，差不多完全託他。書價雖漲，我們還是對於書商頂有好感，因爲按照上漲的比例說，書籍要算最少之故。劉君告訴我北平正禁止圖書外運，書業因此頗感不便，這事文載道兄曾寫信給我發牢騷，但也不怪政府當局，因爲去年夏天南北紙價懸殊，敏銳的商人就將北方的書籍當作廢紙掃數運到上海，始而是郵寄，繼而是包了車皮，成噸的走起來，試想北平能有多少書禁得這樣糟踏呢？則其被禁，責任還是要商人自已負了。我在市場的書攤巡禮一番，也看不見什麼好的書，而且價錢奇貴，「支那名畫寶鑑」索價聯銀九百元，商務版的「燕京勝蹟」亦在千元左右，連「故都文物略」都要百元，陳宗蕃的「燕都叢考」三小册非十二元不賣，講了半天也未買成，後來在一小攤上看到一本「光社年鑑」，是劉半農先生題字送給馬幼漁先生的，非常感到有趣，以五元錢的代價買下來，翻出看看，照像是無所謂，有好些幀乃是孔德學校的學生，面孔還有點熟識，這是我消磨了四年教學光陰的所在，其興味又非劉先生題字所可及，故深爲喜悅，除夕無聊，曾寫一長跋在扉頁，臨行時把他丟在北中，也記不起來了。又用五元錢買一大嚼孫師鄭自用的詩史閣稿紙，這位先生毀譽甚不一致，然而總是可紀念的前輩，且紙質也好，印的格子不俗氣，現在自己去印不來的。市場這個地方很奇妙，自開辦以來幾已六十年，老是那麼堂皇富麗，就是城郭人民如何變遷，好像他也不會受到影響，從前是擺攤的人，都會講幾句英語，美國兵，英國兵，安南兵，義國兵，經常作那些賣假古董的主顧；如今呢，似乎店員都會講日語了，我正看見一位夥友向顧客結結巴巴的說着。有幾種東西，似是沒有賣的了，如江西瓷器，福建漆器，照像用具等。上海的刊物，占着相當重要的地位，「古今」是老牌，他如「天地」，「天下」，「大衆」，「萬象」，「雜誌」等，無一不備，唯價錢太貴，在北平出版的刊物如國民雜誌之類，其價格不過一元，而古今却須五元光景，在普及的程度上，自然相去遠矣。不過由事實證明，刊物賣得太賤，也不見得對於讀者有好處，因爲聽說有人大批的包了去，賣給廢紙商了，文化云云，今日正復難言。

我寓所外面就是廠甸，日子又是正月，多麼好的機會，我親眼看見席棚搭起來了，書攤子都用紅紙簽條預佔了地位，而我一直到第四五天才有閒去看看，沒有遇見什麼有意思的書，更沒有可以一談的人，只見到張少元先生在那裏彳亍而行，張先生是我的舊老師，收藏韻書很有名，也向我嘆息着失望，又嗟訝着書價的昂貴，我看見一部石印的「粵雅堂叢書」索價五百，「大淸畿輔先哲傳」索二百，都是很嚇人的。勉强花六塊錢買一部「桂林梁貞端公遺書，」因記得「感劬山房日記」有些可作史料的；梁氏也算得狷介，其文字頗闒茸，但懇摯動人，「別竹辭花記」寫得最好，有一段好像說愛聽夏日中午的賣菱角聲，可以引人入夢，與我的感覺完全一致，我也曾將此事寫入文字的。除此書外，我可謂一無所得，滿目所見，盡是些破爛不整的經卷，勸善和宣傳的印刷物，零星的雜誌畫報等等。想買一部東沙驛程記，那裏有許多記家鄉景物的文字，議價未協，終不顧而去；買書和心情大有關係，若是閒暇無事，沒有什麼牽掛，或者雖窮也要努力一二，我在當時，心裏正亂如紛絲，即使看見自己寤寐以求的東西，似亦不足珍貴，一身以外無餘物，老覺着在北平一天，便泛若不繫之舟，境隨心造，於是連北平的美麗，也不免大爲減色了。

閒廠是風雅的事，往日士大夫，不必說了，事變以前，大學教授還是廠肆的好顧客，此刻大學教授連苜蓿都不能飽，還談得到什麼買書，於是書籍也成了商人囤積的對象，越是時髦的古書，愈是有人搜羅，他們不是爲了應用，而是爲了易得善價。年前如越縵堂日記，已有五千元的行市，到北平說給書賈，大家爭說不貴，因爲北平早已逾千了！越縵在當年，有時連幾兩銀子的花費都仰屋興嗟，不意死後日記貴至如此！文人豈可不作日記乎？一日我踱到富晉書社，看看插架諸品，殊少可購之件，問問什麼書都是斷檔，連「愙齋集古錄」這種書全沒有貨，然則故都的文獻，其貧乏亦相當可觀了。商務印書館只仗着辭源辭典之類賣了錢支持日用，苟延殘喘，狼狽可憐，像開明等，早已關門大吉，有的書店原址，已改爲土藥店，洋貨店等，更屬啼笑皆非。我曾於淸晨自廠西門走至楊梅竹斜街，憑弔那些老店，尤其是許多可以懷念的名人榜書，佇立觀玩，徘徊不能去，許多掃街夫都看我可笑，我記得的人物如李文田，陳孚恩，李鴻藻，李鴻章，費屺懷，陸鳳石等，皆有吉光片羽，寫得最多的是朱益藩，鄭孝胥，姚茫父等等，朱的字雅麗而沉着，尤可愛玩。我想似此意境，大約也只有北平可以享受罷？

生活的担負這般重，我們還在講風雅，恐又蹈於罪孽深重之嫌，可是不說又怎麼樣吧？西單和東單電車站上的叫化子，追出一里地來討一角錢，說是：「您可憐可憐，我買一個豆腐渣吃罷！」連窩頭都不敢提起，可見窩頭也算得奢侈品了。又隨地都看見老太婆和小孩子在叫賣着配給紙煙，沒包皮，只有一層伶仃的油紙，「煙捲來，北海的，天壇的，一毛錢一支。」這些牌子既不為我們所熟悉，這現象尤為南方所無有，南方的配給煙早有人成總的蔻了去變成囤積品了，人情之不同，豈非又一例乎？在南京和上海，教書似已公認為低能的事，大學的課程，百計拉人而無有，理由很簡單，錢既少又呆板，而在北平，則雖不能維持生活仍然非常擁擠，人才過剩呢？頭腦不能如上海人士之銳敏呢？我也不能立刻答覆。不過我想留在北平的朋友們，何妨也「變則通」一下，至少到上海南京，教書是絕對沒有問題的呀。

我原想在北平停留十天，不想人事牽纏，一下延遲了月餘，天天在為許多不能清理的事焦急，每日總要夜深兩點才入睡，看書幾為不可能，勉強讀了兩薄冊的「清代野記」，還有三分之一是在歸途火車上看的。易宗夔「新世說」也借到一部，未能讀畢，因離京先為歸還。二月五日，決定南來，計算起來，恰恰三十日。大雪甫過，天氣寒濕，多謝幾位友人，送我上車，不意自是日起，月台票停賣，有一位朋友答應送給我路上吃的點心和水果的，我到車站後，並未遇見，後來接到他的信，在站上等了許久，才失望而回，不免更是抱憾。車上擁擠的情形，一言難盡，我是既沒的吃，又沒的喝，車上水汀奇熱，汗液分泌過多，對水更感需要，幸而過天津時，老友李靈甫送給我十幾個梨子，一路全仗牠不至乾死，大旱雲霓，不啻甘露。車出永定門，遙望夕照寺和天壇，既留戀又迷惘，想不出此行之所以然；自北平至德州，沿途無食品可買，只有「甘栗」生梨，我好幾回要到飯車上去，都因經過的車太多，人太擠而中道折回。只好嚼着梨子，以息飢焰。到德縣天已昏黑，才買到一隻雞十個燒餅，打發一頓晚餐。我雖買了頭等票而沒有寢台券，車上又無專用頭等車，我們所坐的就是寢台，再三和車僮通融，不得允許，車將抵濟南，把我們都趕出來，他們要料理寢床，而實際上床位并未全部售出，我氣得坐在一邊，向他們說：「你無論如何坐的地方總是要替我設法的吧！」後來一個傢伙來了，問我要不要寢台，聯券百元，我想這竹槓未免太利害，實所不甘，遂毅然拒絕，他也沒有辦法，只好將我安置在另一間空房裏，和一位去上海的某君，我們納頭便睡，倒也同樣享受了寢台的待遇。天明車抵徐州，心中甚爽，沿綫雪甚大，直到滁縣猶然。滁縣附近，水流草長，大有春意，且景物亦有江南之風，無怪文忠公對此地頗為眷戀。到浦口下午五時，誤時兩點許，在近日各班客車中，算是最準確的一次，我們都在慶幸着運氣不錯。

一下車始知南京物價比去時大不相同，不免令人有隔世之嘆！我搭了馬車，直到六點多才攬足坐客，遲遲開行，城門檢查，入城又像設下抽籤一般的分段檢查了。

「柴門鳥雀噪，歸客千里至」，我又在家中溫暖的燈火下了，謝謝上帝的保祐。

二月廿四日，燈下。

關於張山來

鄭秉珊

知堂翁在「墨憨齋編山歌跋」中云：「明末清初文壇上有兩個人，當時很有名，後來埋沒了，現在却應當記憶的；一是唱經堂金聖歎，二是墨憨齋馮夢龍，——此外還有湖上笠翁」。據我看來，那時的文人，可記的尙多，如詒淸堂張山來，也是其中的一個。

查徽州府志人物志文苑門，有張氏的小傳云：

「張潮，字山來，歙人。康熙初以貢生授翰林院孔目。平生好學，所著有檀几叢書，昭代叢書，虞初新志，古文尤雅，四書會意解，心齋詩鈔，聊復集，友聲集，尺牘偶存，筌詩補辭，咏物詩，心齋雜俎，奚囊寸錦行世。」

現在要補充的，是山來別字心齋，雖皖人而久居於揚州。揚州在淸初是東南大都會，文人畢集，鹽商們生活豪奢，而且大半是皖人，張氏是否業鹽不可知，但能刻書多種，並且聲氣很廣，大概是頗有財力的。

檀几叢書初集二集各五十卷，餘集二卷，初集前面有康熙乙亥（三十四年）七夕張氏序云：「甲戌初夏，於湖上晤王君丹麓，廿載神交，不期而會，固巳大樂。而丹麓復出此編相示，披覽一過，則所爲翼經者有之，論史者有之，莊語者有之，諧語者有之，談飲讌者有之，識物產者有之。以維風化，以廣見聞，以供吟嘯，以資考訂者，莫不各有之。予復增入數種，以公同好」云云，則初編是王氏編訂而張氏刊刻。後來又刻二集時，則是兩人合編的。是書專載當時諸家的小品文，如尤西堂黃太冲王阮亭余澹心等都有。其餘集二卷，共收小品五十七種，每種篇幅尤爲簡短。這些小品文，誠如序中所說，各種趣味都有，玆節錄壽春謝海翁所著於「元寶公案」，以見一斑：

「富民持元寶一錠，貧子見而豔之，舌吐目注，五色無主。富民戲謂曰：以此錠擊汝，能忍受，卽贈汝不悔，貧子應曰諾。因操錠戲擲之，貧子遑遽不及持，誤中額，頭破裂死，以人命訟之。官訊其凶器，則元寶也。詰之曰：汝奈何以元寶殺人？當抵罪。富民曰：彼自死元寶耳，非關僕也，余前言戲也。彼不捨性命愛元寶，何爲甘受擲！況從來凶器，非刃卽挺，或拳與石，未聞元寶也。兇器法當貯庫，元寶例可入官，公忍以元寶爲兇器，而甘心貯庫耶！官玩覩者再，終不忍捨元寶，竟主入官，釋殺人者。」

此文後段，還有迂府太守的斷案，詞長不錄。叢書初集中收張氏作品凡三種，一爲聯莊聯騷數十則，就是把莊子和離騷的文句意思，集爲對聯，也頗有巧思，聊舉數則如下：

「九萬里而南，九萬里而上，笑鷽鳩斥鷃，那識榆枋之外，別有天池；八千歲爲春，八千歲爲秋，歎朝菌蟪蛄，不知晦朔之全，寧惟上古。」

「前者唱于，而隨者唱喁，地籟何殊天籟；爲舟則沉，而爲柱則蠹，散木何異散人。」

「我固非魚，因濠上可知其樂；羊寧慕蟻，笑卷婁自有其羶。」

「仁義者先王之蘧廬，止堪一宿；詩書者古人之糟粕，何事可傳。」

「寓言十九，重言十七，況巵言之日出，何妨因曼衍以窮年；九竅胎生，八竅卵生，歎吾生之有涯，不啻若白駒之過隙。」

以上是聯莊，下面是聯騷三則：

「衆姝蛾眉，謡善淫，不禁謡諑；余傷侘傺，寧溘死，敢忘靈修。」

「代序歎春秋，恐美人之遲暮；先鳴怨鶗鴂，悵百草之不芳。」

「清斯濯纓，濁斯濯足，依然此一道滄浪；沐必彈冠，浴必振衣，祇贏得十分皓白。」

其二是「七療」，係仿枚乘的「七發」體，其第四段云：

「客曰：是則然矣。顧吾聞之，古人有言，三者不朽，功德與言，同其悠久。則曷不約同志之倫，會能文之友，角藝詞壇，爭雄文藪。於是選中山之毫，列羅紋之石，裁薛濤之箋，研廷珪之墨，香焚海外之奇，茗瀹雨前之碧。競分題而鬮韻，各授几而布席。校工則作賦，聽之十年；欲速則揮毫，程之片刻。莫不騁妍抽祕，索隱探奇，聯朱偶白，剪錦裁珪。酌其今古，色澤嚴夫濃淡；權其輕重，銖兩塡於毫釐。又或集字成詩，倚聲製曲，溢簡盈箋，連篇累牘，敘喜則花鳥助其歡娛；言愁則鬼神賫其痛哭。奮其長調，固隻字而莫删，接以短兵，亦片語之難續。此翰墨之娛也，其殆可以療之，而得霍然之福乎！主人曰：學問無窮，天資有限，勞我精神，邀誰顧盼。方其脫稿，頗足自喜，甫經一宿，陳腐可鄙，如見大巫，氣索而已，僕何敢廁碔砆於圭璧，雜麻枲於羅綺乎！」

這一段中，描寫文人寫作生活的情狀，頗爲畢肖。其三爲「酒律」共計五十條，罰法分笞刑五等，杖刑五等，徒刑流刑各三等，罰俸六等。叢書的餘集內，也有張山來的著作，一曰「書本草」，文仿本草體，如曰：

「四書——有四種，曰大學，曰中庸，曰論語，曰孟子。俱性平味甘無毒，服之清心益智，寡嗜慾。久服令人睟面盎背，心廣體胖。」

「諸子——性寒帶燥，有甘者辛者淡者，有大毒，服之令人狂易。」

「小說傳奇——味甘性燥，有大毒，不可服，服之令人狂易。惟暑月神氣疲倦，或飽悶後，風雨作惡，及有外感者服之，能解煩清鬱，釋滯寬胸，然不宜久服也。」

其次爲「貧卦」，係仿易經體：

「三三分上貝下

貧无咎，利君子貞，不利有攸往。

彖曰：貧无財也。人莫之覬，故无咎。利君子貞，君子固窮也。不利有攸往，往无功也。

象曰：一无所有貧，君子以不改其樂。」

又其次爲「花鳥春秋」文體仿春秋，如云：

「春王正月，梅放其英於榦，與百卉爭先，遂奪其魁。蕙蘭至自幽谷。鴻雁復歸於北。月季放其花，自正月至於冬月。」

「二月，菊遷其苗於畦。桃李榮，杏楊柳會於圃。蜂王使衆蜂來侵，入其郛。烏衣國使其弟子遊於杏林。」

此外還有「補花底拾遺」，是補嶺南黎美周的花底拾遺而作。又有「玩月約」。分一之人，二之地，三之物，四之事四節。其「飲中八仙令」，則是採取杜甫飲中八仙歌而作的酒令。

昭代叢書，是仿檀几叢書而編輯，也是專刻時人的著作。明末刻書之風極盛，凡明代以前的小部著作，已爲「古今說海」「稗海」「寶顏堂秘笈」「津逮秘書」等搜刻殆盡，所以他們別開生面，專刻現代的小品。叢書甲集有自序云：「若夫零星小品，雖卷之不盈一握，而精言妙義，尤足動人。吾儕性之所近，往往欲萃薈其所最嗜者，自怡悅。譬之集千狐之腋以爲裘，合五侯之鯖而作饌，寧不衣之適體，而餐之果腹乎哉」。這是他搜輯的宗旨。昭代甲集刻於康熙三十六年，共五十種，是仿閔景賢快書之例。自云：「祗以五十種爲額，蓋少則易於成書，且便於行世也。每見盈尺大部之書，刻者既苦剞劂維艱，購者復歎朱提不易，雖多亦奚以爲。倘天假我以年，俾得每年刻五十種行世，斯則僕之所矢願也」云云。每種之首尾，都有張氏的小引及題跋，有的文字寫得很幽默。

昭代叢書乙集，續刻於康熙三十九年。自序道：「文章一道，隨世運爲盛衰。我國家文治聿隆，超軼往代，天地精華之所醞釀，咸就文人之筆端，前各如其量以赴之。其爲類者不一，其爲體也各殊，而無不足以張見聞而資學問。竊嘗取而觀之，則有若窮經之文，補史之文，乾象之文，坤輿之文，感遇之文，掌故之文，紀事之文，論文之文，礪德之文，保身之文，談禪之文，博古之文，娛情之文，格物之文，其無所不有也，至於如此其盛，而皆爲昭代數十年中之著作，求之甲申以前，恐未有能及之也」。這可以代表張氏的文學觀，也以爲文無定格，祗須有用於世，窮經補史之文，實與談禪娛情之文，同其價值。但甲乙兩集的刻印，時間不過相距三年，而編纂眼光，却大顯其不同。因爲在甲集中，還大一半是娛情格物之文，而乙集中考證經史之文，却佔絕對的多數，這是什麽原故呢？我嘗想：顧亭林日知錄，在康熙三十四年，潘次耕刻於閩中，該書竭力主張文貴少作，文須有裨實用，又攻擊巧言及摹仿之病，當時的影響一定是極鉅的。所以由昭代叢書甲乙集編纂標準的自趣味化而趨於學術化，我們也可以看出那時學風的激變，和文人生活的改觀了。

昭代叢書丙集，是山來和弟張漸（字進也）合編的。丙集凡例云：「僕自己卯（康熙三十八年）歲失足以來，生計蕭然，日就困憊。乙集已自拮据，故不復作鉛槧之想。緣舍弟木山，力爲慫恿搜輯，共襄厥成，是以復有是役」。在虞初新志總跋裏，也說「予不幸於己卯歲誤墮坑阱中，而肺腑中山，不以其困也而貰之，猶時時相嘬嚙」云云。所謂失足，不知是何事。但自此以後，張氏不再刻書。至現代流行的昭代叢書共十集，自丁集至辛集，爲乾隆時震澤楊復吉所續輯，壬癸兩集，爲道光間吳江沈楙德增編。沈氏並將甲乙丙諸集中所謂「適情玩物之篇」數十種剔出，另成別集。然而倘若用另一種眼光以視別集，也是有相當的價值的。

張氏所刻書，以虞初新志爲最著名，迄今尚家有其書。此書是康熙二十二年起徵集，隨選隨刻，其後面總跋爲三十九年夏，是二十卷書之成，先後有十餘年之久，嗣後也無力再刊了。自敍云：「其事多近代也，其文多時賢也，事奇而覈，文雋而工，寫照傳神，彷摹畢肖，誠所謂古有而今不必無，古無而今不必不有。且爲理之所無，竟爲事之所有者。讀之令人無端而喜，無端而愕，無端而欲歌欲泣，誠得其眞而非僅得其似也」。眞的，此書所選的材料，極爲新奇可喜。此等文章，刻在諸家文集中，當然認爲古文，但在張氏的評選眼光，所謂古文與小說，實在是沒有界限，於是稱他爲虞初小說，也就未嘗不可以了。

古文尤雅，心齋詩鈔，聊復集，友聲集等，未見刊本。在虞初新志凡例中，又有嗣選古世說，古文辭法傳集，布粟集，壯遊便覽等書，也沒有見到。尤西堂序昭代叢書，說還有丹笈肇歌，亦禪錄，集李集杜之類，不當時鎸行成帙，但自己說道：「僕所梓四書尊註會意解，大受翻板之累，伏願今八閩當道諸先生，凡遇此等流，力爲追劈僞版，究擬如法，其所造誠非淺尠」云云，這與李笠翁深恨所製詩箋，被人僞造，如出一轍。而閩省當時刻書之盛，也可想見。

奚囊寸錦，前有顧天石序及康熙四十六年族女靜菴序，當時木刻，直到乾隆二十年羅興堂纔把他刻版。是一百種遊戲詩文。原來在清初本有宜興萬紅友「璇璣碎錦」一書，張氏本之而再加變化，另創新格。其名目有六合一家，井田，顚倒鴛鴦，牛女相逢等一百種，文體則「詩文詞曲，騷賦四六。詩則五古七古，五律七律，排律小律，絕句三言四言六言九言十七字。詞則小令中調長調。字則篆隸眞行。韻則一東至十五咸。其門類則天文地理，時令人物花木鳥獸，宮室器用，衣服身體，飲食珍寶，文史彩色，數目干支，卦名藥品，花名，詞調名，古人名，傳奇名。節序則歲歹上元上巳，五日七夕，中秋重九。其形則方圓斜正，三角五角，六角八角，分瓣雜花。其法則藏頭拆字，頂針接麻，互借回文，象形會意，各各有之。」此種東西，實利用中國文字的獨體單音和形聲對偶諸特點，加以充份的應用，玆舉其第三圖「井田」如下：

說明：外圍五言排律一首，帝力起。內井字五言絕句四首，每第一字俱借外圍半字讀，十字相交處，彼此借讀，或用半字，或橫用，或合二字，各分其半，俱隨文之所宜。

詩句：五言排律——帝力新恩溥，康衢古調饒，八家歡舊社，百畝愛良苗，耕鑿安吾分，謳歌足聖朝，土風名不滅，王政惠會邀，蝡特搜爬息，蜡蜻晉獲消，寓能生禮義，貧不厭簞瓢，解渴泉親養，袪塵帚自搖，問年書大有，紀事賦長謠。

五言絕句四首——十里桑麻盛，村墟草木香，不談伊呂業，隨意話羲皇。口不設雌黃，神遊三代上，橋邊踏雪歸，入門披鶴氅。巾墊非因雨，何妨坐綠苔，共談書畫事，且盡手中杯。目前無俗物，一片畫中詩，但識山川意，娛心獨立時。

井田

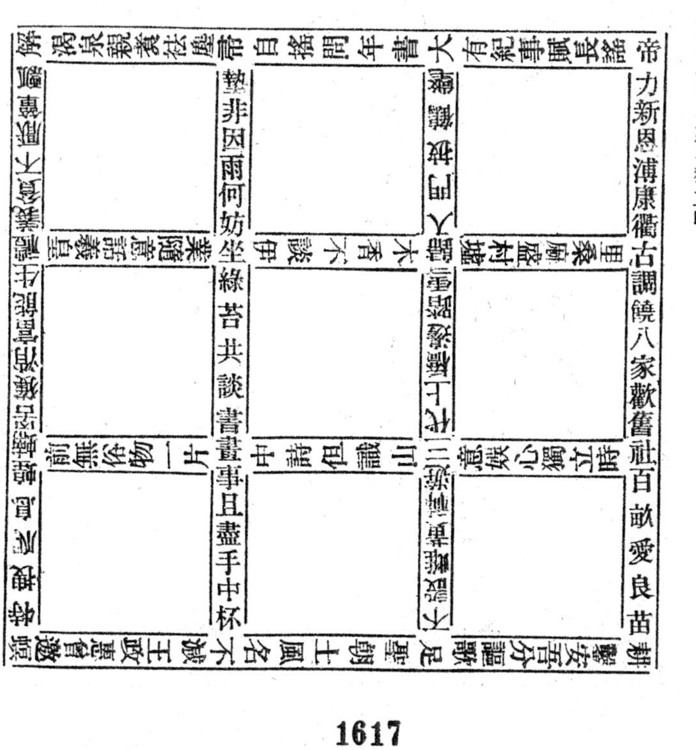

帝力新恩溥康衢古調饒八家歡舊社百畝愛良苗
自樂非因雨何妨坐綠苔共談書畫事且盡手中杯

張山來自著的「幽夢影」，是一冊很有趣味的書，大概是仿陳眉公小窗幽記而作的。張氏的生活和思想，都表現於此書，如云：「入世須學

東方曼倩，出世須學佛印了元」。「對淵博友如讀異書，對風雅友如讀名人詩文，對謹飭友如讀聖賢經傳，對滑稽友如閱傳奇小說」。「人須求可入詩，物須求可入畫」。「昔人云，若無花月美人，不願生此世界，予益一語云，若無翰墨棋酒，不必定作人身」。「律已宜帶秋氣，處世宜帶春氣」。「立品須發乎宋人之道學，涉世須參以晉代之風流」。都可看出張氏持躬應世的態度。而尤可注意的，乃是每條後面有同時朋友們的評語，如余澹心查二瞻孔東塘尤西堂冒辟疆釋石濤梅定九等數十人，都是當時有名人物。於此看來，當時的文人，多酷好此種文字，各有此類著作，尤其如余澹心尤西堂更爲擅寫此種小品文的大名家。

金聖歎以評刻水滸西廂著名。李笠翁以善爲唐人小說，金元詞曲馳名。馮夢龍則以編譔話本小曲山歌謎話著名。而張山來則善爲各體小品文及刻小品文叢書著名。這些作品，在乾嘉以後的學人看來，都不過是些賣弄小聰明，遊戲文章，叛經離道的東西。但在當時的文人，其看法却是這樣。他們覺得這樣的標新立異，競妍盡巧，實爲文圃開一新天地，盡才人的極致，亦堪爲道術的輔助，而一篇之出，往往萬人爭誦，因此當時此類作品流行極多。其文學價值，固然有待於重行估計，然而假如要研究明清之際文人的生活思想，我以爲這些東西都是頗有用處的。

劉熙載的藝概，嘗說：「文章蹊逕好尚，自莊列出而一變，佛書入中國而一變，世說新語成書又一變。此諸書，人鮮不讀，讀鮮不嗜，往往與之俱化」。我深歎爲知言。我覺得明淸之際的文人，其生活另有一種姿態，和宋元旣不同，和乾嘉以後也不同。推究其原，固然還有社會政治經濟種種的背景，但深受以上幾種書籍的影響，確也是無可疑的。

說幽默幷舉例

周越然

『幽默』(humor)是外國字的譯音，作『滑稽』解。滑稽或幽默，不外兩類：(一)笑話，(二)譏諷。前者是不傷人的，無所指的。後者是傷人的，有所指的。兩者相較，直接有所指者的趣味，當然比絕對無所指者的更加濃厚。但是講笑話講得過分苛刻，被譏諷的人，無不懷恨；好朋友往往變成仇敵。所以性喜幽默者，不得不小心謹慎。

現在我先舉一個譏諷的實例，雖極幽默，却甚傷人，如下：

多年多年之前，王湘綺(闓運)聽得曾滌生(國藩)受到了滿淸皇上的『賜同進士出身』，他對人說道，『那倒是一個好上聯。你們有沒有下聯？請大家想一想。』別人想了又想，想了半天竟想不出，反問他道，你有麽？我們想不出。』他答道，『我早已有了——「爲如夫人洗足。」』後來這副對聯，傳到曾滌生那裏，他雖然氣量很大，對於王湘綺總覺得有點不開心。(編者按：此聯疑出湯海秋(鵬)手)

我雖不及王湘綺的滑稽，然而也喜歡講笑話；所以常常得罪於人。去歲春間，有人招宴。同席中的某姓畫家，自以爲精於梅花。許多人假癡假呆地捧他。我覺得可笑，遂開口問道，『先生畫梅花，快不快？』他答道，『很快』。我又問道，『在下雨天，半分鐘大槪可畫幾朵？』他道，『半分鐘……？我沒有計算過。……』當時同席的某西裝少年，哈哈大笑，且大笑不止，別人又相繼大笑。這麽一來，不好了；那位畫家也明白了。他暗暗探聽我的住址，第二天來了一封掛號信，說我罵他爲狗，要我道歉；否則他要設法報復。我立時立刻寫覆信，請他原諒。

笑話是不容易講的。講得不得法，雖不存心罵人，也要弄出氣來。我從那一次『畫快悔』之後，痛改前非，不講笑話。但是今天以『說幽默幷舉例』爲題，欲完成此文，不得不再講笑話。

我應當講什麼？

還是再講王湘綺罷：

王湘綺（闓運），字壬秋，湘潭人，在民國初年已經是七十歲的老頭子了，然而他老人家人老心不老，仍舊很滑稽。他戴了滿清的翎頂，穿了滿清的袍套（大禮服），坐了綠呢大轎，去拜望本省督軍。他出了轎，署裏的護兵和侍役對他微微而笑。他板起臉孔問他們道，『你們爲什麼笑？你們爲什麼笑我？你們笑我穿外國衣服，是不是？但是你們穿的也是外國衣服呀。你們穿的，難道是中國衣服麼？』

湘綺天性喜謔，且每謔必虐。袁世凱沒有請他做國史館館長之前，他製了一副對聯。上聯是『民猶是也，國猶是也，何分國民。』下聯是『總而言之，統而言之，不是東西。』那副對聯，非獨罵項城不行善政，幷且譏民初全無進步。王湘綺還有一副妙對，我暫且不提出來。我先來講一箇比較粗惡的笑話：

鄉間某富戶的兒子，到城中來求學。他從了一位將近六十歲的老先生，姓王名正則。那位王老先生，規行矩步，愼於語言，最不喜歡粗話，最喜歡吉利語。老先生第一次看見鄉間小孩的時候，問道，『你叫什麼名字？』小孩答道，『我叫硬屎——硬是軟硬之硬，屎就是糞。』先生道，『噁，太汚濁！人那裏可以拿這種東西來做名字？我代你改一個罷。你從今天起，改稱穎士——穎是聰穎，士是士大夫。聲音雖然相似，意義却不同了。記明白了，不可忘記！你們鄉下人講話，總是粗惡。你到此地來念書，要隨時學習，隨時改進。』

過了幾天之後，王老先生帶了穎士到街上去散步。他們看見兩隻狗，一雌一雄，正在合尾。穎士問道，『他們做什麼？』先生道，『這叫做喜相逢。』他們師生兩人又見一隻小豬剛巧從母胎中生下來。穎士又問道，『這小小的叫做什麼？』先生道，『叫做禿頭龍』。再走幾步，他們經過一家喪事人家，正在做佛事，門前帖一張黃紙榜。穎士問道，『這是什麼？』先生道，『這是黃榜。他們今天掛黃榜。』

那時天色已晚，師生兩人就此趕回家來。晚餐之後，忽然鑼聲大作，人聲鼎沸——對面某店舖不愼，失了火了。穎士叫道，『先生，先生，不好了，火燒了。』先生道，『何必這樣粗聲大氣？你又現原形了。以後不准說火燒，要改說滿天紅。』

五個月後，天氣已由冬而春，由春而夏了。那一天很熱，是六月二十的黃昏。師生兩人在街上散步。某家門口，站了一箇粉頭，帶笑帶講，口中不知道嚼些什麼小食。任何人一見，就知道她是不守閨道的婦人。穎士雖然是鄉下小孩，也知道這種情理，爽然問道，『先生，那門口站的婦人，是不是箇婊子？』王老先生對他怒目而視，答道，『婊子，婊子，難聽麼？你應該說倚門望——倚門望，記得麼？』再走幾步，他們遇見一個叫化子（乞丐），拿了烏龜在手中玩弄。那個叫化子，還是一根棒，一隻籃，籃中有一隻破碗——都放在路上。穎士到底是一細小孩子，看見了就喊道，『叫化子弄烏龜，先生你看呀！』先生道，『你又要出粗了。我這樣教你，你還記不得。你今後不可再說……。你應當說賣磁器（指叫化子），應當說頭向上（指烏龜）。』

那日他們回家的時候，又碰到一家喪事人家，正在入殮。學生問道，『那隻大木箱子，我們鄉下人叫做棺材。恐怕太粗罷。先生，我們應當稱牠什麽？』先生道，『叫牠金銀櫃好了。』

據說，那個鄉下小孩，在王老先生處學習了七、八年之後，出口成章，毫不粗俗。當王老先生七十歲大壽之日——同時他的長孫結婚——從前的那個『鄉下小孩』特地趕到城中來賀壽賀喜。他見了老先生，就跪下去拜而又拜，口中喃喃不已。他所說的如下：

『恭喜先生喜相逢，
明年生條禿頭龍。
三年兩次黃榜掛，
兩年三次滿天紅。
可憐師母倚門望，
望見先生頭向上。
先生請進金銀櫃，
萬世兒孫賣磁器。』

上述故事，想是江西人編造的，因爲銷售磁器爲江西大營業之一，故得作爲譬詞。

現在惡濁的故事，已經講完了；我當繼述王湘綺的另外一副妙對。牠的上聯是『男女平權，公說公有理，婆說婆有理。』她的下聯是『陰陽合曆，你過你的年，我過我的年。』這副對聯，固然『天衣無縫，』可惜意含譏刺。王湘綺一生不甚得意，小一半因爲政治關係，大一半倒是自已太狂。他到處發痒氣，到處譏笑人，所以別人怕見他——他也看不起別人。他自已學問很好。他著有詩集，文集；解經注子的書亦不少。他的日記，除了周媽一事外，不及『越縵堂日記』的有味。他最重要的著作有（一）周易說，（二）尚書箋，（三）尚書大傳補注，（四）詩經補箋，（五）禮經箋，（六）小戴記箋，（七）周官箋，（八）春秋公羊箋，（九）論語訓，（十）湘軍志，及（十一）莊子，墨子，列子注等等。

來函更正

冒鶴亭

黎庵先生大鑒：讀大箸『記孽海花碩果僅存人物』一文，思古幽情，溢於言表，眞所謂古之傷心人別有懷抱也。弟衰朽久爲世棄，辱蒙下問，正如樊通德之擁髻，說漢武故事；李龜年之彈詞，譜開寶當年，有何價值之足言，言之適足滋愧耳。惟文中記弟同游者杭縣汪穰卿云云，不可不更正。穰卿目彩雲所居之大興里爲放鶴亭，事在光緒丙申丁酉間，若弟赴甌，道出海上，穰卿已先一年物故，其時日往來者，除藝笙外，約略記之，有樊雲門沈子封王旭莊李梅菴林詒書呂文起劉聚卿諸公，雲門後彩雲曲即作於此時也。附聞，順頌
日祺。 冒廣生啓 三月三日

又本刊第四十一期第五面編者按語，誤楊道霖爲仁山居士，並蒙冒先生指出。按無錫楊道霖，庚辰進士；舉經濟特科，以商部郎中，京察一等，出守廣西柳州府知府。特爲補正。

讀「往矣集」後感

周毓英

自辛亥革命以後，政體改變，學制更新，普遍的辦起學校來，科舉制度也澈底改過來了，尤其五四新文化運動之後，文體方面也更有了極大的變革，宮格式的詩詞被打倒，文言文也受了反對，照理應該有好的散文可見了。可是事實上五四至今，快三十年，學術方面的散文如「中國哲學史大綱」等類總算有幾部，對於實生活的寫述，還是找不到像樣兒的。大文豪如魯迅先生，大家稱他爲中國的高爾基，可是展讀他的全集，除了小說和整理文學史料的部份以外，他的散文便不免有破壞多建設少之嫌。

辛亥革命和五四運動後的三十年間，表面的制度和文體雖然改了，但文章還是需要有生活來反映，制度剛剛變革之後，新換上來的人，說起來雖是新人，生活還是從傳統的歷史中出來，士大夫階級的生活與現實隔離的現象仍是不免，一般的所謂「講壇作家」，「亭子間作家」，雖不可與遺老遺少同日而語，可是他們那樣單調與空虛生活，無論怎樣的不滿於現實，從頭到脚，全身的每一個毫毛都表露出反抗性，總是沒有內容，沒有眞實性，沒有什麼東西好寫，自然只有東抄西襲，東拉西扯，草率應市，徒求趣味和刺激了。魯迅先生與高爾基的所以不同，很明顯的是高爾基要從生活的最深處鬥爭出來，而魯迅先生呢，他的生活環境雖然淸苦，但生活的方式似乎常佔優越地位，中國的讀書人一般的總被人看得起，他又極早的成爲純文化人，却始終沒有眞正觸及現實的矛盾，這些都是魯迅先生比高爾基便宜之處，但講起寫作成敗的話，似乎又是魯迅先生比高爾基吃虧之處了。——在魯迅先生的散文構成之中，多少是有着傳統士大夫的血液吧。

散文也要從時代的生活中發揮出來。這是我讀了周佛海先生的「往矣集」以後，第一次發生出來的感想。朱樸之先生在「往矣集四版序」文中說：「他（指佛海先生）的文字之所以能博得大衆之熱烈歡迎，依我個人的分析，全在於一個『眞』字。一般人讀了三國志及水滸傳兩部小說，沒有不對於張飛李逵二人引起無上的敬愛者，無他，因爲張飛李逵二人完全是一個『眞』字的表現而已。」佛海先生艱苦地經營着新時代奮鬥的生活，樸實率眞地寫下來，有了充實進步的生活，寫下至情至理的散文，我想這便是「往矣集」的成功了。

辛亥武昌起義的時候，佛海先生才十五歲，這樣的人舊時代的惡習毫無沾染，也託不到舊時士大夫制度的餘蔭，這一輩人苦鬥出來，正好造成新的生活，中國要說有眞正的時代的散文，最早要算這一輩人。

「苦學記」的敘述，表面上是佛海先生個人的事，但我們却可以看到民國初年的中國教育制度創建轉換期中的一種現象。從家庭經濟，從社會風氣，可以看到一般貧寒子弟讀書的不容易。一種天資很高，而上進心和正義感很强的人，他才能夠排除萬難，而且冥冥之中似有神助似的，總到處碰着好運，常常逢凶化吉，譬如佛海先生考高等小學考到第一，在學校打同學而自動退學，後來「小學還差一年半，洗了一個澡，便進了中學」，以至於日本留學，中間有時想進軍隊當司書，又想託人介紹到商務印書館做一名學徒，而後來却做很大的事業，作者自己說「總覺得都是命運的支配」，「完全是僥倖」，而實際上却完全都是拚命努力的成果。智慧與勇敢配合起來，正義感的强烈容易得到人緣，就這樣的一個湖南內地的窮學生衝到了日本，居然獲得成功，我覺得這不是命運，也非僥倖，而是刻苦奮鬥的結果。凡有智慧與正義的人，遇到難關祗要衝，總衝得過去，不衝則天鵝肉即使掉下來也不會掉在我們的嘴裏。

佛海先生的「衝」，在「苦學記」中還只是爲讀書而「衝」，在「扶桑笈影溯當年」中，便在爲實生活衝，爲理想衝，爲抱負衝，甚至爲野心衝了。我們只看他開頭便說：「一個青年，要有理想，有抱負，有野心。否則便沒有靈魂。有了理想，抱負，和野心，而又要刻苦，鍛鍊，和努力。否則，便是狂妄。不是我自負，我在青年時代，是有靈魂的，同時，也决不狂妄。我幼時的抱負和苦學的情形，在『苦學記』中已經寫過了。不過那篇文章，只寫到渡日留學，考進東京的第一高等學校時爲止。現在把那個時候以後，留學期內的生活情形，以及暑假回國，從事社會運動的經過，略述一個大概。」

讀書要衝，生活要衝，佛海先生兩次渡日本，攷東京第一高等學校，都算衝過了，在「扶桑笈影」中所述暑假回國組織共產黨，這又是衝到政治上去了。一個青年的抱負與野心是沒有底止的，讀書衝得過去，生活又衝得過去，便自然而然的會進一步去衝政治，中國五四以後的青年運動學生運動都是這種趨勢，問題只是有許多是盲動，徒然被人利用，有許多是狂妄，甚至自己也墮落下去了。眞正能够有智慧與正義的基礎，一路衝過去而不懈墮不的，百萬十萬之中不易尋到一個。佛海先生的參加共產黨，原來的目的當然是衝政治，救國家和人民，但等實際看到共產黨走不通，便立刻另找大路。所以佛海先生的參加共產黨，只好算是他個人衝政治的一種試驗，或者一種學習，而眞正的政治生活，則在參加三民主義革命以後。

「扶桑笈影溯當年」中所敍述的，可說是作者「衝」政治的初期政治生活，而「盛衰閱盡話滄桑」，則可說是中期的政治生活了。佛海先生的中期政治生活，照例應該比初期平坦一點，可是我們看他擔任中央軍事政治學校的秘書長兼政治部主任，處在國共磨擦的矛盾尖端，而各方面對他的不甚諒解，在狂風暴雨之中，仍不得不繼續「衝」的生活，照迷信說「吉人天相」，科學地說則有智慧與正義的人對任何難關總是衝得過去的。十六年的政變應付過去了，辦「新生命月刊」，著「三民主義的理論體系」，這可以說是靜閒之中補充「衝」的基礎，後來出任江蘇教育廳長，這是一個相當時期的穩定的政治生活，這時國內雖有歷次的內亂，但對他都沒有很大的影響。可是世上的事情常常出於意外，七七事變發生，國家民族重陷於風雨飄搖之中，在他的智慧與正義的焦慮之下，他又重行展開了激烈的「衝」的政治生活，不過這一段的生活，「往矣集」中還沒有提到，祗是在「盛衰閱盡話滄桑」的篇尾說：「事變以後的經歷，更加豐富，更加艱巨，更加變幻莫測。我以一個主角的資格，表演於政治舞台，不過現在還不能公開，等到十年以後再述，現在就此截止了。」當然這裏面又一定是偉大的「衝」的過程，現在雖然還不能看到，隱約之中，我們却已可以瞻仰到作者人格的崇高偉大。散文不是做作得出來，須要生活與人格來演述，才能有充實的內容，這便是「往矣集」的成功的原因。

其餘「走火記」「四遊北平雜感」「廣州之

行」「武漢追憶鱗爪」「自反錄」各篇，有許多是補述生活的情況。而如「自反錄」中所發表的各點，例如：「我是一個率眞的人。」「我的性質，是完全將將的。一件事交給一個人，完全是『委任責成。』」「我覺得弄手段，是最蠢不過的事。」「我性情疏懶，不好應酬敷衍。見我見不着，請我請不到，人來拜訪，我不回拜。所以人家以爲我架子大。」關於這許多話，多數人都不敢說，說了也做不到，佛海先生這樣的說，而且又如此的做，我們可以說，這又是「衝」的態度，因爲這個時代不衝，如何能够力矯頹風！

一個人祇要有充分的智慧與正義的基礎，經之營之，恒久不息的「衝」去，任何難關總是會「衝」過去的。最怕不努力求知，又不努力做事，但知取巧，甚至做人不走正路，平時不從正路上去衝，偶爾利慾薰心，便濫用手段去鑽營詐騙，最多做到狂妄的投機，無有不失敗的。佛海先生在「苦學記」的末尾說：

「現在，和我當時一樣困苦的青年，不知道有多少。大家不要灰心，不要落膽，不要絕望！天無絕人之路，一根草有一滴露水的！只要我們肯幹，無論在甚麼情形之下，可以從重重包圍之中，殺開一條血路！」

佛海先生叫青年「殺開一條血路！」這很明顯是說他自己「衝」成功了，叫青年也要「衝」。

不過在「扶桑笈影」的末尾說：「往事如烟，前塵似夢，一一追溯起來，倍覺光陰虛度，老大徒傷。二十年來，經歷事業的艱難，體驗了世途的險阻，當年的抱負，昔日的野心，好像過去的事實，如夢一般的消逝了一樣，也如烟一般的消逝了。今後只希望盡自己一點微力，俾能對於國家和人民，略有涓埃的貢獻，以了此殘生，其他還有什麼冀求呢？」一若半路「衝」破了頭皮，而回過頭來頗有傷感之意。其實這是中年人感情偶爾不快的消極表示，共爲國家人民之心毫未淡褪，決不能說他有了這些話他就灰了革命的心，停了「衝」的態度，這一點我們祇要把「盛衰閱盡話滄桑」的結尾仔細體味一下就可以知道：

「我們現在所處的環境，正是周公恐懼流言，王莽謙恭下士的時候，是非未定，功罪難分。如果半途而廢，雖存周公之心，終成王莽之果，上何以對祖先，下何以對子孫！後世的批評，我們可以不必去管，流芳百世也好，遺臭萬年也好，無聲無臭，與草木同腐更好，『身後是非誰管得，滿村爭唱蔡中郎』，但是個人的是非，固然不必計較，國家的利害，却不能不加攷慮。自古孤臣孽子的用心，不在求諒於當時及後世，乃在使個人的苦心、努力、和犧牲，實際有益於君父。所以現在距我們企求的目的，雖然道路崎嶇，關山險阻，但是救傾扶危的目的一日不達到，就是我們的責任一日未除。一息尚存，此志不懈，那裏能够因爲人事的滄桑之感，而改變鞠躬盡瘁死而後已的決心呢！」

世事的險阻崎嶇，一個政治家受盡辛苦磨折，痛定思痛，偶爾流露傷感，這正是人情之內的事情。問題只是如何永久保持智慧與正義的基礎，而繼續堅毅勇敢地向前「衝」！中國政治環境的黑暗險惡，好人必定立不住脚，至少也要唯唯諾諾，不許再「衝」了。但實際上中國政治非「衝」不可，不衝不得見光明。即在官吏個人而論，既能由在野而衝至在朝，則在朝更可衝，若一旦畏葸自滿，停止不衝，不單前功盡棄，或且身敗名裂！佛海先生以衝的精神成了好學生，辦了大事業，且寫了好的散文，這種精神一直發揚下去，必定能使中國得救！

三十三年三月三日三時

文載道

自古今第四〇期「甲申元日勝集記」及朱樸之先生「樸園短簡」刋出後，兩家的大喜之期，便一直爲他們親戚友好所關心延望。日前接獲喜柬，才知道他們的「佳期近」了。於是在「三月三」的畢勛路上又重呈着車如流水馬如龍的熱烈氣象。語云，天時不如地利，地利不如人和，觀諸那天冠蓋之衆，情況之盛，却兼三者而有之：以言天時，是日雖宿雨未收而不嫌霏微，且氣候已轉煦和，也春到江南的小小點綴，使每個賀客的心頭都感到一抹潤意。其次，他們文定之期既是農曆甲申元旦，而燕爾之吉又涓於國歷上巳——三月三日午後三時，歲次民國三十又三年，恰合「天作之合」一句頌詞。以言地利，則乾坤二宅集中一起，佳禮開始時樸園主人自高樓隨着樂聲冉冉而下，彷彿得古人百輛親迎之遺意。從前王右軍東床坦腹，一時傳爲佳話，然則這次二人由學問上的切磋研討，進而爲精神上的交融繾綣，又進而親迎於閨閣，也可謂魏晉風流之末遊了。以言人和，爰居閣主在古今創刋之初，即最先以劄記相投，今則繼「朱」陳世澤「梁」孟家風而通姻，是於同文之外又兼翁婿之親了。至於兩家門第才華，風韻德澤，恐怕知道的人比區區來得更多，不妨從略，但那天所得的印象，似又不可無一言以誌其勝。因此，我也仿照黎庵的方法，所謂「繁文縟節，毋庸贅述」，而只抉述當日的幾位賀客，竊比於「人物志」之例；同時，又可說是三者之中專着重於「人和」而已。

婚禮本定三時，證婚人原定周佛海氏。但這天周氏因在京政務羈身，不克趕來，特託梅思平氏代表主持。

首由司儀「唱名」後，婚禮即告開始，並由第一警察局音樂隊奏婚禮進行曲，旋由夏奇峯氏代表來賓致詞。新郎着藍袍玄褂，新娘則僅御紅色旗袍，不冠紗也不穿高跟鞋，有許多人頗贊美這種儀式之簡樸而莊嚴。就是在茶點時，也讓客人自由自在的向侍役領取，可以省去客主的許多瑣碎應對，這倒值得大家取法的。

現在要說到人物方面了。

記得爰居閣主曾經笑談過，目前「梅」姓之傑出者，在政界有思平先生，在藝壇有畹華博士，那天兩人都特地驅車前來，一則藍袍玄褂「署理」大典，已如上述；一則周旋於衆賓之間，彷彿萬綠叢中的一枝，顯出搖曳多姿之勝。猶憶去歲甲午五旬同庚，博士也躬往參加於魏家花園，但是日相見之下，風神却依然如此俊朗明徹，變成了「衆矢之的」，無怪當年蕭伯納翁要請敎他的駐顏術了。

然而在相反方面——，以鬚眉皓然海濱耆老杖策而來的，就我記憶所及，也濟濟一堂。其中大都是同光之間的人物，其生平其丰采，也頗爲人們所亟於知道親接的，而一旦跟我輩出生於民國的後生小子相比，恐怕大家都有茫然之感了吧？且那幾位長者平素多又深居簡出，這次或因與梁氏有數十年通好之雅，或因文章書畫與古今社長有梨棗之誼的，故皆於此以聯半日之歡。舉例以敘：冒廣生鶴亭翁，新近以「孽海人物」的評騭疏注，與朱周二氏締結了文字姻緣。月前曾因樸公之招飲臨古今社小宴，我便在這裏親接了咳吐，殷殷以籍貫身世等相詢，這也正是老人們的一種慣尙，在目前也許還要被人誤會冒昧呢。冒老先生在訂婚那天雖未及涖至（因時與樸公才告締交，未獲柬邀），但那天却冒雨而往。我在門首看見他簽字的姿態，竟也像臨池般的鈎勒嚴明，方寸不紊。後來，我們又坐着向他請教幾位清末人物的故實。其次，爲我們浙東名書畫家趙時棡（叔孺）翁。記得我在忻先師（印江明字紹如別署鶴巢）許讀經時，就時常聽到先師和他的同年們提起趙氏金石書畫之名貴，尤其是他所畫的昂昂千里駒，更得松雪翁之家學。後在古今社看到他送黎庵的五言楹聯，句爲「靜者心多妙，飄然思不羣」，每一對誦，覺得下聯的五個字，大可說明了他書法的意致。叔孺先生在文定那天也像鶴亭翁一樣未及涖至，而却躬往於大喜之日。看他步履强健，精力內涵，故發之於金石書畫，也是那樣的又飽滿又飄逸，可惜目前要求他的墨寶並不輕易的了（尤其是金石）。其他同以書畫望重當世的，如茶陵譚澤闓，吳縣吳湖帆諸先生。茶陵在目前的書家中是寫得最勤的一人，但決非唐某之流所可及罷了。

對於梅景書屋主人丰度之渴徉已很久了。過去曾經在「梅景書屋畫集」——與他已故夫人潘靜淑女史合作的畫冊中，看到他們倆合攝的肖影，那還是用五彩印的，已覺得神情軒昂豐逸，這次又看到廬山眞面目，也是一件愉快的事。因爲吳氏平日絕少在外酬酢，這天正跟他從弟頌皋（翼公）先生侃侃而談：原來樸園主人與梅景書屋訂交，即由翼公先生之介。據說某一天樸園收到了一幅吳氏的立軸，想託翼公先生轉懇吳氏補題上款，不料經本人鑑定之下，却是他熟人冒的贋品，因爲也有相當功力故而可以亂眞。吳氏對樸園企慕已久，當時就手自寫七言楹聯一副，以爲訂交的紀念。自此之後，兩人遂時相過從，漸漸的竟成爲莫逆了。這次帆翁送與樸園主人的禮物是手書賀聯，聯云：

錦幄初溫，換巢鸞鳳教偕老。

儸花門影，並蒂芙蓉本自雙。

下注：「集周清眞史梅溪張子野趙介菴詞句，以賀樸之吾兄文若女士燕喜。」蒼勁瘦硬，得瘦金之三昧。聽說還豫備送一幅畫軸，不久即將動筆云。

接着，我又看到合肥龔心釗（懷西）翁跟袌居閣主人道喜之餘，同熟人作着淸談。龔氏是清初名臣鼎孶（芝麓）先生後人，乙未翰林官編修，甲辰會試分房，所得士如鄞縣高太史振霄（雲麓）等，在今日也都已爲勝朝遺老了。而梁氏昔年會試卷即出心翁所荐，今年七秩開外，與冒鶴翁爲三百年世交，他的令昆心湛先生便是國初國務總理，在風雲際會的政局中，自不愧爲前輩之尊了。公子安慶，曾任駐俄等使館秘書參贊云。還有侯官林灝深（朗谿）翁，也在一旁靜坐着。經熟人指點之下，才知道便是清代鼎鼎大名林文忠之曾孫，曾以進士傸值樞垣（軍機章京），現在則優遊林下，不聞翾陟。

到了用茶點時，新建夏氏（敬觀）與吳興劉氏（翰怡）惠陽廖氏（恩燾），都雜坐盛筵間。夏氏神情健碩，似乎豪興依然。此老在畫法高超之外，復以韻語飲譽文苑，與袌居閣同以詩詞被稱爲魯殿靈光。劉氏則是國內有數藏家，大江南北提起吳興劉氏嘉業堂的，眞可謂無人不知。特別是劉氏刻的一些舊書，在目前也已貴到兼金，且此後再要那樣開館彫板更是不可多得了。惠陽廖氏（鳳書）氏是中國已故革命元勳仲愷先生令兄，今歲已年開八秩，雅擅詞章，爲當年最早的我國留美學生，歷任駐外總領事及公使。古今素注重於文獻掌故的闡揚和表彰，我希望樸園與黎庵趁機向廖先生等徵搜一點革命的史蹟和人文的遺跡，尤其是出諸親身的經歷升沈，必使讀者格外雋永有味。

此外，論齒德在中壽以上的，尚有顏（惠慶）張（一鵬）鄭（洪年）朱（履龢）聞（蘭亭）諸（青來）李（拔可）嚴（家熾）諸老，也皆平日不易見到丰采的。如顏先生昔年為國奔走折衝，蜚聲壇坫，洵稱我國外交界中的元老。然今日平素出入服用，還是異常樸素，往來福煦路間，不時可以看到他徒步當車的行蹤，而且以在野之身絕不作任何交接，益見得他的高風亮節。

張氏與聞氏過去俱為地方事業努力，並以骨格清正為輿論所稱道，海上「聞人」多如過江之鯽，大抵唯唯諾諾毫無稜角，像張聞二氏的貞亮不阿的尤其無多。不過張氏近已膺掌秋曹，這天特從南京趕來賀喜，也算難得的了。

其次，在新聞界方面，到的有金雄白，陳彬龢，袁殊，鄭鴻彥，許力求，諸氏。雄白先生與黎庵等以與主人相交較密，故職司招待，說一句笑話，也可謂「深慶得人」吧。彬龢先生年來主持申報輿論，頗能盡「千士之諾諾不如一士之諤諤」之責。那天我就和他談起近年的所謂「輿論界」，似乎只有歌頌掩飾，而沒有真正硬朗的諫諍之言，希望他能在這方面多多的發揮一點獨特的言責，不要再在八股策論的風氣中敷衍了事。同樣，袁先生主持的新中國報，在報導與批評方面，也有其靈活潑剌的特色，而雄白先生的平、海兩報，則以新聞及副刊文字的包羅萬象見長，別有一種清新的風格。

文化界方面，到的有趙正平，樊仲雲，周化人諸氏。趙先生實大聲宏，布袍布褂。事前曾對樸園主人說起，打算在婚禮那天餽送一種別緻些的禮物，後來我在禮廳中看見他送的一副泥金喜聯，原來還是嵌兩位新人名字的。記得這次所送的喜聯喜幛中，將新伉儷的姓氏嵌入詞句中的，像江亢虎（見後）褚民誼吳觀蠡張原煒諸氏皆趁此鈎心鬥角，盡張老之善頌，有幾副且已見諸報端了。

仲雲先生去年在樸園相見後，以此為第二次。現在聽說相當清閒，故時時有大著刊載。我記起昔年在花園坊徐懋庸先生家中曾經匆匆一面，但十年來世事變遷雖異常急遽，而他的丰度却還依然翩翩如故。不知怎的，看見仲雲先生輒令人會想起詩哲徐志摩來，暫眼看去，眞有虎賁中郎之感呢。周化人先生似乎愈來愈豐腴了。不知道底細的，還以為他跟會稽周氏昆仲同是一族，而「化」「作」兩字間的草楷，更覺得不相軒輊，但事實上一個浙東，一個南海，只能說是五百年前共一家吧。

還有銀行界和軍警界方面，根據簽名簿，前者到的有馮幼偉，周作民，李思浩，葉扶霄，錢大櫆，盧澗泉，張慰如，吳蘊齋諸氏。後者有唐蟒，蕭叔宣，張國元，唐生明，臧卓，熊劍東，蘇成德，林之江諸氏云。

女賓到的有周佛海夫人楊淑慧，陳公博夫人李勵莊，前「標準美人」現唐生明夫人徐來，以及繆斌任援道梅思平丁默村夫人等。還有兩位是朱履龢李祖虞夫人，都是崑曲的名手，在票界中享名甚久。前此曾經聽過她們兩位的彩排，以四五十歲的人而豪懷不淺如此，可謂巾幗中的傑出者了。

其他因路遠而不及參加紛紛投以幛軸之類的，如 汪先生的喜幛，紅豆館主溥侗氏的「馨香盈懷袖，文采雙鴛鴦」的親筆喜聯。江亢虎氏所送的賀詩，每句起首刊主人等姓氏，及致梁氏的駢柬，文詞都麗，自非凡筆，幷錄於下：

賦賀

樸之先生
文若女士　嘉禮

朱顏綠鬢少年姿　樸學清才當世師
之子于歸車百輛　梁園上壽酒千巵
文成博議書盈篋　若問佳期月半規
嘉會盛傳忻頷手　禮堂遙望祝齊眉

民國三十又三年三月三日

江亢虎未是草

賀簡：

衆異先生道鑒。頃奉大柬。欣悉文若女公子于歸有日。欽惟鳳曆。值上巳之良辰。載締鴛盟。踵鸞降之盛事。館甥貳室。淑女河洲。翁旣冰清。壻宜玉潤。朱君樸之。才調無雙。風流第一。承明通籍。早躋卿貳之班。元和獻詩。雅得風人之旨。東床坦腹。藻鑑獨精。南國嬉春。蘭亭斯集。詠長安水邊之句。天氣方新。憶華林馬射之遊。物華可玩。門闌喜氣。遙瞻錦晝之堂。書翰馳陳。敢申燕爾之頌。附抄賀詩。幷塵郢政。專布忱悃。祇請

勛安

江亢虎拜三月一日

又林朗谿氏為沈崐三氏書撰之賀聯云：

韋女能續曹大家早讀父書授庭訓
韓滉夙知楊主簿為羅甥館禮才人

以上這些詩文聯句，於兩家的門風才緒都很適愜，並非泛泛的藻飾可比。換言之，惟有這樣的婚禮，才送以這些禮物為最合宜吧。同時，聽說這次爰居閣主贈與樸園的覿禮，也不是世俗的金錢飾物，而是最合樸園愛好的金石古玩。計有宋哥窯水盂全座，漢玉一枚，乾隆仿宋玉兎朝元硯一方，精品雞血章成對。冰清玉潤，生面別開，授受之間，即不難窺到他們的風度旨趣了！況以爰居閣幾十年的收藏而論，在海上也久已數一數二，例如他另有一個別署叫作「三十三宋齋」，普通人總以為是三十三種宋刻文集，不料原來還是指宋賢的手迹，那眞更足以壓倒元白了。這次我順便在閣中瀏覽一過，覺得凡所布置懸掛及陳列的，實使人興三宿碑下之思。特別是他先德章鉅（茝林）先生的長聯和閣主邊旁的題跋，尤令覽者愛玩不已。記得古今第三期曾刊過一位記者的爰居閣的素描，不過那所記的背景還是滬東，而目前的新居不待說益顯得堂皇寬敞了。

這樣，到了莫色漸漸蓋上柔綠的淺草坪以後，賀客也絡續的先後散去，冒着向晚的微雨，我也驅車而歸了……。

附記：

當作者將此文剛剛草罷，又在古今社先後看到外埠幾位文友所送的禮品。他們雖因關河的阻隔不克親來道賀，但因樸園主人與他們平素聲氣相得，故多投以詩文柬牘；尤其是北方幾位學人。今分錄之於後：

紀果庵兄的法書久已馳譽文苑，前此曾於古今社中看到他書贈的一幅立軸，是錄樊雲門翁金陵雜寫的絕詩，蒼潤姿媚，適如其文，而樊山翁的詩尤其蒼涼跌宕，兩相映彰。——這次燕遊歸來，已成北遊記一文投刊古今。旋接樸園喜柬後，故又濡管寫宋人詞二首於賀軸上。詞意筆致，可稱雙絕。

瞿兌之先生昔年主持華北編譯館，並主纂中和月刊，也以文字之雅與古今通好。此次特贈以駢體賀簡一首，頗有六朝人筆意。

瞿氏詩文法書，已有潤格，故樸園得此，益感愛玩不已。此外，尚有徐一士先生的賀柬與喜幛，也特由郵寄滬云。

古今兩年

朱樸

人生泿自苦古今無一了雖命湯火間喔喔猶戒曉
預憂復何益轉使髮白早不如噇酒糟糟丘無壽夭
——句曲外史詩集

兩年以前的今天，是「古今」創刊號初出問世之期，時距先室沈夫人之喪一年二個月又十四天，離亡兒榮昌之夭，則僅五個月又九天也。

古今是在我個人生平最不幸的時期出版的，所以懷古傷今，感傷的氣味特別濃厚。兩年以來，不但我個人的筆調始終未變，就是大多數作者的文字，也竟不約而同的採取「抒懷舊之蓄念發思古之幽情」的作風，因此古今於無形中造成一種特殊的風格，這是識者所能共鑒的。

古今出版之動機具如上述，不過紀念我妻兒之喪失——尤其是最心愛的榮兒之夭折，藉謀精神上的强自排遣而已。以這樣渺小的動機而居然獲得今天這樣的成績，一切的一切，可說完全全是出於我個人意料之外的。記得前年此時第一位讀者周佛海先生看見了古今創刊號之後，除了謬讚「文文俱精」「篇篇都好」外，頗以「水準太高」「難以為繼」代我担憂，老實說，當時我也具有同感，絕無把握，誰會料到後來不僅永保水準，並且蒸蒸日上呢！

可是，古今的成功也決非倖致的；其所以能獲成功的原因，最大的約有下列二端：

（一）自己的苦幹　當古今最初創刊的時候，那種因陋就簡的情形決非一般人所能想像的。既無編輯部，更無營業部，根本上就沒有所謂「社址」。那時事實上的編輯者和撰稿者祇有三個人，一是不佞本人，其餘兩位即陶亢德周黎庵兩君而已。創刊號中一共有十四篇文章，我個人寫了四篇，亢德兩篇，黎庵兩篇，竟佔了總數之大半；其他如校對，排樣，發行，甚至跑印刷所郵政局等類的瑣屑工作，也都由我們三人親任其勞，實行「同艱」「共苦」的精神。及今回思，頗有餘味。那種情形一直賡續到十個月之後才在亞爾培路二號找到了社址（這是承金雄白先生的厚意而讓與的），於是所謂「古今社」者才名副其實的正式辦起公來。嗣後迄今的一年又兩個月之中，我與黎庵兩人沒有一天不到社中工作，不論風雨寒暑，從未間斷。就我個人的經驗來說，生平對於任何事務向來比較冷淡並不感覺十分興趣的，可是對於古今，則剛剛相反。一年多來如果偶爾因事離滬不克到社小坐的話，則精神恍惚，若有所失，何以如此，自己也不得其解。所謂「全神貫注」者，儻以不佞擬之於古今，殆不能謂為過甚歟！

（二）友好的幫助　古今之有今日，至少友好的幫助當居一半的功績。就中幫助最多而最力者要推周佛海先生。兩年以來，他不僅不斷的為古今撰文使得古今能够獲得讀者更熱烈的歡迎，（註）並且每逢古今遇到困難的時候，他總不吝賜以精神及物質的幫助。對於古今最熱心最關切的，恐怕周先生也不亞於不佞自己吧？兩年以來，每期古今中的每篇文字，他沒有不過目的。在僕僕風塵的京滬道上，不論坐飛機或乘火車，他總是一卷古今，不離左右，這是他的隨從人人所目覩的。其次，梁衆異先生最早即以其大著「爰居閣脞譚」畀賜，深為讀者所珍視。他如北方周作人，龔兌之，徐凌霄一士昆仲，謝剛主，謝興堯，沈啓无……諸氏，南中陳公博，冒鶴亭，江康瓠，李釋戡，紀果庵，趙叔雍，龍沐勛，陳乃乾，文載道，沈爾喬，陳旭輪，柳雨生，周越然……諸氏，類皆碩學重望，蜚聲文壇，兩年來承各時時以宏文鉅著見惠，使得古今益增光輝，都是奠定古今不拔之基的極大功臣。

此外尤其使得不佞個人以及古今社全體同人一致感奮的是 汪先生對於古今的特別重視。兩年以來，他每次看見我時總殷殷以古今垂詢，去年今日古今週年紀念號出版，並承於萬幾之餘特以「故人故事」手稿見頒，該稿後曾在滬公開展覽，轟動一時。最近復承親爲古今撰書封面，計有「恢弘雅量涵高遠領略清言見古今」一聯，「寺樓鐘鼓催昏曉墟落煙雲自古今」一聯，「嘔心事業無成敗入夢親朋有古今」一聯，「快雪均夷險危松定古今」一聯，「袖間今古淚心上往來潮」一聯，以及集吉田松陰語「不通古今不師聖賢則鄙夫耳古人言古今我言今亦何傷乎」一頁，曾分刊古今第三三、三四、三五、三六、三九、四十，各期，已爲讀者所共鑒。凡此殊寵，決非古今以外的任何刊物所能希冀的。還有江南第一畫師吳湖帆先生，年來隱居滬濱，惜墨如金，辱承不棄，特爲古今繪劉後村詩意「靜向窗前閱古今」圖及崔曙詩意「澗水流年月山雲變古今」圖兩幅，分刊三八、四一、兩期封面，深獲讀者的一致讚賞。這種殊寵，也決非古今以外的任何刊物所能希冀的。

古今之到今天，誠可謂登峯造極得天獨厚了，不佞忝主社政，一面固極感榮幸，可是一面却又不能不深自慚愧。爲什麼呢？因爲以我這樣不學無術的人而謬竊虛聲，良心上實在不能不感到一種譴責。兩年以前我在創刊號的發刊詞中曾經說過以下的幾句話：

「同人等都是些一介書生之類，一面雖是憂國傷時，可是一面却又力不從心。說句老實話，我們除了一枝筆外簡直別無可以貢獻於國家社會之道。因此，我們就集合了少數志同道合之士，發起試辦這個小小的刊物，想在此出版界萬分沉寂之時，來做一點我們所自認尚能勉爲其難的工作。

兩年以來，以古今的本身來講，雖然不論在主觀方面或客觀方面都不失爲一本合乎理想的刊物，差堪自慰；可是我平時常常反躬自問：究竟對於國家社會有了些什麼貢獻？慚愧得很，我自已實在說不出什麼來。除了在這醉生夢死的萬惡社會中稍稍表示了我們耿介孤僻的風格和十足暴露了我們「百無一用是書生」的弱點之外，還有些什麼呢？發刊詞中又曾說道：

「我們這個刊物的宗旨，顧名思義，極爲明顯。自古至今，不論英雄豪傑也好，名士佳人也好，甚至販夫走卒也好，祗要其生平事蹟有異乎尋常不很平凡之處，我們都極願盡量搜羅獻諸於今日及日後的讀者之前。我們的目的在乎彰事實，明是非，求眞理。所以，不獨人物一門而已，他如天文地理，禽獸草木，金石書畫，詩詞歌賦諸類，凡是有其特殊的價値可以記述，本刊也將兼收並蓄，樂爲刊登。總之，本刊是包羅萬象，無所不容的。」

同人等現在細細的檢查過去，覺得以上所云的一段我們在這兩年之內總算已經盡其所能的勉力做到了。發刊詞中的最後兩句話是：「我們願闢此小小的園地，以供同好諸公的耕耘。」茲值本刊二週紀念之期，謹再錄述上語，以獻愛好本刊的讀者諸君之前。

民國三十三年三月二十五日於滬西樸園

（註）古今叢書第一種周佛海先生的「往矣集」在一年之中再版八次並經上海大陸新報社東京每日新聞社發行日譯本可見中日兩國的讀者對於周先生的文章是如何的熱烈歡迎也。

古今兩年

周黎庵

古今的籌備在民國三十年舊曆的歲尾，創刊號出版在翌年國曆三月廿五日，開始的八期是月刊，到第九期起改爲半月刊，周年紀念號爲第十九期，到今年的第四十三期，恰滿兩周年，當此物力維艱之日，我們不能像周年號那般的增事踵華的大事慶祝一番，只能把這一期的內容編得特別精采一些，作爲以質不以量的慶祝。忝爲編者，不免在珠玉之後，贅上一條尾巴。

兩年以來，無論何人，總要發生些世事滄桑的感慨吧。單論古今，也是令人感慨無窮，那時的紙張每令二百元，只値現在的三十分之一，我們那時發千字十元的稿費，已是上海稀有的高價了，和今日相較，眞是不可以道里計，其間維持困難的經過，可以想象中得之；但是可喜的，是古今竟是從艱難中生長起來，無論內容和銷路，都比物質豐富時代要進步得多，這種成就，當然要歸功於執筆者，可說是精神戰勝物質，在今日也堪稱奇蹟了。

我曾經參與或主持的雜誌，十年以來，屈指一算，已經不少，我覺得古今和它們唯一不同之處，是古今愈辦愈有精神，旁的刊物則開始時未嘗不精采百出，到後來總不免奄奄無生氣，以迄於停刊。古今開始期並不算好，連印刷也不能令人滿意，內容不得已時多由三四流的作品充數，後來着漸改進，雖然不能達於理想的程度，但是只有進步，我想讀者們是可以同意我這句話的。

容許我在紀念號中說句不吉利的話，要是古今覺得內容不濟的時候，我是主張毅然把它廢刊的。

上海的文化出版界，可說是代表全中國的，八一三滬戰，雖使它發生局部的變化，但還保存一部份從前的面目。十二月八日太平洋戰事爆發，才是上海文化出版界劃時代的變遷，一切出版物都停頓了，倘在出版的都是些不三不四的宣傳品，這之間，差不多有四個月沉悶的局面，古今的創刊，才打破那個沉悶的現狀，使出版界的陣容爲之一新。以後陸續有新的刊物產生，而且都擁有鉅大的觀衆，但論資格之老，當無逾古今的了。

金雄白先生有一次對我說，上海的雜誌有三個型，一是古今型，二是雜誌型，三是萬象型，其他的雜誌都可以歸納到這三種型中去。金先生是報業的先進，他的話當然是有見地的，編一種雜誌成了型，而有許多旁的雜誌極力模仿着，古今亦足以自豪了。但就編輯的成就而論，古今在三型中最爲簡便而單純，不必如旁兩種的化力氣。編旁的雜誌總得尊重讀者，所謂讀者本位的雜誌，美國出版的雜誌大都如此，一本雜誌後面總得附設『讀者園地』『讀者信箱』『讀者通訊』之類以引起讀者的興趣，那種編法，拆穿西洋景，名目上是尊重讀者，實際上是看不起讀者，蓋視讀者的地位總比自己爲低也。古今可不來這一套，對於讀者是藐視若無覩的，也可以說古今並不想招徠讀者，讀者愈少愈好，你喜歡看，你就買，事實上這就是眞正的尊重讀者，蓋編者認古今的讀者知識個個比自己高，故不必用什麼指導或教訓等話頭也。因爲是這樣，編輯上便便利不少，連自吹自擂式的一篇編輯後記有時也可以省却了。

古今是孤芳自賞的，是山林隱逸的，雖然每期至少也有上萬的讀者，我想他們買了古今總是篇篇看的，決不是在買的時候存心當舊報紙賣出去還好賺錢才買的，因之，售價略定得貴一些少虧一點本錢也就心安了。

我編古今有一個方針，便是善不與人同，戰後作家星散，在上海的只有這幾個人。雖然他們的文章寫得好，但因爲每一家雜誌都可以有他們的作品，便算不得名貴了，於是古今便開發北方，不管滙兌如何困難，聯券如何高漲，每期總刊載幾篇北方名家的作品，北方開發成功之後，我覺得還不足以維持古今獨有的風格，近期起更有碩果僅存的珍貴史料和大江南北無與抗手的書畫刊載，可以說是古今特殊的貢獻。

古今二年來的有成功，可以說是作者之成功，造成古今地位的文章，第一位作者，不用說，是周佛海先生了，凡是有他文字的一期，我們總特地多印一些，但還是一銷而空。次之，陳公博周作人梁鴻志徐一士瞿兌之謝剛主紀果庵鄭秉珊陳乃乾陳旭輪周越然諸先生之力亦多。吳湖帆先生的畫和冒鶴亭先生的掌故，尤爲古今生色不少。當此編完兩周紀念年之日，不能不首先致我最誠摯的謝意。

（三十三年三月廿四日於古今出版社）

上海市政管理局暫准登記證第四〇〇號

古今叢書之一

周佛海先生散文集

往矣集

第八版出版

每冊實價六十元

目次

附錄

發行所

古今出版社

上海咸陽路(亞爾培路)二號・電話七三七八八號

本期特大號每冊實價叁拾元

古今

文史半月刊

第四十五期

古今

文史半月刊

第四十五期

中華民國三十三年四月十六日出版

社長 朱樸
主編 周黎庵
發行者 古今出版社 上海咸陽(亞爾培)路二號
發行所 古今出版社 上海咸陽(亞爾培)路二號 電話：七三七八八號
印刷者 中國科學印刷公司
經售處 全國各大書坊報販

上海雜誌聯合會第十號會員雜誌
零售每册中儲券念五元
國民政府宣傳部 登記證滬誌字第七六號
第一警察局 登記證C字一〇一二號

預定	款項先繳 照價八折
定	半年三百元 全年六百元

讀翁松禪甲申日記

瞿兌之
徐一士

甲申光緒十年。即翁相第一次入軍機之第三年也。其元旦日記云。

丑正多到直房。同人相見一揖。兩班。寅初三刻召見。面賜八寶荷包二分福字一張。入時三叩首賀新喜。被賜各一叩首。諭以風調雨順。今年當勝去年。諸臣頌揚數語。即退。更朝衣冠。辰初三刻長信門外行禮畢。仍回直房。到方略館。辰正三刻上升殿受賀。行禮畢。即赴方略館換蟒袍補褂。馳赴壽皇殿。隨同行禮。內務府官送到荷包一枚。於上到時在路南道旁叩頭謝。

此爲軍機元旦入朝之禮節。不加詮釋。恐今人多不解矣。清制無一日不召見軍機。元旦君臣第一次見面。較之羣臣尤爲親密。故半夜兩點多鐘即已入值。相見一揖者。軍機王大臣無私見之禮。彼此平等。即章京之於大臣。亦不純以堂屬之體相待。有揖而無叩拜。又京官體制。本有揖而無屈膝請安也。四點三刻召見。天猶未明。蓋元旦夙興。雖帝后亦不能耽於安逸。平時雖不如是之早。然閱奏摺亦必在未明以前。長信門者太后所居宮門。太后不臨正殿。故先詣其宮門。此乃正式朝賀。故更換朝衣。越一小時方詣太和殿朝賀皇帝。相距雖不甚遠。然羣臣兩處趨走。亦甚苦矣。軍機大臣爲內廷差使之最貴要者。凡內廷典禮及扈從行幸皆與羣臣絕班。惟大朝會則仍按品級入班。如本官二品則入二品班。三品則入三品班。但軍機大臣官未至一品者亦少耳。朝賀事畢即換蟒袍。蟒袍乃禮服。用之於嘉辰慶典。內廷官及三品以上冬季本應穿貂褂。惟元旦穿補褂者。因貂褂反穿不能綴補。不足以示吉慶之意。仍須穿有補服之白風毛外褂也。清制章服最繁。除朝服禮服外。平日穿常服。而常服又有補褂掛珠者。掛珠而不補褂者。不掛珠亦不補褂者。須視其日之吉凶事之輕重而別。例如朔望則補褂。齋戒則常服。忌辰則應穿元青褂。然若在齋戒期內。則仍應常服。良以祭爲吉禮。故暫變凶從吉也。壽皇殿乃景山內奉祀眞容之所。太廟乃大祀。惟四孟月行之。歲時令節則於壽皇殿行家人禮。軍機大臣以近密之故。亦許隨同行禮。

初六日記云。

黎明後即到書房。上已至。辰正漢書始上坐。講論經史。讀平淮西碑一篇。寫字。讀未至午初即退。

按德宗是時年十四。而到書房如此之早。平日須兼讀滿文習弓箭。其間有召見臣工之事。尙須臨御。而讀書至未刻方罷。亦不得謂之不勤。翁公日記中每謂功課不緊。不樂誦讀。恐亦督責太過耳。帝王典學一如常人子弟之入塾。誠前古所無。不可謂帝王制度之一種進步也。

初七日記云。

是日同人先至懋勤殿。進春帖子。置正中案上。一跪而起。俗名跪春。

按春帖子爲唐宋舊俗。惟宫廷中尙沿而不改。今所傳東坡法書尙有所謂春帖子詞。宋高宗亦有之。淸制軍機及南書房諸臣於立春前進春帖子詞五絕一首七絕二首。黃摺紅裏楷書。上必以是時賜湖筆硃墨箋絹。爲近臣榮遇。亦古風之遺也。

初十日記云。

龍湛霖請選宗室貴戚於書房後在養心殿輔導聖學。仿御前大臣職。云云。慈論頗不謂然。摺留中而已。

按此有鑑於穆宗之暱近小人也。養心殿者帝之寢殿。淸制末時以後即不與臣下相見。在左右者無非阿監之流。自易影響主德。然宗室貴戚亦豈多賢者。縱使實行。未必即能收效。翁公之意。頗惜其不見采用。其實殊不系乎此。惟此論確屬讜言。魏正始中何晏請以大臣侍宴游陳政事論經義。正即此意。君主時代政治根本宜莫逾此。

十七日記廷臣宴禮節。爲名書所無。極有價値。略云。

午初一刻至南書房少坐。旋由甬道行。至丹陛。分東西班。滿東漢西。立戲毯邊外北面。上升御座。奏事總管太監引入。就墊跪。一叩。即坐坐墊。菜席先設。賜飯及湯。人各二椀。一叩。特賜御前饌各席一器。一叩。賜奶茶。人各一盂。一叩。菜席撤去換果席。賜元宵。人各五。一叩。飲訖。此時進酒者起。衆皆離席立。進酒者出槅扇外。脫去外褂。仍掛朝珠。入中門跪。衆皆就墊跪。太監實玉斝酒授進酒者。進酒者起。捧酒矩步由中搭渡上。折而西而北。近御座。跪獻訖。由西搭渡趨下。於原處叩首。衆乃就墊叩。興。進酒者復由西搭渡升。跪接虛斝。由中搭渡矩步下。於原處跪。太監接斝。酬以爵。受爵一叩。飲訖一叩。衆不叩。進酒者出。着褂入座。衆咸坐。賜酒。人各一杯。一叩。賜果茶。一叩。飲訖。衆起。挨次趨出殿外。檐下橫排。一跪三叩。上起。衆退。

此亦古禮之僅存者。廷臣宴每年皆在正月十六七。於乾淸宮舉行。但惟一品大臣得與。有一人一席者。有二三人一席者。大約殿內東西各列四五席。所備酒肴。大致與外間不異。惟盤脚而坐。最存古意。進酒者以一人爲代表。所謂奉觴上壽。此人由上派定。謂之拏酒大臣。例以滿人爲之。矩步者。凡手捧物則於御前不趨。其行必依直線。如今軍隊行列然。不得斜行取近也。平日手不捧物。則以疾趨爲敬。古人賜入朝不趨所以爲優禮也。

十九日記云。

沅圃之學。老莊也。然依於孔孟。其言曰。抱一守中。又曰。止念息心。又曰。收視返聽。是爲聰明。其養生曰。神水華池。時時致念。其爲政曰。順民心。其處世曰恕。其臨事曰簡。其用兵則皆依乎此而已。

按曾忠襄是時方署禮部尙書。任兩江者爲左文襄。旋以病給假回籍。皖撫裕祿接署。而輿論殊不以爲然。乃降諭改以曾署理。翁記中有「庶幾威望副此席」之語。蓋中興宿將無多。朝野皆屬望於曾也。忠襄之學術偏於老氏陰柔。與文正主張夙所頗異。然自有其一貫處。翁公二月初十日又記云。「曾沅圃來談。飯蔬而去。其人似偏於柔。其學則貫澈漢宋。儕輩中無此人也。」推崇可謂至矣。翁公於文正微有私怨。以文正劾其兄文勤。幾陷不測。而雅重忠襄叔姪。於忠襄尤傾服出於至誠。其不以私害公。後之論者當兩賢之。（關於忠襄。翁公日記更有如乙亥二月二十九日云。「晚訪曾沅圃。長談。得力在宋儒書。大略謂用人當返求諸己。名言甚多。知其成功非倖矣。」癸未十一月二十六日云。「曾沅圃來。言時事三端。一中原民生宜邮。一越事不可動兵。一聽言宜擇。不宜輕發。其談兵事總不以設險著形爲然。多一險即多一敗象。其言馭夷以柔以忍辱爲主。其言用人則以虛以下人爲先。眞虛則善言日至矣。類有道之言也。」十二月初五日云。「其學有根氐。再見而益信。畏友也。吾弗如遠甚。」庚寅十月初三日云。「聞曾沅浦制軍於前日未時星隕。事關東南全局。可慮也。」又關於惠敏。庚午五月十二日云。「晤曾世兄紀澤。號劼剛。談次覺其不羣。」丙戌十一月二十一日云。「劼剛於各國事務能得要領。」庚寅閏二月二十三日云。「訪劼剛。問其疾。則鼓在門矣。驚怛。入哭。改其遺摺數處。此人通敏。亦嘗宣勞。而止於此。可傷也。」擷錄以資彙覽。）

文正論文論事論人。均尙剛。有欲著挺經之說。其學術及處事。宗指可見。然亦頗參以柔道。歐陽兆熊水窗春囈有云。「文正在京官時。以程朱爲依歸。至出而辦理團練軍務。又變而爲申韓。嘗自稱欲著挺經。言其剛也。咸豐七年在江西軍中丁外艱。聞訃奏報後即奔喪回籍。朝議頗不謂然。左恪靖在駱文忠幕中肆口詆毀。一時譁然和之。文正亦內疚於心。得不寐之疾。予荐曹鏡初診之。言其岐黃可醫身病。黃老可醫心病。蓋欲以黃老諷之也。先是文正與胡文忠書。言及恪靖遇事掣肘。哆口謾罵。有欲效王小二過年永不說話之語。至八年奪情再起援浙。甫到省。集敬勝怠義勝欲知其雄守其雌十二字。屬恪靖爲書篆聯以見意。交歡如初。不念舊惡。此次出山後一以柔道行之。以至成此巨功。毫無沾沾自喜之色。嘗戲謂予曰。他日有爲吾作墓誌者。銘文吾已撰。不信書。信運氣。公之言。告萬世。故予輓聯中有將汗馬勛名問牛相業都看作粃糠塵垢數語。自謂道得此老心事出。蓋文正嘗言。吾學以墨禹爲體。莊老爲用。可知其所趨向矣。」文正之以柔濟剛。是否即由於歐陽氏之進言。姑不論。要其參用柔道。益屬不誣。其克集大勳以此。功高而善於自處亦以此。（其主剛猶不始於治軍時。觀道光庚子覆賀耦庚中丞書已可見。）忠襄賦性亦毗於剛。金陵之役。統師當艱鉅。即與諸將帥不相得。多所齟齬。（與文正關係最密切之彭剛直。甚至嘗以大義滅親之說進。）以中懷之抑鬱。當簡授浙撫而欲請改武職。迨金陵既下即斷然引疾歸里。嗣官鄂撫。又與鄂督官文恭不睦。嚴劾罷去。尤見剛鋭之氣。而因是招嫉。亦不安於位。後此再起。乃尙柔道。督江數載。幾於臥治。爲政與文正有異同。而善處功名之際。精神上固頗一貫也。

三月初四日記云。

恭邸述惇邸語請旨。則十月中進獻事也。極瑣細。極不得體。慈諭謂本不可進獻。何用請旨。且邊事如是。尙顧此耶。意在責備。而邸猶刺刺不已。

次日又記云。

比入。仍申昨日之諭。兩邸所對皆淺俗語。總求賞收禮物。垂諭極明。責備中有沈重語。臣越次言。惇親王恭親王宜遵聖諭。勿再瑣屑。兩王叩頭。匆匆退出。天潢貴胄。親藩重臣。識量如此。

翁公記中不甚於人有貶詞。而此條誅伐如此。誠有不勝其慨憤者。惇王當存而不論。恭王久經憂患。歷當重任。何以舍國事不恤而專效宦官宮妾之獻諛。意其中亦有隱衷也。然朝議已有譴責恭王之意。初八日記即云。

今日入對時。諭及邊方不靖。疆臣因循。國用空虛。海防粉飾。不可以對祖宗。臣等慙懼何以自容乎。退而思之。沾汙不已。

此時因外廷疏劾樞臣誤國。正與醇王商易樞臣。初十日軍機見起後。即有醇親王起。翁記云。「頭起（指軍機）匆匆退。而四封奏皆未下。二起（指醇王）三刻多。竊未喻也。」次日又記云。「發兩封奏。而盛昱一件未下。已四日矣。疑必有故也。」所謂有故者。即參劾軍機也。清制封奏直達御前。雖軍機不得見。如係特別重要。即留中不發。故黜陟大權。仍操於君上。若罷免樞臣。只須一紙硃諭也。又次日則記云。

聞昨日內傳大學士尚書遞牌。即知必非尋常。恭邸歸於直房辦事。起下傳散。始聞有硃諭一道。恭親王奕訢大學士寶鋆入直最久。責備宜嚴云云。姑念一係多病。一係年老。玆特錄其前勞。全其末路云云。

於是軍機全體罷黜。別簡禮親王世鐸戶部尚書額勒和布閻敬銘刑部尚書張之萬工部左侍郎孫毓汶入軍機矣。舊軍機中。恭王開差家居。寶鋆休致。李鴻藻景廉降調。而翁同龢革職留任。翁以帝師之故。而革留仍可不去位。猶爲優遇也。清制每召見一次。稱爲一起。召見某人稱爲某起。傳某人入謂之叫起。召見謂之見起。大抵軍機每日見起。餘則自請對者必請遞膳牌。特召入對者諭令遞牌。所謂膳牌者。以用膳時呈遞。猶民間之名刺也。若有大事召廷臣會議於御前。則謂之叫大起。此次易樞之事。起因於清流之分黨。是時清流多附李高陽。而盛伯羲則持異議。故翁記云。

張子青來。始知前日五封事皆爲法事。惟盛昱則痛斥樞廷之無狀。幷劾豐潤君保徐延旭之謬。又牽連及於高陽之偏聽。

豐潤指張幼樵副憲佩綸也。孫濟寧爲醇邸舊人。恭退而醇進。但醇王以皇帝本生父之尊。不便直樞廷。惟令要事會同商辦。故濟寧實主持其間。而旋以刑右許庚身佐焉。易樞而後。張皇戰備。張赴閩而陳伯潛學士寶琛赴江。卒至張以馬江之挫獲重咎。身敗名裂。陳亦緣事降絀。清流頓衰。醇王主戰之意亦不堅。迨桂滇兩路告捷。即從李文忠「見好便收」之說。而濟寧遂贊和局之成矣。斯役爲光緒初年清流之結局。惟張文襄早膺疆寄。事任愈隆。晚躋端揆。身名俱泰。

按越縵堂日記於三月十七日下云。

晨泊天津。始知十三日朝廷有大處分。樞府五公悉從貶黜。余瀕行時寓書常熟師。言時局可危。門戶漸啓。規以堅持戰議。力矯衆違。不料言甫著於紙上。機已發於廷中。先是初八日同年盛庶子疏言法夷事。因劾樞臣之蔽閉諱飾。一日逮兩巡撫易兩疆臣而不見明詔。亦言及張樹聲之疏防邊警。張佩綸之濫保非人。次日又聞東朝幸九公主府賜奠。召見醇邸。奏對甚久。是日恭邸以祭孝貞顯皇后三周年在東陵。至十三日甫回京覆命。而嚴旨遂下。萌兆之成。其由來者漸乎。

是事前已略有機朕。外廷已微聞之矣。

翁公與張文襄不洽。世頗知之。而甲申之歲。翁公日記則於張甚有贊譽之語。四月初四云。

邸抄內張香濤覆奏口外廳民編籍無礙蒙民一摺。灑灑千言。典則博辨。余於此眞低首而拜矣。

二十五日云。

張香濤來長談。畢竟磊落君子人也。（按張由山西巡撫被召入覲。二十八日簡署兩廣總督。）

其稱許如此。（惟「畢竟」二字似有微指。或其時有短張於翁者。）又辛巳十一月十四日記云。「授張之洞爲山西巡撫。蓋特擢也。可喜可喜。」可以合看。不料後來相乖之甚也。至其齟齬情事。文襄極言之。如抱冰堂弟子記（羅惇曧賓退隨筆云。「託名弟子。實其自撰也。」）云。「己丑庚寅間。大樞某大司農某立意爲難。事事詰責。不問事理。大抵粵省政事無不翻駁者。奏咨字句無不吹求者。醇賢親王大爲不平。乃於所奏各事皆奏請特旨准行。並作手書與樞廷諸公曰。公等勿藉樞廷勢恐嚇張某。又與大司農言曰。如張某在粵省有虧空。可設法爲之彌補。不必駁斥。賢王之意蓋可感矣。」大司農即謂翁公。時官戶部尚書也。己丑七月文襄即有由兩廣總督調補湖廣總督。是年十一月抵鄂就新職。庚寅已不在粵。蓋指戶部仍嚴究其粵任虧空耳。賓退隨筆述此有云。「大司農爲翁同龢。時同龢以戶部尚書在樞府。與文襄最不協，恭親王奕訢被逐出樞廷。醇親王奕譞以皇帝父不便入值。乃詔樞臣遇事與醇親王妥議。醇王實隱執政權。故能調護文襄也。」大司農即翁。自無疑問。惟翁公甲申罷樞値。至甲午始再入樞府。張言大樞某大司農某。明是兩人。大樞某蓋謂其時樞臣孫毓汶。乙未文襄在署兩江總督任有致翁公書。則正其二次値樞廷時。書云。「之洞方州竊祿。負乘滋慙。自去冬假節東來。江海即已戒嚴。南防北援。軍多餉鉅。既無術以減竈。復計拙於持籌。萬不得已。仍出洋欵下策。仰蒙大鈞斡旋。得邀報可。惠及軍民。歡同挾纊。至於之洞平日才性迂闊。不合時宜。道路皆知。若非密勿贊畫。遇事維持。必更無所措手。比來屢聞芸閣叔嶠諸人道及。備言我公於曕人廣坐之中。屢加宏奬。謂其較勝時流。忘其侏儒一節之短。期以駑馬十駕之效。幷以素叨雅故。引爲同心。惶恐汗流。且愧且奮。昔者李成爲魏相而西河奏其功。國朝安溪在講筵而諸賢展其用。是外吏之得以效其尺寸者皆由政本爲之。方今時勢艱危。憂深恤緯。所幸明良一德。翕然望治。我公蘊道匡時。萬流宗仰。慨然以修攘大猷提倡海內。內運務本之謀。外施改弦之法。凡有指揮所及。敬當實力奉行。以期仰副藎悃。今日度支艱難。節用爲亟。計相苦衷。外間亦能深喩。特以補牢治牖。用費實多。謹當權衡緩急。省嗇爲之。入告得請。乃敢舉行。至鐵政槍礮諸局。當初創設之時。因灼知爲有益時局之事。而適無創議興辦之人。遂不能度德量力。毅然任之。所謂智小謀大。誠無解於易傳之譏。然既發其端。勢不能不竟其緒。用欵繁鉅。實非初議意料所及。今幸諸事已具規模。不能不籲請聖恩。完此全局。以後限斷旣淸。規畫較易。至其間用欵。皆係勢所必需。總由中華創舉。以致無轍可循。比年來無米爲炊。正如陳同甫所謂牽補度日者。尙何敢不力求撙節。必至萬不容已之事。始敢采買營造。旁觀者但詫手筆之恢閎。或未知私衷之艱苦。此諸事正爲講求西法之大端。伏望範圍曲成。俾開風氣。則感荷慶幸。豈獨一人。公以敷陳古義之儒宗。兼通達時務之俊傑。變通盡利。鼓舞盡神。不能不於台端是望也。」生隙之後。又極致推崇如是。且力言翁期許之厚。而援文廷式楊銳輩爲證。蓋翁雖對張不滿。然言談之間。尙非有貶無褒。張即因其對與己相稔者所爲許與之言。作感深知己之表示。以爲修好之計。並以借欵之獲兪。稱頌鈞軸。時方以用欵浩繁。斵政府核准。翁則以帝師樞臣掌度支。懼其與己爲難。故如此說法耳。此書在兩人關係上甚可玩味。故錄資考鏡。其後兩人仍難水乳。張晚歲猶銜憾不置。編訂詩集時。於送同年翁仲淵殿撰從尊甫藥房先生出塞一首。(詩云。「玉堂春早花如雪。捧襟攬轡與君別。扶將老父辭靑門。西行上隴水嗚咽。隴山之外路悠悠。輪臺況在靑海頭。豈獨鞍馬憂憔悴。花門千騎充涼州。雲中太守行召用。吏議雖苛主恩重。出塞不勞送吏嗔。過海喜有佳兒從。君家季父天下奇。(謂叔平丈。)曾辭使節披萊衣。君今爲親行萬里。一門孝弟生光輝。幸免淸羸似叔寶。更祝白髮顏常好。鹽澤羽玲須縱觀。挏乳盤酥强一飽。聞道韓擒師且班。石城靑蓋入中原。邊塵一斗爲君洗。早晚金雞下玉關。」同治初年藥房由斬監候加恩遣戍新疆時所作也。其時兩家交誼。足見一斑。張於咸豐壬子領解。與松禪爲鄉舉同年。同治癸亥探花及第。仲淵則以恩賜進士得大魁。復有一層年誼）加注云。「藥房先生在詔獄時。余兩次入獄省視之。錄此詩以見余與翁氏分誼不淺。後來叔平相國一意傾陷。僅免於死。不亞奇章之於贊皇。此等孽緣。不可解也。」往事回遡。憤懣一至於斯。雅故凶終。良可慨也。(賓退隨筆云。「文襄有送翁同書遣戍詩。自注言與翁氏交情極洽。而叔平必欲寘我於死地。爲不可解之語。文襄編詩集時。翁已得罪錮於家。文襄方以大學士在樞府。猶不能忘同龢也。」即指此。張於丁未始以大學士由湖廣總督內召入樞廷。翁卒於甲辰。爲時已三年矣。不當尙云錮於家。又按張年譜。己酉七月手定廣雅堂詩稾。癸卯入京以後。時有刪易。至是命工寫印。翌月即卒。）張文襄公年譜（胡鈞重編）甲子有云。「翁文勤公(同書)因案獲譴。同治元年逮入詔獄。公兩入詔獄中省視。二年十二月有旨發往新疆效力贖罪。是年三月就道。子曾源殿撰(字仲淵)隨侍出塞。公賦詩送行。（詩載本集。按公試卷履歷。文勤爲受業師。仲淵殿撰與公鄉舉同年。又癸亥榜首。壬戌會試。翁文恭同龢爲同考官。見公試卷被擯。爲之扼腕。及癸亥登第。引爲快事。公撫晉時。日或疏陳口外七廳改制無礙遊牧。文恭見之。稱爲典則博辯。欲低頭而拜。入京相見。又稱爲磊落君子。具見文恭自寫日記中。其後文恭獲咎。宣統紀元開復原官。實公在樞府斡旋之力。公與文恭分誼始終不薄如此。本集此詩自注不滿於文恭。乃有感而發。讀者勿以詞害意。」）似有意回護。其實不必也。張語若彼。豈尋常不滿之詞。至謂有感而發。所感不即在文恭乎。（仲淵之舉人。亦以恩賜得之。時張早捷鄉闈。並非鄉舉同年。鄉舉同年乃文恭耳。至壬戌會闈中事。文恭日記中曰春闈隨筆。三月二十五日云。「見范鶴生處直隸形肆柒一卷。二場沈博絕麗。三場繁稱博引。其文眞史漢之遺。余決爲張香濤。得士如此。可羨也。」四月初六日云。「前所見鶴生處直隸形肆柒卷。在鄭小山處。竟未獲雋。令人扼腕。」固足見賞譽之情也。）沃丘仲子（費行簡）慈禧傳信錄紀文襄之獲擢晉撫云。「后曰。（張）之洞（陳）寶琛寶廷（張）佩綸四臣果孰堪大任者。（翁）同龢稱。就四臣論。學問經濟。之洞實首選。（後之洞自謂爲同龢所阨者。以同龢后所惡。欲希寵也。）（李）鴻藻亦謂之洞胡林翼弟子。負幹濟才。后遂特簡爲山西巡撫。」希寵之說。語近深文。（辛巳張簡晉撫。翁雖稱善。然未必由翁荐揚。時翁未入樞廷。雖以帝師得君。而德宗尙幼。不能有所主持。高陽方以樞臣用事。與張投分甚深。或與有力。）翁張之始契而終乖。意者翁公累世京朝貴綴。久直內廷。政策頗主內重。膺計相之任。復尙精核。對於疆吏手筆恢宏多所興舉者。每加裁抑。或爲所難堪。如李文忠之在北洋。與翁即甚不洽。張翁相失。似亦因此。在施者當猶謂制裁出於分所應然。在受者則不免深感箝束傾軋之苦矣。至翁於己酉五月追復原官。張在樞府蓋與有力。翁夙望在人。新君嗣統。斯亦收拾人心之一道。張未以私嫌妨國是也。翁張均負時望。同爲晚淸政界極有名之人物。所影響者甚巨。其二人間關係之演化。則頗爲微妙。事甚可述。故於讀文恭甲申日記之餘。更爲鉤稽。用相參印。

左文襄五月銷假抵京。再爲樞臣。（諭稱「該大學士卓著勳績。年逾七旬。著加恩無庸常川入值。」）翁公十九日記云。

　　拜左中堂於旃檀寺。未見。昨日到。尙遲數日請安。

閏五月二十九日記云。

　　左相國來長談。神明尙在。論事不能一貫。大不滿意於沅帥。力主戰云云。

六月二十一日記云。

　　訪左相談。雖神情不甚淸澈。而大致廓然。反覆云。打仗是學問中事。第一氣定。氣定則一人可勝千百人。反是則一人可驅千百人矣。

文襄爲當時所倚之元老重臣。論兵雖屬見道之言。主戰亦出許國之誠。而精力之衰。已可槪見。（其與忠襄不協。無非由於前後任之意見。）至七月初八日明詔宣示天下。罪狀法國。飭各軍協剿。十八日文襄奉旨以欽差出赴福建督師矣。廿五日記云。

　　左侯來辭行。坐良久。意極惓惓。極言輔導聖德爲第一事。默自循省。愧汗沾衣也。其言衷於理。而氣特壯。曰凡小事精明必誤大事。有味哉。勸其與沅浦協力。伊深納之。悵惘而別。

此別遂成千古。蓋文襄竟歿於王事矣。（翌年文襄卒於差次。翁公七月二十八日記云。「聞左相竟於昨日子刻星隕於福州。公於予情意拳拳。溯行尙過我長揖。傷已。不僅爲天下惜也。」）

七月初二日記云。

　　延煦參左宗棠於乾淸宮未往行禮。交部議處。

初六日記云。

醇王參延煦劾左宗棠行禮不到。意在傾軋。交部議處。

十一日記云。

是日吏議上。左相罰俸一年。

此爲文襄拜欽差大臣之命赴閩督師前被劾獲譴之一事。六月二十六日德宗萬壽。（生日本爲六月二十八日。以避孟秋時享齋期。改以是月二十六日爲萬壽節。）諸臣至乾清宮叩祝如儀。文襄以衰憊未到。禮部尚書延煦上疏劾之。文襄交部議處。得罰俸一年之處分。當吏議未上。醇王憤延煦之危詞聳聽。特疏糾彈。延煦因亦交部議處。考其處分。則部議降三級調用。上諭加恩改爲革職留任。仍罰俸一年。雖從寬典。罰已重於文襄矣。慈禧傳信錄所紀云。「宗棠雖出身舉人。而科目中人多非同輩。朝官以其驕蹇。頗惡之。又稱金順爲己部將。而於廣衆中詆官文不識一丁。竟得以功名終。旂員大都類然。於是滿蒙籍諸官銜之尤刺骨。禮部尚書延煦遂以萬壽聖節宗棠到班遲誤行禮失節特疏糾之。略謂宗棠以乙科入閣。已賞優於功。乃既膺爰立。竟日驕肆。乞徽儆。疏入。后示樞臣曰。此關禮儀事。何非部臣公疏而祇煦單銜耶。（奕）訢謂宗棠實失禮。但爲保全勳臣計。煦疏乞留中。后韙之。奕譞聞而大憤。是日特專摺劾煦。謂宗棠之贊綸扉。特恩沛自先朝。煦何人斯。敢議其濫。且宗棠年衰。勞苦功高。入覲日兩宮且許優容。行禮時偶有失儀。禮臣照事糾之可已。不應煦一人以危詞聳上聽。言頗激切。后嘗以歷朝諸后垂簾無戡亂萬里外者。居恒自負武功之盛。然實宗棠力也。故（李）鴻章等屢言其誇。后不爲動。煦糾疏入。后已不懌。得譞奏。遂以諭斥煦。復勑部議處分。」所紀略得此事之輪廓。而頗有失實。最誤者。乃謂后以延煦疏示樞臣奕訢云云。三月間恭王等已逐出樞廷。此時何能猶以樞臣而有所主張乎。且文襄未免吏議。煦疏亦非留中未發也。因更考關於延煦劾左之諭云。「延煦奏六月二十六日萬壽聖節行禮左宗棠秩居文職首列並不隨班叩拜據實糾參一摺。左宗棠著交部議處。」醇王奏云。「臣初以爲糾彈失儀。事所常有。昨閱發下各封奏。始見延煦原摺。其飾詞傾軋。殊屬荒謬。竊思延煦有糾儀之職。左宗棠有失儀之愆。該尚書若照常就事論事。誰曰不宜。乃藉端訾毀。竟沒其數十年戰陣勳勞。並詆其不由進士出身。甚至斥爲蔑禮不臣。肆口妄陳。任情顚倒。此時皇太后垂簾聽政。凡在廷臣工之居心行事。無不在洞燭之中。自不能爲所搖動。特恐將來親政之始。諸未深悉。此風一開。流弊滋大。臣奕譞於同治年間條陳宗人府值班新章。雖蒙兪允所請。仍因措詞過當。奉旨申飭。今延煦之疏。較臣當日之冒昧不合。似猶過之。」奉諭。「欽奉懿旨。前據延煦奏萬壽聖節行禮左宗棠並不隨班叩拜。當將左宗棠交部議處。玆據醇親王奕譞奏稱。延煦糾參左宗棠。並不就事論事。飾詞傾軋。藉端訾毀。甚至斥爲蔑禮不臣。肆意妄陳。任性顚倒。恐此風一開。流弊滋大等語。延煦著交部議處。」延煦原疏未能覓得。而就醇王疏推之。大端可見。慈禧傳信錄所述數語。亦頗得其彷彿。蓋煦疏用重筆。譞疏亦用重筆也。醇王素重文襄。翁公日記中歷歷可徵。至延煦謂「左宗棠秩居文職首列」。大學士居文臣首班。而其時文襄且爲首輔也。文華殿大學士李鴻章久爲首輔。武英殿大學士寶鋆次之。李於壬午以丁母憂暫開閣缺。（開大學士缺而不補人。迨服闋仍補原缺。）甲申三月寶鋆休致。左遂以東閣大學居閣臣首席。是年八月李服闋仍授大學士。有旨左宗棠班在李鴻章之次。十月更授李鴻章文華殿大學士。靈桂由體仁閣大學士晉授武英殿大學士。額勒和布授體仁閣大學士。有旨額勒和布班在靈桂之次。四相之序爲李左靈額。兩漢相居前焉。普通之例。大學士以殿閣之銜爲次。而有時不拘。左官東閣大學十餘年。班次晉而閣銜不改。猶之乾隆朝之劉統勳也。

是年慈禧太后五旬萬壽。九月二十六日記云。

　皇太后自長春宮移儲秀宮。上龍袍褂遞如意。內府官花衣遞如意。有戲。

按后所居之宮。他書罕載。閱此可知之。皇帝龍袍褂。即臣下之蟒袍。俗稱花衣。遞如意者。滿俗凡慶典皆如是。若令節及生日亦以如意賜臣下。十月初十日爲萬壽正日。記云。

　到東茶房更朝衣。由景運門入。至西邊朝房恭俟。辰初二刻皇太后御慈寧宮。上率百官行慶賀禮。作樂宣表。一二品及內廷人員在長信門外行禮畢。醇親王行禮。門開仗仍立。仍到東朝房換衣。坐帳房吃官飯。巳初二刻入座。戲七齣。申初三刻退。凡二十六刻。有小伶長福者。長春宮近侍也。極儇巧。記之。此輩少爲貴也。

讀此記想見海疆多事戰士致命之秋。宮廷之中尙粉飾承平如此。玉宇瓊樓。龍旂雉扇。儼然全盛威儀。至寵狎伶豎。又非雅音法曲之比。翁公深有慨乎中矣。又二十日記云。

　自前月二十五至今日。宮門皆有戲。所費約六十萬。戲內燈盞等用十一萬。他可知矣。

其言外致譏之意可見。

十一月初五日記授讀作詩情形云。

　膳後作詩。題爲漢章帝。上援筆立書曰。白虎親臨幸。諸儒議五經。惜哉容竇憲。諫諍未能聽。每日臣侍側。不免檢韻或講典故。今日臣離案觀書。未發一語。眞雲章第一篇矣。喜而敬識。

按德宗沖年好學。記中屢言之。比年漸長。則頗憚於誦讀。記中亦屢言之。然亦未始非師傅過於膠柱不能誘啓之故。慈禧待穆宗雖亦責備。而督課不甚嚴。待德宗督課稍嚴。然不甚責備。記中亦常及之。其實姿性初不平常。觀此詩可見。十四歲天子如此。亦難得矣。

元配黃夫人悼詞

冒鶴亭

兒女星奔強半歸，天涯尚有泣麻衣；蓋棺頓令平生盡，入夢猶疑永逝非。百歲終須泉壤共，一貧纔覺死喪威；殯宮草草成齋奠，纖屑思量願總違。

忍淚重披話荔圖，名門百兩迓名姝；當時禁臠人爭妒，垂老鰥魚眼已枯。左右想相從愛女，起居煩上敂威姑；全家漂泊知何際，翻羨長眠自在軀。

夫人諱曾葵，字甌碧，浙江瑞安人。咸豐丙辰進士刑部員外郎諱體立公孫女，同治癸亥會元翰林院編修兵部侍郎諱體芳公姪孫女，光緒庚辰進士翰林院編修武昌鹽法道諱紹第公女，光緒庚辰進士翰林院編修湖北提學使諱紹箕公姪女。光緒甲午，編修公典試江南，廣生出門下，明年謁公京師，以夫人妻余，而爲之蹇修者，丹徒縣知縣房師會稽王公慶唌也。夫人歸余五十年，中間在京師者十年，在溫州者五年，在鎮江淮安者三年。自辛西冬先太夫人逝世，余棄小草，從余棲林下者迄今二十三年。其從余溫州也，魚軒歸甯，戚鄙黯羨，而夫人無侈色。比歲避地海上，爲生事所困阸，而夫人無怨言，此士夫之所難，其婦德有不容湮沒者。夫人有子女各五人，孫男十五人，孫女九人。初來歸時，居吳門，有話荔圖，畫者顧鶴逸周喬年金心蘭吳秋農陸廉夫阮墨耕林琴南姜穎生金拱伯及閨秀彭鶴儔凡十人，俞曲園爲題籤及引，首題者甚黟。自夫人逝後，欲忍痛爲一傳，冀傳將來，而執筆哀來，輒中輟不能就，勉成二詩，系以小言，存其梗概而已。

遇狼的故事

知堂

從前看郝懿行的晒書堂筆錄，很是喜歡，特別是其中的模糊一篇，曾經寫過文章介紹，後來有日本友人看見，也引起興趣來，特地買了晒書堂全桒去讀，說想把郝君的隨筆小文抄譯百十則出版，可是現在沒有消息，或者出板未能許可也不可知。模糊普通寫作馬虎，有辦事敷衍之意，不算是好話，但郝君所說的是對於人家不甚計較，我覺得也是省事之一法，頗表示贊成，雖然實行不易，不能像郝君的那麼道地。大抵這只有三種辦法。一是法家的，這是絕不模糊。二是道家的，他是糊模到底，心裏自然是很明白的。三是儒家的，他也模糊，却有個限度，彷彿是道家的帽，法家的鞋，可以說是中庸，也可以說是不徹底。我照例是不能徹底的人，所以至多也只能學到這個地步。前幾天同日本的客談起，我比喻說，這裏有一堵矮牆，有人想瞧瞧牆外的景致，對我說，勞駕你肩上讓我站一下，我諒解他的欲望，假如脫下皮鞋的話，讓他一站也無什麼不可以的。但是，若連鞋要踏到頭頂上去，那可是受不了，只得蒙御免了。不過這樣做並不怎麼容易，至少也總比兩極端的做法爲難，因爲這裏需要一個限度的酌量，而其前後又恰是那兩極端的一部分，結果是自討麻煩，不及徹底者的簡單干淨。而且定限度尙易，守限度更難。你希望人家守限制，必須相信性善說才行，這在儒家自然是不成問題，但在對方未必如此，凡是想站到別人肩上去看牆外，自以爲比牆還高了的，豈能尊重你中庸的限度，不再想踏上頭頂去呢。那時你再發極，把他硬拉下去，結局還是弄到打架。仔細想起來，到底是失敗，儒家可爲而不可爲，蓋如此也。

不佞有志想學儒家，只是無師自通，學的更難像樣，這種失敗自然不能免了。多少年前有過一位青年，心想研究什麼一種學問，那時曾經給予好些幫助，還有些西文書，現在如放在東安市場，也可以得點善價了。不久他忽然左傾了，還要勸我附和他的文學論，這個我是始終不懂，只好敬謝不敏，他却尋上門來鬧，有一回把外面南窗的玻璃打碎，那時孫伏園正寄住在那裏，吓得他一大跳。這位英雄在和平的時代曾記錄過民間故事，題曰大黑狼，所以亡友餅齋後來嘲笑我說，你這回被大黑狼咬了吧。他的意思是說活該，這個我自己也不能否認，不過這大黑狼實在乃是他的學生，我被咬得有點兒寃枉，雖然引狼入室自然也我的責任。去年冬天偶然做了幾首打油詩，其一云：

山居亦自多佳趣，山色蒼茫山月高，掩卷閉門無一事，支頤獨坐聽狼嗥。

餅齋先生去世於今已是五年了，說起來不勝感歎。可是別的朋友，好意的關懷我，卻是不免有點神經過敏的列位，遠道寄信來問，你又被什麼狼咬了麼？我聽了覺得也可感也好笑，心裏想年紀這樣一年年長上去了，還給人那麼東咬西咬，還了得麼。我只得老老實實的回答說道，請放心，這不是狼，實在只是狗罷了。本來詩無達詁，要那麼解釋也並無什麼不可，但事實上我是住在城裏，不比山中，那裏會有狼來。寒齋的南邊有一塊舊陸軍大學的馬號，現在改為華北交通公司的警犬訓練所，關着許多狗，由外國人訓練着。這狗成天的嗥叫，弄得近地的人寢食不安，後來卻也漸漸習慣，不大覺得了，有時候還須提起耳朶靜聽，才能辨別他們是不是叫着。這能否成為詩料，都不成問題，反正是打油詩，何必多所拘泥。可是不巧狗字平仄不調，所以換上一個狼字，也原是狗的一黨，可以對付過去了。不料因此又引起朋友們的掛念，眞是抱歉得很，所以現在忙中偷閒來說明一下子。

說到過狼，我倒是有過經驗的，雖然實際未曾被咬。這還是四十年前在江南水師學堂做學生的時候的事，雨天的書裏懷舊之二，根據汪仲賢先生所說，學校後邊山上有狼，據牆上警告行人的字帖，曾經白晝傷人，說到自己的遇狼的經驗，大意云：

「仲賢先生的回憶中的那山上的一隻大狼，正同老更夫一樣，他也是我的老相識。我們在校時每到晚飯後常往後山上去游玩，但是因為山坳裏的農家有許多狗，時以惡聲相向，所以我們習慣都拏一枝棒出去。一天的傍晚，我同友人盧君出了學堂，向着半山的一座古廟走去，這是同學常來借了房間叉麻雀的地方。我們沿着小路前進，兩旁都生長着稻麥之類，有三四尺高。走到一處十字路口，我們看見左手橫路旁伏着一隻大狗，照例揮起我們的棒，他便竄入麥田裏不見了。我們走了一程，到了第二個十字路口，卻又見這隻狗從麥叢中露出半個身子，隨即竄向前面的田裏去了。我們覺得他的行徑有點古怪，又看見他的尾巴似乎異常，才想到他或者不是尋常的狗，於是便把這天的散步中止了。後來同學中也還有人遇見過他，因為手裏有棒，大抵是他先迴避了。原來過了多年之後他還在那裏，而且居然傷人起來了。不知道現今還健在否，很想得到機會去南京打聽一聲。」以上還是民國前的話，自從南京建都以後，這情形自當大不相同了。依據我們自己的經驗，山野的狼是並不怎麼可怕的。最可怕的或者是狼而能說人話的，有如中山狼故事裏的那一隻狼。小時候看見木板書的插圖，畫着一隻乾瘦的狼，對着土地似的老翁說人一般的話，至今想起還是毛骨聳然。此外則有西洋傳說裏的人狼，古英文所謂衞勒伍耳夫者是也，也正是中國的變鬼人一類的東西。我有一大冊西文書，是專講人狼的，與講僵尸的一冊正是一對，眞是很難得的好書，可是看起來很可怕，所以雖然我很珍重，卻至今還不曾細閱，豈眞恐怕嚇破苦膽乎，想起來亦自覺得好笑人也。民國甲申驚蟄節在北京。

附記：這篇文章寫好之後，隨即收到東京書店代譯者寄來的一冊書，名為模糊集，就是上文所說郝氏隨筆的選本，譯者的勞力至可感佩，特補加說明於此。

梅景書屋書畫記自叙一

吳湖帆

玩物喪志，賢者相戒，然生丁亂世，然避兵厄而友蠹饞，竊已自幸。況一藝之成，孰非精靈結撰，於恒河沙數中共歲月而長存，視蛄菌春秋爲何如耶。吾於幾千百年後遇之護之不勤而可乎，豈敢玩物云乎哉。吾家自嘉慶間先高王父愼庵公處中落之交，寄娛書畫，招吳辛生（允楷）論績事，乞奚鐵生（岡）補金孝章先生春草閒房圖，一時名流，歌詠殆遍。復於閒房左闢一椽貯襄陽墨迹，後於庭前樹石峯二，顏曰米庵。未幾公謝世，曾王父又中壽而歿，旋家罹紅羊，劫灰所蓄，蕩無遺矣。及光緒戊子，尙書公拜總督河務之命，越年有人攜王石谷春江曉別圖至汴梁，發之則舊題尙存，愼庵公遺物也。乃重價收入。是後益加裒集，藏庋較廣。尙書公之薨，余年才九齡，其間紛紜多故，遺佚尤繁。余年十三，課讀之暇，輒好弄筆，漸知古人一點一畫，咸是心血中來。乃遇片紙隻字，勉爲珍惜，迄今二十餘年中，復斥鬻畫之餘資，略事收羅，得二百餘事。並將家遺殘編，重加整理，得十餘事。噫，世事滄桑，聚散易感，與靜淑先編提要目錄三卷，名曰梅景書屋書畫記，自以護古爲旨，與世夫眩豪誇富者或略有別耳。若云繼孫退谷高江邨吳荷屋諸公之遺以銷夏，則我不敢。時丙子五月望日吳湖帆記

自叙二

潘靜淑（遺著）

吾家自尙書公通金石，擅書畫，名震海宇，而外子湖帆，又以能傳祖硏鳴於時。余結褵時，湖帆年才二十二，日夕熟視其伏案不倦，習書臨畫，未嘗一日輟，或攖小恙，亦不釋卷，眞所謂寢饋於斯者也。其嗜書愛畫，出於至性。自甲子避亂遷滬後，所見名迹日夥，因此嗜書愛畫之心亦日深。顧以先人遺藏，除金石之外，書畫已散，摩挲有限，乃就鬻藝所得，悉以搜羅，法書名畫，每至傾囊，甚或典釧不惜也。故十餘年來，所獲唐宋元明淸諸賢名迹，幾三四百本。復因歷歲荒歉，所入漸澀，不得已乃舉之易米，如此則唏嘘憶惜者累日始釋，是亦恒情也。余素不知畫，因年來觸手皆卷帙，亦漸僻好。每夜闌更深，輒相對硏索，聞其咳吐，無非至情至理。方知書畫爲文化之表徵，名迹乃賢者之精英，若能聚而有之，彷彿親炙古人間，人生至樂至幸之事，豈可雲煙棃夢而忽之耶，爰撰斯記。有旨哉，知書畫者莫如湖帆，知湖帆者莫如余，因爲序言。丙子夏五月靜淑記于梅景書屋之雙修閣。

梵林與咒林

謝剛主

去歲臘盡，偶遊廠肆，嚟茗鴻光閣，獲小畫一軸，樹色平遠，小溪中流，曲折縈迴，望之無盡。有一老者，策杖自林中來，栩然欲生，用墨清淡，若有若無，懸之壁端，淸光四照。林隱有欵，題曰弘脩，有朱文小印曰梵林。徒以議價未合，詢之書肆曰：『此乃陶北溟先生所藏』。北溟爲吾摯友，乃亟往訪之。陶君曰：『梵林乃明季遺老，所謂祁六公子班孫者也。昔余與張大千同遊廠甸，見此幅，歎爲異品，余以百五十金得之。如君嗜此畫，即以原價相讓。』然而以奚囊蕭澀，竟還原肆，比再訪之，則已渺矣。余生平嗜書成癖，並愛山水小幅，以爲懸之壁端，可當臥遊，讀書旣倦，圍室小步，矚目四顧，心神爲淸，勞勞浮生，亦是一適。惟是寒齋書史，皆由心力，零圭斷羽，皆得之甚難，而失之轉易，往往因躊躕徘徊，少縱而即逝者，如余昔年所見龔半倫之手稿，汪啓淑之焠掌錄，楊椿之孟鄰堂文集等書，視爲奇珍，失諸交臂者不下十餘種，猶不僅此畫而已也。惟此畫作者梵林，以余考之，則確非祁班孫，而另爲一人，但均爲山陰人，且同爲明季遺老耳。卓爾堪四百家遺民詩卷十六云：

『釋弘脩梵林浙江山陰人，選詩輕詩遯。』

其名句有云：『煙樹空於水，澄江遠入天。』詩之淸豔，頗有畫概。至祁班孫則爲明季祁彪佳之次子。彪佳字虎子一字幼文，又字宏吉，號世培，天啓壬戌進士，弘光間官右僉都御史，巡撫蘇松，與馬阮不合，告病歸里。築園於寓山之麓，自號寓山居士，蒔花種竹，修治園林，有四負堂，梅花船諸勝。夫人商氏名景蘭，亦有令儀，閨門唱隨，鄉黨有金童玉女之目。春秋暇日，登高憑遠，攜手同遊，頹然有終老之志。乙酉南都不守，爲當局所迫，彪佳投水自沉。入淸專謚忠惠，近紹興修志會爲印祁忠惠公日記，前列王思任所編年譜，稱忠惠效止水之節，態度安詳，從容不迫，蓋有深達性命，臨危而不惑者。如云：

『時公子睡未熟，聞聲驚起，一慟悶絕，猶子奕遠，聞亦急起，呼漁舟求之，深水不可得。迨曉梅花閣前石梯水際，露角巾數寸，趨視先生，正襟危坐，垂手斂足，坐水纔及額，面有笑容。』

如季重所述，則忠惠之臨大節而不可奪，可謂深得死法。忠惠沒後，浙東賸水殘山，猶有服固結砦自守。其子理孫班孫，密結慈谿魏耕錢纘曾陳三島諸人，潛有恢復之志，四負堂遂爲密謀集會之所。順治己亥，鄭延平之軍北上鎭江，班孫實預其謀。康熙壬寅爲同黨孔孟文挾嫌告變浙幕，刋章四出，祁氏兄弟及魏耕等咸遭名捕，耕以首謀被誅，班孫則謫戍寧古塔。全租望結埼亭某卷十三祁六公子墓碣云：

『班孫字奕喜小，字季郎，忠敏（魯監國時謚忠敏）第二子也。其兄曰理孫，字奕慶，以大功兄弟，次其行，故世皆呼祁五祁六兩公子。……當是時禁網尚疏，寧古塔將軍得賂則弛約束。丁巳公子脫身遯歸，已而里社中漸物色之，乃祝髮於吳堯峯；尋主毗陵馬鞍山寺，所稱咒林明大師者也。薦紳先生，皆相傳曰：是何浮屠，但喜議論古今，不談佛法，每及先朝則掩面哭，然終莫有知之者，嘗偶於曲盞座上摩其足而嘆曰：使我困此間者汝也。』

由此章觀之，則咒林者乃祁班孫，而梵林者乃釋弘脩，同爲明季之遺老，特其行事未有若班孫之昭著耳。至慈谿魏耕，世稱雪竇山人，與錢纘會同日遇難，陳三島亦憂憤而死，謝山稱其白首同歸。當時與其役者，尚有孔士稚張宗道錢瞻百諸人，經營魏氏之喪者則有山陰李達楊遷，世高其節，一時記頌其事甚繁，惟謝山所撰雪竇山人墳版文，中有墨釘，不可卒讀。按明季遺老所撰文集，原有內集外集之分，內集記應酬文字，凡有涉忌諱者均入外集，全氏結埼亭集，即仿其例。其弟子董秉純爲編遺集，有干禁網者，皆缺而未載，鐫版時彙有墨釘以資省略。鄞縣馮孟蕣藏有嚴修能校本結埼亭集，較刻本多出數篇，其他處與刻本異同甚多，余僅鈔其遺文，未能校錄。恒記昔歲，偶遊梁谿，於小讀書堆，見有傳鈔繆藝風過錄嚴修能校本結埼亭集，爲友人所得。自事變以還不知流傳何所矣。信筆書此，不禁悵惘者久之。（癸未祀竈前二日記於舊京之傭書堂）

水滸之特殊稱呼

凌霄漢閣

今北方之道尹及江南之督察專員，其階級皆有當於前代之道台，或稱爲「觀察」。因之想起某筆記一笑話。有道員未嘗學問，聞人稱以「觀察」而怒，謂此乃捕役之賤稱，蓋水滸傳中宋江引著何觀察稟知縣道：「濟州府公文：爲賊情緊急，特差緝捕使臣何觀察到此下文。」何濤又是「公人打扮」，當然是捕役之流。水滸此稱，自有根據，然於官場身分者，確有些開玩笑。道台是「大人」，捕役是「小的」，竟混爲一談，宜乎某道員之怒矣。

不但此也，如「端公」乃御史之雅稱，御史乃清嚴之職分。昔會稽李慈銘炁伯，以博學負重望，官台諫時，京朝官稱之曰「蓴客端公」，何等莊嚴。而水滸之「端公」又是衙役之別名！林冲起解一回陸虞候稱董超爲「端公」，又問「薛端公在何處住？」董超薛霸乃「防送公人」，即解押犯人之差役，女起解劇中崇公道一類也，書中又自註明「宋時的公人都稱呼端公」，則與唐代稱御史「端公」顯然異趣，假使李越縵老人亦如某道員之不學，轉以水滸爲根據，不又勃然大怒乎。

水滸之吳用以秀才而稱「教授」，想亦宋時如此，然今之大學教授Professor 將何以爲情？又「茶博士」雖古有此稱，水滸則酒舍茶肆中把「博士」呼來叫去，假使今之博士Doctor聞之，當作何感想乎？

孽海花閒話（四）

冒鶴亭

却的眞是現任浙江學臺宗室祝寶廷。

寶廷放福建主考，以納江山船女罷官，在壬午年，此云浙江學政，誤，罷官後未出京，文卿是時，亦已卸江西學政任矣。

只有九個姓，他姓不能去搶的，所以又叫江山九姓船。

此九姓皆方國珍部下，明太祖恨其拒命，其籍等於墮民。

趙太夫人八月十三日辰時疾終。

文卿江西學政任滿，請終養，尋丁憂，不得云聞赴。

姓匡，號次芳，名朝鳳。

匡次爲汪鴻藻，號芝房，鎮江府學宮前，有日月兩山，堪輿家以爲吉地，相傳劉裕故居，辛稼軒詞所謂尋常巷陌，人道寄奴曾住者也，學宮內舊有龍鳳龜鱗四石刻，陸潤庠之封翁，爲府學教授，生潤庠，字以鳳石，後爲狀元宰相，鳳藻太翁，亦府教授，汪氏兄弟，皆生於此，皆以鳳爲名，長鳳池，舉人，內閣中書，次即鳳藻，次鳳梁，均翰林，鳳藻外孫女，爲余子景璋繼室。

那岸上轎子裏，不是坐着個新花榜狀元，大郎橋巷的傅彩雲過嗎。

彩雲是此書主角，無論傳奇，或章回小說，以體裁言，不應至第七回始發現。

以上第七回。

我今年十五歲

余識彩雲，先後二十餘年，祇得其一句眞話，則生於同治三年甲子是也。況夔笙因余，嘗要其自敍生平，爲之作佳傳，彩雲因信口開合，夔笙信之，眞書癡也，文卿以光緒丁亥居憂時納之，是年服闋，由內閣學士放俄德荷奧四國公使，則彩雲實二十四歲。

原來彩雲本是安徽人。

光緒癸卯，余官刑部，彩雲以虐婢致死，入刑部獄，時獄中大員則有蘇元春，黨人則有沈藎，案結，以誤殺定徒刑，從原籍徽州計算，一千里至上海也，余題宋本魚元機集詩，中云，憐渠鸚鵡禍，憶得鳳凰囚，往歲收周勃，同時泣杜秋，嬾妝來素素，禍水欵柔柔，至竟開籠放，何曾下筆句，辭幾連性命，債儻有恩仇，指彩雲言也，時尚書爲葛寶華，云孫家鼐者非是。

已離京五六年了。

若以己卯放江西學政計算，至丁亥則不止五六年。

日本取琉球，法國取了安南，英國收了緬甸。

取琉球在己卯三月，取安南在乙酉四月，收緬甸在丙戌六月。

恰好這年，出使英俄大臣呂萃芳，要改充英法義比四國大臣，出使德俄荷奥比五國大臣許鏡澂，三年任滿，要人接替。

呂萃芳爲劉瑞芬，以乙酉年，出使英俄，許鏡澂爲許景澄，以甲申年，出使法德義奥比，是年召回。

如上囘雯青在上海認得的雲仁甫，已派過了美日秘副使。

容閎僅充過駐美參贊，且在丙申伍廷芳任內，後文卿出世九年。

李台霞已派署過德國正使。

李鳳苞以己卯年，出使德國。

徐忠華派充參贊。

徐建寅在李鳳苞任內，充駐德使館參贊。

馬美菽也出洋游歷。

馬建忠嘗游歷法國，著有馬氏文通，及適可齋記言記行等書。

呂順齋派充日本參贊。

黎庶昌後兩使日本，在光緒辛巳及丁亥年，丙子，曾充駐英使館參贊，在郭嵩燾任內，非日本也。

奉如也開了坊了。

陸潤庠丁亥以侍讀在山東學政任內，不在京。

唐卿却從陝甘囘來了。

汪鳴鑾丁亥在廣東學政任內，不在京，此云陝甘，亦誤。

珏齋也因公在京。

吳大澂丁亥在廣東巡撫任內，不在京。

就是伊犂一案，彼趁着白彥虎造反，就輕輕佔據了，要不是曾繼湛力爭，這塊地面，就不知不覺的送掉了。

曾繼湛爲曾紀澤，白彥虎爲回人，同治辛未，俄人藉口回亂，據伊犂，光緒已卯，派崇厚與俄人訂交還伊犂條約，除賠償軍費五百萬盧布外，又割伊犂南部特克斯河流域之廣大平原與俄，因下崇厚獄，候秋後處決，派曾紀澤爲全權大臣，赴俄，改訂前約，事在辛巳年。

所以兄弟前囘到吉林，實在沒法，只好仿着馬伏波的故事，立了一個三丈來高的銅柱，刻了幾句銘詞。

大澂嘗督辦吉林邊務，於長嶺子中俄交界地方，立銅柱，銘云，疆域有表國有維，此柱可立不可移，在丙戌五月。

却是顫巍巍的鳳冠，光耀耀的霞帔。

彩雲以妾入門，如何能鳳冠霞帔，作者述之未詳，文卿初放公使時，故約與其夫人同行，夫人亦欣然，既而謂外洋風俗，公使夫人，須與外賓握手接吻，夫人謂如此則我不行，文卿又謂各國使臣，皆有夫人，中國不可無也，夫人謂彩雲代我去可乎，文卿知其已墮彀中，則曰，彩雲去不得，外國人無妾也，夫人遂許其暫假朝珠補褂用之，非鳳冠霞帔，且是出國後所假，非假之於入門時。

以上第八回。

却是莊小燕的。

莊小燕爲張蔭桓。

原來小燕是個廣東人，佐雜出身，却學富五車，文倒三峽。

張蔭桓家南海之佛山鎮，先曾祖官佛山時，與其先世稔，故余以世誼往還，余婦之叔祖黃體芳，則詆其爲奸人，然蔭桓雖不由科目出身，其駢文與詩，均不劣，著有鐵畫樓詩文鈔，余乙未西湖詞，有眼底河山，一半是宋家陳迹，二語，時中東和議方定也，最爲蔭桓所賞，逢人誦之。

不日又要出使美日比哩。

蔭桓以乙酉年，出使美國，日斯巴尼亞國，秘魯國，在文卿前，且是秘魯，非比利時。

從前使德的劉錫洪，李豐寶，使俄的嵩厚，曾繼湛。

劉錫洪爲劉錫鴻，光緒丙子，隨郭嵩燾出使英法，是副大臣，非正使，亦非德國，嵩厚爲崇厚，以戊寅年出使俄國訂收還伊犂條約。

這日子是大人的同衙門，但精河圖學的余笏南檢定的。

余笏南，侯玫，本書二十回，又言相術不凡。

還有一樣奇怪的法術，能拘攝魂魄，一經先生施術之後，這人不知不覺，一舉一動，都聽先生的號令，直到醒來，自己一點也不知道。

此即催眠術耳。

以上第九回。

這會發源於法蘭西人聖西門。

聖西門提倡社會主義，在十七世紀，當乾隆時。

最激烈的叫做虛無黨，又叫做無政府黨。

虛無黨起於十九世紀中葉，否定一切政治宗教之權威，主張徹底革社會制度，使各階級歸於平等，個人有絕對之自由，其後即有一派青年，以虛無主義者自任，組織團體，專事破壞政府組織，暗殺政府要人，俄政府對之，極爲嚴厲，被處死刑，及流竄西伯利亞者，不可數計，一八八一年，當光緒辛巳，俄皇亞歷山大第二被刺，此派活動，達於最高點，此後漸趨沉寂，一部分與社會民主主義派，及社會革命黨混合，而爲俄國大革命之先驅。

又兼我國有一班大文家，叫做赫辰，及屠爾克涅夫，托爾斯泰。

赫辰一譯作赫爾岑，著有誰之罪也一書，屠爾克涅夫著父與子，托爾斯泰，著主與僕，而托爾斯泰所著戰爭與和平，尤傳於時。

連日往謁見德國大宰相俾思麥克。

俾思麥克，以一八七二年，當同治辛未年，爲首相，至一八九〇年光緒庚寅，始退職。

那時恰好西歷一千八百八十八年，正月裏，德皇威廉第一去世，太子飛蝶麗，新即了日耳曼帝位。

威廉第一，以一八六一年，當咸豐辛酉，即位，至一八八八年，光緒戊子，薨，威廉第二即位，此云飛蝶麗，則誤以威廉第一爲腓特烈威廉，威廉第二爲其子腓特烈大王矣，腓特烈威廉，在一七一三年即位，相差百餘年。

前幾年，只有箇曾小侯夫人。

曾紀澤初娶賀長齡女，後娶劉蓉女，此爲劉侯夫人。

以上第十回。

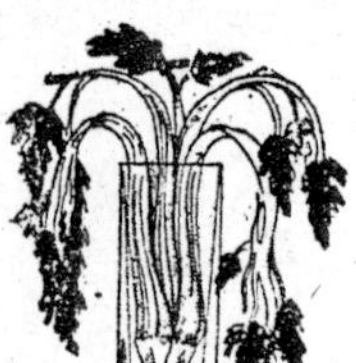

海源閣藏書

紀果庵

聊城楊氏海源閣藏書，自民國十八年以來，迭遭匪刼，主人楊敬夫移書津濟，宋元善本，或由刼得者散出，或由主人擇尤出售，雖未效陸氏皕宋樓之捆載而東，其爲海內收藏家所嘆息，蓋已久矣。近頃乃又有將宋元珍本整批出售之說，細審書目，四經四史具在，值此兵燹，五厄難逃，楊氏子孫護持之心，不可謂不力，若得公家買而弆之，俾免散失，誠士林所企望而文獻之佳猷也。抽書尋繹，取有關楊氏藏書故實者摘抄之，或亦好事者所樂聞爾。葉昌熾藏書紀事詩卷六，楊以增條注云：「楊紹和楹書隅錄跋：先端勤公（即楊以增字致堂曾爲河道總督謚端勤）平生無他嗜，一專於書，所收數十萬卷，庋海源閣藏之，屬伯言梅先生爲之記。別闢書室曰宋存，貯天水朝舊籍，而以元本校本鈔本附焉。癸亥甲子間，紹和居里，撰海源閣書目成，復取宋元各本，記其行式印章評跋，管窺所及，間附跋語。乙丑入翰林，鐙筆鮮暇，此事遂輟。頃檢舊稿之已成者，釐爲五卷，名曰楹書隅錄。……又楹書隅錄，宋本毛詩；先公於己酉購之揚州汪容甫先生家，辛酉（咸豐十一年）皖寇（捻匪任柱股）犯肥城西境，據予華跗莊陶南山館者一晝夜，自分珍藏圖籍，必已盡付刼灰，及寇退收拾餘燼，尙十存五六，而宋元舊槧，所焚獨多，此本僅存十八至末三卷，豈眞大美忌完，理固然乎？……又云：桐鄉陸敬安冷廬雜識云，聊城楊侍郎得宋板詩經、尙書、春秋、儀記、史記、兩漢書、三國志、顏其室曰四經四史之齋，可爲藝林佳話。然先公所藏四經，乃毛詩三禮，蓋爲其皆鄭氏箋注也，尙書春秋，雖有宋槧，固別儲之，先君與陸君平生未識面，當由傳聞偶誤耳。」按：捻亂後周禮已佚，以宋本尙書補入焉。傅沅叔先生海源閣藏書紀略曰（國聞周報八卷廿一期）：「自聊城楊氏海源閣藏書散出後，凡讀書好古之士，以及當代名公巨卿，咸奔走告語，謀所以保存之策，或搜求於琉璃廠肆，或遠訪於冀魯都會，或諮詢於楊氏后裔。山東教育廳，派專員抵海源閣中，以調查其殘餘，紀載消息，騰布於報紙者，日有所聞。……然或語焉未詳，或言之未當，未足以饜海內人士之望。余耽嗜古籍，久成癖痼，耳聞目見深恫於懷，爰多方尋究，展轉囑託，數月以來，於楊氏現存古籍，粗得觀覽，雖未能盡窺寶藏，而寓目所及固已十得八九，聊志梗概，以資采擇。吾國近百年來，藏書大家，以南瞿北楊幷稱雄於海內，以其收羅閎富，古書授受源流，咸有端緒，若陸氏之皕宋樓，丁氏之八千卷樓，乃新造之邦，殊未足相提而並論也楊。氏收書，始於致堂河督，其子協卿繼之，其孫鳳阿舍人又繼之。致堂於道光季年，在南中所收，多爲汪閬源之物，汪氏得之於黃蕘圃，黃氏所得，多爲清初毛錢徐季諸家所藏，至協卿鳳阿所收，咸在京師。值咸同間，怡府書散，其時朱子清潘伯寅翁叔平，爭相購致，而協卿則頗得精秘之本，然怡府舊藏，亦自徐季而來，其流傳之緒，大率如此。據楹書隅錄所載，凡宋本八十五，金元本三十九，明本十三，校本百有七，鈔本二十四，然協卿晚年所得之書，固未嘗入錄也。協卿欲爲三編之纂，迄未有成，故江建霞手鈔之目，其書往往出於隅錄之外，即吾輩今日所見，亦有不載於目者，職是故也。楊氏既以三世藏書嗣其家，舉明季清初諸名家所有古刻名鈔，又益以乾嘉以來，黃顧諸人之精校秘寫，萃於一門，蔚然爲北方圖書之府，海內仰之殆如景星慶雲。第家在陶南，僻處海東，非千里命駕，殆無由窺見，而楊氏亦深自秘惜，不輕以示人，以余所聞，當時惟柯鳳蓀，以及門之雅，曾登閣一觀，而江建霞隨汪柳門學使，按試所經，亦粗得目涉，記其崖略而去，即今日所傳蘖洲精舍寫本是也。第江氏手跋，由羨生妒，識囿方隅，謂昔之連車而北者，安知不捆載而南，主人覯此，不懌於懷，緣是扃閉深嚴，殆同永巷。宣統初元，孫慕韓撫部，復專摺奏請，妥爲保守，以防散佚，官吏奉符，驛騷百出，楊氏兩世孤犖，憤慨殊常，至有閉閣燔燼之說，可知累代寶藏，幾經艱瘁乃得緜延以至於今日也。鼎革以來，中外坊估，駱驛於途，而覬覦終未得逞。第甲寅之冬，余曾於廠肆，得宋蜀刻本孟東野集一册，蕘圃題識，即爲閣中之物，可知是時管鑰，固已疏矣。迄丙丁之際，魯府有收歸公有之議，於是楊氏後裔，懼終不吾有，乃檢其精要，星夜輦出，至庚午而匪軍入聊，屯駐閣中，而萬本琳琅，遂隨劍佩弓刀以俱去矣。自閣書散佚之耗出，於是廠估奔走四出，西至保定順德大名，東至德州濟南青島，風起雲湧，竭力窮搜，萃積於平津各肆，而楊氏後裔，以旅居耗產，亦出所藏，以求善價，二三年來，其散出者，略已少半。余前歲客津門，曾覯宋本子集，凡二十六部，大率先後爲有力者分攜以去，余以絀於貲，未得嘗鼎一臠，其鈔校秘籍，出現於海王邨者，亦經官館私家，購求殆盡，往往一二鈔校小帙，而懸價千金，而宋元古刻更無論矣。說者遂謂宋存室中，精華殆已略盡，然以眞賞者衡之，其事固未必盡然也。考楊氏藏書，號稱美富，然其父子特自矜異者，獨爲四經四史，故於宋存書室外，別題齋名。梅伯言撰海源閣記，以謂凡書之次六藝，如諸子詩賦者，皆流也，非其源也，是梅氏亦尊經史而抑子集矣。桐鄉陸敬安冷廬雜識云：聊城楊侍郎，得宋板詩經尙書春秋儀禮史記兩漢書三國志，顏其室曰四經四史之齋，可爲藝林佳話。近時董君綬金，亦云：端勤父子，雅意勤搜，四經四史，卓然爲諸藏書家冠冕。綜諸名家論定觀之，是海源閣藏書，爲海內之甲觀，而四經四史，又海源閣中之甲觀矣。余三十年來，目想神游，形諸夢寐，至是乃稅駕津沽，雅意訪延，請於主者，始得寓觀，都現存之書，凡宋本三十餘部，元本二十餘部而古鈔秘校不計焉。如入嫏嬛之府，登羣玉之山，目不暇給，美不勝收，而尤使人怡神愜志者，則四經四史大都赫然具在，然後歎篋中所儲，固已探驪得珠，其散落四方祗一鱗片爪也，烏足同日而語耶？」此文敍記，燦若列眉，讀者對海源閣藏書經過，要可明其崖略，唯於匪劫之經過，仍嫌未盡委曲，陳登原古今典籍聚散考引申報海源閣藏書之損失與善後措置一文，對當時被劫情況，至爲詳盡，今轉錄於后，諒讀者不嫌其瑣瑣也。「楊氏名以增，諡端勤，官至清兩湖河道總督，以嗜書名於時，與涇縣包世臣結爲文字交，聘包爲幕府，收書至數十萬卷，字畫法帖古玩亦頗富。皆世臣與以增鑑定，築海源閣十二間，分別收藏，樓上爲宋元精本，樓下爲宋元明板，清初板，殿板手鈔本。……帖片、字畫、古玩、另貯於海源閣後院，貯室五間。其子紹和撰有楹書隅錄，并刊有海源閣叢書，江標撰宋元本書目，畢亨撰海源閣文存，洵一時之盛也。傳至其孫保彝，因乏嗣，以楊敬夫爲繼。十餘年來，變亂相繼；敬夫移居津門，留庶母二人，料理家務。巨匪王冠軍，第一次陷城，海源閣幸保無恙。第二次千金子率衆佔據楊宅；樓下之帖片冊頁字畫，損失大半，古硯二百餘方，刻有名人題字敍述硯之流傳，共可拓片四厚冊，連同所拓之片，一概遺失，當時千金子正接洽投誠，對楊氏藏書，特別保重，嚴令匪衆，不得擅入書屋故損失甚微。匪衆去後，縣政府公安局教育局建設局財政局，會同點驗，列單寄津，通知楊敬夫，未幾，教育廳長何思源派王獻唐點驗登記，各加封條，擬收歸政府保管。當時楊敬夫未得教育廳指留之消息，以爲匪衆既去，未加注意，其二庶母與三庶母，得匪訊先逃，服什無損失，匪去亦由濟返聊。十九年春，匪勢復亟，敬夫庶母，顧全家產，不肯出走。迨匪入城，已張皇失措，竟至空身化裝，潛逃濟南，海源閣仍爲千金子所據。復禁令重頒，不准擅動藏書；匪多啣恨其御下之嚴，致遭暗殺，匪以千金子重視廢紙，乃以零亂書籍洩憤。樓下之充宋充元明板，清初板，殿本手鈔本，焚燒撕扯，揩器做枕……無不以書代之。古玩瓷器，殘剩無幾；裝璜珍貴，玩器之紫檀架玻璃罩，形狀萬殊，堆集廣庭，不下千餘件，閣後之帖片貯藏室，帖片堆積數尺，因連雨一月，屋頂冲塌，帖片化成黑泥，無隻字完整。當時王冠軍之司令部，設縣政府，與縣長王克昌(天津人)協議劫取宋元精版書籍。由王克昌甄別鑒定，將上精本，裝八大木箱，抬入縣府。王克昌得珍品若干，餘均爲王冠軍所有。嗣王冠軍掛彩自戕，其書不知流落何人之手！王冠軍死後，薛傳峯王金發，對其匪股，曾各有一度收撫，或疑爲薛王所得。事後楊敬夫派其管事鄧華亭，點驗收集，計經部損失十之七，史部損失十之四，子部損失十之四，集部損失十之三，宋元板完全損失，以孤本高麗板韻學書，最有價值。所剩者爲充宋充元明清板手鈔本等，已多數不全。共裝七大車，運赴濟南後院。損失古罍二十箱，一塊未剩，字帖片四十三箱，除被劫去者外，餘悉爲雨冲毁。康熙乾隆道光三朝瓷器四十箱，完全損失。康熙道光時製紹興酒二十四罎，俱被匪飲空，罎已改溺器。價值四千餘元之木器傢具，完全燬壞。各室鋪地長磚方磚，均掀破，掘地一丈餘深。海源閣匾額，末有楊以增題跋數行被匪摘下，尚不知置於何處？」閱此已足使人興無窮感喟，反覺絳雲一炬，較此猶勝焉。而山東圖書館館長王獻唐所記海源閣藏書之過去現在一文，對十九年匪劫經過言之尤足怵目驚心，其略曰：「十九年中原戰作，附近土匪蜂起，道路阻斷，既而匪徒佔據聊城，即盤踞海源閣內。土匪去後，又有招撫改編之軍隊入城，此去彼來，繼續不斷，亦不能一一詳其姓氏。但知攫書最多者，爲王冠軍而已。土匪既佔據聊城，官府對楊氏藏書，一切商洽辦法，即無從進行。旋以各地戰事突起，政局變動，省府移駐青島，日在飄搖徙轉之中，更無暇及此，迨大局底定，省府移濟，該處土匪，亦次第肅清；而海源閣之秘本孤笈，已掃地無餘矣。楊氏善本書籍，最精者早於前歲運存天津。此次損失，均爲普通明清版本。聞其損失情形，當土匪佔據聊城時，日常以楊氏書籍出售，購者隨意予價，略不計較。有時割裂包物煮飯，或帶出作枕頭使用，但仍不及百分之一。以楊氏藏書過多故也。及王冠軍以及其新收編軍隊入城，素稔楊氏藏書美富，價值又昂。即從天津請一書籍古玩專家，號稱九爺者來聊，盡檢善本，及一切有價值之書籍、碑帖、字畫摟括而北。同時以窩匪名義，窮搜城內外居民，凡私家書帖古玩，亦爲之一網打盡矣。并聞楊氏宋本咸淳臨安志八冊，半篋爲土匪帶入民家枕頭；後以王軍搜查正嚴，恐遭連累，即將臨安志火焚，并將書篋劈碎煮飯。

余前往勘查，僅見臨安志二冊，書篋尙存，此次忽又增出四冊，頗不可解，要之海源閣藏書，當以此次爲過去唯一之浩劫矣。所謂九爺者，居聊城月餘，始終不露姓名，但知爲天津籍，身長淸癯，脣有黑鬚而已。迨王冠軍軍隊開移河北；其籍爲保定，即將所攫物品，悉數運至其家保藏。王氏旋以染病身故，其如夫人，時將存書出售，當地奎文堂書肆，得之最多。聞有蔡中郎集（黃蕘圃顧澗薲校跋見楹書隅錄），元本事文類聚（見江刻海源閣藏書目二種均已殘損。既而北平書賈，聞訊蜂集保定。又爲文友堂購去數種，亦不知何名；但聞劉子新論一冊（舊鈔道藏本黃蕘圃據殘宋本校過，見楹書隅錄續編）售於傅沅叔先生得洋一千元而已。海源閣藏書中近年國人多注意其明藍印銅活字本墨子。蓬萊欒調甫先生，研精墨學，萃十餘年心力，爲墨子校注；以未見此本，尙不能殺靑。又顧惕生先生來函，聞楊氏藏書，盡歸本館，欲由上海來濟，專校是書。更恐海內治墨子學者渴望此本出世者，不止欒顧兩君也。原書在光緒癸未年間，爲潘伯寅借校未還，潘氏歿後，遂不可復見（詳楹書隅錄續編楊鳳阿附記）。余前觀書海源閣，亦曾爲此窮搜半日。後見隅錄所載，乃知早已不在海源閣矣。此活字本墨子，潘伯寅借去三本，既已佚失，恐全國更無第二本。日本有翻刻本，并有原印本，見經籍訪古志，或可於彼邦求之，除此而外，余所最注意者，爲葉林宗鈔本經典釋文，全書三十卷十四冊，從文淵閣影鈔，前曾在海源閣見之。其書迭經唐宋人之所改竄，已失陸本眞面目。今日尙可窺見一二者，只燉煌石室所出之尙書殘卷耳。然陸書雖經改竄，其依文淵閣本影抄之舊改竄本，猶勝於通志堂盧抱經等之新改竄本。故中國現存釋文，全本之最古者，當以海源閣所藏爲絕無僅有。……在最近半年中，濟南不時發見海源閣藏書，皆非余勘查時所見者；或在勘查以前散出，抑令有其他原因，均不可知。計先後所見，共得九種，一爲黃蕘圃校穆天子傳，及顧千里校說文繫傳，詳余說文繫傳三家校語抉錄。此書在晉軍佔據濟南時，即已發現。適本館正在交代，外債累累，勢難再爲本館增加一層債務，購買此書。但由書友處展轉借來，錄入校語抉錄中。及余交代完畢，欲離濟地他去，総念此書失之交臂可惜。即告貸親友，從而購之。一爲黃蕘圃朱秋崖等合校封氏聞見記，及吳枚菴手抄黃蕘圃手校江淮異人傳，明本武夷新集，明本許白雲集，劉武仲兄弟合作字冊，在余二次接收本館後發見，均爲本館先後購藏。又黃蕘圃校林和靖集，紹興十八年同年小錄，呂衡州集，均詳楹書隅錄。議價未成，即爲一北平書賈連其數種（聞內有宋槧一種），以重價捷足購去。蓋自楊氏書籍以來，北平書賈，來往濟南聊城間者，幾絡繹於道不絕也。此外尙有字畫多件，并楊氏藏書印記十餘石，所見只此而已。數月以來，即有楊氏在津售書風傳，余固不信，以楊氏富有田產，絕不至以賣書爲生計也。既而其傳愈確，并言售書原因，係今海源閣主人在津貿易虧折，逼而至此。余仍不信，最後乃傳書已賣出矣。有宋槧十二種，最初葉譽虎張岱珊梁衆異等三人，合出六萬元，楊不肯出讓。乃以八萬元，間接售於日本，其經手者，爲北平琉璃廠之王某。恍惚迷離，將信將疑。最近乃展轉從北平方面，得其售書總單，爲轉錄如下：北宋本王摩詰集六冊，二千元。宋本楚辭十二冊，七千五百元。北宋本荀子十冊，四千二百元。北宋本陶詩二冊，三千五百元。宋本三謝詩一冊，二千元。宋本范文正公文集八冊，二千三百元。宋本柳先生文集二十四冊，一萬元。宋本管子十冊，四千元。宋本韋蘇州集六冊，二千三百元。北宋本新序五冊，六千元。宋本擊壤集六冊，三千元。北宋本說苑十冊，五千五百元。宋本皇杜岑常四家詩集四冊，一千八百元。呂東萊集（原單未定冊數江刻書目二十四冊），二千元。宋本蔡端明集十六冊，六千五百元。宋本山谷刀筆十冊，二千五百元。宋本晉書詳節十冊，二千元。宋本孫可之集二冊，二千八百元。宋本會稽三賦一冊，一千三百元。宋本雲莊四六餘話二冊，二千元。以上共二十三種合洋八萬五千三百元。與所傳種類不符。內有二十一種，見楹書隅錄；其餘二種，見江建霞刻海源閣書目，原單注爲『此均係宋版』。又謂載『楹書隅錄極詳』，然亦有隅錄不載者，而呂東萊集，江刻書目，列入完本，亦與單載不合。又宋槧柳河東集，楊氏藏本有二；一爲添注重校音辯本，一爲百家注本，均爲二十四冊。此以一萬元之重價證之，恐是前一本。即南宋精槧，近日與昌黎集合印之最著名者也。其宋本莊子，聞別歸周叔弢君，不在此批之列。究竟以上各項，是否屬實，或傳聞之誤，此刻驟難決定。楊氏既以家藏書籍損失，又恐日後或再有不幸之事，繼續發現，即於本年十二月十四十五兩日，將劫餘殘損書籍，裝置五十餘箱，以火車運往濟南商埠，自置之宅房中保藏。楊氏在津濟兩處，如有住宅。主人楊敬夫君，向居天津。至濟南則其太夫人住所也。書籍裝運，類由家中雇二經手，倉卒入箱，並未查檢，以致淩亂無次。且皆九爺不屑下顧之普通版本，然現在海源閣內，已無片紙隻字之存留矣。」予閱此文後曾以王氏所開出售書單與古今所刊待售比勘，果皆無有，是此諸書，終於流落矣。宋本咸淳臨安志殘本，亦歸藏園，藏園羣書題記云：「庚午之秋，大盜俶擾靑齊，竄入聊城縣，盡劫海源閣楊氏藏書以去，於是宋元槧刻舊鈔名校之本，錦裹縹函，風飛雨散，流落於歷下膠澳津沽燕市之間，秉以其時，倉皇俵分，摧燒攘奪，往往一書而分割於數人，一函而散裂於各地，或甲擁其上，而乙私其下，或首帙尙存，而卷尾已燬，零亂錯雜，至於不可究詰，余聞其事，私心摧喪，爲之不怡者累日，以講文籍被禍之酷，未有如是之甚者也。歲月既久，廠肆估人，或展轉掘載而至，余感歎未終，雅不欲觀，蓋亦怵心世變，無意於儲藏矣。至臘月將盡，董估康之攜咸淳臨安志五冊見示，閱之頗爲心動，緣雙鑑樓中，地志一門，尙未有宋刊爲之領袖，因以重價收之。今歲王君獻唐，自歷下來，言彼中尙有數冊求沽，遂浼以代爲諧價，旋斥去它書，勉籌四百金寄之，又二月而書篋郵至，通計前後所收，凡十有一冊，存卷二十、二十一、二十四五、三十三至四十五、七十五至七十九、通得二十二卷，內刻本十一卷，（二十、二十一、二十四、二十五、三十五至三十九、七十五、七十八）餘十一卷，咸以抄寫補入。考此書宋刊本，見於著錄者，共有三部，其一爲皕宋樓藏本，賦中所稱臨安百卷，分豆剖瓜，海鹽常熟，會萃竹垞者也。其二爲錢唐丁氏善本書室藏本，爲吳氏拜經樓故物，凡抄補七十五卷，今存江南盔山圖書館。其三即海源閣此帙，爲季氏延令書室故物，宋刊存者六十八卷，鈔配者二十七卷，煌煌鉅帙，海內鼎峙而三，其成之可謂艱矣。顧昔人所爲腐心焠掌，苦索冥搜，勤勤補綴，廑而得完者，楊氏保藏三世，歷五六十年，今一旦忽摧毀於凶暴之手，使瓠離斷析，終古無合并之望，斯以深可悼歎也。是書據余所知，其尙可蹤迹者，自余得十一冊外，江君漢珊得九冊，劉君惠之得一冊，文求堂書肆得一冊，廠市尙流傳一冊，視原書十分有五而猶不足焉。」一書之微，其轉徙如此，詎不可喟邪。劉子新論，藏園題記中偏覓未曾著錄，而穆天子傳則山東王獻唐君曾付之影印，黃蕘翁手校，均照原迹原色，朱墨爛然，致可愛玩，余曾得一本，可謂下眞迹一等者，其後記云：「十九年夏，聊城楊氏海源閣藏書散出，流落保定天津市肆，濟南敝古齋亦收購多帙。時晉軍入濟，余交卸離館，將束裝旋里，適過敬古齋出眎此書及顧千里校說文繫傳，展翫未久，砲聲隱隱動天外，市語倉皇，瞬息萬變，戲謂敬古主人，解職得一月脩俸，備作資斧，世變詭譎，深恐書流域外，能傾囊相易乎？主人與余交久，慨然見許，挾書歸寓，篝燈爲繫傳校記，宵深人寂，萬念愴動，數十里外，方且肉薄血飛也。未幾晉軍北去，余回館供職，主人續續出其所藏，盡爲館中購致之。友人顧惕生先生，嫥治穆傳，聞余存有此本，擬來濟藉校，感其意誠，遂寫一本爲贈。自後遠地知交，時求假錄，且慫恿印行，余既不勝其困，又以近人喜習此書，苦乏善本，龔翁先後手勘，益以惠顧兩家舊校，合八本爲一，尤利學者，其所據之九行二十二字本，爲人間孤帙，亦復備具，書中旁行斜上，朱墨煥爛，余見龔翁勘書，殆以此冊及劉子新論最爲縝密矣。館中收集金石，近已搨爲海嶽樓金石叢編，出書二集，復以餘力編印海嶽樓秘笈叢刊，即舉是書爲叢刊之一，色墨紙幅，題識印記，悉仍舊貫，既乞惕生先生爲跋，復以楹書隅錄諸書，先後著錄鈔刻之流別，斠勘之得失，稍肄穆傳者皆有眞鑒，不復贅及焉。二十三年元月，瑯琊王獻唐記於山東省立圖書館。」海嶽樓金石叢編，曩曾收得臨淄封泥文字，乃拓本非印本，若黃校穆傳，似印本流傳亦非甚多，亦可謂寒齋與海源閣一小因緣也。戰火未息，戴甲滿地，不知故家文獻，散失者幾何？得保存者又幾何？沓鈔既訖，不勝泫然矣。（三月廿二日。）

思宗殉國樹與曹翁

傅芸子

客歲十二月之末，知堂先生約友小集於北京留日同學會，席間談及今歲甲申思宗殉國三百年紀念事。是夕同座有朱西苓，瞿兌之，江紹原及不佞等數人，或卜居景山左右，或供職北大文法兩院，皆與景山望衡對宇，或晨夕經過其下者。知堂先生因言，吾儕日夕經過景山之下，素多感觸，而明歲甲申三月，尤應爲一紀念之舉，以誌懷思。西苓先生卜居米糧庫，最爲鄰近景山，因話及其友曹德馥翁，近年日詣景山思宗殉國處瞻拜，默禱枯樹，積久竟有枝葉復生之事，尤覺神異動人。比承西苓先生之介，曹翁見訪，得備悉其巔末，因書曹翁事以實古今。

明思宗殉國處，在今景山東麓，有一枯樹，枝幹僅存，繫以巨鎖者，即崇禎十七年三月十九日，闖賊攻陷北京，帝自縊於此。吾人每觀歌場爨演鐵冠圖傳奇，至分宮殺院煤山諸折，於思宗遭際之痛，未嘗不爲之太息傷悲者。樹之繫以巨鎖者，相傳明社既屋，淸順治初登景山，以一朝英明帝主，樹神乃不之佑，致縊於此，其罪誠不可逭，因敕刑部縲絏之以示懲，並留示子孫云。後此鎖不知何時失去，僅餘枯樹一株搖曳於荒草荊棘之中，供人憑弔而已。民十九三月，故宮博物院始於坡上立一石碣，鐫曰明思宗殉國處，碣後有短垣，中卽枯樹，自是益動遊人懷古之思。乃前有枯樹復榮之事，人或未之注意，殊不知卽此曹翁每日瞻拜精誠所至而枯樹復榮也。

曹翁名啓蔚，字德馥，精法學，業律師，馳名京津，年已六十餘矣。其先世爲贛之廬陵人，與皖之朱明後裔有姻誼之雅。明永樂間，遭乜先之亂，其始祖澄公避地湖北宜都，朱氏一族同行，因家焉。洎滿淸入關，順康年間，地方官吏深有不利朱氏意，朱氏爲全生命，遂改氏曹，藉避暴吏之害。洎乾隆之世，曹氏先祖成章率兵西征，樹有武勳，功成陛見，曾與乾隆言及此事，帝乃降旨，諭令有司不得危害明裔，並許朱氏復其原姓，故今宜都朱氏一族甚繁，皆明之苗裔也。

曹翁旣與朱氏有此關係，而其人又富愛國之念，民二十四三月，挈眷卜居景山西街，蓋其眷懷明室者甚深。每詣景山，至東麓思宗殉國處，輒駐足懷念不忍去，目視投繯枯樹爲之愴然。後乃發願，禱其復生，藉示明裔永存。自是朔望淸晨，卽來樹下，默誦經咒，虔心禮禱，迄午方休，如是者四五年，至民二十七八年春間，樹之東枝，新綠忽萌，竟爾復活。曹翁覩此，大喜逾恒，而禱念之意益切，更無日不至樹下，精誠所至，於三十一年之春，已綠葉滿枝，蔚然全茂矣。今仍習以爲常，每晨詣樹禮禱，未嘗一日或輟，翁有句云：「景山圍繞日三周，絕頂登臨無限愁。每到思宗殉國處，晨持經咒午方休。」其愛國之思，精誠毅力，均足傳矣。

清乾隆帝的出生

——甲申上元日記一則

周黎庵

旬日之前，門者以兩刺來，云分致朱周兩先生者，詢其人，則已他適，蓋如皋冒鶴亭丈（廣生）也。時僕之先生不在，余以為門者之擋駕，頗中禮節，然我輩須立即還拜，方為得體，而僕之先生不在，余又立須赴他約，勢未克親往。因思鶴丈此出，必另趨他處，因命急足以余刺及僕之先生之刺往，以為鶴丈必不在，則留刺可矣。初不料鶴丈專誠前來，不遇即返，初未他適，余輩之投刺旋被訶為非禮也。後生小子行動之不中禮節也如此，亦可哂已。

今日鶴丈來，為述經過如此，為之不安多時，尤以僕之先生初不知此一段情事，日前且與余定過訪之約，更覺內疚於心。

鶴丈以午至，乃堅留其在社午餐，以高年外出不便也。僕之先生一時許始返寓，一經電告，即欣然命駕來社，共進午餐。金雄白先生亦來，為述其鄉人某君臨命遺事，鶴丈於某君亦有世誼，不勝感喟。

鶴丈詔余云：有清一代，史學衰而經學盛，才智之士，鑑於文字之獄，乃羣廢史事，一意於經；不足，又為金石文字之學，其所成就，不特宋明，且遠勝唐人。戊戌辛亥之際，文網遽解，略識之士，乃羣起治史，則又病失之濫。時至今日，欲求此種人才，蓋不可多得已。鶴丈幼受教於祥符周眗叔先生，蓋其外大父也，頗悉掌故之學，惜年代悠久，未曾筆錄，極以湮失是懼，欲求一愛好之士，口述授之，則病無其人，言下頗有相屬之意。余於有清掌故，十稔以來，用力不可謂不勤，但在今日，稻粱之不遑，安有餘力為此。若在四五年前，則每日趨鶴丈之所請益且不暇焉。辜負美意，良用歉仄。

鶴丈述清乾隆出生一則，為余前所未聞，因隨筆錄之，以傳其事。

世傳乾隆為海寧陳氏子，其再番南巡，乃為省親之故，不特稗官采之為實錄，即大儒如沈子培（曾植），亦信以為真，其所持理由，皆不充份，無足深辨。

至弘曆之出生，鶴丈言之綦詳，其說則余未之前聞。鶴丈云：乾隆生母李佳氏，蓋漢人也，凡清宮人之隸漢藉者，必加『佳』氏，其例甚多。胤禎（雍正）在潛邸時，從獵木蘭，射得一鹿，即宰而飲其血（滿俗頗飲鹿血，謂可滋補，奕詝（咸豐）晚年，於熱河行宮畜鹿尤多），鹿血奇熱，功能壯陽，而秋狩皇子不攜妃從，一時躁急不克自持，適行宮有漢宮女李氏，奇醜，遂招而幸之；次日即返京，幾忘此一段故事焉。

去時為冬初，翌歲重來，則秋中也，腹中一塊肉已將墮地矣。玄燁（康熙）偶見此女，頗為震怒，蓋以行宮森嚴，比制大內，種玉何人，必得嚴究。詰問之下，則四阿哥也。正在大詬下流種子之時，而李女已屆坐褥，勢不能任其汚褻宮殿，乃指一馬廐令入。此馬廐蓋艸舍，傾斜不堪，而臨御中國六十年，爲上皇者又四年之十全功德大皇帝竟誕生於此焉。

弘曆（乾隆）藉父祖之蔭，御宇之久，福澤之厚，在中國四五千年帝王隊中，莫與之京，而不知其出生之奇特，有如是者。方之西方偉人中，殆基督教主可與輩行，”亦中西一例之佳話也。

然此種傳說，必須有强力之證據，方可取信；否則，與弘曆系出海昌陳氏之說又何異焉。鶴丈有兩說。

鶴丈曾佐熱河都統幕，此說蓋聞諸當地宮監者。此艸廐至清末，垂二百年，而每年例須修理一次，修理之費，例得作正式報銷。歷年所費，造一宮殿已有餘貲。而必須修葺此一傾斜之艸廐者，若無重大歷史價值，又何至於此？此鶴丈之所引以爲奇而詢諸宮監遂得此傳說之由來也。

然高宗純皇帝實錄及『淸史稿』，固諱言之，高宗本紀一云：

『高宗法天隆運至誠先覺體元立格敷文奮武欽明孝慈神聖純皇帝，諱弘曆，世宗第四子。母孝聖憲皇后。康熙五十年八月十三日生於雍親王府邸。』

不曰熱河行宮而曰雍親王府邸，蓋深諱之也。然弘曆初不自諱。鶴丈謂：初聞此說，孤證未能置信，一日，檢嘉慶五六年間東華錄，上諭忽嚴罪實錄館諸臣，雷霆天威，殆不可測，略謂皇考誕生雍和宮潛邸，修實錄諸臣何得書誕生熱河行宮？嚴旨覆奏。次日諸臣覆奏，謂係根據太上皇帝御製詩註。有此種神聖之出典，諸臣始得無罪，然顒琰（嘉慶）必欲使乃父成一貨眞價實之十全老人，乃不惜刪改詩註，必不欲使熱河一草廐爲乃父龍潛之所焉。專制帝皇行事之可笑，往往有如此者。

鶴丈謂得此兩證，乾隆之出生熱河行宮，殆無疑義，而海昌陳氏之說，不攻自破焉。

信如此說，弘曆之生母——孝聖憲皇后之福澤亦不可謂不大，弘曆再番南巡中，有奉皇太后巡幸者，江南命婦，得見太后顏色，口碑流傳，多謂太后之貌奇寢。太后於巡幸時，尙有賜錢之擧，人各一文，得者視爲奇珍，鶴丈曾於戚家見藏其一云。

熱河行宮，多藏珍異，亦多傳聞，忘年友故會稽陶在東大令亦曾佐熱河都統幕（恐已入民國），爲余撰行宮故實多至數萬言，曾載宇宙風乙刊，傳誦一時。行宮近況若何，殊繫人思；而大令之捐館舍，亦已三年於玆矣，思之令人腹痛。

鶴丈見聞廣博，所言必有根據，然上述弘曆出生一節，尙不能令余無疑，蓋鶴丈謂孝聖憲皇后爲『李佳氏』，然余檢『淸史稿』列傳卷一后妃，於孝聖之姓氏家世綦詳，頗不類漢人，玆錄一段如下：

『孝聖憲皇后，鈕祜祿氏，四品典儀凌柱女，后年十三，事世宗潛邸，號格格，五十年八月庚午，高宗生。雍正中，封熹妃，進熹貴妃。高宗即位，以世宗遺命，尊爲皇太后，居慈寧宮。』

據史稿所載，則孝聖爲鈕祜祿氏凌柱之女，初非李佳氏，或李氏入雍邸後有『賜姓』『抬旗』等事，鶴丈於此點未曾說明，殊未能令人全信，不知鶴丈尙何以教我也。

小園記

黃冑

我有一個小小的園子，因此種了些花在裏面。

我的園子實際是個天井，但在上海得一牀榻之地已算幸運，這個天井應該提高地位稱為園子。

天井裏種花有兩大缺點：第一牆垣太高，陽光極感不足；第二是水門汀地，不能把花木落地種植。第一個缺點沒有方法克服，但回轉一想，人家把花放在鴿籠式的房間裏，連露水與空氣都不給它享受，我也略勝一籌了。第二個缺點我做了部分的補救，就是把一半的水門汀地掘破，改為泥地，種較大的花，餘者放在花架上，當然只可以盆栽，當然花木是小的；但我倒喜歡盆栽的花，一則不佔地方，便可以多備種類，一則始終嬌小玲瓏，不像落地種了那樣生得漫無止境，叫人處身其中如入蠻荒之境，毫無庭園的雋味淸趣。

所以，我很珍視我的園子，它引我的心脫離都市而去過質樸的生活。地方是這樣狹小；可是與我的興趣相投，在我的激賞下，它也是我的小桃源了。設備也是簡陋的，沒有流水，朱橋，假山，就是那些盆也是泥製的；可是，園子的靈魂在乎花木，那些考究的設備反而奪了花之美，更何況日後都要湮滅崩毀，君不見阿房宮也化了焦土，金谷園蝕為坵墟？

有人說花是上帝最得意的創造，可惜忘了放進一個靈魂；也有人說，世界上如果沒有花將荒涼得如沒有。微笑的臉，所以花是大地的微笑。花的讚美太多了，我不想再縷舉。

在我的觀念中：動物髒而俗，礦物剛而醜，只有植物清而雅，柔而美。多數人喜歡把花譬作女人，這是侮辱花了，因為女人，雖然柔而美，卻不清而雅。把花譬作隱者怎樣？只合了一半。告訴你：花不能同地上的任何一物相比，它是屬於天上的——也許是從天上降到地上來的明星吧！

我不養動物：貓殘忍，狗汚穢，鳥可憐，魚無聊。我更不藏礦物：金血腥，玉虛僞，鑽逼人。我只種了幾許可愛的植物，在小園子裏靜靜站着，一塵不染，超然物外，秉或蓓蕾初展，百卉俱陳，不啻是久渴者的醴泉，煩憂者的旨酒。

花木種類繁多，可以庭栽的卻不多，必須色，香，形中有一優點才見稱，那些野草閒花只合在無人之處自生自滅。

色，香，形三者，每花只佔其一，正同人類沒有十全十美的一樣，這不是造物主的吝嗇，而是他的技巧。譬如，菊花以色見長，彷彿是在造物主的染缸中浸了一浸一樣，不過香就沒有了，有種簡直臭得叫人作嘔，至於形也等於無，有時生得不成其形，必得用竹圈或繩子把它箍起來。以香聞名的花，如梔子，岩桂，茉莉，玫瑰，色一方面就少變化，形也普通得很。而松竹之類，既不聞愉快的香，又不見迷人的色，卻姿態萬千，入畫最宜，其形之工，他花望塵莫及。你可曾見過一種花，如竹之亭立，菊之美艷，桂之芬芳？除非是人工的——人工的花還成什麼花？可以給誰欣賞愛羡？

又有人以花，葉，幹論百卉，結果也只有一

種見長。花朵好的，葉子就平常，幹更無畫意，菊，牽牛，荷都如此。葉子好的，花與幹要遜一步，如芭蕉，棕櫚，松，柏，楓等。最後呢，既不開花，又不放葉，完全以各種離奇的枝幹爭勝的，便是仙人掌之屬。

其次，木本有木本的妙，草本也有草本的特色。總括說來，木本淸而雅，草木柔而美。你的性情近乎哲學的，種木本的花；近乎藝術的，種草本的花。

最後，常綠的，與落葉的都各有千秋：常綠的不容易長大，却不容易死亡；落葉的生長迅速，而死亡也迅速了。常綠的花木是君子，地靈；落葉的花木是英雄，天才。一個如深山的老者，悠然終其天年；一個如海上的冒險家，常常不得善歸。說簡單，一個是學者，一個是詩人。

治園藝的決不單植一種，總是兼而顧之的。假使他單種五顏六色的花，「庸俗」兩個字便逃不出了；單種芬芳的奇卉異葩，那末他的園子只可供一季的留戀；單種松柏之類，不免淪爲單調和寂寞；完全草本，缺乏精神，而完全木本，也將顯得太剛。

注意：「兼而顧之」並不叫你見什麽花買什麽花，東一枝荷花，西一枝菖蒲，南一根丁香，北一根椰子，這將多麽雜亂無章啊！這不是藝術味的庭苑，變成科學性的農場了！

那末怎樣種法呢？

你不是看見過畫圖的嗎？先有個主要對象，然後約略放些陪襯背境。園藝也是一樣：你愛那一種，多備這一種，餘者便隨便購些放在四周，如此，你的園子將有個標幟，顯出組織化，而且熱鬧與變幻也隨之而起，四時咸宜，色香俱備，總之，處處淸而雅，柔而美。根據你園子裏的主要花木，可以見你的爲人，「花道」本不是件易事。

我的園子裏有些什麽花？讓我在紙上作個介紹。

我所選中的花是常綠的木本，以葉與形見勝。倘若你要問我爲什麽愛這一類的花，我將無言可答，因爲人之愛惡原是主觀的，沒有多大理由可交代。勉强來說吧，我園子裏的花圖它有這些優點：（一）四季不變，省得時時添置；（二）比較普通，故價格也便宜，合我的經濟能力；（三）它們十九是淸而雅的，投我下懷，久賞不厭。

除了上述的花外，我也有幾種陪襯的，或落葉，或草本，或有色香，或有花幹。

能够合我條件的花，首推松柏。這兩位「木公」與「木伯」久見經傳，而「松柏後凋於歲寒」也足以助我淬勵之氣。它們不是「花」，應該稱爲「樹」；現在是小樹，只有一尺高模樣，要培養它們到「參天」的程度，十年還不够，到我物化的時候依舊還不够，人生短促，感慨彌深。

松柏種類很多，不易區別，籠統說來：松的皮裏有油質，柏的莖裏有香氣，如是而已。我有四盆松：羅漢松，黑松，五針松，以及金羅松。最後一種不是正式的名字（正式的恐怕是杉），但賣花的都這樣叫它。柏的名字尤其討厭，照賣花的，我有六盆檜柏，地柏，刺柏，龍柏，絨柏，竹柏。這六盆柏裏面，符合書本記載的，只有檜柏一種，但賣花的都叫它爲「扁柏」，眞莫明其妙。我想：世上的東西已這樣多得叫人認知起來頭痛，還有學名與俗名的糾纏，眞要澈底改革一番。

這十盆松柏不能使我滿足，以後有機會當陸續添點不同的；可是，抽空到花場上去走走，大多只有我這幾種，新的很少，益發叫我渴望得兇。買花同買古書一樣，往往想要的求之不得，最後得到了，喜出望外，越見珍貴；所以我常說，慾望愈難滿足，滿足時快樂愈高。

花木之中，松柏可算最容易養，冷熱無妨，也無蟲患；但有幾點要留心：水不可太多，葉上最好不使着水，翻動要少，盆要大，施肥則易長。對於園藝，完全外行，只憑經驗而已。我相信，無論種什麼花，柳宗元的話值得記住：「其本欲舒，其培欲平，其土欲故，其築欲密……則其天者全而其性得矣。」

作爲松柏的陪伴，我植了竹。松柏爲木本，有龍蟠之狀；竹爲草本，有鳳舞之形。兩相配合，最爲得體。

竹的種類也極繁多，我有觀音竹，紫竹，鳳尾竹，印度竹，龍竹，黃天竹等數種。黃天竹其葉似竹故名，實則爲木本；南天竹同此，過些時想去買它一盆點綴新年。龍竹不見譜，或係文竹，或係山草，俗夫常與康麗馨相搭成爲瓶插。印度竹葉大幹細，很有姿色，生於炎地，怕不能過多。鳳尾竹葉分佈很密，一到夏天，萌筍奇多。紫竹是莖呈黑色的一種，葉綠得發光。觀音竹是小的苦竹，葉五簇，節短而密。我本來有盆象牙竹，葉綠白相間，頗見挺秀，前朝一個冷訊，驀地枯了，十分可惜；此竹又名飛白竹，玉竹，不知誰對誰錯。

生長在熱帶的竹，我都沒有，如棕竹，桃絲竹，斑竹等，或因上海無貨，或因索價太高徒然興嘆。本有盆水棕竹（屬熱帶竹），生殖很旺，後來見它太密而分盆，一分就死了，懺悔也不及。

竹以外，爲松柏之友的是黃楊。黃楊一點不嬌嫩，隨便怎麼弄都不會死；但不易長大，蘇軾說的，「園中草木春無數，惟有黃楊厄閏年」，黃楊據六年長一寸，逢閏則縮，何生長之難？我有五種黃楊：青葉黃楊，金心黃楊，金邊黃楊，瓜子黃楊，鴨蛋黃楊。另一盆銀邊黃楊，從法國公園折來一枝試插，能否生根發葉，要等來春。還有一盆生得似楡非楡的黃楊，葉上脈紋清晰可見，不知是什麼一種。我想黃楊一科太概齊全了。

仙人掌我有幾十種，此物變化太多，不宜多栽，多栽惹厭，獰獰得惹厭。

餘者，只是調和的作用。如冬青屬冬，秋有楓一枝，夏有芭蕉等熱帶植物，春則紫藤一莖。冬青是賤物，毋庸加廢語。楓有貴族氣味，不易應付；種類多，有什麼大葉楓，長葉楓，鋸葉楓，爪葉楓，鑲葉楓，釵葉楓，我僅有最習見的掌葉楓，要添奇種，非腰纏十萬不行，而我這一輩子不會有這一天了，我本來是窮儒，玩弄花草樹木只是消消窮愁吧了。夏季稱驕子的熱帶植物，除芭蕉外，另有鐵樹，橡皮，棕櫚各一，餘皆缺如，上海買得到的如檳榔與朱蕉都得化千金以上，上海買不到的如椰子與波斯棗更不用談了。紫藤在春天最可愛，綠葉紫華，蔓延而上，與松柏爲不可分離之物；梅與迎春也是春之花，嫌它太平常，不想種了。

我的園子裏會像像樣樣開花的只有一顆夾竹桃：「花無百日紅」，對於花朵我沒有多大的眷戀，因此，想添月季與山茶的舊念頭，現在也淡薄了。

送香的只有盆桂花，今秋剛買，小小的一枝，明秋能否再送香來尚是個疑。明年初夏倒想買盆梔子來陪陪它。

草本的花我種得不多。吉祥草與萬年青是多年生的草本，一年到頭綠油油的像翡翠；我種它不是爲了取什麼吉利，而是爲了它們的常綠。試想：萬年青，青一萬年，多麼可貴！我們誰不「朝似青絲暮成雪？」起初我不解植物的壽命何以這樣長，後來朋友說：「植物不動心，不動情，所以長壽」。我認爲這話是正確的。人生在世，終日爲衣食奔走，尤其是我們書生，理當早衰；倘若再縱慾斲神，便不堪救藥了。「淸淨寂滅」，老聃的養生法自有可取之處。

蘭是草中之王，買價太貴，最普通的建蘭要二百元，上選的都要千元，那裏買得起？說來不要見笑，我園中最貴的花是鐵樹，値四十元，全園合計僅三百餘元，而這三百元也是從抽起碼香烟，穿無跟襪子，拖破洞皮鞋省下來的。「黃連樹下操琴」，便是我這個寶貝。聽說明朝有個窮書生建的「芥子園」，我這裏，名我的爲「天井園」，亦够發噱吧？話拉遠了，買不起蘭，便化一元買了盆，吊蘭了。吊蘭的葉總比浙蘭美麗些，雖不放花，可是空中掛着小蘭，臨風作婆娑舞，也足示造化之奇。還有——差不多給我忘了——是那爬在泥土一隅的虎耳草：它圓圓的一片片葉，任意蔓生，風吹，雨淋，日晒，霜打，都不在乎，大足以傲溫室中的白玫瑰與蒼蘭。

菊在十月中買過二盆，爲了同幾個朋友卿觴持五香豆賞它的緣故。「人比黃花瘦，」瘦人逢瘦菊，眞够五情空熱！不久，花萎謝了，送它入煤爐燒飯，廢物利用，淵明先生定對我憤懣！不知明年十月，再可以買來賞吧？

的確，我懼恐將來！身體衰弱，謀生之術，一枝筆怎禦得住狂潮般的生活？本來死生有命，非人力所能知，又値如此民生艱難之秋，更覺朝不保夕。想哀鴻遍野，老弱滿壑，我在天井裏弄花播草，是我的幸福還是我的罪愆呢？

話日記

吳澤龍

先來講一點我和日記的因緣。

是民國廿二年的事，那時我才十一歲，在故鄉荻港讀書，大概是高小一年級吧！說老實話，我從小時候，是一個還算聰明的孩子。記得是六歲那一年，有一次，傭工家中來了信，我就能講給他聽信中的意義。母親是屢次提起這件事，這是她對於兒女，引爲榮耀的一件事。可是在這個時候，我眞十足變了一個野孩子，書本子祇不過是對師長和家長的一種交待，高一級的級任導師，是鍾輔仁先生，一個有嗜好的人，人有了嗜好，做起事來，總鬆懈點。但比較起來，他還是肯負責的，他對於分內的事，祇要能做得到，他總儘力的指導。他叫我們每天寫字，做日記；寫字，還不算困難，每天胡亂幾筆，敷衍塞責而已！做日記：從「早晨起來，吃粥，上學，」到「放學回家，晚膳，睡覺，」後來比較進步點了，能够寫一點划船，登高一類的文字。有一次，我寫了一篇鬥蟋蟀的觀後感，大意是：「蕞爾小蟲，同類相殘，」蒙鍾老師大加稱贊，其實這是抄襲別人的陳套，不過這是意襲而已！經過三個月後，同級的人，都覺得一無可記了，（一半是知識的不足，一半亦是學生時代，少和外界人物接觸的緣故。）但老師的督責，又不能不每天將日記交卷，爲了日記一篇，而要打手心三下，那眞是我們一羣小英雄們太丟臉的事情。在當時，這的確是一件十分困難的事，後來不知是誰出了這樣一個自已以爲是十分聰明的方法，抄襲別人以前的日記，認爲其中可能抄襲的就變爲我的日記了，這樣互相「友情的交換」，因爲同班人多，批日記本子，又不過是教師們的例行公事，所以不會發覺出來，這樣，總算解決了我們這一級同樣的日記慌了。——現在回想起來，自從踏進社會以來，在在感到自已學識的不足，但是再也不會有像輔仁先生那樣的導師來督責了，幼時不努力，老大徒傷悲，到現在眞是後悔無及，今秋到蘇州，聞輔仁師近仍居吳興，不知何時方能重返兒時釣遊之地，程門立雪，重侍絳帳的希望！

二十六年的春天，亦是我的轉變時期，由於林楓的介紹，關於文學方面各部門的書籍，我有了普遍的愛好，同時我亦養成了寫日記的習慣和興趣。可是因爲生活的不安定日記亦隨寫隨時散落了，二十九年在上海，住在覺明表兄處，日記的確是寫得相當的多，一半是爲了學習寫作的能力，一半是因爲單身旅居上海，思家的時候較多，念之所至，筆亦隨之，那是用稿箋寫成的厚厚的一疊，日期是不同的，或一日數記，或數日一記，但完全是內心情感的流露，後來我回蘇州了，覺明表兄亦因事離滬，就在這樣的遭遇裏，我的東西完全遺失了。除了一部分寶貴的書籍，是我臨行之前，冒看大雨，悉數送到中國流通圖書館捐贈之外，連行李都遺失了。東西本是身外之物，在我是毫不足惜的，可是想到這一疊厚厚的日記時，當時的心境，是再也無法追記的，想起了總是惋惜不置！

記得是知堂老人在秉燭談裏，曾說過這樣的話：「要在文詞可觀之外，再加思想寬大，文識明達，趣味淵雅，懂得人情物理，對於自然與人生，能鉅細都談，蟲魚之微小，語俗之瑣屑，與生死大事，同樣的看待，却又當作家常話的說給大家聽，庶乎其可矣。」同樣亦是我們關於日記的取捨標準。古今三十九期樸園主人所著小病日記：「十七日：恒廬主人聞余病，來胥存問，意頗懇摯，頗與空谷足音之感。余自前年迭遭妻兒之喪，萬念俱灰，二年以來，蟄居滬濱，讀書自懺。往日交遊，一一疏遠，寒居樸園，終年門可羅雀，宛與荒山破寺無異。初固不無寂寞之感，旋自深悟炎涼之理，轉覺幽靜之可樂矣——二十二日：今日爲先室沈夫人及亡兒榮昌安葬於虹橋公墓之期，一星期來，氣候不常，時抱杞憂，晨起天朗氣淸，爲之大慰。十時許赴安樂殯儀館舉行祭別，雙棺並列，欲哭無淚。下午二時到虹橋公墓，四時諸事完畢，從此黃土一坯，人泉永隔，如此人生，亦可傷已。是日親戚到臨者約二十人，友人僅周君黎庵文君載道二人而已。當二柩入壙之時，次兒燮昌嬉躍如常，竟不知其喪母失兄之可悲，嗚呼痛已」。文辭並茂，感情與事實並重，而夾敍夾議，讀後深有同感，名家手筆，畢竟不凡。湘鄉曾文正公立德立功立言，三並不朽，而其道德文章，尤爲世所推重，日記有專集，惜手頭無參考書，僅就記憶所及，摘錄數節如下：「知天下之長而吾所歷者短，則遇憂患橫逆之來，當少忍以待其定。知地之大而吾所居者小，則遇榮利爭奪之境，當退讓以守其難」。「用兵最戒驕氣惰氣，作人之道，亦惟驕惰二字，誤事最甚」。從人生中求經驗，從經驗中度人生，便是曾文正公最大成功處，曩在蘇州時，居止園主人處，室中懸一止園主人親筆所書屏條，爲曾文正公語，曰：「知已之過失，即自爲承認之地，改去毫無吝惜之心，此最難事。豪傑之所以爲豪傑，聖賢之所以爲聖賢，全是此等處磊落過人」。議論精闢，字亦俊秀可喜。當時曾數度低徊諷誦，至今思之，猶歷歷在目。

竇爾敦事略

蕘公

余嘗與友朋言：寧願作戲劇中人物，不願作歷史上英傑，蓋小說戲劇，於社會之勢力與影響，實較歷史爲大，今日國人多不知班超，而皆識關羽，多不知航海之鄭和，而無不識法門寺之劉瑾。二十年來，自楊小樓侯喜瑞等時演連環套落馬湖諸劇，至少京津社會婦孺，莫不知黃天霸竇爾敦之臉譜與姿勢，此戲劇又較小說爲活動直接也。關於竇黃傳說，當然本之「施公案」，考其事實，或正相反。如竇爾敦河間故老猶能言之。友人云河間紀曉嵐筆記，有記竇二東者，余未詳考。有「闕名筆記」，記竇爾敦事，其說不經，未可爲據。云竇二敦獻縣無賴子，以健鬥橫行鄉曲，椎埋惡少，奉以爲魁。凡江湖賣藝之流，必先投謁。一日有老叟率二女鳴金售技，竇大怒，率徒毆之。叟兀然不動，竇大異，力請從遊，越五載歸，已有妻，即叟女也。叟姓石，故明史閣部部將，閣部殉國，走依張蒼水，因遊四方物色人傑，以報故國。竇歸後，聞聖祖南巡，乃隨之隻身入行宮，以守衛嚴，盜御馬出，東撫錢珏偵捕不得，後披緇入山云。所述仍本之小說，且前後文矛盾，首謂獻縣人，後又云「盜御馬者，山東竇二敦也。」蓋以傳說而渲染之，去事實益遠。余因求之河間大名人士著述中，兼檢閱地方志，得高繼珩撰「蝶階外史」。高寶坻人，嘉慶戊寅舉於鄉，任河間大名兩邑敎諭極久，其卷二「竇爾敦」條云：「竇爾敦獻縣劇盜也。一日尾孤行客甚疾，客知其盜，縶馬馳，馬逸越宿處，至古寺，日已曛黑，不得已投焉。竇亦尋至。僧出迎，見客裝甚喜，延之食，俾與竇同宿，戶既闔，竇潛啓之，鍵矣。悄謂客曰：我初欲刼君，乃同陷盜窖，然無恐，我當救汝。出火具，見室隅有大窖，中實敗絮，移之見穴有階梯，竇持刀潛入，由邃道達院落，窺室內張燈，僧方據上坐，少婦環侍，飲甚豪，旋一婦攜壺出，挾之僻所問狀。言某近村某妻，爲僧挾置秘室，如某者二三十輩也。竇言能聽我當救汝出，問賊兵器，則二鐵翼，排大小刃數十爲羽挾以飛，著人立死。竇命婦入勸以酒，乘竊其翼，彼無能矣。婦人約衆婦如竇言，共竊其翼出，竇奔入以刀刺僧，僧索翼不得，躍起，鬥逾炊許，竇以生力且持刀，僧徒手又被酒，遂顚於地，竇手刃之。呼諸婦囊括僧所藏，又呼客打包，縱火焚寺。竇遂與客連騎馳，至歧路，客感其恩，欲分以金，竇曰休矣，若圖君金，待此時耶。遂分道去。至今地方父老猶能道其事云。」是傳平實近理，作者居河間久，當屬可信。竇於寺中除奸救諸婦，頗似兒女英雄傳之十三妹，盜僧雙翼，今日戲文中，有「盜鈎」一幕，以其人之道，加其人之身，蓋傳說者只顧渲染，不顧事實，亦證其不誣矣。余以爲竇之事跡，以此記最爲可據，惜不著年月，作者乃嘉道間人，若再見於紀昀筆記，則竇爾敦當爲雍乾時河北俠盜，正南北技擊最盛時期也。

沈美芹先生鑒

請示通訊地址俾奉稿費

古今出版社會計科啓

上海郵政管理局暫准登記證第四〇〇號

古今叢書之一

周佛海先生散文集

往矣集

第九版行將出版

目次

發行所
古今出版社
上海咸陽路（亞爾培路）二號・電話七三七八八號

每冊實價念伍元

古今

文史半月刊

第四十六期

閑談古今靜玩山水
不言是非勿論官事

俞樾

文史半月刊

古今

第四十六期

中華民國三十三年五月一日出版
社長　朱樸
主編　周黎庵
發行者　古今出版社　上海咸陽（亞爾培）路二號
發行所　古今出版社　上海咸陽（亞爾培）路二號　電話：七三七八八號
印刷者　中國科學印刷公司
經售處　全國各大書坊報販
上海雜誌聯合會第十號會員雜誌
零售每冊中儲券三十元
國民政府宣傳部　登記證滬誌字第七六號
第一警察局　登記證C字一〇一二號
預定　欵項先繳照價八折　半年三百元　全年六百元

爰居閣脞談

記曹澧香

梁鴻志

前四年己卯。余得曹澧香女士(蘭秀)書畫一巨冊。計花卉七幀。紙絹參半。又雜書詩詞及它文字十二幀。末有楞伽山人跋云。蘭秀歸於沈三年而歿。其歿之年。余患風痺之病。就醫東來。養病北郭者四十日。見其所腹出女香來。旣而六郎出此冊求爲題記。蓋蘭秀在時所畫與六郎者。後附雜書數幅。蘭秀學老妻書十得二三。其畫旣嫁所學。殆得之天秉。曹司城三女皆通辭翰。蘭秀晚出。獨敏於作畫。豈司城平生託意水墨。旁逮花卉。而晚女獨有受之胎性者耶。六郎年甫十三。有紙筆之好。以前出子知念其繼母。亦足見蘭秀之克宜其室。而惜乎其無福不及撫六郎而覩其成也。燒燭識此。慨息隨之。壬申仲冬。楞伽山人書。壬申蓋嘉慶十九年也。其後有陸坊周蓮余鍔孫輔元沈日新趙懿孫顯元陳文述孫熙元改琦王良年十二人詩詞題詠。其人類皆嘉慶間東南名宿。細翫楞伽跋語。知與蘭秀必有姻連。於墨琴夫人或爲姊妹行。然未敢臆斷也。繼讀淵雅堂詩文集。及寫韻軒小藁中多涉及澧香者。遂掇拾事實。詳列本末。記於左方。俾世人於墨琴之外。知有澧香。亦然脂韻事也。按曹墨琴之父名銳。字又裴。官至東城指揮。淵雅堂集中稱爲曹司城者是也。本籍徽州。遷蘇州之木瀆。入貲爲從九品。補深州吏目。最後官東城兵馬司指揮。嘗從里中沈德潛學詩。王愫學畫。而於畫尤長。衣鉢雖自婁東。而於鄉先輩文沈諸家莫不躋堂躐奥。有臨文待詔石湖圖。第去眞一間耳。乾隆五十八年卒。年六十二。子二。女三。長貞秀。即楞伽之妻。世所稱墨琴夫人是也。次枝秀適陳霖。又次蘭秀字蕊枝。卽澧香女士。方司城病亟時。澧香年甫三歲。司城以屬之楞伽。後四年。楞伽官華亭校官（事在嘉慶二年）。識諸生沈恕。又十四年。沈失其妻。遂以蘭秀爲繼室。即楞伽撰司城墓志中。所謂有女三人。其一未字者也。沈恕字正如。自號帊雲（一作綺雲）。松江府學諸生。居北郭之古倪園。儻敏有雅尙。好藏書。又好刻書。以藏戲鴻堂帖石本名於時。蓋董文敏戲鴻堂帖初爲木刻。文敏入楚提學。板燬於火。乃重摹刻之石。文敏即世。石爲郡人施叔灝所得。施氏搨本致精。加刻目錄。有紅印墨印二種。而紅印者世尤貴之。所謂用大齋本也。其後石歸王儼齋尙書（鴻緒）。尙書復仿寫西園雅集圖記補之。字較原刻爲大。而目錄則無之。所謂橫雲山莊本也。久之石復從王氏出。一再流轉。遂歸於沈帊雲。因整理原名。選工精搨。以還用大齋橫雲山莊之舊。然則雲帔固雅人也。帔雲以嘉慶二年補府學生。嘗以捐輸叙官府同知。初娶陸氏。繼室姚氏。皆前卒。嘉慶十四年聘澧香爲繼室。方沈之聘澧香也。以翡翠珠及所藏宋拓聖教序爲禮。而澧香之家以玳瑁管及曹司城山水畫卷報之。其行事咸有異乎世俗之所爲者。楞伽嘗以文紀其事。澧香既嫁帔雲。故擁高貲。叙官不仕。田連阡陌。家有園池（按園中有池曰小杯河見墨琴詩註）。所居靜好樓。多聚法書名畫。招致游從。琴樽間作。水石淸華。自得澧香。益愜其趣。窮極歡娛。夜以繼日。澧香自小知書。嫁而學畫弄筆。爲花鳥寫生。傾其賓客。市廛有鬻其迹者。又性精敏。內以當於夫。外以周旋戚黨。下逮臧獲。人人得其歡曲。用能使家事益治。是時靜好樓閣闌皆作雙花。有同心者。有並蒂者。帔雲爲之借刋雙蘭圖譜。乃刋成。而澧香逝矣。蓋以產女遘疾驟亡。嘉慶十七年壬申正月六日也。年二十三。越二年（嘉慶十九年甲戌）。帔雲亦逝。墨琴寫韻軒稿。有澧香遺像。贊曰。影逐花彫。名隨蘭馥。鏡不留紅。波仍翦綠。絲繡香熏。範金鐫玉。現出雙身。寫來一幅云云。可以覘其風致矣。又有弔澧香二律。其一曰。花市京居見汝生。扶牀旋見汝能行。盛年身世風燈過。往歲悲歡雪涕幷。地下阿爺空付囑。天涯有姊哭同聲（原註謂二妹在京）。篋中畫稿猶狼藉。異日流傳孰品評。其二曰。結褵親與送東行。燕婉剛諧伉儷情。月老辛勤圓好夢。星期匆促卜他生。談如獨活搖根苦。蘭證虛祥並蒂呈。欲慰重泉無可語。高堂代汝撫孤成。蓋墨琴澧香初不同母。澧香生於曹司城之東城花市衕齋。所生母吳。爲司城側室。墨琴長於澧香者十餘年。及其嫁也。墨琴又送之渡泖。兩詩首句蓋爲此發。至蘭證虛祥句。即指刋刻雙蘭圖譜事也。墨琴別有題季妹澧香花卉七絕二十首。亦澧香逝後追悼而作。詩多不具錄。又有好夢墮爲秋後葉。歸魂招向畫中花二斷句。見諸雙蘭圖譜後題者。則墨琴渡泖視喪。收其殘畫作也。詞頗哀婉可誦。綜計澧香歸沈不過三年。其畫爲嫁後所學。流傳益寡。余所藏雖僅七幀。然不謂之吉光片羽不可得也。又畫冊之後。附以楷書。詩詞往往鐫繡餘自課小印。其爲澧香自著無疑。然其題櫻桃二詩。則確屬墨琴之作。寫韻軒稿中有題李涪江櫻桃寫生二首。固即此詩。且櫻桃卷子爲余秘笈所藏。楞伽夫婦題句宛然。又可增一鐵證。蓋墨琴以櫻桃名所居。而韓城相國（王杰字偉人謚文端）爲之題榜。而寫韻軒之榜則同時諸城相國書之。且墨琴作此詩時。澧香尙在髫稚。沒後書畫經楞伽作跋。何以未加檢校耶。至冊中金縷曲詞。則自署蘭秀倚聲。造語亦殊清婉。使天假之年。不特花草可傚惲清於馬江香。即論倚聲亦不在徐湘蘋朱遠山下矣。彩雲易散。今古同悲。可爲長太息者此也。

興來醉倒落花前　天地卽爲衾枕
機息坐忘盤石上　古今盡屬蜉蝣

兩個空拳握古今　握住了還當放手
一條竹杖挑風月　挑到時也要息肩

吳乘

吳湖帆

春草閒房

春草閒房者明遺民金孝章先生之故居，而吾皋廡吳氏之舊宅也。先生本姓朱，名袞號孝章，爲天潢貴裔，玉牒後人。甲申後，隱迹吳中，易姓金氏，名俊明字耿菴，別號不寐道人，時與彭行先（令貽）鄭敷敎（桐菴）友善，同稱爲吳中三老。工詩文，余家藏有其手書乙酉丙戌詩稿一卷，計存詩七十七首，詩格蒼涼沈鬱，黍離銅駝，寄慨遙深。又善畫梅，與邵僧彌文從簡齊名，吾家藏其畫梅凡三冊，其羣芳合璧一冊，遺民補圖題詞者凡一十八人，尤足珍也。先生故居在郡城西雙林巷，其書齋庭前有白牡丹安石榴暨手植梅各一。後庭中有方竹一叢，即所謂春草閒房者是也。齋額爲袁鑒所書，鑒六俊之後，亦遺民也。乾隆中，吾家第十二世祖石齋公購得此屋，即世居於是。洎第十四世高祖愼菴公，闡潛發幽，倩冬花庵主奚鐵生繪圖卷以誌其事，卷於洪楊亂時失去，故愙齋公題王石谷春江曉別圖詩，有云，冬花名迹今安在，春草閒房舊有圖，即謂此也。（愙齋公原詩云，冬花名迹今安在，春草閒房舊有圖，豈意虞山留尺幅，竟從合浦認還珠。刼灰久歷琴書盡，祖澤難忘翰墨娛，珍重清芬傳一脈，故家喬木幾榮枯。）同治丁卯六月，榴枝上忽生一大芝，玉莖瓊菌，人咸異之。翌年戊辰，愙齋公成進士，當時潘星齋爲畫牡丹，吳子重作石榴，周存伯繪梅，錢伯聲寫竹以贈，藉誌春草韻事。丁丑，叔祖運齋公又値徵垣，先後十年間，兄弟兩捷翰林，人皆以爲春草榴芝之異，居里雙林之兆，亦一時佳話也。嗣後先祖遷居南倉橋新宅，不久而閒房牡丹梅榴，相繼枯萎，惟餘方竹數竿，瑟瑟搖曳於風晨月夕中，無復當年紅酣綠艷之觀矣。今更情隨境遷，屋已典質他姓，低徊昔賢，俛仰陳迹，濡筆記此，感慨系之。

百二長生館

光緒癸酉，先尙書公視學秦隴，輶軒所經，訪甘泉之遺址，弔未央之故墟，得斷甎完甓數以千計，其中古瓦當占百有二，文曰長生未央長生無極者尤多，因名石經室之後軒曰百二長生館，上虞楊沂孫（詠春）爲篆額，余與仲姊髫齡，時從朱遂穎夫子讀書，每屆夏日，輒移硯其中，風簾搖曳，書聲琅琅，不覺煩暑盡滌，距今已四十年矣。

關於盛伯熙

徐一士

清光緒初年。言事者意氣發舒。或暢論國是。或勇於糾彈。京朝政狀。頗呈活氣。至甲申之歲（光緒十年）。朝端乃突起鉅變。有軍機處王大臣全體更易之事。自雍正間設立軍機處。漸奪內閣之權。形成實際上之政府。樞臣更動。固亦事所常有。而若此次之同時獲譴。全盤易置。在軍機處實空前絕後之舉也。

德宗幼齡嗣統。兩宮太后循同治朝故事。垂簾聽政。頗能虛衷求治。朝政號爲清明。孝欽（慈禧太后）雖事權積重。而對於孝貞（慈安太后）。以向來名分之關係。猶存嚴憚之意。迨辛巳（光緒七年）孝貞逝世。孝欽惟我獨尊。浸驕矣。惟恭親王奕訢。勛勤久著。夙望猶隆。時仍以皇叔領袖樞垣。孝欽不無顧忌。弗便任性而行。故思去之以自便。隱忍待機。已非一日。會法越事亟。言事者銳意主戰。不滿於政府應付之畏葸濡滯。多集矢樞臣。疏糾其失。時局正在緊張。機會大可利用。意園主人盛伯熙（昱時官左庶子）一疏。言之尤力。遂爲直接之導火線。成易樞之局。是年三月事也。孝欽特頒懿旨。其責備樞臣暨表示所由罷斥之語。爲『恭親王奕訢等始尚小心匡弼。繼則委蛇保榮。近年爵祿日崇。因循日甚。每於朝廷振作求治之意。謬執成見。不肯實力奉行。屢經言者論列。或目爲壅蔽。或劾其委靡。或謂簠簋不飭。或謂昧於知人。本朝家法綦嚴。若謂其如前代之竊權亂政。不惟居心所不敢。亦實法律所不容。祇以上數端。貽誤已非淺鮮。若仍不改圖。專務姑息。何以仰副列聖之偉烈貽謀。將來皇帝親政。又安能諸臻上理』。其處分之語。則『恭親王奕訢。大學士寶鋆。入直最久。責備宜嚴。姑念一係多病。一係年老。茲特錄其前勞。全其末路。奕訢著加恩仍留世襲罔替親王。賞食親王全俸。開去一切差使。並撤去恩加雙俸。家居養疾。寶鋆著原品休致。協辦大學士吏部尚書李鴻藻。內廷當差有年。祇爲囿於才識。遂致辦事竭蹶。兵部尚書景廉。祇能循分供職。經濟非其所長。均着開去一切差使。降二級調用。工部尚書翁同龢。甫直樞廷。適當多事。惟既別無建白。亦有應得之咎。着加恩革職留任。退出軍機處。仍在毓慶宮行走。以示區別』。同時諭簡禮親王世鐸戶部尚書額勒和布閻敬銘刑部尚書張之萬在軍機大臣上行走。工部左侍郎孫毓汶在軍機大臣上學習行走。（後數日又諭刑部右侍郎許庚身在軍機大臣上學習行走。）翌日復特降懿旨。『軍機處遇有緊要事件着會同醇親王奕譞商辦』。此次政局上之大變動。以紬恭爲主。實際上即是以醇代恭。奕譞爲皇帝本生父。不便入直。故特以會商要事之名義領樞政。樞臣夙以首席最蒙倚畀。事任極重。世鐸庸碌尸位。奕譞實綜機務。而才不逮奕訢。政治上資望亦非其比。孝欽便其近已（奕譞妻爲孝欽之妹）且易與也。故援以代奕訢。事前與之密議乃發。（罷斥奕訢等之旨。聞即爲與奕譞素甚接近之孫毓汶所草。）奕譞既奪政權於奕訢之手。而孝欽即藉以大逞厥志矣。後此孝欽日益奢縱。政象日非。致危中國而促清運。論者每深慨於甲申之際焉。

命下之後。朝列駭然。羣指目伯熙。伯熙亦不自安。張之洞『廣雅堂詩集』朝天集（光緒二十九年癸卯入覲時所作）有『讀盛伯熙集』一首云。『密國文詞冠北燕。西亭博雅萬珠船。不知有意還無意。遺稿曾無奏一篇』。言外對此嗟惋之意可味。（時伯熙奏議尚無刻本。其後『意園文略』收奏議一卷。僅得十一篇。蓋十之三四耳。此疏竟不傳。當甲申斥罷樞臣時。原疏即未發鈔也。）曩之洞官京朝時。與張佩綸等見稱清流黨。言事侃侃。大張清議。（於樞臣中。頗倚李鴻藻爲重。之洞旣擢任封疆。佩綸猶在朝。爲清流黨中稜鋒最著者。氣盛勢熾。有炙手可熱之概。伯熙雖亦清流人物。而弗善之。）此次彈章。原文不可見。而據翁同龢日記所述聞諸張之萬者云。『盛昱痛斥樞廷之無狀。並劾豐潤君保徐延旭之謬。又牽連及於高陽之偏聽』。亦約略可知其意態。蓋總劾樞臣。復特論李鴻藻張佩綸也。（馬江敗後。同龢日記有云。『訪語盛伯熙。……其評量人物良是。詆張幼樵一巧字甚切。』）易樞以後。佩綸旋被命赴閩。以當難關。僨事獲咎。一蹶不振。其他清流人物。除之洞外。亦多失意。清議衰而政紀因之窳。孝欽恣意於上。遂釀成後來之惡果矣。伯熙素負清望。謇直敢言。此疏之上。固激於外患。本乎忠憤之忱。其效乃如斯。意固不能無悔。疏稿亦閟而不傳耳。

伯熙於易樞後即感覺其失宜。乃又上疏云。『恭讀邸鈔。欽奉慈禧端佑康頤昭豫莊誠皇太后懿旨。軍機處遇有緊要事件著會同醇親王奕譞商辦。俟皇帝親政後再降懿旨。欽此。仰見皇太后憂國苦心。以恭親王等决難振作。以禮親王等甫任樞機。輾轉思維。萬不得已。特以醇親王秉性忠貞。遂違其高蹈之心。而被以會商之命。惟是醇親王自光緒建元以後。分地綦崇。即不當嬰以世事。當日請開去差使一節。情眞語摯。實天下之至文。亦古今之至理。茲奉懿旨。入贊樞廷。軍機處爲政務總滙之區。不徒任勞。抑且任怨。醇親王怡志林泉。迭更歲月。驟膺煩鉅。或非攝養所宜。況久綜繁賾之交。則悔尤易集。操進退之權。則怨讟易生。在醇親王公忠體國。何恤人言。而仰度慈懷。當又不忍使之蒙議。奴才伏讀仁宗睿皇帝聖訓。嘉慶四年十月二十二日奉上諭。本朝自設立軍機處以來。向無諸王在軍機處行走者。正月初間因軍機處事務較繁。是以暫令成親王永瑆入直辦事。但究與國家定制未符。成親王永瑆着不必在軍機處行走。等因。欽此。誠以親王爵秩較崇。有功而賞。賞無可加。有過而罰。罰所不忍。優以恩禮。而不授以事權。聖謨深遠。萬世永遵。恭親王參贊密勿。本屬權宜。況醇親王又非恭親王之比乎。伏懇皇太后懍遵祖訓。收回醇親王會同商辦之懿旨。責成軍機處臣盡心翊贊。遇有緊要事件。明降諭旨。發交廷議。詢謀僉同。必無敗事。醇親王如有所見。無難具摺奏陳。以資采擇。或從容召對。虛心延訪。正不必有會商之名始可收贊襄之益也』。玩其辭意。悔心已萌。奕訢當國。行事固有未洽人意處。而尙能持大體。防微漸。孝欽曾加挫抑。而不能竟去之。茲乃乘機斥逐。俾圖自便。伯熙之劾樞廷。措詞當極嚴厲。期其易於動聽。以抒憂國之懷。而主恉不過鞭策政府。樞臣縱因之有所易置。度亦僅一二人之更動（如李鴻藻）。此外或並有所裁抑（如張佩綸）。非即欲逐去奕訢而盡易樞臣也。此次舉措。出其意外。且於孝欽隱衷。似略已窺見。深慮將來之事局。故又抗章言之。力請收回奕譞會商要事之命。並因之而及諸王領樞之非祖制。（奕訢領樞。本緣政治上特殊關係。不可爲訓。猶取其資望較著。對孝欽可有所匡持耳。茲既罷去。若從此不以親貴柄政。亦屬甚善也。後來清卒以親貴用事而亡。伯熙雖不及見。似亦慮之夙矣。）更主緊要事件決諸廷議之詢謀僉同。微指所在。（蓋欲防孝欽之恣意。）庶幾語長心重。同時錫鈞趙爾巽二人亦以奕譞名分地位不宜膺樞臣商辦之命爲言。奉懿旨。『據左庶子盛昱右庶子錫鈞御史趙爾巽等奏醇親王不宜參預軍機事務各一摺。並據盛昱奏稱嘉慶四年十月仁宗睿皇帝聖訓。本朝自設立軍機處以來向無諸王在軍機處行走等因。欽此。聖謨深遠。允宜永遵。惟自垂簾以來。揆度時勢。不能不用親藩進參機務。此不得已之深衷。當爲在廷諸臣所共諒。本月十四日諭令醇親王奕譞與諸軍機大臣會商事件。本爲軍機處辦理緊要事件而言。并非尋常諸事概令與聞。亦斷不能另派差遣。醇親王奕譞再四推辭。碰頭懇請。當經曲加獎勵。並諭俟皇帝親政再降懿旨。始暫奉命。此中委曲。爾諸臣豈能盡知耶。至軍機處政事委任樞臣。不准推諉希圖卸肩。以專責成。經此次剴切曉諭。在廷諸臣自當仰體上意。毋得多瀆。盛昱等所奏應毋庸議』。自辯若斯。良以奕譞地位特殊。不得不有一番說詞以拒言者也。（錫鈞爾巽疏均言及恐樞臣藉奕譞商辦而有所推諉。）此猶云斷不能另派差遣。翌年乙酉奕譞即又拜總理海軍衙門事務節制沿海水師之命。而頤和園工程用欵。遂取自海軍經費。並濫納報效。倖門大開矣。（此爲孝欽不顧法令不經部臣任意濫行而賣官之舉動。伯熙其時亦嘗疏諫。）使奕訢猶在政府。固難有是也。（奕譞在親貴中。亦有賢王之目。被利用於孝欽。乃致蒙譏。且以孝欽之猜鷙。奕譞處嫌疑之地。漸亦見忌而自危。庚寅以憂懼終。奕訢閒廢十年。至甲午始再起領樞。意氣消磨。非復當年。戊戌四月逝世。未幾有政變之事。庚子遂致大亂。國幾不國矣。孝欽所致也。論者猶謂奕訢若在。當能維持匡救。使變亂不作云。）

政象由甲申易樞而日非。伯熙憂之。建言率不見用。徒抱孤憤。戊子（光緒十四年）典試山東。以『立乎人之本朝而道不行恥也』命題。牢騷可想。翌年己丑即引疾解職。（官國子監祭酒。久而不遷。蓋以謇諤忤時之故。）抑鬱家居者十載。己亥（光緒二十五年）十二月卒。年僅五十。時已歷戊戌政變。庚子之亂亦正在醞釀。即將實現矣。

意園勝概

伯熙美才高致。雅望清階。以天潢之雋。處饒裕之境。延接勝流。主持風會。居裱褙胡同。有園曰意園。景物宜人。交游談讌。每集於斯。或被招下榻其間。爲承平時一人文薈萃之所。士林稱羨。其名夙著焉。諸家記載。關於斯園者。如李蒓客（慈銘）『越縵堂日記』同治十二年癸酉四月初八日云。『同年宗室伯希孝廉（盛昱）柬約初十日賞牡丹。伯希……年少好學。家有園亭』。初十日云。『上午入城。至表背胡衕。赴伯希之招。……牡丹半落。香色未減。亭館清幽。廊檻迤曲。疊石爲山。屈曲而上。上結小臺。可以延眺。垂楊婀娜。薜荔四垂。其居宇亦雅潔閒敞。都中所僅見也。是日預坐諸君。皆同雋少年。意興爛漫。酒未及半。已大醉。同往山後習射。予獨裴回花間。徧倚闌檻。甚得佳趣』。十二日云。『是日補作前日盛伯希家賞牡丹詞一闋。　翠樓吟（同年宗室伯希孝廉盛昱。肅恭親王曾孫。協揆文慤公孫也。家有園亭極勝。其閨人及令妹皆能詩。初夏招賞牡丹。裴回闌檻。艷情欲語。賦此贈之）。曲檻留春。華軒敞夏。當年朱邸分賜。香塵隨步徑。還隨處雕闌堪倚。小山纖峙。又飛閣流丹。迴廊縈翠。重簾底。綠楊垂處。亂花橫砌。　最愛千朵嬌紅。似絳旛朱節。舞鸞飛墜。天風環佩響。更深院沈沈歌吹。艷情誰寄。正鈿匣裁詩。金梟添觴。人微醉。錦屏雙影。折枝橫髻』。意園牡丹。見重京師。斯爲招庚午鄉舉同年賞讌之一番雅集。（越縵科名晚達。中舉時年已四十二。適倍伯熙之齡。至是伯熙二十四。越縵則四十五矣。故稱儕輩曰同雋少年。謂伯熙年少好學。伯熙光緒丁丑成進士。越縵庚辰。遲伯熙一科。）楊子勤（鍾羲）『雪橋詩話』續集卷八云。『意園林亭極勝。牡丹尤各色俱備。己亥春杪。余以換官出都。伯熙治具祖餞。賞詠竟日。偶讀丞伯先生翠樓春贈伯熙一詞。亦初夏招賞牡丹作也』。回遡癸酉舊事。相距已二十六年。越縵之卒。亦已五年。是年冬伯熙亦逝世矣。又所撰「意園事略」云。『所居意園。爲文慤舊邸。有亭林之勝。庋金石書畫之室曰鬱華閣』。鬱華閣爲園中最名貴之所。與意園均每作伯熙之別稱。如事略文略均稱意園遺集稱鬱華閣是也。奭召南（良）『伯羲先生傳』云。『公生長華腴。而喜與文人遊。……家有園亭。高高下下。儼具邱壑。喜蒔花。庭前牡丹四畦。朱欄繞之。助其名貴。宜晴閣後奇石四五朵。雜以名花。饒有野趣。自去官後。交遊日稀。公賦詩云。顧曲無人王粲死。舊歡渺渺隔山河。蓋傷之也』。己丑後。意園文酒之會漸少。頗形索莫矣。就以上所引。可於意園景況。稍知梗概。而均言之未詳。近閱『悔齋師友贈言錄』。悔齋者。曹縣徐繼孺。伯熙戊子典試山東所得士也。首錄『意園先生書一通』（伯熙光緒二十一年乙未作。有『瑟縮家居。不與人事』語。想見意氣蕭索之態）。悔齋跋識（光緒三十一年乙巳）云。『繼孺以光緒戊子應本省鄉試。受知意園先生。己丑初春闈北上。先生招致意園居住。乃偕黃子柯鄰申甫兩同年寓處泰堂之南院。蔣性甫盟弟後至。寓喜爽軒之西室。意園爲先生祖文慤公舊邸。亭臺幽勝。地在東城裱褙胡同。門北向。入門而左爲住宅。其右則意園也。圓門東向。有舊題意園二字者。意園門也。入園門南折。有室。爲研香館。其西迎門對峙作斗室。其上爲平臺。臺上搆小亭。由斗室中穿後壁而入。繚曲行石洞中。出洞登山。却達平臺之上。憑欄西望。一帶皆假山。其北有堂南向。爲懷蓋堂。先生家祠。春秋朔望祭奠之地。扁額墨色猶新。聖祖仁皇帝御書也。循假山而西。有書房三間。其後敞軒。古柏極茂。其西北隅書室三間。對面青石壁立如劍。自外窺之。竹石掩映。不見有室。是爲半隱山房。再西爲遊廊。折而南。循西牆。爲小亭。琴臺石鼓。容六七人。循遊廊而下。其南平敞。約五六畝。徧植花木。北望山勢紆迴。竹木蓊鬱。翛然有出塵之想。循山南麓而東。一徑曲折。通研香館。其西迤南有角門。北向。入而東折。爲喜爽軒。再東。正廳爲處泰堂。扁額成親王書。再東。偏院爲知止齋。其東與住宅西牆相連。繼孺等寓南院。出處泰堂東。過知止齋前。折而北。抵大門。乃往來出入之路也。……比庚寅再寓意園。先生已退居林下。通籍後侍先生談讌。與都中諸名流從容論議。頗有開發。壬辰散館。三寓意園。……』悔齋篤於師門。寓意園者凡三次。紀之較悉。閱此。於園之內容。所知可略備矣。（徐繼孺。字又穉。晚號悔齋。同治癸酉拔貢。官黃縣訓導。以光緒戊子舉人成庚寅進士。入翰林。癸巳以編修典試陝西。甲午督學河南。差滿回京後乞外。用保送知府指分山西。歷署太原府汾州府。補潞安府。巡撫毓賢甚賞之。庚子之亂。毓賢以教案被誅。徐亦緣是奪職嚴譴。民國六年在曹縣原籍辦保衛團。殉土匪陷城之難。其略歷如此。民國二十四五年間豫省門人為刊『徐悔齋集』『悔齋師友贈言錄』。風義可稱。）

關於意園。更詢諸知其原委之楊鑑資君。鑑資為雪樵先生子。雪樵則伯熙表弟。夙相契厚也。（伯熙纂輯『八旗文經』。雪樵相助以成之。並撰『意園事略』。著其生平。又為編刊『鬱華閣遺集』『意園文略』。以傳其詩文。）據所談。意園與住宅在崇文門內西裱褙胡同。共一大門。舊時正門在蔴線胡同。門南向。文慤嘗封不入八分輔國公。斯即當時公府之門。迨伯熙之時。以既已不為公府。不欲仍其舊。乃改由後門出入。門在西裱褙胡同。北向。即以此為正門。故談者均言裱褙胡同而不及蔴線胡同焉。文慤營建意園。極意從事。房舍景物。諸費研討。迭有改作。俾愈精緻。蓋歷三次之修葺。始為定局。傳至伯熙。以名流冠冕。主此名園。尤為相得益彰。惜伯熙逝世。後嗣不振。未能保守弗替。民國十餘年間已易主。今蔴線胡同山中商會北京支店即是也。易主之前曾至。昔年勝概。猶可得其仿佛。園中景物。假山最妙。有所謂十八磴者。膾炙人口。大雨之際。水勢奔流。呈瀑布之觀。說者謂在斯園中若覩黃山佳景云。（鑑資又言。甲申參劾樞廷奏稿。其尊人亦嘗向伯熙詢及。伯熙不願談也。）

鑑資以錄存伯熙遺札二通相示。均己亥（即其逝世之歲）所作。甚可讀。其一為致于次棠（蔭霖）者。中有云。『去年初秋至滿城為鑑兄送行。相晤之際。彼此都無一言。惟有暗泣。今者事機雖緩。而默觀大局。亦惟有緘淚相寄而已。重光繼照。憂國愛民。弟殘廢餘生。苟幸遂其饔飧室家之計者。惟恃聖人憂勤惕厲之心。其甲兵之衆。才能之多。可恃而未可深恃也』。念切憂時。語摯而旨深。『事機雖緩』蓋指孝欽廢立之謀。『重光繼照』則謂孝欽之再出訓政。『憂國愛民』云云。憤鬱而以蘊藉出之。雪樵癸酉（民國二十二年）詩（見鬱華故物有感而作）所謂『繼照從知事已非』也。戊戌政變。事在八月。初秋暗泣。似已怵大變將作矣。（鑑兄似謂李秉衡鑑堂。亦伯熙稔交。李庚子禦敵殉難。世論以仇外詆之。其人固非孝欽私暱。見危授命。何可厚非。至其由牧令洊躋封疆政聲尤著。惟素主守舊。對戊戌新政。當非所忻贊。若忠主憂時之心。要有一致耳。當時新黨人物。伯熙似亦不皆推許也。）前此張香濤（之洞）曾勸其銷假再仕。答書有『欲盡言責則今之柄大權者非吾君』之語。深憤德宗之受制孝欽。亦可參印。至自謂『殘廢餘生』。則札中又有云。『弟今年右骰忽不良於行。近習醫藥而不肯自治。帶此末疾以明其不出而就官。非故為高尚。上負君父之深恩。藉此略可自解。然牽引臂筋。遂復久荒筆墨。少悒悒耳』。于氏時官湖北巡撫。湖廣總督即張香濤。札云。『方今蒙泉碩果。並在鄂中。香濤前輩。清德雅量。時輩無雙。又與三哥為故人。願香翁道廣。三哥節高。其行政用人。豈能事事相合。積之數年。門生屬吏恐將各有所主。萬一意見參差。君子相爭。小人遂得以指其隙。儻一網打盡。豈非吾道之深憂。更願三哥時時歛心抑志。有面折無後言。全交之道。不外此六字。弟所敬獻芻蕘惟此。香翁與三哥。金石之交。久而彌堅。願三哥之堅益求堅。默存而內省也』。督撫同城。勢位相亞。同官相處。易生扞格。張于性行有異。伯熙深慮其致見牴牾。交道不終。手書勸誡。懇摯如斯。後張于果不相得。亦徵先見。

又一則致梁節庵（鼎芬。時在張幕）者。亦殷殷以張于恐生意見為慮。屬為調護。其言云。『鄂多君子。張主權。于主經。恐日久有意見。兄已作書與次老預勸之。君子和而不同。小人同而不和。彼此相救則善。彼此相非則敗。兄於次公事事奉以為師。然諄諄不令兄坐火車。兄亦不從也。弟與兩君皆至交。望時時調護之。』可同覽。于歷官亦頗有聲。而以守舊聞。共力阻伯熙乘火車。足見一斑。札又云。『編錄八旗文字。乃承許可。並浼香公付梓。感何可言。亦不待言。子勤書來。謂弟言經字勝於業字。此廉生以三場策問對八旗文經。故欲改之。究竟經字業字孰勝。仍當請香公酌定。兄以有函致謝。並求其作刻書序。序文即以業字改經字發揮亦好。此書體例。雜仿前人總集。不題撰人。仿新安文獻志也。拙序意甚隱。弟與子培必了了。子勤信中又謂底本全付吾弟。今續得文數篇。即以緘上。子勤謂奏議類宜多采。又謂子培云編錄時別有意。子培洵是解人。鄙見仍未可濫收也。煩瀆清神。何以克報』。（致于札亦有云。『去年編錄文遂成五十六卷。香濤允為刻梓。已別具函。晤時代致謝忱。並促成之也』。）為關於『八旗文經』名稱體裁暨付梓緣起之事。可供讀斯書者之考鏡。斯書之成。由雪樵致力相助。梁氏及王廉生（懿榮）沈子培（曾植）亦與商及也。伯熙敘文。謂『典論論文曰。文章經國之大業。詎虛語哉』。命名文經及嘗欲改經字為業字。根據相同。後卒仍而未改。或即取決於張。『文業』自不若『文經』較適耳。書成而伯熙旋逝。不獲見其行矣。

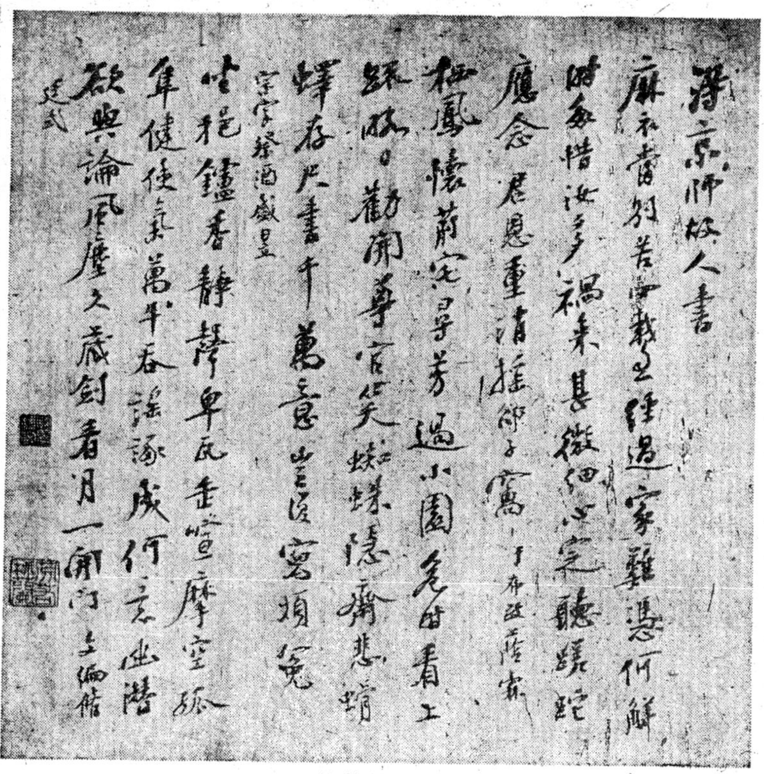

梁星海（鼎芬）乙未懷詩葉　樸園主人藏

孽海花閒話（五）

冒鶴亭

唐卿就放了湖北學政。

汪鳴鑾丙戌放廣東學政。非湖北。在文卿出使前。年份亦誤。

珏齋放了河道總督。

吳大澂戊子授河督。是後文卿出使一年。

莊壽香也從山西調升湖廣總督。

張之洞己丑從兩廣調兩湖。在文卿出使後二年。非由山西巡撫升也。

就是一箇潘八瀛先生。已升授了禮部尚書。

潘祖蔭在文卿未出使前。已卯即由總憲升工部尚書。其後調刑部尚書。中間曾署兵部。以工部尚書薨。始終未任禮尚。

與龔狀元平。現做吏部尚書的和甫先生。

翁同龢亦在文卿未使前。已卯。由總憲升刑部尚書。其後調工部戶部。至罷官。始終未任吏尚。

一個姓米。名繼曾。號筱亭。一個却姓姜。名表。號劍雲。

米繼曾爲費念慈。其父字迺亭。武進人。住蘇州。姜表爲江標。字建霞。

那麼公羊母羊。鬧出來的文體不正。心術就要跟着壞了。

公羊之學。始於陽湖莊氏。其外孫劉逢祿龔自珍繼之。光緒初。張之洞督學四川。延王闓運主尊經書院。提倡尤力。其高足弟子廖平。乃有孔子改制攷之作。康有爲於是亦著新學僞經攷。張之洞晚年詩。有新學公羊肇禍胎。父仇子刧有由來。劉郎不恨多岐麥。只恨荆榛滿路栽云云。蓋悔之也。李文田戊子江南鄉試題。爲子曰可與共學兩章。凡文中用反經合權四字。無不中式。其後辛卯年。費念慈爲浙江鄉試考官。題爲子張學干祿一章。文中用所見異辭。所聞異辭。所傳聞異辭者。亦無不中式。（廖所著孔子改制攷。康所著新學僞經考先後爲吳郁生余聯沅奏請燬禁。）

彷彿是個旂人。名叫連沅。號荇仙的。

連沅爲聯元號仙蘅。

葉緣常。

葉緣常爲葉昌熾。號鞠裳。

下邊署欵。却是成煜書。

成煜爲盛昱。號伯羲。

我聽說還有莊小燕段扈橋哩。

段扈橋爲端方。號午橋。

却認得前頭是荀子珮。名春植。後頭個是黃叔蘭的兒子。名朝杞。號仲濤。

荀春植爲沈曾植。號子培。黃朝杞爲黃紹箕。號仲弢。

是我新從琉璃廠翰文齋。一個老書估叫老安的手裏買的。

老安爲老韓。翰文齋書舖主人。京師書舖。古書較多者。翰文齋外。爲正文齋。肆雅堂。今正文肆雅均收肆。老韓子小韓 。尙繼其業。

現在常熟趙氏了。

趙氏爲趙烈文。陽湖人。寓常熟。（參閱古今陳乃乾一文）

上回有一個四川名士。姓繆號寄坪的來見。他也有這說。

繆寄坪即廖平。號季平。

我還聽說現在廣東南海縣。有個姓唐的。名猶輝 。號叫做什麼常肅。

唐猶輝即康有爲。號長素。

純客不是你的老門生嗎。

李文田庚午典試浙江。以關節授慈銘。慈銘遂由京回浙鄉試。又以關節授其同鄉胡毓麒。胡亦中式。故其日記。於入京會試磐川一層。不著張羅一字。蓋名利雙收也。

這月裏李治民李老爺的喂養費。發了沒有。

慈銘人極褊淺。然受人之賜。雖少。必載入日記。達官中。所得以祖蔭及張之洞爲較多。有一事足資談助者。則爲祖蔭身後。其墓誌爲慈銘撰。費念慈書。念慈一日遇慈銘。謂之曰。越縵先生所撰潘老師大文。比神道碑爲長。害我足足寫了兩日。念慈不過炫此石爲其所書。初無他意也。而慈銘疑其譏爲不合體裁。（凡文字。神道碑墓表可長。墓誌則不應長。以銘幽之文。其石不宜太大。）銜之。其後糾參浙江三科主考。念慈即其一。遂至終身一蹶不振。可畏哉。

以上十一回。

却見屋裏一個雄糾糾的日耳曼少年。金髮赬顏。 風采奕然 。一身陸軍裝束。

此影射瓦爾德西也。

請密細斯放心。拍了照。我就遣車送你回去。

外國皇后。與各國公使夫人拍照。是常事。不必寫來如此神秘。此象片。壬寅以前。彩雲懸諸陝西巷（彩雲回上海後。陝西巷有醉瓊林酒館。即其舊居。）臥榻之前。人多見之。

以上第十二回

米市衚衕潘大人放了。

潘祖蔭與李鴻藻廖壽恒等放會總。是光緒己丑科。是科會元。爲許葉芬。下文云劉可毅者。蓋誤壬辰一科與己丑併爲一談。

還有箇旂人。

旂人會總。是崑岡。

其餘房官。袁尙秋。黃仲濤。荀子珮。那班名士 。都在裏頭。同鄉熟人。却有個姓尹名宗湯。字震生。也派在內。

尹宗湯爲楊崇伊。崇伊與袁昶。黃紹箕。均非是科房官。沈曾植則終身未分房。惟壬辰會試。其弟曾桐。與袁昶爲同考。

章謇。號直蜚。南通州。聞鼎儒。號韻高。江西。

章謇爲張謇。字季直。聞鼎儒爲文廷式。字芸閣。

姜表。號劍雲。江蘇。米繼曾。號筱亭。江蘇。

江費並是科進士。

蘇胥。號鄭龕。福建。

蘇胥爲鄭孝胥。字蘇堪。

呂成澤。號沐庵。江西。

呂成澤爲李盛鐸。字木齋。是科中式。

楊遂。號淑喬。四川。

楊遂爲楊銳。字叔喬。

易鞠。號緣常。江蘇。

葉昌熾是科中式。

莊可權。號立人。直隸。

莊可權爲張權。字君立。之洞子。

繆平。號奇坪。四川。

廖平是科中式。

他有個閨中談禪的密友。却是個刎頸至交的嬌妻。

刎頸至交。爲梁鼎芬。鼎芬妻爲其會試房師善化龔鎮湘之女。王先謙之甥女。

那位至交。也是當今赫赫有名的直臣。就爲妄劾大臣。丟了官兒。自己一氣。削髮爲僧。

鼎芬劾李鴻章。罷官後。曾居焦山海西庵。未嘗爲僧。其妻亦未遯跡空門。余家與萍鄉文氏四世交。先曾祖與廷式之祖叔來觀察。同官粵東。咸豐間。先曾祖殉節乳源。觀察殉節嘉應州。余姑母爲廷式嫂氏。余於姑母處嘗見其人。廷式之子公直。即龔所生。

那章直蜚。是在高麗辦事大臣吳長卿那裏當幕友的。

吳長卿爲吳長慶。張謇因通州知州孫雲錦介紹。入其幕。同時吾鄉人在吳幕者。有海門周家祿。泰與朱銘盤。

這坐監的原因。就爲直蜚進學時。冒了如皋籍。認了一個如皋人同姓的做父親。屢次向直蜚敲竹槓。直蜚不理會。誰知他竟硬認做眞子。勾通知縣。辦了忤逆。革去秀才。關在監裏。

張謇爲海門長樂鎮沙民。幼時在如皋撫幼塾讀書。入學名張育才。以無籍貫。稱如皋人張銓之子。爲張銓家所持。闞通撫幼塾董事。學師姜堉南楊泰瑛。押之於學宮。未嘗革秀才也。知縣爲周際霖。

幸虧通州孫知州。訪明實情。

孫知州即孫雲錦。

那時令尊叔蘭先生。督學江蘇。纔替他昭雪開復的哩。

時江蘇學政爲彭久餘。徇知州請。以歸宗咨部。移通州籍。謇遂爲通州人。

原來尹震生。是江蘇常州府人。

楊崇伊是常熟人

楊遂諸人。

楊銳未成進士。

朗朗的賊了姓劉名毅起來。

劉毅爲劉可毅。壬辰會元。是翁同龢爲會總所取中。第三場策。問高麗事。以張謇曾隨吳長慶至高麗也。劉卷條對較詳。咸以爲張謇。及拆彌封。乃劉可毅。翁大不快。後聞黃體芳言。劉亦江南名士。黃所刊江左校士錄。多其所作。乃始釋然。劉初名毓麟。夢天榜。見會元爲劉可殺。乃易名可毅。而紅錄竟刻爲劉可殺。當時衆口以爲不祥。不料庚子出京。竟爲拳匪所殺。

錢端敏大人。從湖北任滿回京。在外求見。

汪鳴鑾廣東任滿。非湖北也。

門生想朝廷快要考中書了。

己丑考內閣中書。文廷式第一。

余中堂。

余中堂爲徐桐。

前日山東大名士汪蓮孫。

汪蓮孫爲王懿榮。號蓮生。

以上第十三回。

如今且說筱亭的夫人。是揚州傅容傅狀元的女兒。

傅容爲徐郙。號頌閣。嘉定人。同治壬戌狀元。女名原仙。能畫。歸費念慈。嘗乞余題秋窗論畫圖。畫折枝花卉四幀爲報。

太太帶着兩位少爺。兩位小姐。都到了。

兩位少爺。爲毓桂毓楷。兩位小姐。後一嫁沈鵬。一嫁文永譽。廷式子也。

明明我的卷子第一。不知怎的。發出換了第十。

費念慈殿試二甲第六。是第九本。非第十。是科第一爲張建勳。

我是紅頂子堆裏養出來的。仙鶴錦雞懷裏抱大的。這會兒背上給你駝上一隻短尾巴的小鳥兒。看了就觸眼睛。

仙鶴爲一品補服。錦雞二品。短尾巴鳥兒。則七品也。

今懽內就是閣相。赫赫中興名臣威毅伯。就是懽內的領袖哩。

伯夫人爲太湖趙氏。嘉慶丙辰狀元。山西按察使文楷孫女。道光辛丑翰林。高廉道畇第女。名繼蓮。其弟繼椿。爲余同年。

革職充發到黑龍江。算來已經七八年了。

張佩綸戍察哈爾。非黑龍江。己酉出口。戊子釋歸。亦無七八年。

今年恰遇着皇上大婚的慶典。

大婚慶典。在己丑年。

立着個不長不短不肥不瘦的小姑娘。

光緒甲午。佩綸避兵居上海北京路慶源里五弄。有人見伯夫人之女。短而肥。

現在敢替崙樵說話。就是威毅伯。加今變了翁婿。不能不避這點嫌疑。你們想。誰敢給他出力呢。

佩綸戍所歸。參直督幕。復爲言官論劾。驅逐離天津。庚子議和。始賞編修。尋以四五品京堂候補。其謝恩摺有云。官制所頒。卿才綦重。參列侯而決議。遠溯漢儀。改九寺而正名。近稽唐典。會李鴻章卒。張遂不再起用。

詩酒唱酬。

佩綸澗于集，有與其夫人蘭齋聯句。

就此受了風寒。得病嗚呼了。

寶廷罷官後。築室西山。光緒庚寅年歿。

以上第十四回。

俞曲園先生日記殘稿讀後記（上）

聽禪

久病不愈，伏枕無聊，取俞曲園先生日記殘稿讀之，稿凡一卷，都萬二千餘言，係光緒壬辰年春送其文孫階青太史公車北上旅游滬杭時所作，曩歲吳中開文獻展覽會，爲徐館長所得，陳列秘室，紅格紙本，密字細書，皆先生親筆，先生著述浩繁，而此本爲曲園全集所未收，故彌足珍貴，後館中雖曾付排印以贈知好，然以所印不多，且非賣品，故外間仍屬稀見，珍秘逾恒，曲園址在蘇城馬醫科巷，與先文定公祠園比鄰，余孩提時，猶及見先生時從一小奚奴，拄龍頭杖，緩步過祠園門，着白袷衫，紅色鑲雲頭鞵，豐顱廣顙，鬚眉皓然，顧盼含笑，余時幼小無知，目逆而送，愛其仙逸，耳語乳媼，是殆即所謂老壽星者非歟，媼以語吾先君子，笑謂兒速長大讀書，當送兒壽星所作添香侍書童何如，蓋先君子時亦在先生門牆也，此情此景，五十年猶恍如昨日，良用喟然，讀先生此一日記殘稿者，每謂「如記中所載，十餘年來，不赴嘉招，不受盛餽，於以見先生之儉，又載，雖年老力衰，而於先人松楸，必躬自瞻拜，於以見先生之孝，又無論曲園燕居，湖樓暫寓，於流連湖山，延接賓朋之外，更爲紫陽正誼詁經龍湖各書院行朔望課，爲時彥述作序跋，於以見先生之於後進，啓迪奬掖，不厭不倦」云云，其論是矣，然余以爲猶未能知先生之全也，從古先聖賢哲，凡稱醇粹大儒，其心地態度，無不樂觀積極四字實可盡之，心地樂觀，故凡一言一語，輒不自覺其含有幽默感，雖同一尋常吐屬，每能令人如嚼諫果，如飲醇醪，回味無窮，態度積極，故雖遇任何失意挫辱，而依然能保持滿腔春意於不變，絕無絲毫悒鬱蕭瑟牢騷憤激之感，縈繞方寸間，此是先儒之眞功夫，眞性情，學到養到處，不可或幾者也，是故嚴格以言，屈子行吟，長吉嘔肝，其足以令人縐眉走避，直與拒人於千里之外之皋比嚴師，其可厭相去無幾，皆非眞讀書人應有之心地與態度也，吾友趙厚生先生嘗講論語，謂「孔氏之教，一言以蔽之，曰樂觀，曰積極而已矣，故開宗明義第一語，即曰不亦說乎，曰不亦樂乎，曰不亦君子乎，通全部論語，吐詞屬語，幽默可喜之處，不勝枚舉，勝於任何諸子百家」云云，其意亦猶是，眞非讀書得間者不能道，又湘鄉曾氏，亦可謂近代醇儒矣，而賓坐燕談，或與人書牘往還，亦往往突梯滑稽，傾笑四座，曲園先生日記佳處，亦在開卷即有一種煦煦龢龢，春風化人之美感，撲人眉宇，匪僅儉孝諸德所可概，此即文章眞價値也。

先生文孫階青太史夫人，爲彭剛直公孫女，時已誕育一女，曰璉寶，先生於彭夫人及璉寶，似最鍾愛，時璉寶及先生兩子婦皆隨行，而彭夫人獨留守春在堂，先生發是年二月初十蘇寓後，幾無日不遺之以書，並餅餌水菓之屬，彭夫人亦日有函稟，記載舟行赴申途中，璉寶愛舟人所蓄小犬，先生即命捉至艙中，並爲曲記其狀云，「犬不盈尺，然亦不甚佳，不及吾家小獅犼，余聞凡蓄此等犬，貴五短三長，所謂五短者，嘴短耳短身短脚短尾短，所謂三長者，毛長舌長爪長，吾家小獅犳，五短皆具，三長不足，然毛長吾知其美，舌爪兩長，則不知其何所取矣」，先生之博物如此，又載，舟係在蘇所雇南灣子，假牙釐局余濟淵太守小輪曳之而行，輪力旣小，風又不順，當日不能至滬，枯坐舟中，戲作小詩示兩子婦云，「竟日狂風遇石尤，今宵野渡暫句留，聲聲波浪船頭撞，似爲吾孫報狀頭」，其滑稽妙思又如此，然令孫此行，狀頭雖未能得，仍獲雋一甲第三名，探花及第而歸，兩夫人之喜亦可知矣。

時康南海巳以康祖詒名，嶄然露頭角，著新學僞經考，到處贈人，先生旅途中，亦有兩人送是書至，一爲招商局總辦沈子梅觀察，一爲徐花農（時督學廣東）之幕友朱蓉生，由粵寄來者，可見是書在當時之風行，先生於評隲此書時，態度極爲謹愼和平，僅記云，「沈子梅觀察以廣東康祖詒所著新學僞經考見贈，其書力攻古文之僞，故凡後出之毛詩左傳，皆以爲僞，並因說文有籀古，亦排擯之，其所論似正，然亦一家之說，且何謂新學，非新舊之新，以諸僞經皆劉歆所造，而歆固新莽國師，故目之曰新學，然此究誰見其執筆而書乎，又凡古書中有與己意不合者，皆以爲劉歆所竄入，亦未免武斷矣」，先生爲一代經學大師，而康氏此書，在當時又幾乎有口皆噤不敢聲，至今頗有人百計欲求先生一言，對是書作如何意見者，而終不可得，不謂無意中得之茲記，曰「不過一家之說」，曰「未免武斷」，遂爲千秋定論。

當甲午前後，上海招商局最著名之船僅有三，曰海晏，曰海定，曰新裕，而壬甲間會試士子，輒麕集滬上，由海道以達津京，人多船少，供求不能相應，任招商總辦者，共一時闊綽，遂擬於上海道不啻焉，是科與階青太史同船北上者，先生孫壻宗子戴，外孫許引之，及無錫秦石君等四人，四君行李，初已發至海晏，卒以人擠，改乘新裕，先生二月十七日記云，「子戴引之陛雲均至招商局晚飯，飯後登舟，訂以寅刻展輪，想不爽矣，秦石君孝廉朱伯華觀察已先在船，伯華言，新裕輪船駛行最速，行四十點鐘，而自滬達津，止歷時三十耳，海晏六十二點鐘，海定七十點鐘，——余自十二日抵滬，至今六日，始得送陛雲等登船北上，每日所用之轎及馬車，皆蔡二源所供給，二源時爲英界會審委員，俗稱新衙門者是也，甚感其意，然余止因拜客，登岸二次，洋場風景，不一觀覽，（雖實欲試坐馬車，曾挈之同至機器局一次，歸途欲游張家花園，而余以拜客出，未易衣冠，亦遂竟不果往，）子戴至虹口大花園，見獅子一，虎二，豹一，豺一，猩猩二，狗熊二，勸余亦往觀之，余笑曰，余方惜不能驅虎豹犀象而遠之耳，何以觀爲，子戴言，一虎熟睡，積肉滿前，一小鼠竊食之，嗟乎，鼠以嗜肉之故，前有虎而不知，虎以貪睡之故，旁有鼠而不覺，是皆可爲世鑒矣」，細細寫來，各人情性心境，動靜好惡，如指如繪，又交通之便，在今日誠已無所謂，而當日則其難若斯，亦可以覘社會進步之跡。

先生之次兒婦姚夫人，即階青太史之母太夫人，爲嘉興唐西鎭姚氏女，先生舟過唐西，爲記姚氏義店盛事云，「姚氏自前明即居於是，所居致和堂額，猶董香光筆也，其先世得丸方，能治痧，世世製以施人，至國初猶然，其後力不能繼，乃始取值，自取值而唐西姚致和堂痧丸，名聞天下，南至閩廣，北至燕趙，無不售其藥者，其業益盛，姚氏舉族蒙利，乃設立章程，姚氏一族之人，婚嫁者，喪葬者，孤寡之失養者，皆有助，子弟能讀書，自入學至成舉人進士，皆有贈，祖宗施藥不取值，而子孫食其利，逾百年而未已，天之報之，亦云優矣，庚辛之亂，店業中衰，二兒婦父西豪孝廉早卒，其母張，賢而才，復振興之，悉如其舊，然唐西一鎭，冒其名以牟利者，不可勝數，入市而問之，致和堂相望也，僞藥盛行，眞藥轉爲所奪，姚氏之業，亦少衰矣，然今歲二兒婦之姪女，歸於衛氏，例贈之資，減而又減，猶可得二百四十千，其全盛之時可想矣，二兒婦亦賢明有鑒識，具母風，余感姚氏先世之高誼，與致和堂之法良意美，竊謂姚氏此店，即范文正之義莊也，然范氏義莊，踵而行者世多有之，姚氏義店，則自古及今，尙未見有二也，因沁筆記之，爲世之力能創業者勸」，先生於行善報應之說，甚見深信如此，因而及於堪輿風水之說，以其源出於易，故雖不提倡，亦頗心許，觀先生展墓賦詩，用意可知，先生籍德淸，自唐西舟行至德淸，僅數小時，其先塋即在烏山由廟下，日記云，「舟自唐西開德淸，泊小虹橋畔，輪船與坐舟，皆迷不得路，乃賃小舟導焉，經烏山由廟，過丁家橋，緣前港行，展先曾祖天因府君之墓，其地名西南角，以在南埭舊廬之西南，故相沿有是名，又移舟北埭，過四仙橋，展先祖南莊府君之墓，其地名牛舌地，以形似名焉，展拜旣畢，至南埭回坐船進小食，已復乘小舟進東門出西門，至汪家兜，展先大夫之墓，自傷衰老，未知能幾度瞻拜松楸，因於三處各賦一詩，以示子孫，庶不致迷其所在焉。

（其一）舟過烏山又向東，丁家橋外去匆匆，櫓前一曲移舟入，早已松楸在望中。

右先曾祖天因公之墓

（其二）小艇還從北埭搖，櫓枝搖過四仙橋，過橋泊岸先塋見，只隔塗泥路一條。

右先祖南莊公之墓

（其三）西門城外路夷猶，認取汪家小小兜，親向榜人遙指點，渡船一葉在前頭。

右先大夫之墓」

三處墓地，一路寫來，其形勝似頗美秀，無怪世代科甲祖孫翰林，惟是山藏水匿，路太曲折，則又恐子姓難於繁茂，質之平伯先生不知以爲何如。

有同族俞石林者，適於此時，以書並小照抵先生求題，先生乃爲詩一章以述先世淵源云，「吾家烏巾山，溯源自元代，提舉希賢公，姓字見記載，家世守耕讀，源長流不大，譜牒旣無徵，世系更難繪，惟自高祖來，松楸尙可拜，其餘各散居，無從考支派，吳興有俞氏，厥族多秀艾，石林吾所識，材略素稱最，移家住仙潭，一水隔衣帶，時時從吾游，依依共情話，示吾以此圖，一室儼相對，膝下雙鳳雛，面澤桃花靧，攤書親課之，昕宵不少懈，有志事竟成，科名等拾芥，行且大吾宗，卓犖超流輩，吾言固不妄，書此代蓍蔡」，此詩甚關重要，但不知何故亦未收入集中，越數日，又有王同伯者來，先生與談易，談堪輿，並記王同伯之言曰，「王同伯言，從前曾見一異人，爲嘉善徐詠花，精於數學，所占無不奇驗，生平惟致力於易經一書，謂易之爲書，無一字虛設，自漢唐至今，凡言易者，皆無一是處，屛棄注說，體玩經文，則天下之數，皆出其中，相墓地者賁卦盡之，相住宅者豐卦盡之，即江湖邪說，如所謂鐵算盤者，亦出於易，不外用九用六而已，且亦非邪術也，聖人用之，皆正道也，又如奇門遁甲，遁跡隱形，亦是易理，陰錯陽差，即遁而隱矣，譬如人置一物於某處，已而大索不獲，此其所置之時，適値陰錯陽差也，未幾，不求而得之，則其時已過也，所言似頗有理，又云，論語亦是言數之書，凡子貢子張等類，皆是寓名，值某數則云子貢，值某數則云子張，其餘皆類此，則說近詭異矣」，先生經師，何以明知其詭說，而不加駁正，則如上文所述，自烏山謁墓以後，縈繞於方寸靈台者，恐另有一種難言之心情，且素性原不方嚴若三家村學究也。

先生寓湖樓時，無日不來客盈門，常至者，許子頌，許子社，陳謌士，楊古醞，何培生，三六橋，宗湘文，陳子宣，宋澄之，姚少泉，譚仲修，高白叔，胡詒孫，及毛葆園子雲喬梓，官場則崧鎭青中丞，劉景韓方伯，唐藝農廉訪，惠荅舫都轉，王心齋觀察，潘祝年太守，劉吉園總戎等，方外則有靜慈寺僧雪舟，聖因寺僧滿升，白雲庵僧仁果，廣化寺僧悅觀，蘆舍庵僧林泉，法相寺僧醒機等，終日賓朋雜遝，戶外屨滿，又常有求書對聯，乞作序跋文字，請求删定詩稿等等，筆墨應酬，亦日紛繁，在他人必深苦之，而先生獨怡然延接，隨意應付，不但無絲毫倦容，反謂是皆草堂座上佳客，轉覺非此不樂，正以見前輩胸襟體力之兩不可及，第於客座懸一聯，曰「止談風月，不具衣冠」，下句避行禮之繁，上句爲棄委禁諢者告而已，就中，方外以醒機年最高，八十一矣，西湖諸蘭若，無有再老於此僧者，雪舟能書畫，在湖上緇流中，亦最不俗，但有時乞書謁達官，則仍不能免，毛葆園係爲先生經理庶務，宗湘文姚少泉俱姻親，二許係詁經監院，而譚仲修則先生初受詁經聘幣時監院也，陳子宣工音律，能作曲，胡詒孫則名鏐，績溪學者胡子繼廣文之子，先生亟稱其能克承家學者，最妙爲三六橋，六橋蒙古人，先生每與相戲謔，日記云，「六橋蒙古人，名三多，六橋其號，年十七，襲三等輕車都尉，喜爲詩，有可園詩鈔，人以其『三』字爲姓，配號而呼之曰三六橋，余戲以橋字韵，成小詩調之曰，裏外湖隄兩六橋，相傳一十六條橋，詩人別有六橋在，三六居然十八橋」，老輩風趣，讀之粲然，然先生對胡詒孫諸君，則又別具一種幽默味，彷彿甜中有辛辣味然，一日，詒孫與數友謁先生湖樓，執贄欲列門牆，先生辭不肯受，詒孫引論語束脩之義固請，先生笑曰，「孔門諸子，本來大是便宜，以一束脯脩，博千秋俎豆，若諸君來見，則一無所得，雖徒手而來，猶不免慮此一見，余方深愧，敢受贄乎」，卒謝不受。

先生於日記每言餽食物者雖衆，而概不可書，書之則爲酒肉賬簿，然於湧金門外三雅園豆腐乾，及岳墳燒餅，樓外樓醋溜魚，則稱爲湖上美味，屢見齒及，某日記宋澄之餽肴云，「宋澄之餽肴核，其製甚奇，蒸熟鷄子，穴一小孔，去其黃而實以肉，其所出之黃，另製爲餅，云係溧陽人食法」，某日又記云，「連日陳子宣與秦散之來，吃毛筍大佳，散之問，君齒牙尚能食筍乎，余曰，吾能食筍，不能吃蓴菜，問何故，余曰，吾殘牙零落，僅存八枚，而上下不相當，蓴菜柔滑，入口不能捉摸，不如此鈍根，猶可咀嚼也，君小吾數歲，未親歷其境，固不知耳，因口占一詩云，倘堪大嚼貓頭筍，無可如何雉尾蓴，吾齒居然仲山甫，剛柔茹吐不同人，聞者大笑，因憶數日前，與崧鎭青中丞在湖樓進小食，中丞用剔牙籤，問余無須此乎，余曰，老境自有等級，昔人詩云，食肉先尋剔齒籤，此一老境也，拙詩有云，齒疏久廢剔牙杖，此又一老境也，因與散之語并紀之」云云，此雖先生隨處表示幽默滑稽之性，而於口腹之好，實未嘗全不同人，只懼日記文章變成酒肉賬簿而已。

× × ×

繙書雜識

瞿兌之

一

嘗讀廣東新語云：『東莞李竹隱先生當宋末使其壻熊飛起兵勤王，而身浮海至日本，以詩書教授，日本人多被其化，稱之曰夫子，比死以鼓吹一部送喪返里。至今莞人送喪皆用日本鼓吹，號過洋樂。』嗣以問諸友人，則云此語確屬不虛。然竹隱以宋末遺民浮海講學，至煩其國送喪歸里，宜必有詳實之紀載留於彼邦。顧遍訪無所得。梁君盛志最精於中日文化交通史跡者也，謂宋代理學之東渡，或以爲始於日僧俊芿禪師，慶元五年來華，嘉定四年歸國，佛典之外，所賚歸有儒道書籍二百餘卷。次則日僧聖一國師，以端平二年西來，淳祐元年東歸，攜歸之書有朱子大學或問等。至華人與理學東傳有關者，則淳祐六年之蜀人道隆，至元十七年之明州人祖元，大德三年之台州人寧一山，均著名禪僧。宋元理學本爲禪儒之合體也。祖元於元軍攻日之際，假託禪悟以必勝鼓舞北條時宗勇猛抗戰，見其語錄。則日本受理學之影響亦頗有宋遺民之思想可知。其在中國則心史稱日本知大宋失國，舉國茹素。草木子稱韓山童起兵檄中有藴玉璽於海東取精兵於日本語。則中國亦深望日本之同情可知。時移勢異，遂泯不可復考矣。

二

唐僧不空譯宿曜經列七曜之名，下注胡語，其次第爲日月水火木金土，即今星期之次第。日曜日胡語爲密日，在古代日曆中亦有用之者。此爲星期制源出西域流入中國之證。初不因後來基督教之輸入也。郡齋讀書志云：秤星經以日月五星羅睺計都紫炁月孛十一曜演十二宿度，以推人之貴賤壽夭休咎，不知其術之所自起；或云天竺梵學。宿曜經本名爲西域吉凶時日善惡宿曜經，康熙勅修協紀辨方書引之。凡星象休咎之術本皆來自西方，所謂七曜日者即日月火水木金土，各値一日，七日一周，周而復始，基督教因之以爲祈禱行事之標準，自係沿古代諸國之舊俗。近見輔仁學誌中葉君所著七曜歷考，論之極翔核。

三

明福王建號南京，定北都士大夫從僞者罪，以六等分別之，仿唐制也。其第一等爲牛金星宋企郊諸人，則其人早隨李自成西去，固慮定其罪而國法不能及也。其餘諸人亦大抵以恩怨爲之上下，有間關赴行闕而指爲陷逆者，有宛轉被拷掠而指爲殉難者，阮大鋮至以順案與逆案對舉爲言。蓋自成號大順，故從逆者謂之順案中人，大鋮曾附魏奄，名在逆案，大爲東林士大夫所苦辱，故欲藉順案以翻逆案耳。夫去順效逆，事本非經，臨難苟全，亦難曲恕。然徒以此快一時之恩怨，使黑白無自而分，則亦何取乎爲此彰燀之舉耶。漢光武初年，伏湛桓譚郭伋蘇竟諸人皆於哀平間出仕，後仕於莽，而又顯於建武之世，終不以爲嫌，而朝臣亦不聞稍生分別。古人質朴如此，後人凡號爲正論，皆別有私心。讀史者亦勤爲所蒙蔽矣。

四

李綱責張邦昌云，方國家禍難，金人爲易姓之謀，邦昌如能以死守節，推明天下戴宋之義，以感動其心，敵人未必不悔禍而存趙氏。可謂責人終無已時。易姓之謀，豈邦昌一死所能弭。顧審當時情勢，亦幸金人堅持黜趙之意耳。使如西魏立蕭詧而留于謹以守江陵，趙氏宗室豈患無人，則中原以至江外固將望風歸順，而後徐取之，如探囊中物不必血刃，而諸公亦無事擁立建炎矣。北人率直不知用計，立張而人不服，立劉而人又不服，一再變置，而圖南之志益衰。邦昌之僭號，正宋室中興之先驅。不以爲德而反以爲仇乎。或謂李綱之力斥邦昌雖若太刻，實爲正論。固以爲非此不足以作忠義之氣也。若然，則以與宋齊愈論事不合之故，率附附僞之罪，陷之極刑，則又何耶。獎忠黜僞，事本至公。若有人得以上下其間，則固不如一概盪滌，俾人人皆得自新之爲得政體也。

五

恢復恃兵力不如恃人心。兵力之强弱可轉移，而人心之離聚有非力所能致者。明末滿洲入寇畿甸三四次，所下城邑數百，遠至魯南，而直至甲申始能因燕京之破敗而入之。張李二寇，毒流海內，亦十餘年，始能有名號。顧甲申明亡之後，諸圖恢復者以魯王爲最沈者。鄭成功張煌言以海上之師，竟能犯江而上，幾於收復南京。假使諸將協和，謀定後動，畫江而守，再成南渡半壁之局，亦在意中。然則兵事之有轉機，固非不可待者。所難者政治之能否善其後耳。

六

康熙三十五年，長洲顧俠君嗣立入都，於宣武門西三忠祠內僦屋數椽，以家居有秀野草堂之築，因屬查德尹顏之曰小秀野，而爲詩四首，王漁洋尤展堂諸公皆和焉。越一百四十年，壽陽祁文端得其圖而題以四詩，詩注中云：秀野草堂圖。乃王麓臺臨董文敏盧鴻草堂圖舊本，此圖則康熙三十五年禹鴻臚之鼎所製。又以分書題一扁而跋其後云：顧俠君先生小秀野，相傳在寧武門外上斜街，不知今屬何所？吾鄉張石洲撰潛邱年譜注引汪沆槐塘詩話，乃知舊址即今三忠祠內，爰補書額以志昔賢流寓之迹，并爲吾鄉祠增一段佳話也。近芮城景太昭君以今年癸未，正屆二百四十八年，修葺遺趾，蒐輯前人題詠，并自爲詩以張之，因和以四首：

蕭條祠宇傍三忠，興廢元明轉轂空，燕市酒人還散盡，又教幽夢落吳中。

東南泉石致淸佳，北地風塵鮮好懷，桑下至今勞想像，傍花映竹是高齋。

開國流風到道咸，一時裙屐盛宣南，斜街花事初三月，近挹吳天寺井甘。

（竹垞詩：一事新來差勝舊，吳天寺近井泉甘。祁文端詩：斜街老屋孰爲鄰，井洌泉甘意倍親。即謂此也。）

縑素流傳自若神，新城秀水句無倫，亦知文獻關汾晉，圖繪何緣更主賓。

× × ×

印文瑣話

鄭秉珊

十餘年前，很喜歡刻印，有一個時期，竟接連地刻了一千餘方，所以頗知其中的甘苦。刻印，誠是雕蟲小技，宜爲壯夫所不爲，但方寸之間，自成一個天地，其中却大有學問在。往往爲了安排幾個字，雖煞費苦心，還不能妥貼。用刀鐫刻時，粗心固然多失，太胆小了，又犯字畫拘軟之病。至於篆法的研究，誠如羅振玉氏所說：「古璽印文字，其在周季者，爲古文之一體，專以摹印，故與古文或異。乃漢兩京官私印信，則易篆勢之婉曲繁縟，而爲簡直方正，其體近古隸書，往往省變，違六書之正」。所以前人另名此體爲繆篆，獨成一格，要貫通融會，頗不容易。又刻金玉象犀，用刀方法與刻石大異，刻邊欵與刻印文，用刀亦不同。刻印又最費目力。因此，我自知沒有做印人的資格，遂棄去不刻了。

印雖然不刻了，但遇佳印，不免見獵心喜，往往爲之欣賞移時。所謂佳印，當然以篆文入古，刀法精妙爲主，然印文措辭的美妙，印跋文字的爾雅，適合用印者的身份，亦不可忽。關於前者，已有坊間諸家印譜在，而後者却還沒有人去搜集過。因爲此文，用資談助。

印章之爲用，猶之符節，藉以徵信。然周秦之間，却已有佩印。取材則金銀銅，其用則爲裝飾。秦始皇滅六國，得趙氏藍田玉，命丞相李斯篆文，玉工孫壽鐫刻，以爲國寶。印方四寸，一面作龍文，曰「受天之命，皇帝壽昌」，一面作鳥篆，曰「受命於天，旣壽永昌」。又有九字小璽，文曰「疢疾除，永康休，萬壽寧」。此印元季藏朱伯盛家，倪雲林爲賦「匣藏數紐秦朝印，白玉盤螭小篆文」之詩，明代則遞藏於沈石田陸叔平顧汝和家。上面兩顆印，刻的都是吉祥語，其爲玩好的東西可知。

漢朝時候，除官印外，其私印名兩面印者，一面刻姓名，一面却作吉利語。如「日利」「大利」「長樂」「常富」「大年」等等。又有作四字的，「宜宮內財」「日入千石」。又有作「宜官秩，長樂吉，貴有日」九字的。還有「宜身到前，迫事毋閒，願君自發，印信封完」十六字的護封印。至於公室印，也有「建明德，子千億，保萬年，治無極」十二字金印。所以印章恰和書法一樣，自始即具有實用和藝術的兩種價值的。

宋以前書畫上，鈐有作者姓名印者絕少。蘇東坡米元章雖都有印章，但其所作書畫上，不一定都有印記。米氏嘗自刻收藏印六種，用以鑒別所藏名蹟的高下，其印文詳載於所著「畫史」中。他還有「火正後人」一印，則用廋詞以隱其姓名，頗爲巧妙。南宗時姜白石夔效之，刻有「鷹揚周郊，鳳儀虞廷」印，上句隱姜字，下句隱夔字，屬對亦甚爲工穩。

印章自昔刻於工匠之手，米顚殆爲文人自刻印的第一人，但所刻並不十分佳妙。到元代的趙子昂，纔能算刻印的第一個名家。子昂本來兼工四體書，他用犀角象牙，自鐫小篆體的朱文印，工整無比，後世都仿此體以刻書室齋堂印，名之曰「圓朱文」。趙氏自刻的「松雪齋」「趙氏子昂」「鷗波」「大雅」等印，屢見於所作的書畫遺蹟上，其一部份印章，民初尚藏於平湖葛氏的傳樸堂，自經此次事變，不知尚寶藏無恙否？相傳子昂少時，很喜歡畫梅，自刻別號印曰「水晶宮道人」，因爲吳興是水國，一名水晶宮。他的朋友周草窗戲之，因刻「瑙瑪寺行者」印爲對，蓋西湖上恰巧有名瑙瑪寺的廟宇。子昂見之，遂不復用此印，而梅花亦少畫。現在遍查趙氏遺蹟，果然畫梅很少，無怪此章也不能有見了。

明代的文徵明，書畫旣追蹤子昂，並且也能刻印。刻石印，雖然始於元季王元章，但盛於文氏父子。他嘗用離騷「惟庚寅吾以降」句，刻爲朱文印，原來他是成化六年庚寅（公元一四七〇年）生的，借用之恰合。他的次子文嘉，也用離騷「肇錫余以嘉名」句爲印。他的長子文彭，原是明代刻印大家，刻有「竊比於我老彭」印。後來其玄孫文點，字與也，也刻有「吾與點也」印。以上二印，用論語句俱入妙。文氏一門，其風流文采，百年之間，後先輝映，眞藝壇的佳話。相傳徵明有一友人，酷愛樓居，而無力營造，文氏因爲繪「神樓圖」以寄意。又嘗謂吾之樓閣，都於紙上駕起，這樣說來，其所居的「停雲館」「玉蘭堂」等等，究竟有沒有，恐怕還成問題呢！

與文徵明齊名的，有祝枝山和唐伯虎。祝氏的手有駢枝，因有「枝指生」印。小說裏說，唐伯虎手有六指，其實因別號「六如」之誤。唐氏有「唐白虎」朱文印，因爲篆文白與伯通。但看了白虎兩字，總覺得有些觸目驚心。唐氏又有「南京解元」朱文長方印，然這個解元，後來因科場舞弊案斥革，並下獄多時。他後來就絕意於仕進，沉湎於酒色，自稱「江南第一風流才子」，刻有「龍虎榜中名第一，煙花隊裏醉千場」印，以誌其憤慨。他還有「六如居士」印，所謂六如，是取佛經如幻如夢，如泡如影，如露如電之意。但據堅瓠集說，是取蘇門六嘯：如深溪之虎，如大海之龍，如高柳之蟬，如巫峽之猿，如華丘之鶴，如瀟湘之雁之意。虛齋所藏的秋風紈扇圖，上面還有白文印「游方之外」，朱文印「會心處」二印，看了以上諸印，唐伯虎狂放不羈的態度，也可以想見了。相傳唐氏還有「閒來寫幅青山賣，不使人間造孽錢」印，但我沒有看到。我所見者，清代黃小松和奚鐵生，都刻有「不使孽錢」小印，而小松還有「賣畫買山」印，都是用唐氏這首詩句的典故。

較後於唐氏的徐文長，也是和伯虎同型的才子。就其書畫作風看來，其天才似乎還要恣肆洋溢。自來書畫上鈐印，至多不過三四方，而徐氏則一畫之上，往往用印纍纍，像蕉石圖軸，竟鈐有九印之多。如「徐渭之印」「墨三昧」「湘管齋」「天池散仙」「青藤道士」等等。自他作俑以後，清初如石濤和鄭板橋等，便取以爲法，一幅畫上，硃墨爛然，印章成爲國畫上不可少的點綴品了。

我嘗集石濤上人的印記，不下五十餘方。就其篆體看來，如出一手，無疑的是自己鐫刻的。其印文曰「靖江後人」，「贊之十世孫阿長」，「於今爲庶爲淸門」，志其出身王族也。曰「癡絕」，曰「頭白依然不識字」，曰「東塗西抹」，曰「夢憧生」，自謙之詞也。曰「藏之名山」，則又自尊也。曰「西方之民」，曰「瞎尊者」，曰「小乘客」，明其爲僧也。曰「搜盡奇峯打草稿」，曰「四百峯中若笠翁圖書」，志其游蹤行脚之廣也。曰「苦瓜老人」，曰「膏肓子」，曰「零丁老人」，曰「半個漢」，則言其生涯之落寞也。我們不必讀其畫，讀其詩，即就其印章而論之，巳可知其胸中的塊壘了。

我家板橋翁，時人稱其爲怪人，實則快人也。他最佩服徐文長，嘗刻一印曰「徐青藤門下走狗鄭燮」。他所用印章極多，或自刻，或爲友人沈凡民高西園等所刻。有曰「鷓鴣」，取唐詩人鄭鷓鴣的故實。曰「所南翁後」，南宋鄭思肖，以畫蘭名於時，以之爲比也。曰「康熙秀才，雍正舉人，乾隆進士」，記其科第的晚遲也。曰「二十年前舊板橋」，則因未達時，在揚州賣畫，無人賞識，潦倒不堪，自中進士後，生意却隆盛起來，歎世態的炎涼，爰刻此以雪憤也。其「橄欖軒」一印，喻先苦後甘，亦此意也。他又有「古狂」印，「直心道場」印，「長人嫌我眞」印，「動而得謗，名亦隨之」印，明其個性的眞率也。「俗吏」「濰夷長」「七品官耳」諸印，則志其官職之微也。「六分半書」，自贊其書體也。「恨不得塡漫了普天饑債」一印，則說出他胸中的一腔熱血也。「鄭大」（亦印文）的可愛，便在他肯說老實話耳。

揚州八怪，板橋外，還有李鱓金冬心諸人。李鱓有「裹善」印。復堂畫外貌拙古，其實工力深沉，用筆有篆籀氣息，眞個是「裹善」。冬心有「冬心先生」印，與明代陸包山的「陸生叔平」印，恰成一對比。一個自負，一個自謙，各具身份。冬心翁富藏硯，自刻「百二硯田富翁」印，現代的齊白石效之，亦自刻「三百石印富翁」印。白石翁不諱其出身是木匠，自刻「大木」「木人」諸印。又有「齊大」印，語意雙關，蓋言其與世難偶。而「一切畫會無能加入」印，實亦此意的另一說法。竊謂齊白石翁人格畫品，與沈白石翁比，誠隔一塵，與冬心板橋輩，固猶驂靳耳。

佳印莫多於畫家，實在美不勝收，茲再就憶及者言之。王石谷有「上下千年」圓形引首印，是取昔人贊趙子昂「上下二千年縱橫數萬里」語意。石谷子畫學精深，凡唐宋元三代各名家派別，無不兼收並蓄，加以會通。他摹仿各家，能一一畢肖其面目，實在不是容易的事，所以沈確士有看盡古今名畫之譽。這個引首印，除他外，是誰也不敢用，也不配用的。王麓台有「蒼潤」葫蘆形引首印。蒼潤兩字，實道盡他一生的宗趣和本領。後人假如想學麓台的筆墨，就蒼潤以致力，那麼思過半矣。麓台畫上的押脚印，是「西廬後人」四字印，西廬是其祖王煙客，爲董思翁的嫡傳弟子，淸的畫壇領袖，這塊金字招牌，掮出來多麼響亮。王圓照的印，並無特色，但據鄧實所說，他四十一歲至五十二歲，畫上用「弇山堂」引首印，六十二歲時用「實鱓樓」引首印，在六十四歲以後，則多用「染香庵」印，或偶用「來雲館」印，這對於湘碧翁畫的鑑賞，也是一種可貴的經驗。惲南田有「南田艸衣」印，草衣即布衣，他因父親爲明代遺民，便終身不應試，以書畫養親，刻此印所以明志也。

黃尊古是麓台的門人，石谷的同鄉。他生平好遊，畫上鈐有「山水中人」「愛止山林」兩印，可見他如何的酷愛自然。沈確士說他「看盡域內山水」，不虛也。黃氏的弟子方環山，有「偶然拾得」印。眞的，寫文作畫，偶然涉筆，往往有佳趣，刻意用力，則不免人工見而天趣減，但此四字，亦惟方氏能用之無愧耳。伊墨卿工書畫，有「所謂伊人」白文印，及「子墨客卿」朱文印，隱含其姓名於內，致有風趣。據徐子晉說，伊氏印俱手製，但絕不肯爲人刻印，我想，這纔是「游於藝」的本色。趙撝叔有

「男兒生不成名身已老」印，「爲五斗米折腰」印，能暴露其憤世絕俗的心情。吳缶老有「一月安東令」印，是記其爲官之時暫。吳讓之有「一月二十九日醉」印，不知是否刻以自用者？果爾，則此老亦是一酒徒耳。陳師曾自刻「染蒼室」印，「五石堂」印。染蒼者，染於吳倉老也，五石者，謂石田石天石濤石溪石廬五人也，皆其書畫篆刻師承之所自也。奚鐵生的「奚岡」「鶴渚生」印，爲黃小松所刻。「奚岡啓事」印，爲陳秋堂所刻。屠琴塢的「嶕峴山人」印，爲陳曼生所刻，以印人替印人刻印，其印文的精美，當然不言可喻了。

講到書家的印，像鄧石如有「我書意造本無法」印，說出他書法的超於象外。其弟子包愼伯，有「農家者流」印，包氏固以農田經濟之學馳名當時者。包氏弟子吳讓之，有「師愼軒」印，就是記他的書學淵源。又有「晚學居士」印，「讓翁晚學」印，可想見他晚年致力於北魏書之勤。翁覃溪的印多極了，其「蘇齋」印，爲黃小松所刻，誌其得宋本施注蘇詩及東坡手書的天際烏雲帖的一段墨緣。他替友人的碑帖作跋尾，還鈐上「蘇齋墨緣」四字印。王夢樓有「曾經滄海」印，因爲他曾赴琉球，用以誇耀於人。然自輪船發明，海外交通日便，所以康南海雖有環遊若干國，行若千萬里路的印章，而人家反不以爲奇了。（我友某君，情場失意，遠走東瀛，也刻曾經滄海印，語意雙關，聊附於此。）劉石菴有「風疏雲出」「飛騰綺麗」「一峯道人畫峯[illegible]渾厚草木華滋」諸印，是自贊其書境。其「日觀峯道人」一印，則著其爲山東人。近人茶陵譚畏公，有一印曰：「生爲南人，獨喜騎馬食麵」，鈐之書幅，亦頗有趣。

歷代名人印，還有足述者。明海忠介公，用泥印爲印，略煅之以火，文曰「司風化之官」。前塵夢影錄云：『錢映江言其家舊藏大小二「玉印，兩面刻字。大者曰：「取彼譖人，投畀豺虎」。（白文）曰：「迫生不若死」。（朱文）此指盧象昇楊嗣昌高起潛諸人。小者曰：「大夫無境外之交」（白文）曰：「孝者竢忠而成」。（朱文）此指袁崇煥守遼陽事，係同邑幕客許德士刻』。這是後人替古人刻閑章，眞所謂好事者了。袁隨園有「蘇小鄉親」一印，總嫌輕薄。不如吳蘭雪的「蓮花博士紫薇郎」印，反不失爲詩人詞客的本色。桂未谷是曲阜人，家隸杏壇掃壇夫籍，自拔萃後，衍聖公以執照還之，蠲去斯役，故刻「淨門復民」「瀆井復民」兩印，以資紀念。未谷官國子監學正時，嘗刻「文學祭酒」印，後來赴官雲南，便將此印送給王芑孫，因王氏適官學博，這也可算一件佳話了。

明季的學山堂印譜及清初的飛鴻堂印譜，都是巨帙，凡格言詩句，都一一用以入印，即禪語俗語，也有入印者。元代的吾子行，刻有「好嬉子」印，好嬉子便是好耍子之意。他嘗題管仲姬畫軸，倒用此印，意思說婦人能畫，眞是倒好耍子的事。清初的周櫟園，有一大印，文曰「我在青州做一領布衫重七斤」，係用趙州和尚語，因周氏曾官青州道之故。明遺臣金堡，受嚴刑謫戍，後來出家丹霞寺，所以有「軍漢出家」印。武虛谷有一印曰「打番兒漢」，原來武氏任偃師令時，曾笞京營步軍統領番役，因之罷官，遂刻此以自憙。像這一類印文，初讀不知所謂，試一說明，却是很有趣味的。

書齋堂室之印，莫早於唐李鄴侯的「端居室」印。收藏印則歷朝內府都有，而莫多於明之項墨林，清之乾隆帝。他們都喜在一幀之上，東鈐西印，侵佔畫位，看去甚爲討厭。收藏印之佳者，如南宋賈似道，有「賢者而後樂此」印，雖為後人所譏，說他不配，但他有門客廖瑩中等任鑑別之任，所收實有好東西在。古畫上時見「特健藥」一印，其解說紛紜；一說是蒙古語，一說是法書名畫，有似補藥，能令觀者精神一爽，稱之謂特健藥，誰云不宜？他如「足吾所好，玩而老焉」，及「怪奇偉麗工妙可喜之物」兩印，俱用歐陽公集古錄敍中句。梁蕉林收藏印，有「觀其大略」白文印。觀其大略，確是批評藝術品的一種方法，有的主張鑑古須刻，如老吏斷獄，果然也不錯，然往往要鑽到牛角尖裏去，反不如得其大略之為愈。何蘧龕有「藏異為榮」「一月二十九日觀」「屬有天幸得此至寶」三印。裴伯謙有「伯謙寶此過於明珠駿馬」及「暎闇寶此過於明珠駿馬」兩印。都可以見他們對於名蹟珍藏秘玩的性情。在書籍上面的收藏印，如清容居士集上有印曰：「賣衣買書志亦迂，愛護不異隨侯珠，有假不反遭神誅，子孫鬻之何其愚」。是誠不妨出借而不可賣去，至吳讓之印譜中，有「鬻及借人為不孝」印，則措辭嚴厲。但相反的還有「不讀則鬻，毋果蠹腹」印，蓋倘使子孫不能讀父書，一任他永飽蠹魚，實不如乾脆的賣去，另讓能讀的人去珍重寶藏之為得其所也。

歡喜讀書讀畫的人，倘使有賢惠的太太，也有同癖，閨中共讀，那是何等的幸福。若此情形記之於印章，亦別具風趣，令世人羨慕不置。如清末的南陵徐乃昌，有「徐乃昌馬韵芬讀書小記」印，小萬柳堂廉南湖吳芝瑛夫婦，亦有同具名的收藏印。劉聚卿家富收藏，且姬侍衆多，因得唐代的大小忽雷，除刻「枕雷道士」印外，並刻「雙忽雷閣內史書記童嬛柳嬿掌記印信」印，及「貴池劉世珩江寧傅春媄江寧傅春姍夫婦鑒賞」印，其氣派何等的富麗矞皇。但聞劉氏自公魯先生逝世後，收藏已散，吾友顧君，曾收得洪稚存篆書對聯等數種，俱印有其收藏的印記。本來聚久必散，事之常理，其用「子子孫孫永寶」印者，實未免太不曠達。反不如用「曾藏」「曾觀」「借看」「讀過」「手校」諸印文，猶足令後人的景仰。

晚清金石收藏家，都喜歡把所藏的古器，以名其室，並記之於印章。如陳簠齋有「十鐘山房」印，「萬印樓」印，「收秦燔之不及」印等等。又有「半生林下田間」及「海濱病史」印，則是記其休官之早。吳平齋曾得雙銅罍，請吳讓翁刻「抱罍室」印，並著有兩罍軒彝器圖釋十二卷。至於吳清卿，嘗得愙鼎，因自號愙齋，其手拓的金石拓片上，鈐蓋上，可以看到許多的印章，因為他自己能刻的原故。他於光緒十四年冬，因承辦鄭州黃河決口合龍，便又取別字曰「鄭龕」，刻一長方印，在鄭字龕字的中間，畫上二畫，又略以一筆連之，使成工字，於是也可以讀成「鄭工合龍」四字了。寫到這裏，不禁又想起胡適之先生的印章來。胡氏的「胡適之印」四字印，在適字和之字的下面，都附有二小畫，作重文的記號，於是又可以讀成「胡適適之之印」的六字印了。這種章法，實脫胎於前人「努力加餐飯」印，原來努力加三字，都有力字在內，餐飯兩字，又都有食字在內，現在把重文者用二小畫以代之，反為簡單好看。至於重文的用二小畫來表示，這在石鼓文和鐘鼎款識中，早採用這個辦法了。

我國女子工書畫者很少，能篆刻者尤其少。女印人惟鈿閣女子韓約素最有名。她為印人梁千秋的姬人，不耐作巨印，但篆法工絕。曾見其所刻「老不解事強著一書」印，不知為誰何人所作。冒巢民的姬人，有能作畫者，畫上鈐有「書中有女畫中有詩」印。我在事變中，以銅元十枚，收得一印，刻一「許」字，其隸書邊款曰：「百錢之石宜凡質，異哉堅白乃宜刻。刻者許，其氏婧，香名小小著管城。」其篆法隸法都很好。想來也是誰家的姬侍，因主人的風雅，耳濡目染，也就能刻印吟詩了。

最後想談談印跋。明代的印欵，不過記刻者姓名及年月，字體都作行草。自雍正乾隆間丁龍泓出，不獨刀法另成浙派，而邊欵尤極古雅。書體是仿北魏及唐碑的眞書，一刀一畫，一印能刻數百字不懈，至於跋文，則或述交誼，或加箴規，尤具文學的價值。如「思於物有濟」之邊跋云：「予不刻閒印，今爲恂士曾元破天荒也。蓋重其立志之卓，存心之厚，友以輔仁，同研分耳。丁敬記。」又「小山居」印跋云：「小山居三字，龔田御史書贈武林岱瞻何先生者，其孫東甫，乞予刻印，孝思篤矣。予爲聳神刻此，實得意作也。敬叟并記。」雖聊聊短章，而此老兀傲自熹之態，已可想見。

趙次閑爲陳秋堂的弟子，亦以邊跋字著名，其自刻「補羅迦室」印的邊跋中，附刻三詩云：「年來濟定作生涯，小隱蓬龕歲月賒，欲識曼殊眞妙諦，吉祥文在補羅迦。吐出南南咒語聲，箇中妙理認分明，直敎心地淸如許，水不揚波風自行。結茅已約南屏路，此日先邀入畫圖，却喜如如誰得似，新篁影裏見眞吾。」這三詩心氣和平，可想見趙氏的深耽佛法，個性與丁龍泓不同。又趙撝叔自刻「生逢堯舜君，不忍便永訣」朱文印，其邊跋云：「悲盦居士，辛酉以後，萬念俱灰，不敢求死者，尙冀走京師，依日月之光，盡犬馬之用。不幸窮且老，亦愈乎偷息賊中，負國辱親。刻此兩言，以明其志，少陵可作，未必惡予僭也。」時太平天國未平，而悲盦頗有用世之志，上面幾句話，却不啻屈子的一篇離騷呢！篇幅已長，而暢談未盡，就此帶住，且俟將來再說吧！（三十三年三月三日寫）

曾孟樸函授女弟子的一篇講義

懺庵

孟樸先生不惟以文字魔力，動人情愫，即其談論，範圍非常廣泛，但談得總是「親切」「熱情」。而有「興味」，他一生最傾心愛慕的戀人，就是「魯男子」第一部的「戀」，用小說形態，盡情畢露，因爲戀愛上受了痛創，他的日記上，有一段云：「我從此沒路走了，祇有放蕩的一法，來自解煩悶，凡是縱我肉慾的地方，我沒有一樣不做過，……若不是父親把我弄到北京去，不知道還要鬧到什麼田地」，這是他青年時期的寫照：……還有小鳳仙和蔡松坡的一段逸事，也很有價值，鳳仙本一旗人姨太太的女兒，先生在浙省游宦時，鳳仙父母雙亡，度日維艱，先生把他托一老媽子撫養。誰知那老媽子，自居爲養母，百般的虐待鳳仙，先生就叫他帶到上海，送進學堂去讀書，不料被那老媽子送入了火坑，始在南京爲妓，後來在北京和先生見面時，已生得玉貌娉婷，變成一時的紅姑娘了；那時蔡松坡迷戀着鳳仙，曾央先生設法，成立了一段英雄美人的愛史，當松坡反對袁世凱稱帝，已在網羅中，鳳仙爲之設計脫險。蔡氏陽受袁黨牢籠，陰實打算離京反抗；惟被邏諜監視，難謀脫險，鳳仙嘗使松坡投宿不定，借着戀愛美人，假作英雄氣短。某日夜，松坡遍邀貴客宴敍，並招邏者列席，在鳳仙家，狂飲詐醉，夜半鳳仙爲之易裝出京，遂回雲南起義。這是先生在金陵寓次，深夜的時候，講得娓娓動聽。他到了暮年時，回到家裏，栽花養病，有一天鄉間來一老媽子，曾在先生家做過工的，帶了一個十四歲的女孩，天生得花容美麗，言語敏捷，就動了愛才的心，把他作爲過繼女兒，就送他到小學校去讀書，晚來住宿在先生家裏，親自敎授他國文，到了小學畢業後，復送他到上海某女子中學。每一星期，先生親手謄正國文一篇，郵寄到校中，這篇「講義」，就是先生選的，和那「解說」及「翻譯白話文」都是先生手筆，講題爲「龔自珍病梅館記」，原文是：

江寧之龍蟠。蘇州之鄧尉。杭州之西溪。皆產梅。或曰，梅以曲爲美。直則無姿。以欹（讀欺）爲美。正則無景。以疏爲美。密則無態。固也。此文人畫士。心知其意。未可明詔大號。以繩天下之梅也。又不可使天下之民。斫直。刪密。鋤正。以妖梅病梅爲業以求錢也。梅之欹之疏之曲。又非蠢蠢求錢之民。能以其智力爲也。有以文人畫士孤僻之隱。明告鬻（讀欲）梅者。斫其直。養其旁條。刪其密。夭其稺枝。鋤其直。遏其生气。以求重價。而江浙之梅皆病。文人畫士之禍之烈至此哉。予購三百盆。皆病者。無一完者。旣泣之三日。乃誓療之縱之順之。毀其盆。悉埋於地。解其棕縛。以五年爲期。必復全之。予本非文人畫士。甘受詬（讀彀）厲。病梅之館以貯之。烏乎。安得使予多暇日。以廣貯江寧杭州蘇州之病梅。窮予生之光陰以療之。（注：欹「歪斜」，景「景致」，固也「固然是的」，明詔大號，「詔，就是告，明詔是明白告訴」，號「是號令」，大號「即上給下的號令」，繩「是弄成一律的意思，本來古人用繩量地，所以叫做繩尺，猶之乎說有規矩」。稺「嫩，幼小」，遏「阻止」，气「即氣字古文體」，烈「利害」，詬厲「罵和怪」，闢「開字解」，貯「安放好」，烏乎「即嗚呼，古寫法」，窮「盡」，療「自治法」）。「解說」是：

龔自珍號定盦，仁和人（即杭州），清道光朝的大文豪，是今日新文藝的開路先鋒，淸代的學問，乾隆嘉慶兩朝最興盛。尤其是文學，自桐城方苞姚姬傳兩人。創格律嚴謹的文體，四方風靡，叫做桐城派，陽湖惲敬張惠言，雖學桐城，而陽湖的才氣，不受束縛。做的文章，也放縱富麗。當時叫做陽湖派，乾嘉兩朝的文壇，差不多被他兩派人佔據。後來阮元汪中李兆洛等，起而反抗。因桐城陽湖派，推重八家。（即韓愈，柳宗元，歐陽修，王安石，曾鞏，蘇洵，蘇軾，蘇轍。）他們都推重漢魏，兩邊互相攻擊，成了兩派對立的景象，桐城派選了一部古文辭類纂，漢魏派選了一部駢體文鈔，表示他們的主張，然鬧得鑼鼓喧天，總跳不出模仿古人的圈子。尤其是思想方面，無非幾句老僧常談，所以文學界成了蕭索的氣象。直到龔定盦魏默深兩人崛起，孑孑創新。一空依傍，把向來的格調，都解放了，魏氏注重在政治方面，龔氏是全力改革文學，無論敎導詩文詞，都能自成一家，思想亦奇警可喜，實是新文學的先驅者。

（龔氏的文體，實在發源於諸子）

翻譯白話文是：

江寧的龍蟠山，蘇州的鄧尉，杭州的西溪，都出產梅樹，有人說，梅樹的美，在乎曲，直了就沒有姿勢，又在乎傾斜，正了就沒有景色，（或作風致亦好）；更在乎疏，密了就沒得態度，這固然是的。這不過是文人畫客，心裏理會他的意趣吧？不能够大張曉諭，叫天下的樹，都依然一律規矩；也不能够叫天下的種梅人，截去直的，削去密的，鋤掉正的，專弄得梅樹短壽，害得梅樹生病，做這門行業去趁錢。梅的傾斜，疏遠，屈曲，也不是蠢笨弄錢的人，拿他們的智識力量，做得到的。現在有人把文人畫客孤僻的性情，明白告訴了賣梅的，教他們截去正的，養起他的旁枝，刪除他的繁密，害死他的幼枝，削割他的直幹，阻礙他的生氣，用來賺得高價。從此江蘇浙江的梅，樹都病了，文人畫客造殃的利害，竟會到這樣。我買了三百盆，全是有病的，沒有一盆完善的，我既哭了他三日，於是罰誓醫他，開放他，依順他，碎他的盆，都埋在土裏，解去他的纓縛，打算限五年的日期，要恢復他，叫他完善，我本不是文人畫客，情願受人笑罵，開一病梅館，安放他們，假使我既多空閒的日子，又多空閒的田地，盡我終身的光陰，用來醫梅，豈不很好，但怎麼做得到呢？

這篇的中心思想，就是在那裏罵當時矯揉造作的理學大家，弄得人人萎靡不振，自以爲是先聖昔賢的模範，全篇都是比喻，說得多麼痛快，那時能有這種反抗思想，是不易得的。

孟樸先生也是開闢新文學的先鋒，他舊學根深，所選的古今文章，都有轉移文化的能力，當然是一位文學導師，某女士把這篇講義交給時，他說，「自受孟樸先生竭誠栽培，當時也不覺得愛護我的意旨，後來送我到上海某女子中學，臨行時候，曾向曾先生問過，先生的恩愛，要造就我到大學畢業，是我的再生父母，但應該使我明瞭厚待的意旨」。他說，「造就人才，本不限於自己子女，這是我的本旨，第二是造就清寒子女，一定比富貴家的子女，成績優良，第三是我良心上有一件最難過的事，那年在北京，愛着一個女子，和你相貌同樣，叫做林杏春，他同我發生一度戀愛，害了癆病死的，我把你養成自立的意思，也想贖我罪愆」。這段情史，先生在日記內有云：「我到北京去應順天鄉試，住在常州會館，有一天，臨晚出門閒步，見到對門有個大宅子，門上貼着都察院徐的門條，走出一個十五六歲垂髫女子，拿着一封信，似交給門公，便站在門階上閒看，我看她長眉目如畫，膚色雪白，尤其是一雙水汪汪的眼睛，竟有幾分像T（就是魯男子裏的宛中），不覺呆看了，我那時T的影像，還印刻在腦裏，她被我看得長久，也覺得了，頓時把眼光瞟過來，正碰上了，一點不避我，彼此對看了好久，大家笑了一笑，從此每天臨晚，我總到門口，她常常出來，第三天晚上，我和她談了話。等到第二次進京，我還去訪她，長班告訴我，她在去年上害癆病死了，我聽見這個消息，哭了幾天，我疑心她的病，是不是因憂鬱而起，也沒處去問，直到如今，我良心上最難過的事呢」。先生垂暮之年，猶不忘六十年前初戀的情感。這一篇講義，值得記載，現在某女士，也成家立業了。

楊雲史先生

蔡尙穆

易簀猶聞爲國憂。攘夷一頌動神洲。
杜陵忠愛於今見。愴絕江山萬里樓。
盛唐風律渺難期。吾道蒼茫却向誰。
遙想石花林下路。詩魂應繞綠苔枝。
月仙臺畔經過處。高士廬中夜話時。
難忘蕭蕭風雨感。儻閒遺札壁間詩。

夜來無事，燈下翻檢舊籍，偶從書頁中發現幾首挽江東楊雲史先生的小詩的底稿，一種懷舊的念頭，在腦中浮起。知堂先生在紀念半農先生文中，比喻舊友的死去就像喪失了一本喜歡閱讀的孤本那樣，心裏老是感到一種說不出來的悵惘。我和雲史先生的交情不能說是很深，認識的時間算起來也只是約莫一年的光景，可是目前懷念起這一位老年的詩人時，也自有說不出來的一種悵惘。

那時我是從內地來到香港，在這陌生的海市裏，朋友既少，自己又遭逢了一樁不大不小的失意事，住在一間三層樓上的一個小房間裏，每天總翻翻好些前人的集子，不久，一向不會學習過的舊體詩，也胡凑起來了，心裏想，自己心裏的片段的情感，倒可憑二十八字記下來，多輕便。可是後來日子多一些了，却就漸漸地感到着窘，輕便不來了。但這裏並不是寫「我的學詩經驗談」，且撇下不提。

朋友C君的夫人，見得我也寫起舊體詩來，便不給我知道，私自將我的那些「末是草」送給雲史先生看去。一天，她對我說了這麼一回事，說雲史先生很高與我能够去談談。事情也就算了，於是我答應定一個時間和她一道去看楊先生。

在一個晚上，她和我一道到了金比利道月仙臺訪問這位老年的詩人。

寬敞的客廳兼書齋用的房間裏，第一觸入眼簾的，是當年號稱「孚威上將軍」的吳子玉將軍的對聯，寫的是：

天下幾人學杜甫
一生知己是梅花

此外便是兩三幅墨描的梅花立軸，雅淡而穆靜地點綴着。朝南的窗子的外面是露臺，對海的太平山頂和山腰的燈火，閃爍着從疏格子的窗帘照入，很和諧的。

綠色的燈光下看見這位老年的詩人的臉色是頗爲蒼白的，兩撇八字似的髯子斜欹地掛在瘦削的臉龐上，眼裏閃着光芒，襯着頎長的身材，還殘留着當年的「風流倜儻」。

「料不到你還是這麼年青的人」！這於我有些窘，難道自己胡凑的那些所謂詩的東西，該是老年人，至少也得是入了中年的人寫的嗎？然而，老詩人却從這句說話回憶到他的青年時代去。

從他的談話中，知道他在中了當時社會所羨仰的功名之後，和一位侯爵的孫女兒結婚，不久便到南洋羣島去任領事官，那時起，他並不立志要做一位詩人，在他的心中潛下了民族的意識，（那並不是反淸，而是對那鴉片戰爭的罪魁——英國人的仇恨。）弱國無外交，我想這位年青的外交官是曾吃了不少說不出來的痛苦的。他說曾希望做一個實業家，但他在南洋羣島嘗試經營的開礦種植，結果都失敗。不免來了一聲「百無一用是書生」的嘆惜。

辛亥革命之後，老年的詩人雖然不會留下辮子做遺老，却立心過遺老的生活，回到故鄉的石花林種梅花做一位隱逸詩人。可是過了幾年給接受正在叱咤風雲的「孚威上將」的禮聘，担任幕僚。但他聲明也只幕僚而已，他決不做官。這裏，老年的詩人遂又滔滔不絕地述說那位「不住租界，不納妾，不刮老百姓地皮」的故帥的逸事，很親切而有趣味的。他說，他雖不一定讚同那位故帥的政治主張，可是他給他的人格感動，給他的禮遇感動，遂決定他的「丈夫貴從一」（這是他哭孚威上將的詩句），陪伴這位吳將軍過了幾年的坎坷生活，直到吳將軍從四川移居到北平時，他才離開了他，不久便就來到這舊地重游的香港來居住。

香港的春天是多雨的季節，大氣壓就常常把太平山頂和對海的九龍半島的獅子山大霧山籠蓋着，老年的詩人居住不慣這卑濕的海島的雨季，潛在體內的風濕病，把一個詩人所歌詠禮讚的春天化在病榻上。老年的詩人在病榻中惦記的是，落拓在故都的「故帥」，和故鄉石花林的梅花。他高興地說，兩個月前，一位朋友從粵北乘飛機來，曾給他帶了一枝庾嶺的梅花哩，雖然不是石花林的，却也是祖國的土地種的，而况還是那有名氣的梅嶺的產物。

談了好些時，我們才告別這位老年的詩人，過了幾天我托C君的夫人送給他這麼一首小詩。

海外春歸日，涼雲蔽遠岑。江南梅訊渺，冀北雁聲沉。寂寂橫流嘆，淒淒去國心。杜陵詩史在，忠愛感人深。

算是我對他表的敬意。此後他也常常邀過去坐談。據他說，對於詩，要是有宗派之分的話，那末他是主張盛唐；對於前人的愛好，杜甫而外，吳梅邨的七古五古，在他是很喜歡的。他對於我的那些胡湊的小詩，說是「廓清近人摹宋之病」，還有什麼「是詞人之詞，非詩人之詞」云云，這於我眞有點茫然，根本我便不很明白唐宋的分別在那裏，也不曾立下決心去宗唐或宗宋，至於詞人和詩人的分別，那就更是茫然了。却又不好意思去請敎，反正自己從來不決心去做詩人，什麼唐詩宋詩詞人詩人的分別，由他好了。

大概是春末夏初罷，C君的夫人給他送來兩冊康有爲題簽的江山萬里樓詩集給我，是中華書局仿宋印的道林紙本，洋式的裝訂，裏面附了不少的銅版插圖，所謂石花林果然是一座很精緻的園林，毋怪老詩人的戀戀了。此外還有詩人寫的一幅詩軸，寫的是一首題梅花的絕句——

八千里外見橫斜，天下房櫳不是家。歸夢故山舊籬落，衝烟冒雪兩三花。

據說，這也就是詩人題乘飛機從粵北帶來的那枝庾嶺梅花的。此刻，這幅詩軸還在寒齋掛着，那兩厚冊一百磅道林紙精印的江山萬里樓詩集，却流落在香港的一位朋友的家中寄存着。

那位叱咤一時的吳子玉將軍在故都病逝的電訊傳出不久，在香港出版的大公報上面，看到老年詩人四十首五言律詩的「哭孚威上將」，那是敍述他和吳將軍怎樣的締交、入幕，和吳氏盛衰的經過，怎樣地對這位知遇的故帥死去的傷悼。

此後，聽說他的病也一天一天沉重起來了，進了醫院，C君的夫人也離了香港往南洋羣島到歐洲去，病的情形在我是不大清楚，只從報紙上看到，說他力疾在寫一篇題做「攘夷頌」的長詩，聽說這篇長詩還未完成，老年的詩人也就擱下了詩筆死去了。

堪隱隨筆

五知

談東南風

昔者有友人大華烈士，曾於論語、人間世、逸經等刊物上，大颳其「東南風」，頗能風靡一時。到後來愈颳愈猛，竟成「大風」。余曾戲語之曰：「此獨大王之雄風耳，庶人安得共之」！閒言敍過不表，就我個人的感覺，東南風實較西北風爲烈也。

去年的氣候，南北都冷得遲，以北方九十月的天氣，還是日暖風和，冬行春令。到後來忽然西北風一颳，冷氣一來，頓感到天寒地凍，到夜晚聽到賣羅花生，與賣冰糖葫蘆嘚在朔風裏引吭吆喝，一聲聲的遠近，更顯得冬景蒼涼，寒夜寂寥。偶閱報紙，知道這幾天的上海，也是驟然冷起來，於是高樓風勁，南方雨勤，清晨工人的雜歌，黃昏小販的淒唱，黃浦江邊的東南風，又浮起在我的腦海裏。

本來北京與上海，無論在地理的經緯上，或自然環境上，都是南方比北方暖和的多。不過我在北京住了十幾年也並不十分怕冷，一到上海便感到冷得不大舒適。慢慢的考其原因，原來甚多，最要而最大的，就是南方雨多和樓高的關係。比如說上海的冷給我印象最深的，有兩次到棋盤街商務書館去買東西，都是黃昏風雨，一出書局的門，在等汽車的時候，從外灘吹來的風，碰着高樓又折回來，眞覺得人的軀體太弱，不能勝風的掃蕩。同時由風雨中帶來的寒冷，一股股的襲人膚肌，仰望燈光稍爲和緩，一看柏油路上的雨水，又涼從脚下生矣。

其次便是門窗太多，和樓與樓的櫛比，在北方每間屋差不多都是兩個窗戶，用玻璃嵌着，裏面掛上活動窗帘。凡是北房，白天把窗帘挪開，可以晒一天的太陽，陽光究竟是暖的，所謂「冬日可愛」，同時還可以引起人的興奮。而四面牆壁都用磚砌，一經裱糊，便無空隙可以來風。所以生火以後，室暖如春。上海樓房窗戶既多，玻璃亦大，四面又是板壁，冷風吹來，處處可通。雖然室中生火，如火不旺也就適與風寒相抵消。至於闊人之居，設有暖氣管，水汀熱得甚於澡堂，那是天堂的事，不在此限。又上海的住宅，都是一排一排的樓房，門窗相對，相距不過幾尺，若是鑽隙相窺，踰牆相從，到是方便得很。但是一幢幢的樓，一堵堵的牆，偎依得很緊，於是便前遮後，後遮前，連一絲絲陽光也進弗來，復加以陰雨時多，斗室之中更顯得幽默黯淡，就是不冷也感覺着涼意，何況冷雨淒風之夕，所聽到的只是門前的叫賣聲，與馬路上黃包車的脚踏聲了。

一到北方便感觸得天朗氣清，雖然寒冷，究竟還可以深深吸口氣。現在由西北風又想起七八年前東南風，設身處地，回憶曩昔，也是要打個寒戰的。

悼鳳曲

劉泥清

爲明季殉節郡主朱鳳德作也。本事詳郡馬漢陽王國梓所自撰「一夢緣」中：略謂主爲楚王華奎女，崇禎末梓應童子試，適督學使者袁公（繼咸）奉令旨選壻，以梓才清貌麗，遂拔爲冠軍，膺郡馬之選。婚甫七日，流賊張獻忠蔽野而至，城破楚王全家死難。主促梓奉母逃，即所居毓鳳宮縊而殉焉，命勿闔棺以待梓。並留遺書，語皆痛絕。當賊至時，既據楚王府，即有爭入主宮者，然及門輒死，遂封禁之。亂定，梓重尋入宮，主貌如生，始爲闔棺葬之祖塋，斥其所遺，買洪山側卓刀泉聯錦村水竹坳等處田八百畝，奉其遺像，更其地名曰駐鳳村。并遵遺命以宮人余月英爲繼室，甫莅一男即異寢，其事向無傳者。頃吟侶得梓所撰「一夢緣」鈔本，遂據爲歌詠，用彰鳳德郡主幽光云。

鶴樓玉笛弄梅花，楚宮貴主正宜家，敕下文宗遴快婿，王郎才貌兩堪誇。桃李叢中拔俊賢，儒生平步上青天，未將白璧一雙種，竟托紅絲十丈牽。平明有旨呼傳見，大媒導入銀鑾殿，臨風玉樹王顏歡，笑口親開催賜宴。佳期擇定即明朝，藍衫當地換朱袍，告母命歸無失禮，扶鳳邸舍勢俄豪。詰朝輿衛粉來迎，薰爐夾道香塵生，公卿輦轂流如水，簇擁王家去贅姻。秀才聲價一朝重，芹香引入嫦娥夢，步上銀河鵲駕橋，鼓成瑤曲凰求鳳。兩字茗華鳳德名，芳年二八正盈盈，芭蕉捲雨全無力，荳蔻傳茶便有情。夭桃灼灼紅雕房，銀燈花管賦催粧，瓊葉陰濃連理樹，金蓮香繞合歡床。隨形顧影稱佳耦，結誓天長共地久，金蟾呑漏盡更籌，衾揭芙蓉起挽手。宮女聞聲笑語來，相扶貴主詣粧臺，含羞抱媚嬌難畫，犯雪紅梅一朵開。輕將粉汗紅綿撲，更倩檀郎描黛綠，麗如明月抱霞光，艷似蓮花燦初旭。粧罷貂璫請謝婚，朱輪並下寧安門，王妃都講家人禮，賜宴錫珍頻沛恩。談笑聯翩五六日，百般難與天人敵，裁詩數典固無雙，射覆彈棋復第一。銷魂真個時私叩，夙世何修叨異數，披猖爭怪猰㺄來，薄福合招神鬼妬。牙牌三道斷人魂，蟻聚蜂屯已入城，此時心亂不知可，此際湘妃淚化成。驚怛移時轉慨慷，蛾眉蹙損語端詳，割愛吾當全國體，避凶君速奉高堂。言既聲聲促訣別，可憐雙淚盡成血，心肝一副割生生，踉蹌掩袂出宮闕。一從分作兩鴛鴦，懨懨避地運河庄，已拚精衛終填海，猶自啼鵑哭望鄉。忽聽寧南驅賊去，奉母疾趨歸故處，銅狄手摩愴王孫，青楓月落不知路。途逢毓鳳老宮監，驚呼郡馬淚如霰，知君亂定必歸來，事事待君收拾遍。城破王妃命悉捐，淒涼貴主更堪憐，白綾血碧今生果，紫玉魂期異代緣。彼蒼赫赫鑒貞忠，奇哉靈異護幽宮，紛紛狂賊爭先入，不得臨門命已終。賊徒狂怒積薪焚，鷲沙迷目鼓沉沉，訇哮一聲飛霹靂，返風驅火燒狐羣。賊酋聞報親來視，恍見神人金甲峙，鞠躬不敢稱連聲，示禁紅旗犯者死。益知世變重綱常，神靈著節豈荒唐，不見故宮滿禾黍，毓鳳猶存數仞牆。王郎聽徹涕橫流，傷心蕭史覓鳳樓，慘綠芊綿銷綠意，啼紅蘸瑟鬱紅愁。擊目傷辛愁更絕，溫明秘器堂中設，猶開一面待郎看，雲母飽餐留秀色。撫尸固已寒如冰，薌澤依然口點櫻，不轉秋波疑似睡，長凝碧血暈無聲。宮人更出手遺書，舌燦蓮花字貫珠，道是妖氛纏象闕，竟無一士志匡扶。祗恨身爲弱女子，未能仗劍從軍起，坐令荀灌擅千秋，空悲喋血形闈裏。一死差堪完大節，借酬君父兼殉國，咄咄天乎數不減，如斯命也復何說。喪服爲郎已預製，姑喪未服從輕議，幣帛金珠進婺姑，枕衾鈿盒還夫婿。猶有宮人余月英，殷勤囑待續鴛盟，薄命終爲王氏婦，須教坏土附先塋。瑣瑣摒擋尺素封，可知就義儘從容，肅肅女貞同皎日，淒淒薤露動悲風。大書節義銘旌樹，文武衣冠加璧祭，畫出金箱玉篋遺，廣將靈宇墳田置。慘淡斜暉駐鳳村，長埋芳烈白雲岑，略比瑤姬留肖像，好抒潘令悼亡心。此生已拚歸禪定，小星無復椒聊詠，相約新人重故人，且遵遺令兼慈令。兩心諧合一年期，居然如願產麟兒，從茲妾舍飄幡影，好任郎鰥聽漏遲。哀史沉淪三百年，方書稗史竟遺編，幽光天道總難秘，傳出王郎一夢緣。周郎自是多情種，絕妙辭成淚欲湧，（退舟此作極哀感頑豔之致梅村嗣響也），更擬冬青訪茂陵，好憑衰草弔荒壠。天涯我亦叢煩憂，豈獨傷心一退舟（退舟作中有萬古傷心一退舟之句），要把霓裳天寶曲，酬將下里巴人謳。巴人何敢浪傳名，也絕泥污氣尙清，題鳳寫愁愁曷已，可堪地棘又天荆。

編輯後記

黎庵

本刊用了幾期土產紙，很有讀者來信表示不滿，自本期起仍舊恢復用白報紙印刷，藉符讀者雅望；但同時售價也不能不略予提高，以資挹注。

本刊自兩周年紀念號起，改稱『文史半月刊』，此後當致力於文史一途，希望海內作者賜稿，勿軼出此範圍爲荷。

本期『俞曲園先生日記殘稿讀後記』及『曾孟樸函授女弟子的一篇講義』兩文，均是珍奇資料，作者聽禪先生及懺庵翁，一爲嘍嘈宿將並擅翰墨風流，一則海虞老名士兼爲東亞病夫至交，兩文並爲本期特色。

鄭秉珊先生邃於金石之學，尤工鐵筆，『印文瑣話』一文，引證博詳，開我人眼界不少。

蔡尙穆先生記楊雲史一文，傳敍江東才子生平，雲史爲常熟楊崇伊侍御之子，侍御即彈劾六君子之尹宗湯，孽海花說部中重要人物。雲史對孽海花痛心疾首，目爲謗書，屢見於文字書札。適逢本刊暢談孽海花人物之會，因選此文並刊。

盛伯熙疏劾全樞，爲六十年前清廷一大事，此舉關係中國氣運，奕訢李鴻藻翁同龢翟究尙能任事，一易世鐸孫毓汶張之萬，則全受那拉氏頤指，清室竟屋矣；而發之者爲伯熙，所謂以君子攻君子也。伯熙爲清太宗長子豪格裔孫，與善耆爲近族，豪格爲入關八王之一，亦鐵帽子親王也。以天潢貴胄而風流儒雅，八旗人物，唯康熙中納蘭成德足相仲伯。甲申一疏，事後悔艾，不樂仕進，久於祭酒之任，未獲大用，卒年僅五十。國子監爲冷衙，宦此多不知名，清初吳梅村以詩人享大名，世稱吳祭酒，直至清末，漢滿兩缺，均有名人，與伯熙同官，爲長沙王益吾先謙，後數年則福山王文敏懿榮長白熙文貞元，均殉庚子之難，文貞爲裕祿子，文敏則龜甲文開山大師也。古今社縣有梁文忠詩稿三幅，樸園主人藏，適有懷伯熙詩，遂製版附徐先生文內。餘二幅並錄於此：

逐坡侍郎詩問焦山長老因次其韻

一朝江雨起微波，天女拈花解笑多，猶憶敲門立秋月，欲緣詩案訪東坡。

雨打風吹台館空，紛紛勞燕各西東，平生未識彝齋面，一點青燈此夜同。

（詩請伯希轉致而侍郎已沒，此生未曾相識，亦憾事也。）

夢至蓮花台燒香醒後有述

明月轉細路，寒泉響幽澗，松風若飄雨，石徛儼行棧，遙見墓門樹，祇肅不敢慢。流連有幾日，羈孤自童丱，老翁告予語，浮生有葭薍。

同學十數子，愛我敬我親，似知遠游者，蔬韮不得陳，聯裾陟山亭，薦酒及佳辰，風義動行路，鬱鬱能降神，懷情更延望，永念徒酸辛。

浮萍託山廬，叢木似故里，燒香上坟台，既悲亦復喜，解后雙溪僧，頗訝形狀詭，攬衣不及言，晨鐘擾人起，驚夢增離傷，有生不必死。

敍五仁兄屬書所作　乙未正月鼎芬

周佛海先生散文集

1 往矣集

原書原樣

周越然　周作人・陳乃乾・紀果庵・謝剛主等八家合集

2 蠹魚篇

上海[illegible]管理[illegible]准登記證第四〇〇號

本期每冊實價叁拾元

古今

文史半月刊

第四十七期

文史半月刊
古今
第四十七期

中華民國三十三年五月十六日出版
社長 朱樸
主編 周黎庵
發行者 古今出版社 上海咸陽（亞爾培）路二號
發行所 古今出版社 上海咸陽（亞爾培）路二號 電話：七三七八八號
印刷者 中國科學印刷公司
經售處 中央書報發行所暨全國各大書坊報販
上海雜誌聯合會第十號會員雜誌
零售每册中儲券念伍元
國民政府宣傳部登記證滬誌字第七六號
第一警察局登記證C字一〇一二號

預定
欵項先繳照價八折
半年三百元 全年六百元

爱居閣脞談

梁鴻志

特健藥　倒好嬉

世人評隲書畫。每括以特健藥三字。倒鈐印記。則識以倒好嬉三字。習俗相沿。知其朔者蓋寡。玆分述之。

先退庵公浪迹叢談卷九云。往見收藏家於舊書畫之首尾。或題特健藥字。亦有取爲篆印者。考法書要錄載。武平一徐氏法書記曰。駙馬武延秀閱二王之迹。强學寳重。乃呼薛稷鄭愔及平一評其善惡。諸人隨事答稱。爲上者題云特健藥。云是突厥語。其解甚明。乃輟耕錄不喻其義。而香祖筆記又以字義穿鑿解之。益誤矣云云。鴻志按。陶九成輟耕錄。全引徐氏法書記原文。初無增減。但謂書苑菁華特健藥作特健樂。恐是鋟梓誤耳。香祖筆記則曰輟耕錄言。或題畫曰特健藥。不喻其義。予因思昔人如秦少游觀輞川圖而愈疾。而黃大癡曹雲西沈石田文衡山輩皆工畫。皆享大年。人謂是烟雲供養。則特健藥之名。不亦宜乎。王阮亭之言如此。綜諸家之說。特健藥爲譯語。固當以武平一之言爲準。阮亭雖近穿鑿。然亦有所本也。明初宋仲溫（克）藏宋搨定武蘭亭。自跋十餘則。其一則云。特健藥三字。乃梵語云合作耳。或云疲困之極。得此藥可以特健。亦猶陳琳之檄可愈頭風。僕觀此帖亦然云云。宋仲溫取譬陳琳之檄。王阮亭取譬輞川之圖。二者同一用意。然則特健藥之有兩說。明以前已然。阮亭殆襲宋仲溫之舊說而演爲己意也。

明代張士行（紳）跋朱伯盛（珪）印譜云。趙文敏有一印文曰水晶宮道人。在京與李息齋袁子英同坐。適用此印。袁曰。水晶宮道人。政可對瑪瑙寺行者。闔座絕倒。蓋息齋元居慶壽寺也。鮮于郎中一印曰鮮于伯機父。吾子行曰。可對尉遲敬德鞭。滑稽大略相同。子行嘗作一小印曰好嬉子。蓋吳中方言。一日。魏國夫人作馬圖傳。至子行處。子行爲題詩後。倒用此印。觀者曰。先生倒用了印。子行曰。不妨。坐客莫曉。他日文敏見之。罵曰。個瞎子他道倒好嬉子耳。太平盛時。文人滑稽如此。情懷可見。今不可得矣（原跋上下文均畧去）云云。然則近人所謂倒好嬉者。已與吾子行本意不同。余故爲舉正如此。（鴻志按。鮮于伯機父。父字與斧字音同。故以鞭爲對耳。）

簇子

查悔餘得樹樓雜鈔曰。今上（謂康熙皇帝）政事之暇。勤於翰墨。內外大小臣工家有御書。大而扁額堂幅楹帖。小而卷軸斗方冊頁。以及紙扇。懋勤殿經手人照頒賜年月日。一一編號籍記。乙酉八月（按乙酉爲康熙四十四年）在塞外直廬曾見之。時已不下三萬號矣。自古帝王宸翰。未有若是之多者。偶閱宋太宗書庫碑拓本。前載御製文集若干卷。又云。雜書扇子一百三十六柄。雜書簇子七百五十三軸云云。似以之誇示當時者。簇子二字未詳。並書以俟考云云。余按汪砢玉自跋王維小簇山水（珊瑚網名畫題跋卷一）曰。唐玄宗旣命李思訓吳道子各圖嘉陵山水於大同殿壁。王維又別用絹素寫之。謂之小簇。玆所圖山水。具嘉陵三百里之勢。正小簇法也。小簇即簇子。原指縮本而言。亦即小幅之謂。蓋中國古代方言如此。至淸初尙沿用之。悔餘博雅。偶不注及。今則久無此稱。收藏家更無索解者。惟閩中方言。尙以畫軸爲簇。猶是唐代以來相傳之古訓也。按雷浚說文外編曰。說文無簇字。㫃部。族。矢鋒也。族族即今之簇簇。莊子在宥篇。雲氣不待族而雨。司馬云。族聚也。引申之爲族。類知簇族本爲一字。然與畫軸固無涉也。

宣統辛亥春日，詩社同人影於京師法源寺，時余年二十有九，距今十八年矣。潘弱海胡瘦唐林畏廬羅癭公曾剛甫已爲異物，可勝黃罏之感。　己巳六月，衆異寫識。

潘弱海　梁衆異　林山腴　林畏廬　趙堯生　陳石遺　胡瘦唐　陳弢庵　鄭太夷　羅癭公　冒鶴亭　曾剛甫　温毅夫

編者按：爰居閣主爲此跋，去今又十六年矣。影中諸君子，舍鶴亭衆異兩先生外，十九均歸道山；而兩先生適又同爲古今撰文，則此影之珍重可知也。因向閣主乞得製版，以示讀者。

孽海花閒話（六）

冒鶴亭

俄國鐵路。已接至海參威。

海參威本屬吉林省。咸豐庚申。割於俄。其西伯利亞鐵路開工。事在辛卯年。

德意志大帝國陸軍中尉瓦德西。

彩雲與瓦德西事。實報紙讕言。庚子京城陷。有德國格知府翻譯葛麟德。（原是廈門海關三等幫辦。）與彩雲稔。彩雲要其攜赴南海一遊。葛曰。瓦德西於南海紫光閣辦事。軍令嚴。婦女不得入也。彩雲乃乞丁士源。於謁瓦德西時。易裝爲僕人。隨之入。然是日瓦德西値外出。丁歸。告其同寓鍾廣生沈藎。鍾沈各戲草一稿。一寄游戲報。一寄新聞報。謂彩雲如何得幸。及儀鑾殿火。樊雲門作後彩雲曲。遂附會瓦德西挾彩雲。裸而出。俗語不實。流爲丹青。因是瓦德西回德。頗不容於淸議。至發表其剿拳日記。以反證明。彩雲即不與瓦德西接。原不得謂之爲貞。但其事則莫須有也。

以上第十五回。

世界有名虛無黨女傑海富孟的異母妹。

海富孟最不喜基督敎。從家庭逃亡出外。投身革命。以一八八一年。當光緒辛巳年三月一日。俄皇亞力山大第二。於巡視聖彼得堡時。被炸死。捕入獄判死刑。改無期徒刑。一八八二年。當辛巳年。瘐死獄中。下文云。海氏科氏。同受死刑。略誤。

父名司愛生。本猶太種人。移居聖彼得堡。爲人鄙吝頑固。

猶太人迷信基督敎最深。

逼嫁了科羅特揩齊。

科羅特揩齊。一譯作科洛克維奇。在恐怖主義中最著名。

直到一千八百八十一年三月。海富孟隨着蘇菲亞・趁觀兵式的機會。炸死俄皇亞力山大。海氏科氏。同時被捕於泰來西那街爆藥製造所。受死刑。

蘇菲亞本俄貴族。爲柴可夫斯基團女團員。以炸死俄皇。與科羅特揩齊。並於一八八二年。判處死刑。

又見鮮黎亞博。蘇菲亞。都遭慘殺。

鮮黎亞博一譯作熱利亞博夫。爲蘇菲亞情侶。

遇見了樞密顧問官美禮斯克罘的姑娘魯翠。

魯翠。一譯克魯賽。爲彼得堡縣自治會長。

所以夏雅麗竟得列名虛無黨中最有名的察科威團。

察科威。一譯作柴可夫斯基。以自已名字。爲團體名字。於一八五九年。當咸豐已未年成立。同時民粹派。尚有巴枯寧一派。均主張社會革命者。巴枯寧爲急激派。柴柯威斯基爲溫和派。

一個叫克蘭斯。一叫波兒麻。

克蘭斯。一譯作克拉西可夫。波兒麻。一譯作蒲列哈諾夫。

就因一千八百六十六年 。告發莫斯科亞特俱樂部實行委員加來科梭。謀殺皇帝事件。

一八六六年。當同治丙寅年。加來科梭。一譯作加拉可佐夫。是大學生。其實在是年四月四日。

一次卡米匿橋下的隧道。

事在一八七九年。當光緒己卯年。

一次溫宮後街的地雷。

事在一八八〇年。當光緒庚辰年。街名意大連斯加。

以上第十六回。

咄。爾速答我 。能實行千八百八十一年二月十二日民意黨上書要求之大赦國事犯召集國會兩大條件否。

此書爲一八八一年。當同治辛未年。上俄皇亞力山大第三者。時亞力山大第二被炸。方十日。其主筆。爲詩人米海洛夫斯基。與民意黨同時者。有黑土分配黨。黑土分配黨。爲民主勞動黨之濫觴。民意黨。爲民主革命黨之前奏也。

魯翠姑娘。也在一千九百零四年五月十一日 。把爆藥彈擲皇帝尼古拉士。不成。被縛。

尼古拉士。爲亞力山大第三之子。卒於一九一七年。當民國丁巳年。國內大革命。被迫退位。翌年。與其后及皇太子等。同下獄死。

清國俄德奧荷公使金均。三年任滿 。現在清廷已另派許鏡澂前來接替。

文卿以庚寅年七月召回。許景澄繼任。

以上第十七回。

有一座出名的大花園。叫做味蒓園。

味蒓園舊屬張氏。今改民居。

記名道日本出使大臣。呂大人。印蒼舒。號順齋。

黎庶昌是年七月自日本召回。

前充德國正使。李大人。印禮賓。號台霞。

李鳳苞在德使任內。被司業潘衍桐奏參。甲申回國。

直隸候補道前充美日秘出使大臣。雲大人。印宏 。號仁甫。

容閎無出美日秘事。

現任常鎮道。前奉旨游歷英國。柴大人。印龢。號韻甫。

柴龢爲蔡鈞。號和甫。

大理寺正堂。前充英法出使大臣。俞大人。印耿。號西塘。

俞耿爲裕庚。號朗西。乙未年。始以惠潮嘉道。出使日本。其使法已在己亥年。文卿歿久矣。

還是去年七月。奉了出使英法義比四國之命 。誰知淑雲奉命之後。一病經年。至今尚未放洋。

薛福成自湖南按察使。出使英法義比四國。在庚寅年。

被腳靴手版。膠擾了一日。

吳昌碩嘗詣彩雲。彩雲問貴班。曰知縣。問何省。曰江蘇。彩雲笑曰。我隨使節時。你們知縣大老爺來稟安。從人展開手本。極似一柄摺疊扇也。昌碩連呼不色頭。滿座大笑。

郭筠仙侍郎。喜談洋務。幾乎被鄉人驅逐。

郭筠仙爲郭嵩燾。中國第一任出洋公使也。所著使西紀程一書。奉旨禁毀。京朝官謂其在英國。與安集延及逆回白彥虎之黨往還。歸國時。湘人至不許其登岸。當時風氣之閉塞如此。

聽說俞西塘京卿。在家飲食起居。都依洋派。公子小姐出門。常穿西裝。

裕庚女即德菱。著御香縹渺錄者。然輩行遠在後。

弟在海外。就知閣下搜輯甚多。

黎庶昌刻古逸叢書。同時楊惺吾。亦得古書甚多。其後日人重貲購吳興陸存齋皕宋樓藏書。宋元舊藉乃東渡。所以補前此遺憾也。中國於是始有古物流出外洋之禁。

即如那年。朝鮮李昰應之亂。日本已遣外務卿井上馨。率兵前往。幸虧我兵先到。

此壬午年事。丁汝昌率超勇揚威威遠三兵輪。於六月二十七辰刻先至。吳長慶繼至。擒大院君李昰應歸。置之保定蓮池書院。

可惜後來伊藤博文到津。何太眞受北洋之命 。與彼立了攻守同盟的條約。

此約僅三條。（一）。議定中國撤駐紮朝鮮之兵。日本國撤在朝鮮護衛使館之兵弁。自畫押蓋印之日起。以四個月爲期。限內各行盡數撤回。以免兩國有滋端之虞。中國兵由馬山浦撤去。日本國兵由仁川港撤去。（二）。兩國均允勸朝鮮國王教練兵士。足以自護治安。又由朝鮮國王。選雇他外國武弁一人。或數人。委以教演之事。嗣後中日兩國。均勿派員在朝鮮教練。（三）。將來朝鮮若有變亂重大事件。中日兩國。或一國。要派兵。應先互行文知照。及其事定。仍即撤回。不再留防。而朝鮮已成兩國共同保護。其後又欲顧條約。又欲顧朝鮮爲我屬邦。羝羊觸藩。進退失據。遂有甲午之戰。

况且我們新滅了波蘭。又割了瑞典芬蘭。

俄滅波蘭。當乾隆時。其割瑞典芬蘭。當嘉慶時。均不得云新。

還有圖爾齊斯坦各部。

土耳其斯坦疆域北臨黑海。東北界外高加索。俄人侵土耳其。爲彼得大帝以來傳統政策。

近年我已在黑海旁邊。得了停泊善澳。

一八五六年。當咸豐丙辰年。巴黎條約。規定黑海中立化。不准設置兵工廠。及海軍。普法戰爭後。俄始恢復黑海行動之自由。

北邊又有煤礦。

烏拉爾區南部。鄂畢河上流。爲俄礦業中心。

又在庫島得了海口兩處。

白令海。鄂霍次克海。

倘要濟師。丹馬海峽。也可借道。

丹馬海峽。即丹麥之波蘭海峽。

近日北洋海軍。經威毅伯極意經營。丁雨汀盡心操演。

丁雨汀爲丁汝昌。號禹廷。

以上第十八回。

忠華回湖北。

徐建寅由張之洞調至湖北。製造無烟火藥。藥炸裂。殞焉。事在光緒末年。其弟華封。亦善製造。

世兄大名。不是一個「南」字。雅篆叫做稚燕嗎。

張蔭桓有二子。長塏徵。刑部主事。即侍其父出塞者。次琬徵。恩蔭知縣。此當爲塏徵。

職道魚邦禮。號陽伯。山東濟南府人。

魚邦禮爲魯伯陽。似是安徽人。

這位王老爺。又是城裏半壁街上有名的大刀王二。

大刀王五。以護送御史安維竣至謫所。得任俠名。後爲拳匪所殺。

給總管連公公。是拜把子。

連公公爲李蓮英。得慈禧歡心。頗招聲氣。然其做事則甚精細。姑舉一端言之。某太史欲得南書房。謀於蓮英。蓮英曰。汝能畫乎。曰能。曰明日畫一扇來。碰汝運氣。時暑熱。蓮英乃持扇爲慈禧扇。慈禧見所畫花卉。著色甚鮮。取觀之。蓮英佯問此畫較南書房翰林若何。慈禧曰。有過之。無不及也。越日。保送南書房人員引見。慈禧憶某太史名。即畫扇者。某太史遂得南書房差。向使慈禧不取扇以觀。蓮英亦無能力也。然則小人固亦有才。而慈禧英明。則遠非明熹宗比也。

他一生飽學。却沒有巴結上一個正途功名。

往時京僚。重門第科第。張蔭桓以捐納起家。受知於閻敬銘丁寶楨。驟躋卿貳。清流多薄之。不與往還。

這幾行字兒。是誰寫的。剛剛還是雪白的牆。

寫王五遂成一水滸傳之武松。兒女英雄傳之十三妹。非事實也。

在他的雲臥園。

盛昱家有意園。

況且朝廷不日要考御史。聽說潘龔兩尚書。都要勸純客去考。

李慈銘考御史。在庚寅年。李逢庚年必得意。道光庚戌秀才。同治庚午舉人。光緒庚辰進士。庚寅考取御史。亦一奇也。

戶部員外。補闕一千年。

慈銘捐郎中。分戶部。非員外郎。

一叠連三。全是妄人兩字。

李慈銘善罵。初由余七外祖介紹。得交潘祖蔭。繼而趙撝叔公車入京。外祖又爲潘言。潘有一室。榜書曰。非讀五千卷者不得入。室中所儲。皆金石碑版之屬。趙得入。李不得入也。乃嗍趙。兼嗍及於介紹之人。其日記所稱曰天水妄子。指趙。所稱曰蜮。指余七外祖也。此長箋滿紙之妄人。即張之洞。以之洞所寄金未到也。

以上第十九回。

北京的轎車

徐一士

近閱報載北京市各項車輛統計，內有轎車三輛。昔日此物北京甚多，爲都人代步唯一之具。清末馬車人力車等興用，漸頗取而代之，惟乘轎車者尙屬不少。迨入民國，乘者益減，遂形統計衰替，馴致街市中絕不易覩。似爲天然淘汰之結果，今北京已無復此物之存在矣。據此統計，居然猶有三輛，得備一格，可謂晨星碩果也。物稀爲貴，此殘餘之三輛轎車，庶幾名物，而於報端見之亦頗足令人興懷舊之感焉。

清初京朝官乘轎（肩輿），後多改乘轎車。兪曲園（樾）「春在堂隨筆」卷九云：『王漁洋「香祖筆記」，言京朝三品官以上，在京乘四人肩輿，輿前藤棍雙引喝道，四品官自僉都御史以下，只乘二人肩輿，單引喝道。按此，可見國初京朝官威儀之盛。余道光中入都，尙書以上猶無不肩輿者。至光緒丙戌，余送孫兒陛雲入都會試，相國張子青，尙書徐蔭軒，見訪寓廬，皆乘四人肩輿，然時謂漢人肩輿止此一頂半而已。所以云半頂者，以蔭軒尙書乃漢軍，不純乎漢也。後聞潘伯寅許星叔兩尙書皆乘肩輿，則余已出京矣。』其時貴官率亦乘轎車也。

轎車駕以騾，故亦謂之騾車，惟騾車之在北京，實猶後起，其前乃駕以驢或馬，稱驢車馬車，特此馬車非西式之馬車耳。車之有旁門近於西式馬車者，號後攩車，其製爲紀曉嵐（昀）所剏。姚伯昂（元之）「竹葉亭雜記」云：『乾隆初祇有驢車，農中丞起在部當差，猶只驢車，惟劉文正（統勳）有一白馬車，見馬車即知劉中堂來矣。自川運例開，騾車始出，名曰川運車。乾隆三十年後，京中惟馬車多，騾車尙罕。車之有旁門，自紀文達始創。車旁開門，礙於轉軸，於是將輪移後，始有後攩之製。』爲關於轎車之掌故，可資徵考。蓋自乾隆季葉，北京駕車以騾者始漸多。光緒季年暨宣統間，京朝貴官，乘轎車（騾車）者尙夥，一品官乘轎或轎車，二品以下仍以轎車爲常。憶盛杏孫（宣懷）官郵傳部侍郎時即乘轎，在當時二品官中爲罕見，蓋曾加太子少保銜，宮保之身分較尊，與普通之侍郎稍有不同耳。其間馬車（西式）已興，喜乘者亦已不乏矣。（大抵司交涉或與外人方面有交際往來者，馬車尤爲必備之具。）

關於潘伯寅（祖蔭）之轎車暨改而乘轎，傳有趣事。諫書稀庵主人（陳恒慶，字子久）「歸里清譚」（又名「諫書稀庵筆記」）云：『潘文勤伯寅，……爲工部尙書。……尙書尙儉，不乘肩輿，一車而已。駕車白騾，已老矣。某歲伏雨過多，道涂泥濘，行至宣武門外，老騾陷於淖，不能起。尙書告其僕曰：「前有一車，懸工部燈籠，急呼之，予附其車。」問之，果爲工部司員，且門生也。是早爲尙書堂期，故早起入署，急下車相讓。尙書曰：「此車爲吾兄之車，吾兄入車內，予坐車前足矣。不允，予將徒行。」乃同車而行。其白騾從此病憊，乃賃一轎，命僕人舁之。僕未練習，一日行至正陽門，雨後路滑，前二人仆，尙書亦仆於地。道旁觀者大笑。有識之者曰：此管理順天府事，父母官也。奈何笑之！」尙書起立，曰：「本來可笑！」乃乘轎而歸。京師傳爲笑柄。凡騾之青色者，年老則變白。潘府中騾多白，故京師人語云：「潘家一窩白，陳家一窩黑。」』笑柄足供噱助，亦可謂之名人佳話也。（此工部司員既係潘氏門生，潘似不應以兄稱之，蓋陳氏涉筆時未遑致詳耳。潘氏以工部尚書順天府兼尹卒于光緒十六年庚寅，在兼尹任盡心民事，辦賑尤瘁心力，於父母官之稱，當之無愧。陳氏亦嘗官工部司員，後歷言路，由給事中外放知府。所云「陳家一窩黑」之陳家，蓋即自謂其家，道光朝宰相陳官俊，其先世也。）

在新式車輛未興用之前，轎車代步，其時亦頗覺方便，長途短途，均獲其用。惟未經乘慣不能適應其動盪之勢者，則不免碰頭之苦。黃天河（鈞宰）「金壺浪墨」卷六云：『道光三十年庚戌春，將以廷試入都，三月十日與漣水張禹山白沙水少泉袁浦王紫垣會於王營，明日啓行。車左右傾側，輒與頭角相觸，避之且愈甚。車夫曰：「子讀易乎？其道用隨。柔子之體，虛與委蛇，左之右之，勿即勿離。骨幹在中，不患脂章。」予笑曰：「是誠名言，君子之徒也。內方外圓，利用如車。命名思義，說在老蘇。有子之識，何爲乎僕夫？」』詼諧語，甚有致，蓋乘坐轎車，爲避免碰頭起見，須講適應其動態之道耳。（若常坐此車，成爲習慣，則不煩戒備而自能委蛇其間左右咸宜矣。）至車夫之果否出口成章，可不深論也。

又無名氏「燕市百怪歌」有云：『黃輪黑轎，巍然高聳，嗷然一聲，謹防頭腫！』碰頭是患，傳神之筆。歌作於民國初年，一時北京轎車已漸少，然在代步之具中猶保有相當之地位，今則在「燕市」欲一嘗此「頭腫」而「嗷然」之滋味，亦匪易易矣。

有署名「蘧園」者著一小說曰「負曝閒談」，逐回披露於「繡像小說」（小說定期刊物，每月二期，商務印書館出版，創刊於光緒二十九年癸卯），第八回寫周勁齋到京後坐轎車情狀云：『勁齋上了車，那管家跨了車沿，掌鞭的拿鞭子一灑，那車便電掣風馳而去。周勁齋在車裏望去，人烟稠密，店鋪整齊，眞不愧爲首善之區。忽然那裏轉了灣，望左邊一側，勁齋的頭在車上咕咚一響，碰得他頭痛難當，隨即把頭一側，那裏知道，這車又往右邊一側，勁齋的頭又在車上咕咚一響，這兩下碰得他眼前金星亂迸！……好容易熬了半日，熬到一個所在。』乘車挨碰，寫得頗有趣味。余於民國二十二年對此書曾爲評考，就此節所書有云：『寫周勁齋坐車挨碰，並非挖苦，的是南方人沒坐慣北方的轎車（騾車）難免的事。一次挨碰，必是腦袋上左右連碰兩下，過來人當知之，此處描寫得甚細。至於「那車便電掣風馳而去」，形容的字眼實在太用得過火了。不過在書中所寫當時的北京城市，「行」的工具之車，不但沒有什麼摩托車電車之類，就連馬車人力車脚踏車之類也還沒有，則轎車比載重的所謂大車來，便算快得多。著者更特加以動目的形容，於是乎「電掣風馳」矣。記得庚子年，我同吾兄凌霄等，隨侍先君在山東，由武定府往省城的路上，先君坐的是一輛雙套轎車，（兩個騾子拉着走的叫雙套，是上長路用的。不上長路的，用一個騾子拉，叫做單套，如周勁齋所坐的便是。）我們坐的是一種「大車」，（極笨大，便於堆放多數行李。一輛大車上套着的牲口，多至五頭，往往牛馬騾驢四項俱全。）大車走得極慢，和轎車同時出發，我們眼看走在前面的那輛轎車，覺得飛也似的快。（也就彷彿所謂「電掣風馳」。）打尖，住店，都是轎車先到了許久，然後大車從容不迫的來到。時至今日，在「行」的工具中，轎車自然也早已算落伍了。所謂快所謂慢，本來不過是比較之詞而已。』今談轎車，斯亦可資參閱。清代北京富家及講究排場者，對於轎車暨駕車之騾多加意講求用相矜詡。其時好事者且有賽車之舉，以行速自豪。民初猶間有之，今早無聞矣。

吳乘

吳湖帆

梅景書屋

梅景書屋者，湖帆靜淑讀書作畫之齋也。初、民國十年辛酉，余與靜淑同赴外家賀歲，外舅仲午公出眎宋本梅花喜神譜，書爲宋遺民宋伯仁所作。伯仁字器之，號雪岩，川人，性愛梅，自謂闢圃以栽築亭以對，刊清臞集以咏，其癖好如此，喜神譜乃對花寫照而圖。其自序有云，每於花放之時，滿肝清霜，滿肩寒月，徘徊於竹籬茅屋邊，嗅蕊吹英，挼香嚼粉，諦玩花之低昂俯仰，分合卷舒，考其自甲而芳，由榮而悴，圖寫其狀貌，得一百品，各名其所題以古律。讀此，則其人其事其書之風趣可想。書都二卷，名曰喜神，蓋宋時俗稱寫像也。是書爲景定辛酉婺州金華趙府雙桂堂重鋟本，元時藏京兆劉氏，明中葉歸吾鄉文氏，有衡山先生及子悱祖孫印記，嗣由五柳居主人轉贈某邸，得京米一挑，魚肉一車，一時長安傳爲佳話。旋又流出。嘉慶辛酉，吾郡黃蕘圃會試入京，得之燕臺琉璃廠之文粹堂，爲士禮居秘笈，細加考題，以收藏之歲與重鋟之歲干支適合，尤深欣喜。題詩有更奇雕板年辛酉，喜得相逢笑滿腮之句，當時錢竹汀洪稚存孫淵如諸公皆有題跋。蕘圃身後藏書，悉歸汪閬源藝芸書舍。道光庚戌，吳中書賈金順甫獲此書售與邗上于漢卿青棠紅豆廬，漢卿如獲異珍，乃後忽爲常熟蔣仲籬（墨林今話著者）攫去，蔣倩安吳包愼伯加題跋語，漢卿屢索之，蔣詭辭弗報，漢卿悵悵如失良友。閱一年，仍由金順甫設法宛轉贖歸，漢卿得之狂喜，自題謂蕭翼蘭亭後又增一韻事；又謂自今伊始，非交深十年者不得閱此書，其珍秘可知。後輾轉歸潘文勤公，遂爲吾外家滂喜齋中寶笈。正月十三日爲靜淑三十誕辰，仲午公即錫以此書爲儀，時靜淑與余之狂喜，自謂較于漢老或有過之，而所得之歲，亦適辛酉，其欣幸更何減於黃蕘翁也。乃與宋湯叔雅雙雀圖同貯，而名吾書齋曰梅景書屋。湯圖亦外舅所賜，千花萬蕊，錦簇芳濃，翠鳥欲語，粉香玉色，舊藏淸內府。光緒己丑，與孝欽后臨本同時賜文勤公者，余於是爲喜神譜廣徵題詠，除倩王栩緣文題引首，馮超然先生畫宋器之像外，每卷各系畫梅二幀，及暗香疏影詞二首，畫梅者馮超然高野侯二先生及張永芳女史暨鄭元素女弟也，譜暗香詞者鄭孝先張仲淸蔡雲笙吳霜厓，譜疏影詞者，吳九珠馮君木葉譽虎趙叔雍諸公也。更益以彊村詞人朱古微先生用夢窗暗香疏影合調一詞，列諸前卷，余亦自塡此調，附於册尾，潘氏昆季省安博山景鄭三君，亦步夢窗碧山玉田當時倡和三闋疏影詞原韻惠題。余又自繪梅景書屋圖，并系以與靜淑各集夢窗句，分譜瑞鶴僊燭影搖紅二詞，而卷末則殿以靜淑與余合作之紅綠梅焉。諸題中尤以甲子元旦日爲多，蓋是年欣逢歲朝立春也。癸酉新秋，値余四十初度，因以此書託商務印書館影印五十部以贈親朋，迄今癸未，又値歲朝春節，回首前塵，忽忽已十年矣。雖國事蜩螗，而宋譜湯畫均欣無恙。惟靜淑已作故人，而題詠諸公如古微孝先九珠仲淸君木霜厓省安亦先後殂謝。每當風淸月白，梅影橫窗之際，披珍籍，讀遺作，悼亡傷逝之感，輒不禁湧上心頭，而莫以自解焉。噫。

俞曲園先生日記殘稿讀後記（下）

聽禪

先生於其兒女親家彭剛直公，推崇備至，某日記與其婿某書，論近日病狀云，「以此日論之，不過氣機之阻滯，以將來論之，實爲癱瘓之根株，吾兄福寧君，及親家彭剛直公，皆忽然得此病，病而旋愈，愈而又病，竟以此終，余生平用筋骨過勞，久知必有此患，今果然矣，踵福寧君之故轍，而步剛直之後塵乎」云云，其實先生精力過人，克享遐齡，不過偶病風疾，卒亦並非以瘓疾終，而剛直則一生在水師，實因受寒過深，與福寧君亦有不同也，西湖彭公有祠，日記載是年上巳日，拜彭祠情形云，「乘舟至三潭印月，率二兒婦姚，孫女慶會，曾孫女璡寶，拜彭剛直公祠，時公之奏議，刻成於吳下，因以一冊交守祠者，藏弆公神龕中，去歲湖南彭氏，以剛直畫像二幀寄蘇，余並以寄唐藝農廉訪，奉安祠中，其一公服者，在一寄樓下，又一野服者，在樓上，儀容酷肖，對之悽然，其在樓上者，余倦於登陟，未見也，」先生之識剛直，大抵係在曾文正幕之淵源，蓋先生亦文正及門也，日記中於剛直，似尚有一二處談及，不能確記，而於涉及曾文正者亦二處，一則因喫旱烟細故而偶帶及，然頗趣，三月廿一日記云，「入城送鎮青中丞之行，並賀劉景韓方伯護院，黃澤臣署藩，王心齋署臬，及湘文親家署首道之喜，——是日在護院劉公坐上喫旱烟，今言及喫烟，亦余生平一小小故實，不可不詳誌之，余五十歲以前，初不喫烟也，庚午之歲，余年五十，至福建省太夫人起居，太夫人年八十五，年高善忘，余將還，太夫人命人買橄欖核烟筒一枝，閩人善以橄欖核磨光，刳去兩頭，以細銅管貫中爲烟筒，滑潤可愛，余初不知買此何用也，既買得，則以賜余，余笑曰，母不知兒不喫烟乎，太夫人愕然久之，曰喫烟何害，可以消閒，可以報穢，汝姑持去，乃謹受之歸，從此能喫烟矣，然其具在臥室，書房無此也，見客更無此也，及至杭州，湖樓山館，皆甚偪仄，臥室即書室，烟具在側，取攜既便，時復中之，然出外拜客，固未嘗攜之以行也，前日劉公見我在湖樓喫烟，因問今日何不喫，告以故，公因命從者進烟筒，余笑曰，姑爲公破例，因憶同年勒少仲河帥，在吳中陳臬開藩，時相過從，每見必喫水烟，偶與同舟至金陵，乃數日不喫，余問故，少仲曰，吾水烟筒付奴輩司之，在花廳見客，彼必以進，即出門謁客，亦必以進，吾因而喫之耳，在內室固無此物也，余以語曾文正公，文正笑曰，然則少仲竟以喫水烟爲見客之禮耶，余之於旱烟，少仲之於水烟，兩事適相反，可謂無獨必有偶，文正與少仲，皆久作古人，因余喫烟而牽連書之，追惟師友之誼，可爲作思舊賦矣，」此一段文字中，文正止一言，而詼諧已足傾笑四座，何等風趣，又其一，則三月十六日所記，謂「是日得合肥相國及李伯行星使書，前年有日本門下士井上陳子德，爲余徵七十壽言，去年由伯行星使寄蘇，得詩文數十篇，余刻爲東海投桃集，以一本寄相國，東人喜以余與合肥並論，山垤河潦，深愧不倫，今相國來書，則言此論本之曾文正，因引近人鄧遜齋語，門下一文一武，武謂廣庭，文謂簡齋，以相比例，然鄧公何足望文正，阿公勳業，亦不及合肥，即以鄙人比隨園，亦未敢退居其後，相國來書，有今人勝古之語，或言大而非誇乎。」

先生在杭，爲詁經龍湖等書院行朔望課甚勤，三月初九日記云，「是日閱詁經二月望課卷，有皋陶謨九德洪範三德解題，皋陶孔疏，以九德即三德，此孔穎達之說，而非鄭康成之說也，後人讀書鹵莽，因上文適引鄭論語注說剛强兩德，遂誤以此說亦爲鄭義，本朝如王西莊，孫淵如，皆沿此謬，有一卷，能力破其蔀，正深欣賞，乃未幾，又得一卷，其說相同，詁經諸君，每得一佳意，輒衍爲數卷，遂使珍珠船爲之減色，鄙意深惜之」云云，余閱此節，因憶從前趨庭時，先君子相告之語，謂凡解經者，有一不成文之習慣，蓋孔疏鄭箋，故凡引孔穎達說，即止稱疏如何如何，不再加孔字，引鄭康成說，即止稱箋如何如何，亦不再加鄭字，上文九德三德之沿誤，或即因此而易於纒誤之故歟，至先生珍珠船減色之嘆，正以見先生立於師長地位着想則然耳，作卷者則自有其苦衷也，凡試院每月必行官師兩課，官課膏火，大都較優，師課月奬，則往往異常微薄，如蘇州正誼書院之類，即獲超等第一，亦不過數金而止，貧寒之士，除教書爲生外，終年惟藉考試院博奬金以爲挹注，故每一課期，精力强者，往往作三四卷，甚至五六卷多有之，好在家應課，並不扃試，自有門斗爲經理其事，一次如能全取超等，平均每卷可得七八九金，亦比作一卷獨得第一優多多也，余今惜已不能復見先生而告之故，使先生不必長作此無謂之可惜想可也。

先生杭寓，除湖上俞樓外，又有右台仙館，乃自築曲園生壙（姚夫人已先葬入），境愈淸幽，先生於湖樓住月餘後，即遷居山館，由是日則挈璡寶各寺院啜茗看花，（先生於老僧醒機處，得種牡丹法，須掘土深種，並以白蘞和土中，令自生根，來年無不壯盛，如誤購芍藥根所接之一種，則今歲有花，明年即萎，）夜則恒與兒婦輩及璡寶，坐墳前石磴上，觀玩暮景，夕陽滿嶺，萬樹蕭蕭，遙望雷峯寶叔兩浮屠，倏忽隱雲水深處而沒，於是揞旱烟筒以爲杖，璡寶提紫沙苦茶甌，於聽老狐鳴聲呱呱中，徐步歸館，自以爲頗得蕭疏出塵之致，有時輒坐至丙夜，猶不知倦，四山已暝，寂無人聲，但聞野兎呱呱，野鷄一响而已，亦自有至樂也，憶余曩者嘗聞齊東人語，先生視學某省，以得罪靈狐，致首場所出試題，即大觸忌諱，奪官而歸，從此不出云云，今觀先生遷居山館後某日記所記一則，可知眞讕言也，記云，「是日以酒肉犒劉吉園總戎所派來司扞掫諸健兒，其管帶者李把總來謝，余告以山中山館左近多鳥獸，愼勿發火鎗，驚擾衆生，又告以夜靜恒有鳴聲呱呱者，乃狐也，是有靈性，尤不可傷之，因憶余初成山館時，有老麃，止三足，彳亍而行，時聞其鳴，今久不聞矣，不知其已物故歟，抑匿跡深山歟，此呱呱者，則十三年來不少異，不知其爲一爲二，殆老時已得道而去，而此猶拜月鍊形歟，余此時爲右台山人，不得見之，異時爲右台山鬼，當可與之相見矣，」其曠達風趣，類此者不一而足，寧有藹然仁人，一代鴻儒，而與異物負氣，致毁其功名者哉。

先生居山館又月餘，乃仍買舟還蘇，時環境心境，皆又一變，故日記所載，愈輕淸瑣碎，彌覺可玩，佳處實不勝掇拾，茲爲省篇幅起見，再彙錄其最者數則，可以結束吾文矣，「王心齋觀察言，戊子年典試粵西，與沈仲復中丞偏游山洞，最奇者還珠洞，洞中有水，可乘舟而入，有石柱，自上倒垂而下，離水面僅數寸，云馬伏波以劍斷之，謂之伏波試劍石，此故老傳說，又云，廣西省每出一狀元，則石長一寸，此亦無可驗，惟石上刻范石湖七律詩一首，歷來廣西狀元姓名，皆隱寓其中，至己丑狀元張建勳，廣西人，而其名果見於第七句中，是可異也，惜不知爲何年何人所刻，並其詩句，心齋亦不記矣，」余按江蘇宜興，近亦發見善卷庚桑兩洞，狀與還珠同，其勝或且過之，以我蘇狀元之多，則石柱不將穿地復出乎，一笑，「馮夢香言，近有杭人姜子仁，自購機器，設石印書局，余問其印值，云連史紙半張，適如其石之大小廣狹，每印一千張，不論字之多寡，行之疏密，印值洋錢七圓，紙價即在其內，但不知寫樣之資，亦在其內否，姜君如來見，當詢之，」按極見先生頗注意此事，以著述家恒需印書也，但寫資自然亦包括在內，姜君後來果來否不得而知，恨不能告先生可毋須詢問也，時吳愙齋尙書，方總南河，猶未授湘撫也，亦在湖上，時相過從，記云，「淸卿繪俞樓圖一小幅見贈，蕭疏之致，在筆墨之外，即訪湘文親家於城中裱飾之，」又云，「吳淸卿河帥彭岱霖觀察同來，留之小飮，買樓外樓醋溜魚佐酒，淸卿去年曾作匡廬之游，繪圖四幅，賦詩十二首，作游記千餘言，共爲一長卷索題，余爲題詩云，明聖湖邊酒一杯，波光山色足徘徊，却嫌平衍無奇勢，攜得廬山眞面來，廬山眞面太玲瓏，西爪東鱗逈不同，借問何緣能畫出，知君五嶽在胸中，」此卷不知現尙在梅景書屋否，會當一詢之湖丈也，先生性幽默，終日春風笑語，雖對奴輩，亦從無疾言遽色，湖樓守者名「五十」，先生常大呼「半百」以戲之，轎夫名阿王，舟子名小沈，並忠實，先生一日以婢嫁小沈，記云，「是日以婢瑞香，嫁新市人沈阿長，阿長在西湖，爲余操舟有年矣，人頗勤謹，因以婢妻之，並擬爲之製一小舟，使操以爲業，賦詩遣嫁云，浮家莫笑似浮萍，爲製烟波一小舲，他日我來湖上住，漁童前導後樵靑，吾家近有二婢，一嫁蔣金田，一嫁韓浦臣，皆長江水師營中實缺武員也，今此婢所嫁，似稍遜之，然雲水光中，浮家泛宅，亦是神仙眷屬，數十年後，吾此詩流播人間，好事者來游西湖，以此兩人及事曲園，爭求一見，則雨笠烟簑，靑裙白髮，亦西湖志中人物矣，」嗟乎小沈，吾不爾如也。

（甲申三月三十日於小稊巢）

西洋的性書與淫書

周越然

性書與淫書不同。性書是科學，淫書是小說。性書是醫學，是心理學；淫書是謊言，是『鼠牛比』。西洋有性書，又有淫書。我國有淫書，而無性書。我們讀了性書，多少總得些智識。我們看了淫書多少總受些惡習。少年人還是多習科學，少閱小說的好。

本篇講西洋的性史，又講他們的淫書。我的目的，在分別這兩種書，說明牠們的特質。現在讓我先講性書。

西洋的性書，眞是汗牛充棟。已經過時者不必提，非專家所寫者也不必提；就是在最近十年內，醫師或心理學家所作，而銷行全世者，爲數甚巨。我家藏的，亦幾幾乎有一百種。倘然我把他們的題名一一開出來，那末本刊本期就變成一冊『周藏西洋性書全目』了。我們的主編老宗弟黎庵先生一定會把我的稿子退回，并且還要責我敷衍，責我不忠實。所以我集合各大家的著作，採取他們的優點，擬定一種（大學用本）初級性書的綱要。閱者粗粗一看，立即可以明白那類教科書的構造和內容。綱要如下：

（一）第一卷。細胞（細胞有陰有陽。陽者成男，陰者成女。欲成男女，必由甲方達至乙方，即由父體傳至母體的意思——這就是俗所謂『交合』）。

（二）第二卷。生殖器（男人女人的形相，雖然大同小異，然而他們的性具完全不同——一賜一納。賜者非先昂不可。納者非產卵不孕。昂舉的原因甚衆；如飲酒過度，膀胱多尿，……皆不正當。最正當的，是天然的亢進（多荷爾蒙）。產卵之期不定；有準四星期者，亦有兩星期或十日者。準四星期者，最易懷胎；時間太短者不易受孕。天癸，亦稱月經，是除舊卵產新卵的證據。日本名醫有天癸時間表，專爲婚姻中欲求子息者之用，最合科學。卵的大小，等於西書上句末的全點——極微，極微。）

（三）第三卷。求婚（西人結婚，雖亦有由父母作主者，但大都皆由當事人決意，再與父母商酌。西人求婚的各種步驟，想諸君已在銀幕上見過，似乎不必細述。惟正式性書中，關於此點，講得極多極明。他日當搜集各家資料，另作一篇『求婚說』）

（四）第四卷。婚夕（西人雖自號文明，然至今仍主張初夜權，仍注重處女膜。西國丈夫，十九長（上聲）於其妻；相差十歲者，很多很多。這就是我國『男子三十而娶，女子二十而嫁』的意思，性書上常常戒初次爲丈夫者，不用强力，要有忍耐，疑是年歲相差的緣故。的確，初次動武，最易使對方寒心。我們中國人也不可不知這個道理。新婚之後，西人立即旅行，就是所謂『蜜月旅行』。那是他們一生中最快樂的日子。）

（五）第五卷。交合（交合有時間，有多寡，有位置。先言時間：西人不主張清晨，亦主張晚上。清早辦『公』，易使神經衰弱。再言多寡：多寡無定率。體健者雖多不妨，體弱者雖少亦傷。但所謂『多』者，前後相隔，決不可在十小時以內。我國有一首譏刺新婚者的俚歌道，『未曾滿月一夜七，滿月之後七夜一。早知如此不均勻，何不當初一夜一——』也是講多之為害。末言位置：天覆地載，是最普通，亦最妥當的位置。但尺寸不一，深淺不同，勉強湊合，不得不顛而倒之。除此兩者外，旁敲側擊，或推獨輪，也是湊合之法。至於其他三十餘種位置（參觀『于飛經』）均非正派，既不易行，亦不易學，不必多費腦筋。）

（六）第六卷。生育（已結婚的夫婦，應當生幾個兒女，然後可以保住一國的人口，使牠不減？這個問題，德國著名醫師費爾德氏已經答覆過了。他引用鮑裴維克氏的議論說道，『我們假定一千個男女孩中，三百個幼年殤亡，七百個長大成人。那末每一對夫婦應該生的兒女，不是兩人，而是——兩人又百分之八十六。算學上的公式是這樣的：

$$\frac{1,000\times 2}{700}=2.86$$

『成年的男女，有不結婚的——大概是百分之八。所以結婚者的義務又加增了；每對夫婦應生小孩之數為——三個又百分之十一。

『另外還有一件我們應該注意的事：我們的「三個又百分之十一」，沒有計及結婚而不育者。倘然結婚而不育者之數為百分之十，那末結婚而育者，應生——三個又百分之四十六。』

世上有主張生育節制者，如山額夫人之類。吾人目下正在大戰中，各國政府多獎勵生育，增加人口，所以我不願講這個問題。并且穿衣戴套，吃藥清洗，最易製造神經衰弱，本非美事。這個問題，還是不談的好。）

（七）第七卷。不育（婦女不育之因甚多；主要者十，如下：（一）膣道緊縮（即俗所謂『石女』），（二）位置不合，（三）子宮離中，（四）管內發炎，（五）天生冷淡，（六）液質過酸，（七）液質缺乏，（八）子宮生瘤，（九）胞卵互拒，（十）卵質不良。此外原因尚多。凡結婚不育而有意求子者，應訪求名醫，請其診斷。

男人亦有不能『傳種接代』者。這種毛病不外（一）萎縮無力，（二）及門『投帖』，（三）分泌太速，（四）細胞太弱，（五）睪丸發炎。最後之病——睪丸發炎——大概因白濁而起。）

（八）第八卷。性病（所謂性病者，專指白濁及梅毒而言。白濁是局部的，梅毒是全體的。前者當然不及後者之猛烈，但亦能『殺』人。白濁過時不治，能發生關節炎，能使人瘋癱。梅毒吃藥無效，非打針不治，且非打至斷根不可。

此外另有一種似性病而非性病，就是蓬蓬中的虱。此由不潔而起；最易醫治，用火油（不是汽油）揩擦多次，即可消滅。夫婦『行禮』，固不可免。但同時不可輕視衛生。當晚洗滌，或翌晨施行，萬不可忘。洗滌之水宜溫，其巾宜柔。陰性洗滌，不必深入膣道）。

初級性書的綱要，已經完了。我現在繼言淫書：

西洋淫書，不及中國的多，也不及中國的『出色』。中國最大的淫書是『金瓶梅』，最小的是『癡婆子傳』。這兩種文筆均佳，且近人情。此外如（一）繡榻野史，（二）浪史，（三）肉蒲團，（四）杏花天，（五）燈草和尚，（六）株林野史，（七）昭陽趣史，（八）野叟曝言，（九）綠野仙蹤，（十）姑妄言，……非獨猥褻不堪，并且不合生理。牠們主張吞藥，主張『擴展』，主張採補，都是速死之道。這種書宜燒不宜讀。——我離題了；讓我『言歸正傳』，講西書罷。

西洋的淫書，沒有『出色』的，我在上文已經提過了。牠們的作者，都是用筆名的下流人，牠們的讀者也是缺教育的下流人。我們的新淫書，偷偷由癟三兜售；他們的新淫書，『公』然由妓院出售。有作家具名，且由大書肆出版的西書，決非淫書。『蔡夫人傳』之所以被禁，因爲英國人『掩耳盜鈴』，不喜歡別人知道他們家庭實情的緣故。

西洋的淫書，大都爲上岸的水手或休息的士兵而作。欲迎合他們的心理，不得不以狂『玩』爲主旨。我曾經見過兩種代表作：（一）半日輕狂記（上下兩卷），（二）全夜在後宮中。『半日輕狂記』，一名『銀梨花下』，我國有譯本。書中言某姓男子，因求婚不遂，將意中人騙入體育室（不是瘋人院，譯本誤），一再强行無禮。那個『意中人』，經過『大辱』之後，反而心悅誠服，情願同他結婚。……此種『理論』，此種主旨，吾人一見而知其虛僞。所以西洋的淫書，祇是欺騙西洋的下流人，決不能『感動』我國的讀書人。

『全夜在後宮中』，更加荒謬了。某國軍艦，因風不順，停泊在天方海灣中。艦長在海灣沐浴時，巨廈中的婦女，將窗打開，并將艦長吊入室內。他坐定後，就知道身在禁地，所有的女人都是國王的妃子。每個女人都歡迎他。翌晨他離別的時候，每個女子都很滿意。……這一冊書的主旨，無非是：水手隨時隨地可得艷遇。……本書的設計果然惡劣，但是牠內中的故事倒很有趣味。

西洋另有一種書籍，他們列入文學，我們視爲淫書；例如，『盧梭自傳』，赫立司的『自傳』（即『我的性愛與生活』）。那兩個大作家，眞是老臉皮，淋淋漓漓無所不談。無論牠們美不美，看了損多益少。彼國禁止少年人購買，不是無理。

西洋性心理學中，常載許許多多『性史』。『性史』就是個人婚姻前後的實錄，心理學家據爲研究資料的。首先印行這種資料者，是心理學專家艾理司氏。依科學言，性史全不誨淫。後來張競生採取了艾氏的意思編『性史』（第一集），爲什麼大家譏笑他呢？因爲張君的著作，確實誨淫。他的那篇董二嫂，是『癡婆子傳』的化身，當然不能登大雅之堂。張競生以後的小冊子，效慕張競生『性史』而作的小冊子，我見過的，總在一百五十種以上。這樣的多，都因爲紙張低下的緣故。現在紙張缺乏，馬路上喊賣春宮，喊賣『性史』的癟三，幾幾乎完全沒有了。

二十餘年前，西洋開始寫印一種專講鞭撻的淫書。施鞭撻者，大半爲陰性，就是妓女。受鞭撻的男女，或立或伏皆身不振者，即萎縮無力者。據說，歐美大都邑中，此類變態的陽性極衆，借此可以暫時『爲人』。性書上有詳細的說明，講這件玩意兒的害處。我國好色者，決不好打——『打情』不重擊，并且不痛。所以這種淫書，吾國定無銷路，且無譯本。

我國的淫書，有譯成英文者。『金瓶梅』有兩本：（一）無名氏的節譯本，（二）艾吉登的全譯本。全譯本遇猥褻之辭句，改用拉丁古文，猶我們翻印古本時改用空格的意思。我們的淫書，不知他們當做什麼看。他們當做小說麼？還是當作社會研究？

最末，我當說明一事：世界上不論何國，寫淫書者都是男人而無女子。我國淫書的文字，比較西洋的好得多，我國的淫書，比較西洋的出色得多——這是什麼理由？因爲我國人爲自己而作，西洋人爲他人而作；我國人爲『主義』而作，西洋人爲金錢而作。我國舊時少數文人，或因面貌醜陋，或因命根細微，或因財產不足，或因性情不良，娶不到嬌妻；娶到之後，又得不到歡樂。是故借文字以泄憤，志在描寫幻想，不在陳述實情。西洋的無名作家，窮苦萬分。他們寫的稿子，無處收受；不得已東拖西拉地製造些虛僞『鼠牛比』的故事，騙騙下流人。他們的文字雖然不良，然而他們的稿子馬上有人收受，并且所得的稿費可以換許多麵包。

期刊過眼錄

文載道

古今第四一期上載有抱彭先生的「聚書脞談錄」，其中談到五四以後新文藝版籍的沿革得失，並略述抱彭先生自己所收庋的幾種新文藝圖書，末後又提到一些著名的期刊。這對於有蒐藏癖的讀者，不能不說很好的材料。又因古今向來注重這方面的著述，去年且有蠹魚篇的輯印，可惜這篇「聚書脞談錄」刊載太遲，不及收入進去了。

敍錄版本的淵源，書市的掌故一類作品（不論單行或篇章），古往今來固已不尠，不過這大多數還限於木版的古書。至於紀錄五四以來新文藝方面的，到目前止似覺不多。而其中之寫得較繁博的當推阿英先生，這正像他對於這方面收藏之豐富一樣。但我另外記起還有一位姓的C朋友來，他搜庋的質量恐怕還要超過阿英。單只他的一些叢刊雜誌，差不多就大概完備了。C先生早年也曾寫了一點詩歌等作品，後來則創立書屋，專心於出版事業，如史鐵兒之「亂彈及其他」，即他苦心的搜羅與保存之力，而他對每本書的印刷裝訂尤其力求精美。凡是看過精裝本「中國大革命序曲」（法A·馬爾勞著王凡西譯原價一元一九三八年八月初版）和「意大利的脈搏」（意西龍作綺紋譯）等書的，自然就會明白。由於這些關系，再加他經濟比較寬舒，而又有愛收搜的興趣，因之他在城南的幾間住宅，便成爲一座巍峨的書城了；這在阿英當也對之而遜色。然而不幸—眞眞的不幸，在八·一三的一役，C先生在率眷倉皇出走以後，不曾將他的藏書遷出，到了後來却十九付爲劫火了。但C先生非常達觀，依然的經營他的事業和收藏。間或跟他談起，那也不過付之一笑而已。而且後期的「魯迅風」也是承他精神與物質的協助，才能擴而至於半月刊。我又聽說「魯迅全集」最初也曾經過他的計劃出版。像他這樣的不因身外得失而消極，而灰心的達觀者，恐也不能說多了。例如我對另一位朋友告訴他這一切經過後，並問他：「如果這所遭遇的是你，又將怎樣？」他即毫不思索的答道：「那我也許要發瘋了！」這話實在不算誇張，揆諸武康山中白晝鬼哭故事，則一生一死，同樣是書林中最傷心的事。

現在，我想將我十年來跑冷攤，訪書市的一些經歷與見聞，陸續的記他一鱗半爪，而先從新文藝方面做起。這一因我談古書的資格還太淺，收藏太貧乏。二是新文藝方面的「書話」在目前似乎不多，不妨讓區區來湊個起碼的數，而參考起來也較方便容易。但這裏我還想加以別擇，那就是先來談一下所過眼的期刊，叢刊。換言之，就是替家藏的一些雜誌做個提要罷了。當此八表同昏之秋，區區圖書之聚散正在未可知之數，然則留片言隻字於人間，以代他日摩挲涉獵之資，也算此日的一種準備吧。——自然也希望幸而吾言之不中！

記得商務印書館曾印過「期刊日報史」，著者好像是外國人？不知道這中間有無提到中國期刊的史實？不過在宇宙風（？）上曾看到這書的書評，似乎很對此書表示不滿，而對商務之以巨幅印行出版，尤覺近乎浪費云云。那末，想也不必設法借來參考它了，雖則這頗同於「耳食」。除此之外，專門的記述中國雜誌消長的史料，像戈公振先生的「中國報學史」般的，到眼前還未見出現。我生怕誤於孤陋，還特地翻過一九三五年生活出版的「全國總書目」，則連名目都沒有。而在新聞學方面，如新聞學通論至新聞學論集，就共有三十餘種之多，單是新聞史也占到四種。可見這項工作在八年前還是付諸闕如，後來也並不聽見有過。但事實上，倒是一樁值得努力的事業。因爲我們既然對中國的新聞事業有了上列這許多的著作，則推之於雜誌方面，照例總得有幾本可以查考的書了。而且中國的雜誌和日報成長的年歲，也沒有差得過遠。那末日報有，期刊應該也有。據曹聚仁先生在其「文筆散策」（廿五年八月商務版）一五八葉上「清末報章文學的起來和它的時代背景」一文所說，則刊物在清末已經流行。至於它地位的重要，正是十九世紀後葉維新派計劃中的「洋務」之一環。當時一般開明的士大夫，就時時奏請開設編譯館，以廣知識與視聞，如安徽巡撫王篤棠，刑部侍郎李端棻都上過呈文。他們特別的注重於翻譯西文，俾使知己知彼，啓迪民智。可惜後來雖有過幾種刊物，而大部分還被制於歐美傳教士之手，作推行基督教的文字先鋒。說來可憐，據曹先生所記：「中國的定期刊物，以馬六甲（Malacca）出版的『察世俗每月統紀傳』爲最早（一八一五年出版）。這刊物，係耶穌教的傳教工具，……其中除了宣傳耶穌教義，刊載天文，軼事，傳記，政治之類的新知識，兼刊載一些新聞。」我們再從這時候出版的一些期刊而觀，所謂報紙與刊物之間並沒有像目前那般嚴格的區別。因爲這時日出一紙的日報還不曾創辦。像最早的申報，就是每月只十五期，（原作「每本」）每一葉爲一章，一日爲一號，相當於目前雜誌的性格。所以曹先生題雖作「清末報章文學」而以當時所出期刊作引證者，正是緣此。（阿英有「辛亥革命書徵」刊前開明版之學林。內即載清末的許多革命刊物之提要，惟其他的小說論著等單行本也兼收目中。今大衆月刊所刊者似據此原文也。）

這裏可以使我們明瞭的是，中國之有定期刊物，至今已具一百廿餘年歷史，較之同治十一年（一八七二）創立的申報還早五十幾年。但對於我的這篇文字，只能附帶作一引子。因爲我所收藏或過眼的，還是五四以來思想立場及文字體裁皆有顯著之變化的進步的定期刊物，而內容也大部分不脫文學歷史範圍。自然，前面業已申明，只以家藏的爲限，有許多著名的刊物而非我有者只能暫且略去了。

輯述中國期刊發展的單行史料，既如上舉之缺乏，倘要參引，就只好求諸個人的文章。偶然記起阿英的「海市集」（北新版），總算找到了西門買書記，海上買書記各一篇。後者僅談古藉，不必贅引。前者雖非專記刊物，然頗足借重之處。其中有述其得新青年之故事云：

「我的一部中國青年合訂本，幾年前被一個朋友燒了，今年我在這裏又買到，價錢也祇兩毛一本。這賣書的人很知趣，當我買了這部書，他就問：『先生，我還有一部禁掉的新青年，你要麼？』我知道他有些門檻。『在那裏？』我問。他說：『在家裏你先生要的話，我們可以，約定日子，我代到這裏來。』像這樣的事，我不知道遇到幾次。有時他們沒有，在委托他們代找以後，他們也會到處去尋訪，直到找到了時。」

發表這篇買書記之前，大約亞東還不曾重印新青年吧。要不然，「這賣書的人」何至視爲緊瓚，鄭重其事呢。其次，像阿英末後說的書籍賣買情形，確是經驗之談。你如果有志於秘辛檔案（姑限小規模的）之蒐羅，就得先跟書店主人講交道。還要着眼於從前如邑廟西門間的一般冷攤——今天則如滬西極司非爾路辣斐德路等（因我曾收得全部語絲），擴而至於外埠的蘇杭。若只靠三馬路一帶的舊書店就行不通，因這並非他們業務重心。——既然講了交道，如再能相濟以緩急，那末，他們一有良書，便先給你留起來，偶然的缺少現欵，也一樣可以成交。這也可名之曰欲擒故縱。蓋不論「士農工商」，人有時終難免爲情感所左右。所以在阿英的家裏，可時常看到書店掌櫃的影子，恐怕他的一些晚清珍本小說，與絕板之新文藝書及刊物，一部分即得之於這樣的機緣。有一時期一位姓W的書商失了業，便就在阿英家裏由他供給膳食與零用，一面就由W替他理修散蝕的書。——而在事實上，凡是南北的收藏家，多少跟書店有了相當交誼的。像上次某書店之開業，陳人鶴氏就幫過主人的忙，而主人則報以某氏的日記稿本云。這可謂一舉而兩得，假以時日也不失爲書林的逸話吧。

曾經有人慨嘆過，中國是一個缺少調查與統計的國度。此在文化部門亦然。例如自五四以來，中國究竟有多少種的文藝作品及刊物呢。對於前者，總算生活的「全國總書目」有了一部分的記錄。可是後者卻尚待努力。但自良友公司印行中國新文學大系後，在阿英編的「史料・索引」中，幸而後面附着「雜誌總目」及「主要雜誌詳目」兩欄，可使我們約略明瞭。總目以部首檢引，起杭州片月社之一片（一九二四），終長沙出之瀟湘綠波（一九二五）。詳目則自新青年，新潮，少年中國，小說月報……——至語絲共十三種。每種前附提要，次即每卷每期目錄。再後是特刊專號目，計十餘種。按編者之序例成於一九三六，距新青年（第一卷名青年雜誌一九一五年九月十五日創刊。地點北京）之發刊已二十一年。在此過程中（此後暫略），全國之定期刊物，根據這雜誌總目所載，單屬文學一門，約摸二百八十種光景。空間橫遍全國之名都大邑，計上海、南京、北京、成都、硤石、杭州、寧波、廣州、湖南、武昌、河南、雲南、吉林、潮汕……——等約三四十處。時間多自一九二三至二七，及更早的一九一五之北京新少年一九一九之學燈（時事新報附刊）。但一九二七——即中國大革命後之雜誌俱不在內。大概編者以北伐爲中國新文學的一個分水嶺。而良友的意思，原來也打算替五四以還廿年間的文學活動作一史的鳥瞰。因此，由於這雜誌總目之提示，廿年來的文藝刊物，總算有了可以稽考的眉目，這是值得我們感悅的。

現在，要說到我個人所收藏或過眼的期刊了。根據三四年前目錄所記，約一百六十種。而內容複什不一，不獨文學一門，惟以文史的爲多耳。後來因故銷毀的約占十之一二。至編目後次第所得復約二三十種。還有，太平洋事變後所出的又占二十種左右（包括隨生隨滅）。其中或許有不全的。這因我自一些家藏的日報全部被焚後，對此後的收藏與趣皆接踵減失。除了承幾家雜誌社的按期贈閱外，再也鼓不起興趣，而書價的增漲也令人感於負担太大。然而今天回頭來看看這些舊出的刊物，不論篇幅之豐厚，內容之精彩，作者之薈萃，眞令人感到手不釋卷，而一與現行的對比，則又不勝隔世之嘆。雖然今日客觀條件的束縛亦爲主因之一。不過聽說現在有少數的雜誌，在主持者倒自願不要它的刊物好，銷路多。例如那些目的只在報銷一類東西。此則如區區之孤陋寡聞，又未免要少見多怪了。雖然從前並非沒有無聊的刋物，但數量決不像今天的多，而做法也未必如此露骨耳。

這裏隨便的舉幾個刋物來說。首先是生活版的文學。最初的編輯是鄭（西諦）傅（東華）兩先生，後來則由王統照先生接編。依我看後期的要較勝於前期。尤其是幾本專號，（如兒童文學中國文學研究等）大可當作文藝讀本來看。同時在文學一周與二周紀念時，還有過「我與文學」與「文學百題」，厚皆三四百面，而應徵寫作的又多屬南北的學人與作家。後來又有過「小品文與漫畫」，算是太白一周年紀念特輯。這些地方，也可見得生活書店之眼光遠，魄力大，及編者作者等之能踴躍努力，而使生活蒸蒸日上，奠定不拔之基礎。

刋物必須有一種特殊風格，這自是老生常談。但我覺得刋物的風格，往往也多少表現出主編者的個性。觀於王編的文學即是一例。文學的態度比較「中正和平」。它對於文壇的論爭，時事的變遷，世局的激盪，都有它的立場，它的反映，而決非與世無爭超然自尊的山林文學。但它決不隨波逐流，一唱百和，而只分出一部分的時間精力加以「適應」。大部分的，却是沈默堅定的爲中國創作界盡切實之責，切實之力。而這跟王先生的個性剛剛吻合。再如魯迅先生與高爾基之逝世，文學也有它的哀悼文字，而這些文字，像郁（達夫）鄭（伯奇），傅（東華）茅（盾）及編者自己的悼詩，論量不滿十篇，論質却篇篇有至情至理無限感人之處。比之鷄零狗碎敷衍搪塞的某些專號，即不知强過多少倍！這一點，又像王先生之文學活動，他於小說，詩，散文都有其精深的造詣（我最愛他的詩），但產量却不滿六七本。這種嚴謹而精細的創作態度，恰逕通着他編輯的作風。他曾對我說過：辦一分雜誌，必定能使這刋物在停刋以後，還能引起許多讀者時時閱讀，參查，以至使這刋物的格調成爲後來者仿效的對象，才是一件有意義的文化工作。這話使我印象分明而悠久。同樣，上月中有位先生也發表過類似的卓見：一個刋物如能在登峯造極的時候把它停辦，倒是最合算的事，超過它停刋的損失而有餘。——這話雖要相當代價，至少將雜誌犧牲掉。然而仍有它的收穫。綜合兩位先生的意見，即刋物的外形雖然消失，而它的精神聲譽地位風格，却在在能引起讀者永恒的留戀憶念。像望道師編的太白之停刋，徐懋庸先生就寫過「悼太白」。

古書有版本，刋物也有版本。不過這版本不定在於紙張的優拙年代的先後等，而是有點歷史性故事性的成分。例如文學就有過戰時的小型版。而發行及編輯人，這時也由「原任」的傅東華先生收回自辦。一共出」二本，版式是三十二開，每本封面的用紙都不同。大約容納了八九篇文字。記得復刋詞中編者的幾句話，很令人玩味。大意是，在目前這樣混雜的時代，希望文學的作風能保持一種人要熱，我偏要冷，人要高張，我偏要沈默……的「偏」。我覺得這決不是在提倡立異鳴高，而是在舉世附庸雷同中求一點特出的卓拔的風格。而在幾年後的今天，這話尤值得重視與實踐。

凡是這一類含有歷史性的版本，我總是竭力搜羅。如同時的光明，烽火，也出過戰時小型版，存在日期則較文學的爲長。宇宙風也與逸經西風等聯合發行戰時特刋。後來，宇、西兩風又告復刋而逸經却小別成千古了。同時，其他因滬戰的影響而紛紛停辦的也復不少。特別是文學，作家，中流，世界智識，月報（開明版）——等，都已有了固定的風格和地位，實在太可惜了。又如生活書店的中華公論，戰前由鄭西諦胡愈之諸位領銜主編，是一本高級的政治，經濟，國際，學術，文藝的綜合刊物。這裏面以郭（鼎堂）鄭（西諦）二氏的考古辨史爲最出色。尤以郭氏的「借問胡適」，簡直是對這位博士的挑戰；而他代已死的魯迅先生打不平，更覺淋漓痛快。不過，郭氏也並非一味的在發洩他的憤火，事實上，這篇文字，對於學術上的貢獻，却是「建設多於破壞」。譬如他之考釋「高宗諒闇」及「正考父銘」，都是當代考據學上的煌煌偉觀！——從生理學的見地來整理中國的「遺產」。

不過這一時間的刊物，似乎壽命多不能「克享遐齡」。像前述中華公論剛出第二期就聽到滬北砲聲響了。但戰後的上海，曾經有一本學術性刊物，而僅出一期即告停刊的，說來也很有掌故的價值。這刊物名叫離騷（好像是吧）。署名的編者是劉西渭先生。實際上是阿英主持。劉只寫了一篇散文。創刊號因稿擠，我的一篇考證鄉土史地的文字遂不及放入，旋由黎庵拿去給永生刊載。至於這「離騷」的下文也從此桐庭木落渺渺無蹤了。後來碰見阿英時，大家就戲呼之爲海內孤本。其實，目前要拿出這樣的一本書來的，確也沒有幾人了。寫到這裏，我忽然想起，如果要收藏期刊，上海有一個人該是最合適的理想的。此人爲誰？曰：五洲書報社主人卜五洲先生也。要是他能從創設以來就一種種保留的話，豈非也是洋洋大觀了麼？

雜誌裏面，像離騷樣的曇花一現的，自然還有好幾種。出二期停刊的更多。像蕭軍等編的熱風，黃碩編的報告，徐訏賓符合編的讀物，都是只此一回並無下文的。更有趣的，記得連目錄都已登過廣告却終於不見下樓的也有過。誠以文苑之大，自無奇不有也。

話又回到我的書笥裏面：算來要算燕京學報與語絲得來最不易而也最得意了。現且略記淵源於後。

燕京學報創刊於十六年六月。年出兩期。由燕京大學合組編輯委員會（旋刊名單。由顧頡剛主編）編輯。初僅一百六七十面，後漸增厚。內容純以學術爲主。我漸得之於中國書店，然第一第二兩册終無法配致。有一回託書店設法，却被掌櫃反問道：「我出你一百元錢一本，你有書嗎？」時米價尚一千餘元，可見此書之身價。（現良友新文學大系全部市價六七千元。學報本子較大系多一倍半。可以參考或推想）而我也只能認此兩期永不覯面了。不料至翌年的某天薄暮，在W區的一冷攤裏，居然瞥見了一二三三期。當時一問價鈿，倒也要每本二十元，並問他是否可剔去第三期。答說：「去須一起去，先生不在乎二十元錢。」結果以五十元買進，以第三册送與Y書店。於是自第一期至廿六期始告完備矣。但後來聽朋友說，廿六期以後的還有幾本。而又終未覓得。旋又承古今讀者北平英愈庸先生的割愛將廿七廿八廿九三期贈我。他所藏也是全分的，却爲我而犧牲全璧。中間曾去函阻止，而英先生終於郵寄至滬。似此盛情，永不能忘，且彼此僅以文字通好，素未一面，尤可說大出意表之外者也。

其次則爲語絲合訂本，也是在W區所得。價尚公道，則以第一册合訂本已缺。雜誌一有殘缺，就像美人之有瘢疤，未免丰韻大減。後來又想到阿英家裏時有重複的書或刊物見贈，或許還能配添，遂買了下來。當夜跑到那邊託他趕快找尋，第二天果然差人送來第一册合訂本！

這兩種期刊是我個人搜藏史中最愉快最不能忘的一筆，未必輸於精鈔舊刻。特別是燕京學報，在南方更其不易弄到全部。而內容又極有價値，凡是所謂有歷史考據之僻的人，無不對而摩挲不已。其次語絲中以周氏昆仲之文爲最多。樹人先生部分大概在「全集」中皆已收入進去無有遺佚的了，而作人先生的一部分則見於談虎集。但還有許多用筆名寫的却尚未收入。因此愛讀苦雨翁前期文章者，語絲尤不能不看。

然而話雖如此，我手中殘缺的期刊依然不少。如中央研究院歷史語言研究集刋，原來每本四分，我尙少最早的幾分，二月中曾配到兩本，却一共還少五六分模樣。又如「燕京學報號外」也無過於有，目前正託友人配購，恐一時也未必有何辦法。而目前書價之大再加聯幣之高，更非短期內個人力量所能完償。

此外，尙有介乎書籍與雜誌之間的叢刋，叢書及專號等。如上舉之燕京學報號外是一種，由一人執筆作固定題目。亦有文學性的亞東之我們的六月，我們的七月，商務之星海，大江書鋪之文藝研究。出版的日期沒有確定，執筆也非一人，而略有同人性，文字則較結實，現實色彩比較少，實則與雜誌也並無怎樣大不同，只是他發行的方式是與書籍相近。所以雜誌在日子一久便失去銷路，而叢刋還可維持一點時間。大家知道在四五年前，凡是新出的雜誌，幾乎十之七八采取了叢書的形式，尤其是較硬朗潑剌的。這原因不消說是爲政治的壓力。因這時發行雜誌必須向工部局登記，叢書則擇每一期中某一篇作品爲書名，旁註××叢刋之一，便可以書的方式避免這限制了。前後計有公論叢書，雜文叢刋，文藝界，朝華叢刋，文學集林，學林……等。不過這樣的做法，自然還有問題。例如登記雖避免但查禁依然很嚴，而經登記許可的倒反穩妥了。還有是營業上的，雜誌如西風、萬象、宇宙風已有了一個固定的名稱，對讀者也有固定的印象。到了出版期，向報攤一買就是。叢刋則這期換A，下期改B，反使讀者不易認清名目。因此兩者之間也可說各有利弊。我覺得這一類文藝叢刋中之最充實的當推開明版的文學集林了。在今天看來，大部分還是頗有意味。而開明同時出的學術性的學林也很精博，非目前的「學術界」所可同日而語了。

上面皂雜地說了一大堆，因限於篇幅，無法將其他的雜誌一一敍及，而且搬弄查考也復大難，只能到此爲止。最後我還有一點希望：希望將家藏所有期刊能像從前中華圖書館協會那樣的編一本「文學論文索引」。（分一、續、三三厚編。民國廿一年——廿五年出版。內載自光緒三十一年起中國報章雜誌之文學論文題目數千篇）雖然材料沒有這樣優厚廣泛，但供個人或小範圍之用也就勉强够了。以後續得自再續編。關於這工作，去年本承友人苗埒兄相助，只是一二人業餘的力量決不能完成，且待將來再說矣。還有，中國文學浩如烟海，自四部而至俗文學，都有待學人的批判鈎稽。因此索引工作的確値得公家（私家能力過尠）的主持進行。這一點，且俟異日重寫他文以資提倡吧。（卅三年四月旣望，夜）

清明日過夫人殯宮

鶴亭

寂寂雙扉白晝扃，紙錢隨例送清明；一棺對面人天隔，百事捫心報答輕。風燭光搖行自念，瓶光香渺落無聲；病懷抑塞誰曾省，浹月衾頭淚未晴。

吳梅村的私情詩

僉 忍

錢牧齋吳梅村一代詞宗，都入「貳臣」。近世雖然頗有人替牧齋辨白心事，好像也是出於無奈；然而他在南都迎接豫王，畢竟是無可掩飾的事實；而且結果也還是討不到他們的歡心，累得把著作也禁毀了。若要我來把他和梅村衡量一下，我是寧取梅村而舍他的。按梅村的出處，顧伊人所撰行狀記云：「甲申之變，先生里居，攀髯無從，號慟欲自縊，爲家人所覺，朱太淑人抱持泣曰：兒死其如老人何！……本朝世祖章皇帝素聞其名，會薦剡交上，有司敦逼，先生控辭再四，二親流涕辦嚴，攝使就道，難傷老人意，乃扶病入都，授秘書院侍講國子監祭酒。」完全委過於二親了。我們看他在詩中的自述，如「言懷」云：「苦留蹤迹住塵寰，學道無成且閉關。只爲魯連寧蹈海，誰云介子不焚山！枯桐半死心還直，斷石經移蘚自斑。欲就君平問消息，風波幾得釣船還。」（卷十一）又「自歎」云：「誤盡平生是一官，棄家容易變名難。松筠敢厭風霜苦，魚鳥猶思天地寬。鼓枻有心逃甫里，推車何事出長干。旁人休笑陶宏景，神武當年早挂冠。」（卷十二）這是在甲申以後，南都召拜少詹事，與馬阮不合，拂衣歸里時所作，行狀說他「易世後，杜門不通請謁；每東南獄起，常懼收者在門。如是者十年。」以上兩詩，便足盡他的心事了。等到扶病入都，便有「將至京師寄當事諸老」七律四首，其第四首云：「平生蹤迹儘由天，

世事浮名總棄捐。不召豈能逃聖代，無官敢即傲高眠！匹夫志在何難奪，君相恩深自見憐。記送鐵崖詩句好：白衣宣至白衣還。」其迫不得已之情，便自躍然紙上。入都以後，行狀記他「精銳銷耎，輒被病弗能視事。閒一歲，奉嗣母之喪南還。」從此便「勇退堅臥」，不復出山了。到六十三歲，臨死的時候，自敍事略曰：「吾一生遭際，萬事憂危，無一刻不歷艱難，無一境不嘗辛苦，實爲天下大苦人。吾死後，殮以僧服，葬吾於鄧尉靈巖相近；墓前立一圓石，題曰詩人吳梅村之墓；勿作祠堂，勿乞銘於人！」又有一首賀新郎詞，說得更其可悲，那下半闋道：「故人慷慨多奇節。恨當年沈吟不斷，草間偷活。艾炙眉頭瓜噴鼻，今日須難決絕。早患苦重來千疊。脫屣妻孥非易事，竟一錢不值何消說！……」這眞是所謂「千古艱難惟一死，傷心豈獨息夫人！」而不死的苦心，亦或有甚於一死的。

至於梅村的詩，指事類情，無愧詩史，四庫提要評得最爲愜當：「其少作大抵才華艷發，吐納風流，有藻思綺合，清麗芊眠之致。及乎遭逢喪亂，閱歷興亡，激楚蒼涼，風骨彌爲遒上。暮年蕭瑟，論者以庾信方之。其中歌行一體，尤所擅長：格律本乎四傑，而情韻爲深，敍述類乎香山，而風華爲勝；韻協宮商，感均頑艷，一時尤稱絕調。」可謂無一句虛美。惟王靜安人間詞話說「梅村歌行，非隸事不辦，白吳優劣，即於此見」，亦是中肯之論。

× × ×

這裏撇開梅村的大節不談，且來說說他的私情。他有一妻二妾；妻郁氏，先他十五年卒，集中只有一首悼亡詩；關於二妾朱氏浦氏，竟無隻字遺留。他於夫婦間的情分，大概也便可想而知了。

說起明末的士大夫，多歡喜和當時的名妓往來。而有些才色的婦女，也有的風流放誕，踰閑蕩檢，毫不介意的。從他的詩集裏面考求起來，名妓如卞賽賽，寇白門，朗圓，柳雪生，都注明名氏，亦有題偶成，感舊，戲贈，偶見等等，不詳所指的，大概也是屬於私情一類。此外有無題四首，是爲一個瞿氏才女而發。王郎曲一首，是爲一個同性的歌者而作。其中卞賽賽和瞿氏女都有委身之意，而他都謝絕了。這一點，也便是他勝於牧齋的地方。

梅村和這幾位名妓中交情最深的，要算卞賽賽。詩集中有琴河感舊七律四首，和聽女道士卞玉京彈琴歌，過錦樹林玉京道人墓各一首。按梅村玉京道人傳云：（板橋雜記略同）

玉京道人，莫詳所自出；或曰秦淮人，姓卞氏。知書，工小楷，能畫蘭，能琴。年十八，僑虎丘之山塘。所居湘簾棐几，嚴淨無纖塵。雙眸泓然，日與佳墨良紙相映徹。見客，初亦不甚酬對，少焉諧謔間作，一座傾靡。與之久者，時見有怨恨色；問之，輒亂以他語。其警慧，雖文士莫及也。與鹿樵生（按係梅村自號）一見遂欲以身許，酒酣，附几而顧曰：「亦有意乎？」生固爲若弗解者。長歎凝睇，後亦竟弗復言。尋遇亂別去，歸秦淮者五六年矣。久之有聞其復東下者，主於海虞一故人（按指陸廷保），生偶過焉。尙書某公者，張具請爲生必致之，衆客皆停杯不御。已報曰：「至矣！」有頃，回車入內宅，屢呼之，終不肯出。生悒怏自失，殆不能爲情，歸賦四詩以告絕。已爲歎曰：「吾自負之，可奈何！」………（玉京道人傳）

這時梅村便賦琴河感舊四首以紀其事。這詩的前面，還有一篇小序，序云：「楓林霜信，放棹琴河（按常熟一名琴川）；忽聞秦淮卞生賽賽，到自白門，適逢紅葉；余因客座，偶話舊遊。主人命犢車以迎來，持羽觴而待至。停驂初報，傳語更衣；已託病痁，遷延不出；知其顦顇自傷，亦將委身於人矣。予本恨人，傷心往事，江頭燕子，舊壘都非；山下蘼蕪，故人安在！久絕鉛華之夢，况當搖落之辰。相遇則唯看楊柳，我亦何堪；爲別已屢見櫻桃，君還未嫁。聽琵琶而不響，隔團扇以猶憐。能無杜秋之感，江州之泣也。漫賦四章，以誌其事。」其詩云：

白門楊柳好藏鴉，誰道扁舟蕩槳斜。金屋雲深吾谷樹，玉杯春煖尙湖花。見來學避羞團扇，近處疑嗔響鈿車。却悔石城吹笛夜，青驄容易別盧家。

油壁迎來是舊遊，尊前不出背花愁。緣知薄倖逢應恨，恰便多情喚却羞。故向閒人偸玉筯，浪傳好語到銀鈎。五陵年少催歸去，隔斷紅牆十二樓。

休將消息恨層城，猶有羅敷未嫁情。車過卷簾勞悵望，夢來攜袖費逢迎。青衫顦顇卿憐我，紅粉飄零我憶卿。記得橫塘秋夜好，玉釵恩重是前生。

長向東風問畫蘭，玉人微歎倚闌干。乍抛錦瑟描難就，小疊瓊箋墨未乾。弱葉嬾舒添午倦，嫩芽嬌染怯春寒。書成粉箑憑誰寄，多恐蕭郎不忍看。

這回謝絕之後，「踰數月，玉京忽至。有婢曰柔柔者隨之。嘗着黃衣作道人裝。呼柔柔取所攜琴來，爲生鼓一再行。泫然曰：吾在秦淮，見中山故第有女絕世，名在南內選擇中，未入宮而亂作，軍府以一鞭驅之去。

吾儕淪落，分也，又復誰怨乎！坐客皆爲出涕。」這時梅村有聽女道士卞玉京彈琴歌，中有句云：「詔書忽下選蛾眉，細馬輕車不知數。中山好女光徘徊，一時粉黛無人顧。艷色知爲天下傳，高門愁被旁人妒。盡道當前黃屋尊，誰知轉盼紅顏誤。南內方看起桂宮，北兵早報臨瓜步。……可憐俱未識君王，軍府抄名被驅遣。漫詠臨春瓊樹篇，玉顏零落委花鈿。……」便是敍述中山女的經過。以下寫玉京自述身世云：「昨夜城頭吹篳篥，敎坊也被傳呼急。碧玉班中怕點留，樂營門外盧家泣。私更裝束出江邊，恰遇丹陽下渚船。翦就黃絁貪入道，攜來綠綺訴嬋娟。此地由來盛歌舞，子弟三班十番鼓。月明絃索冷無聲，山塘寂寞遭兵苦。十年同伴兩三人，沙董朱顏盡黃土。」（板橋雜記：沙才美而艷，善吹簫度曲。有妹曰嫩，字未央，亦有姿色，居虎丘之半塘，人以二趙二喬目之。婦人集：秦淮董姬名白，字小宛，才色擅一時，後歸如皋冒襄。又板橋雜記：小宛事辟疆九年，年二十七，以勞瘁死。辟疆作影梅庵憶語二千四百言哭之。）貴戚深閨陌上塵，我輩漂零何足數！坐客聞言起歎嗟，江山蕭瑟隱悲笳。莫將蔡女邊頭曲，落盡吳王苑裏花。」

玉京爲女道士以後，「踰兩年，渡浙江，歸於東中一諸侯（按指鄭建德，名應皐，字慈衛），不得意，進柔柔奉之，乞身下髮，依良醫保御氏（按指鄭三山，名欽俞。）於吳中。保御者，年七十餘，侯之宗人，築別館，資給之良厚。侯死，柔柔生一子而嫁。所嫁家遇禍，（按柔柔嫁袁大受，順治十六年，海寇破鎭江金壇，罹禍至酷。大受全家處斬，柔柔入官爲婢。）莫知所終。道人持課誦戒律甚嚴。生於保御，中表也，（按鄭三山之兄某，爲梅村伯祖壻，其姑，時尙在也。）得以方外禮見。道人用三年力，刺舌血爲保御書法華經，既成，自爲文序之。緇素咸捧手贊歎，凡十餘年而卒。葬在惠山祗陀菴錦樹林之原。」（以上均見玉京道人傳）梅村和玉京的一段因緣，從此也便告一結束。曾有詩以弔之，詩云：

龍山山下茱萸節，泉響琤琮流不竭。但洗鉛華不洗愁，形影空潭照離別。離別沈吟幾回顧，遊絲夢斷花枝悟。翻笑行人怨落花，從前總被春風誤。金粟堆邊烏鵲橋，玉孃湖上蘼蕪路。油壁曾聞此地遊，誰知即是西陵墓。烏桕霜來映夕曛，錦城如錦葬文君。紅樓歷亂燕支雨，繡嶺迷離石鏡雲。絳樹草埋銅雀硯，綠翹泥涴鬱金裙。居然設色倪迂畫，點出生香蘇小墳。相逢盡說東風柳，燕子樓高人在否。枉拋心力付蛾眉，身去相隨復何有。獨有瀟湘九畹蘭，幽香妙結同心友。十色箋翻貝葉文，五條絃拂銀鉤手。生死旃檀祗樹林，青蓮舌在知難朽。良常高館隔雲山，記得斑騅嫁阿環。薄命只應同入道，傷心少婦出蕭關。紫臺一去魂何在，青鳥孤飛信不還。莫唱當時渡江曲，桃根桃葉向誰攀。

× × ×

玉京道人以外，見於梅村詩中的，又有楚雲朗圓寇白門三人。楚雲，故姓陸，雲間人。見梅村自注。又贈楚雲詩八絕句序云：「楚雲，字慶娘，余以壬辰上巳，爲朱子葵、子葆、子蓉兄弟招飲鶴洲，同集則道開師，沈孟陽，張南垣父子，妓有畹生者，與慶娘同小字，而楚雲最明慧可喜，口占贈之。」其詩云：

十二峯頭降玉眞，楚宮祓禊采蘭辰。陳思枉自矜能賦，不詠湘娥詠雒神。

白蘋江上送橫波，擬唱湘山楚女歌。却爲襄王催按曲，故低紈扇簇雙蛾。
越羅衫子揉紅藍，楚玉鬟雛鏤碧簪。莫羨猧頭羅襪好，一鉤新月印湘潭。
新芻下若酒頻傾，楚潤相看別有情。小戶漫糾還一笑，衆中觥政自縱橫。
風流太守綠莎廳，近水夭桃入畫屏。最是楚腰嬌絕處，一雙鸂鶒起沙汀。
范蠡湖邊春草長，楚天歸去載夷光。人間別有朱公子，騎鶴吹笙是六郎。
畫梁雙燕舞衣輕，楚楚腰支總削成。記得錢塘兩蘇小，不知誰箇擅傾城。
廬山攜妓故人留，白社流連謁惠休。早爲朝雲求半偈，楚江明日上黃州。

又山塘重贈楚雲四絕云：

宜公橋畔響金車，二月相逢約玩花。烏桕着霜還繫馬，停鞭重問泰娘家。
家住橫塘小院東，門前流水碧簾櫳。五茸城外新移到，傲殺機雲女侍中。
月夜分攜幾度圓，語溪芳草隔雲烟。那知閶闔千條柳，拋撇東風又一年。
挾彈城南控紫騮，葳蕤春鎖玉人留。花邊別有秦宮活，不數人間有稚侯。

按詩中所云宜公橋，是在嘉興，橫塘，也在嘉興舊府城東南五里地方；語溪則在崇德，爲嘉興鄰邑。那末楚雲雖然是雲間人，寓居虎丘，大概常在嘉興一帶走動，所以詩中留下了這些地名。

× × ×

朗圓何人，無可考見，集中只有「贈妓朗圓」一絕云：「輕鞾窄袖柘枝裝，舞罷斜身倚玉牀。認得是儂偏問姓，笑儂花底喚諸郎。」

× × ×

寇白門，按婦人集云：「寇湄，字白門，金陵南院教坊中女也。朱保國公（國弼）娶姬時，令甲士五千俱執絳紗燈，照耀如同白晝。亂後歸揚州某孝廉，不得志，復還金陵。」梅村有贈寇白門六絕句，并序云：「白門，故保國朱公所畜姬也。保國北行，白門被放，仍返南中。秦淮相遇，殊有淪落之感，口占贈之。」詩云：

南內無人吹洞簫，莫愁湖畔馬蹄驕。殿前伐盡靈和柳，誰與蕭娘鬥舞腰。
朱公轉徙致千金，一舸西施計自深。今日祗因勾踐死，難將紅粉結同心。
同時姊妹入奚官，挏酒黃羊去住難。細馬馱來紗罩眼，鱸魚時節到長干。
重點盧家薄薄粧，夜深羞過大功坊。中山內宴香車入，寶髻雲鬟列幾行。
曾見通侯退直遲，縣官今日選蛾眉。窈娘何處雷塘火，漂泊楊家有雪兒。
舊宮門外落花飛，俠少同遊並馬歸。此地故人騶唱入，沈香火暖護朝衣。

× × ×

梅村有詠柳詩四絕句，據其自注，是贈柳雪生的。柳雪生似亦當時名妓，據其詩中自注，知爲張姓所奪。梅村對此，或未免有情，所以詩中的描寫也和前幾首不同。詩云：

走馬章臺酒半醒，遠山眉黛自青青。輸他張緒誇年少，柳宿旁邊占小星。（自注：柳星張三星同度。）
十五盈盈擅舞腰，無言欲語不能描。武昌二月新栽柳，破得工夫門小喬。（自注：時有喬姬，亦擅名。）
萬條拂面惹行塵，選就輕盈御柳新。枉自穆生空設醴，可憐青眼屬誰人！（自注：穆君初與雪遇，爲畫眉人所奪。按畫眉人必張姓也。）
玉笛聲聲喚奈何，柳花和淚落誰多。灞橋折贈頻回首，惆悵崔郎一曲歌。（自注：崔郎，主人歌童也。）

× × ×

以上這許多的私情詩，都有名氏注明，略可藉以考見梅村和她們的關係。此外又有「無題」四律，則據「集覽」先生曾孫棨庭詡箋曰：「王先輩玉書麟來志芸云：虞山瞿氏有才女，歸錢生，生病瘵。女有才色，不安其室，意屬先生，扁舟過婁，投詩相訪。先生以義自持，因設飲河干，賦無題四章以謝之。氏去，歸石學士仲生申，錢生故在也。梁溪顧舍人梁汾貞觀，石所取士，實爲之作合云。石，順治丙戌進士，歷官吏部左侍郎，總督倉場。」據此，可知梅村的人格，是實在可以欽佩的。那四首詩也很動人，我看比前「琴河感舊」詩更好。詩云：

繫艇垂楊映綠潯，玉人湘管畫簾深。千絲碧藕玲瓏腕，一卷芭蕉展轉心。題罷紅窗歌緩緩，聽來青鳥信沈沈。天涯却有黃姑恨，吹入蕭郎此夜吟。

到處鶯花畫舫輕，相逢只作看山行。鏡因硯近螺頻換，書爲香多蠹不成。媿我白頭無冶習，讓卿紅粉有詩名。飛瓊漫道人間識，一夜天風返碧城。

錯認微之共牧之，誤他舉舉與師師。疎狂詩酒隨同伴，細膩風光異昔時。畫裏綠楊堪贈別，曲中紅豆是相思。年華老大心情減，孤負蕭娘數首詩。

鈿雀金蟬窄臂紗，鬧粧初不鬥鉛華。藏鈎酒向劉郎賭，剗燭詩從謝女誇。天上異香須有種，春來飛絮恨無家。東風燕子知多少，珍重雕闌白玉花。

× × ×

更有「戲贈」十絕句「偶成」二絕句，「感舊」一絕句，「偶見」二絕句，也都是爲一般美姬而發（或有男性在內），可惜連名氏都無可考，更說不上梅村和她們的關係了。但詩中隱隱約約，却也可以看出一些寄託來，現在把那些詩彙錄如下：

戲贈

窄袖輕衫便洞房，何綏新作婦人裝。繡囊縈結同心扣，十里風來袴褶香。

梅根冶後一庭幽，桃葉歌中兩槳留。管是夜深嬌不起，隔簾小婢喚梳頭。

香銷寶鴨月如霜，欲罷摴蒱故拙行。倦倚局邊伴數子，暗擡星眼擲兒郎。

仙家五老話驂鸞，素女圖經掌上看。如共王喬舊相識，錬方從乞息肌丸。

玉釵仍整未銷黃，笑看兒郎語太狂。翻道玉人心事嫩，厭將雲雨待襄王。

戒珠琥珀間沈檀，弟子班中玉葉冠。君是惠休身法喜，他年參學贊公壇。

蔬譜曾删飷議書，一臠鮮笋定何如。玉纖下筯無常味，珍重虞公數十車。

懶梳雲髻罷蘭膏，一幅羅巾紫玉絛。不向弓彎問消息，誤人詩句鄭櫻桃。

內家紈扇鏤金函，萬壽花開青鳥銜。贈比乘鸞秦氏女，銀泥裙子鳳皇衫。

横塘西去窈娘還，畫出吳山作楚山。笑語阿戎休悵望，莫愁艇子在溪灣。

偶成

好把蛾眉鬥遠山，鈿蟬金鳳綠雲鬟。畫堤無限垂垂柳，輸與樓頭謝阿蠻。

海棠花發兩三枝，燕子呢喃春雨時。恰似闌干嬌欲醉，當年人說杜紅兒。

感舊

赤闌橋護上陽花，翠羽雕籠語絳紗。羨殺江州白司馬，月明亭畔聽琵琶。

偶見

新更梳裏簇雙蛾，窣地長衣抹錦靴。總把珍珠渾裝却，奈他明鏡淚痕多。

惜解雙纏只爲君，豐趺羞濯出羅裙。可憐鴉色新盤髻，抹作巫山兩道雲。

× × ×

男人玩弄同性，本也是「古巳有之」的事實，從春秋戰國以降，可以說「史不絕書」。這裏不必細說，單就明末的一般士大夫而論，也多有這種卑劣的癖好。只要看梅村的王郎曲，便可想見其餘了。按梅村自跋云：「王郎名稼，字紫稼，於勿齋徐先生二株園中見之。髫而皙，明慧善歌。今秋遇於京師，相去巳十六七載，風流儇巧，猶承平時故習，酒酣一出其技，坐上爲之傾靡。余此曲成，合肥龔公芝麓口占贈之曰：薊苑霜高舞柘枝，當年楊柳尙如絲。酒闌却唱梅村曲，腸斷王郎十五時。」又尤侗艮齋雜說云：「予幼時所見王紫稼，妖艷絕世，舉國趨之若狂。年巳三十，遊於長安，諸貴人猶惑之。吳梅村作王郎曲云云，而龔芝麓復題贈云云，其傾靡可知矣。後李琳枝御史按吳，錄其罪，立枷死。」這眞是所謂焚琴煮鶴了。梅村詩云：

王郎十五吳趨坊，覆額靑絲白皙長。孝穆園亭常置酒，風流前輩醉人狂。同伴李生柘枝鼓，結束新翻善才舞。鑠骨觀音變現身，反腰貼地蓮花吐。蓮花婀娜不禁風，一斛珠傾宛轉中。此際可憐明月夜，此時脆出簾管櫳。王郎水調歌緩緩，新鶯嘹嚦花枝暖。慣抛斜袖卸長肩，眼看欲化愁應懶。摧藏掩抑未分明，拍數移來發曼聲。最是轉喉偷入破，殢人腸斷臉波橫。十年芳草長洲綠，主人池館惟喬木。王郎三十長安城，老大傷心故園曲。誰知顏色更美好，瞳神剪水淸如玉。五陵俠少豪華子，甘心欲爲王郎死。寧失尙書期，恐見王郎遲。寗犯金吾夜，難得王郎暇。坐中莫禁狂呼客，王郎一聲聲頓息。移牀欹坐看王郎，都似與郎不相識。往昔京師稱小宋，（按小宋，名玉郎，陝西人，崇禎甲戌至京師，見觚賸。）外戚田家舊供奉。只今重聽王郎歌，不須重把昭文痛。時世工彈白翎雀，婆羅門舞龜茲樂。梨園子弟愛纏頭，請事王郎教絃索。恥向王門作伎兒，博徒酒伴貪歡謔。君不見康崑崙，黃旛綽，承恩白首華淸閣。古來絕藝當通都，盛名肯放優閒多，王郎王郎奈爾何！

孽海花僅存人物

夏融冰

黎庵先生史席，逕啓者：古今半月刊四十二期載有大著「記孽海花碩果僅存人物」一文，內載孽海花與續孽海花中人物，至今都已凋殘，所存者只有兩位，一位是太倉陸彤士會元（射名陸盧卿）一位便是久享大名的如皋冒鶴亭先生（廣生），據旭輪先生語弟，則續孽海花中人物尙有海虞黃謙齋太史（炳元）（見楔子），可得與陸冒二公鼎足稱三焉。謙齋太史在續孽海花第四十回「白髮老臣求才郎署靑衫名士定策花叢」中射名爲汪鶼齋，與孽海花著者東亞病夫續孽海花著者燕谷老人均爲總角交，並時相過從者也。光緒十七年辛卯闈試，大總裁翁叔平尙書嘗有誤認太史試卷爲曾孟樸先生試卷之趣事（見曾虛白曾孟樸先生年譜）。淸室鼎革後，孟樸先生從事政治活動。謙齋太史贊襄擘畫，多所建樹，今息影家園，無意問世，自前歲張隱南太史作古後，此公巳爲虞陽太史公之魯殿靈先矣。肅此敬頌撰祺。

夏融冰啓（四月三日）

重要預告

我的雜學（數萬字長文）……周作人

命可信乎？……予且

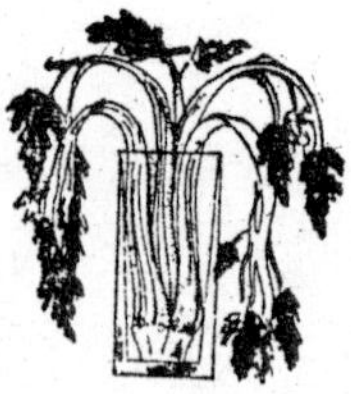

讀日知錄校記

馮超人

讀「古今」第三十五期，文載道氏「關於日知錄」一文。不禁慨然有感，奮然執筆！繼文氏而爲「讀日知錄校記」云：

顧先生「日知錄」之成，當鼎革之秋。遭後人之竄改，乾隆之抽毀。學人志士，讀其書，疑怪結轖，莫不爲之憒異者！徒以干於文網，默不申辯。幸清命已訖，秘籍復彰。「日知錄」今本所刊落者，而有雍正時寫本復顯其眞蹟。使知顧先生千秋之志，得以無恨，寧非天意。所惜原書不可攝影以示後學，又未能排印以傳世。賴蘄春黃君季剛，爲「日知錄校記」一通，凡今本所缺者，具錄于記，一句一字皆著焉。復經其弟子龍沐勛教授梓板行世。顧丁事變，流離放失，傳世殊鮮，未知板本今尚存否邪！超於事變以前，問詞道于龍教授，承賜一冊，幸得讀其書，並據以將今本所刊落，一一悉心改正。雖未親見原鈔，迻錄一過，精義所存，今本所失，已返其眞，是亦引以自快者也。然吾之所自快，而世有未見「日知錄校記」，尙多懷疑結轖，至今不怡，如文氏之所感。因以撰「讀日知錄校記」。亦可窺見一斑，其有所疑，灼然共見。爰草斯篇，以質世之疑顧者，是亦不可以已乎。

「日知錄校記」之所本，乃校諸滄縣張先生繼所得亡清雍正寫本。其詳則黃君自序「日知錄校記」云：

滄縣張繼溥泉，以所得舊鈔本「日知錄」見示。其題籤云：何義門批校精鈔本。前有「光熙李愼仌，翠堂殷樹柏」諸家印記。書中有朱筆藍筆評校，書法頗拙，改字又多不當，評語時傷庸陋，必非何焯所爲鈔者。避淸諱至胤字而止，蓋雍正時人也。以黃汝成集釋及刊誤與鈔本對校，則刊誤所云原寫本作某者，鈔本類與之同。集釋中據原本及引沈彤校本，補潘耒刻本者，鈔本亦多完具。知鈔本實自原本移寫，良可寶也。考今本所刊落，有全章，有全節，有數行，自餘刪句換字，不可遽數。凡皆顧子精義所存，今本旣失其眞，而汝成雖見原本，亦未敢言。……

按黃君名侃，字季剛，湖北蘄春人。生於公元一八八六年。歿於公元一九三五年十月八日，年五十。少時讀書艱苦，其銳敏勤學亦絕人。旣冠，東遊學日本，慨然有光復諸夏之志，時餘杭章先生炳麟遘難居東，始從之習小學經說，出入四年，相得焉。爲學務精習，誦四史及羣經義疏皆十餘周。有所得，輒箋識其端，朱墨重沓，或塗劉至不可識。有餘財，必以購書，得書，必字字讀之，未嘗跳脫。尤精治古韻，始從章先生問，後自爲家法。然不肯輕著書，獨「三禮通論，聲類目，日知錄校記」，已寫定。他皆湊亂，不及次第。於以知黃先生志節與學術，爲

「日知錄校記」，顧先生千秋之志，得以無恨，豈僅有功於學術已也。宜章先生序「日知錄校記」，抑揚贊歎之不置。序曰：

昔時讀「日知錄」，怪顧君仕明至部郎，而篇中稱明，與前代無異，疑為後人改竄。又「素夷狄行乎夷狄」一條，有錄無書，亦以為乾隆抽毀也。復得潘次耕初刻，與傳本無異，則疑顧君眞蹟已然，結轖不怡者久之。去歲聞友人張繼得亡清雍正時寫本，其缺不書者故在。又多出「胡服」一條，纚纚千餘言。其書明則曰本朝。涉時諱者，則用之字，信其為顧君眞本。曩之所疑，於是砉然凍解也。顧其書丹黃雜記，不可攝影以示學者。今歲春，余弟子黃侃，因為校記一通，凡今本所缺者具錄於記，一句一字皆著焉，其功信勤矣。頗怪次耕為顧君與徐昭法門高材造鄰受命，宜與恒異，乃反剟定師書，令面目不可全覩，何負其師之劇耶？蓋亦懲於史禍，有屈志而為之者也。今「校記」既就，人人可檢讀以窺其眞。顧君千秋之志，得以無恨，而侃之功亦庶幾與先哲並著歟。

按章先生名炳麟，字枚叔，一曰太炎。浙江餘杭人，學者稱太炎先生，其學術事功，世多傳之。先生生於公元一八六八年，沒於公元一九三六年六月十四日，年六十九。黃君嘗言：「先生持論議禮，遵魏晉之筆。緣情體物，本縱橫之家。可謂博文約禮，深根寧極者焉」。先生自謂「平生儀刑崑山顧寧人，寧人直陽九之運，志不得施，以言救人」。故於「校記」序則曰：「曩之所疑，於是砉然凍解也」。又稱「侃之功，亦庶幾與先哲並著歟」。其儀刑顧子之深，贊歎黃君之切，師弟相欽，不覺流露於字裏行間。先生弟子吳縣汪東云：「先生之玄言，可得而聞。先生之文章，終不能規其豪末」。蓋篤論也。

「素夷狄行乎夷狄」：今本第六卷存其目，刪其文。鈔本存文三百五十七字，小注四十一字。文曰：

「素夷狄行乎夷狄」，然則將居中國而去人倫乎？非也。處夷狄之邦，而不失吾中國之道，是之謂「素夷狄行乎夷狄」也。六經所載，帝舜滑夏之咨，殷宗有截之頌，「禮記」明堂之位，「春秋」會盟之書。凡聖人所以為內夏外夷之防也，如此其嚴也！文中子以元經之帝魏，謂「天地有奉，生民有庇，即吾君也」。何其語之偷而悖乎？宋陳同甫謂「黃初以來，陵夷四百餘載。夷狄異類，迭起以主中國，而民生常覬一日之安寧，於非所當事之人」。以王仲淹之賢，而猶為此言，其無以異乎凡民矣。夫亡有迭代之時，而中華不復之日，若之何以萬古之心胸，而區區於旦暮乎？（楊循吉作「金小史」序曰：「由當時觀之，則完顏氏帝也，盟主也，大國也。由後世觀之，則夷狄也，盜賊也，禽獸也」。）此所偷也。漢和帝時，侍御史魯恭上疏曰：「夫戎狄者，四方之異氣。蹲夷踞肆，與鳥獸無別。若雜居中國，則錯亂天氣，汙辱善人」。夫以亂辱天人之世，而論者欲將毀吾道以殉之，此所謂悖也。孔子有言：「居處恭，執事敬，與人忠，雖之夷狄，不可棄也」。夫是之謂「素夷狄行乎夷狄」也。若乃相率而臣事之，奉其令，行其俗，甚者導之以為虐於中國，而藉口於「素夷狄」之文，則子思之罪人也已。

顧先生生當鼎革，痛民生常覬一日之安寧，相率而臣事新朝。奉其令，行其俗，甚者導之以爲虐於中國，而藉口於「素夷狄」之文。夫亡有迭代之時，而中華不復之日，慨然謂「處夷狄之邦，而不失吾中國之道」，則斥王仲淹爲凡民也。居今士女，風尚遠西，行其俗，甚者謂遠西之月，亦幽麗於中土。若乃居租界，相率而臣事之，奉其令，導之以爲虐。其流毒逾百年未刷。何則？覬一日之安寧，於非所當事之人。顧先生之所愍，其亦有所懲乎？毋以萬古之心胸，區區於旦暮爲也。而不失吾中國之道，則中國其庶幾矣。

「日知錄」卷二十八，「對襟衣」條下，「左袵」條上，有「胡服」一條，「鈔本」目錄中列之。存文千三百四字，小注九十八字，「潘本」目作方空，「黃本」徑删之。文曰：

自古承平日久，風氣之來，必有其漸。而變中夏爲夷狄，未必非一二好異之徒啓之也。「春秋傳」：僖公二十二年：「初平王之東遷也。辛有適伊川，見被髮而祭於野者。曰：不及百年，此其戎乎？其禮先亡矣。秋。秦晉遷陸渾之戎於伊川」。「後漢五行志」：「靈帝好胡服、胡帳、胡牀、胡坐、胡飯、胡箜篌、胡笛、胡舞。京都貴戚，皆競爲之。其後董卓多擁胡兵，塡塞街衢，虜掠宮掖，發掘園陵」。「晉書五行志」：「泰始之初，中國相尙用胡牀柏槃，及羌煮柏炙。貴人富室，必畜其器。言享嘉會，皆以爲先。太康中，又以氈爲絈及絡帶袴口。百姓相戲曰：中國必爲胡所破，大氈毳，產於胡，而天下以爲絈頭帶身袴口，胡旣三制之矣。能無敗乎？至元康中，氐羌互反。永嘉後，劉石遂篡中都。自後四夷迭據華土，是服妖之應也」。「大唐新語」：「武德貞觀之代。宮人騎馬者，依周禮舊儀，多著冪羅。雖發自戎衣，而全身障蔽。永徽之後，皆用帷帽施裙到頭甚爲淺露。顯慶中。（冊府元龜咸亨二年九月）詔曰：「百官家口，咸廁士流。至於衢路之間，豈可全無障蔽，比來多著帷帽，遂棄冪羅，曾不乘車，只坐擔子，過於輕率，深失禮容，宜行禁止」。神龍之後，冪羅殆絕。開元初，宮人上馬，始著胡帽，靚粧露面。士庶咸效之。天寶中，士流之妻，或衣文天服，韡衫鞭帽，內外一貫矣」。「唐書車服志」：「武德間，婦人曳履及線韡。開元中，初有線鞋，侍兒則著履，奴婢服襴衫，而士女衣胡服。其後安祿山反，當時以爲服妖之應」。「禮樂志」：「玄宗好羯鼓，嘗稱爲八音之領袖，諸樂不可方也。蓋本戎羯之樂，其音太簇一均。龜茲、高昌、疏勒、天竺部皆用之。其聲焦殺，特異衆樂。開元二十四年，升胡部於堂上。而天寶樂曲，皆以邊地名。若涼州、伊州、甘州之類。後又詔道調法曲，與胡部新聲合作。明年，安祿山反，涼州、伊州、甘州皆陷吐蕃」。「元微之詩自註」：太常丞宋流傳漢中王舊說云：「玄宗雖雅好度曲，然未嘗使蕃漢雜奏。天寶十三載，始詔道調法曲，與胡部新聲合作，識者異之。明年，祿山叛」。此皆已事之見於史書者也。嗚呼！可不戒哉。

「冊府元龜」：後漢高祖天福十二年，左衛將軍許敬遷奏：「臣伏見天下鞍轡器械，並取契丹様裝飾，以爲美好。安有中國之人，反效戎虜之俗。請下明詔毀棄，須依漢境舊儀」。勑曰：「近者，中華人情浮薄，不依漢禮，却慕胡風，果致狂戎來侵。諸夏應有契丹樣鞍轡器械服裝等，並令逐處禁斷。」

宋乾道二年。臣僚言：「臨安府風俗，好爲胡樂，如吹鷓鴣，撥胡琴，作胡舞，所在而然，傷風敗俗，不可不懲望檢坐。紹興三十一年，指揮嚴行禁止」。

「太祖實錄」：「初元世祖起自朔漠，以有天下。悉以胡俗變易中國之制，士庶咸辮髮椎髻，深簷胡帽。衣服則爲袴褶窄袖，及辮線腰褶。婦女衣窄袖短衣，下服裙裳，無復中國衣冠之舊。甚者易其姓字爲胡名，習胡語，俗化既久，恬不爲怪。上久厭之。洪武元年二月壬子，詔復衣冠如唐制。士民皆束髮於頂。官則烏紗帽，圓領袍，束帶黑鞾。士庶則服四帶巾。（洪武三年二月，改製四方平定巾。）雜色盤領。衣不得用黃玄。樂工冠青卍字頂巾，繫紅綠帛帶。士庶妻，首飾許用銀鍍金，耳珠用金珠。釧鐲用銀。服淺色團衫，用紵絲綾羅紬絹。其樂妓則帶明角冠，皂褙子。不許與庶民妻同，不得服兩截胡服。其辮髮椎髻，胡服胡話胡姓，一切禁止。……於是百有餘年，胡俗悉中國之舊矣。」

「英宗實錄」：正統七年十二月，禮部尚書胡濙等奏：「向者山東左參政沈固言：中外官舍軍民戴帽穿衣，習尚胡制。言語跪拜，習學胡俗。垂纓插翎，尖頂禿袖。以中國之人，效犬戎之服，忘貴從賤，良爲可恥。昔北魏本胡人也。遷雒之後，尚禁胡俗。況聖化度越前古，豈可使無知小民，效尤成習。今山東右參政劉璉亦以是爲言，請令都察院出榜，俾巡按監察御史嚴禁。從之。」

「河間府志」。陳士彥曰：今河間男子，或有左衽者，而婦人尤多。至於孺子狐狗之尾以爲冠，而身被毛革以爲服，謂之達粧。（阮漢聞言中州之人亦然）。夫被髮野祭，辛有卜其爲戎。晉太康中俗以氈爲絈頭及絡帶袴口，彼此互相嘲戲，以爲胡兒。未幾，劉石之變遂起，此書作於萬曆四十三年，不二期而遼東之難作矣。至於今日，胡服縵纓，咸爲戎俗。高冠重履，非復華風。（梁敬帝詔云）。有識之士，得不悼橫流，追其亂本哉。

顧先生謂「風氣之來，必有其漸。而變中夏爲夷狄，未必非一二好異之徒啓之也」。又曰：「此皆事之已見於史書者也。嗚呼！可不戒哉」。故石翼王馳檄四方，有「忍令上國衣冠，淪於夷狄，相率中原豪傑，還我河山」之句。而豪傑向風，人心奮發。中夏之文明，首以冠裳衣服爲重。而文野之別，聲教之暨，胥可於衣裳覘之。至如日本，自維新以來，常服間用遠西，而廟堂典禮，未嘗一棄東洋所固有。英吉利朝會雖用新制，而昏冕大典，一遵舊制而不稍易。是其國性之不滅，國以富强也。章先生之言曰：「朱邪稱制以後，緜歷三姓，訖宋初猶有胡風。徐鉉初至京師，見朝士多披毛褐，哂爲五胡之俗。及貶邠州，地苦寒，鉉終不御毛褐，以冷氣入腹卒。此雖近戇，其志亦可悲矣！清世命婦制服，皆施長衣，漢人卒不肯服。上箸褂衣，下施赤裳，繡補褂衣胸前，以分品秩。雖入謁宮庭，賓贊大禮，亦不改。其實私造命婦服也。然未有敢非之者，由其恥與胡婦同服，遂成習慣。婦人貞恒，猶有徐鉉風！而夫子制義者竟不能也」。又曰：「禮法後王，不得緣飾周典以頌殊俗。惟日本法服，獨存唐制。皇室大禮則冠通天冠，此其當釆者也」。則先哲之所見，後固無所異也。此繫辭所以稱垂衣裳而天下治歟？民國自開國以來，已逾三十稔，正朔久改，服制未遑，左衽如故，婦服又更。而遠西衣着，士女競尚。高冠重履，非復華有。徐鉉之風既息，貞恒之義亦亡。有識之士，得不悼其橫流，追其亂本哉。

卷四「納公孫寧儀行父於陳」條：「其亦愈於今之已爲他人郡縣而猶言莽歸者與」。句後，「與楚子之存」句前。多一節文如左：

有盜於此，將刼一富室。至中途而其主爲僕所弒，盜遂入其家，殺其僕，曰：吾報爾讎矣，遂有其田宅貨財及其子孫。其子孫亦遂奉之爲祖父。嗚呼！有是理乎？春秋之所謂亂臣賊子者，非此而誰邪！

是則，其顧先生之寓言歟？先生洞悉朝章國典，其於清攝政王多爾袞致史可法書云：「夫君父之讎，不共戴天。春秋之義，有賊不討，則故君不得書葬，新君不得書即位。所以防亂臣賊子，法至嚴也」。又云：「國家之撫定燕京，乃得之於闖賊，非取之於明朝也」。顧先生洞悉朝章國典，其於多爾袞一書，殆所目覩，而當時士夫，亦多藉口春秋之義。故先生憤慨而謂「僕弒其主，盜入其家，殺其僕，曰：吾報爾讎，遂有其宅，春秋之所謂亂臣賊子者，非此而誰邪」！寓意深沈，陳義凜然。國風所刺，春秋書誅。忠義之氣，懍然磅礴！與「史可法答多爾袞書」，各有千秋，宜其自謂「平生之志與業，皆在其中」也。

是則「胡服」、「素夷狄行乎夷狄」、「納公孫儀父於陳」，得非顧先生精義所存者邪？而被後人所刋落。其致慨於「古文未正之隱」，而身自遇之。幸清命已訖，眞蹟復彰，先生千秋之志，得以無恨。黃君自序「日知錄校記」下文云：

錄中論「古文未正之隱」曰：「文信國指南錄序中北字，皆虜字也。後人不知其意，不能改之」。因歷舉西臺慟哭記中，謬爲魯公季漢之稱。「通鑑」注中所斥蒙古取宋之文，以爲有待於後人之改正與補完。竊謂世人刋刻古書，廋辭闕文，以避時難，又與臯羽身之之書，出於自爲者不同。善讀書者雖可揣測而知，猶不如親見本書之爲快。況於刪削章句，深沒其文，則更非親見本書，無道以知之矣。今清命已訖，神州多虞，秘籍復章，寧非天意。侃得因以撰成斯記。使人知今本之失眞，其亦顧子所許與？至鈔本譌字駁文，與其小小異同，無關大義者，固可得而略也。

「世人刋刻古書，廋辭闕文，以避時難」。寧獨刋刻古書然邪！避時難者，中外古今，專制民主，莫不皆然。是以太史公有石室之藏，鄭思肖有鐵函之錮，有待於後人親見本書，不期於改正與補完，其眞自顯。故士有雪夜讀禁書之樂，得秘籍而自快者。昔之視今，猶今之視昔，能不感慨繫之！安得好學之君子，將「日知錄」今本所刋落者，據「校記」一一悉心改正，刋刻行世，其功亦足與先哲並著也。

民國三三、二、一、瑾瑜閣。

日本概觀

周幼海著

再版出書

認識日本是當前的一個重要課題，可惜迄至今日，對於日本的現實作一有系統之綜合介紹的專著，尙屬罕見。周幼海先生有見於此，特撰成本書，以饗國人。周先生留日多年，對於日本的研究，考察和體驗，極爲深刻，且其文筆豪放，語氣親切，態度忠實，言必由衷，故本書非特毫無「八股味」或「道學氣」，而且常以趣味濃馥之故事以抒其對於日本的觀感，使吾人由此對於日本的現實獲得一切實的認識。本書內容共分十章，計爲（一）前言，（二）日本憲法之特殊性，（三）日本的文化，（四）日本精神，（五）日本趣味，（六）日本的社會，（七）日本之國民性，（八）日本人對中國人之態度，（九）日本人關於中日關係的言論，（十）結語。所述大都係最新的材料，這點尤値得人手一編。茲已再版出書，每冊實售國幣三十元。

發行者　新生命社

總經售處　古今出版社　申報館

絕妙好書

西洋雜誌文觀止

白報紙精印每卷七十五元

第一卷要目

怎樣使頭腦永遠年青　怎樣不使人家討厭你　寒暄的藝術　人與螞蟻　論偷嬾　論廣告之效力　疲倦的感覺　談蜉蝣　都市生活　以狗鑑人　蒙藥之發明　人性惡　夫婦關係之休假期　惡作劇　關於樹木

第二卷要目

論白手成家　談日光浴　述遺囑　胎教　論怕羞　爲駱駝辯　戰爭與兒童　耳聾滋味　春天的小羊　盲人之言　異種通婚　眼睛的進化

第三卷要目

我的理想　談羣衆心理　談睡覺　男女優劣論　購物心理　古老民族的美德　怎樣交男友　駕汽車者聽之　交友之道　個人的力量　談白頭偕老　當心電線　怎樣立遺囑　撲滅梅毒　人格之建造

第四卷要目

貞操問題　公民須知　死亡並不可怕　脚跛了　戒煙法　談窮　神經與消化不良　親切之感　壞孩子與好鄰居　婚後的恩愛　有巧思的愛斯基摩人　難忘的人

天下文章　名文二十一篇　實售四十五元　古今社代售　亢德書房出版

古今合訂本第七冊

業已出版　每冊二百元

本社獨家經售訂數不多欲購從速

上海郵政管理局暫准登記證第四〇〇〇號

周佛海先生散文集

實銷兩萬餘册
打破出版紀錄

古今叢書 1

往矣集

往矣集出版以來，以內容充實，筆鋒瑰奇，深得國內外讀者之歡迎，故一年來行銷已逾兩萬餘册，爲出版界所僅見之紀錄，其盛況已無待煩言。而出版以來各大報章期刊時有對本集撰引評論，尤足見各方對此之重視。如申報月刊第十期上有李芷君讀往矣集一文，可爲輿論之代表。茲特摘錄數語於下：

「我們都知道周氏過去是負責宣傳工作的。宣傳，固然也可以公式門面的話來充一下數，但好的宣傳，卻必須是深入人心，力透紙背。到了現在，周氏不但極其關心文化界的現狀，而且個人所述（他自己說非必要不寫文），也無不情文絲擊，蒼涼跌宕，不愧筆鋒常帶情感之作。有的地方果然曠達豪放，有的地方卻也曲折流連。所以他當時的一些宣傳文字，很能傾倒廣大的讀者，就是對於狀景寫物，弔古撫今，也令人跟着而心曠神遠。」

每册實價一百元

白報紙精印・增訂第九版

周越然　周作人　陳乃乾・紀果庵・謝剛主等八家合集

集南北名家執筆
談古今書市掌故

古今叢書 2

蠹魚篇

本社於往矣集出版以後，因鑒於目前出版界之沉寂，爰有古今叢書之二蠹魚篇問世。內容所談皆係古今書市之變遷，藏家之生平，及梓林之掌故史乘。以我國文化之悠久，著述之浩繁，故本集於文苑之意義即可想見。而作者又皆出入丹黃，流連書林極有根柢者，在此荒涼蕪雜之出版界中，可謂空谷足音。因是未及半載，遂告再版。茲以第二版即將問世，特摘錄朱社長序文以爲介紹：

「本書除周越然先生購書的經驗一文外，餘皆陸續刊於已出各期的古今半月刊中。作者諸公，不但都是當代聞名的作家，而且恰巧還是南北各占其半。本書中的所述對於買書的甘苦，版籍的源流，書肆的內幕，書賈的技倆，旁及各地私家與公家書庫的風土名勝，都有所點染及描繪，不論當作書市掌故，或文史小品看，都無不可，足與黃蕘圃，葉郘園，繆藝風，傅藏園諸家之作媲美。」

每册售價七十元

本期每册實價念伍元

古今

文史半月刊

第四十八期

文史半月刊

古今

第四十八期

下期特稿

病後……周佛海

中華民國三十三年六月一日出版

社長 朱樸

主編 周黎庵

發行者 古今出版社 上海成陽（亞爾培）路二號

發行所 古今出版社 上海成陽（亞爾培）路二號 電話：七三七八八號

印刷者 中國科學印刷公司

經售處 中央書報發行所暨全國各大書坊報販

上海雜誌聯合會第十號會員雜誌

零售每冊中儲劵念伍元

國民政府宣傳部 登記證滬誌字第七六號

第一警察局 登記證C字一〇一二號

預定 款項先繳照價八折 半年三百元 全年六百元

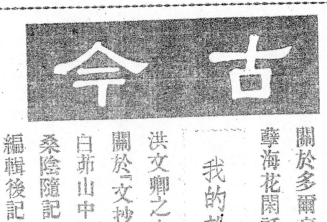

我的雜學

知堂

一

小時候讀儒林外史，後來多還記得，特別是關於批評馬二先生的話。第四十九回高翰林說：

「若是不知道揣摩，就是聖人也是不中的。那馬先生講了半生，講的都是些不中的舉業。」又第十八回舉人衛體善衛先生說：

「他終日講的是雜學。聽見他雜覽倒是好的，於文章的理法他全然不知，一味亂鬧，好墨卷也被他批壞了。」這里所謂文章是說八股文，雜學是普通詩文，馬二先生的事情本來與我水米無干，但是我看了總有所感，方弗覺得這正是說着我似的。我平常沒有一種專門的職業，就只喜歡涉獵閑書，這豈不便是道地的雜學，而且又是不中的舉業，大概這一點是無可疑的。我自已所寫的東西好壞自知，可是聽到世間的是非褒貶，往往不盡相符，有針小棒大之感，覺得有點奇怪，到後來却也明白了。人家不滿意，本是極當然，因爲講的是不中的舉業，不知道揣摩，雖聖人也沒有用，何況我輩凡人。至於說好的，自然要感謝，其實也何嘗眞有什麼長處，至多是不大說誑，以及多本於常識而已。假如這常識可以算是長處，那麼這正是雜覽應有的結果，也是當然的事，我們斷章取義的借用衛先生的話來說，所謂雜覽倒是好的也。這里我想把自已的雜學簡要的記錄一點下來，並不是什麼敝帚自珍，實在也只當作一種讀書的回想云爾。

二

日本舊書店的招牌上多寫着和漢洋書籍云云，這固然是店鋪裏所有的貨色，大抵讀書人所看的也不出這範圍，所以可以說是很能概括的了。現在也就仿照這個意思，從漢文講起頭來。我開始學漢文，還是在甲午以前，距今已是五十餘年，其時讀書蓋專爲應科舉的準備，終日唸四書五經以備作八股文，中午習字，傍晚對課以備作試帖詩而已。魯迅在辛亥曾戲作小說，假定篇名曰懷舊，其中略述書房情狀，先生講論語志於學章，教屬對，題曰紅花，對青桐不協，先生代對曰綠草，又曰，紅平聲，花平聲，綠入聲，草上聲，則教以辨四聲也。此種事情本甚尋常，唯及今提及，已少有知者，故亦不失爲値得記錄的好資料。我的運氣是，在書房裏這種書沒有讀透。我記得在十一歲時還在讀上中，即是中庸的上半卷，後來陸續將經書勉强讀畢，八股文湊得起三四百字，可是考不上一個秀才，成績可想而知。語云，禍兮福所倚。舉業文沒有弄成功，但我因此認得了好些漢字，慢慢的能够看書，能够寫文章，就是說把漢文却是讀通了。漢文讀通極是普通，或者可以說在中國人正是當然的事，不過這如從舉業文中轉過身來，他會附隨着兩種臭味，一是道學家氣，一是八大家氣，這都是我所不大喜歡的。本來道學這東西沒有什麼不好，但發現在人間便是道學家，往往假多眞少，世間早有定評，我也多所見聞，自然無甚好感。家中舊有一部浙江官書局刻方東樹的漢學商兌，讀了很是不愉快，雖然並不因此被激到漢學裏去，對於宋學却起了反感，覺得這麼度量褊窄，性情苛刻，就是眞道學也有何可貴，倒還是不去學他好。還有一層，我總覺清朝之講宋學，是與科舉有密切關係的，讀書人標榜道學作爲求富貴的手段，與跪拜頌揚等等形式不同而作用則一。這些恐怕都是個人的偏見也未可知，總之這樣使我脫離了一頭羈絆，於後來對於好些事情的思索上有不少的好處。八大家的古文在我感覺也是八股文的長親，其所以爲世人所珍重的最大理由我想即在於此。我沒有在書房學過唸古文，所以搖頭朗誦像唱戲似的那種本領我是不會的，最初只自看古文析義，事隔多年幾乎全都忘了，近日拏出安越堂平氏校本古文觀止來看，明瞭的感覺唐以後文之不行，這樣說雖有似明七子的口氣，但是事實無可如何。韓柳的文章至少在選本裏所收的，都是些宦鄉要則裏的資料，士子做策論，官幕辦章奏書啓，是很有用的，以文學論不知道好處在那里。唸起來聲調好，那是實在的事，但是我想這正是屬於八股文一類的證據吧。讀前六卷的所謂周秦文以至漢文，總是華實兼具，態度也安詳沉着，沒有那種奔競躁進氣，此蓋爲科舉制度時代所特有，韓柳文勃興於唐，盛行至於今日，即以此故，此又一段落也。不佞因爲書房教育受得不充分，所以這一關也逃過了，至今想起來還覺得很徼倖，假如我學了八大家文來講道學，那是道地的正統了，這篇談雜學的小文也就無從寫起了。

三

我學國文的經驗，在十八九年前曾經寫了一篇小文，約略說過。中有云，經可以算讀得也不少了，雖然也不能算多，但是我總不會寫，也看不懂書，至於禮教的精義尤其茫然，干脆一句話，以前所讀的書於我毫無益處，後來的能够略寫文字，及養成一種道德觀念，乃是全從別的方面來的。關於道德思想將來再說，現在只說讀書，即是看了紙上的文字懂得所表現的意思，這種本領是怎麼學來的呢。簡單的說，這是從小說看來的。大概在十三至十五歲，讀了不少的小說，好的壞的都有，這樣便學會了看書。由鏡花緣，儒林外史，西游記，水滸傳等漸至三國演義，轉到聊齋志異，這是從白話轉入文言的徑路。教我懂文言，併略知文言的趣味者，實在是這聊齋，並非什麼經書或是古文析義之流。聊齋志異之後，自然是那些夜談隨錄，淞隱漫錄等的假聊齋，一變而轉入閱微草堂筆記，這樣，舊派文言小說的兩派都已經入門，便自然而然的跑到唐代叢書裏邊去了。這種經驗大約也頗普通，嘉慶時人鄭守庭的燕窗閒話中也有相似的記錄，其一節云，予少時讀書易於解悟，乃自旁門入。憶十歲隨祖母祝壽於西鄉顧宅，陰雨兼旬，几上有列國志一部，繙閱之，解僅數語，閱三四本後解者漸多，復從頭繙閱，解者大半。歸家後即借說部之易解者閱之，解有八九。除夕侍祖母守歲，竟夕閱封神傳半部，三國志半部，所有細評無暇詳覽也。後讀左傳，其事跡已知，但於字句有不明者，講說時盡心諦聽，由是閱他書益易解矣。」不過我自己的經歷不但使我了解文義，而且還指引我讀書的方向，所以關係也就更大了。唐代叢書因為板子都欠佳，至今未曾買好一部，我對於他却頗有好感，裏邊有幾種書還是記得，我的雜覽可以說是從那里起頭的。小時候看見過的書，雖本是偶然的事，往往留下很深的印象，發生很大的影響。爾雅音圖，毛詩品物圖考，毛詩草木疏，花鏡，篤素堂外集，金石存，剡錄，這些書大抵並非精本，有的還是石印，但是至今記得，後來都蒐得收存，興味也仍存在。說是幼年的書全有如此力量麼，也並不見得，可知這里原是也有別擇的。聊齋與閱微草堂是引導我讀古文的書，可是後來對於前者我不喜歡他的詞章，對於後者討嫌他的義理，大有得魚忘筌之意。唐代叢書是雜學入門的課本，現在却亦不能舉出若干心喜的書名，或者上邊所說爾雅音圖各書可以充數，這本不在叢書中，但如說是以從唐代叢書養成的讀書興味，在叢書之外別擇出來的中意的書，這說法也是可以的吧。這個非正宗的別擇法一直維持下來，成為我蒐書看書的準則。這大要有八類。一是關於詩經論語之類。二是小學書，即說文爾雅方言之類。三是文化史料類，非志書的地志，特別是關於歲時風土物產者，如夢憶，清嘉錄，又關於亂事如思痛記，關於倡優如板橋雜記等。四是年譜日記游記家訓尺牘類，最著的如顏氏家訓，入蜀記等。五是博物書類，即農書本草，詩疏爾雅各本亦與此有關係。六是筆記類，範圍甚廣，子部雜家大部分在內。七是佛經之一部，特別是舊譯譬喻因緣本生各經，大小乘戒律，代表的語錄。八是鄉賢著作。我以前常說看閑書代紙煙，這是一句半眞半假的話，我說閑書，是對於新舊各式的八股文而言，世間尊重八股是正經文章，那麼我這些當然只是閑書罷了，我順應世人這樣客氣的說，其實在我看來原都是很重要極嚴肅的東西。重複的說一句，我的讀書是非正統的，因此常為世人所嫌憎，但是自己相信其所以有意義處亦在於此。

四

古典文學中我很喜歡詩經，但老實說也只以國風為主，小雅但有一部分耳。說詩不一定固守小序或集傳，平常適用的好本子却難得，有早印的歸葉山莊陳氏本詩毛氏傳疏，覺得很可喜，時常拏出來翻看。陶淵明詩向來喜歡，文不多而均極佳，安化陶氏本最便用，雖然兩種板本都欠精善。此外的詩以及詞曲，也常翻讀，但是我知道不懂得詩，所以不大敢多看多說。駢文也頗愛好，雖然能否比詩多懂得原是疑問，閱孫隘菴的六朝麗指却很多同感，仍不敢貪多，六朝文絜及黎氏箋注常備在座右而已。伍紹棠跋南北朝文鈔云，南北朝人所著書多以駢儷行之，亦均質雅可誦。此語眞實，唯諸書中我所喜者為洛陽伽藍記，顏氏家訓，此他雖皆是篇章之珠澤，文采之鄧林，如文心雕龍與水經注，終苦其太專門，不宜於閑看也。以上就唐以前書舉幾個例，表明個人的偏好，大抵於文字之外看重所表現的氣象與性情，自從韓愈文起八代之衰以後，便沒有這種文字，加以科舉的影響，後來即使有佳作，也總是質地薄，分量輕，顯得是病後的體質了。至於思想方面，我所受的影響又是別有來源的。籠統的一句話，我自己承認是屬於儒家思想的，不過這儒家的名稱是我所自定，內容的解說與一般的意見恐怕很有些不同的地方。我想中國人的思想是重在適當的做人，在儒家講仁與中庸正與之相同，用這名稱似無不合，其實這正因孔子是中國人，所以如此，並不是孔子設教傳道，中國人乃始變為儒教徒也。儒家最重的是仁，但是智與勇二者也很重要，特別是在後世儒生成為道士化，禪和子化，差役化，思想混亂的時候，須要智以辨別，勇以決斷，才能截斷衆流，站立得住。這一種人在中國却不易找到，因為這與君師的正統思想往往不合，立於很不利的地位，雖然對於國家與民族的前途有極大的價值。上下古今自漢至於清代，我找到了三個人，這便是王充，李贄，俞正燮，是也。王仲任的疾虛妄的精神，最顯著的表現在論衡上，其實別的兩人也是一樣，李卓吾在焚書與初潭集，俞理初在癸巳類稿存稿上所表示的正是同一的精神。他們未嘗不知道多說眞話的危險，只因通達物理人情，對於世間許多事情的錯悞不實看得清楚，忍不住要說，結果是不討好，却也不在乎，這種愛眞理的態度是最可寶貴的，學術思想的前進就靠此力量，只可惜在中國歷史上不大多見耳。我嘗稱他們為中國思想界之三盞燈火，雖然很是遼遠微弱，在後人却是貴重的引路的標識。太史公曰，高山仰止，景行行止，雖不能至，然心嚮往之。對於這幾位先賢我也正是如此，學是學不到，但疾虛妄，重情理，總作為我們的理想，隨時注意，不敢不勉。古今筆記所見不少，披沙揀金，千不得一，不足言勞，但苦寂寞。民國以來號稱思想革命，而實亦殊少成績，所知者唯蔡孑民錢玄同二先生可當其選，但多未著之筆墨，清言既絕，亦復無可徵考，所可痛惜也。民國甲申四月三十日。

明州風物記

沈爾喬

梁山伯廟

寧波地瀕海濱，民風樸實，益以四明學派，孕育其間，率是奇才輩出，代有傳人。嘗讀甬上耆舊錄，多慷慨忠義之士。迨海上互市以來，環境轉變，文風漸替，泰半棄學習賈，馳騁商場，個中稱巨擘焉。顧保守性特强，爽直好義，流風遺韻，蓋猶有存者。曩歲余服官明州，道出海上，與旅滬甬紳，讌談累日，當以時艱責重，曾以不憚死，不畏難，不愛錢，三事自矢。履任十有五月，朝夕惕勵，尚能俯仰無怍。乃去任之日，贈詩盈篋，士民不期而鵠送者，達數萬人，輪舟啓椗，猶竚立江岸，不忍遽去，潭水情深，彌足感懷。憶昔虞秉安為東安令，在任十有九年，清操不易，去任紀事詩云：「自古不貪人為寶，今日貧民詩滿囊，十有九年官劇邑，幸無一失掛心腸。」諷誦數四，尤覺愿對前賢矣。比來白下，官閒晝永，院靜花明，偶憶明州風物，未能忘懷，暇輒筆之於書，積久成帙，爰以實古今。

壬午冬某日，余微服巡視西郊，悉龍嘘鄉有梁山伯廟，便道往游，見前殿塑梁祝男女神像二，後楹爲神之寢宮。雖闃無居人而羅帳繡榻，角枕錦衾，明鏡粧台，皎潔無塵，儼然一璇閨綉閣也。廟後，有鴛鴦塚，廟祝走告，謂即梁祝合葬處，並謂塚間裂一巨痕，相傳爲祝英台投身塚中殉情眞蹟，歷經鳩工修建，終不能彌合云。余徘徊憑弔，但覺斜陽古道，野廟荒村，蕭條異代，淒置千秋。眞有『……一聲杜宇啼荒殿，千載愁人拜古祠……停舟我亦艱難日，愧向蒼苔讀舊碑……』之慨。

甬人習俗，每屆八月二十一日梁聖君（甬人尊梁稱）誕辰，舉行盛大香汎。歲歲靡輟。各地男女進香，水陸畢至，商賈雲集。甬諺有『若要夫婦同到老，梁山伯廟到一到』，故每屆會期，釵光鬢影，白袷青衫，盛極一時，微特青年情侶儷影雙雙，即白頭夫婦唱隨膜拜者，亦實繁有徒。余深訝梁祝兒女私事，何關明州風物，迺崇尚如是。久思考其究竟，終以勞瘁民事，卒卒無暇，今檢閱越劇本事，其全部劇情，約分梁山伯「十八相送」「下山訪友」「回書」「樓台相會」暨祝英台「哭靈」等劇目。此故事雖多穿插，牽強附會之處，似與甬地甬人，絕無若何關係，乃考之舊寧波府志，鄞縣志，名人大字典，及甬人姚穎所著蘭江小語，各書所載，則以梁曾任鄞令，有政聲。旋與祝婚媾不諧，得疾，尋卒於任所。恍然於甬人建祠崇祀之故，惟竊怪越劇本脫胎於志乘，而於梁之官鄞絕不提及，可謂數典之忘祖也。

越劇本事，約述如下：

上虞祝英台別父兄喬裝爲男，赴杭從師就學。至杭州草橋門，（即今之望江門）值會稽梁山伯，遂結爲兄弟。同牕三載，友好無間，學成，英台先歸，山伯相送，越紫陽山至錢塘江邊，英台欲以身許，忸於啓齒，沿途數數暗喻以鳳求凰之意，山伯初不疑英台爲女，終懵然不悟。英台無奈，詭稱有妹小九，願侍箕帚，暗訂佳期而別。後山伯念友情殷，專程訪英台於祝家莊，比出見，則英台忽爲一姣好女郎，盛鬋豐容，明艷照人，蓋已易弁而釵矣。山伯驚喜交集，遂申婚媾之約，英台告以總鮮姊妹，曩所許婚，實自媒耳。惜今已愆期，業由父母命，媒妁言，字馬太守子文才，理無可悔。山伯驟聞斯言，悲憤嘔血，悽然別去。歸後，積思成痗，未幾病歿。英台聞耗，悽婉欲絕。迨吉期于歸馬氏，道經山伯墓前，英台祭告哀慟，坟忽自裂，英台即捨身墓中，從者急挈救，僅得衣角二片，旋化爲雙雙蝴蝶。此爲越伶生旦之重要戲劇，婦孺尤百看不厭。

寧波府志載：

梁山伯晉會稽人，爲鄞令，病死，相傳山伯嘗與上虞祝氏女英台同學，英台適馬氏，過山伯墓，大號慟，地忽自裂，遂與山伯同葬。

鄞縣志載：

梁山伯祝英台墓，在縣西四十里，接待院後，有廟。舊記謂二人少嘗同學，比及三年，山伯初不知英台爲女，案十道四番老義婦祝英台與同塚，即其事也。（乾道圖經）此事以舊志有，姑存。（延祐志）俗傳以墓土置灶上，則蟲蟻不生。（原上草）國朝李裕詩

：塚中有鴛鴦，塚外喚不起，女郎歌以怨，輒來雙鳳子，織素澄云綠，朱旛剪翠尾，東風吹三月，青草香十里，長裾裹泥土，歸彈壁魚死。

蘭江小語載：

梁山伯廟，晉時梁之生祠也。考山伯爲鄞令，極有政聲，嗣卒於任所，因由祠而改爲廟云。

名人大字典載：

祝英台晉上虞人，與會稽梁山伯同學。英台先歸，山伯過上虞訪之，始知爲女，欲娶之而英台已許馬氏子。後山伯爲鄞令，病死，遺言葬清道山中，英台適馬氏，過其處，舟不能進，英台造山伯墓慟哭，地忽裂，英台投而死。

余案山伯年少有雋才，作宰饒政績，所謂天生予以濟世安民，應如何保身鎮志，戮力民社，期毋負此昂藏，乃不能忘情一女子，鬱鬱以終，賫志荒坵。吾人以政治立場言，對梁氏不能無微詞。然「戀愛宇宙」與「道德宇宙」原爲二個天地，若純以客觀的理智，來批判梁山伯主觀的情感，則豈爲確論哉。此類人世傷婉之故事不獨我國古代有之，即在歐洲如德國詩人海茵利涅（Heinrich Heine）在他旖旎纏綿八十八首「歸途」（Heimkehr Von Heine）的抒情詩中也有同樣奇艷傳說，茲節錄朱偰所譯其中數首以作東西故事的對照：

『那邊也有一人，竚立仰望高處，
他背着雙手，不勝悲愁；
我見他的龐兒，令我悚懼，——
月兒告訴我，是我自已的影子●
形影相隨的朋友啊，你這漂渺的伴侶！
你爲何也效我心煎，
在此地啊，常從我永夜徬徨，
在多少夜間，許多年前？
你如何可以長眠不醒，
而又知道，我的煩惱。
你可知道一首古歌：
『從前有一個死去的少年，
在半夜從塚中出來，
把愛人帶進坟墓。
聽信我吧，
你這美好的可愛的人兒，
我還在人間，
總强似那死去的少年！
『少女在房中睡着，
月光顫顫地映着窗櫺；
外邊歌聲四起，鈴兒響着，
有如胡旋舞的歌聲。
『待我從窗中外望，
是誰在擾我安寧。
下邊立着一架愛的靈魂，
彈着提琴，又唱着歌韻：
『有一次你曾許我跳舞，
未曾實踐你的約言，
今夜坟間舉行跳舞，
來罷，我們且去歌舞●
『少女心中深深感動，
被逗引出至門庭；
他跟着那個愛的靈魂，
彈着提琴，唱着前進。』

甲申寫於南京西園桃李盛開時節

命可信乎？

予且

這是一個許許多多人要問的題目。據我的臆測，這個問題已經存在了至少是有幾百年，幾百年來都沒有滿意的答案，如今，我又怎能寫出滿意的答案？

但是等我答的人並不少，自從我寫了「予且談命」在本刊發表之後，由古今社以及其他各雜誌社各報館，友人，相識者轉給我的信，已經一百餘封。此外還有想寫信給我而沒有寫的。等我回了他們的信從旁一看的，恐怕也有不少人。

在我未習算命以前，至少我是一個喜歡算命的人，這一點我想讀者大概都可以相信。我既是喜歡算命，命可信乎一問題，也就我所要問的問題了。多少年來我所得的答案，大概除去幾個笨的職業算命家說絕對可以相信之外，其餘全是相對的答案。例如：「壞運可信，好運不可信」，就是一句常聽見的話。徐樂吾印行兩冊樂吾隨筆，後面所批的命造，都題上「姑妄言之」四個字。還有我在某命館曾看過一副對聯，「一兩黃金四兩福，三分人事七分天。」這裏的天，當然也就是命，即使算的奇準，也只有七分而已。

奇準是不會的，倘使眞有算命奇準的人，那他家的門口必定有擠不開的人。誰不想知道自己一點過去未來。每人都去找他算一算，他就是不忙死也要成爲瘋狂。

但我們都不能以爲「命不能一定準」而就不去算。社會上根本難有奇準的東西，我們所求的只是「差不多」，並不是「一定」。譬如打官司。既有法律，又有律師，還有正直的法官。你可敢說你所得的就是你心裏所想的「公平」？又如看病，你找你最相信的醫生，他精心替你醫，他不敢說那一天一定好，只能說有好的可能。許多醫生把人家的病治壞了治錯了，他不知道怎樣治壞治錯的。所謂醫，只是就你生理上的病態加以治療的一種人。所謂算命，只是就你行爲上所感到的不愉快加以精神上的治療一種人。醫病不一定全好正如算命不一定全對一般樣。我們無事也可去算命，正如我們無病也可吃點補藥一般樣。古人把「醫卜星相」放在一起，確實很有道理。

有一次我和一位醫生大起辯論。他就是最反對古人把「醫卜星相」放在一起的人。他說醫是科學，「卜星相」是迷信。科學和迷信怎好放在一起？但是他所說的科學，不能解釋的東西，還不知道有多少。我和他原是很熟悉的。我的病態，他就解釋不出。對我，啤酒是可以治便秘的且有特效。他說，從醫學上看，從無此理。阿斯匹靈，我一日可進十二片，並無妨害，也不大出汗。他聞之咋舌。他說：「醫有三苦，其一，不能眞知病情。其二，知病情而嘆沒有特效的藥，其三，知病情又有特效之藥，其病終不治。」這是實情，我們都能覺得的。科學的醫，尙且如此。把它放在「卜星相」一類，當然也並不怎樣看輕它了。此外還有符咒治病的，更不比街頭哲學談命來得高。能用精神分析學治病的和能用精神分析學算命的，豈不是一家人？

算命實在是一種精神上的治療和慰安。無所謂可信，亦無所謂不可信。有一個時期，算命被認為迷信而遭禁止，算命的場合便都改為「膽文館」，名義雖是膽文館，實際還是做那精神治療和安慰工作。膽文的工作太呆板，找他們膽文的人，實在太少了。

看過「予且談命」的人，一定以為我是信命的。因為裏面舉出了「建祿生提月，財官喜透天」的例。又舉出「六衝」的例。這就和醫生不能說「醫」沒有用的意思是一個樣的。和尚不能說佛不靈，雖然佛並沒有把他們渡上西天。居士也是如此。我多少年來算自己的命，也不知算過千百回。結果如何，我只有四個字回答讀者，那就是「趣味盎然」罷了。

讀者也許有人疑心「命」之最不可信者，就是神殺。不過神殺如白虎，紅鸞，勾絞，天空，地喪等等，誠然難令人相信。但是將星，貴人，成池，華蓋，驛馬，文昌。有時却很有有趣味的應驗。但不可拘泥。將星不一定主帶兵，商會會長可以有將星，教書先生也可以有，甚至變戲法的，叫化頭都可以有。記得在某鄉村中遇着一位教書帶算命的老學究，他向我說那一月他定要遇貴人，他等着等着，也沒有等來。有一天他睡午覺，鄰舍失慎，他被人叫醒，跑了出來，氣喘吁吁地向我說，他遇見貴人了。原來他說的貴人，就是叫他醒來的王禿子。成池不一定是主酒色，繁華滿眼總有的。有一位熱心於股票的朋友，正在成池運中，可憐他一天忙的連飯都忘記吃。他不喜歡女人，更不喝酒。華蓋照命書上說是藝術星。我看過許多人有華蓋的，技藝都不精，不過他們都很清秀，我走過驛馬運的，並沒有高升，每天從大西路跑到虹口聽講。十個月的光陰，寫成了一部三十餘萬字的小說，每天教四小時書，聽三小時的課，再除去兩小時坐車，兩小時吃飯，已經去掉十一小時了。剩下來的功夫寫作，也就够忙的了。這不是我自己說自己特別努力，乃是因為驛馬衝動的原故。還有一位朋友，他八字內全是驛馬對衝的。他也沒有高升，也沒有離開家鄉，他也沒有職業，只是做點聯合介紹的工作，拿些佣金來糊口罷了。至於文昌，命書上說是可以逢凶化吉的。我的經驗是文昌在時的人，多半有智慧。這裏我們要知道聰明與智慧不同。聰明人喜取巧，喜賣弄，喜討便宜。智慧則笨拙，不賣弄，不討人便宜。為人如此，不是逢凶化吉，乃是不招怨，不結仇，不大容易遇凶罷了。

這些話都不是命書上的，但與命書所說的不反背。我並不是相信，乃是覺得趣味盎然！這裏沒有靈不靈信不信的問題，趣味却是很有趣味的。

但是八字之引人入勝處，並不是在上面說的神殺。乃是他裏面所藏生克的理。因為有生克的原故，就生出六種名詞，印，財，正官，七殺，傷官，食神。這些名詞，也是難令人相信的。不相信的原因，乃是因為不懂。翻遍了中國的命書，也沒有適當的解釋。要是照我的解釋。就如下面一個表：

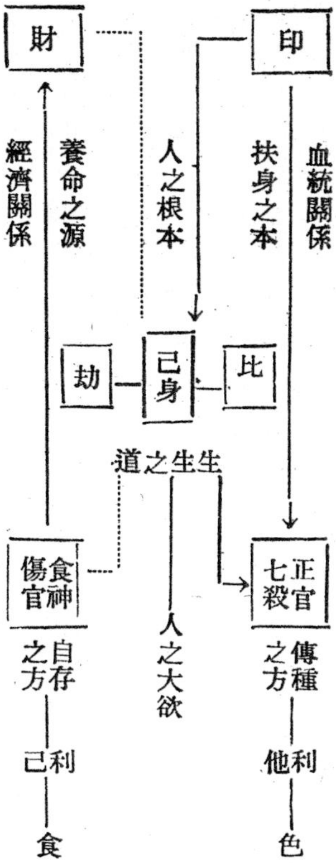

看了這個表，讀者就不難知六種名詞的取義了。

依照命書，印爲母，財爲父，比劫爲兄弟，正官七殺爲子女。女命所不同者，就是以正官七殺爲夫，傷官食神爲子女。從這表上能看得通的。女人利他心之表現是在丈夫上面，利已心之表現在兒子上面。女人最愛的是兒子，爲了性慾的滿足和傳種，不能不要丈夫。六親的支配，命書只說了一個當然，沒有說所以然。所以精通命理的如陳素庵相國，因爲想不透，便說命書六親支配的不對。（韋刻命理約言及拙著命學新義水花集中六親論）

普通算命的人，八字到手排成之後，總要看看有沒有財官印。爲什麼要看財官印？那就是這三樣全了，你受生養生，生生之道都很完美，生存奮鬥之力自然比別人大了。這不單適用於男人，女人也是一樣。命書上說：「財官印綬三般物，女命逢之必旺夫，」道理也是一樣。

那麼傷官食神又是什麼意思呢？我想到了幾句書，是在孟子上面的：「曰伯夷伊尹如何？曰不同道。非其君不事，非其民不使，治則進，亂則退，伯夷也。何事非君，何使非民，治亦進，亂亦進，伊尹也。」把伯夷改成食神，伊尹改成傷官就對了。食神和傷官的性格，正是伯夷和伊尹的性格。這兩個人，全是以自已爲主的。好我就幹，合我的意我就幹，否則就不幹，這是食神。利已可以算得，難以在社會上有建樹的。反過來，不管你是什麼樣的社會，我也得鑽進去混一場，這是傷官。但我們要明白，混一場却不定有建樹，個人的名利多少是有成就的，這也是利已，不過利已的方法和食神不同罷了。我遇過一位精研命理的老先生，是在筵席之間遇着的，不能多談話。他只向我說：「治世看正官，亂世看傷官」。他的話極有見地，是從他經驗中得來的。但他不明白爲什麼要如此看法。其實很簡單，讀者只須看了這一段，立刻就明瞭了。

正官是什麼呢？要是照上面方法解釋，就是接在下面的幾句書：「可以仕則仕，可以止則止，可以久則久，可以速則速。」這是利他的大道理，可以有建樹的。孔子自已就說過：「如有用我者，期日而已矣，三年有成。」孔子是以利他爲出發點，但是利他裏面有中庸，所以「可以」兩個字是重要的。倘使一味利用，不管可以不可以，必定要做到像諸葛武侯說的「鞠躬盡瘁，死而後已」，就不是正官而是七殺(偏官)了。利他還是利他，不過不得其正而已。像這種人，每喜一意孤行。不怕得罪人，有大成就亦有大危險。寫到此處，想到袁樹珊先生所輯命譜中張巡的八字，確是七殺命造的代表。他的八字是已酉，庚午，癸酉，乙卯。稍知命理的，一見即知以已土七殺爲用神，午火當令，助用有力，殺勢更顯。原批云：「三十四歲丙運壬午，由通事舍人，出爲清河令，及調眞源令，治績最優，節義亦高，即可知丙火大運，與太歲之已火午火，均與癸水日元，有密切之關係也。」極是！四十八歲丑運，殺勢大張，安祿山反，賊首張通晤陷宋曹等州，譙郡太守楊萬石降賊，逼爲長史，公率吏哭元皇帝祠，遂起兵討賊，從者千餘，四十九歲，被圍睢陽，死。七殺之秉性，可於以下數語中見之；「子琦謂公曰，聞公督戰大呼，輒眥裂血面，嚼齒皆碎，何至是？答曰，吾欲氣吞逆賊，顧力屈耳。子琦怒，以刀抉其口齒，存者三四。」公猶罵不絕口也。

這一節的引用，是給懂命理的讀者看的。不懂命理的，讀之大約也不會毫無趣味。我原是從傷官食神談起的，意思還沒有完。七殺和食神本是相爲表裏，不過「食神」要講究「喜歡不喜歡」，「七殺」却要講究「對不對」，喜歡就拚命去幹是「食神」，對了就拚命去幹是「七殺」。他們都有「鍥而不舍」的精神，不喜與人家合作。「食神」講喜歡不喜歡，是藝術家，學者的態度。七殺講對不對是革命，大法官，烈士的態度。倘使我再引其義，向讀者說：「正官要是大政治家的話，傷官便是政客」。讀者想必一定很贊成的。

說到食神，我也還想找個例和讀者談一談，這個例也是從命譜中取來的。

命譜第二十造朱文公造：

庚戌　丙戌　甲寅　庚午

用取月干丙火，喜得寅午戌火局以助其美。甲食丙，此食神格也。原批云：「只有月干丙火及年月日時戌戌寅午之火局，與日元甲木有母子相生之關係，堪爲我之護符。」甚是，又因其干無壬癸，枝無亥子，當捨木從火，以求木火齊輝，尤爲正求之食神格。食神爲內向的聰明，本屬文人隱士之流，觀批單有「紫孔志伊，省身味道。登第十五年，仕於外者僅九考，立朝亦不過四十日」語，足證食與殺異，不喜獨當一面爲社會服務，僅求「竭其精力，闡明聖學」以爲己任也。文公著書，凡數百卷，博大精深，是即食重自尊，沈默之表現。爲學主居敬窮理，尤顯食神格精純深入之性格。食氣精純，故可託身，助食助身之運，尤見其美。故其運歲限三項之美者，大都非木即火，非火即土。蓋火本助食，木可幫身，土則所以實之也。

這不是批單，不過是說明，「食神」「七殺」「傷官」性格各異而已。說起傷官，想到命書上有兩句話：「女命傷官福不眞，無財無印受孤貧」。也是很有趣味的。爲什麼福不眞？無財無印又爲什麼受孤貧？命書從來沒有解釋。照我的解釋，讀者定可以了然。我在前面不是說過，「不管你是什麼樣的社會，我得鑽進去混一場」嗎？男人這樣是無所謂的，女子要是這樣，人們就要目爲「交際花」了。做交際花不要緊，第一就是要有好身體。換句話，就是「印」（生我之物）。第二，就是要有幾個錢，換句話，就是「財」（養我之物）。倘使交際花，身體瘦弱，滿臉寒酸，人家必不喜歡和她在一起，那不是孤貧又是什麼呢！

官，殺，食，傷，實在是命理中値得研究的東西。我在寫命學新義時，就寫出：「三十歲前，宜視印，財，勢力，斷其有無福澤。三十歲後，宜視官，殺，食，傷，知其在社會之成就。」對於官，殺，食，傷，上面已經約略說了一些。但是財印還沒有多說，實際財印沒有多少說的。財格的人，是最重視聲，色，香，味，觸的，思想並不高深。要說代表，我在命譜中選了石崇。他的八字是：

己巳　辛未　甲午　戊辰

原批云：「日幹之甲，以戊己為財星，以未辰為墓庫，今幹透戊己，枝藏戊己，而辰巳午未，又復一氣呵成，不僅財庫遇三合，直是財庫連珠也。」石崇非商人，其較錙珠，逐利潤，殆有過於商人。史載元康二年出為南中郎將，累遷荊州刺史，嘗劫遠使商客，致富不貲，於河陽置金谷別館，從者傾都。足見財星氣盛所生之魄力。但亦能為「降車路左，望塵而拜」之卑佞行為。其私生活，則又「室宇宏麗，後房百數，皆衣紈繡，珥金翠，絲竹盡當時之選，庖膳盡水陸之珍，與貴戚羊琇之徒，以奢靡相尚」也。

印格又與財格是相反的。財格重色，聲，香，味，觸。印格最輕視這些東西。印格的人是另有一個內心世界的。如果我們說官格是儒家的話，傷官便是法家。印格呢，便是道家。老子的三寶，一曰慈，二曰儉，三曰不敢為天下光。實在是印格的描寫。印氣獨盛的人，善於說法，傳道和尚，牧師，玄學者，幻想家，革命的先知先覺都是屬於這一類的。為了補足財，官，印，食，四大類型的代表命造，我從命譜中選了佛印的八字來做結束。佛印的八字是：

壬申　丙午　己丑　乙丑

佛印的八字，三命通會裏也有的。為乙巳，壬午，己丑，乙丑。要照通會所載的看，便不靈驗，因為沒有「丙」字的原故。命譜考據的很精審。通會輾轉翻刻，就不能說沒有錯字。原批說：「土得火生，正氣充足。」當然是印格最好的代表。而且他叫佛印，就格外的有意思。佛印「心明如鏡，口吐蓮花」，當然是有一個內心世界的。印格的人，智慧較常人為高，也喜歡參加活動，不過不久即覺索然無味而已。佛印的八字中官弱印强，非禪門中之好住持，只能做一雲遊和尚。他中年財運走的很好，更足以證明他是真正的正印格局的。

寫到此處，我應該作一結束了。這篇東西，給懂命理的人看了，也許會說我淺薄狂妄。給對命理無興趣的看了，也許會說我是迷信了。命到底可信不可信，我在前面已經說過。似乎不是靈不靈信不信的問題，你如悉心研究，必覺趣味盎然。這是我敢大胆向讀者保證的。

我是一個終日為衣食奔忙的人，沒有多少閒空。對於許多讀者的函詢，不能一一答覆。還有許多問來的「台造」和「淑造」，也不能一一批答。只怪我的命不好，老是被這生活的重擔子壓迫着，假如我有閒空，為什麼要吝惜這半張紙的「秀才人情」，不和讀者來「交個朋友」呢？

吳乘

吳湖帆

瑞芝堂

春草閒房數世同居，支派繁衍，居舍偪仄。光緒甲申，先祖乃於十梓街南倉橋畔買得宋牧仲撫吳時舊居，以瑞芝名其堂，蓋追維雙林榴芝之舊也。堂凡五楹，相傳為宋代舊構，棟柱均以楩楠為之。民國庚申五月初七日午後四時餘，余與陳子淸兄自玄妙觀吳苑啜茗歸，約子淸到家取余所畫臨龔半千雨景山水便面，甫及門而風雨作，乃坐石經室待雨論畫。維時風益狂暴，呼呼如虎怒吼，雨點粗如連珠，擊屋瓦作奇響。未幾忽聞霹靂一聲，前庭有如地坼天崩，大駭，急出視之則堂間豁然洞開，一望通天，堂已圮覆，惟餘東偏祀奉祖龕之一楹，尙支撐其傾欹欲倒之殘構，一若與風雨相爭持者。梁木下墜，交互支格，堂中漢銅鼓二，以此幸免於難。几上三代古陶罇器尙完整而檀座已毀損，罇口外緣被擊落一小塊，嗣於收拾移動之際，聞罇內有物丁丁作聲，視之則殘片赫然在焉。夫檀座損裂而罇身不破，外口碎片不向外墮乃反內折由罇口入腹，皆事之費人尋思者。尤欣幸者，先時亡女瓏瑛二人，與外甥徐傳桐正戲堂前，旋聞家人壽耕在外呼曰，庭中有蟹，乃相率離堂趨視，則閒庭空階急雨跳珠，更何來橫行甲士者。剎那間訇然一聲，堂已傾圮，爾時危機間不容髮，其天佑耶。堂圮後閱五十餘日，鳩工重建，半載而成，兩廡勒端石各八，東廡摹刻宋朱文公贈張南軒詩墨蹟，西廡七石摹刻翁覃谿雙鈎熹平石經殘字，又一石則刻愙齋鼎全形及器文，先君撰重葺瑞芝堂記，并手書八尺篆書大屏懸諸堂中。其文曰，吾家舊居城西偏雙林巷，為明金孝章先生故宅，春草閒房即先生讀書處也。庭有安石榴一株，同治丁卯仲夏，產一芝，附於枝上，華爛映發，既而叔父愙齋公運齋公先後入詞林，鄉里諸老輩，稱述科名，咸以為榴芝之瑞。江陰吳子重先生為之圖，同邑潘西圃先生為之跋。光緒甲申，先人以子姓漸繁，舊居偪仄，買宅於十梓街東，因顏其堂曰瑞芝，不忘其朔也。堂建自宋代，梁棟雖微傾欹而材實堅好，雅不欲以六百餘年舊廬輕事改作，迺粉飾塗澤以居之，忽忽又三十餘年矣。歲庚申夏五月七日，值大風雨，不片刻而全堂俱圮，器用什物，為梁木所格，得託存其空隙，摧損無多，因即庀工飭材，涓吉重葺，寬廣仍其舊，高加二尺，深增四尺，計石磚土木五千三緡，人工夫役二千四緡，丹漆費七百緡，經始於六月廿九日，凡六月而落成，越年辛酉正月人日本善記。謹按先君即於是年三月二十三日棄養，距撰書時僅七十餘日，則此文實絕筆也。

米菴

春草閒房之東有小齋焉。庭有峙石筍二，高均丈許，高祖愼庵公讀書處也。公篤學好古，得米襄陽書眞蹟，又得董文敏書米菴二字，因橅以顏室，自號曰米菴。道光己亥，曾祖補堂公更倩人繪米庵圖，以公小影裝於前，宛山顧承為之記，文刻家乘中。圖於洪楊亂時失去，菴則於民國初年傾圮矣。又奚鐵生曾贈公仿大米山水一軸，亦與米庵圖同時散出。民國癸酉，余獲見於江陰陳氏，乃以何子貞手臨衡方碑冊易歸。先人遺物，欣告珠還，因敬次愙齋公題王石谷春江曉別圖詩原韻，賦詩記之曰。尋思春草聯吟卷，解后冬花寓意圖。烏目金臺完瑞璧（石谷送吳公金臺之作，先高祖舊藏本紅羊時佚去，光緒己丑尙書公督河汴梁，乃購歸焉。）朱衣雲笈演連珠。（傅青主書雲笈經偈冊，亦高祖舊藏，與此圖皆藏江陰陳氏，陳君同日贈余。青主號朱衣道人。）遺經幸得神長護，祖典歡從劫後娛。迴看米家山色好，墨華翠滴未曾枯。

關於多爾袞史可法書牘

徐一士

距今歲甲申前三百年之甲申。爲明崇禎十七年。亦即清順治元年。明清兩代。於斯遞嬗。洵中國歷史上極可紀念之一甲申也。是年李自成陷北京。明思宗殉國。清軍旋逐去李自成。入而定都。明則南都擁立福王由崧（弘光帝）。史可法以閣部（大學士兵部尚書）督師江北。統率四鎮。冀圖興復。事雖不終。節概凛然。清攝政王（睿親王）多爾袞。對可法亦極重視。認爲南邦之代表人物。特與書招降。可法覆書。不爲所屈。兩書均甚可誦。世欽可法之孤忠大節。於覆書尤多稱道。清人亦致贊譽焉。其文未至淹沒不彰者。則清高宗蒐求表揚之力也。汲修主人（清禮親王昭槤）「嘯亭續錄」卷三云。『純皇帝嘗閱睿忠王傳。以其致明史忠正公書。未經具載回札。因命將內閣庫中所貯原稿補行載入。以備傳世。眞大聖人之用心。初不分町畦也。嘗聞法時帆言。忠王致書。乃李舒章（雯）捉刀。答書爲侯朝宗（方域）之筆也。二公皆當時文章巨手。故致書察時明理。答書義嚴詞正。不惟頡頏一時。洵足以傳千古。亦有賴忠王閣部二人之名節昭著故也。』兩書之見重。可見一斑。清修「明史」。史可法傳中未載兩人通書事。高宗敕修「歷代通鑑輯覽」。於是年十月「我大清兵西討李自成。分兵下江南」之提綱下。綴以「先是我睿親王多爾袞令南來副將韓拱薇參將陳萬春等齎書致史可法。可法旋遣人答書」之語。備錄兩書原文。御批云。『幼年即羨聞我攝政睿親王致書明臣史可法事。而未見其文。昨輯宗室王公功績表傳。乃得讀其文。所爲揭大義而示正理。引春秋之法。斥偏安之非。旨正辭嚴。心實嘉之。而所云可法遣人報書語多不屈。固未嘗載其書語也。夫可法明臣也。其不屈正也。不載其語。不有失忠臣之心乎。且其語不載。則後世之人將不知其何所謂。必有疑惡其語而去之者。是大不可也。因命儒臣物色之書市及藏書家。則亦不可得。復命索之於內閣冊庫。乃始得焉。卒讀一再。惜可法之孤忠。歎福王之不慧。有如此臣而不能信用。使權奸掣其肘。而卒致淪亡也。夫福王即信用可法。其能守長江爲南宋之偏安與否。猶未可知。而況燕雀處堂。無深謀遠慮。使兵頓餉竭。忠臣流涕。頓足而歎無能爲。惟有一死以報國。是不大可哀乎。且可法書語初無詬誶不經之言。雖心折於睿王。而不得不強辭以辨。亦仍明臣尊明之義耳。余以爲不必諱亦不可諱。故書其事如右。而可法之書。並命附錄於後。夫可法即擬之文天祥。實無不可。而明史本傳乃稱其母夢文天祥而生。則出於稗野之附會。失之不經矣。』其對可法之贊歎稱揚。與其表彰明末死難諸臣暨定貳臣傳。宗旨固屬一貫。要亦以可法立身行己之可敬耳。「清史列傳」（清代國史館稿）和碩睿親王多爾袞傳。即本其指而兼錄史書。至「心折」云云。關乎高宗本人發言之立場。宜其云爾也。可法自是文天祥一流人物。却不必附會夢兆 。持論通達。

又按「東華錄」（王先謙編）所載兩書。詳其月日。多爾袞係順治元年七月壬子（二十七日）致可法書兼具首尾。可法書則首列「大明國督師兵部尚書兼東閣大學士史可法頓首謹啓大清國攝政王殿下」。尾綴「宏光甲申九月十五日」。福王由崧是年五月即帝位 。詔以明年（乙酉）爲弘光元年。斯時新君已頒新年號。却尙未到新年號之元年。而此書若仍稱崇禎十七年。或有不便之處。乃書「弘光甲申」字樣。（「弘光」作「宏光」者。王氏避淸高宗諱。循例以「宏」代「弘」也。）嚴格論之。於義未合。

奭召南（良）從事淸史館十餘年。與修「淸史稿」。有「史亭識小錄」十二篇。爲獻疑辨難之作。其「睿史二書不錄說」一篇云。『或問余曰。當攝政王之入燕也。首致書於明閣部史可法。援引春秋。責備甚至。曲意招徠。許之封爵。史公報書不屈。亦復敷陳經義。備陳祥瑞。皆煥然大文也。自乾隆表章以來。無不艷稱之者。子修睿王傳也。獨略而不錄。抑有說歟。余曰。竊嘗聞之矣。凡史官采錄章疏文議。務取切中時勢。關繫成敗。昭示功罪。乃著於篇。如史記韓信傳載蒯通反復陳說之言。即以明淮陰之不反。漢書甘陳傳所敍劉向谷永耿育之疏。即以明陳湯之有功。通鑑存荆邯之言。則明公孫之失勢也。明史紀御史馬錄之奏。則知李福達之獄爲不實也。是皆重倫物之文。亦即取爲論斷之資。今攝政王之致書也。所引春秋不書葬不書即位之義。按之東晉南宋往事。已不盡合。又謂翩然來歸。爾公爾侯。焉有君子而可貨取。誘致而效。宜廢甲兵。又謂李闖非得罪於本朝。且將用爲前驅。夫天下之惡一也。方以仗義討寇爲德。而忽借資寇兵。並其義舉而涂抹之。失辭甚矣。史公復書。引經則合。侈瑞則非。江干湧木。焚表升雲。是浮誕之談。失秩厲之氣。行文頗襲當日公牘俗體。非至文也。嘗綜國史攷之。順治元年二月睿親王奉命出師伐明。（索文忠公索尼筆記謂爲輪班出兵。蓋承鄭王上年出兵而言。）行過錦州。吳三桂乞師書至。猶以敵國自居。此間亦依違答之。迨李闖逼近。三桂迫促乞降。渝關戰罷。受封平西。先是范文肅啓事。僅以完守河北爲言。既入燕京。乃窺南服。虎據鷹跱。太公已然。良平常規。有進無退。軍謀內定。無假一紙書也。二年英豫二王滅闖之師。三年肅王殲獻之師。堂堂正正。奚事文誥。昔建武招致隴蜀。數降手書。卒至用兵而後底定。手書何益哉。陳志不載諸葛出師後表。歐史不載世宗伐唐之檄。蓋文誥不切事實。則屛而弗錄。固前史之通義也。二書之不錄。猶是志矣。若夫子雲齊書。最多文札。班錄揚賦。輒至連篇。但求取充篇幅。不顧取譏通人。庸足法哉。』其論雖亦言之成理。而似不免迂執。兩書各表態度。在多爾袞方面。則臥榻之旁不容他人鼾睡之意氣。已充分表見。在可法方面。則鞠躬盡瘁以死自誓之精神。亦宜白甚明。而當時雙方强弱之勢。尤以流露於兩書字裏行間。縱詞令上或失檢點。致有語病。固難掩其史蹟上之價值。乃視如毫無關係之浮文泛語。遽爲抹殺。豈史家所宜。此蓋無待詳悉推論者也。召南才士能文。史學亦雅具根柢。此說則意過其通。有欠允愜耳。至印成之「淸史稿」。睿忠親王多爾袞傳中。實載致可法書。不如召南所云。按金息侯（梁）「淸史稿校刻記」云。『列傳則后妃諸王爲鄧君奭君及金君兆蕃原稿。皆金君復輯。』蓋復輯者所補。非奭稿之朔也。（

多傳於致可法書之後云。『可法旋遣人報書。語多不屈。』未著其內容。按「明史」史傳既失載。清史多傳固亦不妨擷錄報書。俾資並觀。）

草擬兩書之人物問題。多書出李雯手。傳說無異。史書是否即為侯方域所草。則頗有歧說。李蒓客（慈銘）「越縵堂日記」光緒七年辛巳七月初二日云。『史忠正復睿親王書。近人攷定以為桐城何亮工所作。亮工乃大學士如寵之孫。以諸生入忠正幕。而彭躬菴恥躬堂集謂樂平王綱字乾維所為。禮親王昭槤嘯亭雜錄又以為侯朝宗作。皆傳聞異辭。朝宗亦嘗在忠正幕。躬菴為當時人。亮工與綱它無所見。疑未必能為此文。惟朝宗文筆頗相似。王亮生國朝文述竟題為何亮工作。非傳疑之慎也。睿忠親王原書。云出李舒章手。相傳無異詞。蓋當不謬。然原書簡嚴正大。遠勝答書。蓋開國之辭直。亡國之辭枝。舒章蓼齋集中。亦未有能及此作者也。』對史書之果出誰手。亦難斷定。（憶更有謂王猷定所草者。）至其對兩書之軒輊。雖似成敗論人。而細按之。則史書固然名作。實有不及多書處。蓋形勢所在。措詞本有難易也。清人以新興民族。挾方張之勢。自入北京。即氣吞全國。詞令之間。操縱隨心。義縱有未正。而詞可甚嚴。理縱有未直。而氣則極壯。氣盛遂若言宜矣。明人則對清積怖已久。當京師淪陷思宗身殉之後。南都擁立。主昏政苟。幸北兵之未至。偷娛且夕。將帥惟尚私爭。督師僅存虛號。可法忠忱苦志。一籌莫展。雙方形勢上强弱判然。（弘光之朝。以疆土及兵數論。猶非小弱。無如實際已無可為耳。）覆書雖對於招降表示不屈。而自懷弱點。措詞之分際。良有難焉者。委曲回護之中。難免餒怯支飾之態。彼已完全不認有建國對立之資格矣。此猶不得不殷殷以世通盟好為言。弗敢以其蔑視而稍示決絕之意。可喟也。

史書修談靳瑞。可謂無聊之極思。「大江湧出枏梓數十萬章。助修宮殿。」語尤可笑。夏存古（完淳）「續幸存錄」南都雜志云。『……神木者。此係高皇帝建殿之餘材。積在南工部庫中。且朽矣。一時遂稱為嘉瑞。致興土木之功。迨三殿落成。國運從之以畢。當時大臣。處天崩地坼之變。不思祥桑之修省。徒引禎祥以愚民。不學無術。亦一至於此。……』愚民者更以愚敵。敵可以此愚之乎。（宮殿成。加恩大臣。可法由太傅晉太師。力辭未受。）

編輯後記

知堂先生，自五四迄今日，始終領袖文壇，其思想與文字必為後世治文學史者最重要之課題，『我的雜學』一文，卽先生自述其為學之經過，嘗却後人氣力不少，則此文之重要可知矣。

予且先生自在本刊發表命學文字後，常接讀者來函要求轉交者，不下百餘通，可見讀者興趣之熱烈，編者因懇先生再為『命可信乎』一文，以副讀者之期望。

多爾袞與史可法往來書牘，凡今日大中學生，均能成誦，而於書之背境及作者，却茫然居多，徐一士先生特為闡發，想讀者必更感興趣。

沈爾喬先生服官浙東，大著循聲，離甬之日，萬民遮道，去思之殷，實所罕見。而先生亦拳拳於浙東父老，因為本刊撰明州風物紀，所以誌宦跡之經過，而懷念於茲土未已也。

本刊近荷各家珠璣紛投，佳作甚多，特為預告如左：

雨窗談書……………謝剛主　　河朔古蹟……………瞿兌之
談清人竊書…………紀果庵　　讀綠窗廬日記………抱　彭
史教與詩教…………梅　岑　　黃賓虹山水畫册序……陳柱尊

孽海花閒話（七）

冒鶴亭

原來純客還是初次到園。

慈銘與盛昱同年。又皆名流。如何云初次到園。

只見兩邊蹲着一對崆峒白石巨眼獅。

京師宅門。只有下馬石。無石獅。

尚秋指着池那邊說。你們瞧扈橋雙槳亂划。

京師園亭無水。水源在西山。雖城河亦不放。惟宮中有之。此外則十刹海而已。然不可泛舟。故士夫水嬉。多往二閘。

馬季長雖薄劣。誰能不替絳帳中人一洩憤憤呢。

絳帳中人。指瑾珍二妃。

這位是福州林敦古兄。

林敦古爲林旭。號暾谷。然上云李慈銘將考御史。下云潘祖蔭逝世。皆在庚寅一年。林尚未中解元。無緣入京。

快別老師門生的挖苦了。只要不考問着我敦倫就殼了。

李慈銘雖狂。對李文田却不敢肆其輕薄。惟庚辰榜後。謁見座主翁同龢。甫下拜。翁即口稱越縵先生。以學。則我當拜汝作老師。慈銘出。謁房師林紹年。林少年科第。謂老弟自是翰苑中人。今後詞賦。宜多用功。此次闈中詩用紫霓霓字作仄聲。我替改作紫電。否則要犯磨勘。慈銘遽起曰。門生會作詩時。恐老師尚讀人之初耳。拂衣遽行。歸而記曰。今日所見之人直不是人。其荒謬至此。其後林官御史。以直言敢諫。出爲雲南昭通府知府。始以詩送之行。復爲師弟。

我愛我的西嶽華山碑。

華山碑。世上相傳只有三本半。半本在李文田家。其三本後全歸端方。故顏其庵曰寶華。相傳前明時。華陰令奉到新頒御製碑文。以山峻石巨。不易推挽。使匠人覓廟中無名舊碑磨刻之。惟此碑前無結銜。遂致遭劫。余游泰山。見磨崖所刻唐太宗泰山銘。字如椀大。有明時一地方官。（記是閩人林姓。）大書深刻四字。（似是忠孝節廉。）於銘後。隨扈諸臣銜名上。眞無如此輩不學無術之人何也。

你還提起那王士祿的然脂集稿本哩。

先巢民徵君影梅庵憶語云。董小宛夫人。嘗欲著奩艷一書。未成。王西樵因有朱鳥逸史之作。亦往往津逮及之也。

純老的日記。四十年未斷。

慈銘日記。尚有數冊在樊雲門處。未印出。中多罵雲門語。

要推董小宛的小像。

李文石家。有先巢民徵君畫一臥病美人。云是董夫人像。文石精賞鑒。此幅則贋物。徵君生平不解畫也。（光緒間。士夫忽有董夫人入宮說。此眞齊東野人之語。董夫人墓。在如皋南門外毛雉河側。陳其年詩集。有春日同巢民先生拏舟南郭訪董姬墓五律一首。可證也。沈子培嘗語余。此重公案。閻羅如提審。則我亦不免票傳。當日與盛伯羲諸君。戲言章皇帝何至因一董鄂皇后之逝。捨身出家。此其才色。除董小宛外。殆無人能當之。易實甫以爲新奇。將董皇后行狀。及影梅庵憶語合刻。不意遂成口實。余謂民間婦女。若已正位中宮。一旦升遐。爲故夫者。敢作纏綿之憶語。流布海內。海內人士。復從而弔之和之。當時文網。恐不如此之疎。至年紀之懸殊。又不必論也。子培稱是。）

說敦古的相是奇格。貴便貴到極處。十九歲必相位操大權。凶便凶到極處。二十歲橫禍飛災。弄到死無葬身之地。

林旭得軍機之日。與余飯於義勝居。言相者言其三十歲可至軍機大臣。此時我只愁短命。若三十歲不死。殊有希望也。但不云何人所相。知交中號有笏字者。祗左笏卿。朱幼笏。左能詩。朱能醫。皆不能相。此余笏南未知何人。留俟知者。

近來俄人逐漸侵入。英人起了忌心。不多幾時。送了個祕密節略。及地圖一紙。給總署。其意要中國收回帕境。隔閡俄人。

光緒壬辰。俄出兵。欲取帕米爾。以通印度。英人防之。英領璧利南。出所繪圖。證明喀什噶爾阿富汗之間。並無俄地。請中國收回帕米爾。俄堅執文卿新圖爲辭。欲循烏斯別里山脊。一直向南。爲自然界。山勢是向南轉東者。如是不特大小帕米爾將盡棄。回疆西藏。亦失藩籬。我方欲從烏斯別里山口南北經線爲界。相持數年。議久未決。

誰知昨日。又有個御史。把這事揭參了。

參文卿譯圖舛謬者。尙有大理寺少卿延茂。右庶子準良 。不止一人。

吾兄快些發一信給許祝雲。一信給薛淑雲。在兩國政府運動。

時許景澄使俄。薛福成使英。

以上第二十回。

匡次芳要見你。說是新放了日本出使大臣。

汪鳳藻出使日本。在壬辰年。

餘外余雄義。繆仲恩。俞書屏。呂日聞。

余雄義爲徐用儀。繆仲恩見第十三回。俞書屏爲徐樹銘。呂日聞爲李端棻。

如今壽香撫楚。珏齋撫粵。肇廷陳臬於閩。

張之洞以山西巡撫升兩廣總督。無撫楚事。自甲申至己丑皆在粵。大澂撫粵。則在丙戌至戊子。皆與下文潘祖蔭歿年分不合。顧肇熙是台灣道署臬司。

你們還不知我得了潘大人的信兒。

潘祖蔭歿。在庚寅年。與上下文均不合。

現在國家又派出工部郎中楊誼柱。號叫越常的。專管帕米爾勘界事務。

楊誼柱爲楊宜治。號莢裳。

廝加刺廟。想就是東華門內的古廟。那個地方。本來是內監聚集之所。

瑪加剌廟。在東華門內南河沿。明英宗奪門復辟之所也。順治時。攝政王所居。吳梅村詩所謂松林路轉御河行。寂寂空倉宿鳥驚。七載金縢歸掌握。百僚車馬會南城者是也。廟藏攝政王一盔。一鐵甲。甲表爲繡花黃緞。其裏則闊四五分長寸許之鐵。以鐵絲綴之。若魚鱗然。便伸縮也。盔特大。戴之可蒙至頸。明人奏章。謂滿州人頭大如笆斗。口中吐火。吐火者。吸關東煙葉。頭大則信不虛也。廟後改留學生會館。盔甲不知落何處矣。余生平所見。尙有尙可喜之盔。在其後人耆臣方伯家。吳三桂名將馬寶之鐵甲。會稽鍾厚堂廉訪。得之雲南者。

你看見今天宮門抄上。載有東邊道余敏。不勝監司之任。著降三級調用的一條旨意嗎。

余敏爲玉銘。所放是四川鹽茶道。非東邊道也。

下去罷。還當你的庫丁去罷。

玉銘奏對。自承是木廠老闆。

那不是我們珠官兒陪著嗎。

珠官爲翁斌子。名之潤。下文云姪孫。誤也。當改姪曾孫。

以上第二十一回

郭掌櫃此時在東交民巷番菜館。

此番菜館名紫筑辦館。

我怕的倒是你們那位姑太太。

費念慈夫人也。

這消息還是我們姑爺。在聞韻高那兒聽來的。

姑爺即費念慈。念慈與文廷式兒女親家。

還是天天都察院下來。到這兒溜搭溜搭。

徐郙授都察院左都御史。在壬辰年。

勝佛先生和鳳孫兒。

勝佛爲譚嗣同。湖北巡撫繼洵子。鳳孫爲張端本。前山東巡撫張曜子。下文章一豪。即張曜也。曜官河南布政使時。言官參其目不識丁。其後乃一志向學。刻一印。曰目不識丁。卒諡勤果。未列爵也。此云鳳孫新襲子爵。則誤。鳳孫以蔭後官南韶連道。

捱著這瘦長臉兒來是曾侯爺敬華。

敬華爲曾廣銓。字敬詒。以蔭後官雲南糧道。亦未嘗襲侯爵。

這會兒天津鎮台。不是有個魯通一魯軍門嗎。

魯通一爲衛汝貴。字達三。寧夏鎭總兵。

以上第二十二回。

敢情爲了預備老佛爺萬壽的事情。

慈禧萬壽。在甲午年。

就看見京報上。果然上海道放了魚邦禮。

魯伯陽到江蘇。劉坤一以人言嘖嘖。調爲常鎭道。仍不令到任。伯陽買欵。從借貸來。日爲債家所迫。遂至發瘋。未幾死。下文云革職。誤。

讓我把高麗商務總辦方安堂的一封要緊信。寫了再說。

方安堂爲袁世凱。字慰廷。

原來那東學黨。是高麗國的守舊黨。向來專與開化黨爲仇。他的黨魁崔時亨。自號緯大夫的。忽然現在在全羅道的古阜地方起事。

東學黨帶宗教性及排外性。而亂民實雜其中。其先黨魁喬某。曾被戮。事在同治乙丑年。至光緒癸巳。黨人爲喬訟冤。明年甲午三月。崔時亨作亂於全羅道之古阜。攻陷縣邑數十處。又北竄陷全州省治。國王李熙以洪啓勛爲招討使。勦之不勝。乃乞兵於我。此爲中日開戰之導火線。至己亥。時亨被捕。服絞刑。孫秉熙繼之。改東學會爲天敎道。其徒李容九與孫秉熙。復立一進會。李宋皆逼韓王退位。及請將朝鮮合併於日本者。始以排外。終以賣國。則所謂其父殺人報仇。其子行劫者也。

這回比甲申年金玉均洪英植的亂事更利害。恐怕要求中朝發兵赴援哩。

金玉均曾游日本。與洪英植朴泳孝徐光範徐載弼等。謀殺朝中執政。英植總郵政。宴中外賓於郵署。獨日使竹添進一郎不至。酒半火起。亂黨入。殺朝官於座。禁衛大將軍閔泳翊亦受傷。玉均借日本兵入王宮。殺輔國閔台鎬等八人。英植自爲右參政。泳孝等咸典兵。欲廢王。朝鮮臣民籲我駐師吳長慶靖難。長慶斬英植以徇。玉均走日本。

倒運果金貴妃。寶貴妃。都革了妃號。降做貴人。

金貴妃爲珍妃。寶貴妃爲瑾妃。均工部侍郎長敘女。

兩妃的哥哥致敏。貶謫到邊遠地方。

致敏爲志銳。廣州將軍長善子。二妃之堂兄。以妃故。出爲烏里雅蘇台參贊大臣。

以上第二十三回。

話說雯青趕出了阿福。

阿福後在袁樹勳家。

那時帕米爾的事情。楊誼柱也查覆進來。知道國界之誤。已經幾十年。並不始於雯青。

光緒辛巳。改訂伊犂條約後。又訂南路西北界約。帕米爾諸地。以俄界轉西向南。中界轉爲正。南界以紅線。而迤東本屬我者。已屬諸俄。

給英俄兩政府交涉了一番。終究靠着英國的勢力。把國界重新畫定。

俄侵帕米爾。在光緒辛卯。至甲午。英俄擅自割分我領土。交涉終了。文卿已歿一年。

忘了招呼從人。剛從辦事處。走到大堂廊下。

向例。堂司散值。必先套車伺候。文卿即未招呼從人。蘇拉見堂官起身。當然招呼套車。若逕走到大堂廊下。無此體統。

洪文卿之中俄爭界圖與李少荃

懺庵

李少荃相國，爲清代中興人物，其心機靈敏，度量寬容，非常人所能及。當其佐理湘鄉軍幕時，初亦無所建白，凡機要公文，曾帥與左季高李次青商定。至祁門一役，軍事屢挫，曾帥自請處分，奏稿與幕府諸人參酌，均不愜意，乃商於少荃，通體原文，未易一字，惟將奏稿中「屢戰屢敗」，倒置爲「屢敗屢戰」，上達後，不特免予議處，且受懋賞，曾帥由是服其機智，遂逾格重用。

某年護理兩江總督，其子弟某，與鄉人爭佔基地三尺，訴訟於縣，時合肥知縣，畏李氏勢力，捕鄉人而置於獄。鄉里公憤，控訴於皖撫。其時皖撫某公，亦爲湘鄉曾公特拔之人，不畏彊禦，秉公執法，李氏子弟，恐事敗，乞援於少荃相國，求爲疏通。少荃告誡其子弟，答以七絕詩一首云：

千里家書爲垛牆。讓他三尺亦何妨。長城萬里今尙在。不見當年秦始皇。

其事遂寢，是可見其度量，宜爲近代顯宦中之傑出者。至其辦理外交，歷任艱危，雖毀譽參半，莫不克奏成功。如中俄爭界一案，爲國際交涉之一。當時洪文卿雖賴潘伯寅翁叔平兩尙書，爲之斡旋；然非李相用全力據理分辨，按情力爭，恐難解釋朝野之疑憤。讀孽海花第六回云：

只聽雯青道：「這圖上紅色的界線就是國界嗎？」畢葉道：「是的。」雯青道：「這界線準不準呢？」畢葉道：「這地圖的可貴，就在這上頭，畫這圖的人，是個地理名家；又是奉着政府的命令，那有不準之理？」雯青道：「既是政府的東西，他怎麼能賣掉呢？」畢葉道：「這是當時的稿本，淸本已被政府收藏國庫，秘密萬分，却不曉得留這稿子在外。這人如今窮了，流落在這裏，所以肯賣。」雯青道：「但是要一千金鎊，未免太貴了。」

又孽海花第七回云：

「雯青到後，就在昔爾格斯街中國使館，安頓家眷，於是拜會了首相吉爾斯及諸大臣，接着覲見俄帝。諸事稍有頭緒，就寫了一封信，把自己購圖，詳細告訴了萃如，又把那新疆地圖，托次芳去找印刷局，用五彩刷印，因爲地圖自己還要校勘，連印刷至快要兩三個月，就把信發了。」

迨後中、俄發生劃界交涉，俄人依據文卿之圖爭議，朝野譁訟，臺章交劾，少荃相國爲文卿辨護；曾有致文卿（即孽海花之金雯青）一書云：

文卿仁弟大人閣下，昨奉朔日惠函；並鈔件等，誦悉一是，緬邊界事；昨見叔耘支電，已成僵局，其政府自謝過，其邊將方進兵，本是彼族長之慣技，況以英酋之向來專制，則推托尤爲有詞。——至台端所刻之中俄交界圖，係就俄國譯本，原已聲明，自帕米爾爭起，論者見此圖所繪帕地，在中國界線之外，遂至謗議紛紜，不知現在通行之湖北遵刻內府地圖，則帕米爾已在界線之外；此界線爲喀什噶爾之界線，乃中外之界線，非中俄之界線也。原圖列帕地於喀西，費爾干之南，何嘗在俄界之內，蓋圖雖名中俄交界，其實西至印度，東至日本，詎得謂中界外，即入俄界乎？前有人以此來詢，謂俄據台端所繪之圖，佔我帕地，曾反覆辨析，以明其非，固與此次來嗇若合符節矣。（下略）

其時文卿已回國，轉入總理衙門，自中俄爭界事起，有謂文卿在俄，受俄人暗算，騙取鉅金，並喪失國土七百里，由是臺章嚴劾，輿論責難，見孽海花第二十回後段云：

『雯青嘆道：「人到中年，眞經不起風浪的了。」唐卿道：「你的風浪，現在正大得很哩！要經得起，纔是英雄的氣度」。雯青愕然道：「我出什麼事嗎？」唐卿道：「可不是嗎？你且不要着急，我今天從龔尙書那裏得的消息，事情却從你那幅交界圖惹出來的。西北地理，我也不大明白，據說回疆邊外，有地名帕米爾，山勢迴環，發脈葱嶺，雖土多磽薄，而無著名部落。……南鄰英屬阿富汗，東中兩路，則服中國。近來俄人逐漸侵入，英人起了忌心，不多幾時，送了一個秘密節略，及地圖一紙給總署。其意要中國收回帕境，總署就商之俄使，請劃淸界址，俄使說，向來以郎庫郎里湖爲界，然查驗舊圖與英圖，却大不然，已被佔去七八百里了。總署力駁其誤，俄使當堂把吾兄刋的「交界圖」呈出。說道：「這是你們公使自己劃的，當不會錯的。」大家細看，竟瞠目不能答一語，現在各部堂爲難的很；潘龔兩尙書，皆替你力想彌縫，誰知那日有個御史，把這事揭參了，說得很凶險哩！』

時少荃在直督任所，兼辦中俄交涉；爲文卿辨失地之罪，煞費苦心，且受在野者多方責備，曾有覆吳摯甫（即孽海花之吳北海）一書云：

承詢俄人進據帕米爾事，謂聞俄人依據洪文卿所刋交界圖，進佔雅什里庫里，洪圖火字七幅，土字七幅，皆有雅什里庫里，彼侵佔在何處，據萬國公報稱，其地謂帕米爾，即華人所云葱嶺，不知越葱嶺，又侵地幾何；又公報言，俄兵已包喀什噶爾三面，又稱俄兵已退出帕米爾等語，茲採取各處最近文牘，按圖並依條奉答。

所云俄人進據雅什里庫里，爲「洪圖」土七之雅什里庫里。查新疆識略，恭載御製平定回部勒銘，伊西爾庫爾淖爾，即是此地；至土七幅所刊兩處，一在葉爾羌，一在後藏，皆我境內，去俄界已遠。光緖十年，喀什噶爾與俄費爾干省分界條約，以烏孜別里山口，一直往南，爲中國舊界，俄使昨在總署，應以山梁爲界，遂自山口轉東南喀，西北與費爾干接壤；今又轉向東南，俄兵進至讓庫爾等處，我兵則守在布倫庫爾等處，實已包喀三面；但所云山梁，即指葱嶺之脊；當不遽至越嶺侵地也。論者動以洪圖繪帕米爾在中國界線之外；集矢於文卿，遂有俄據洪圖進佔之說。文卿自言由俄圖譯出，薛叔耘已疑爲俄人竄改。查湖北局遵內府輿圖，帕米爾地名，列在緯北三十九度，本在喀什噶爾界線之外，再與喀境三面界線與「洪圖」相校，實無參殊。洪俄同被厚誣，文卿初不自知，何怪中外滋議。且如所說帕米爾之西，俄費爾于之南，同一界外，俄烏得據以進佔，洪圖雖名中俄交界，而南至印度，東至日本，得謂出中界即俄界乎？論者不攷舊圖，未詳閱洪圖，臺寺交章，江湖著論，紛紛聚訟，是向壁虛談，乃令文卿蒙不白之名，此因應略爲辨析者也。（中略）

大理彈章既上，總署大臣召對者，即蒙垂詢以邊事，何以外間能詳，自此堂司傳語相戒，如防盜賊，尊意欲以界圖刊布，與條約並行，斷非此時在事諸公所敢應允。洋務之興，六十年矣，久以傳布爲諱。條約等於律令，倘使吏民周知圖藉，則闚兵機，既慮生事，又慮召言，律令頒於郡國，圖藉藏於中秘，漢法已然，來書疑爲疑疆日蹙，未便宣示，此則元和郡縣，退列隴西，歐陽廣記，別爲化外，猶是文章官樣之語，尚未探悉當局隱情也。

曩嘗閱「漸學廬叢書」，有講帕米爾劃界事，如吳江吳南榮寧古塔記略，烏程沈子敦西遊記金山以東釋，清許景澄帕米爾圖說，元和胡祥鑅帕米爾輯略，均爲當時研究西北地理之時髦者；今閱李氏兩書，以湖北局遵刻內府輿圖爲根據，代文卿辨白，並亦聲明外交守秘密之病，顯言朝野謀國事，往往出於誤會，固不獨國際間交涉也。

李氏以軍功進賞爵位，列任封疆，凡遇國難交涉，必使其折衝於兵戎之間，中俄爭界，憑此函牘，免文卿之咎，息朝野之議，迨中法開釁，曾派爲議和大臣，不顧士民抨擊，卒成和局，尤以甲午中東一役，主戰者，都激昂慷慨，痛恨言和，詎軍事一蹶不振，又責難李氏之編練海軍，不能效命疆場，在野人士，幾目爲宋代之秦檜。曾記是年蘇州府院試，學政某公，考試某縣生員，題爲「善人爲邦百年一節」將榜首某生文章，榜示牆壁，其文在後股有云：

溯自庸臣誤國以來，其平日講求武備，幾有以召外侮之紛乘；而力促勢窮，反得借老成持重之談，巧爲藏身之地；既而思之，進不能戰，退不能守，而惟託和親以助其奸；坐使糜爛國家，靦然作三公之領袖，彼善人其將吐罵之乎！

當時士子，僅知埋頭八股，既未明世界情勢，又不悉國內政局，惟以主戰爲雄談，聽到議和兩字，若芒針刺背，任意吐罵，李氏之辦外交，本抱「近交遠攻」政策，故不避嫌怨，有與日相伊藤博文訂條約於馬關，詎受日人暗殺，身被鎗傷，見孽海花第廿八回云：

恰遇肅毅伯從春帆樓會議回來，剛走到外濱町，被六之介在前離五尺許，砌的一鎗竟把肅毅伯打傷了，幸虧彈子打破眼鏡，中了左顴，深入左目下。

「肅毅伯」即李相，自遇險受傷後，恨日方無誠意相待，遂變改其外交方針，從此有各派之分。迨至庚子事變李相與八國聯軍議和，歷盡艱險，未簽約而逝世，中外咸感其爲國盡瘁；始定論爲外交能手，亦疾風方見勁草也。

關於『文抄』及『風土小記』

文載道

一　文抄跋（北平新民印書館印行）

好像出集子總應該有一個序，是寫在正文之前的。或者跋，是寫在後面的。時髦一點則作後記。我過去雖然也爲自已的文字寫過一二則簡略的序跋，但那是與幾位朋友合出的。而那幾位朋友，至今或已幽明永隔，或已遠適他方，或已咫尺千里的久違談笑，只有一位，到目前還走動得比較密近。其後還有一冊小文，雖則這回是一個人的結集，但這篇後記既嫌瑣屑，又失空虛，正像朋友K所好意批評的，事後深悔多此一舉。而歲月荏苒，這些又都變成陳迹了。我的這冊小文，却連其存亡都在不可知之數，那麼，還是按下不表吧。

此刻正是仲夏的晚上，剛剛下了一陣小雨，氣候也覺得爽快一點。外面在舉行防空，市聲慢慢的寂靜下去，眞是「門前冷落車馬稀」了。而包圍着四周的是一片廣大的漆黑，我打開了西窗，讓仲夏的夜色溶溶地流了進來。我感到更恬靜，更安謐，偶然的是幾串壁上鐘擺滴答之聲。於是我揑起了筆，移近椅子，撚起桌燈，並且用黑布蓋着不讓光度外洩。——而這些皆是和我最親密最貼切的伴侶，我周旋着它們的左右消磨了大半部生命。

於是我計算一下日脚：我的兩本小文，——文抄和風土小記的底稿帶出去已很久了，現在該臨到爲它們寫序跋的時候。因爲情形都較上幾次的不同，故而說來難免話長。我想把出集子的動機和接洽的經過，約略的寫上幾句。

大約是去年的冬天，我接到知堂先生的第一次通訊，其中有涉及到出集子的地方，趁此摘抄一部分於下：

「丁丑以後文選未知所收內容大抵爲何，如將來承寄示目錄，（原文可從略以免寄遞有誤）當就所知寫序或跋寄奉。昔日曾言寫序跋以不切題爲原則，恐亦未能出此例外，倘祈勿詫責爲幸。」（原文上下無關者略）

這封信下署「十二月六日夜」，標點乃作者所後加。附帶要補說的是，這時候我雖有書店在接洽，但還沒有正式決定。不過想請知堂先生寫一篇序的願望却是久矣乎，故而覆信遂有上述云云。及後知道北京新民書館對文藝作品的出版，年來頗爲努力，有藝文小叢書之輯印，周先生還是藝文社的名義上社長，就索性不嫌冒昧的向他商請出版的事了。這樣到了十二月廿五日，又接周先生的覆信云：

「藝文雜誌只由鄙人掛名，實際編輯係由傅（芸子）尤（炳圻）二君主之，如能賜予文稿，至感佳惠。寒假中尤君或將南行省親，順便至京滬一帶接洽『拉稿』，屆時如蒙賜晤談，尤幸。大集如可交此間刊行，可以盡力。藝文社近有藝文叢書（書房一角爲第一冊）之計劃（書冊大小形式一律而已，此外無什麼限制也），加入其中最爲方便。但如願單行亦可代爲交涉出版，條件不十分佳，大抵贈書只是十或五冊，版稅以百之十爲原則，唯當於出版時一總算清，較別處零星計算者稍爲省事耳。書名擬定示知，容先爲說定，明春該印書館之安藤氏或將與尤君同行南下，其時再當面一談，或更佳也。匆匆不盡。十二，廿五，燈下。」

這封信的開頭，抄時約略去三四十言，其下則照錄到底。出版條件百分之十，雖較南方稍弱，然版稅一次結算也確乎是「省事得多」。這樣，我就從一部分雜誌上將舊作剪抄下來，因爲有別的事牽纏，所以編校的工作也有時而輟。至翌年一月十二日，又接周先生來信，略云：「尊著似可就性質近似者編爲一集，另交藝文叢書付刊，序文自當盡力，一切辦法可請就近與尤君面商……。（大約十五日啓行）」接到信的半月後，即舊曆元月初五日早晨，承尤先生南下枉過寒齋，談妥出版的大略。但這時我因新年中小有酬酢，不曾將集子編校竣事，託他帶去，而且我還將每一篇已發表的文字，多少的改刪一下，因此時間又不免拖長許多。總於到了三月一日的晚上，將文抄全部改編完畢，共得二十一篇，約十五萬字左右。並作編例幾則，以郵包寄至苦雨齋，再託其轉交尤先生。（因關於這集子在北京的接洽事項，我已完全的拜託了尤先生也。）——而待到一切料理舒齊，徘徊小憇之際，在情緒與心理上自然別有一番輕鬆的感覺。憶其時還是舊曆仲春，涼月一鈎，夜氣如磬，如詩人所詠，正是二月春風似剪刀也。

至三月廿一日又接周先生信云：

「啓者，前寄上雜文一冊，想已蒙收入矣。大稿已收到轉交去，併偷閒拜讀一部分，預備寫序，而一時文思枯澀，雖欲做不切題的文章亦復大難，容暫歇幾日，待湊得起若干字時，當即下筆也。三，廿一。」

這信下端又略去二十餘字。周先生雖一再自謙地說是「做不切題的文章」（序文），但序跋亦正緣「意在言外」者爲大佳，此觀於天馬版「苦雨齋序跋文」而信然，無待我之嘮叨矣。後來又有信說起出版的日期，則已是上月的中旬，亦是截至目前止的最末一信，姑且眞個「文抄」到底：

「啓者，手書誦悉，致尤君信亦即已送交矣。文抄序文早想着筆，而屬想未就，未敢草率從事，容再緩幾日。書局印刷恐不能快，因工人現取半怠工態度。……但尤君能時加督促亦不至十分太遲。拙集將予以批評，甚感荷，以先覩爲快。匆匆。四月十三日。」

以上幾封信中所節略的文字，有無關本題的，有未經原信人同意而略去的，如上面虛線中的三十七字是也。

關於文抄的出版經過，大體上都包括在這裏了。雖則這些都是身邊瑣事，而且摘抄信札，尤涉標榜之嫌。但是序跋本來是私人的事，我自己所不滿的倒是太寫得「切題」耳。

× × × ×

其次，也有人問起文抄的涵義何在，這裏就一併加點說明上去吧。

書集的名字正像人的姓名一樣，不過是一種符號。愈平淡愈好，只怕平淡得不能恰到好處。這就是說，卻也不能太濫熟。以鄙見所及，作家中有幾本集子都是我所喜歡的，因爲一目瞭然，不加做作。如曹聚仁先生的文思及筆端，郁達夫先生的閒書，夏丏尊先生的平屋雜文，愈平伯先生的雜拌兒，豐子愷先生的緣緣堂隨筆，而夜讀抄當然更不必說。……蘆焚先生的看人集，本來也取得很有意思，但可惜不看說明一時未必瞭解。這許多集子上都有序或跋，如果先看了他們集子名字再來讀，就更有「顧名思義」之趣了。至於區區自己的東西呢，似乎可以分作兩層來說：一層是文抄就是文抄，將文字抄下來交刊物發表，書店出版，開門見山，別無含蘊，等於叫它文集一樣。還有一層，就最易令人聯想到它下面所遺闕的這個「公」字了：即「文抄公」是也——。如此豈非不打自招了嗎？豈非顏之厚矣？但我的回答是：這先看「文抄公」所代表的內容是怎樣，因爲這也有兩種解釋。一種指抄襲剽竊之流，那我總算還不會有這資格。一種是我的文章中差不多每篇都抄上別人的書，古人的，今人的，向來的通稱也可謂文抄公。這除了遺別人的唾棄之外，還落得這樣的一個頭銜，豈不可嘆也夫！蓋文抄公者便是拾人牙穢者也。但我回頭一想，這又何足爲病呢？試看目前的所謂士論，其骨子裏何嘗不是跟着一個特定的模型在跑馬？而猶美其名曰「中心」。本來西哲說過寫文章不過是自家的腦子跑別人的馬而已。那麼，廣義的說，各人跑各人的馬，「抄」各人的「文」，原是互不損礙。所不同者，有些人抄的是治國平天下的八股大道（而八股正是具有十足的文抄精神的），有些人只是風花雪月的無聊小品耳。這就看文藝顧客的脾胃如何了。

假如我的貨色還能在「文化市場」上占一席地的話，那我還要提醒一下顧客：你們在未看之前，最好不要當它是什麼儼乎其然的「文藝作品，」，而只是茶餘飯罷或消寒納涼時，一剎那間換得情緒上的輕鬆恬適的一件供具而已。誰如果看了而厭悶的，那辦法也很多：當廢紙賣掉，生煤爐燒掉，經濟一點說法，或者還可補償一部分買價，用不着動起肝火同文抄表悻悻然之色，雖則你們的責備也不外是一種關切。這不是我矯情或謙遜，也並非豫先掛免戰牌。至此又想我要文抄一番，我可以舉出郁達夫先生來。他對文壇的功績，該是很深很久的了，但他在其著的閒書上，却說：

「簡單明瞭地說一句，下面所收集起來的許多短長雜稿，都是閑空不過，才拿起筆來寫出的；所以事忙的人，簡直可以不讀，這一種書，終於也還是幫閑的作品。不過仔細一想，凡一個到了拿筆管寫的時候，總是屬於閑人一類的居多，忙人是决不會去幹這些無聊的餘事的；同樣想拿起一冊書來讀讀的人，必然地也非十分有閒者不可，忙人連吃飯睡覺的工夫都沒有，又那裏會起看書的心思。中國一向就把看書當作是消閑的動作，故而對於那些小說筆記之類的冊籍，統叫作閑書，說牠們的無關大體，得遣閑時；我以爲這一個稱呼，實在是最簡潔適當也沒有了，所以就拿來做了我的書名。」

郁先生的話或者有點牢騷，但他所說的「拿了筆管寫寫」的人和「這些無聊的餘事」，確皆是一針見血之談。以郁先生在文壇的地位和事業，尚且有此感覺，那麼，像我這樣的文字，核諸上述的幾句話，可說既非妄自菲薄，也非矯揉做作吧。

從前看了房木山房主人的儒林外史，對於最後的會寫字的季遐年，賣火紙筒的王太，開茶館的蓋寬和姓荊名元，「在三山街開着一個裁縫鋪」的四個人物，覺得很羡慕。他們都能自食其力，硬朗的活着，社會對他們別無毀譽，但他們於社會也沒有什麼損害或糟塌。各人憑自己的手藝來做尋常百姓，只是茶飯之餘，也偶然的讀書下棋寫字，或者求點知識，或者當作嗜好，或者看成消遣，然而也不想附庸風雅，高攀「儒林」。反之，比起其他想登兩廡的僞孝吝刻尖酸惡趣的士大夫輩，就不知勝過多少倍。

但是中國文人的命運有時也眞是奇特。偶然的在報紙期刊上露幾次臉，就算派定是作家，是文人了，而一經「榮膺」之後，那就像苦雨翁所慨嘆的，彷彿浙東的墮民，要想聲明歇業也決計不可能，眞正是身不由主。於是凡文人的一言一行，又變成極端的「不該」或者極端的「應該」。

我因此希望讀者對這冊小文，也看作出諸李、王諸公之手的東西一般。這樣，對我的不安可以減削許多。這並不是說，我們對文學工作不妨採取遊戲的態度，尤不是「意識的遊離」，乃是對「文人」這兩個字面，不必看得怎樣嚴重，在文人也須不自傲與不自卑，和裁縫茶館們一樣的平凡，平凡地活在人間一角。而這樣，也可省去許多無謂的口舌，好比衣服做得不怎麼講究，茶水不怎麼道地，也就媽虎的過去了。

（卅三年五月九日，雨夜，燈下）

二　風土小記跋（上海太平書局印行）

今年是民國三十有三年。我承幾位先生的幫忙，總算在出版界也湊個起碼的數，一共出了兩本集子。一本是北平新民書館的文抄，一本就是這太平書局的風土小記。出集子原是很普通的事，不必怎樣沾沾自喜，不過挨到自己的文字由原稿而刊物而單行本時，也總想多添幾句嚕囌。

文抄的校纂始於去年仲冬，至今年三月一日始全部藏事，郵寄至北平，託尤炳圻先生轉交給書店。希望能在這一二月內與讀者對面。關於這一切的經過差不多已包括在文抄的跋文中。時光倏忽，轉瞬又自雜花生樹羣鶯亂飛至於孟夏草木長了。想起這二三年來的激變演進，不論從那方面說，誰也不免於驚訝與慨嘆。這彷彿在月黑風高的白浪滔天下，而我們這些平凡的小人物，又恰如雪浪中的幾串泡沫。但結果還不會眞像泡沫般的消逝者，不能不說這幾堆墨汁的效用；而也正是我們——這些驅遣文字的人的特殊處，在無量數的平凡之間，點「同中之異」！然而反過來講，這不一定就是我們的造化。試看一樣的「庸碌」與「平凡」，別的就可無聲無臭的干脆過去，而我們却由於自動的被動的種種積習，種種成見，隨時隨地的會引起無聊的是非。但同時却又沉默無術「消極」不得，陷於進退失據。最多，只能在某一時某一地的「保持緘默」而已。

算起來，我和文字的葛藤居然也有十年以上。而十年的歲月，在文學的一門，那眞是微乎其微，下焉者怕還只能打一個很稚弱的基礎。而我所打的基礎却僅止於打雜，所寫的範圍也始終不出雜感隨筆之類，前後所不同者只形式上的短長之分耳。至於所謂思想，我本來談不上的。我想，我如其能將駕馭文字的本領弄得純熟一眼，已很滿足了。這不是「藝術至上」——雖則能實踐這四字亦復大難——乃是說，縱有優越卓特的思想，終竟不能不賴精巧的技術之表現傳達，方才適如其分，恰到好處。

× × × ×

收集在這册集子裏的，一共有二十一篇小文，約十三四萬字，篇數凑巧跟文抄相同。勉强的分隔一下，似乎文抄是說理多於抒情，而本集則抒情多於說理，也可謂「言志」與「載道」之分，雖然這定義又是下的怎樣之牽强附會。

寫作的時間是從三十一年十一月，即歲次壬午之冬以還。第一篇便是「關於風土人情」。記得是舊曆小雪前二日的一個子夜所作，第二天就拿去交給古今的周黎庵先生，刋在第十三期。第二篇是「千家笑語話更新」，也是刋在古今。其大略可參看「借古話今」。（收入文抄）從此就繼續的寫了許多。而在有一時期，我還被人目爲「多產」。自然，我自已也承認，因爲文章雖不一定靠藉「靈感」，但興趣却斷不可少，例如現在就寫不大出了。因此我就命名曰風土小記。一來是趁書中某一篇題目而取集名，原是普通的例子。不過光是這「關於風土人情」的字樣似不甚調和，所以略加增節的成爲風土小記了。二來呢，我一向愛讀風土性的文字，如清嘉錄之類，而本集中復多這類記載描寫，就此决定下來。

我雖然並非一個「悔其少作」的人。但對於已寫成或已發刋的東西，一經回顧，十篇裏面，倒有一半以上要引起不順眼之感，只是像「悔」那樣的嚴重程度却還沒有。於是折衷的辦法，臨到出集子的時候，在選錄之餘，還每篇多少的改動一下，有的連題目都改了過來。當然，這也有利有弊，弊便是因此失其原來之眞。但最近聽說一位作者連其初版時收入的一二篇文字，在再版時都抽去了，那又覺得我事後的删改爲不算多事了。可惜的是，因爲改編這兩本小文的時候，時間皆甚匆促，不能够更仔細從容的剪接一過。而有幾篇的文字，又有因體例不合而未收入的，有因待印時間在即，未克細改爽性將它保留下來，豫備下次有機會時再改動輯集的。總而言之，雖則是這樣不成氣候的東西，但「瘌痢頭的兒子自中意」，一經撫之育之，除了天生瘡疤無術更新之外，未有不希望他能更少缺陷與毛病的，則是「人同此心」。

還有附帶說明的，這本書本打算託沈啓无先生在北京出版。但後來偶然的和柳雨生先生談起，說太平書局也有出書的意思；接着便極順利的與書店接洽妥當，至四月二十五日上午跟着雨生先生交給了太平。因爲我想，上海如果有地方肯不棄下陋，那麼留下一册出出也是一個辦法吧。而對沈先生當初幫忙奔走的熱心，依然的表示感激，並且抱歉。

最後，爲了文抄，爲了風土小記而肯代表交涉，惠撰序文，以至代登義務廣告，——在各方面幫忙的先生和刋物，和關心的讀者，我想，也决非形式上所能感謝的了，正如對於一開頭，就鼓勵我支持我寫作的幾位先生一樣。（在文抄跋文寫畢的翌日深夜小雨方停併記於燈下）

關於金小寶

潔 簃

孽海花中之金小寶（四大金剛之一），亦今日僅存人物之一，住上海兆豐花園對過星村內，每日早晚必到花園，與人談滔滔不倦，據云：賽金花所暱之孫三，人矮肥面醜，且有一大痣。賽自洪氏出來，並無多金，均爲孫三化去。賽性爽，有錢即用，常告困乏，老年更甚。拳亂時，賽在京因通外國語，得爲瓦德西之翻譯官，並無曖昧行爲。嘗救官民，確是出力。瓦臨行時贈以許多珍物，賽知其來歷，均返於原主。書中云云，及樊山曲詞，皆是隨筆寫來，爲文章藻飾，不可信也。

白茆山中漫記

吳雨蒼

丁丑事變避難白茆山中頗得武陵之樂此稿藏篋六年今始繕出爲古今補白此情不復得矣

一

山中多閒日，閒了便歡喜一個人靜坐幻想，想到天涯地角，海闊天空。不論回想也好，理想也好，甚至夢想也好，吾人能得半日閒，想盡世間世外一切事事物物，不亦快哉！

二

雨雪連朝不斷，今日始晴。晨起，急急披大氅，攜竹杖，往訪三妙和尚。滿山積雪，無路可走，便奮勇勉力登山，回顧點點足迹，自成一路，悟及人生本來！

遠望和尚庵裏，似有千朵紅梅，正含雪盛放，頓忘雪徑難行，踉踉蹌蹌跌撲，不顧了。

三

山中無他聲，獨多風聲泉聲，而天籟谷松最多，泉亦最多，於是閒來漫步谷中，或閉目靜坐松下，一時松風聲，泉流聲，交相而作，若潮湧雷轟，隱隱訇訇，奔騰而來，席捲而去。倘於夜半清晨聽聽，又若山鬼長嘯，嫠婦低泣，驚心動魄，萬感交集。

四

石彿庵產有西藏密瓜一種，形似北瓜，而味同南瓜，和以嫩韮菜食之，有奇味。

五

余作畫大都在如此景界裏：

遇有滿肚皮怨憤交集無處發洩，便作畫，下筆仿彿上戰場衝鋒厮殺，必使水與墨攪得痛快淋漓，全是許多眼淚鼻涕，不問荆關也。

有時一人閒極靜極，胸中平平淡淡，無一毫思慮。於是寫一些小樹小山小橋小亭，非倪非黃，不着一點墨痕筆迹，飄飄然，不知我在寫畫，畫在寫我，但覺我心中有一幅畫，畫中也有一個我。

又或朝朝暮暮，風風雨雨，一人斗室枯坐，不勝苦寒，取溫酒一壺，剝丁香豆，塗老梅一枝，且飲且看，頃刻耳熱面赭，春意滿室矣。至若艷陽天氣，開窗捲簾，掃地焚香，盛清水一盂，細細研墨，洗大小畫筆，寫山山水水，簡則雲林，繁則山樵，奇則大痴，偶騁懷與古人游，亦不負此良辰美景。

六

黃昏時，四無人聲。覺齋忽抱琴入屋，樂甚，洒燃奇楠鐵線香一枝，垂簾聽覺齋操「平沙落雁」一闋，聲如木葉盡脫，燈影煙縷映射紙窗，裊裊如雲如霧，令人幾入夢中。

七

一日，與三妙和尚至環風堂前賞梅，梅身老醜若一爿枯柴，然點點綠蕚，瑩瑩如滿天星斗。和尚與我便在樹下攤一條大紅絨毯，置酒堂上，並有石佛庵自製菜四色：糟豆芽，油煎小香菌，辣冬筍，醃長生果，皆天冷下酒好菜。兩人幕天席地，談古論今，一杯復一杯，一壺復一壺。酒香，花香，燻得人昏昏沉沉，我說和尚醉，和尚說我醉，誰醉，誰不醉，和尚與我皆不知，知之，惟有樹上綠梅，山頭明月。

旣而兩人各手執梅花一枝，蹣跚起行，和尚大笑，我亦大笑，忽山中亦有笑聲，和尚曰：「山谷中有人在笑咱們醉得瘋瘋癲癲。」於是，我與和尚便對之大聲呵罵，山中人亦罵，對之笑，山中人亦笑。

終夜笑聲不絕，罵聲不絕！

八

退庵贈我一石章：「千人萬人中，一人二人知。」嗚呼哀哉！

九

聞天杼寺有泉甚甘洌，偕退庵往游，退庵提一小竹籃，籃中放一把陽羨紫沙東坡壺，壺中放洞庭碧蘿春一撮，小瓷杯兩隻，沿路拾些松子，山行六七里，峯巒忽隱忽現，雲煙忽聚忽散，草木忽疏忽密，山徑忽折忽迴，飛鳥忽上忽下，鐘聲忽近忽遠，談笑之間，往往景色爲之數變。

至寺，闃無一人，殿閣崢嶸，放生池畔遍種層層竹，青翠欲滴。風來，宛若急雨驟至，時有魚掉尾潑水，不意值此世界大屠殺之際，而此間尙含無限生機，恨不躍身池中，相共嬉水也。

寺後確有飛泉，自絕峯懸崖黑石之罅直瀉而下，勢甚急，若垂銀練，此處苔蘚滿地，雜樹紛枝，陰風習習，水霧直撲眉宇，寒氣迫人，不可久立。泉旁有似亭非亭之矮屋一小間，名「雲水龕」，並懸木聯一副：「月來滿地水，雲起一天山。」簷下老藤縱橫，左右敗葉亂草，極蒼莽荒涼之緻，頗似石濤八大山水。

嗣在內佛堂見一老僧，奇瘦，幾不若世間人，不言亦不笑，如有幽憂之疾者，退庵因向其借得紅泥小風爐一隻，承泉水煮之，旣沸，兩人坐龕中便捧杯伸頸細細呷，不覺通體暢快！連呼「好泉水！好泉水！」

雲水龕有匾有聯而無畫，余因向老僧索筆墨，筆破墨枯，不堪用，更無宣紙，即取桑皮紙一張，寫懸崖間飛泉瀉練，白雲來去，崖傍似亭非亭矮屋一小間，屋中二人對坐觀雲，題曰：

「行到水窮處，坐看雲起時。」

十

人人愛月，人人愛團團明月，我獨不愛團團明月何也。月至團團，亮極，滿極，雖中秋月，無足觀矣！惟在山中，水邊，一彎新月，光彩幽淡，如鏤寒冰，如懸銀弓。望之，心輒爲之鈎住，是眞魂銷黯然時也。

十一

每登山巔，遠望城郭依稀，屋舍櫛比，想見千門萬戶，車馬雜，何其盛也。而山下纍纍，斷碑殘碣，收拾無人，又何其多耶。無何，爲之默然！

十二

覺齋謂疾非老人住後蟚蜞塢，聞之大喜，又多一遊樂朋友矣。

疾非老人，善草書，聲名藉甚，飯後乃與覺齋暨三妙和尚同往蟚蜞塢訪之，塢在羣山環抱中，僅有曲澗一泓，絕無魚蟹之類，不知何以名蟚蜞塢。

覺齋謂：「今人有稱少女曰小蟚蜞者，觀塢中有幽澗瀉出於兩峯之間，形似篆書『也』字，故名之曰蟚蜞塢歟？」

三妙和尚聞之怫然曰：「我不入塢，我不入塢」，相與大笑捧腹！

既見疾非老人，余等三人皆爭求老人作書。余爲之磨墨，和尚爲之洗筆，覺齋爲之裁紙。老人曰：「且觀舞劍」。蓋老人有女名霏霏，善舞劍，老人因命於庭中舞劍，體態健美，眉目間英氣逼人，劍光人影，座中皆爲之肅然。舞已，老人忽遽起伸紙疾書，墨瀋淋漓，神采飛躍。老人曰：「余作書必先令霏霏舞劍，舞至盡酣矣，然後振筆疾書，取其一氣之餘烈，以助余勢，劍法即書法也。故余每聞有善舞劍者，必往觀，其旋轉抑揚之處，亦即書法變化之處。」

是日爲余書一完白山人長聯：

「滄海日，赤城霞，峨眉雪，巫峽雲，洞庭月，彭蠡煙，瀟湘雨，錢塘潮，匡廬瀑布，合宇宙奇觀繪吾齋壁。

齊侯鐘，毛公鼎，元亮琴，虞叔劍，中郎碑，右軍帖，少陵詩，摩詰畫，屈子離騷，羅古今精品，置我山窗。」

十三

今日至石佛庵邀三妙和尚下棋，入室，見和尚方面壁高聲誦經，即退出。登鐘樓閒眺，片刻，復入室，和尚又閉目趺坐蒲團，不得已再退出，至庵外聽泉。久之，復入室，忽和尚鼾聲大作，已憑几睡倒，呼之不醒矣！

十四

赴市購得鮮羊蹄一隻，甚肥美，乃邀覺齋疾非老人三妙和尚退庵諸友來舍吃紅燒羊蹄，東村釀有菉豆燒，沽來相與豪飲，互作豪語，豪語者何：

余曰：「願畫盡天下山山水水。」

退庵曰：「願讀盡天下書。」

老人曰：「願遍飲天下名酒。」

獨和尚無願，笑而不言，衆迫之甚。曰：「願人人之所願者，人人之所不願者，則吾願足矣！」

老人曰：「然則人人皆願有妻，和尚亦願有妻乎？」

和尚聞之連呼罪過罪過，合十而去。

十五

醒時，推窗四望，湖上煙霧迷漫，山頭亦滿遮白雲，便雇一小舟，任向茫茫煙霧裏划去，如坐游天上，混混沌沌，如醉，如痴，亦如夢，人生到此，與造物爲一，快矣哉！

代郵

梓農先生：

辱承　敎言，不勝感謝。所　示一節，今後當力加注意，藉副　厚望。因來函未書通信地址，故不得不在本刊答復，併希　亮察爲幸。

樸　之

桑陰隨紀

戴驥磐

余曩在秣陵，與山陽毛彥鄒甚知愛，彥鄒尊人元徵先生，爲淮之名宿，彼時年穉，不知聞問，後讀友人金君珏靈簫雜記，知先生文藝賅博，學無不窺，盱衡當世，少所許可，獨心折揚子劉申叔（師培），貴池劉龍慧（遜甫）二人，嘗謂學不如申叔，詩不如龍慧，贈龍慧詩，有奇才頓令我頫首，慧照無煩佛換心，百鍊成柔勞戒我，九州雖大始逢人等句，後與二劉，及陳三立，況夔笙，易實甫，吳溫叟，李審言，同游白下，人文薈蔚，一時稱盛，余因君珏之介錄詩數十首，請益於毛師，中有重訪胡園四絕，步屧丁丁踏勝來，玲瓏石砌滿蒼苔，秋風籬落橫塘角，一朵寒花紅自開，荒亭確枕石欄橋，爲問當筵月可招，無那詩心孤迥處，兩行衰柳水迢迢，迴廊幾曲抱幽叢，罨掛藤蘿一徑風，小史烹泉潑茶餅，碧頗黎映夕陽紅，黃葉打頭風倒吹，輪囷古木錯橫枝，緣溪尋着環雲洞，不是桃花流水時，師謂必如黃葉打頭風倒吹句，方可謂前無古人，並貽余詩說數十則，極盡作詩之道，其獎掖後進，誠循循善誘者，龍慧復成橋晚眺詩，水落平橋夕照遲，塵中車馬日紛馳，江南搖落誰能賦，殘柳黃於新柳時，毛師與朋輩爭誦之，後二十年，師弔龍慧詩曰，毿毿衰柳橋西路，夕照蟬鳴秋滿樹，祗今搖落愴桓郎，在昔風流數張緒，早年俊侶共娛嬉，裙屐爭輝照一時，元亮宅邊晨載酒，永豐坊底夕題詩，從來詞客多淒咽，況遇西風催小劫，梁館忘憂久寂寥，章臺寫恨逢攀折，佳句流傳二十春，白門重到想音塵，三眠漢苑迷前夢，一曲陽關念故人，北邙露濕松楸冷，我亦江關嗟斷梗，蕭瑟方賡庾信詞，淒涼不見王恭影，敗葉疏枝最惹愁，平生知己半山邱，漫吟殘柳如新柳，腸斷今秋似故秋，毛師著有駢文詩試七卷，十六國雜事詩十六卷，十國雜事詩十卷，集句一卷，後梁書二十卷，北遼書九卷，西遼事輯，遼進士攷，各二卷，勺湖志十六卷，檀香山島國志十八卷，隨筆叢脞共五卷，著作等身，攷據精晰，後宦游巴蜀，廉俸隨手盡，歸時唯載書數千卷，侍姬一人而已，君珏懷元徵夫子詩云，秋風入庭戶，月色明窗紙，起讀先生書，愁思不能已，風騷久失墜，文獻疇能理，吾師握靈蛇，奮起凌諸子，五字足長城，千言高壁壘，當其少年時，豪氣已如此，掉臂白下游，賢俊爭倒屣，中歲迫飢驅，動足輒萬里，朝別燕山雲，暮入成都市，行行去親愛，彳亍不知止，竹實飽鴟鴞，鳳凰飢欲死，誰識太玄文，詩成自悲喜，倦遊下三巴，歸飲蓬門水，輕舸載朝雲，長物唯書史，笑指鬢邊絲，關山吾老矣，又我昔見先生，乃在淮陰市，一聆太古音，洗淨箏琵耳，落日照荒城，推蓬延月起，淸言不覺遲，舟入菡萏裏，文酒招朋儔，廣座羅桃李，蕭然古須眉，揮麈宣妙旨，在昔乾嘉時，吾鄉盛文史，園林沒榛莽，興廢一彈指，良會已不作，此樂倘可擬，當時諸少年，作達言名理，自我去鄉國，忽忽三年矣，古歡不可拾，夢墮勺湖水。

君珏民國癸亥，組鶯鳴詩文社於南沙，一時淮南北文士，郵筒往還無虛日，余與君珏訂交後，及同邑周劍文，共刊三少年詩集，都三百餘首，君珏別後寄余詩云，悵臥江鄉懶報書，關山烽火獨愁予，王尼久息傷時論，聞說當門蘭蕙除，金黃買笑少年時，中酒衝寒冷不知，花底無端揮淚去，負心不獨對蛾眉，竟將肝胆期偷父，未免詩書誤老夫，回首別時推盞坐，不知此意語君無，風雪圍爐共酒尊，交情濟欲到無言，難忘斷岸維舟處，一路琅玕靑到門，牢落關河歲暮心，忍寒兀兀獨高吟，不應輕忽當時景，一字商量到夜深，霜鐘斷夢銷豪氣，零雨飄鐙錄舊詩，涼夜登樓看星斗，不知門外是何時，余酬之云，風送蒲帆過古村，聯翩俊侶挹金尊，小屛紅燭留詩句，一路琅玕靑到門，斜日蒼黃百感翻，小橋揮手慘無言，河間姹女騎牛背，一刻重蘇萬古魂，冷逼篷窗雪壓天，南沙風色近殘年，紅爐活火煮錢夜，往事重提一惘然，銀燈燼碧月如煙，妙語蓮花夜湧泉，征雁一聲寒欲墮，楚詞零亂枕函邊，踞踧臨筵酒未澆，離懷歸思各蕭蕭，更堪曲院春無主，淚潑紅巾佇阿嬌，二月春風豆蔻香，能柔俠骨女兒腸，荒街綠遍莓蕪路，門巷而今換夕陽。

君珏任職北徐州，登戲馬臺懷古云，孤抱崢嶸鬱不開，高城斜日傍荒臺，當春弔古臨殘壘，側帽臨風想霸才，山色遙連雲樹淡，市聲近帶鼓鼙來，堪憐劉項俱陳跡，功狗紛紛更可哀，又黃麈澒洞異南中，獨立無言夕照紅，舉首欲窮千里目，披襟直挹大王風，才原不負重瞳子，胸已全無隆準公，世事由來論成敗，可憐亭長亦英雄，判決劉項，寄慨遙深。

南昌周鶴笙，年八十餘，與余最契，每策籐杖菅履，徜徉匡廬間，作詩不涉前人窠臼，常謂題小應見大，大偏入小，方是妙工，著淡雲濃樹齋集十卷，花外小史三卷，秋草云，天涯不入王孫夢，江北江南未肯芳，出關云，一點楊花羞出塞，恐沾春恨拍征鞍，塞上聞笛云，一曲凌雲何處夜，月明回首萬人看，皆堪傳誦，歿後子孫式微，無可繼芳躅者。

瀏陽唐佛塵，少有大志，以革命死漢皐，其友金蕙生，爲余誦其詩云，落拓成都數載餘，茂陵誰識病相如，嚴公絕代眞知已，李白何年此寄居，萬里蕭條歌當哭，百軍憔悴步爲車，況兼劍外音塵闊，淚眼模糊望簡書，久別家鄉失夢痕，游人無處不銷魂，寒烟一帶芙蓉國，濁霧三家薜荔村，零落心交弔房琯，蒼茫劍氣感劉琨，祗今幕府重來客，嗚咽西風古寺門，悲憤似陸劍南，讀之酸鼻。

太白古詩，行氣如天馬橫空，馳筆如游龍浴海，才氣獨到處，非可學而至，近代龔定盦，骨韻瑰奇，遣詞排奡，亦非後學所及，余於陽湖許夢西之江中望九華歌，以爲實出兩家之遺緒，錄之云，連峯崒嵂蟠江底，舟行忽入山光裏，疑是倒波千億萬億雲，飛落江心又飛起，太白昔未來，此山落落蘊壓埃，一從鍊之作詩骨，神仙縹緲化出金銀臺，其赳螟也飛龍秋，其駊騀也聳鶻鶩，其谽呀而淫裔也，纚若經天之虹蜺，而縈拂乎飛纖垂髾之旒，一峯走出鴻蒙外，衆峯突起踏其背，中有一峯形更怪，睒若魔母聳立俯受兒孫拜，絕頂忽插兩峯奇，有似高掌㓨肩攀星機，只恐植根不固，氐隤忽擁江流西，鏊余轡兮山巔，吸沆瀣兮游八埏，騎盤古兮日月，弄太虛兮雲烟，新羅仙人坐萬古，邀我游戲開金篇，下視塵世何紛然，霅爾雲氣開山扃，蝯啼日落千巖暝，九峯本是一雲化，化作一雲險可怕，水底神山不可視，空中雲海誰能駕，忽然一月飛入山，霏收霧斂露出靑孱顏，天女十六峨髻鬟，娭光眇視窺人寰，玆山雄秀實足部婁皖公，不逢嶔崎磊落詩人胸，誰表江上嶙峪之奇峯，誰識郭家偃蹇之英雄，噫，長安車馬何落庋，從古風塵有歌哭，即今飄泊菰蘆中，獨上孤舟望靈嶽。

上海郵政管理局暫准登記證第1

周佛海先生散文集

古今叢書之一

往矣集

白報紙精印・增訂第九版

往矣集出版以來，以內容充實，筆鋒瑰奇，深得國內外讀者之歡迎，故一年以來行銷已逾兩萬餘册，爲出版界所僅見之紀錄，其盛況已無待煩言。著者在日譯本序文中有云：「出版之後，在一年之內，竟出到第八版，這雖然比不上民國十七年我出版『三民主義之理論的體系』時的盛況，但是在近數年來的出版界中，也可說是稀有的現象」。尤不難見此書之價值。茲以增訂九版業已問世，凡愛讀著者文章者，不可不先覩爲快。

每册實價一百元

往矣集目次

附錄

內刊銅版精印插圖多幅

周越然　周作人　陳乃乾　紀果庵　謝剛主等八家合集

古今叢書之二

蠹魚篇

筆調雋永清麗・材料豐富珍秘

本社於往矣集出版以後，因鑒於目前出版界之沈寂，爰有古今叢書之二蠹魚篇問世，內容所談皆係古今書市之變遷，藏家之生平，及梓林之掌故史乘。作者諸君，不惟俱係當代聞名作家，且又南北各占其半。手此一編，即可爲通人，不致爲書賈所欺。蓋以我國文化之悠久，著述之浩繁，正有待於學人輩之爬羅剔抉，故本集於文苑之意義即不難想見。茲以第二版出書後，存書又已不多，凡關心學術文獻者，請即捷足先得。

每册實價七十元

蠹魚篇目錄

古今合訂本

第七册業已出版
第六册存書無多

每册實價貳百元正

秀威經典

人文史地類　PC0459

古今（四）

原發行者 / 古今出版社
主　　編 / 蔡登山

數位重製・印刷 / 秀威經典
http://www.showwe.com.tw
114台北市內湖區瑞光路76巷65號1樓
電話：+886-2-2796-3638
傳真：+886-2-2796-1377
劃撥帳號 / 19563868　戶名：秀威資訊科技股份有限公司
讀者服務信箱：service@showwe.com.tw
網路訂購 / 秀威網路書店：https://store.showwe.tw
網路訂購：order@showwe.com.tw

2015年3月
精裝印製工本費：2500元

Printed in Taiwan

國家圖書館出版品預行編目

古今 / 蔡登山主編. -- 一版. -- 臺北市 : 秀威資訊科技,
2015.03-
冊； 公分. -- (人文史地類)
BOD版
ISBN 978-986-326-299-2(第1冊 : 精裝). --
ISBN 978-986-326-326-5(第2冊 : 精裝). --
ISBN 978-986-326-327-2(第3冊 : 精裝). --
ISBN 978-986-326-328-9(第4冊 : 精裝). --
ISBN 978-986-326-329-6(第5冊 : 精裝)

1. 言論集

078 104002194

讀者回函卡

感謝您購買本書，為提升服務品質，請填妥以下資料，將讀者回函卡直接寄回或傳真本公司，收到您的寶貴意見後，我們會收藏記錄及檢討，謝謝！

如您需要了解本公司最新出版書目、購書優惠或企劃活動，歡迎您上網查詢或下載相關資料：http:// www.showwe.com.tw

您購買的書名：________________________________

出生日期：________年________月________日

學歷：□高中（含）以下　□大專　□研究所（含）以上

職業：□製造業　□金融業　□資訊業　□軍警　□傳播業　□自由業

□服務業　□公務員　□教職　□學生　□家管　□其它______

購書地點：□網路書店　□實體書店　□書展　□郵購　□贈閱　□其他

您從何得知本書的消息？

□網路書店　□實體書店　□網路搜尋　□電子報　□書訊　□雜誌

□傳播媒體　□親友推薦　□網站推薦　□部落格　□其他__________

您對本書的評價：（請填代號　1.非常滿意　2.滿意　3.尚可　4.再改進）

封面設計____　版面編排____　內容____　文／譯筆____　價格____

讀完書後您覺得：

□很有收穫　□有收穫　□收穫不多　□沒收穫

對我們的建議：________________________________

____

____

____

請貼
郵票

11466
台北市內湖區瑞光路 76 巷 65 號 1 樓

秀威資訊科技股份有限公司 收

BOD 數位出版事業部

....

（請沿線對折寄回，謝謝！）

姓　名：________________　年齡：________　性別：□女　□男

郵遞區號：□□□□□

地　址：____

聯絡電話：(日) ________________ (夜) ________________

E-mail：____